# 平面几何 32 讲

周春荔　编著

电子工业出版社
Publishing House of Electronics Industry
北京·BEIJING

## 内 容 简 介

平面几何是一门研究平面图形位置关系及其相关性质的学科，学好了平面几何，能为后期学习空间图形及其性质、学习牛顿力学打好基础。

本书的内容是平面几何学习的基础，共分 32 讲。本书可作为学生课堂学习的补充，书中例题均是经典例题，是作者几十年教学研究工作的精华，书中有的题目一题多解，更能激发读者的想象力和发散思维，书中每一讲的内容又分为基础知识和典型例题，基础知识帮助读者总结每个知识点的重点内容，典型例题帮助读者巩固知识，这样的搭配让读者学起来更加轻松。

未经许可，不得以任何方式复制或抄袭本书之部分或全部内容。
版权所有，侵权必究。

**图书在版编目（CIP）数据**

平面几何 32 讲 / 周春荔编著. —北京：电子工业出版社，2023.2
ISBN 978-7-121-44951-2

Ⅰ.①平… Ⅱ.①周… Ⅲ.①平面几何－中学－教学参考资料 Ⅳ.①G634.633

中国国家版本馆 CIP 数据核字（2023）第 010709 号

责任编辑：葛卉婷
印　　刷：涿州市京南印刷厂
装　　订：涿州市京南印刷厂
出版发行：电子工业出版社
　　　　　北京市海淀区万寿路 173 信箱　　邮编：100036
开　　本：787×1 092　1/16　印张：23　字数：477.1 千字
版　　次：2023 年 2 月第 1 版
印　　次：2023 年 2 月第 1 次印刷
定　　价：96.80 元

凡所购买电子工业出版社图书有缺损问题，请向购买书店调换。若书店售缺，请与本社发行部联系，联系及邮购电话：（010）88254888，88258888。

质量投诉请发邮件至 zlts@phei.com.cn，盗版侵权举报请发邮件至 dbqq@phei.com.cn。
本书咨询联系方式：（010）88254596，邮箱：geht@phei.com.cn。

# 目录

**第 1 讲　线段与角的推理计算** ·················································· 1

  1.1　基础知识 ············································································ 1

  1.2　典型例题精析 ······································································ 2

**第 2 讲　平行线与相交线推理** ···················································· 8

  2.1　基础知识 ············································································ 8

  2.2　典型例题精析 ······································································ 9

**第 3 讲　线段的性质** ·································································· 16

  3.1　基础知识 ············································································ 16

  3.2　三角形不等式的简单应用 ····················································· 17

  3.3　简单的不等式与极值 ···························································· 20

**第 4 讲　三角形内角和问题** ······················································ 26

  4.1　基本知识 ············································································ 26

  4.2　三角形角的一些性质 ···························································· 26

  4.3　有关角的一些计算问题 ························································· 28

  4.4　综合竞赛题选析 ·································································· 31

**第 5 讲　等积变形与面积计算** ·················································· 37

**第 6 讲　三角形全等** ·································································· 48

  6.1　三角形全等的基本例题 ························································· 49

  6.2　三角形全等的综合例题 ························································· 52

**第 7 讲　勾股定理及其应用** ······················································ 57

  7.1　勾股定理及其逆定理 ···························································· 57

  7.2　勾股定理的各种应用 ···························································· 59

第 8 讲　三角形中位线定理应用 ·········································· 67
 8.1　基础知识 ····························································· 67
 8.2　基本例题 ····························································· 68
 8.3　综合例题 ····························································· 71

第 9 讲　等腰三角形问题 ················································· 76
 9.1　基础知识 ····························································· 76
 9.2　基本证明练习题 ···················································· 78
 9.3　竞赛题选讲 ·························································· 82

第 10 讲　正三角形综合练习 ············································ 86

第 11 讲　平行四边形的判定与性质 ···································· 97

第 12 讲　梯形的判定与中位线定理 ·································· 108

第 13 讲　正方形问题 ···················································· 118

第 14 讲　四边形中的趣味竞赛题 ····································· 128

第 15 讲　平行截割定理 ················································· 140

第 16 讲　相似三角形及其应用 ········································ 151
 16.1　相似三角形的判定 ·············································· 151
 16.2　相似三角形的性质 ·············································· 151
 16.3　直角三角形的射影定理 ········································ 151

第 17 讲　圆的基本问题 ················································· 166
 17.1　圆的基本问题 ···················································· 166
 17.2　垂径定理及其应用 ·············································· 168
 17.3　和圆有关的角及其应用 ········································ 172

第 18 讲　四点共圆及其应用 ··········································· 181
 18.1　四点共圆的基本竞赛题 ········································ 181
 18.2　四点共圆的综合应用 ··········································· 187

| 第 19 讲 | 直线与圆 | 194 |
| --- | --- | --- |
| 第 20 讲 | 圆幂定理 | 203 |
| 第 21 讲 | 正多边形与圆 | 210 |
| 第 22 讲 | **几何图形不等式问题** | 221 |
| 22.1 | 几何不等式的基本定理 | 221 |
| 22.2 | 基本不等式例题选讲 | 222 |
| 22.3 | 不等式竞赛综合题选讲 | 225 |
| 22.4 | 三角形中特殊的几何不等式 | 235 |
| 第 23 讲 | **几何极值问题** | 238 |
| 23.1 | 基本的几何极值例题 | 238 |
| 23.2 | 几何极值竞赛题选讲 | 242 |
| 23.3 | 名题赏析 | 250 |
| 第 24 讲 | **等积变形与面积证题** | 255 |
| 24.1 | 名题巧解的启示 | 255 |
| 24.2 | 面积证题的依据 | 256 |
| 24.3 | 等积变形定理的应用 | 258 |
| 24.4 | 面积方程证题举例 | 264 |
| 24.5 | 数学竞赛题的面积证法选析 | 267 |
| 第 25 讲 | **梅涅劳斯定理及其应用** | 273 |
| 25.1 | 证明线段的比例关系 | 274 |
| 25.2 | 证明三点共线 | 276 |
| 25.3 | 竞赛题、著名定理选讲 | 281 |
| 第 26 讲 | **塞瓦定理及其应用** | 286 |
| 26.1 | 三角形的"心"与特殊点 | 287 |
| 26.2 | 塞瓦定理的综合应用 | 291 |
| 26.3 | 塞瓦定理、梅氏定理的综合应用与竞赛题 | 295 |

# 第 27 讲　三角形的五心 ································· 300
- 27.1　对三角形五心的初识 ····························· 300
- 27.2　对三角形五心的统一处理与开拓 ················· 302
- 27.3　伴随三角形 ····································· 305
- 27.4　关于三角形心的性质 ···························· 307
- 27.5　与五心联系的一些竞赛题选讲 ··················· 308

# 第 28 讲　平移帮助你思考 ································· 312
- 28.1　基本例题 ······································· 312
- 28.2　竞赛题选讲 ····································· 316

# 第 29 讲　轴对称给你智慧 ································· 323
- 29.1　基本例题 ······································· 323
- 29.2　竞赛题选讲 ····································· 329

# 第 30 讲　旋转变换的艺术 ································· 334
- 30.1　基本例题 ······································· 334
- 30.2　竞赛题选讲 ····································· 339

# 第 31 讲　变换乘积与证题 ································· 345
- 31.1　两次旋转变换的乘积 ···························· 345
- 31.2　3 个不同旋转的乘积 ···························· 348
- 31.3　四次旋转变换的乘积 ···························· 350
- 31.4　变换的乘法与周期点列 ·························· 352

# 第 32 讲　位似变换与证题 ································· 354
- 32.1　位似变换 ······································· 354
- 32.2　位似旋转 ······································· 358
- 32.3　竞赛题选讲 ····································· 359

# 第 1 讲 线段与角的推理计算

## 1.1 基础知识

平面几何是一门研究平面图形位置关系及其相关性质的学科，学好平面几何，将为我们学习空间图形及其性质、牛顿力学打好基础.

在小学阶段大家已经学过不少几何知识，比如，点、直线、面积、角、平行线、圆；面积、体积计算公式；"三角形内角和等于180°"的定理；勾股定理，等等.

在小学阶段大家学的是实验几何，课本里只告诉我们应该这样，并没有告诉我们为什么这样，也没有教我们证明结论普遍性的方法，只是常识性知识的灌输. 然而，在初中阶段学习的是推理几何，是在学习知识的同时发展思维能力，学习逻辑分析、论证的方法，使大家逐渐具备可持续发展的能力. 这对 21 世纪的中学生来说是极为重要的.

明确了学习几何重在锻炼推理能力之后，我们就从线段、角开始一步步地进行练习.

要推理就要有规则，比如"经过两点有一条直线，并且只有一条直线""所有连接两点的线中，线段最短"，这些都是平面几何里的法则，被称为公理，推理时都要遵循公理.

另外，无论是线段，还是角与面积，它们都是几何中的量. 对于量来说，也有一些公用的规则，叫作等量公理与不等量公理. 下面先介绍等量公理，有如下 7 条：

（1）等于第三个量的两个量相等；

（2）等量加等量，其和仍相等；

(3) 等量减等量, 其差仍相等;

(4) 等量乘等量, 其积仍相等;

(5) 等量除以等量（不为0), 其商仍相等;

(6) 全量等于它的各部分之和;

(7) 在等式中, 一个量可以用它的等量来代替（简称"等量代换"）.

有了以上规则, 我们就可以通过线段和角来学习简单的推理. 在推理过程中, 每一步都要写明依据, 初学者不要省略依据.

## 1.2 典型例题精析

**例1** 如图1所示, 已知 $\angle AOB = \angle COD$. 求证: $\angle AOC = \angle BOD$.

证明: 因为 $\angle AOB = \angle COD$ (已知), 又 $\angle BOC = \angle BOC$,

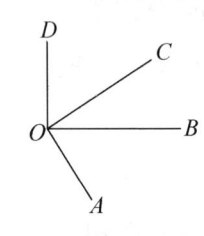

所以 $\angle AOB + \angle BOC = \angle COD + \angle BOC$ (等量加等量, 其和仍相等).

又因为 $\angle AOC = \angle AOB + \angle BOC$, $\angle BOD = \angle COD + \angle BOC$ (全量等于它的各部分之和).

所以 $\angle AOC = \angle BOD$ (等量代换).

**例2** 如图2所示, 已知 $C, D$ 为线段 $AB$ 上的两点, 且 $AD = CB$. 求证: $AC = DB$.

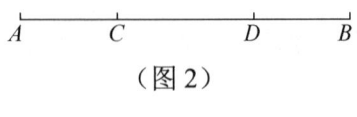

证明: 因为 $AD = CB$ (已知), 而 $AD = AC + CD$, $CB = CD + DB$ (全量等于它的各部分之和).

所以 $AC + CD = CD + DB$ (等量代换).

又因为 $CD = CD$, 所以 $AC = DB$ (等量减等量, 其差仍相等).

**例3** 如图3所示, 已知 $AOB$ 是一条直线. $\angle AOC = 60°$. $OD, OE$ 分别是 $\angle AOC$ 和 $\angle BOC$ 的平分线. 图中互为补角关系的角共有多少对?

解: 因为 $\angle AOC = 60°$ (已知), 而 $\angle AOC + \angle COB = 180°$,

所以 $\angle COB = 180° - \angle AOC = 180° - 60° = 120°$.

又因为 $OD$ 是 $\angle AOC$ 的平分线, 所以 $\angle AOD = \angle COD = 30°$ (角平分线的

定义）.

因为 $OE$ 是 $\angle BOC$ 的平分线，所以 $\angle BOE = \angle COE = 60°$（角平分线的定义）.

综上，$\angle AOD + \angle DOB = 180°$，$\angle AOC + \angle COB = 180°$，
$\angle AOE + \angle EOB = 180°$，$\angle COD + \angle DOB = 180°$，
$\angle AOC + \angle AOE = 180°$，$\angle COE + \angle AOE = 180°$，
$\angle BOE + \angle BOC = 180°$，$\angle COE + \angle BOC = 180°$.

共有 8 对角互为补角.

**说明**：在解本题的过程中，有些同学常将补角与邻补角的概念混淆了，所以得出只有 $\angle AOD + \angle DOB = 180°$，$\angle AOC + \angle COB = 180°$，$\angle AOE + \angle EOB = 180°$ 共 3 对角互为补角的错误答案，**这充分说明，要想正确推理，必须准确把握概念，必须咬文嚼字**. 因为差之毫厘，可能会谬之千里. 准确地理解、掌握概念是学好推理几何的基础.

**例 4** 在边长为 1 厘米的正方形 $ABCD$ 中，分别以 $A$，$B$，$C$，$D$ 为圆心，1 厘米为半径画圆弧，如图 4 所示，则中间阴影四边形 $EFGH$ 的周长为____厘米.（取圆周率 $\pi = 3.141$）

（A）2.002　　　（B）2.011
（C）2.072　　　（D）2.094

（第 16 届华杯赛决赛小学组 A 卷试题 5）

**答**：(D).

**解**：易知 $\overset{\frown}{AG} = \overset{\frown}{GF} = \overset{\frown}{FC} = \overset{\frown}{FE} = \overset{\frown}{EH} = \overset{\frown}{HG} = \dfrac{1}{3}\overset{\frown}{AC} = \dfrac{2 \times 3.141 \times 1}{12} = 0.5235$. 所以，阴影四边形 $EFGH$ 的周长 $= 0.5235 \times 4 = 2.094$（厘米）. 选（D）.

**例 5** 如图 5 所示，$OM$ 是 $\angle AOB$ 的平分线，射线 $OC$ 在 $\angle BOM$ 内部，$ON$ 是 $\angle BOC$ 的平分线. 已知 $\angle AOC = 80°$. 求 $\angle MON$ 的度数.

**解**：因为 $OM$ 是 $\angle AOB$ 的平分线，所以 $\angle AOM = \angle BOM$（角平分线的定义）.

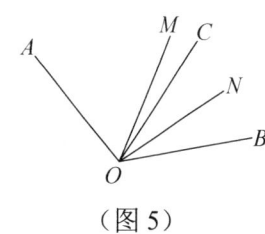

又因为 $ON$ 是 $\angle BOC$ 的平分线，所以 $\angle BON = \angle CON$（角平分线的定义）.

— 3 —

由图 5 可知 $\angle MON = \angle MOB - \angle BON$.

即 $\angle MON = \dfrac{1}{2}\angle AOB - \dfrac{1}{2}\angle COB = \dfrac{1}{2}(\angle AOB - \angle COB)$

$= \dfrac{1}{2}\angle AOC = \dfrac{1}{2}\times 80° = 40°.$

**说明**：综合运用线段、角等几何知识与代数方程、算术知识，能变化出更多有趣的练习题，这对提高思维能力极为有益．下面一题就是由例 5 变化来的．

如图 5 所示，$OM$ 是 $\angle AOB$ 的平分线，射线 $OC$ 在 $\angle BOM$ 内部，$ON$ 是 $\angle BOC$ 的平分线．求证：$\angle MON = \dfrac{1}{2}\angle AOC$.

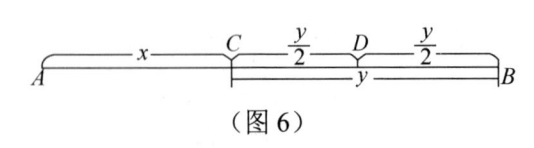

**例 6** 如图 6 所示，$C$ 是线段 $AB$ 上的一点，$D$ 是线段 $CB$ 的中点．已知图中所有线段的长度之和为 23 厘米，线段 $AC$ 的长度与线段 $CB$ 的长度都是正整数．求线段 $AC$ 的长度是多少厘米．

**解**：设线段 $AC$ 的长度为 $x$，线段 $CB$ 的长度为 $y$，$x$，$y$ 均为正整数．

图 6 中所有线段及其长度表示如下：

$AC = x$，$AD = x + \dfrac{y}{2}$，$AB = x + y$，$CD = \dfrac{y}{2}$，$CB = y$，$DB = \dfrac{y}{2}$，由所有线段的长度之和为 23 厘米，列出方程：

$x + (x + \dfrac{y}{2}) + (x + y) + \dfrac{y}{2} + y + \dfrac{y}{2} = 23$，即 $3x + \dfrac{7y}{2} = 23\cdots\cdots$（*）．

由于 $x$，$y$ 均为正整数，根据式（*），可知 $\dfrac{7y}{2}$ 为正整数，从而 $y$ 为偶数．

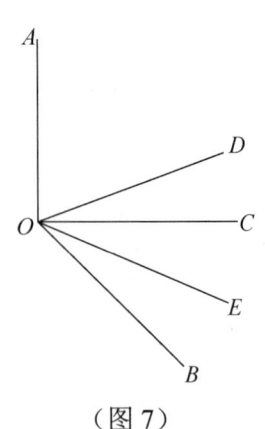

当 $y \geqslant 6$ 时，$3x + \dfrac{7y}{2} > 23$，所以 $y$ 只能取 2 或 4．

当 $y = 2$ 时，由 $3x + \dfrac{7y}{2} = 23$，求出 $x = \dfrac{16}{3}$ 不是整数，所以 $y \neq 2$．因此，只能取 $y = 4$，求得 $x = 3$．

即线段 $AC$ 的长度是 3 厘米．

**例 7** 如图 7 所示，$\angle AOB$ 是钝角，$OC$，$OD$，$OE$ 是 3 条射线，若 $OC \perp OA$，$OD$ 平分 $\angle AOB$，$OE$ 平分 $\angle BOC$，那么 $\angle DOE$ 的度数是多少度？

**解**：设 $\angle AOB = \theta$，则 $\angle AOD = \dfrac{\theta}{2}$，$\angle DOC = 90° - \dfrac{\theta}{2}$.

因为 $\angle COB = \theta - 90°$，所以 $\angle COE = \dfrac{\theta}{2} - 45°$.

所以 $\angle DOE = \angle DOC + \angle COE = 90° - \dfrac{\theta}{2} + \dfrac{\theta}{2} - 45° = 45°$.

即 $\angle DOE$ 的度数是 45 度.

**例 8** 如图 8 所示，点 $B$ 是线段 $AD$ 的中点，由 $A$，$B$，$C$，$D$ 4 个点所构成的所有线段的长度均为整数，若这些线段的长度之积为 10500，求线段 $AB$ 的长.

（图 8）

**解**：由 $A$，$B$，$C$，$D$ 4 个点所构成的线段有：$AB$、$AC$、$AD$、$BC$、$BD$、$CD$. 设 $AB$ 和 $BC$ 的长分别是 $x$ 和 $y$，则有 $AC = x+y$，$AD = 2x$，$BD = x$，$CD = x-y$，则 $x \cdot (x+y) \cdot (2x) \cdot y \cdot x \cdot (x-y) = 2x^3 y(x+y)(x-y) = 10500$.

对 10500 做质因数分解，得 $10500 = 2^2 \times 3 \times 5^3 \times 7$.

所以 $x=5$，即 $AB=5$. 由 $(x+y)-(x-y)=2y$，得 $y=2$，因此 $BC=2$，$CD=3$，$AD=10$.

则线段 $AB$ 的长是 5.

**例 9** 将一根长线对折后，再对折，共对折 10 次，得到一个线束. 用剪刀将得到的线束剪成 10 等份（如图 9 所示），问得到不同长度的短线段各多少条.

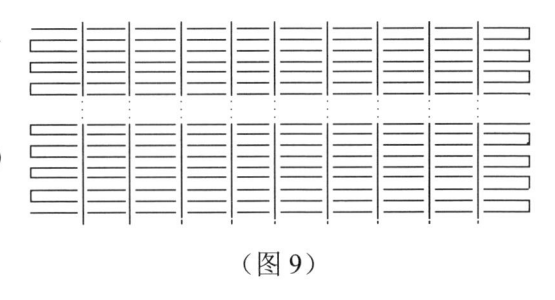

（图 9）

**解**：对折 10 次后，得到 1024 条线并列的线束. 用剪刀将得到的线束剪成 10 等份，除去两端，中间的 8 等份线段都是较短的线段，共有 $8 \times 1024$ 根.

另外，剪下的两端中，有一端有 2 条短的线段. 余下的 $(2 \times 1024 - 2)$ 条线，每条构成 1 条线段. 所以，较长的线段有 $1024 - 1 = 1023$（根），较短的线段共有 $8 \times 1024 + 2 = 8194$（条）.

**例 10** 有一把长为 9 厘米的直尺，你能不能在上面只刻 3 条刻度线，使得这把尺子可以量出从 1 厘米至 9 厘米的所有整数厘米的长度呢?

(第 2 届华杯赛中学组口试题第 7 题)

**解**：本题只要给出如图 10 所示的其中一种解答即可.

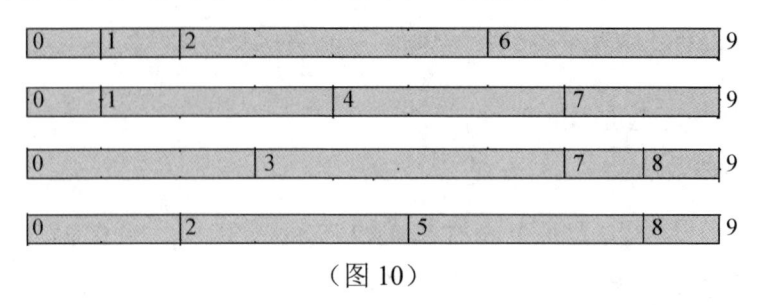

```
| 0 | 1 | 2 |           6           | 9 |
| 0 | 1 |       4       |     7     | 9 |
| 0 |     3     |       7     | 8 | 9 |
| 0 |   2   |       5       | 8 | 9 |
```

（图 10）

下面我们用初等方法证明只有上述 4 种解答.

题目要求只刻 3 条刻度线，这 3 条刻度线连同两端的 0 和 9，尺子上一共有 5 个数. 这 5 个数两两相减，一共有 10 个差数. 题目要求这 10 个差数包含从 1 到 9 共 9 个不同的整数，因此，**这 10 个差数中最多只能有一对是相同的**.

要想一次量出 8 厘米，必须在 1 厘米或 8 厘米处设一个刻度线，这两个位置是对称的. 不妨先将第一条刻度线刻在 1 厘米处.

确定第一条刻度线后考虑一次量出 7 厘米，则必须在下面的 3 处之一处刻第二条刻度线：2 厘米处（差数为 9-2=7）；7 厘米处（差数为 7-0=7）；8 厘米处（差数为 8-1=7）.

① 若第二条刻度刻在 8 厘米处，便会出现 8-0=9-1，9-8=1-0 两对相同的差数，与"这 10 个差数中最多只能有一对是相同的"矛盾！所以第二条刻度线不能刻在 8 厘米处.

② 若第二条刻度线刻在 2 厘米处，要想一次量出 6 厘米，则必须在下面的 4 处之一处刻刻度线：3 厘米处（差数为 9-3=6）；6 厘米处（差数为 6-0=6）；7 厘米处（差数为 7-1=6）或 8 厘米处（差数为 8-2=6）. 但第三条刻度线若刻在 3 厘米、7 厘米、8 厘米处，都会出现两对相同的差数（请自己验证！），所以第三条刻度线只能刻在 6 厘米处. 通过检验可知：3 条刻度线分别刻在 1 厘米，2 厘米和 6 厘米处时，可以一次量出从 1 厘米至 9 厘米的所有整数厘米的长度.

③ 若第二条刻度线刻在 7 厘米处，同样可推理得出第三条刻度线应刻在 4

— 6 —

厘米处. 通过检验可知：3 条刻度线分别刻在 1 厘米，4 厘米和 7 厘米处时，也可以一次量出从 1 厘米至 9 厘米的所有整数厘米的长度.

根据对称性可得：3 条刻度线也可以分别刻在 3 厘米、7 厘米、8 厘米处；2 厘米、5 厘米、8 厘米处.

因此，只有图 10 所示的 4 组解答.

说明：爱思考的同学可以想到这个问题的一般问法："在长为 $n$ 厘米的线段上，至少要取多少个标在整数厘米的点，才能使得这条线段可以量出从 1 厘米至 $n$ 厘米的所有整数厘米的长度？"这是一个至今尚未完全解决的问题，同学们只要知道这个难题就可以了，在学生时代不用花过多时间和精力去研究这个问题.

对以线段、角为载体的题目推理只是极为初步的尝试，要正确书写、练习推理格式. 至于更为精彩的引人入胜的推理，接下来我们会一步步地展开学习.

有人说 21 世纪是几何学的世纪，也有人说几何学像一把双刃剑. 不管怎么说，学习推理几何，品味**"推理的这种可赞叹的胜利，使人类理智获得了为取得以后成就所必需的信心"**（《爱因斯坦文集》）. "剑"有用，人们需要掌握它. "剑"有双刃，人们不留意会被伤害，但对于聚精会神、锐意进取的学剑者，按部就班，循序渐进，不但不会伤害自己或别人，而且会掌握这种武器，获得"以后成就所必需的信心"！**准确地理解、掌握概念是学好推理几何的基础.**

# 第 2 讲 平行线与相交线推理

## 2.1 基础知识

小学阶段的实验几何，一般只讲其然，不讲其所以然. 一切都靠看一看、量一量，得出一般的结论. 然而，用眼睛观察并不完全可靠，就像人们每天看到太阳东升西落，感觉太阳在绕地球转，然而，真实的情况却是地球绕着太阳转. 可见，眼见为实，不一定眼见为真. 除了实验，还要通过思维分析、逻辑推理与证明才能真正把握事物的本质. 我们要想掌握几何图形更一般、更复杂、更深层的性质，光靠观察是不够的，还要学会逻辑推理与证明. 通过学习平行线与相交线，初步掌握几何证明的基本功，才能顺利踏入几何花园的大门.

**关于平行线的基础知识**

**定义**：在同一平面内，永不相交的两条直线叫作平行线，或称它们互相平行.

**平行线存在性定理**：在同一平面内，垂直于同一条直线的两条直线平行.

**平行公理**：经过已知直线外一点，有且只有一条直线与这条已知直线平行. （回答作几条线的问题）

**平行线的判定定理**：两条直线被第三条直线所截，

（1）如果内错角相等，那么两直线平行；

（2）如果同位角相等，那么两直线平行；

（3）如果同旁内角互补，那么两直线平行.

**平行线的性质定理**：两条平行线被第三条直线所截，则

（1）内错角相等；

（2）同位角相等；

（3）同旁内角互补.

**推论**：如果两条直线都和第三条直线平行，那么这两条直线也互相平行.

**平面上3条直线的位置关系**：有下列4种情形，如图1所示。

（1）三条直线共点；

（2）三条直线两两平行；

（3）一条直线与两条平行线分别相交；

（4）三条直线两两相交且不共点.

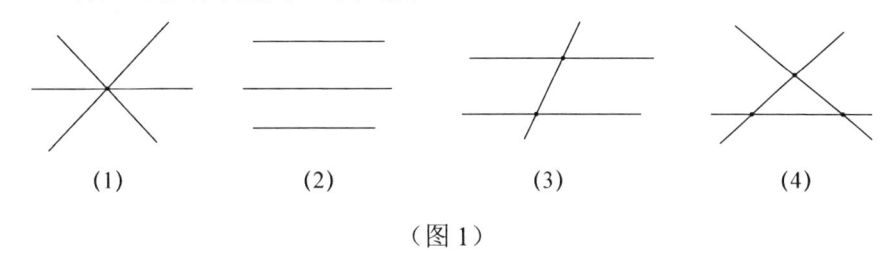

(1)　　　(2)　　　(3)　　　(4)

（图1）

**思考题**：在同一平面上的4条直线，它们的交点个数可能有多少种情况？

（答：0，1，3，4，5，6.）

所谓证明，是指按照条件，根据图形和有关定义以及学过的数学知识，用推理的方法，论述所给结论的正确性.

几何证明的步骤如下：

第一步，依据题意画出图形；

第二步，写出**已知**（条件）与**求证**（要证明的结论）；

第三步，分析思路，制定证明方案；

第四步，写出证明过程.

## 2.2 典型例题精析

**例1** 求证：如果一个锐角的两边分别平行于另一个锐角的两边，那么这两个锐角相等.

我们按要求依4个步骤进行讲解：

第一步，画出图形（如图2所示）.

第二步，结合图形写出已知、求证.

已知 $\angle AOB$，$\angle A_1O_1B_1$ 都是锐角，

且 $OA // O_1A_1$，$OB // O_1B_1$. 求证：$\angle AOB = \angle A_1O_1B_1$.

(a)　　　(b)

（图2）

第三步，分析．要证 $\angle AOB = \angle A_1O_1B_1$，直接证有困难，但 $OA//O_1A_1$，$OB//O_1B_1$，设法构造出两条平行线被第三条直线所截的"基本图"形式，为此反向延长 $O_1B_1$ 交 $OA$ 于点 $C$，在图 2（a）中形成 $\angle ACB_1$（$\angle 1$）、在图 2（b）中形成 $\angle ACB'$（$\angle 2$）．这时，平行线 $OA$，$O_1A_1$ 被直线 $CB_1$ 所截，平行线 $OB$，$O_1B_1$ 被直线 $OA$ 所截，这样就构造出了可以应用平行线性质定理的图形．

第四步，证明．反向延长 $O_1B_1$ 交 $OA$ 于点 $C$，在图 2（a）中记 $\angle ACB_1 = \angle 1$．

因为 $CB_1//OB$（已知），所以 $\angle AOB = \angle 1$（两直线平行，同位角相等）

又因为 $OA//O_1A_1$（已知），所以 $\angle 1 = \angle A_1O_1B_1$（两直线平行，同位角相等）．

所以 $\angle AOB = \angle A_1O_1B_1$（等量代换）．

**说明**：对图 2（b）的情形，证明过程与对图 2（a）的证明相同，只是 $\angle 2 = \angle A_1O_1B_1$ 的理由应注"两直线平行，内错角相等"．

在以上 4 个步骤之中，有时题目中会直接给出图形，第一步就可以省略；这时第二步的已知与求证都由题目结合图形直接给出；第三步的分析并不一定要直接写出；而第四步的证明，在初学证明的阶段一定要认真写出理由和根据，一方面，可以加深对定义、定理的理解，另一方面，便于检查推理是否正确，也便于发现问题．

例 1 的结论以后可以作为定理使用，其中，将两个锐角改成两个钝角，结论依然成立．即"如果一个钝角的两边分别平行于另一个钝角的两边，那么这两个钝角相等．"

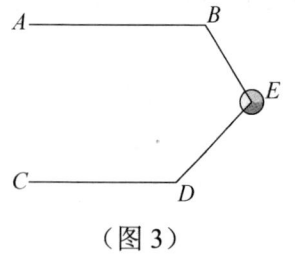

**例 2** 如图 3 所示，已知 $AB//CD$．求证：$\angle ABE + \angle BED + \angle EDC = 360°$．

**分析**：要证 $\angle ABE + \angle BED + \angle EDC = 360°$，而 $360°$ 是一个周角，因此，可以通过作平行线使 3 个角集中在一起形成一个周角．为此，过点 $E$ 作 $EF//AB$ 即可．

**证明**：过点 $E$ 作 $EF//AB$．

因为 $AB//CD$（已知），所以 $EF//CD$（如果两条直线都和第三条直线平

行，那么这两条直线也互相平行）

由 $AB//EF$（作图），可知 $\angle ABE = \angle BEF$（两直线平行，内错角相等）.

因为 $EF//CD$（已证），所以 $\angle EDC = \angle DEF$（两直线平行，内错角相等）.

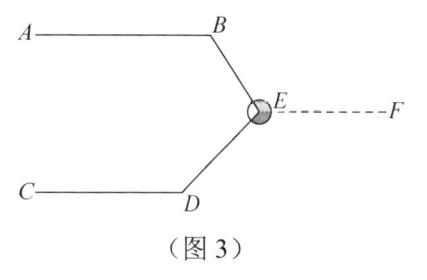

（图3）

因为 $\angle BEF + \angle BED + \angle DEF = 360°$（周角定义），所以 $\angle ABE + \angle BED + \angle EDC = 360°$（等量代换）.

**思考**：想一想，有没有其他证明方法？（提示：两直线平行，同旁内角互补.）

**例3** 如图4所示，已知 $AE$ 平分 $\angle CAD$，$AE//BC$，$O$ 为 $\triangle ABC$ 内一点，$\angle OBC = \angle OCB$. 求证：$\angle ABO = \angle ACO$.

**分析**：要证 $\angle ABO = \angle ACO$，由于 $\angle OBC = \angle OCB$（已知），只要证 $\angle ABC = \angle ACB$ 即可. 因为 $AE//BC$，所以 $\angle 1 = \angle ABC$，$\angle 2 = \angle ACB$，要证 $\angle ABC = \angle ACB$，只要证 $\angle 1 = \angle 2$ 即可. 又因为 $AE$ 平分 $\angle CAD$，$\angle 1 = \angle 2$ 这显然成立. 至此，分析完毕.

**证明**：因为 $AE$ 平分 $\angle CAD$（已知），所以 $\angle 1 = \angle 2$（角平分线定义）.

因为 $AE//BC$（已知），所以 $\angle 1 = \angle ABC$（两直线平行，同位角相等），$\angle 2 = \angle ACB$（两直线平行，内错角相等），

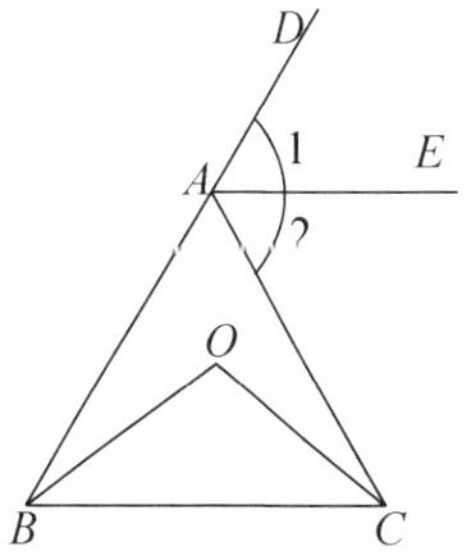

（图4）

所以 $\angle ABC = \angle ACB$（等量代换）.

又因为 $\angle OBC = \angle OCB$（已知），所以 $\angle ABO = \angle ACO$（等量减等量，其差仍相等）.

**例4** 如图5所示，已知 $\angle B = \angle C$，$\angle 1 = \angle 2$. 求证：$AE//DF$.

**分析**：要证 $AE//DF$，只需证 $\angle 3 = \angle 4$ 即可. 要证 $\angle 3 = \angle 4$，因为 $\angle 1 = \angle 2$（已知），所以只需证 $\angle 1 + \angle 3 = \angle 2 + \angle 4$，即证 $\angle BAD = \angle CDA$ 即可.

要证 $\angle BAD = \angle CDA$，只需证 $AB//CD$ 即可.

要证 $AB//CD$，只需证 $\angle B = \angle C$ 即可，然而 $\angle B = \angle C$ 是已知条件. 至此，分析完毕.

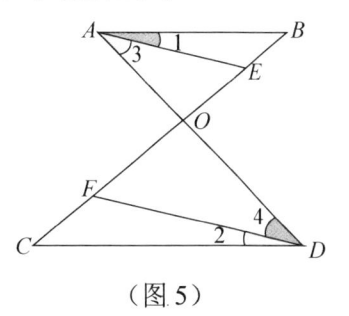

（图5）

— 11 —

**证明**：因为∠B = ∠C（已知），所以AB//CD（内错角相等，两直线平行）.

因为AB//CD（已证），所以∠BAD = ∠CDA（两直线平行，内错角相等）.

因为∠1 = ∠2（已知），所以∠3 = ∠4（等量减等量，其差仍相等）.

因为∠3 = ∠4（已证），所以AE//DF（内错角相等，两直线平行）.

**例5** 如图6所示，已知∠BED = ∠B + ∠D 求证：AB//CD.

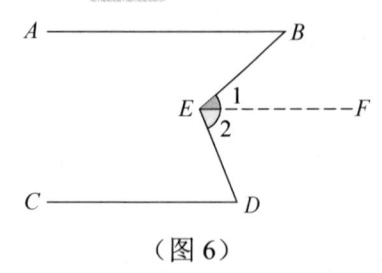

**分析**：本题只给出一个角等于另外两个角之和的条件，要证两直线平行，就得设法构造出一条直线，证明AB，CD都与这条直线平行. 为了利用已知角的条件，这条直线的最佳位置以过点E所作的AB的平行线EF为最好. 这样便有∠B = ∠1.

这时要证AB//CD，因为AB//EF（作图），只需证CD//EF即可.

要证CD//EF，只需证∠2 = ∠D即可.

由于∠BED = ∠B + ∠D = ∠1 + ∠2，又∠B = ∠1，所以∠2 = ∠D必然成立. 至此，分析完毕.

**证明**：过点E作EF//AB.

因为EF//AB（已作），所以∠B = ∠1（两直线平行，内错角相等）.

已知∠1 + ∠2 = ∠BED = ∠B + ∠D，而∠B = ∠1（已证），所以∠2 = ∠D（等量减等量，其差仍相等）

因为∠2 = ∠D（已证），所以CD//EF（内错角相等，两直线平行）.

因为EF//AB（已作），CD//EF（已证），所以AB//CD（如果两条直线都和第三条直线平行，那么这两条直线也互相平行）.

以上5个例题，分析写得很详细，我们可以通过以上几个例题学习分析思路的方法. 以上例题的证明步骤也写得很详细，这对初学者掌握每步证明过程的书写很有好处. 等大家对证明推理较为熟悉以后，有些步骤是可以简化的.

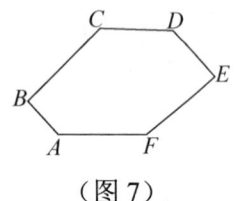

**例6** 如图7所示，CD//AF，∠CDE = ∠BAF，AB⊥BC，∠C = 124°，∠E = 80°. 求∠F的度数.

**解**：如图8所示，延长AB，DC交于点P. 因为PD//AF，所以∠P + ∠BAF = 180°. 又∠CDE = ∠BAF，所以∠P + ∠CDE = 180°，因此

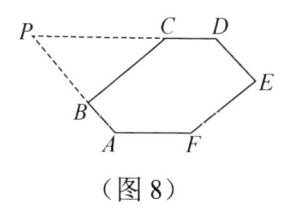

$ED // AB$. 由 $AB \perp BC$，可知 $\angle CBA = 90°$.

由例 2 可得，$\angle CDE = 360° - 90° - 124° = 146°$.

又 $PD // AF$，由例 2 可得，$\angle CDE + \angle DEF + \angle AFE = 360°$.

所以 $\angle AFE = 360° - 146° - 80° = 134°$.

**说明**：例 6 的分析我们是在心里进行的，没有直接写出来. 这里的解法是在没有讲三角形内角和定理之前的解法.

**例 7** 平面上有 5 条直线，其中任意两条都不平行，则在这 5 条直线两两相交所成的角中，至少有一个角不超过 $36°$，请说明理由.

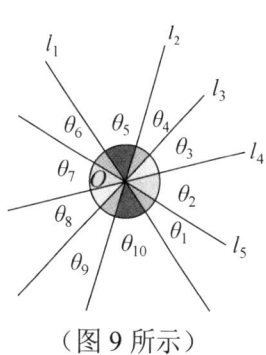

**解**：在平面上任取一点 $O$，过点 $O$ 作已知的 5 条直线的平行线 $l_1$，$l_2$，$l_3$，$l_4$，$l_5$.（如图 9 所示）

过 $O$ 点的这 5 条直线 $l_1$，$l_2$，$l_3$，$l_4$，$l_5$ 将以 $O$ 为中心的周角分为 10 个依次相邻的角，记为 $\theta_1$，$\theta_2$，…，$\theta_9$，$\theta_{10}$. 每个角 $\theta_i$（$i=1$，2，…，9，10）都等于题设中 5 条直线相交所成的其中一个交角. 这 10 个角的度数之和恰等于 $360°$，即 $\theta_1 + \theta_2 + \cdots + \theta_9 + \theta_{10} = 360°$. 根据抽屉原理，至少有一个角不超过 $36°$.

**例 8** 如图 10 所示，$AB // DC$，$AD // BC$. $\angle BAD$ 的角平分线交 $BC$ 边于点 $M$，而 $\angle AMC$ 的角平分线通过点 $D$. 已知 $\angle MDC = 45°$，求 $\angle BAD$ 和 $\angle ABC$ 的度数.

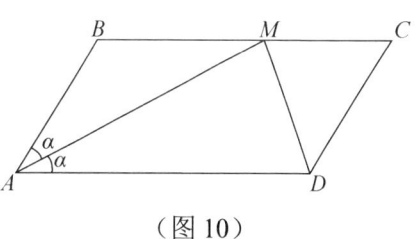

**解**：设 $\angle DAM = \angle BAM = \alpha$（如图 10 所示）. 则 $\angle AMB = \alpha$，$\angle AMC = 180° - \alpha$（因为 $BC // AD$）.

所以 $\angle CMD = 90° - \dfrac{\alpha}{2}$. 由此可得 $\angle MDA = 90° - \dfrac{\alpha}{2}$.

这意味着，$\angle MDC = \angle CDA - \angle MDA = (180° - 2\alpha) - \left(90° - \dfrac{\alpha}{2}\right) = 90° - \dfrac{3}{2}\alpha$.

于是，$90° - \dfrac{3}{2}\alpha = 45°$，由此得 $\alpha = 30°$. 因此 $\angle BAD = 60°$，$\angle ABC = 120°$.

**例 9** 如图 11 所示，直线 $k // l$，$\angle 4 - \angle 3 = \angle 3 - \angle 2 = \angle 2 - \angle 1 = d° > 0$，其

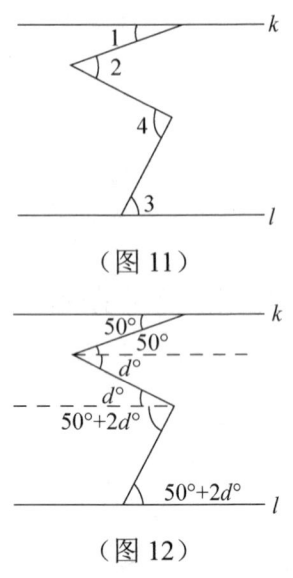

中 $\angle 3 < 90°$，$\angle 1 = 50°$，则 $\angle 4$ 度数最大的可能的整数值是（　　）．

（A）107°　　（B）108°　　（C）109°　　（D）110°

答：（C）．

解：如图 12 所示，$\angle 1 = 50°$，$\angle 2 = 50° + d°$，$\angle 3 = 50° + 2d°$，$\angle 4 = 50° + 3d°$．

因为 $\angle 3 < 90°$，所以 $50 + 2d° < 90°$，即 $d° < 20°$．

$\angle 4 = 50° + 3d° < 50° + 3 \times 20° = 110°$，则 $\angle 4$ 度数最大的整数值是 109°，选 C．

**例 10**（1）已知平面上的 4 条直线 $a$，$b$，$c$，$d$．直线 $a$，$b$，$c$ 相交于一点．直线 $b$，$c$，$d$ 也相交于一点．这 4 条直线 $a$，$b$，$c$，$d$ 共有多少个交点？说出你的理由．

（2）作第 5 条直线 $e$ 与（1）中的直线 $d$ 平行．求以这 5 条直线的交点为端点的线段共有多少条？

（第 21 届全国希望杯数学邀请赛初一 II 试第 22 题）

解：（1）直线 $a$，$b$，$c$，$d$ 共有 1 个交点．理由如下：

设直线 $a$，$b$，$c$ 的交点为 $P$，直线 $b$，$c$，$d$ 的交点为 $Q$．

这意味着，$P$ 和 $Q$ 都是直线 $b$ 和 $c$ 的交点．由于两条不同的直线至多有一个交点，因此，$P$ 和 $Q$ 一定是同一个点．即 4 条直线 $a$，$b$，$c$，$d$ 相交于同一个点．

因此，这 4 条直线 $a$，$b$，$c$，$d$ 只有 1 个交点（可记为点 $O$）．

（2）因为作的第 5 条直线 $e$ 与（1）中的直线 $d$ 平行，所以直线 $e$ 与直线 $d$ 没有公共点，因此，直线 $e$ 不过点 $O$．而直线 $a$，$b$，$c$ 都与直线 $d$ 相交于点 $O$，所以直线 $a$，$b$，$c$ 与直线 $e$ 都相交（与两条平行线中一条相交的直线必与另一条也相交）．

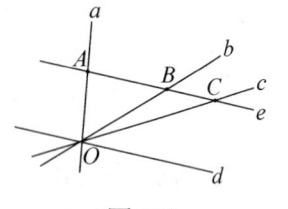

设直线 $e$ 与直线 $a$，$b$，$c$ 分别相交于点 $A$，$B$，$C$，这时，有 $A$，$B$，$C$，$O$ 4 个不同的交点，可以连出 $OA$，$OB$，$OC$，$AB$，$AC$，$BC$ 共 6 条不同的线段（如图 13 所示）．

**例 11** 在一张平面上画 2007 条互不重合的直线 $l_1$，$l_2$，$l_3$，…，$l_{2006}$，$l_{2007}$．这些直线始终遵循垂直、平行交替的规则，即 $l_2 \perp l_1$，

$l_3 // l_2$，$l_4 \perp l_3$，$l_5 // l_4$，$l_6 \perp l_5$，$l_7 // l_6$，…. 这 2007 条互不重合的直线共有多少个交点？

**解**：注意到 $l_{4k+1}$，$l_{4k+4}$ 与 $l_1$ 平行；$l_{4k+2}$，$l_{4k+3}$ 与 $l_1$ 垂直（其中 $k \geq 0$ 为整数）. 因为 $2007 = 4 \times 501 + 3$，所以 $l_{2007} \perp l_1$.

易知在直线 $l_1 \sim l_{2004}$ 中，有 1002 条与 $l_1$ 平行（含 $l_1$），有 1002 条与 $l_1$ 垂直. 而 $l_{2005}$ 与 $l_1$ 平行，$l_{2006}$，$l_{2007}$ 都与 $l_1$ 垂直. 因此，与 $l_1$ 平行的直线（含 $l_1$）共有 1003 条，与 $l_1$ 垂直的直线（它们彼此也互相平行）共有 1004 条. 因此，这两组平行线共有 $1003 \times 1004 = 1007012$ 个交点.

**例 12** （1）请你在平面上画出 6 条直线（没有 3 条是共点的），使得它们中的每条直线都恰与另 3 条直线相交，并简单说明画法.

（2）能否在平面上画出 7 条直线（任意 3 条都不共点），使得它们中的每条直线都恰与另 3 条直线相交？如果能，请画出一例，如果不能，请说明理由.

（第 9 届全国希望杯数学邀请赛初一 II 试第 22 题）

**解**：（1）如图 14 所示的两组平行线：$m_1 // m_2 // m_3$，$n_1 // n_2 // n_3$，这 6 条直线没有 3 条是共点的，它们中的每条直线都恰与另外一组的三条直线相交. 画法略.

（2）设在平面上能画出没有 3 条直线共点的 7 条直线 $l_1$，$l_2$，$l_3$，$l_4$，$l_5$，$l_6$，$l_7$，使得每条直线都恰与另 3 条直线相交，则 $l_1$ 只与 3 条直线相交，不妨设 $l_1$ 只与 $l_2$，$l_3$，$l_4$ 相交，此时，$l_1$ 与 $l_5$，$l_6$，$l_7$ 均不相交，即 $l_1 // l_5$，$l_1 // l_6$，$l_1 // l_7$，这时由于 $l_1$ 与 $l_2$ 相交，所以 $l_2$ 与 $l_5$，$l_6$，$l_7$ 均相交. 于是 $l_2$ 与 $l_1$，$l_5$，$l_6$，$l_7$ 4 条直线相交，与"每条直线都恰与另 3 条直线相交"矛盾！所以，满足题设条件的 7 条直线是画不出来的.

（图 14）

# 第 3 讲

# 线段的性质

## 3.1 基础知识

直线上两个点和它们之间的部分叫作线段. 这两个点叫作线段的端点.

大家日常生活中见到的黑板框的上边缘，两村之间一段直的公路，笔直的竹竿、电线杆、钢筋棒等都可以看作线段的现实原型. 而线段正是从上述这些对象中抽象出来的数学模型.

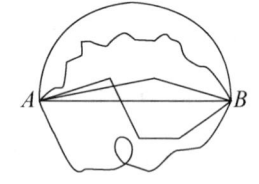

（图 1）

在平面上给定 $A$，$B$ 两点，可以用线连接它们. 这样的连线可以是直的，也可以是折的，还可以是曲的. 如图 1 所示，在所有 $A$，$B$ 两点的连线中，线段最短. 这就是线段的基本性质，可以简单地表述为：**两点之间，线段最短**.

连接两点的线段的长度，叫作这两点间的距离.

若干条线段可以组合成复杂的几何图形. 那么，在什么情况下 $a$，$b$，$c$ 3 条线段可以构成一个三角形呢？

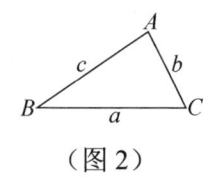

（图 2）

若 $a$，$b$，$c$ 3 条线段可以作为 $\triangle ABC$ 的三边（如图 2 所示），由线段的基本性质可知

$$\begin{cases} a+b>c \\ b+c>a \\ c+a>b \end{cases}.$$

反过来，若 $a+b \leqslant c$，$b+c \leqslant a$ 或 $c+a \leqslant b$，则通过几何作图可以验证，$a$，$b$，$c$ 3 条线段不能构成一个三角形. 于是我们得到 $a$，$b$，$c$ 3 条线段可以构成三角形的判定准则是

$$\begin{cases} a+b>c \\ b+c>a \\ c+a>b \end{cases} \qquad (*)$$

式（*）称为**三角形不等式**.

这个条件可以进行如下简化：如果 3 条线段 $a$，$b$，$c$ 满足 $a \leqslant b \leqslant c$，则这 3 条线段可以构成三角形的判定准则是 $c<a+b$.

将式（*）中的每个不等式两边各减去不等式左边中的一条线段，比如 $a+b>c \Rightarrow b>|c-a|$ 或 $a>|c-b|$ 等（当然要用长度较大的线段减长度较小的线段）. 这样我们得到如下推论：

**三角形中任意一边小于其他两边之和，大于其他两边之差（大减小）.** 即

$$\begin{cases} |b-c|<a<b+c \\ |c-a|<b<c+a \\ |a-b|<c<a+b \end{cases}.$$

下面我们学习三角形不等式的某些基本应用.

## 3.2 三角形不等式的简单应用

**例1** 一个三角形的周长是偶数，其中的两条边长分别是 4 和 1997，则满足条件的三角形个数为（　　）个.

(A) 1　　　(B) 3　　　(C) 5　　　(D) 7

**答：（B）.**

**解：** 设这个三角形的第三边的长为 $c$，由 $4+1997+c$ 的结果是偶数可知 $c$ 是奇数. 而 $1997-4<c<1997+4$，即 $1993<c<2001$. 因此 $c$ 只能取 1995，1997，1999 这 3 个值. 所以满足条件的三角形共有 3 个，选（B）.

**例2** 从长度为自然数 1，2，3，…，35 的 35 条线段中，最少应选出（　　）条长度不同的线段，才能保证选出的线段中存在 3 条能作为一个三角形的三条边.

**答：** 9.

**解：** 考虑极端情况，取长度分别为 1，2，3，5，8，13，21，34 的 8 条线段，长度记为 $a_i$（$i=1$，2，…，8），这 8 条线段满足 $a_{i+1}=a_i+a_{i-1}$（$i=2$，

— 17 —

3，…，8），从中任取 3 条，假设长度分别为 $a_k$，$a_i$，$a_l$，若有 $a_k < a_i < a_l$，则 $a_k + a_i \leqslant a_{i-1} + a_i = a_{i+1} \leqslant a_l$，所以 $a_k$，$a_i$，$a_l$ 不可能作为一个三角形的 3 条边. 从 35 条线段中任取 9 条，必有 3 条，其长度从小到大记为 $a$，$b$，$c$，满足 $a \leqslant a_{k-1} < b < c \leqslant a_k$ 或 $a_{k-1} \leqslant a < b < c \leqslant a_k$，容易验证：这 3 条线段能构成三角形. 因此，至少要选出 9 条线段.

**例 3** 若一个三角形的周长是 $p$，问：该三角形的最大边长在哪个范围内？

**解**：设 $\triangle ABC$ 中，三条边的长度满足 $a \leqslant b \leqslant c$（$c$ 是最大边长）．

因为 $a + b > c$，所以 $a + b + c > 2c$，即 $p > 2c$，所以 $c < \dfrac{p}{2}$.

另一方面，$c \geqslant a$，$c \geqslant b$，有 $2c \geqslant a + b$，故 $3c \geqslant a + b + c$，即 $3c \geqslant p$，所以 $c \geqslant \dfrac{p}{3}$.

因此 $\dfrac{p}{3} \leqslant c < \dfrac{p}{2}$.

这表明，三角形中的最大边长度小于半周长，而不小于周长的三分之一.

**例 4** 设三角形的两条高线的长度分别等于 12 和 20. 证明：第三条高线的长度小于 30.

**解**：设 $\triangle ABC$ 的 3 条边的长分别为 $a$，$b$，$c$，相应高线的长分别为 $h_a$，$h_b$，$h_c$，面积为 $S$. 已知 $h_a = 12$，$h_b = 20$. 我们要证明 $h_c < 30$.

由面积公式可知，$a = \dfrac{2S}{h_a}$，$b = \dfrac{2S}{h_b}$，$c = \dfrac{2S}{h_c}$，而 $c > |b - a|$（三角形不等式的推论），所以 $\dfrac{2S}{h_c} > \left| \dfrac{2S}{h_b} - \dfrac{2S}{h_a} \right|$，因此 $h_c < \dfrac{h_a h_b}{|h_b - h_a|} = \dfrac{20 \times 12}{|20 - 12|} = 30$.

**例 5** 不等边 $\triangle ABC$ 的 3 条高的长度都是整数，已知其中两条高的长度分别为 4 和 12，试确定第三条高的长度.

**解**：设 $\triangle ABC$ 的三边长分别为 $a$，$b$，$c$，相应的 3 条高的长度分别为 4，12，$x$. 则 $S_{\triangle ABC} = \dfrac{1}{2} a \times 4 = \dfrac{1}{2} b \times 12 = \dfrac{1}{2} cx$，所以 $4a = 12b = cx$，解得 $a = \dfrac{cx}{4}$，$b = \dfrac{cx}{12}$.

由三角形不等式 $|a - b| < c < a + b$ 得，$\left| \dfrac{cx}{4} - \dfrac{cx}{12} \right| < c < \dfrac{cx}{4} + \dfrac{cx}{12}$，解得 $3 < x < 6$.

由于 $x$ 是整数，所以 $x=4$ 或 $x=5$. 又 $\triangle ABC$ 为不等边三角形，所以 $x=5$. 则 $\triangle ABC$ 的第三条高的长度等于 5.

**例 6** 证明：在任意凸五边形中总可以选择 3 条对角线，以这 3 条对角线为边可以构成一个三角形.

**证明**：如图 3 所示，在凸五边形 $ABCDE$ 中，5 条对角线中必有一条最长的，不妨设 $BE$ 最长. 显然有 $BE \geqslant BD$，$BE \geqslant EC$，又设对角线 $BD$、$EC$ 交于点 $O$，根据三角形不等式有 $OB+OE>BE$，又有 $BD>OB$，$CE>OE$，所以更有 $BD+CE>BE$. 根据 3 条线段构成三角形的判定准则可知，对角线 $BE$（最长），$BD$，$EC$ 可以构成一个三角形.

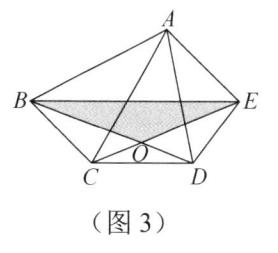

**例 7** 给定 $n(n>4)$ 条线段，已知用其中任意的 $n-1$ 条线段为边均可构成一个 $n-1$ 边形. 求证：可用其中的某 3 条线段为边构成一个三角形.

(1992 年圣彼得堡 11 年级选拔试题)

**证明**：用 $a_1$，$a_2$，$a_3$，$\cdots$，$a_{n-1}$，$a_n$ 表示题设的 $n$ 条线段的长. 不妨设
$$a_1 \leqslant a_2 \leqslant a_3 \leqslant \cdots \leqslant a_{n-1} \leqslant a_n.$$
假设用所给的 $n$ 条线段中任 3 条线段为边均不能构成三角形，则有
$a_3 \geqslant a_1+a_2$，$a_4 \geqslant a_2+a_3$，$a_5 \geqslant a_3+a_4$，$\cdots$，$a_n \geqslant a_{n-2}+a_{n-1}$.

相加整理后得 $a_n \geqslant a_{n-2}+a_{n-3}+a_{n-4}+\cdots+a_3+2a_2+a_1$.

因此 $a_n \geqslant a_{n-2}+a_{n-3}+a_{n-4}+\cdots+a_3+a_2+a_1$ 成立.

这表明，以 $a_n$，$a_{n-2}$，$a_{n-3}$，$a_{n-4}$，$\cdots$，$a_3$，$a_2$，$a_1$ 为长度的 $n-1$ 条线段为边不能构成一个 $n-1$ 边形，与已知条件矛盾！因此，可用其中的某 3 条线段为边构成一个三角形.

**例 8** 已知以长度分别为 $a$，$b$，$c$ 的 3 条线段为边能组成一个三角形. 求证：由长为 $\dfrac{1}{a+b}$，$\dfrac{1}{b+c}$，$\dfrac{1}{c+a}$ 的 3 条线段为边能组成一个三角形.

**证明**：由题目条件得，正数 $a$，$b$，$c$ 满足不等式 $a+b>c$，$b+c>a$，$a+c>b$. 显然 $\dfrac{1}{a+b}$，$\dfrac{1}{b+c}$，$\dfrac{1}{c+a}$ 也都是正数. 由 $c<a+b$，又 $a<a+b$，所以将两个不等式相加得 $a+c<2(a+b)$，因此 $\dfrac{1}{a+c}>\dfrac{1}{2(a+b)}$ ……①

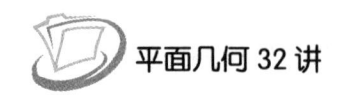

由 $c<a+b$，又 $b<a+b$，所以相加得 $b+c<2(a+b)$，因此 $\dfrac{1}{b+c}>\dfrac{1}{2(a+b)}$ ……②

①+②得 $\dfrac{1}{a+c}+\dfrac{1}{b+c}>\dfrac{1}{2(a+b)}+\dfrac{1}{2(a+b)}=\dfrac{1}{(a+b)}$ ……③

同法可证，$\dfrac{1}{a+c}+\dfrac{1}{b+a}>\dfrac{1}{2(c+b)}+\dfrac{1}{2(c+b)}=\dfrac{1}{(c+b)}$ ……④

$\dfrac{1}{a+b}+\dfrac{1}{b+c}>\dfrac{1}{2(a+c)}+\dfrac{1}{2(a+c)}=\dfrac{1}{(a+c)}$ ……⑤

由式③、④、⑤可得，由长为 $\dfrac{1}{a+b}$，$\dfrac{1}{b+c}$，$\dfrac{1}{c+a}$ 的 3 条线段为边能组成一个三角形.

**例 9** 平面多边形 $A_1A_2A_3\cdots A_{n-1}A_n$ 是用 $n(n>4)$ 根硬棒首尾连接而成的. 试问: 能否将它拉成一个三角形?

(第 20 届莫斯科数学奥林匹克（1957）10 年级试题五)

**解**：设多边形 $A_1A_2A_3\cdots A_{n-1}A_n$ 的所有边长之和为 $L$，因为 $n>4$，则存在首尾连接的 $k(k=1,2,3,\cdots,n-2)$ 根硬棒，长度小于 $\dfrac{L}{2}$. 选其中长度最大一段拉成直线段 $AB$，则其余部分与直线段 $AB$ 仍组成多边形，取其余部分上的一点 $C$，连接 $AC,BC$，则 $AC+BC>AB$. 根据 $AB$ 最长知，折线 $AC$、折线 $BC$ 都不能超过 $AB$，因此，$AB$ 为最大边，显然，$AB<$ 折线 $AC+$ 折线 $BC$，所以以 $A,B,C$ 三点分成的 3 段折线拉成直线段后可以构成一个三角形.

**例 10** 将长度分别为 $1,2,3,\cdots,199,200$ 的 200 条线段分为 50 组. 求证：必定可从某一组中找出 3 条线段，以它们为边可以构成一个三角形.

**证明**：只需考查 $100,101,\cdots,199,200$ 这 101 个数，它们中必有 3 个数属于同一个组. 另外，它们中任两个数之和都大于 200，从而这 3 个数中任两个数之和都大于第三个数，所以以它们为边可构成三角形的 3 条边.

## 3.3 简单的不等式与极值

利用三角形不等式证明简单的不等式，经常利用如下两个基本图和性质.

（1）如图4所示，P为△ABC内一点，AB + AC > PB + PC.

（2）如图5所示，线段AC，BD相交于点O，AB + CD < AC + BD.

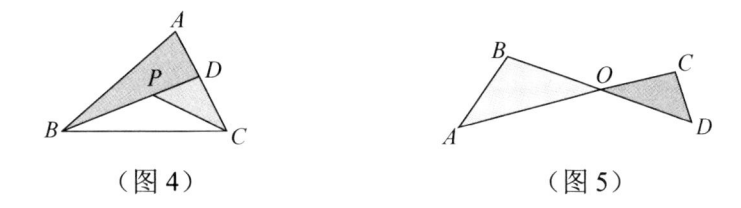

（图4）　　　　　　　（图5）

此外，还需要应用**不等量公理**：

（1）第一量大于第二量，第二量大于第三量，则第一量大于第三量.

（2）不等量加上等量，它们的和不等，原来大的，和仍旧大.

（3）不等量减去等量，它们的差不等，原来大的，差仍旧大.

（4）等量减去不等量，它们的差不等，减去大的，差反而小.

（5）不等量乘相等正数，它们的积不等，原来大的，积仍旧大.

（6）不等量除以相等正数，它们的商不等，原来大的，商仍旧大.

（7）不等量加上不等量，大量的和大于小量的和.

（8）全量大于它的任一部分.

（9）在不等式中，一个量可以用它的等量来代替.

**例11** 已知 $O$ 为△ABC内任意一点. 求证：$\frac{1}{2}(AB + BC + CA) < AO + BO + CO < AB + BC + CA$.

**证明**：如图6所示，因为 $O$ 为△ABC内任意一点，由三角形不等式，得

$AO + BO > AB$，$AO + OC > AC$，$BO + OC > BC$

三式相加得 $AO + BO + CO > \frac{1}{2}(AB + BC + CA)$ ……①

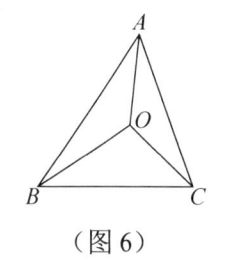

另外根据图4对应的性质，可得

$AO + BO < AC + BC$，$BO + CO < AB + AC$，$CO + AO < BC + AB$.

三式相加得 $2(AO + BO + CO) < 2(AB + BC + CA)$，

所以 $AO + BO + CO < AB + BC + CA$ ……②

综合①、②可得 $\frac{1}{2}(AB + BC + CA) < AO + BO + CO < AB + BC + CA$.

（图6）

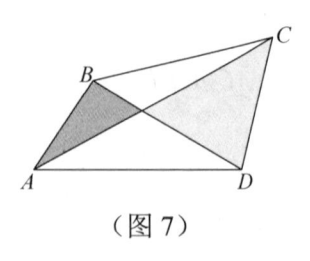

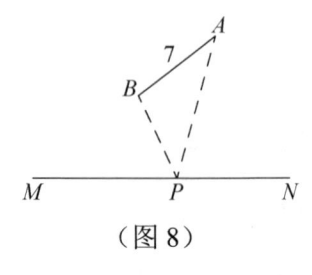

**例 12** 已知凸四边形 ABCD 中，$AB+BD \leqslant AC+CD$. 求证：$AB<AC$.

**证明：** 因为 $AB+BD \leqslant AC+CD$（已知），又在图 7 中根据图 5 对应的性质，可得 $AB+CD<AC+BD$.

两式相加得 $2AB<2AC$，所以 $AB<AC$.

（图 7）

**例 13** 如图 8 所示，加油站 A 和商店 B 在马路 MN 的同一侧，A 到 MN 的距离大于 B 到 MN 的距离，$AB=7$ 米. 一个行人 P 在马路 MN 上行走. 问：当 P 到 A 的距离与 P 到 B 的距离之差最大时，这个差等于_____米.

（图 8）

（第 11 届华杯赛初试试题）

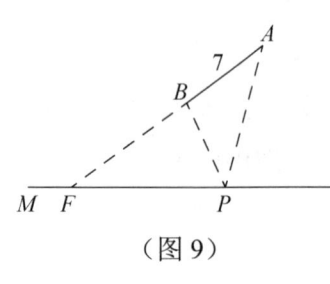

**解：** 因为 A 到 MN 的距离大于 B 到 MN 的距离，所以 AB 与 MN 不平行. 如图 9 所示，延长 AB 交 MN 于点 F，又 AB 是个定值，由于 $AP \leqslant PB+AB$，所以 $|AP-PB| \leqslant AB$，当且仅当 P 与 F 重合时等号成立，这时 $|AP-PB|=AF-FB=AB=7$ 米，所以 P 到 A 的距离与 P 到 B 的距离之差的最大值等于 7 米.

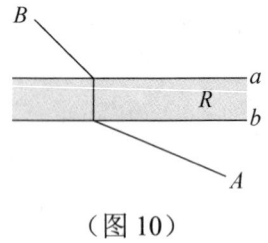

（图 9）

**例 14** 设 A、B 两镇分别位于河 R 的两岸. 假定河 R 的宽度是一定的（如图 10 所示，河的两岸平行），现在想在河上垂直于河岸建一座桥. 问：桥修在什么地点才能使从 A 经过桥到 B 的路程最短.

（图 10）

**分析：** 无论从 A 到 B 怎么走，总归要过一座长度等于河宽的桥. 因此，要使从 A 经过桥到 B 的路程最短，我们可以把"桥"这个定长去掉，设想河岸 b 及包括点 A 的半平面在保持 b 与 a 平行的条件下向上平移，直到直线 a 与 b 重合，这时点 A 变到点 A'.

（图 11）

因此，只要使 $A'B$ 最短就可以了. 从图 11 可见，连接 $A'B$ 交 a 岸于点 C，过点 C 垂直于河岸架桥 CD. 这时 $BC+CD+DA$ 的路程最短.

**例15** 3 个精灵住在平面上的不同地点. 它们的行走速度分别为每小时 1 千米、2 千米和 3 千米. 问: 应当在什么位置会面, 它们由住处（沿直线）到达会面地点所需要的时间之和最小？

**解**: 设第一个精灵的住处为 $A$, 第二个精灵的住处为 $B$, 第三个精灵的住处为 $C$. 它们行走速度分别为: 第一个精灵为每小时 1 千米, 第二个精灵为每小时 2 千米, 第三个精灵为每小时 3 千米.

如图 12 所示, 设会面地点为 $O$, $OA = x$, $OB = y$, $OC = z$, $AB = a$, $AC = b$, 由 $OA + OB \geqslant AB$ 得 $a \leqslant x+y$, 这样对第二个精灵而言, 有 $\dfrac{a}{2} \leqslant \dfrac{x}{2} + \dfrac{y}{2}$ （当 $O$ 在 $AB$ 上时等号成立）, 对第三个精灵而言, 有 $\dfrac{b}{3} \leqslant \dfrac{x}{3} + \dfrac{z}{3}$ （当 $O$ 在 $AC$ 上时等号成立）.

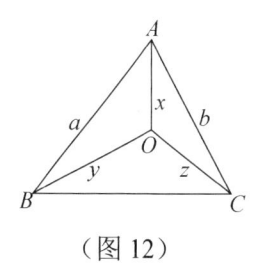

两式相加得 $\dfrac{a}{2} + \dfrac{b}{3} \leqslant \dfrac{5x}{6} + \dfrac{y}{2} + \dfrac{z}{3} \leqslant x + \dfrac{y}{2} + \dfrac{z}{3}$, 当且仅当 $x = 0$ 时等号成立. 而此时 $O$ 点恰与 $A$ 点重合.

即会面地点选择在第一个精灵的住处 $A$, 到达会面地点所需的时间之和最小.

**例16** 在 $\triangle ABC$ 中, $AB = 2AC$. 求证: 三角形最小边的长大于周长的 $\dfrac{1}{6}$, 小于周长的 $\dfrac{1}{4}$.

**证明**: 由 $AB = 2AC$ 知, $AB > AC$.

因为 $AB - AC < BC$, 即 $2AC - AC < BC$, 则 $AC < BC$, 所以 $AC$ 是最小边.

由 $AB + AC + AC < AB + AC + BC$, 即 $4AC < AB + AC + BC$, 所以 $AC < \dfrac{1}{4}(AB + AC + BC)$ ……①

又 $BC < AB + AC = 2AC + AC = 3AC$, 所以 $AB + AC + BC < 2AC + AC + 3AC = 6AC$.

因此 $\dfrac{1}{6}(AB + AC + BC) < AC$ ……②

综合式①、②得 $\dfrac{1}{6}(AB + AC + BC) < AC < \dfrac{1}{4}(AB + AC + BC)$.

**例 17** 如图 13 所示，△ABC 中，AB = 3AC.

（1）问：△ABC 中哪条边最小？（2）求证：$2 < \dfrac{BC}{AC} < 4$.

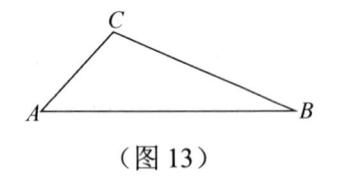

（图 13）

**证明**：（1）因为 AB = 3AC，所以 AB > AC.
又 BC > AB − AC = 3AC − AC = 2AC，则有 AC < BC.
即 AC 是△ABC 中的最小边.

（2）由三角形不等式得 AB − AC < BC < AB + AC.

因为 AB = 3AC，所以 2AC < BC < 4AC，即 $2 < \dfrac{BC}{AC} < 4$.

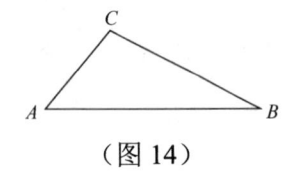

**例 18** 如图 14 所示，△ABC 中，AB = 2.1AC.

（1）△ABC 中哪条边最小？

（2）求证：$1.1 < \dfrac{BC}{AC} < 3.1$.

（图 14）

**证明**：（1）因为 AB = 2.1AC，所以 AB > AC.
BC > AB − AC = 2.1AC − AC = 1.1AC，故 AC < BC.
即 AC 是△ABC 中的最小边.

（2）由三角形不等式得 AB − AC < BC < AB + AC.
因为 AB = 2.1AC，所以 1.1AC < BC < 3.1AC，即 $1.1 < \dfrac{BC}{AC} < 3.1$.

**例 19** 凸 n 边形的所有对角线都相等，试确定 n 的值.

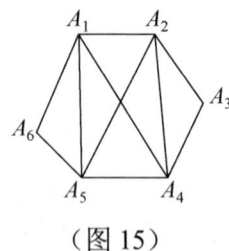

（图 15）

**解**：易知正方形的两条对角线相等，正五边形的 5 条对角线都相等，所以 n 可取 4 或 5. 下面证明：n ≤ 5. 如若不然，n > 5，则 n 至少是 6，假设凸六边形 $A_1A_2A_3A_4A_5A_6$ 的对角线都相等，设长度都等于 a. 如图 15 所示，它的 4 条对角线 $A_1A_5 = A_2A_4 = A_1A_4 = A_2A_5 = a$. 显然根据图 5 对应的性质，有 $A_1A_4 + A_2A_5 > A_1A_5 + A_2A_4$，即 a + a > a + a，与已知矛盾！因此 n > 5 不成立，所以 n = 4 或 n = 5. 只有凸四边形或凸五边形，才能出现所有对角线都相等的情况.

**例 20** 平面上有 10 个红点与 10 个蓝点，其中任意三点都不共线. 证明：可以一个红点与一个蓝点为端点连接成 10 条线段，使得其中任两条线段都不相交.

**证明**：一个红点与一个蓝点为端点连接成 10 条线段，方法数是有限的，所连成的这 10 条线段的总长度 $l$ 也为有限值，其中总长度 $l$ 必有一个最小值，则具有最小值的 10 条线段中，任两条都不会相交. 如若不然，设线段 $A_1^{红}B_1^{蓝}$，$A_2^{红}B_2^{蓝}$ 相交于点 $O$，如图 16 所示，我们可以改连 $A_1^{红}B_2^{蓝}$，$A_2^{红}B_1^{蓝}$，这样线段 $A_1^{红}B_2^{蓝}$，$A_2^{红}B_1^{蓝}$ 不相交，根据性质（2），$A_1^{红}B_2^{蓝}$ + $A_2^{红}B_1^{蓝}$ < $A_1^{红}B_1^{蓝}$ + $A_2^{红}B_2^{蓝}$，与总长度 $l$ 有最小值相矛盾！所以可以一个红点与一个蓝点为端点连接成 10 条线段，使得其中任两条线段都不相交.

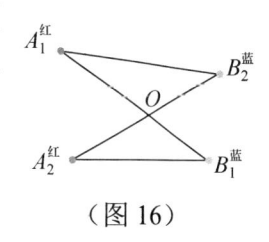

（图 16）

# 第 4 讲

# 三角形内角和问题

## 4.1 基本知识

一个三角形的 3 个内角之间有如下重要关系.

**三角形内角和定理** 三角形 3 个内角之和等于 $180°$（至少要会 3 种证明）.

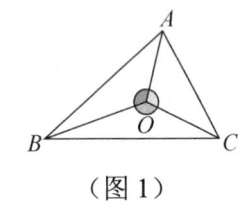

**思考**：有的同学给出这样的证明：如图 1 所示，在 $\triangle ABC$ 内任取一点 $O$，设三角形 3 个内角之和等于 $x$，则 $\triangle ABO$，$\triangle BCO$，$\triangle CAO$，$\triangle ABC$ 的内角之和都等于 $x$.

（图1）

于是得 $3x = x + 360°$，解得 $x = 180°$.

然而，这个证明是错误的，请你指出错在哪里.

三角形中，一个内角的邻补角叫作这个三角形的一个外角. 显然有：

（1）三角形的一个外角等于和它不相邻的两个内角之和；

（2）三角形的一个外角大于任何一个和它不相邻的内角.

由于一个凸 $n$ 边形可以用从一个顶点引出的（$n-3$）条对角线分为（$n-2$）个三角形. 易知：

（3）凸 $n$ 边形的内角和为 $(n-2) \times 180°$；

（4）凸 $n$ 边形的外角和等于 $360°$.

利用上述结果可以展开有趣的推理与证明.

## 4.2 三角形角的一些性质

**例1** 证明：三角形中直角或钝角的个数不能多于一个.

**证明**：假设一个三角形中直角或钝角的个数多于 1 个，则可设该三角形中

直角或钝角的个数为 2. 于是这 2 个角之和不小于 $180°$. 再加上第三个内角后，就得出三角形的内角之和大于 $180°$. 这与三角形内角之和等于 $180°$ 矛盾. 所以三角形中直角或钝角的个数不能多于一个.

**例 2** 证明：一个三角形中最大角必不小于 $60°$，最小角必不大于 $60°$.

**证明：** 设 $\triangle ABC$ 中，$\angle A \leqslant \angle B \leqslant \angle C$. 则 $\angle A + \angle B + \angle C \leqslant 3\angle C$，即 $3\angle C \geqslant 180°$，所以 $\angle C \geqslant 60°$.

同理，由 $3\angle A \leqslant \angle A + \angle B + \angle C = 180°$，可得 $\angle A \leqslant 60°$.

**例 3** 证明：凸多边形的内角中锐角不能超过 3 个.

**证明：** 假设凸多边形的内角中锐角超过 3 个，设一个凸多边形的内角中锐角有 4 个，这时，这 4 个内角的邻补角都是钝角，也就是说，这个多边形的外角中有 4 个钝角，这 4 个钝角之和大于 $360°$，因此这个多边形的外角和大于 $360°$，与"凸 $n$ 边形的外角和等于 $360°$"的结论矛盾.

因此，凸多边形的内角中锐角不能超过 3 个.

**例 4** 凸多边形的内角和再加上某一个外角等于 $1350°$. 求这个多边形的边数 $n$.

**解：** 设这个外角的度数为 $\alpha°$，则 $0 < \alpha < 180$.

依题意得 $(n-2) \times 180 + \alpha = 1350 = 15 \times 90$，因此 $\alpha$ 是整数，且是 90 的倍数. 又因为 $0 < \alpha < 180$，所以 $\alpha = 90$.

此时 $(n-2) \times 180 + 90 = 1350 = 15 \times 90$，即 $n - 2 = 7$，则 $n = 9$. 所以题设的多边形是个九边形.

**例 5** $\triangle ABC$ 中，$P$ 为三角形内一点. 求证：$\angle BPC > \angle BAC$.

**证明：** 本题的两种证明都很典型，其辅助线添法如图 2 所示.

（1）如图 2（a）所示，$\angle BPD > \angle BAD$，$\angle CPD > \angle CAD$.

两式相加得 $\angle BPD + \angle CPD > \angle BAD + \angle CAD$，即 $\angle BPC > \angle BAC$.

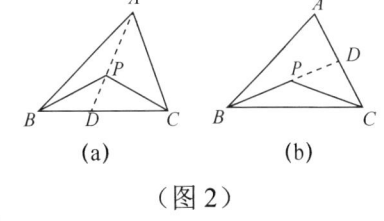

（2）如图 2（b）所示，延长 $BP$ 交 $AC$ 于点 $D$，由三角形外角的性质，得 $\angle BPC > \angle BDC > \angle BAC$.

**例 6** 如图 3 所示，$B$，$C$，$D$ 三点在同一直线上，$\angle ABC$ 的平分线与

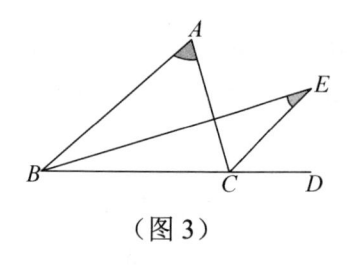

∠ACD 的平分线交于点 E. 求证：$\angle E = \dfrac{1}{2}\angle A$.

**证明**：因为 $\angle ACD = \angle A + \angle ABC$.

所以 $\angle ACD - \angle ABC = \angle A$.

于是 $\dfrac{1}{2}(\angle ACD - \angle ABC) = \dfrac{1}{2}\angle A$.

即 $\dfrac{1}{2}\angle ACD - \dfrac{1}{2}\angle ABC = \dfrac{1}{2}\angle A$.

亦即 $\angle ECD - \angle EBC = \dfrac{1}{2}\angle A$.

又 $\angle ECD - \angle EBC = \angle E$，所以 $\angle E = \dfrac{1}{2}\angle A$.

## 4.3 有关角的一些计算问题

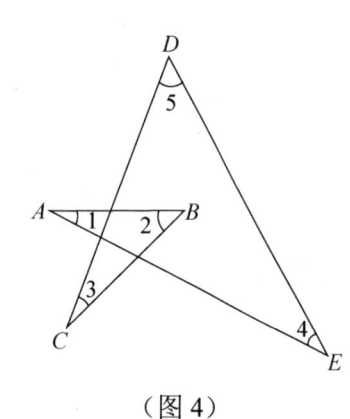

**例 7** 如图 4 所示，求 $\angle 1 + \angle 2 + \angle 3 + \angle 4 + \angle 5$ 的度数.

**解**：连接 CE，设 AE 与 BC 相交于点 O（如图 5 所示）. 由三角形内角和定理及 $\angle AOB = \angle COE$ 可得 $\angle 1 + \angle 2 = \angle OEC + \angle OCE$.

所以 $\angle 1 + \angle 2 + \angle 3 + \angle 4 + \angle 5$
$= \angle OEC + \angle OCE + \angle 3 + \angle 4 + \angle 5$
$= (\angle OCE + \angle 3) + (\angle OEC + \angle 4) + \angle 5$
$= \angle DCE + \angle DEC + \angle CDE = 180°$.

**例 8** △ABC 中，3 个内角的度数均为整数，且 $\angle A < \angle B < \angle C$，$4\angle C = 7\angle A$，则 $\angle B = $ _____.

（1997 年北京市中学生数学竞赛初二年级复试试题）

**解**：由 $4\angle C = 7\angle A$ 可知 $\angle A = \dfrac{4}{7}\angle C$，所以 $\dfrac{4}{7}\angle C < \angle B < \angle C$.

因为 $\angle A + \angle B + \angle C = 180°$，所以 $\dfrac{4}{7}\angle C + \angle B + \angle C = 180°$，则有 $\angle B =$

$180°-\dfrac{11}{7}\angle C$.

由 $\dfrac{4}{7}\angle C<180°-\dfrac{11}{7}\angle C<\angle C$ 得 $70°<\angle C<84°$.

因为 $\dfrac{4}{7}\angle C$ 是整数，所以 $\angle C$ 的度数能被 7 整除，所以 $\angle C=77°$.

进而求得 $\angle A=44°$，$\angle B=59°$.

**例 9** 已知一个三角形的 3 个内角的度数之比为 $\alpha:\beta:\gamma$（$\alpha$，$\beta$，$\gamma$ 均为正数），求证：与 3 个内角相邻的 3 个外角的度数之比为 $(\beta+\gamma):(\gamma+\alpha):(\alpha+\beta)$.

**证明**：由于 $\triangle ABC$ 中 3 个内角 $\angle A$，$\angle B$，$\angle C$ 之比为 $\alpha:\beta:\gamma$（$\alpha$，$\beta$，$\gamma$ 均为正数），可分别设 $\triangle ABC$ 中 3 个内角 $\angle A$，$\angle B$，$\angle C$ 的度数为 $(\alpha x)°$，$(\beta x)°$，$(\gamma x)°$，如图 6 所示，根据外角定理，可得：

（图 6）

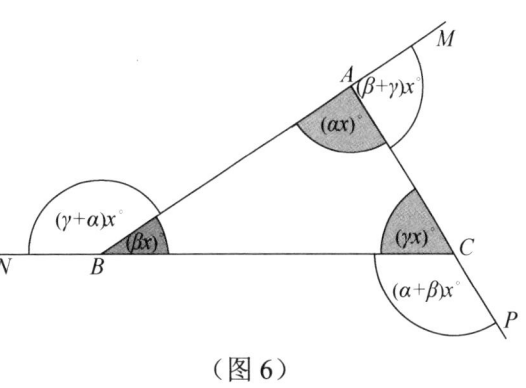

$\angle A$ 的外角 $=\angle B+\angle C=(\beta x)°+(\gamma x)°=(\beta+\gamma)x°$；

$\angle B$ 的外角 $=\angle C+\angle A=(\gamma x)°+(\alpha x)°=(\gamma+\alpha)x°$；

$\angle C$ 的外角 $=\angle A+\angle B=(\alpha x)°+(\beta x)°=(\alpha+\beta)x°$.

所以 $\angle A$ 的外角 $:\angle B$ 的外角 $:\angle C$ 的外角 $=(\beta+\gamma)x°:(\gamma+\alpha)x°:(\alpha+\beta)x°=(\beta+\gamma):(\gamma+\alpha):(\alpha+\beta)$.

**例 10** 已知一个三角形的 3 个外角的度数之比为 $\alpha:\beta:\gamma$（$\alpha$，$\beta$，$\gamma$ 均为正数），求证：与它们相邻的 3 个内角的度数之比为 $(\beta+\gamma-\alpha):(\gamma+\alpha-\beta):(\alpha+\beta-\gamma)$.

**证明**：设 $\triangle ABC$ 中 3 个内角 $\angle A$，$\angle B$，$\angle C$ 的外角的度数分别为 $\alpha x$，$\beta x$，$\gamma x$，由题意得 $\alpha x+\beta x+\gamma x=360°$，解得 $x=\dfrac{360°}{\alpha+\beta+\gamma}$.

因此 $\angle A$ 的外角 $=\dfrac{\alpha\cdot 360°}{\alpha+\beta+\gamma}$；$\angle B$ 的外角 $=\dfrac{\beta\cdot 360°}{\alpha+\beta+\gamma}$；$\angle C$ 的外角 $=\dfrac{\gamma\cdot 360°}{\alpha+\beta+\gamma}$.

根据外角的性质，得 $\angle A = 180° - \angle A$ 的外角

$= 180° - \dfrac{\alpha \cdot 360°}{\alpha+\beta+\gamma} = \dfrac{(\alpha+\beta+\gamma-2\alpha)\cdot 180°}{\alpha+\beta+\gamma} = \dfrac{(\beta+\gamma-\alpha)\cdot 180°}{\alpha+\beta+\gamma}$；

同理可得 $\angle B = 180° - \angle B$ 的外角 $= \dfrac{(\gamma+\alpha-\beta)\cdot 180°}{\alpha+\beta+\gamma}$；

$\angle C = 180° - \angle C$ 的外角 $= \dfrac{(\alpha+\beta-\gamma)\cdot 180°}{\alpha+\beta+\gamma}$．

所以 $\angle A : \angle B : \angle C = \dfrac{(\beta+\gamma-\alpha)\cdot 180°}{\alpha+\beta+\gamma} : \dfrac{(\gamma+\alpha-\beta)\cdot 180°}{\alpha+\beta+\gamma} : \dfrac{(\alpha+\beta-\gamma)\cdot 180°}{\alpha+\beta+\gamma}$

$= (\beta+\gamma-\alpha):(\gamma+\alpha-\beta):(\alpha+\beta-\gamma)$．

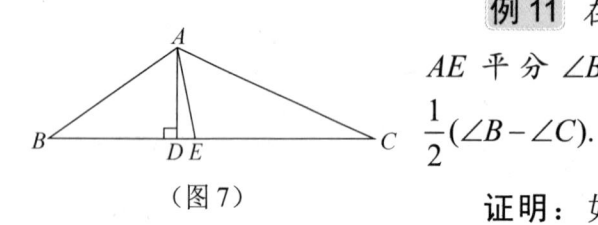

**例 11** 在 $\triangle ABC$ 中，$AD \perp BC$ 于点 $D$，$AE$ 平分 $\angle BAC (\angle B > \angle C)$．求证：$\angle DAE = \dfrac{1}{2}(\angle B - \angle C)$．

（图 7）

**证明**：如图 7 所示，$\angle DAE = \angle BAE - \angle BAD = \dfrac{\angle BAC}{2} - (90° - \angle B) = \dfrac{\angle BAC}{2} - 90° + \angle B$；

$\angle DAE = \angle CAD - \angle CAE = (90° - \angle C) - \dfrac{\angle BAC}{2} = 90° - \angle C - \dfrac{\angle BAC}{2}$．

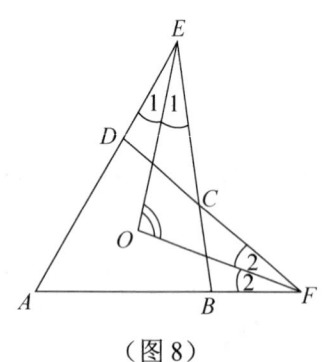

两式相加即得所求证的结果 $\angle DAE = \dfrac{1}{2}(\angle B - \angle C)$．

**例 12** 如图 8 所示，$\angle AEB$ 的角平分线与 $\angle AFD$ 的角平分线相交于点 $O$．求证：$\angle EOF = \dfrac{1}{2}(\angle DAB + \angle BCD)$．

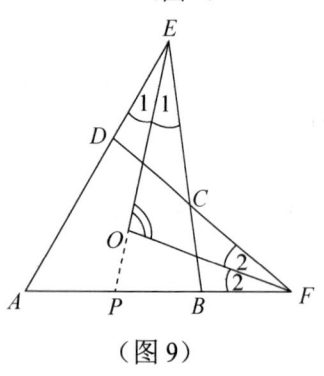

（图 8）

**证明**：延长 $EO$ 交 $AB$ 于点 $P$（如图 9 所示）．

设 $\angle AEO = \angle BEO = \angle 1$，$\angle AFO = \angle DFO = \angle 2$．

则由三角形外角的性质，

得 $\angle EOF = \angle EPF + \angle 2 = \angle DAB + \angle 1 + \angle 2$．……①

（图 9）

同理可得 $\angle BCD = \angle ECF = \angle EOF + \angle 1 + \angle 2$．

即 $\angle EOF = \angle BCD - \angle 1 - \angle 2$. ……②

①＋② 可得 $2\angle EOF = \angle DAB + \angle BCD$.

所以 $\angle EOF = \frac{1}{2}(\angle DAB + \angle BCD)$.

**例 13** 如图 10 所示，$\angle DEA$ 的平分线与 $\angle BCA$ 的平分线相交于点 $F$. 求证：$\angle F = \frac{1}{2}(\angle B + \angle D)$.

**证明：** 设 $\angle DEF = \angle BEF = x$，$\angle BCF = \angle DCF = y$，则由折四边形 $FEBC$ 得 $\angle F = \angle B + y - x$.

由折四边形 $DEFC$ 得 $\angle F = \angle D + x - y$.

两式相加即得 $2\angle F = \angle B + \angle D$，所以 $\angle F = \frac{1}{2}(\angle B + \angle D)$.

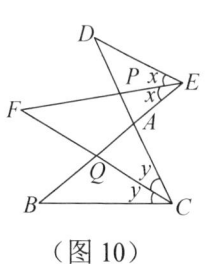

（图 10）

## 4.4 综合竞赛题选析

**例 14** 已知正 $n$ 边形的内角的度数为整数，那么这样的 $n$ 有 _____ 个.

**答：** 22.

**解：** 正 $n$ 边形的内角度数为 $\frac{n-2}{n} \times 180° = 180° - \frac{360°}{n}$.

所以当 $360 = 2^3 \times 3^2 \times 5$ 能被 $n$ 整除时，正 $n$ 边形的内角的度数为整数. 360 有 $(3+1)(2+1)(1+1) = 24$ 个因数，当 $n=1$ 或 $n=2$ 时，不存在正 $n$ 边形，所以只有 24－2＝22 个正多边形满足条件.

**例 15** 一个凸 $n$ 边形的内角中，恰有 4 个钝角，则 $n$ 的最大值是（　　）.

（A）5　　　（B）6　　　（C）7　　　（D）8

（1996 年北京市中学生数学竞赛初二年级初试试题）

**答：**（C）.

**解：** 凸 $n$ 边形的内角之和为 $(n-2) \times 180°$. 这个凸 $n$ 边形中恰有 4 个钝角，其余（$n-4$）个是非钝角，所以这个凸 $n$ 边形内角和小于 $4 \times 180° + (n-4) \times 90°$.

由 $(n-2) \times 180° < 4 \times 180° + (n-4) \times 90°$，解得 $n < 8$，即 $n \leqslant 7$.

事实上，可以作出凸七边形 $ABCDEFG$，$\angle A = 60°$，$\angle ABC = \angle AGF = 160°$，$\angle BCD = \angle GFE = 175°$，$\angle D = \angle E = 85°$（如图 11

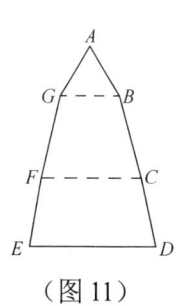

（图 11）

所示），其中恰有 4 个钝角，所以 $n$ 的最大值是 7.

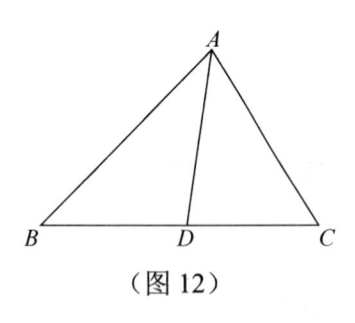

**例 16** 如图 12 所示，$\triangle ABC$ 中，$D$ 是边 $BC$ 上一点. 若 $\angle B \neq \angle C$，$\triangle ABD$ 与 $\triangle ACD$ 的角分别对应相等，求证：$AD \perp BC$，$AB \perp AC$.

**证明**：由于 $\triangle ABD$ 与 $\triangle ACD$ 的角分别对应相等和三角形外角的性质，有 $\angle ADC > \angle ABC$，$\angle ADC > \angle BAD$.

所以 $\angle ADC = \angle ADB$.

又 $\angle ADC + \angle ADB = 180°$，所以 $\angle ADC = \angle ADB = 90°$，即 $AD \perp BC$.

由于 $\angle B \neq \angle C$，因此 $\angle B = \angle CAD$，$\angle C = \angle BAD$. 相加得 $\angle B + \angle C = \angle CAD + \angle BAD = \angle BAC$.

又 $\angle B + \angle C + \angle BAC = 180°$，所以 $\angle BAC = 90°$，即 $AB \perp AC$.

**例 17** 如果平面上 6 个点中的任意三点都不共线，则可从中选出某三点构成一个三角形，使得该三角形中至少有一个内角不超过 $30°$. 试证之.

(1963 年莫斯科数学竞赛 10 年级第一试试题)

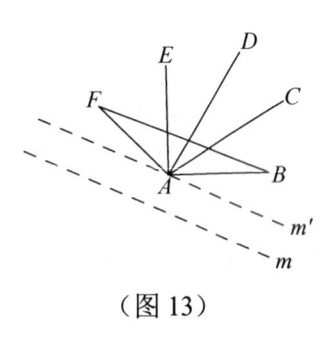

**证明**：平面上存在直线 $m$，使得 $A$，$B$，$C$，$D$，$E$，$F$ 6 个点都在 $m$ 的同侧. 平移 $m$，直到遇到 6 个点中的一个点（比如 $A$）为止，这时 $\angle BAF$ 小于平角（如图 13 所示）.

（1）如果 $\angle BAF < 120°$，则 $\angle BAC + \angle CAD + \angle DAE + \angle EAF < 120°$

根据平均数原理，4 个角中至少有一个小于 $30°$，比如 $\angle CAD < 30°$，即得 $\triangle CDE$ 的一个内角小于 $30°$.

（2）如果 $\angle BAF \geqslant 120°$，则在 $\triangle BAF$ 中 $\angle ABF + \angle AFB \leqslant 60°$. 根据平均数原理，$\angle ABF$、$\angle AFB$ 中至少有一个度数不超过 $30°$.

综上所述，可从已知的 6 个点中选出某 3 个点构成一个三角形，使得该三角形中至少有一个内角不超过 $30°$.

**例 18** 在一张正方形纸的内部标有 1987 个红点，这些红点连同纸的 4 个顶点中任何三点都不共线. 沿着一些互不相交的线段剪这张纸，每一条线段的起点和终点都属于上述的 1991 个点（含 4 个顶点）．最终将这张纸剪成了一些三角形．现知每个三角形中除它的 3 个顶点外都不含有上述 1991 个点中的其他点．试问：共剪了多少刀？共剪得了多少个三角形？

**解**：首先，每一个内部的红点都是一些三角形的公共顶点，这些三角形中以该点为顶点的所有的内角之和为360°．其次，正方形纸的每个顶点也都是一些三角形的顶点，这些三角形中以正方形顶点为顶点的所有的内角之和为90°．所以，这些三角形的所有内角之和为$1987\times 360°+4\times 90°=715680°$．由此可知，这些三角形的数量为$715680°\div 180°=3976$．

由于每个三角形都有 3 条边，而正方形纸的每一条边也是某一个三角形的一条边，且除这 4 条正方形的边外，三角形的其余的边都是用剪子剪出的，每一次剪出一条两个三角形的公用边．所以，一共剪了$(3\times 3976-4)\div 2=5962$（次）．

**例19** 如图 14 所示，凸 $n$ 边形可以以不同的方法，用在形内不相交的对角线将凸 $n$ 边形划分成若干个三角形．则分得的三角形的个数 $k$ 与分法无关，用来划分的在形内不相交的对角线的数目 $l$ 也与分法无关，请确定 $k$ 与 $l$ 的值．

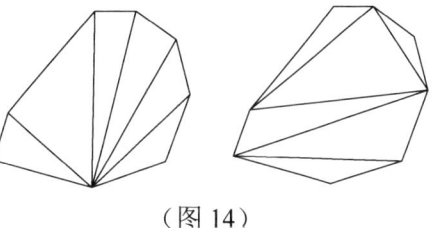

（图14）

**解**：我们注意，凸 $n$ 边形划分为 $k$ 个三角形后，$k$ 个三角形的内角和恰等于凸 $n$ 边形的内角和，于是 $k\cdot 180°=(n-2)\cdot 180°$，所以 $k=n-2$．

这 $n-2$ 个三角形共有 $3(n-2)$ 条边，其中用来划分的 $l$ 条对角线每条用了 2 次，$n$ 条边各用了一次．因此 $3(n-2)=2l+n$，解得 $l=n-3$．

所以，用在凸 $n$ 边形内部不相交的对角线把凸 $n$ 边形划分为三角形，不管分法如何，均分得 $n-2$ 个三角形，用来划分的在形内不相交的对角线数目为 $(n-3)$ 条．

**例20** 用 3 种边长相等、边数不同的正多边形地砖铺地，三种地砖恰能在地面的每个顶点处各使用一块而拼在一起，它们刚好能完全铺满地面．已知正多边形的边数分别是 3 个不同的整数 $x, y, z$．

（1）求 $\dfrac{1}{x}+\dfrac{1}{y}+\dfrac{1}{z}$ 的值．

（2）请举出两组满足题设条件的 3 种边长相等、边数不同的正多边形地砖. 并加以验证.

**解**：（1）由于凸多边形的内角和为 $(n-2)\cdot 180°$，由题意，可列方程：
$$\frac{(x-2)180}{x}+\frac{(y-2)180}{y}+\frac{(z-2)180}{z}=360，化简得 \frac{1}{x}+\frac{1}{y}+\frac{1}{z}=\frac{1}{2}.$$

（2）由于 $1=\frac{1}{2}+\frac{1}{3}+\frac{1}{6}$，所以 $\frac{1}{4}+\frac{1}{6}+\frac{1}{12}=\frac{1}{2}$，可取 $x=4$，$y=6$，$z=12$.

**验证**：正方形的内角为 $90°$，正六边形的内角为 $120°$，正十二边形的内角为 $150°$，而 $90°+120°+150°=360°$，所以用边长相等的正方形、正六边形、正十二边形的 3 种地砖可以铺满地面.

又由于 $\frac{1}{2}=\frac{10}{20}=\frac{5+4+1}{20}=\frac{1}{4}+\frac{1}{5}+\frac{1}{20}$，因此可取 $x=5$，$y=4$，$z=20$.

**验证**：正五边形的内角为 $108°$，正方形的内角为 $90°$，正二十边形的内角为 $162°$，而 $108°+90°+162°=360°$，所以用边长相等的正方形、正五边形、正二十边形的 3 种地砖可以铺满地面.

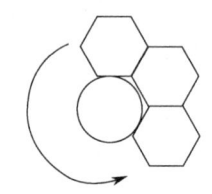

**例 21** 如图 15 所示，若干个相同的正 $k$ 边形摆成一圈. 图中所示的只是摆好的 3 个正 $k$ 边形. 问：有多少种正 $k$ 边形能摆成这样的一圈？摆完这一圈共需多少个正 $k$ 边形？

（图 15）

**解**：易知摆好的中间部分仍是正多边形. 设摆成一圈共需 $n$ 个正 $k$ 边形，则中间是个正 $n$ 边形. 这个正 $n$ 边形的每个内角等于 $360°-\frac{(k-2)\cdot 180°}{k}\times 2=360°\cdot\left(1-\frac{k-2}{k}\right)=\frac{720°}{k}$.

另外，正 $n$ 边形的每个内角都是 $\frac{(n-2)\cdot 180°}{n}$.

所以 $\frac{720°}{k}=\frac{(n-2)\cdot 180°}{n}$，即 $\frac{1}{k}=\frac{n-2}{4n}$，解得 $k=\frac{4n}{n-2}=\frac{(4n-8)+8}{n-2}=4+\frac{8}{n-2}$. 由于 $k$ 为正整数，所以 $\frac{8}{n-2}$ 为正整数，则 $n-2$ 是 8 的正约数. 所以 $n-2=1$，2，4，8. 当 $n-2=1$ 时，$k=12$，摆好的中间部分是正三角形，如图 16（a）所示. 当 $n-2=2$ 时，$k=8$，摆好的中间部分是正方形，如图 16（b）所示. 当 $n-2=4$ 时，$k=6$，摆好的中间部分是正六边形，如图 16（c）所示. 当 $n-2=8$ 时，$k=5$，摆好的中间是正十边形，如图 16（d）所示.

(图16)

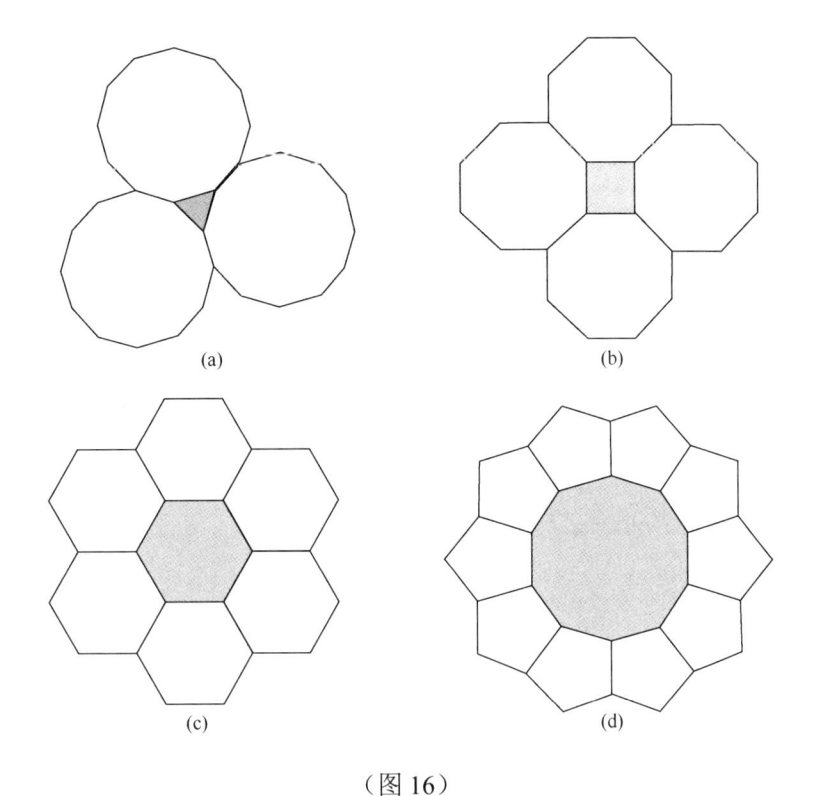

**例22** 将一个五边形沿一条直线剪成两部分,再将其中之一沿一条直线剪成两部分,然后再沿一条直线将三部分之一剪成两部分,……,如此进行下去.要得到 20 个五边形,最少剪多少次?

(第 21 届华杯赛决赛小高（A）第 13 题)

**解**：一个多边形被分成两部分,其内角和至多增加 $360°$（可能增加 $0°, 180°, 360°$）,剪 $k$ 次共增加的度数至多为 $k×360°$,所以这 $k+1$ 个多边形的度数和至多是 $k×360°+540°$. 另外,20 个五边形的度数之和为 $20×540°$,剩余的 $k-19$ 个多边形的度数和最小是 $(k-19)×180°$,这样得到 $(k-19)×180°+20×540°⩽k×360°+540°$,整理得 $k⩾38$.

当 $k=38$ 时,可以先将五边形剪成一个五边形和一个四边形,然后剪 18 次将四边形剪成 19 个四边形,再剪 19 次将每个四边形剪成五边形,这样就用 38 次将五边形剪成了 20 个五边形.

**例23** 考古发现一块正多边形瓷砖的残片(如图 17 所示),瓷砖上找不到完整的角,考古专家判定 $D, E$ 两点是该正多边形相邻的两个

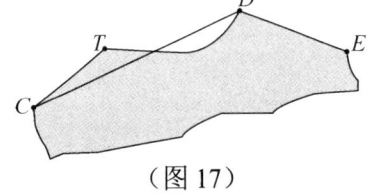

(图17)

顶点，$C$，$D$ 两点是间隔了一个顶点的两个顶点．经过测量 $\angle CDE=135°$，$DE=13$ 厘米．求原本正多边形的周长是多少厘米．

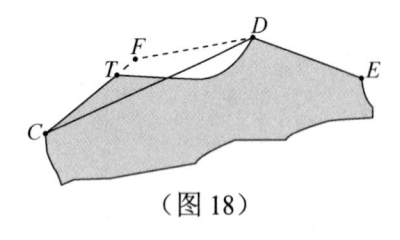

**解**：如图18所示，设原图是正 $n$ 边形，其中 $C$，$D$ 间的顶点为 $F$，连接 $CF$，$DF$，则

$$\angle CFD = \angle FDE = \frac{(n-2)}{n} \cdot 180°.$$

因为 $CF = FD$，所以 $\angle CDF = \angle FCD = \dfrac{180° - \angle CFD}{n} \cdot \dfrac{180°}{n}$．

所以 $\angle CDE = \angle FDE - \angle FDC = \dfrac{n-3}{n} \times 180° = 135°$．

解得 $n = 12$．

所以原本的正多边形是正十二边形，其周长为 13×12=156（厘米）．

# 第 5 讲

# 等积变形与面积计算

**定理 1** 三角形的中线平分三角形的面积.

**例 1** 如图 1 所示，凸四边形 $ABCD$ 的两组对边中点连线 $EF$，$GH$ 相交于点 $O$. 求证：$S_{\text{四边形}AEOG} + S_{\text{四边形}CFOH} = \dfrac{1}{2} S_{\text{四边形}ABCD}$.

**证明**：连接 $OD$，$OA$，$OB$，$OC$. 则 $S_{\text{四边形}AEOG} = S_{\triangle AOE} + S_{\triangle AOG} = \dfrac{1}{2}(S_{\triangle AOD} + S_{\triangle AOB})$，$S_{\text{四边形}CFOH} = S_{\triangle COF} + S_{\triangle COH} = \dfrac{1}{2}(S_{\triangle BOC} + S_{\triangle COD})$，

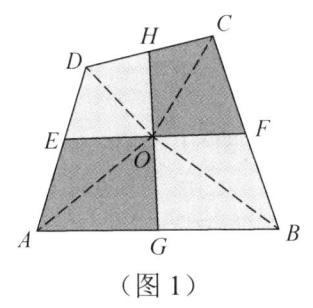

所以 $S_{\text{四边形}AEOG} + S_{\text{四边形}CFOH} = \dfrac{1}{2}(S_{\triangle AOD} + S_{\triangle AOB} + S_{\triangle BOC} + S_{\triangle COD}) = \dfrac{1}{2} S_{\text{四边形}ABCD}$.

（图 1）

**定理 2** 四边形 $ABCD$ 中，$O$ 是四边形对角线的交点. 当且仅当 $\triangle ABO$ 与 $\triangle CDO$ 等积时，边 $AD$ 和 $BC$ 平行.

**证明**：如图 2 所示，设 $\triangle ABO$ 与 $\triangle CDO$ 等积，这意味着，$\triangle ABD$ 与 $\triangle ACD$ 等积. 在 $\triangle ABD$ 与 $\triangle ACD$ 中 $AD$ 为公共边，所以 $AD$ 上对应的高相等. 又 $B$，$C$ 在 $AD$ 同侧，因此 $BC /\!/ AD$.

反之，设 $AD /\!/ BC$，所以 $\triangle ABD$ 与 $\triangle ACD$ 中 $AD$ 边对应的高相等，因此 $\triangle ABO$ 与 $\triangle CDO$ 等积.

因此，在四边形 $ABCD$ 中，当且仅当 $\triangle ABO$ 与 $\triangle CDO$ 等积时，边 $AD$ 和 $BC$ 平行.

（图 2）

**例 2** 图 3 中四边形 $ABCD$ 是个直角梯形（$\angle DAB = $

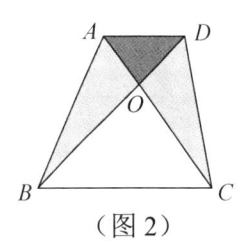

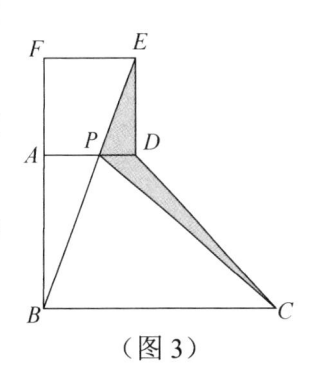

（图 3）

$\angle ABC = 90°$). 以 $AD$ 为边向外作长方形 $ADEF$, 其面积为 6.36 平方厘米. 连接 $BE$ 交 $AD$ 于点 $P$, 连接 $PC$. 求图中阴影部分的面积.

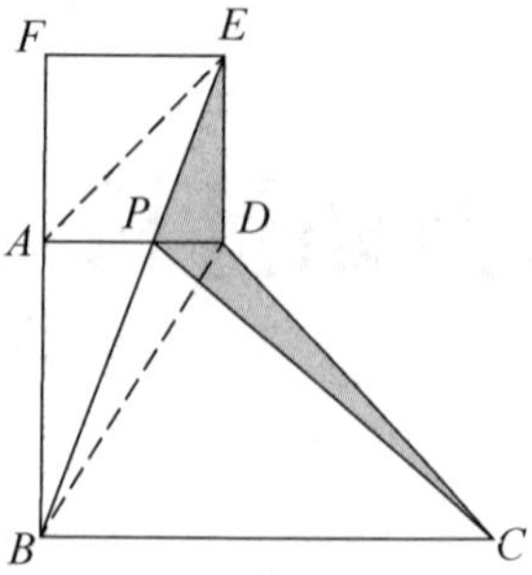

**解**: 如图 4 所示, 连接 $AE$, $BD$. 因为 $AD//BC$, 则 $S_{\triangle PDC} = S_{\triangle PDB}$. 又 $AB//ED$, 则 $S_{\triangle EAD} = S_{\triangle EBD}$. 所以
$$S_{阴影} = S_{\triangle EPD} + S_{\triangle PDC} = S_{\triangle EPD} + S_{\triangle PDB} = S_{\triangle EBD} = S_{\triangle EAD} = \frac{1}{2}S_{四边形ADEF} = \frac{1}{2} \times 6.36 = 3.18 \text{（平方厘米）}.$$

（图 4）

**例 3** 如图 5 所示四边形 $ABCD$ 中, $M$ 是 $AD$ 的中点, $N$ 是 $BC$ 的中点. 已知 $S_{四边形ABNM} = S_{四边形DCNM}$. 求证: $AD//BC$.

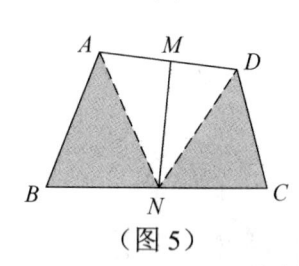

**证明**: 连接 $AN$, $DN$. 由于 $MN$ 为 $\triangle AND$ 的一条中线, 所以 $S_{\triangle AMN} = S_{\triangle DMN}$. 又已知 $S_{四边形ABNM} = S_{四边形DCNM}$, 所以 $S_{\triangle ABN} = S_{\triangle DCN}$（等量减等量, 其差仍相等）.

（图 5）

由于 $\triangle ABN$ 与 $\triangle DCN$ 的底边在一条直线 $BC$ 上, 且 $BN=CN$, 点 $A$, $D$ 在 $BC$ 同侧, 由定理 2 可知, $AD//BC$.

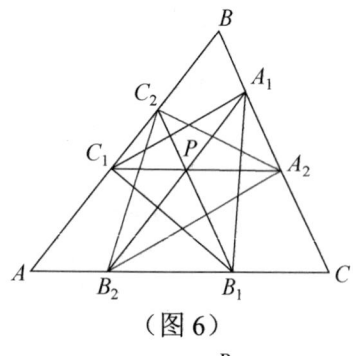

**例 4** 如图 6 所示, $P$ 为 $\triangle ABC$ 内一点, 过 $P$ 作 $A_1B_2//BA$, $B_1C_2//CB$, $C_1A_2//AC$.

求证: $\triangle A_1B_1C_1$ 与 $\triangle A_2B_2C_2$ 的面积相等.

**提示**: 记 $A_2C_1$ 与 $B_1C_2$ 交于点 $P$, 连接 $A_1C_2$, $C_1B_2$, $B_1A_2$, 如图 7 所示.

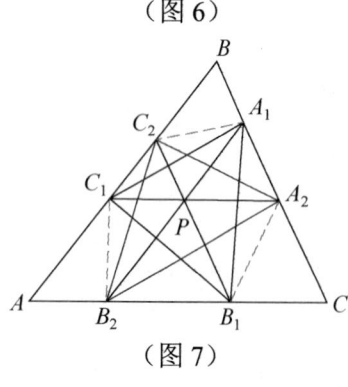

（图 6）

$\triangle PA_2B_2$ 的面积 = $\triangle PA_2B_1$ 的面积 = $\triangle PA_1B_1$ 的面积;

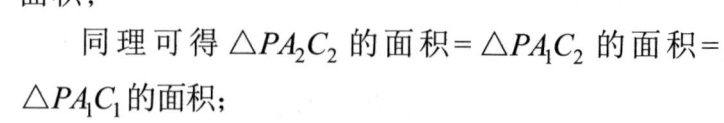

同理可得 $\triangle PA_2C_2$ 的面积 = $\triangle PA_1C_2$ 的面积 = $\triangle PA_1C_1$ 的面积;

$\triangle PB_2C_2$ 的面积 = $\triangle PB_2C_1$ 的面积 = $\triangle PB_1C_1$ 的面积.

（图 7）

三式相加得 $\triangle A_2B_2C_2$ 与 $\triangle A_1B_1C_1$ 的面积相等.

**例 5** 如图 8 所示，在五边形 $A_1A_2A_3A_4A_5$ 中，如果 $A_1A_3//A_5A_4$，$A_2A_4//A_1A_5$，$A_3A_5//A_2A_1$，$A_4A_1//A_3A_2$，求证：$A_5A_2//A_4A_3$.

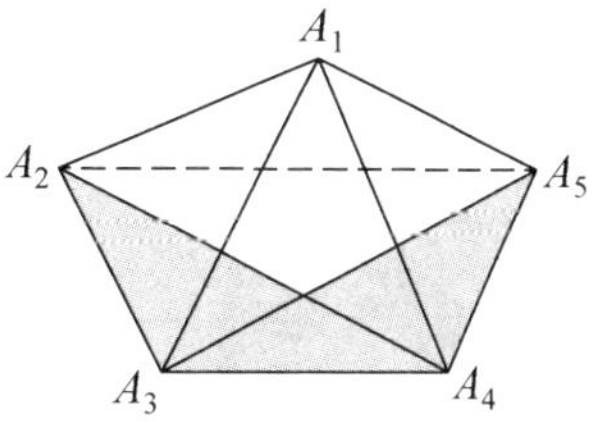

**分析**：要证 $A_5A_2//A_4A_3$，只需证 $\triangle A_2A_3A_4$ 的面积 $=\triangle A_5A_3A_4$ 的面积.

因为 $A_4A_1//A_3A_2$，所以 $\triangle A_2A_3A_4$ 的面积 $=\triangle A_2A_3A_1$ 的面积；

因为 $A_3A_5//A_2A_1$，所以 $\triangle A_2A_3A_1$ 的面积 $=\triangle A_2A_5A_1$ 的面积；

因为 $A_2A_4//A_1A_5$，所以 $\triangle A_2A_5A_1$ 的面积 $=\triangle A_4A_5A_1$ 的面积；

因为 $A_1A_3//A_5A_4$，所以 $\triangle A_4A_5A_1$ 的面积 $=\triangle A_5A_3A_4$ 的面积.

因此，$\triangle A_2A_3A_4$ 的面积 $=\triangle A_5A_3A_4$ 的面积，所以 $A_5A_2//A_4A_3$.

**定理 3** 如图 9 所示，凸四边形 $ABCD$ 的对角线 $AC$，$BD$ 相交于点 $O$，则 $\dfrac{S_{\triangle ABD}}{S_{\triangle CBD}}=\dfrac{AO}{CO}$.

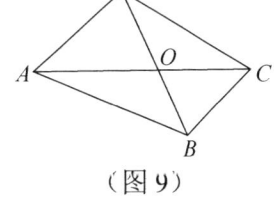

**证明**：由共边定理，得

$\dfrac{S_{\triangle AOD}}{S_{\triangle COD}}=\dfrac{AO}{CO}=\dfrac{S_{\triangle AOB}}{S_{\triangle COB}}=k$，所以 $S_{\triangle AOD}=kS_{\triangle COD}$，$S_{\triangle AOB}=kS_{\triangle COB}$.

两式相加得 $S_{\triangle AOD}+S_{\triangle AOB}=k(S_{\triangle COD}+S_{\triangle COB})$.

所以 $\dfrac{S_{\triangle AOD}+S_{\triangle AOB}}{S_{\triangle COD}+S_{\triangle COB}}=k$，即 $\dfrac{S_{\triangle ABD}}{S_{\triangle CBD}}=k=\dfrac{AO}{CO}$.

特别地，由 $S_{\triangle ABD}=S_{\triangle CBD}$ 可以得出结论 $AO=CO$. 该定理为用面积方法证明线段相等提供了新思路.

**定理 4** 如图 10 所示，在凸四边形 $ABCD$ 中，成立等式 $S_{\triangle AOB}\times S_{\triangle COD}=S_{\triangle AOD}\times S_{\triangle BOC}$. 其中 $O$ 是四边形对角线的交点.

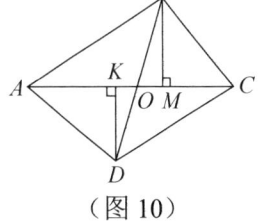

**证明**：由 $S_{\triangle AOB}:S_{\triangle BOC}=AO:OC$，$S_{\triangle AOD}:S_{\triangle COD}=AO:OC$，可得 $S_{\triangle AOB}:S_{\triangle BOC}=S_{\triangle AOD}:S_{\triangle COD}$.

因此，等式 $S_{\triangle AOB}\times S_{\triangle COD}=S_{\triangle AOD}\times S_{\triangle BOC}$ 成立.

由定理 2 和定理 4 可以得到一个重要推论.

**推论**：在梯形 $ABCD$（$BC//AD$）中，对角线 $AC$ 与 $BD$ 相交于点 $O$，则

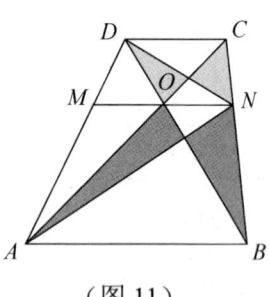

$$S_{\triangle AOB} = \sqrt{S_{\triangle BOC} \times S_{\triangle AOD}}.$$

**例 6** 如图 11 所示，梯形 $ABCD$ 中，过对角线的交点 $O$ 引与梯形两底平行的直线，分别交腰 $AD$，$BC$ 于点 $M$，$N$. 求 $\triangle BOC$ 与 $\triangle AND$ 的面积之比.

**解**：如图 12 所示，连接 $MB$，有 $S_{\triangle NBD} = S_{\triangle BOC} = S_{\triangle AOD} = S_{\triangle BMD}$.

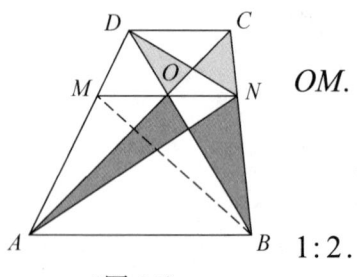

在四边形 $MDNB$ 中，因为 $S_{\triangle NBD} = S_{\triangle BMD}$，所以 $ON = OM$.

即 $MN = 2ON$，所以 $S_{\triangle NMD} = 2S_{\triangle ONC}$，$S_{\triangle NMA} = 2S_{\triangle ONB}$. 两式相加，得 $S_{\triangle AND} = 2S_{\triangle BOC}$，也就是 $S_{\triangle BOC} : S_{\triangle AND} = 1 : 2$.

**例 7** 在 $\triangle ABC$ 的边 $AB$，$BC$，$CA$ 上分别取点 $R$，$P$，$Q$，使得线段 $AP$，$BQ$，$CR$ 相交于一点 $M$. 证明：如果 $S_{\triangle AMQ} = S_{\triangle AMR}$，$S_{\triangle BMR} = S_{\triangle BMP}$ 和 $S_{\triangle CMP} = S_{\triangle CMQ}$，那么 $M$ 是 $\triangle ABC$ 3 条中线的交点.

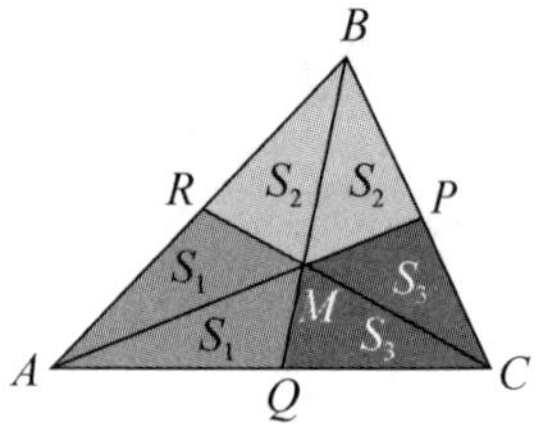

**证明**：已知条件中给出的面积，我们用图 13 中所示的 $S_1$，$S_2$，$S_3$ 来表示.

因为 $\triangle ARM$ 和 $\triangle BRM$ 高相同，所以 $\dfrac{S_1}{S_2} = \dfrac{AR}{RB}$.

类似可得 $\dfrac{2S_1 + S_3}{2S_2 + S_3} = \dfrac{AR}{RB}$，也就是 $\dfrac{S_1}{S_2} = \dfrac{AR}{RB} = \dfrac{2S_1 + S_3}{2S_2 + S_3}$，由此推出 $S_1(2S_2 + S_3) = S_2(2S_1 + S_3)$.

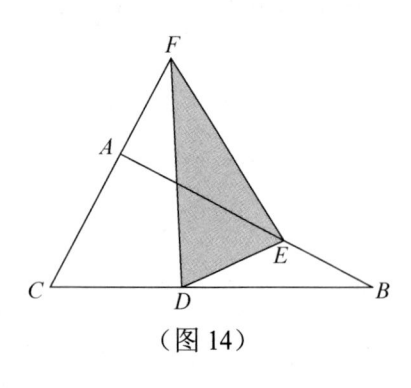

因此 $S_3(S_1 - S_2) = 0$，因为 $S_3 > 0$，所以 $S_1 = S_2$，即 $AR = RB$.

也就是说 $CR$ 是 $\triangle ABC$ 的一条中线. 同理可证 $AP$ 和 $BQ$ 也是 $\triangle ABC$ 的中线. 因此 $M$ 是 $\triangle ABC$ 3 条中线的交点.

**例 8** 如图 14 所示，在 $\triangle ABC$ 中，$D$ 是 $BC$ 上一点且 $CD : DB = 2 : 3$，$E$ 是 $AB$ 上一点且

$AE:EB=2:1$，$F$ 是 $CA$ 的延长线上一点且 $CA:AF=4:3$. 若 $\triangle DEF$ 的面积为 1209，求 $\triangle ABC$ 的面积.

**解**：如图 15 所示，连接 $BF$，$AD$.

设 $\triangle ABC$ 的面积 $=x$，所以 $\triangle FBA$ 的面积 $=\dfrac{3}{4}x$.

所以 $\triangle FBC$ 的面积 $=x+\dfrac{3}{4}x=\dfrac{7}{4}x$.

因此 $\triangle FBD$ 的面积 $=\dfrac{7}{4}x \times \dfrac{3}{5}=\dfrac{21}{20}x$.

又 $\triangle FBE$ 的面积 $=\dfrac{3}{4}x \times \dfrac{1}{3}=\dfrac{1}{4}x$.

$\triangle BED$ 的面积 $=\triangle ABD$ 的面积 $\times \dfrac{1}{3}=\triangle ABC$ 的面积 $\times \dfrac{3}{5} \times \dfrac{1}{3}=\dfrac{1}{5}x$.

由 $\triangle FBD$ 的面积 $-\triangle FBE$ 的面积 $-\triangle BED$ 的面积 $=\triangle DEF$ 的面积，可得 $\dfrac{21}{20}x-\dfrac{1}{4}x-\dfrac{1}{5}x=1209$，

合并、化简得 $\dfrac{3}{5}x=1209$.

解得 $x=2015$.

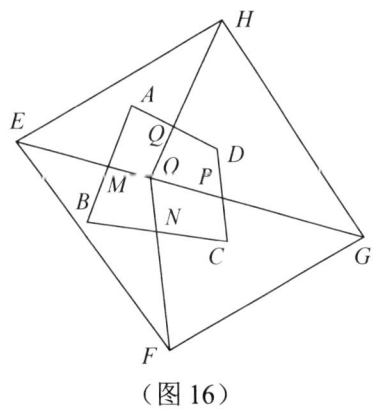

（图 15）

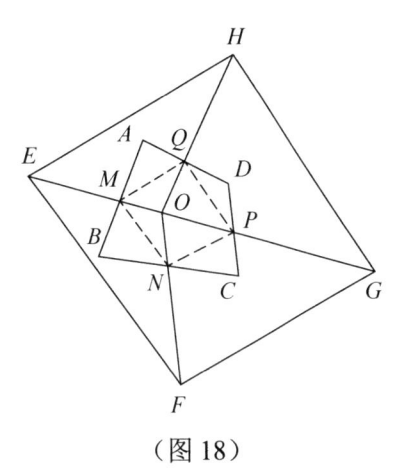

**例 9** 如图 16 所示，四边形 $ABCD$ 的面积为 6，点 $M$，$N$，$P$，$Q$ 分别为各所在边的中点. 只留点 $O$ 为四边形 $ABCD$ 内一点. 连接 $OM$ 并延长至 $E$ 点，使得 $2OM=ME$，用同样的方式得到点 $F$，$G$，$H$. 则四边形 $EFGH$ 的面积为 _____ .

**答**：27.

**解**：如图 17，图 18 所示，连接 $MN$，$NP$，$PQ$，$QM$. 因为点 $M$，$N$，$P$，$Q$ 分别为四边形 $ABCD$ 各边的中点，所以四边形 $MNPQ$ 的面积为四边形 $ABCD$

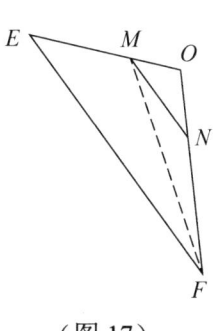

（图 16）

（图 17）  （图 18）

— 41 —

面积的一半，即四边形 MNPQ 的面积为 3.

因为 $ME = 2OM$ 且 $NF = 2ON$，容易得到 △OEF 的面积是 △OMN 的面积的 9 倍.

同理可得 △OFG 的面积是 △ONP 的面积的 9 倍；△OGH 的面积是 △OPQ 的面积的 9 倍；△OHE 的面积是 △OQM 的面积的 9 倍. 所以四边形 EFGH 的面积是四边形 MNPQ 的面积的 9 倍，即四边形 EFGH 的面积为 27.

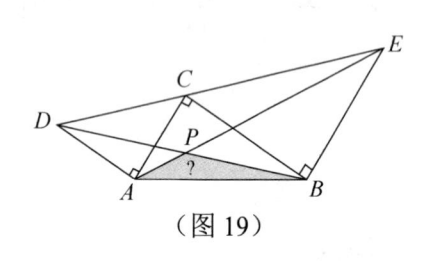

**例 10** 如图 19 所示，直角 △ACB 的两条直角边 AC 和 BC 的长分别为 14 厘米和 28 厘米，CA 和 CB 分别绕点 A 和点 B 旋转 90° 至 DA 和 EB. 若 DB 和 AE 相交于点 P，求 △PAB 的面积.

（图 19）

（第 17 届华杯赛决赛初一网络版试题 12）

**解**：易知 $\angle DCA = \angle BCE = 45°$，$\angle ACB = 90°$，所以，DCE 是一条直线.

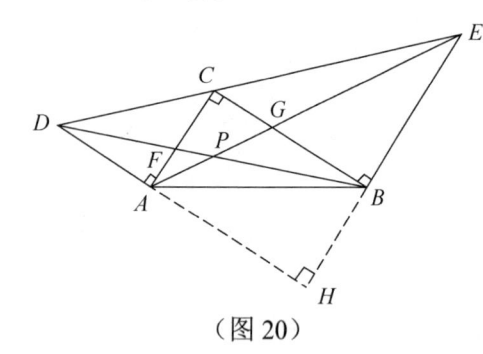

如图 20 所示，延长 DA，EB 相交于点 H，则 $DH \perp EH$.

$$\frac{PB}{DP} = \frac{S_{\triangle ABE}}{S_{\triangle ADE}} = \frac{\frac{1}{2}AH \times BE}{\frac{1}{2}AD \times EH} = \frac{14 \times 28}{7 \times 42} = \frac{4}{3}.$$

因此 $\frac{PB}{DB} = \frac{PB}{DP + PB} = \frac{4}{4+3} = \frac{4}{7}.$

（图 20）

而 $S_{\triangle ADB} = S_{\triangle ADC} = \frac{14 \times 14}{2} = 98$（平方厘米）.

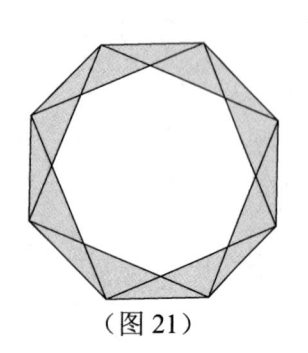

所以 $S_{\triangle PAB} = S_{\triangle ADB} \times \frac{4}{7} = 98 \times \frac{4}{7} = 56$（平方厘米）.

**例 11** 如图 21 所示，将一个边长均为 12 厘米的正八边形的 8 个顶点间隔地连接起来，可以连出两个正方形. 图中阴影部分的面积是_____平方厘米.

**答**：288.

（图 21）

**解**：如图 22 所示，连接 AD，作 $DP \perp BC$ 于点 P. 设 $DP=h$，则由正方形的面积公式得，$h^2 = 72$.

△ABC 的面积=△BCD 的面积=6h，△ACD 的面积=$\frac{1}{2}(12+2h)h = (6+h)h$.

所以 $\frac{DO}{BO} = \frac{S_{\triangle ACD}}{S_{\triangle ABC}} = \frac{(6+h)h}{6h} = \frac{6+h}{6}$.

因此 $\frac{DO}{BD} = \frac{6+h}{12+h}$.

所以 △COD 的面积

$= \frac{6+h}{12+h} S_{\triangle BCD} = \frac{6+h}{12+h} \times 6h = \frac{36h+6h^2}{12+h} = \frac{36h+6\times 72}{12+h} = \frac{36(12+h)}{12+h} = 36$

（平方厘米）.

因此，阴影部分的面积 $= 8 \times 36 = 288$ （平方厘米）.

**例 12** 大正方形 ABCD 被分成了如图 23 所示的面积相等的五块．若 EN =3.6 厘米，求大正方形 ABCD 的面积是多少平方厘米．

**解**：设正方形 ABCD 的边长为 $x$ 厘米，如图 24 所示，作 $GT \perp CD$ 于点 T，由 $S_{\triangle ADE} = S_{\triangle CDG} = \frac{1}{5}x^2$，得 $AE = GT = \frac{2}{5}x$.

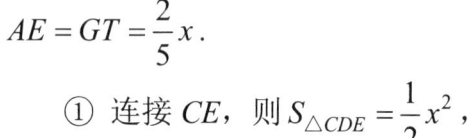

① 连接 CE，则 $S_{\triangle CDE} = \frac{1}{2}x^2$，

则 $\frac{DG}{DE} = \frac{S_{\triangle CDG}}{S_{\triangle CDE}} = \frac{\frac{1}{5}x^2}{\frac{1}{2}x^2} = \frac{2}{5}$，所以 $\frac{DG}{GE} = \frac{2}{3}$.

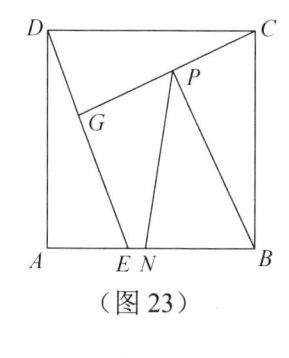

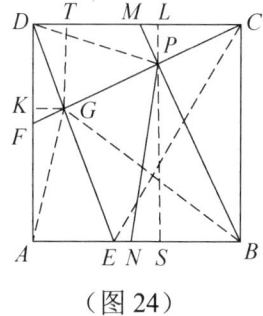

② 作 $GK \perp AD$ 于点 K，连接 AG.

由 $S_{\triangle ADG} = \frac{2}{5} S_{\triangle ADE} = \frac{2}{5} \times \frac{1}{5}x^2 = \frac{2}{25}x^2$，可知高线 $GK = \frac{4}{5}x$.

连接 GB，则 $S_{\triangle CGB} = \frac{1}{2}x^2 - S_{\triangle ADG} = \frac{1}{2}x^2 - \frac{2}{25}x^2 = \frac{21}{50}x^2$.

因此 $\frac{CP}{CG} = \frac{S_{\triangle CBP}}{S_{\triangle CBG}} = \frac{\frac{1}{5}x^2}{\frac{21}{50}x^2} = \frac{10}{21}$，则 $\frac{CP}{GP} = \frac{10}{11}$.

③ 连接 $DP$，过点 $P$ 作 $BC$ 边的平行线，交 $CD$ 于点 $L$，交 $AB$ 于点 $S$. 则 $\dfrac{PL}{GT}=\dfrac{S_{\triangle CDP}}{S_{\triangle CDG}}=\dfrac{10}{21}$. 所以 $PL=\dfrac{10}{21}GT=\dfrac{10}{21}\times\dfrac{2}{5}x=\dfrac{4}{21}x$，故 $PS=x-\dfrac{4}{21}x=\dfrac{17}{21}x$.

④ 计算 $\triangle PNB$ 的面积得 $\dfrac{1}{5}x^2=\dfrac{1}{2}\left(\dfrac{3}{5}x-3.6\right)\times\dfrac{17}{21}x$，即 $42x=(3x-18)\times 17=51x-18\times 17$，解得 $x=34$.

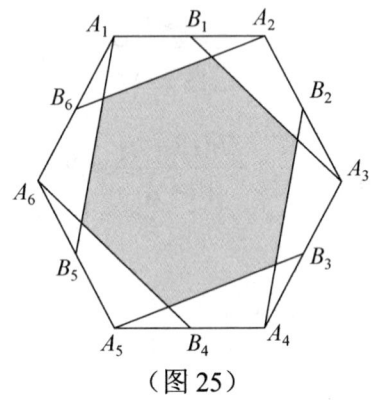

所以正方形 $ABCD$ 的面积是 $34^2=1156$（平方厘米）.

**例 13** 正六边形 $A_1A_2A_3A_4A_5A_6$ 的面积是 2009 平方厘米，$B_1$，$B_2$，$B_3$，$B_4$，$B_5$，$B_6$ 分别是这个正六边形各边的中点，如图 25 所示. 求图中阴影六边形的面积.

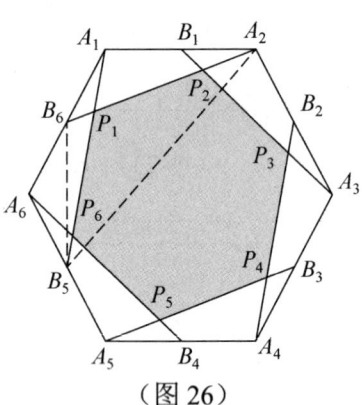

（2009"数学解题能力展示"六年级初试 14 题）

**解**：如图 26 所示，设六边形 $A_1A_2A_3A_4A_5A_6$ 的面积为 1 份，则 $S_{\triangle A_1B_6B_5}=\dfrac{1}{6}\times\dfrac{1}{2}\times\dfrac{1}{2}=\dfrac{1}{24}$，$S_{\triangle A_1A_2B_5}=\dfrac{1}{6}\times\dfrac{3}{2}=\dfrac{1}{4}$.

所以 $\dfrac{B_6P_1}{A_2P_1}=\dfrac{S_{\triangle A_1B_6B_5}}{S_{\triangle A_1A_2B_5}}=\dfrac{1}{24}\div\dfrac{1}{4}=\dfrac{1}{6}$.

因此 $\dfrac{S_{\triangle A_1A_2P_1}}{S_{\triangle A_1A_2B_6}}=\dfrac{6}{7}$，所以 $S_{\triangle A_1A_2P_1}=\dfrac{6}{7}S_{\triangle A_1A_2B_6}=\dfrac{6}{7}\times\dfrac{1}{12}=\dfrac{1}{14}$.

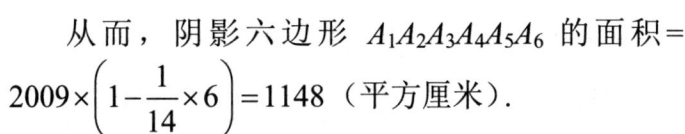

从而，阴影六边形 $A_1A_2A_3A_4A_5A_6$ 的面积 $=2009\times\left(1-\dfrac{1}{14}\times 6\right)=1148$（平方厘米）.

**例 14** 如图 27 所示，凸四边形 $ABCD$ 的对角线交于点 $O$. 过点 $O$ 任作两条直线分别交 $AB$，$CD$，$AD$，$BC$ 于点 $E$、$F$、$G$ 和 $H$. 连接 $EH$，$GF$ 分别交 $BD$ 于点 $I$ 和点 $J$.

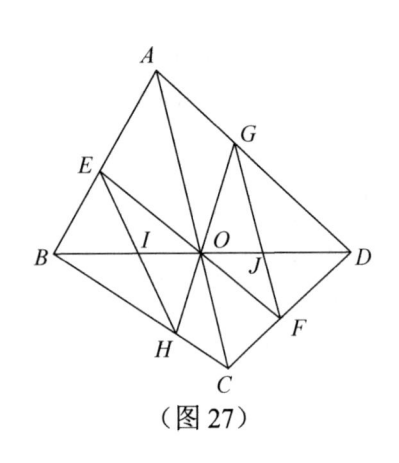

求证:$\frac{1}{OI}-\frac{1}{OJ}=\frac{1}{OB}-\frac{1}{OD}$.

**证明：**

如图 28 所示，连接 $BG$，$DE$，$BF$，$DH$.

因为 $\frac{OI}{BI}\cdot\frac{DJ}{OJ}=\frac{S_{\triangle OHE}}{S_{\triangle BHE}}\cdot\frac{S_{\triangle DGF}}{S_{\triangle OGF}}$

$=\frac{S_{\triangle OHE}}{S_{\triangle OGF}}\cdot\frac{S_{\triangle DGF}}{S_{\triangle DAC}}\cdot\frac{S_{\triangle DAC}}{S_{\triangle BAC}}\cdot\frac{S_{\triangle BAC}}{S_{\triangle BHE}}$

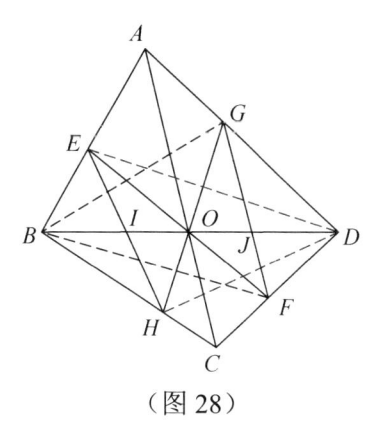

$=\frac{OE\cdot OH}{OF\cdot OG}\cdot\frac{DG\cdot DF}{DA\cdot DC}\cdot\frac{S_{\triangle DAC}}{S_{\triangle BAC}}\cdot\frac{BC\cdot BA}{BH\cdot BE}$

$=\frac{S_{\triangle EBD}}{S_{\triangle FBD}}\cdot\frac{S_{\triangle HBD}}{S_{\triangle GBD}}\cdot\frac{S_{\triangle GBD}}{S_{\triangle ABD}}\cdot\frac{S_{\triangle FBD}}{S_{\triangle CBD}}\cdot\frac{S_{\triangle DAC}}{S_{\triangle BAC}}\cdot\frac{S_{\triangle CBD}}{S_{\triangle HBD}}\cdot\frac{S_{\triangle ABD}}{S_{\triangle EBD}}=\frac{S_{\triangle DAC}}{S_{\triangle BAC}}=\frac{OD}{OB}$,

所以 $\frac{OI}{BI}\cdot\frac{DI}{OJ}=\frac{OD}{OB}$.

即 $\frac{OI}{OB-OI}\cdot\frac{OD-OJ}{OJ}=\frac{OD}{OB}$.

从而 $OD\cdot OB\cdot OJ-OD\cdot OB\cdot OI=OD\cdot OI\cdot OJ-OB\cdot OI\cdot OJ$.

两边同除以 $OI\cdot OJ\cdot OB\cdot OD$ 得 $\frac{1}{OI}-\frac{1}{OJ}=\frac{1}{OB}-\frac{1}{OD}$.

**例 15** 如图 29 所示，设 $E$，$F$ 分别是平行四边形 $ABCD$ 的边 $AB$ 和 $BC$ 的中点，线段 $DE$ 和 $AF$ 相交于点 $P$. 点 $Q$ 在线段 $DE$ 上，且 $AQ$//$PC$. 证明：$\triangle PFC$ 和梯形 $APCQ$ 的面积相等.

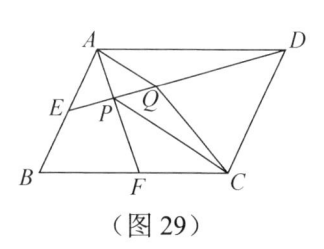

**证明 1：** 设平行四边形 $ABCD$ 的面积为 $S$.

因为 $AE=EB$，$BF=CF$，所以 $\triangle ADE$ 的面积 $=\triangle ABF$ 的面积 $=\frac{S}{4}$. 因此 $\triangle APD$ 的面积 $=$ 四边形 $BEPF$ 的面积.

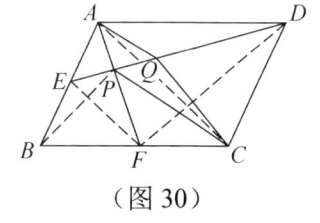

如图 30 所示，连接 $EF$，$DF$. 则得 $\triangle AEF$ 的面积 $=\frac{S}{8}$，$\triangle ADF$ 的面积 $=\frac{S}{2}$.

所以 $\frac{EP}{PD}=\frac{\frac{S}{8}}{\frac{S}{2}}=\frac{1}{4}$，设 $\triangle AEP$ 的面积为 $x$，$\triangle ADP$ 的面积为 $4x$.

— 45 —

由 $\triangle APD$ 的面积=四边形 $BEPF$ 的面积,得 $\dfrac{S}{4}-x=4x$,即 $x=\dfrac{S}{20}$.

所以 $\triangle APD$ 的面积=$4\times \dfrac{S}{20}=\dfrac{S}{5}$.

因为 $AQ//PC$, $\triangle APQ$ 的面积=$\triangle ACQ$ 的面积,于是 $\triangle ACQ$ 的面积+$\triangle ADQ$ 的面积=$\dfrac{S}{5}$,所以 $\triangle CDQ$ 的面积=$\dfrac{S}{2}-\dfrac{S}{5}=\dfrac{3S}{10}$.

连接 $PB$,易知 $\triangle EBP$ 的面积=$\dfrac{S}{20}$.

由 $\triangle ABP$ 的面积+$\triangle CDP$ 的面积=$\dfrac{S}{2}$,得 $\triangle CPQ$ 的面积=$\dfrac{S}{2}-\dfrac{S}{10}-\dfrac{3S}{10}=\dfrac{S}{10}$.

所以 $\dfrac{PQ}{DQ}=\dfrac{\dfrac{S}{10}}{\dfrac{3S}{10}}=\dfrac{1}{3}$,于是 $\dfrac{PQ}{PD}=\dfrac{1}{4}$,$\triangle APQ$ 的面积=$\dfrac{S}{20}$.

所以梯形 $APCQ$ 的面积=$\triangle APQ$ 的面积+$\triangle CPQ$ 的面积=$\dfrac{S}{20}+\dfrac{S}{10}=\dfrac{3S}{20}$.

而 $\triangle PFC$ 的面积=$\triangle PFB$ 的面积=$\dfrac{S}{4}-\dfrac{S}{10}=\dfrac{3S}{20}$.

因此,$\triangle PFC$ 和梯形 $APCQ$ 的面积相等.

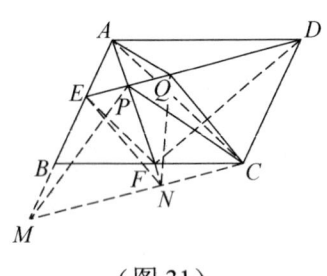

(图31)

**证明 2**:如图 31 所示,过点 $C$ 作 $CM//DE$,交 $AB$ 的延长线于点 $M$. 延长 $AF$ 交 $CM$ 于点 $N$. 则 $EM=DC=2AE$,即 $EB=BM$. 连接 $PM$, $EN$.

则 $\triangle PEN$ 的面积=$\triangle PEM$ 的面积=$2\triangle APE$ 的面积,所以 $PN=2AP$.

连接 $QN$,所以 $\triangle PCQ$ 的面积=$\triangle PNQ$ 的面积=$2\triangle APQ$ 的面积,所以梯形 $APCQ$ 的面积=$3\triangle APQ$ 的面积.

设平行四边形 $ABCD$ 的面积为 $S$,则 $\triangle AED$ 的面积=$\dfrac{S}{4}$,$\triangle EFD$ 的面积=$\dfrac{3S}{4}-\dfrac{S}{4}-\dfrac{S}{8}=\dfrac{3S}{8}$.

连接 $EF$,$FD$,$AC$,易知 $\dfrac{AP}{PF}=\dfrac{\triangle AED\text{的面积}}{\triangle EFD\text{的面积}}=\dfrac{\dfrac{S}{4}}{\dfrac{3S}{8}}=\dfrac{2}{3}$. 所以

$$\frac{\triangle APC\text{的面积}}{\triangle PCF\text{的面积}} = \frac{2}{3}.$$

所以△PCF 的面积=$\frac{3}{2}$×△APC 的面积=$\frac{3}{2}$×△PQC 的面积

$\qquad\qquad\ =\frac{3}{2}\times 2\triangle APQ$ 的面积=3△APQ 的面积.

因此，△PFC 和梯形 APCQ 的面积相等.

**说明**：解答面积问题时，经常是对各种割补方法、技巧的综合运用，也是对算术、代数与几何方法的综合应用，并且要不断追求最简的解法. 这对锻炼思维和开发智力是十分有效的.

# 第6讲 三角形全等

**定义**：$\triangle ABC$ 与 $\triangle A_1B_1C_1$ 中，若 $AB = A_1B_1$，$BC = B_1C_1$，$CA = C_1A_1$，$\angle ABC = \angle A_1B_1C_1$，$\angle BCA = \angle B_1C_1A_1$，$\angle CAB = \angle C_1A_1B_1$，则称 $\triangle ABC$ 与 $\triangle A_1B_1C_1$ 合同（全等），记为 $\triangle ABC \cong \triangle A_1B_1C_1$.

**三角形全等的判定定理 1** 如果一个三角形的两边和夹角与另一个三角形的两边和夹角对应相等，则这两个三角形全等，简记为（边角边）或（SAS）.

**推论 1** 三角形中，等边对等角（等腰三角形的两底角相等）.

**推论 2** 三角形中，等角对等边.

**三角形全等的判定定理 2** 如果一个三角形的两角和夹边与另一个三角形的两角和夹边对应相等，则这两个三角形全等，简记为（角边角）或（ASA）.

**推论** 如果一个三角形的两角和一边与另一个三角形的两角和一边对应相等，则这两个三角形全等，简记为（角角边）或（AAS）.

**三角形全等的判定定理 3** 如果一个三角形的 3 条边与另一个三角形的 3 条边对应相等，则这两个三角形全等，简记为（边边边）或（SSS）.

**全等三角形的性质**：全等三角形的对应元素分别相等. 特别地，全等三角形的对应边相等，对应角相等.

两个直角三角形全等的判定，是一般三角形全等的特殊情形.

**直角三角形全等的判定定理**

（1）如果一个直角三角形的两条直角边与另一个直角三角形的两条直角边对应相等，则这两个直角三角形全等，简记为（直角边直角边）.

（2）如果一个直角三角形的一条直角边和它的相邻锐角与另一个直角三角

形的一条直角边和它的相邻锐角对应相等，则这两个直角三角形全等，简记为（直角边锐角）．

（3）如果一个直角三角形的斜边和一个锐角与另一个直角三角形的斜边和一个锐角对应相等，则这两个直角三角形全等，简记为（斜边锐角）．

（4）如果一个直角三角形的斜边和一条直角边与另一个直角三角形的斜边和一条直角边对应相等，则这两个直角三角形全等，简记为（斜边直角边）．

## 6.1 三角形全等的基本例题

**例1** 如图1所示，$AB=2$，$BC=AE=6$，$CE=CF=7$，$BF=8$．求四边形 $ABDE$ 与 $\triangle CDF$ 面积的比值．

**解**：因为 $AC=BF=8$．$EC=CF=7$，$AE=BC=6$，所以 $\triangle AEC \cong \triangle BCF$ (SSS)．

因此 $S_{四边形ABDE} = S_{\triangle AEC} - S_{\triangle BDC} = S_{\triangle BCF} - S_{\triangle BDC} = S_{\triangle CDF}$，即 $\dfrac{S_{四边形ABDE}}{S_{\triangle CDF}} = 1$．

（图1）

**例2** 如图2所示，在凸四边形 $ABCD$ 中，$E$ 是 $BC$ 上一点，$AB=AE$，$\angle ABC = \angle AED$，$\angle BAE = \angle CAD$．求证：$\angle ACD = \angle ADC$．

**证明**：在 $\triangle AED$ 与 $\triangle ABC$ 中，$AB=AE$，$\angle ABC = \angle AED$，$\angle BAE = \angle CAD$．

所以 $\angle BAE + \angle EAC = \angle CAD + \angle EAC$，

即 $\angle BAC = \angle EAD$．所以 $\triangle AED \cong \triangle ABC$（ASA）．

所以 $AD=AC$．因此 $\angle ACD = \angle ADC$．

（图2）

**例3** 如图3（a）所示的五角星形 $ABCDE$ 中，$\angle A = \angle B$，$\angle E = \angle C$，$AC = BE$．求证：$AD=BD$．

**证明1**：设 $AD$ 与 $EC$ 交于点 $G$，$BD$ 与 $EC$ 交于点 $F$，如图3（b）所示，$\triangle ACG \cong \triangle BEF$（角边角），

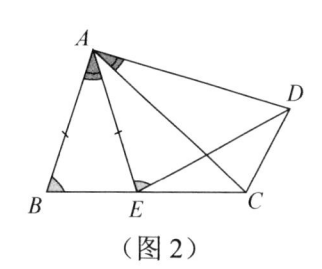

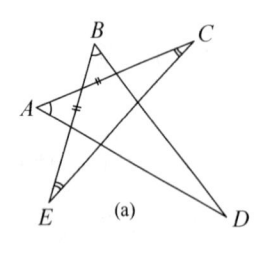

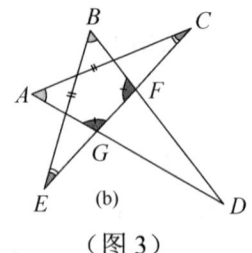

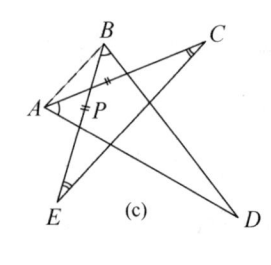

（图3）

所以 ∠AGC = ∠BFE，AG = BF（全等三角形的对应角相等，对应边相等）.

因此 ∠FGD = ∠GFD（等角的邻补角相等）.

所以 GD=FD（三角形中，等角对等边）.

因此 AG + GD = BF + FD（等量加等量，其和仍相等）.

即 AD=BD（等量代换）.

**证明 2**：如图 3（c）所示，连接 AB，设 AC 与 BE 相交于点 P. 因为 ∠E = ∠C，所以 PC=PE. 又已知 AC=BE，因此 AP=BP. 所以 ∠BAP = ∠ABP. 又 ∠A = ∠B，所以 ∠BAD = ∠ABD. 因此 AD=BD.

**例 4** 锐角△ABC 的高 AD 与高 CE 交于点 H. 已知 AB=CH. 求 ∠ACB 的度数.

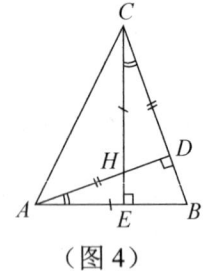

**提示**：如图 4 所示，作为边互相垂直的两个锐角，∠HCB 与 ∠DAB 相等. 因此 Rt△CHD ≌ Rt△ABD（斜边锐角）.

所以 CD=AD，即△ACD 是等腰直角三角形，因此 ∠ACB = 45°.

（图4）

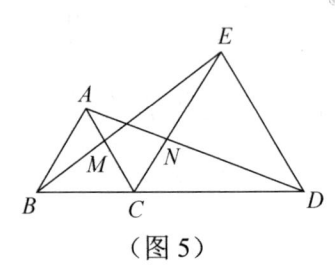

**例 5** 如图 5 所示，B，C，D 在一条直线上，AB=BC=CA，DC=DE=EC，BE 交 AC 于点 M，AD 交 CE 于点 N，求证：CM=CN.

**证明**：因为 AB=BC=CA，DC=DE=EC，所以△ABC 和△ECD 是等边三角形.

所以 ∠ACB = ∠ECD = 60°.

（图5）

因为 B，C，D 在一条直线上，所以 ∠ACE = 180° − 60° − 60° = 60°.

在△BCE 与△ACD 中，因为 BC=AC，CE=CD，∠BCE = 60°+60° = ∠ACD，所以△BCE ≌ △ACD（SAS）.

所以 ∠BEC = ∠ADC（全等三角形的对应角相等）.

在△CEM与△CDN中，因为CE=CD，∠CEM = ∠CDN（已证），∠ECM = 60° = ∠DCN，所以△CEM≌△CDN（ASA）.

所以CM=CN（全等三角形的对应边相等）.

**例6** 如图6所示，△ABC中，AB=AC，直线l过点A．过B，C分别作BC的垂线交直线l于D，E两点．求证：AD=AE．

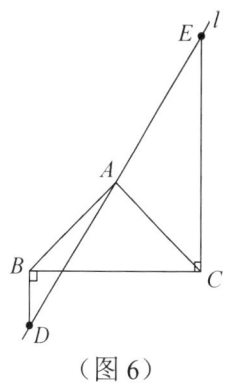

**分析**：要证AD=AE，只需构造一对三角形，使AD，AE为一组对应边。为此，可延长BA交CE于点F，再设法证△ABD与△AFE全等即可.

**证明**：如图7所示，延长BA交CE于点F，

因为∠FBC = ∠ACB，所以∠BFC = ∠ACF（等角的余角相等）.

故AF=AC=AB.

又∠EAF = ∠BAD（对顶角相等），BD⊥BC，CE⊥BC，则BD//CE，所以∠D = ∠E（两直线平行，内错角相等）.

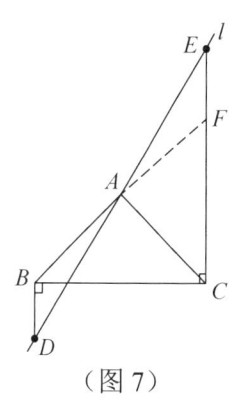

因此，△ABD≌△AFE（AAS）.

所以AD=AE（全等三角形的对应边相等）.

**注**：延长CA与直线DB相交于点G，设法证明△AGD≌△ACE，也可证AD=AE.

**例7** 如图8所示，点C在线段AB上．DA⊥AB，EB⊥AB，FC⊥AB，且DA=BC，EB=AC，FC=AB．∠AFB=51°．求∠DFE的度数．

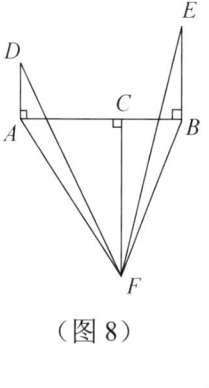

**解**：如图9所示，连接AE，BD．则△ABD≌△CFB，△ABE≌△FCA（直角边直角边），所以DB=FB，AE=AF.

因此，△DBF，△EAF都是等腰直角三角形，∠BFD = 45°，∠AFE = 45°.

因为∠AFB = 51°，所以∠EFB = 6°，∠DFA = 6°.

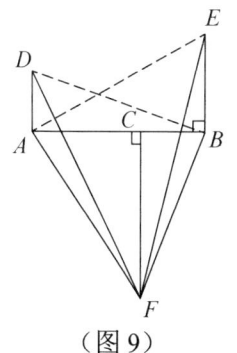

因此 $\angle DFE = \angle AFB - \angle EFB - \angle DFA = 51° - 6° - 6° = 39°$.

## 6.2 三角形全等的综合例题

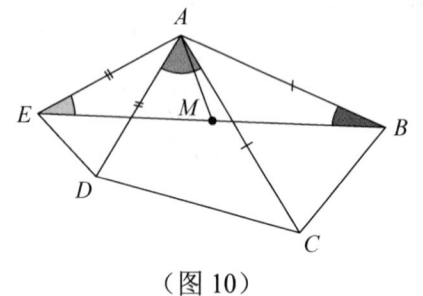

**例8** 如图 10 所示，在凸五边形 $ABCDE$ 中，$AB=AC$，$AD=AE$．$\angle CAD = \angle ABE + \angle AEB$．$M$ 是 $BE$ 的中点．求证：$CD=2AM$．

**证明**：如图 11 所示，延长 $AM$ 到点 $P$，使得 $AM=MP$，则 $AP=2AM$．

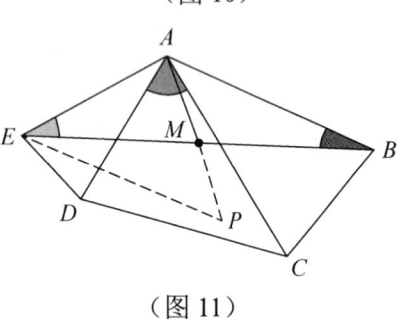

在 $\triangle ABM$ 与 $\triangle PEM$ 中，因为 $AM=MP$，$BM=ME$，$\angle AMB = \angle EMP$，

所以 $\triangle ABM \cong \triangle PEM$（边角边）．

因此 $AB=EP$，$\angle ABE = \angle BEP$．

所以 $\angle CAD = \angle ABE + \angle AEB$
$= \angle BEP + \angle AEB = \angle AEP$．

在 $\triangle ACD$ 与 $\triangle APE$ 中，因为 $AC = AB = EP$，$\angle CAD = \angle AEP$（已证），$AD=AE$，所以 $\triangle ACD \cong \triangle APE$（边角边）．

因此 $CD=AP=2AM$．

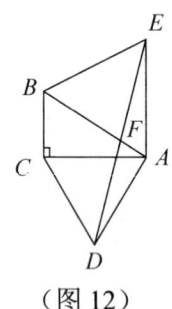

**例9** 如图 12 所示，$\triangle ABC$ 中 $\angle BCA$ 为直角．$\angle CAB = 30°$．分别以 $AB$，$AC$ 为边在 $\triangle ABC$ 的外侧作正 $\triangle ABE$ 与正 $\triangle ACD$，$DE$ 与 $AB$ 交于点 $F$．

求证：$EF=FD$．

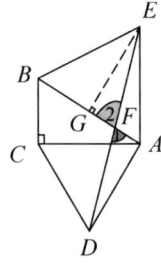

**证明**：如图 13 所示，过 $E$ 作 $EG \perp AB$ 于点 $G$，易知 $\angle AEG = 30°$．

在 $\triangle AEG$ 与 $\triangle ABC$ 中，因为 $AE=AB$，$\angle AEG = \angle CAB = 30°$，$\angle BCA = \angle EGA = 90°$，所以 $\triangle AEG \cong \triangle BAC$（AAS），$EG=AC$．

由 $\triangle ACD$ 为正三角形得，$\angle CAD = 60°$，$AC = AD$，所以 $EG=AD$．

$\angle DAB = \angle CAD + \angle CAB = 60° + 30° = 90°$.

在 △ADF 与 △GEF 中，因为 AD=EG，∠1 = ∠2，∠DAF = ∠EGF = 90°，所以△ADF≌△GEF（AAS），

因此 FD=EF.

**例 10** 如图 14 所示，已知△ABC 是等边三角形. 延长 BC 到点 D，延长 BA 到点 E，并且使 AE=BD. 连接 CE，DE. 求证：CE=DE.

分析：CE 是△BCE 的一条边，设法构造一个与△BCE 全等的△FDE，使 DE 是 CE 的对应边. 由已知 AE=BD 可得，可用延长 BD 到点 F，使 DF=AB 的办法来确定 F. 从而构成△FDE.

（图 14）

**证明 1**：如图 15 所示，延长 BD 到点 F，使 DF=BC. 连接 EF.

因为 AE=BD，所以 BE=BF.

因为△ABC 是等边三角形，所以∠EBF = 60°.

因此△EBF 也是等边三角形.

在 △BCE 与 △FDE 中，因为 BE=FE，BC=DF，∠EBC = ∠EFD = 60° 所以△BCE≌△FDE（SAS）.

所以 CE=DE（全等三角形的对应边相等）.

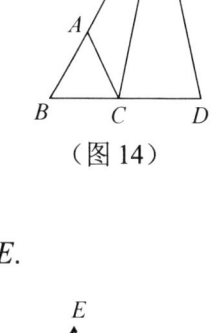

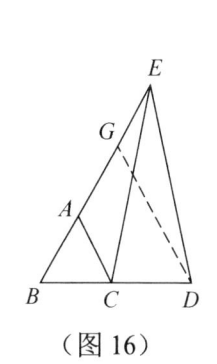

（图 15）

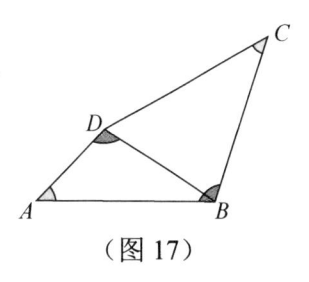

**证明 2**：如图 16 所示，过 D 作 CA 的平行线交 BE 于点 G.

因为△ABC 是等边三角形，所以∠ABC = ∠BAC = ∠ACB = 60°，

由 DG // AC，

可得△BDG 是等边三角形.

因为 AE=BD=DG=BG，所以 AC=BA=EG.

在 △CAE 与 △EGD 中，由 AE=BD=DG，又∠CAE = 120° = ∠EGD，AC = EG （已证），所以△CAE≌△EGD（SAS）.

所以 CE=DE（全等三角形的对应边相等）.

（图 16）

**例 11** 如图 17 所示，在凸四边形 ABCD 中，

（图 17）

$\angle ADB = \angle ABC = 105°$，$\angle DAB = \angle DCB = 45°$．求证：$CD = AB$．

**分析**：要证 $CD = AB$，应设法构造一对全等三角形，使 $CD$ 与 $AB$ 为对应边. 为此过 $D$ 作 $AB$ 的平行线交 $BC$ 于点 $E$. 我们设法证明 $\triangle CDE$ 与 $\triangle ABD$ 全等即可.

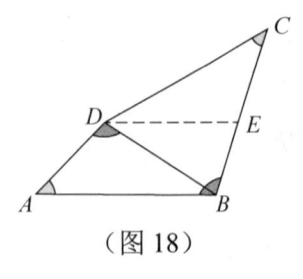

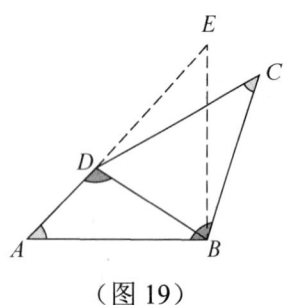

（图 18）

**证明 1**：由于 $\angle DAB = 45°$，$\angle ADB = 105°$，所以 $\angle ABD = 180° - 45° - 105° = 30°$.

因此 $\angle DBE = \angle ABC - \angle ABD = 105° - 30° = 75°$.

过 $D$ 作 $AB$ 的平行线交 $BC$ 于点 $E$，如图 18 所示.

则 $\angle DEB = 180° - \angle ABE = 180° - 105° = 75°$.

所以 $DE = DB$，$\angle DEC = 105°$.

在 $\triangle CDE$ 与 $\triangle ABD$ 中，因为 $DE = DB$，$\angle C = \angle A = 45°$，$\angle DEC = \angle ADB = 105°$，所以 $\triangle CDE \cong \triangle ABD$（AAS），

（图 19）

所以 $CD = AB$（全等三角形的对应边相等）.

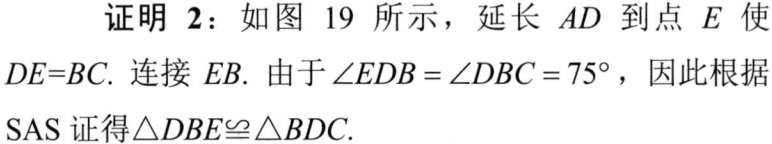

**证明 2**：如图 19 所示，延长 $AD$ 到点 $E$ 使 $DE = BC$. 连接 $EB$. 由于 $\angle EDB = \angle DBC = 75°$，因此根据 SAS 证得 $\triangle DBE \cong \triangle BDC$.

则 $BE = DC$，$\angle E = \angle C = 45°$.

再由 $\angle A = \angle E = 45°$，推得 $AB = BE$，故 $AB = CD$.

**证明 3**：如图 20 所示，延长 $CB$ 到点 $F$，使 $BF = DA$. 连接 $DF$，同样可证 $\triangle ADB \cong \triangle FBD$，以及 $\triangle FDC$ 为等腰三角形.

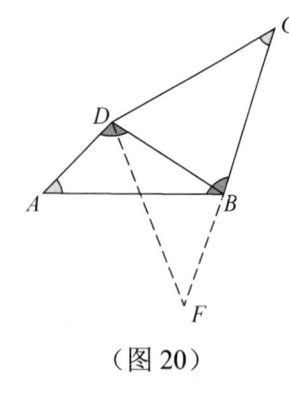

（图 20）

于是可以得到 $AB = DF = DC$.

**例 12** 在三角形 $ABC$ 中，已知 $\angle B = 70°$，$\angle C = 50°$. 在 $AB$ 上取点 $M$，使得 $\angle MCB = 40°$，而在 $AC$ 上取点 $N$，使得 $\angle NBC = 50°$. 求 $\angle NMC$ 的度数.

**解**：如图 21 所示，取点 $K$，使得 $\angle KBC = \angle KCB = 30°$，取点 $L$ 表示直线 $MC$ 与 $BK$ 的交点. 因为 $\triangle BNC$ 是等腰三角形（$\angle NBC = \angle NCB = 50°$），

（图 21）

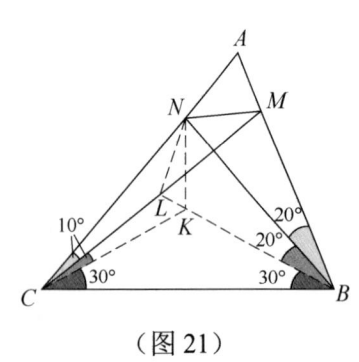

所以∠KNC = 40°. 点 L 是△NKC 的角平分线的交点（LK 和 LC 是角平分线）. 因此，NL 也是∠KNC 的平分线且∠LNB = 60°. 同理，BN 也是∠MBL 的平分线. 此外，BN⊥ML，这意味着，BN 平分 ML 并且∠MNB = ∠BNL = 60°，所以∠NMC = 30°.

**例13** 已知在△ABC 中，AB = BC，∠B = 20°. 在 AB 上取点 M，使得∠MCA = 60°，而在 BC 上取点 N，使得∠NAC = 50°. 求∠NMC 的度数.

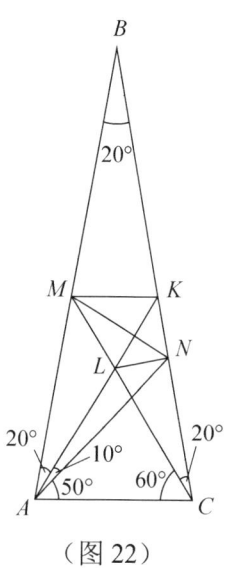

**解**：在 BC 上取点 K（如图 22 所示），使得∠KAC = 60°，MK//AC. 设 L 是 AK 和 MC 的交点，则△ALC 是正三角形，△ANC 是等腰三角形（考虑角）. 这意味着，△LNC 也是等腰三角形，且∠LCN = 20°. 现在求∠NLM 和∠MKN，它们都是 100°. 因为△MKL 是正三角形，所以∠KLN = ∠NKL = 40°，即 KN=LN，所以△MKN≌△MLN，∠NML = ∠KMN = 30°.

（图22）

**例14** 已知△ABC 中，AB≠AC，α<90°（如图 23 所示），以 AB，AC 为底边向三角形外部作顶角为α的等腰△MAB、△NAC，以 BC 为底边向三角形内部作顶角为β的等腰△PBC，且β=2α. 求证：PM=PN.

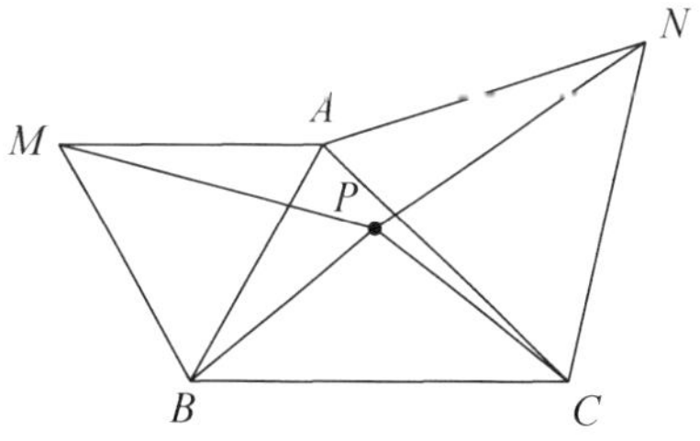

（图23）

**证明**：将△MPB 旋转α得到△MDA 连接 DA，DN，如图 24 所示.

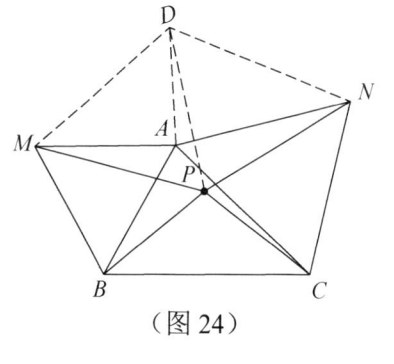

所以∠MBP=∠MAD.

因为∠ANC=α，AN = NC，所以∠NAC=∠NCA=$90°-\frac{1}{2}α$.

又因为 PB=PC，∠BPC=2α，所以∠PBC=∠PCB=90°−α.

（图24）

设∠PCA=γ，则∠DAN=∠MBC+∠BCA+∠CAM+∠AMB−∠DAM−∠MAC−∠CAN

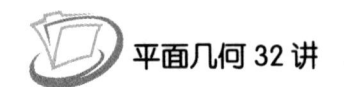

$$= \alpha + 180° - 2\alpha + \gamma - \left(90° - \frac{1}{2}\alpha\right)$$

$$= 90° - \frac{1}{2}\alpha + \gamma$$

$$= \angle PCN.$$

因为 $AD=PB$，$PB=PC$，所以 $AD=PC$.

所以 $\triangle NPC \cong \triangle NDA$（SAS）.

连接 $DP$.

易知 $\triangle MDP \cong \triangle NDP$（AAS），所以 $PM = PN$.

# 第 7 讲

# 勾股定理及其应用

2001 年 3 月 10 日由中央电视台播出的"第八届华罗庚金杯少年数学邀请赛"初赛的第一道试题是:"2002 年将在北京召开国际数学家大会. 如图 1 所示,是大会的会标图案. 它由四个相同的直角三角形拼成. 已知直角边的长分别为 2 和 3,求大正方形的面积."

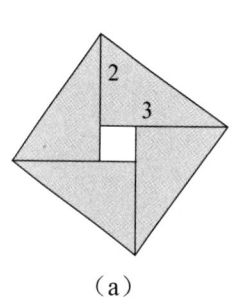

显而易见,大正方形的面积等于 4 个直角三角形与中间小正方形的面积之和. 由已知得每个直角三角形的面积是 3,那么 4 个直角三角形的面积之和是 12,中间小正方形的边长为 3 – 2 = 1,那么面积是 1. 所以大正方形的面积是 3 × 4 + 1 = 13.

这道试题向广大青少年们传播了 2002 年将在北京召开国际数学家大会的信息,并利用这道赛题向大家介绍了大会会标的图案. 这道试题中还蕴涵着勾股定理及具有中华特色的"弦图"证明.

## 7.1 勾股定理及其逆定理

勾股定理揭示了直角三角形三边之间的度量关系. 其内容是:

如图 2 所示,在 $\triangle ABC$ 中,$\angle C = 90°$,$CB = a$,$AC = b$,$AB = c$,则有 $a^2 + b^2 = c^2$.

勾股定理的证明记载于欧几里得(公元前 3 世纪)的《几何原本》第一卷命题 47:"直角三角形斜边上的正方形面积等于两直角边上的正方形面积之和."

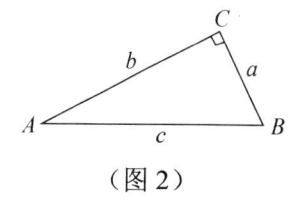

国外称勾股定理为毕达哥拉斯定理,它是欧氏几何的重要定理之一,有的数学家形象地称勾股定理是欧氏几何的"拱心石". 勾股定理及其证明的内涵十分丰富,大家要深入研究、反复体会,学好勾股定理对学习会大有益处.

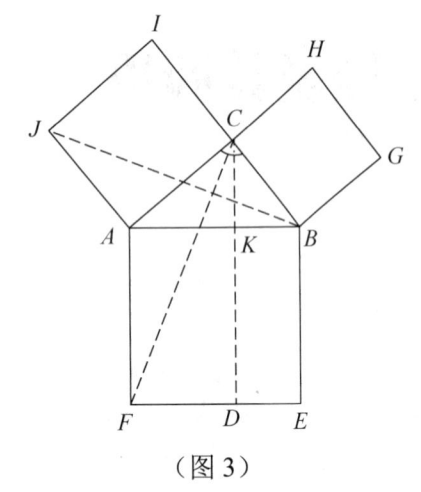

《几何原本》中对勾股定理的证明,采用的方法是面积割补与等积变形.

**证明:** 如图 3 所示,连接 $BJ$, $FC$. 过 $C$ 作 $CD \perp FE$ 于点 $D$,交 $AB$ 于点 $K$. 则 $CD // AF // BE$, 易证 $\triangle AJB \cong \triangle ACF$.

又 $S_{\triangle ACF} = \dfrac{1}{2} S_{四边形 AKDF}$,$S_{\triangle AJB} = \dfrac{1}{2} S_{四边形 ACIJ}$,

所以 $S_{四边形 ACIJ} = S_{四边形 AKDF}$.

同法可证 $S_{四边形 BCHG} = S_{四边形 BKDE}$.

故 $S_{四边形 ABEF} = S_{四边形 AKDF} + S_{四边形 BKDE} = S_{四边形 ACIJ} + S_{四边形 BCHG}$.

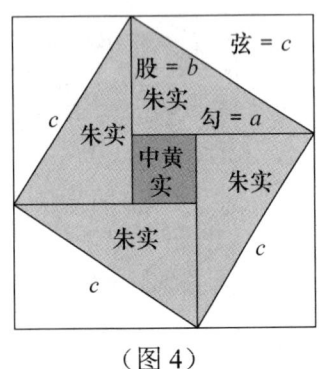

大家知道,中华民族是擅长数学的民族,我国也是最早发现勾股定理的国家之一. 我国古代三国时期的数学家赵爽,就是利用"弦图"来证明勾股定理的. 图 4 是中国古算书中的"弦图"."案弦图又可以勾股相乘为朱实二,倍之为朱实四,以勾股之差自相乘为中黄实,加差实亦成弦实"其意思是:

设直角三角形的勾为 $a$,股为 $b$,弦为 $c$,$ab$ 为两个红色直角三角形的面积,$2ab$ 为 4 个红色直角三角形的面积. 中黄实的面积为 $(a-b)^2$,大正方形的面积为 $c^2$.

所以 $c^2 = 2ab + (a-b)^2 = 2ab + a^2 - 2ab + b^2 = a^2 + b^2$.

从而巧妙地证明了勾股定理.

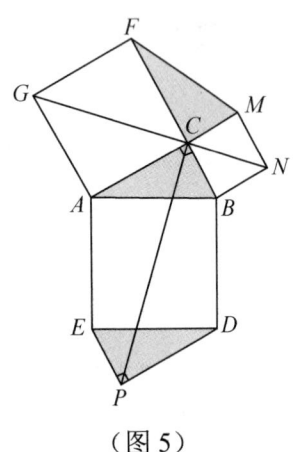

勾股定理的证法有很多,其中文艺复兴时期的达·芬奇的证法也是很有特色的. 如图 5 所示,在直角三角形 $ABC$ 的 3 条边上分别向外作正方形 $ABDE$,正方形 $AGFC$,正方形 $BCMN$.

求证：$S_{\square AGFC} + S_{\square BCMN} = S_{\square ABDE}$.

**证明：** 连接 $FM$，作直角三角形 $DEP$ 与直角三角形 $ABC$ 全等（$AC=DP$，$BC=EP$，$\angle DPE = \angle ACB = 90°$.）.

连接 $NG$，$PC$.

则 $NG$ 所在直线是六边形 $AGFMNB$ 的对称轴，所以 $S_{\text{四边形}AGNB} = \dfrac{1}{2} S_{\text{六边形}AGFMNB}$.

又六边形 $ACBDPE$ 是中心对称图形，所以 $S_{\text{四边形}ACPE} = \dfrac{1}{2} S_{\text{六边形}ACBDPE}$.

因为以 $A$ 为旋转中心，将四边形 $AGNB$ 顺时针旋转 $90°$ 能与四边形 $ACPE$ 重合，所以四边形 $AGNB$ 的面积 = 四边形 $ACPE$ 的面积.

因此六边形 $AGFMNB$ 的面积 = 六边形 $ACBDPE$ 的面积.

即 $S_{\text{四边形}AGFC} + S_{\text{四边形}BCMN} + S_{Rt\triangle ABC} + S_{Rt\triangle FMC} = S_{\text{四边形}ABDE} + S_{Rt\triangle ABC} + S_{Rt\triangle DEP}$

注意到 $S_{Rt\triangle FMC} = S_{Rt\triangle ABC} = S_{Rt\triangle DEP}$，从上式两端消去两对面积相等的直角三角形得到 $S_{\text{四边形}AGFC} + S_{\text{四边形}BCMN} = S_{\text{四边形}ABDE}$.

因此得证 $AC^2 + BC^2 = AB^2$.

勾股定理的逆定理也是成立的，并且非常有用.

**逆定理** 如果三角形两边的平方和等于第三边的平方，那么前两边的夹角一定是直角. 已知 $\triangle ABC$ 中，$BC^2 + AC^2 = AB^2$.

求证：$\angle BCA = 90°$.

**证明：** 如图 6 所示，作一个直角三角形 $A'B'C'$，使 $\angle B'C'A' = 90°$，$B'C' = BC$，$A'C' = AC$. 根据勾股定理，有 $B'C'^2 + A'C'^2 = A'B'^2$. 与已知等式 $BC^2 + AC^2 = AB^2$ 比较可知，有 $A'B' = AB$. 所以 $\triangle A'B'C' \cong \triangle ABC$.

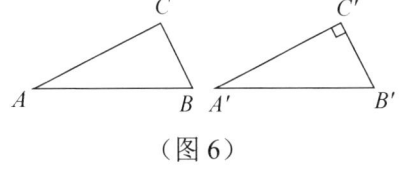

（图 6）

因此有 $\angle BCA = \angle B'C'A' = 90°$.

## 7.2 勾股定理的各种应用

**例 1** 华罗庚爷爷说："数学是我国人民所擅长的学科." 请小朋友求解《九章算术》中的一个古代问题：

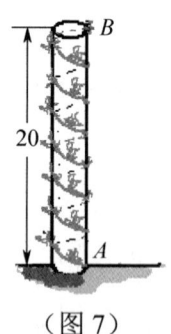

"今有木长二丈，围之三尺，葛生其下，缠木七周，上与木齐. 问葛长几何."

白话译文：如图 7 所示，有圆柱形木棍直立地面，高 20 尺，圆柱底面周长 3 尺. 葛生于圆柱底部点 $A$，等距缠绕圆柱七周恰好长到圆柱上底面的点 $B$. 则葛的长度是___尺.

（图 7）

解：设想将葛的根处 $A$ 剪断，顶处 $B$ 不动，将葛解开缠绕拉直，点 $A$ 变为地面上的点 $C$. 如图 8 所示. 则葛长为 Rt△$BAC$ 的斜边 $BC$ 的长. 已知 $AB=20$，$AC=21$，由勾股定理得

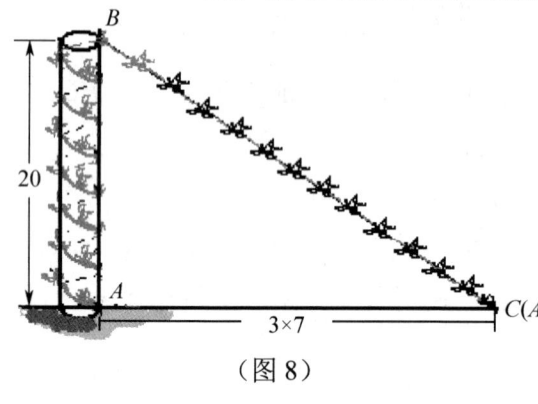

$$BC^2 = 20^2 + 21^2 = 400 + 441$$
$$= 841 = 30^2 - 60 + 1$$
$$= 30^2 - 2 \times 30 + 1 = (30-1)^2 = 29^2,$$

所以 $BC=29$（尺）.

即葛长 29 尺.

（图 8）

**例 2** 求证：如果梯形的两条对角线互相垂直，那么对角线的平方和等于两底和的平方.

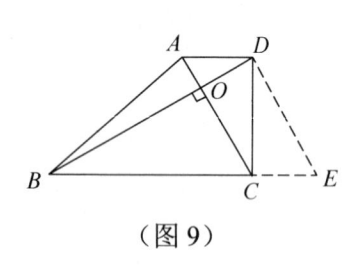

证明：如图 9 所示，已知 $AD//BC$，$AC$ 与 $BD$ 相交于点 $O$，$\angle BOC = 90°$. 过 $D$ 作 $AC$ 的平行线交 $BC$ 延长线于点 $E$. 则四边形 $ADEC$ 为平行四边形，$CE=AD$，$DE=AC$，$\angle BDE = \angle BOC = 90°$. 在 Rt△$BDE$ 中，由勾股定理得 $DE^2 + BD^2 = BE^2$，即 $AC^2 + BD^2 = (AD+BC)^2$.

（图 9）

**例 3** 在△$ABC$ 中，$\angle C = 90°$，$O$ 为三角形内一点，若△$OAB$，△$OBC$，△$OAC$ 的面积相等，求证：$OA^2 + OB^2 = 5OC^2$.

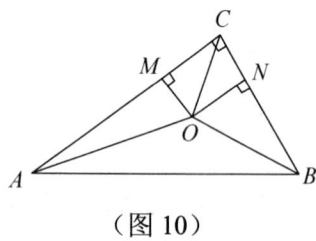

证明：如图 10 所示，作 $OM \perp AC$ 于点 $M$，$ON \perp BC$ 于点 $N$.

由勾股定理得 $OA^2 = OM^2 + MA^2$，$OB^2 = ON^2 + NB^2$，所以 $OA^2 + OB^2 = OM^2 + ON^2 + MA^2 + NB^2$.

由△$OAB$，△$OBC$，△$OAC$ 的面积相等，知

（图 10）

$S_{\triangle OAC} = S_{\triangle OBC} = \dfrac{1}{3} S_{\triangle ABC}$，推知 $ON = \dfrac{1}{3} AC$．

又四边形 $OMNC$ 是长方形，$ON=CM$，$OM=CN$．因而 $MA = AC - CM = 2ON$，同理推得 $NB=2OM$．

于是 $OA^2 + OB^2 = OM^2 + ON^2 + MA^2 + NB^2$
$= OM^2 + ON^2 + (2ON)^2 + (2OM)^2 = 5(OM^2 + ON^2) = 5OC^2$．

**例 4** 长方形的纸片 $ABCD$ 中，$AD = 4$，$AB = 3$，将它折叠压平，使点 $C$ 与点 $A$ 重合．求折痕的长度．

(第 7 届华杯赛初一组第一试决赛试题 4)

**解**：设折痕是 $EF$，如图 11 所示，$EF$ 必过长方形 $ABCD$ 的两条对角线的交点 $O$，且与 $AC$ 垂直．连接 $AE$，$CF$，则四边形 $AECF$ 是菱形．由勾股定理，可得

长方形 $ABCD$ 的每条对角线的长度 $= \sqrt{3^2 + 4^2} = 5$．

设 $BE=x$，则 $AE = EC = 4 - x$，在直角三角形 $ABE$ 中应用勾股定理，得 $3^2 + x^2 = (4-x)^2$，解得 $x = \dfrac{7}{8}$．所以

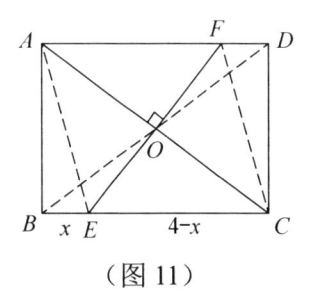

$AE = EC = 4 - \dfrac{7}{8} = \dfrac{25}{8}$．

易知三角形 $FEC$ 的面积等于 $\dfrac{1}{2} \times \dfrac{25}{8} \times 3 = \dfrac{75}{16}$，因此菱形 $AECF$ 的面积为 $\dfrac{75}{8}$．所以 $\dfrac{1}{2} \times 5 \times EF = \dfrac{75}{8}$，因此 $EF = \dfrac{15}{4} = 3.75$．即折痕 $EF$ 的长度为 $3.75$．

**例 5** 凸五边形 $ABCDE$ 中，$\angle BAE + \angle AED = 270°$，$\angle BCD = 90°$，$AB=3$，$BC=12$，$CD=5$，$DE=4$，$AE=8$．则五边形 $ABCDE$ 的面积等于_____．

**答**：$55.2$．

**解**：如图 12 所示，作 $\square ABPE$，连接 $PD$，则 $BP=8$，$PE=3$．

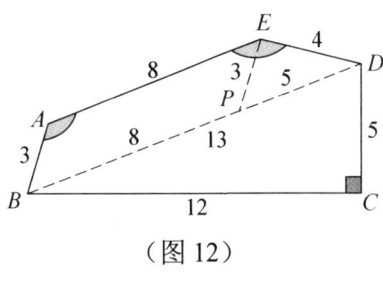

因为 $\angle BAE + \angle AED = 270°$，所以 $\angle PED = 270° - 180° = 90°$．

在直角 $\triangle PED$ 中，根据勾股定理求得 $PD = 5$．连接 $BD$，在直角 $\triangle BCD$ 中，根据勾股定理求得 $BD=13$．由于 $BP+PD=8+5=13=BD$，所以点 $P$ 在 $BD$

上，此时 $AE/\!/BD$，四边形 $ABDE$ 是个梯形，其高等于点 $E$ 到 $BD$ 的距离为 $\dfrac{3\times 4}{5}=2.4$，

所以 $S_{\text{五边形}ABCDE}=S_{\text{四边形}ABDE}+S_{\triangle BCD}=\dfrac{(8+13)\times 2.4}{2}+\dfrac{5\times 12}{2}=25.2+30=55.2.$

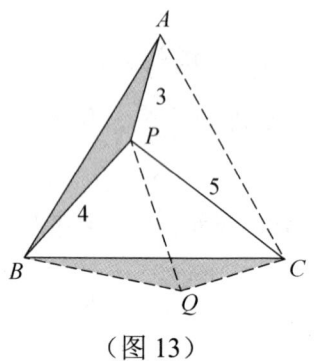

**例6** $P$ 为等边 $\triangle ABC$ 内一点，已知 $PA=3$，$PB=4$，$PC=5$，求 $\angle APB$ 的度数，并简述你的理由.

**解**：如图 13 所示，将 $\triangle ABP$ 绕点 $B$ 顺时针旋转 $60°$，到 $\triangle CBQ$ 的位置. 则 $\triangle ABP \cong \triangle CBQ$，$\angle APB=\angle CQB$，$QC=3$.

连接 $PQ$. 则 $\triangle PBQ$ 是正三角形，$\angle BQP=60°$，$PQ=4$. 在 $\triangle PQC$ 中，$QC=3$，$PQ=4$，$PC=5$，所以 $\angle PQC=90°$.

因此 $\angle APB=\angle CQB=\angle BQP+\angle PQC=60°+90°=150°$.

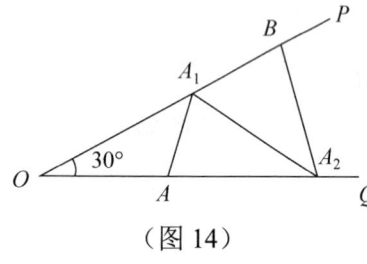

**例7** 如图 14 所示，$\angle POQ=30°$. $A$ 为 $OQ$ 上一点，$B$ 为 $OP$ 上一点，且 $OA=5$，$OB=12$，在 $OB$ 上取点 $A_1$，在 $AQ$ 上取点 $A_2$. 设 $l=AA_1+A_1A_2+A_2B$. 求 $l$ 的最小值.

**分析**：要求 $l=AA_1+A_1A_2+A_2B$ 的最小值，设法将 $AA_1$，$A_1A_2$，$A_2B$ 变位后与一条固定的线段相比较，利用"两点之间，线段最短"来求解. 再由 $30°$ 角为 $90°$ 角的 $\dfrac{1}{3}$，可以设想沿 $OP$，$OQ$ 分别使 $\angle POQ$ 向角的外侧对折，造成一个 $90°$ 的特殊角，为问题的解答创设条件.

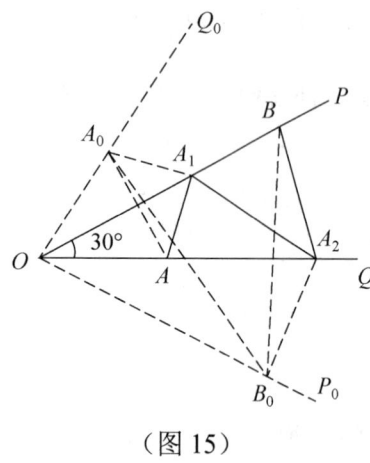

**解**：如图 15 所示，以 $OP$ 所在直线为对称轴，作 $\angle POQ$ 的轴对称图形 $\angle POQ_0$；以 $OQ$ 所在直线为对称轴，作 $\angle QOP$ 的轴对称图形 $\angle QOP_0$. 这时，点 $A$ 关于 $OP$ 的对称点为 $OQ_0$ 上的点 $A_0$，点 $B$ 关于 $OQ$ 的对称点为 $OP_0$ 上的点 $B_0$. $OA_0=5$，$OB_0=12$，$\angle A_0OB_0=90°$. 由对称性知 $A_0A_1=AA_1$，

$B_0A_2 = BA_2$. 所以 $l = AA_1 + A_1A_2 + A_2B = A_0A_1 + A_1A_2 + A_2B_0 \geqslant A_0B_0$.

因此 $l$ 的最小值为 $A_0B_0$ 的长.

问题归结为："在 $\triangle A_0OB_0$ 中，$OA_0=5$，$OB_0=12$，$\angle A_0OB_0 = 90°$，求 $A_0B_0$ 的长."

由勾股定理得 $A_0B_0^2 = OA_0^2 + OB_0^2 = 5^2 + 12^2 = 169$，因此 $A_0B_0 = \sqrt{169} = 13$.

所以 $l$ 的最小值为 $A_0B_0$ 的长为 13.

**例8** 如图 16 所示，在以 $AB$ 为直径的半圆上取一点 $C$，分别以 $AC$ 和 $BC$ 为直径在 $\triangle ABC$ 外作半圆 $AEC$ 和 $BFC$. 当点 $C$ 在什么位置时，图中两个弯月形（阴影部分）$AEC$ 和 $BFC$ 的面积和最大.

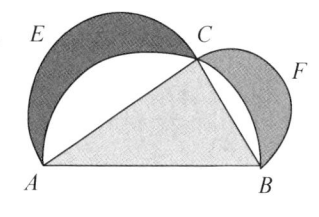

（图 16）

**解**：弯月形 $AEC$ 的面积 + 弯月形 $BFC$ 的面积

= 半圆 $AEC$ 的面积 + 半圆 $BFC$ 的面积 + $\triangle ABC$ 的面积 − 半圆 $ACB$ 的面积

$= \dfrac{1}{2}\pi\left(\dfrac{AC}{2}\right)^2 + \dfrac{1}{2}\pi\left(\dfrac{BC}{2}\right)^2 + \triangle ABC\text{ 的面积} - \dfrac{1}{2}\pi\left(\dfrac{AB}{2}\right)^2$

$= \dfrac{\pi}{8}\left(AC^2 + BC^2 - AB^2\right) + \triangle ABC\text{ 的面积}$.

在 $\triangle ACB$ 中，由勾股定理得 $AC^2 + BC^2 = AB^2$，即 $AC^2 + BC^2 - AB^2 = 0$.

所以，弯月形 $AEC$ 的面积 + 弯月形 $BFC$ 的面积 = $\triangle ABC$ 的面积.

因为 $\triangle ABC$ 的底 $AB$ 固定，所以当高最大时，$\triangle ABC$ 的面积最大.

因此，当 $C$ 点在通过圆心，且与直径 $AB$ 垂直的直线与半圆 $AB$ 的交点处时，两弯月形的面积最大.

**例9** 自 $\triangle ABC$ 内一点 $P$，分别向 $BC$，$CA$，$AB$ 边引垂线，垂足依次为点 $D$，$E$，$F$. 以 $BD$，$CD$，$CE$，$AE$，$AF$，$BF$ 为直径分别向三角形外作半圆. 如图 17 所示，这六个半圆面积分别记为 $S_1$，$S_2$，$S_3$，$S_4$，$S_5$，$S_6$. 证明：$S_1 + S_3 + S_5 = S_2 + S_4 + S_6$.

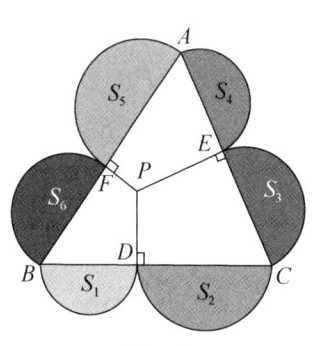

（图 17）

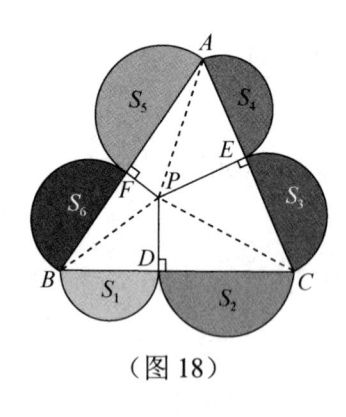

**证明：** 如图 18 所示，连接 $AP$，$BP$，$CP$.

则 $AF^2 + BD^2 + CE^2 = (AP^2 - PF^2) + (BP^2 - PD^2) + (CP^2 - PE^2)$.

$BF^2 + CD^2 + AE^2 = (BP^2 - PF^2) + (CP^2 - PD^2) + (AP^2 - PE^2)$.

所以 $AF^2 + BD^2 + CE^2 = BF^2 + CD^2 + AE^2$.

两边同乘 $\dfrac{\pi}{2 \times 4}$ 得：

$$\frac{\pi}{2}\left(\frac{AF}{2}\right)^2 + \frac{\pi}{2}\left(\frac{BD}{2}\right)^2 + \frac{\pi}{2}\left(\frac{CE}{2}\right)^2 = \frac{\pi}{2}\left(\frac{BF}{2}\right)^2 + \frac{\pi}{2}\left(\frac{CD}{2}\right)^2 + \frac{\pi}{2}\left(\frac{AE}{2}\right)^2.$$

即 $S_1 + S_3 + S_5 = S_2 + S_4 + S_6$.

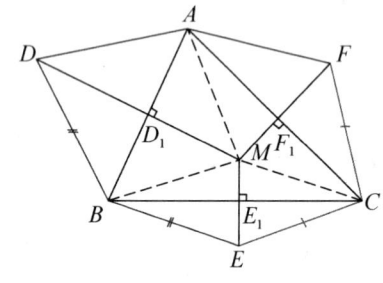

**例 10** 设 $M$ 为 $\triangle ABC$ 内任一点，$MD \perp AB$，$ME \perp BC$，$MF \perp CA$，又 $BD=BE$，$CE=CF$（如图 19 所示）. 求证：$AD=AF$.

**证明：** 连接 $AM$，$BM$，$CM$，如图 19 所示，由勾股定理，得

$AD^2 = DD_1^2 + AD_1^2 = (BD^2 - BD_1^2) + (AM^2 - MD_1^2)$
$= AM^2 + BE^2 - (BD_1^2 + MD_1^2)$
$= AM^2 + BE^2 - BM^2$
$= AM^2 + BE^2 - (ME_1^2 + BE_1^2)$
$= (AM^2 - ME_1^2) + (BE^2 - BE_1^2)$
$= AM^2 - ME_1^2 + EE_1^2$.

同理 $AF^2 = FF_1^2 + AF_1^2 = (CF^2 - CF_1^2) + (AM^2 - MF_1^2)$
$= AM^2 + CE^2 - (CF_1^2 + MF_1^2) = AM^2 + CE^2 - CM^2$
$= AM^2 + CE^2 - (ME_1^2 + CE_1^2) = (AM^2 - ME_1^2) + (CE^2 - CE_1^2)$
$= AM^2 - ME_1^2 + EE_1^2$.

所以 $AD^2 = AF^2$，即 $AD = AF$.

这道题构思巧妙，曾作为 1979 年中国科技大学考少年班的复试题.

**例 11** 如图 20 所示，在长方形 $ABCD$ 中，$E$ 为 $AB$ 上一点. 已知 $AB=14$，$CE=$

13，$DE=15$. $CF \perp DE$ 于点 $F$. 连接 $AF$，$BF$. 则 $\triangle ABF$ 的面积等于____．

**答**：36.96.

**解**：先求 $BE$ 的长. 设 $BE=x$，则 $AE=14-x$. 在直角 $\triangle ADE$ 与直角 $\triangle BCE$ 中应用勾股定理，得 $DE^2-AE^2=AD^2=BC^2=CE^2-BE^2$，即得方程 $15^2-(14-x)^2=13^2-x^2$，化简得 $28x=140$，所以 $x=5$. 因此 $AE=9$.

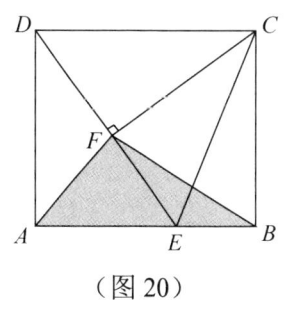

（图20）

再应用勾股定理，求得 $AD=BC=12$.

进而求得矩形 $ABCD$ 的面积 $=12\times 14=168$，所以 $S_{\triangle CDE}=84$.

设 $DF=y$，则 $EF=15-y$. 由 $CD^2-DF^2=CF^2=CE^2-EF^2$，得方程 $14^2-y^2=13^2-(15-y)^2$，化简得 $30y=252$，所以 $y=8.4$，即 $DF=8.4$.

因此，$S_{\triangle CDF}=84\times\dfrac{8.4}{15}=28\times\dfrac{8.4}{5}=47.04$.

又由于 $S_{\triangle CDF}+S_{\triangle ABF}=\dfrac{1}{2}S_{\square ABCD}=84$，

所以 $S_{\triangle ABF}=84-S_{\triangle CDF}=84-47.04=36.96$. 即 $\triangle ABF$ 的面积等于36.96.

**例12** 在锐角 $\triangle ABC$ 中，已知 $AB=4$，$AC=5$，$BC=6$. $AD$，$BE$，$CF$ 分别是边 $BC$，$CA$，$AB$ 上的高，$D$，$E$，$F$ 为垂足. 求 $\dfrac{S_{\triangle DEF}}{S_{\triangle ABC}}$ 的值.

**解**：设 $BD=x$，$CE=y$，$AF=z$.

则 $CD=6-x$，$AE=5-y$，$BF=4-z$.

根据勾股定理列得关系式如下：

$4^2-x^2=5^2-(6-x)^2$；

$6^2-y^2=4^2-(5-y)^2$；

$5^2-z^2=6^2-(4-z)^2$.

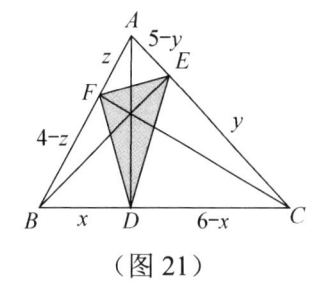

（图21）

解得 $x=\dfrac{9}{4}$，$y=\dfrac{9}{2}$，$z=\dfrac{5}{8}$，因此 $6-x=\dfrac{15}{4}$，$5-y=\dfrac{1}{2}$，$4-z=\dfrac{27}{8}$.

求得：$S_{\triangle BDF}=\dfrac{27}{4\times 8}S_{\triangle ABD}=\dfrac{27}{32}\times\dfrac{9}{4\times 6}S_{\triangle ABC}=\dfrac{81}{256}S_{\triangle ABC}$，即 $\dfrac{S_{\triangle BDF}}{S_{\triangle ABC}}=\dfrac{81}{256}$；

$S_{\triangle CDE}=\dfrac{9}{5\times 2}S_{\triangle ACD}=\dfrac{9}{10}\times\dfrac{15}{4\times 6}S_{\triangle ABC}=\dfrac{9}{16}S_{\triangle ABC}$，即 $\dfrac{S_{\triangle BDF}}{S_{\triangle ABC}}=\dfrac{9}{16}$；

$$S_{\triangle AEF} = \frac{5}{4\times 8}S_{\triangle ABE} = \frac{5}{32} \times \frac{1}{2\times 5}S_{\triangle ABC} = \frac{1}{64}S_{\triangle ABC}，即 \frac{S_{\triangle BDF}}{S_{\triangle ABC}} = \frac{1}{64}.$$

所以 $\dfrac{S_{\triangle DEF}}{S_{\triangle ABC}} = 1 - \dfrac{81}{256} - \dfrac{9}{16} - \dfrac{1}{64} = \dfrac{27}{256}.$

注：在 $\triangle ABC$ 中，$AH \perp BC$ 于点 $H$. 则 $AB^2 - AC^2 = BH^2 - CH^2$ 在解题中是非常重要的等量关系.

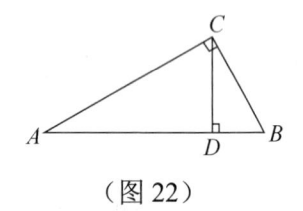

**例 13**（射影定理）如图 22 所示，直角三角形 $ABC$ 中，$CD$ 是斜边 $AB$ 上的高. 求证：

(1) $CD^2 = AD \cdot BD$；

(2) $AC^2 = AD \cdot AB$；

(3) $BC^2 = BD \cdot AB$.

**证明**：(1) 由勾股定理，得 $CD^2 = BC^2 - BD^2$，$CD^2 = AC^2 - AD^2$.

两式相加得 $2CD^2 = (BC^2 + AC^2) - (BD^2 + AD^2) = AB^2 - (BD^2 + AD^2)$

$$= (AD + BD)^2 - (BD^2 + AD^2) = 2AD \cdot BD.$$

所以 $CD^2 = AD \cdot BD$.

(2) 同 (1) 可得 $AC^2 = AD^2 + CD^2 = AD^2 - AD \cdot DB = AD \cdot (AD + DB) = AD \cdot AB$.

(3) 同 (1) 可得 $BC^2 = BD^2 + CD^2 = BD^2 - AD \cdot DB = BD \cdot (AD + DB) = BD \cdot AB$.

这样，可以将勾股定理与乘法公式有机地结合起来，利用勾股定理简单地证明射影定理，这对几何学习很有益处.

# 第8讲 三角形中位线定理应用

## 8.1 基础知识

连接三角形两边中点的线段叫作三角形的中位线. 三角形的中位线, 平行于第三边并且等于第三边的一半. 这就是三角形中位线定理.

**证明**: 如图 1 所示, 连接 $CD$, $BE$, 由于 $CD$, $BE$ 都是 $\triangle ABC$ 的中线, 所以 $S_{\triangle CBD}=\frac{1}{2}S_{\triangle ABC}=S_{\triangle CBE}$. 因为 $D$, $E$ 在 $BC$ 同侧, 所以 $DE//BC$.

又 $S_{\triangle BDE}=\frac{1}{2}h_2 \times DE$, 而 $S_{\triangle BDE}=\frac{1}{2}S_{\triangle BDC}=\frac{1}{2}\left(\frac{1}{2}h_2 \times BC\right)=\frac{1}{2}h_2 \times \frac{BC}{2}$.

比较得 $DE=\frac{1}{2}BC$.

（图1）

以上是通过我们给出的三角形中位线定理的面积法证明的, 仅供大家参考。

**推论**: 过三角形一边的中点平行于另一边的直线, 必过第三边的中点.

已知 $\triangle ABC$ 中, $M$ 是 $AB$ 边的中点, 过 $M$ 作直线平行于 $BC$, 交 $AC$ 边于点 $N$. 求证: $N$ 为 $AC$ 边的中点, 且 $MN=\frac{1}{2}BC$.

**证明**: 如图 2 所示, 取 $AC$ 边的中点 $N_1$, 连接 $MN_1$, 则 $MN_1$ 为 $\triangle ABC$ 的一条中位线. 根据三角形中位线定理, 有 $MN_1//BC$, $MN_1=\frac{1}{2}BC$. 由于 $MN//BC$（已知）, $MN_1//BC$（已证）, 直线 $MN$ 与 $MN_1$ 都是过 $M$ 点与 $BC$ 平行的直线, 根据平

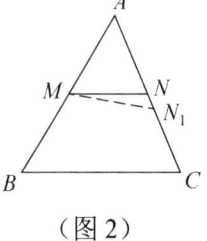

（图2）

行公理，$MN$ 应与 $MN_1$ 重合，$N$ 点作为 $MN$ 与 $AC$ 的交点应与 $N_1$ 点重合. 即 $N$ 是 $AC$ 的中点，$MN = \frac{1}{2}BC$.

因此，过三角形一边的中点平行于另一边的直线，必过第三边的中点. 这时与第三边中点连接的线段，就是这个三角形的一条中位线. 这个结论常被称为三角形中位线逆定理.

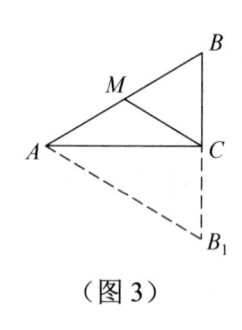

对于直角三角形 $ABC$ 中（如图 3 所示），$\angle C = 90°$. 设 $M$ 为斜边 $AB$ 的中点，则称 $MC$ 为斜边上的中线.

延长 $BC$ 到点 $B_1$，使得 $CB_1 = CB$，连接 $AB_1$，则 $\angle ACB_1 = \angle ACB = 90°$，可证得 $\triangle ACB \cong \triangle ACB_1$（边角边）. 所以 $AB = AB_1$，$C$ 为 $BB_1$ 中点. 在 $\triangle ABB_1$ 中，根据三角形中位线定理，有 $MC = \frac{1}{2}AB_1 = \frac{1}{2}AB$.

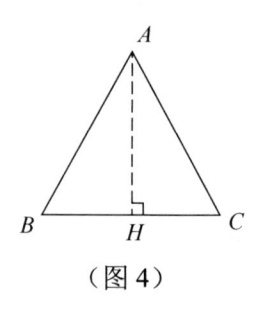

（图 3）

由此得出结论：

**定理** 直角三角形斜边上的中线等于斜边的一半.

特别地，对于等边三角形 $ABC$，$\angle A = \angle B = \angle C = 60°$，作 $AH \perp BC$ 于点 $H$，则 $H$ 为 $BC$ 中点（如图 4 所示），于是可以得出：$AC = 2CH$，$\angle CAH = 30°$.

（图 4）

由此可以得出一个重要结论：

直角三角形中，若有一个锐角等于 30°，则 30° 角所对的直角边等于斜边的一半.

反过来，直角三角形中，若有一条直角边等于斜边的一半，则该直角边所对的锐角等于 30°，另一个锐角等于 60°.

对于涉及线段中点的问题，可设法构造三角形的中线或中位线，这样有利于问题的解决.

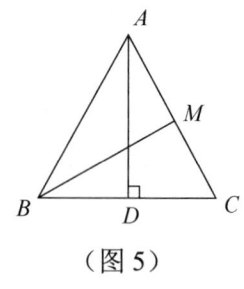

## 8.2 基本例题

**例 1** 如图 5 所示，$\triangle ABC$ 中，$AD$ 是 $BC$ 上的高线，垂足 $D$ 在边 $BC$ 上. $M$ 是 $AC$ 边的中点. 若 $AD = BM$，求证：$\angle MBC = 30°$.

（图 5）

**证明**：过 $M$ 作 $MH \perp BC$ 于点 $H$，则 $AD // MH$.

如图 6 所示，在 $\triangle ADC$ 中，$M$ 是 $AC$ 边的中点，$MH // AD$，所以 $H$ 为 $DC$ 的中点，根据三角形中位线定理，可得 $MH = \dfrac{1}{2} AD$.

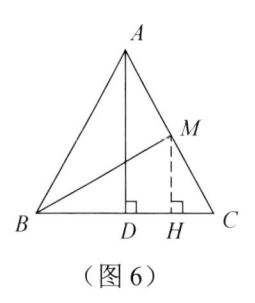

在直角 $\triangle BHM$ 中，由于 $MH = \dfrac{1}{2} AD = \dfrac{1}{2} BM$，所以 $\angle MBC = 30°$.

**例 2** 如图 7 所示，$\triangle ABC$ 中，$\angle B = 2\angle C$，$AD \perp BC$ 于点 $D$，垂足 $D$ 在边 $BC$ 上. $M$ 是 $BC$ 边的中点. 求证：$DM = \dfrac{1}{2} AB$.

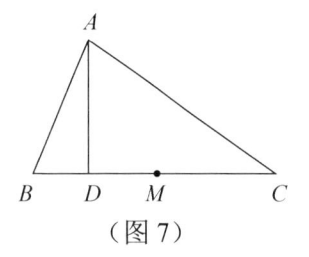

**分析**：要证 $DM = \dfrac{1}{2} AB$，由于 $\triangle ABD$ 是直角三角形，联想到斜边上的中线定理，取 $AB$ 的中点 $M_1$，连接 $M_1D$，则有 $M_1D = \dfrac{1}{2} AB$，于是只要证明 $M_1D = DM$ 就可以了.

**证明**：如图 8 所示，取 $AB$ 的中点 $M_1$，连接 $M_1D$. 在直角 $\triangle ABD$ 中，$M_1D$ 是斜边 $AB$ 上的中线，所以 $M_1D = \dfrac{1}{2} AB = M_1B$. 因此 $\angle M_1DB = \angle B = 2\angle C$.

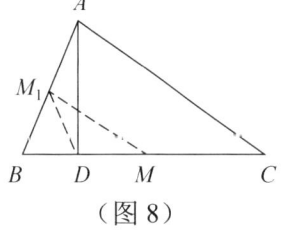

连接 $MM_1$，$MM_1$ 是 $\triangle ABC$ 的一条中位线，则有 $MM_1 // AC$（三角形中位线定理）. 所以 $\angle M_1MB = \angle C$（两直线平行，同位角相等）.

因此，$\angle M_1DB = 2\angle C = 2\angle M_1MD$.

但 $\angle M_1DB = \angle M_1MD + \angle MM_1D$（三角形外角的性质）.

所以 $\angle MM_1D = \angle DMM_1$. 于是，$DM = DM_1$（三角形中，等角对等边）.

所以 $DM = \dfrac{1}{2} AB$（等量代换）.

**例 3** 如图 9 所示，$\triangle ABC$ 中，$BD$，$CE$ 分别是 $\angle ABC$，$\angle ACB$ 的平分线. $AM \perp BD$ 垂足为点 $M$，$AN \perp CE$ 垂足为点 $N$. 求证：$MN // BC$.

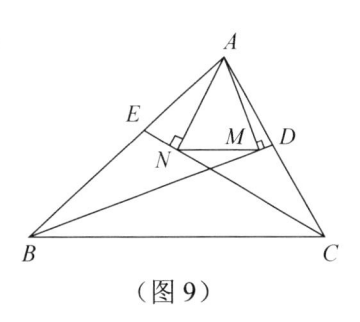

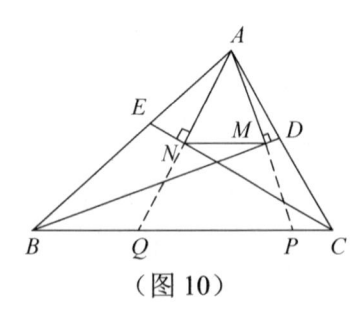

证明：如图 10 所示，延长 $AM$ 交 $BC$ 于点 $P$，在 $\triangle ABM$ 与 $\triangle PBM$ 中，$\angle ABD = \angle PBD$，$BM = BM$，$\angle AMB = \angle PMB = 90°$.

所以 $\triangle ABM \cong \triangle PBM$（边角边）.

因此，$AM=MP$（全等三角形，对应边相等），即 $M$ 点是线段 $AP$ 的中点.

同理，延长 $AN$ 交 $BC$ 于点 $Q$，则 $N$ 点也是线段 $AQ$ 的中点.

所以，在 $\triangle APQ$ 中，$MN$ 是一条中位线，根据三角形中位线定理，有 $MN//PQ$，

即 $MN//BC$.

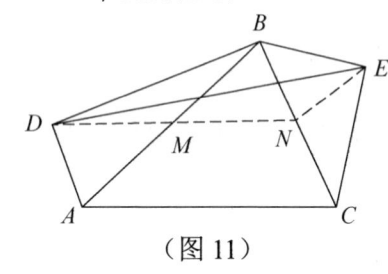

**例 4** 如图 11 所示，点 $D$，$E$ 是 $\triangle ABC$ 形外两点，满足 $\angle ADB = \angle CEB = 90°$. 求证：线段 $DE$ 的长不超过 $\triangle ABC$ 周长的一半.

(第 61 届圣彼得堡第二轮 9 年级试题)

解：设 $M$，$N$ 是 $AB$，$BC$ 的中点，连接 $DM$，$MN$，$NE$. 则 $DM = \dfrac{1}{2}AB$，$MN = \dfrac{1}{2}AC$，$NE = \dfrac{1}{2}CB$，所以 $DE \leqslant DM + MN + NE = \dfrac{1}{2}(AB + BC + CA)$.

**例 5** 如图 12 所示，$\triangle ABC$ 中，过 $B$ 作 $\angle A$ 平分线 $AP$ 的垂线，垂足 $D$ 落在 $AP$ 的延长线上. 若 $AP = PD$，求证：$AB = 3AC$.

证明：如图 13 所示延长 $BD$，$AC$ 相交于点 $E$，易证 $\triangle ABD \cong \triangle AED$.

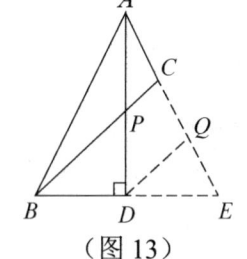

所以 $AB=AE$，$BD=ED$. 过 $D$ 作 $DQ//BC$，交 $AE$ 于点 $Q$. 在 $\triangle BCE$ 中，$D$ 是 $BE$ 中点，$DQ//BC$，所以 $CQ = EQ$.

在 $\triangle ADQ$ 中，$P$ 为 $AD$ 中点，$PC//DQ$，所以 $AC = CQ$.

因此，$AC = CQ = QE$，$AC = \dfrac{1}{3}AE = \dfrac{1}{3}AB$，即 $AB = 3AC$.

**例 6** 如图 14 所示，在三角形 $ABC$ 中引中线 $AD$. 已知 $\angle ADB = 45°$，

$\angle ACB = 30°$. 求 $\angle ABC$ 的度数.

(2011 年北京市初二年级竞赛试题)

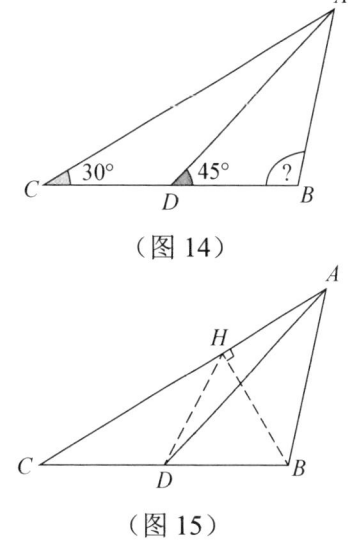

**解**：如图 15 所示，引高线 $BH$，易知三角形 $DHB$ 是等边三角形. 理由：它的每条边长都等于直角三角形 $CHB$ 的斜边 $BC$ 的一半. 由此 $\angle HDB = 60°$，而不等式 $\angle HBD > \angle ADB$ 意味着，点 $H$ 在线段 $CA$ 上.

因为 $\angle HAD = \angle CAD = \angle ADB - \angle ACD = 45° - 30° = 15°$ 和 $\angle HDA = \angle HDB - \angle ADB = 60° - 45° = 15°$，则三角形 $DHA$ 是等腰三角形（$BH = HA$）. 所以 $\angle BAC = 45°$，则 $\angle ABC = 180° - 30° - 45° = 105°$.

## 8.3 综合例题

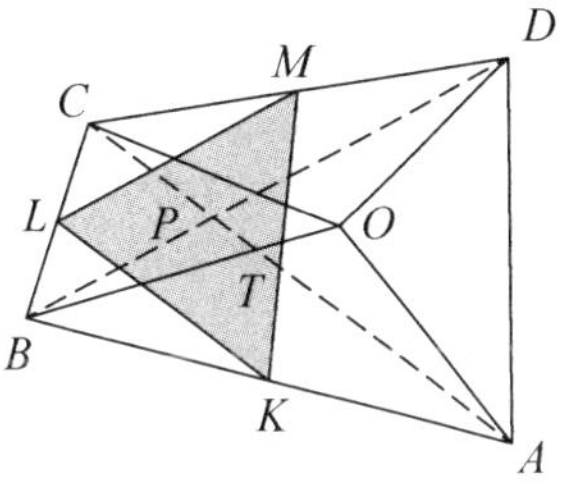

**例7** 如图 16 所示，点 $O$ 是凸四边形 $ABCD$ 内一点. $\angle AOB = \angle COD = 120°$，$AO = OB$，$CO = OD$. $K$ 是 $AB$ 中点，$L$ 是 $BC$ 中点，$M$ 是 $CD$ 中点. 求证：$\triangle KLM$ 是正三角形.

**证明**：连接 $BD$，$AC$，设 $BD$，$AC$ 交于点 $P$.

易知 $\triangle BOD \cong \triangle AOC$（边角边），所以 $BD = AC$，$\angle PBO = \angle PAO$.

再根据三角形中位线定理，有 $LM = LK$，$LM // BD$，$LK // AC$. 设 $OB$，$AC$ 交于点 $T$. 则 $\angle MLK = \angle CPB = 180° - \angle BPA = 180° - \angle BOA = 180° - 120° = 60°$.

所以 $\triangle KLM$ 是正三角形.

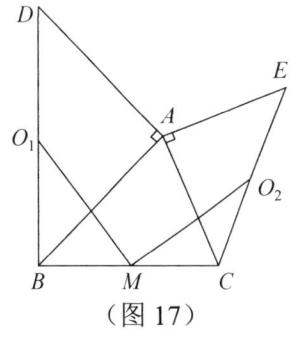

**例8** 如图 17 所示，$\triangle ABC$ 中，分别以 $AB$，$AC$ 为一直角边向形外作等腰直角三角形 $ABD$ 与 $ACE$（两个三角形中 $A$ 是直角顶点），斜边 $BD$ 的中点为 $O_1$，斜边 $CE$ 的中点为 $O_2$，斜边 $BC$ 的中点为 $M$. 求证：$O_1M = O_2M$，$\angle O_1MO_2 = 90°$.

**证明**：如图 18 所示，连接 $CD$，$BE$.

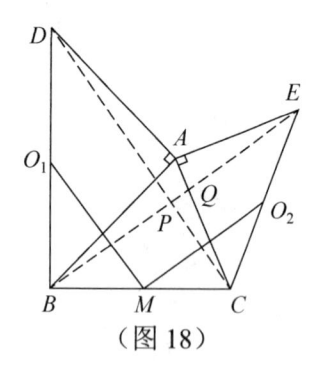

在 △ACD 与 △AEB 中，AC=AE，AD=AB，∠DAC = 90°+∠BAC=∠BAE，所以 △ACD ≌ △AEB，∠ACD = ∠AEB，CD = EB．

在 △CDB 中，$O_1M$ 是中位线，所以 $O_1M = \dfrac{1}{2}CD$，$O_1M // CD$．

在 △BCE 中，$O_2M$ 是中位线，所以 $O_2M = \dfrac{1}{2}BE$，$O_2M // BE$．

因为 CD = BE（已证），所以 $O_1M = O_2M$．又因为 $O_1M // CD$，$O_2M // BE$，设 CD 与 BE 交于点 P，则 $\angle O_1MO_2 = \angle DPE$．

若 BE 交 AC 于点 Q，则 $\angle DPE = \angle DCA + \angle PQC = \angle AEB + \angle AQE = 90°$，所以 $\angle O_1MO_2 = 90°$．

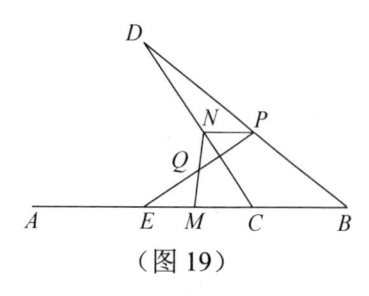

**例 9** 如图 19 所示，设线段 AB 的中点为 M，从 AB 上另一点 C 向线段 AB 的一侧引线段 CD，令 CD 的中点为 N，BD 的中点为 P，MN 的中点为 Q，AC 的中点为 E．求证：直线 PQ 平分线段 AC．

**证明**：如图 20 所示，由 P 为 BD 中点，N 为 CD 中点，可知 NP 为 △DCB 的中位线．

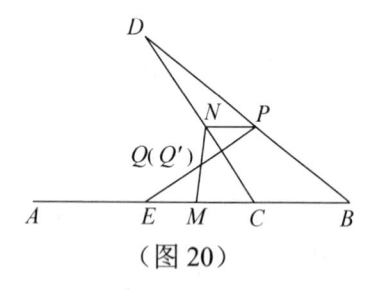

所以 $NP // CB$，$NP = \dfrac{1}{2}CB$．但 CB = AB − AC．

所以 $\dfrac{1}{2}CB = \dfrac{1}{2}(AB - AC) = \dfrac{1}{2}AB - \dfrac{1}{2}AC$

$= AM - AE = EM$．

因此 NP = EM，NP // CB，即 NP // EM．

连接 PE 交 MN 于点 Q′，由 NP // EM，所以 ∠PNM = ∠EMN，∠NPE = ∠MEP，又 NP = EM，所以 △PNQ′ ≌ △EMQ′（边角边），有 NQ′ = MQ′．即 Q′ 是线段 MN 的中点．但线段 MN 的中点为 Q，所以 Q′ 与 Q 重合，直线 PQ′ 与直线 PQ 重合．由于直线 PQ′ 过点 E，也就是直线 PQ 过点 E．

**例 10** 平面上有不共线的三点 $A_1$，$A_2$，$A_3$，一只青蛙落在点 $P_0$ 上．第一次青蛙由点 $P_0$ 跳到关于 $A_1$ 的对称点 $P_1$，第二次青蛙由点 $P_1$ 跳到关于 $A_2$ 的对

称点 $P_2$，第三次青蛙由点 $P_2$ 跳到关于 $A_3$ 的对称点 $P_3$，第四次青蛙由点 $P_3$ 跳到关于 $A_1$ 的对称点 $P_4$，第五次青蛙由点 $P_4$ 跳到关于 $A_2$ 的对称点 $P_5$，……，按如上规则继续跳下去，青蛙跳了第 2004 次之后的落点 $P_{2004}$ 在何处？

**解**：如图 21 所示，在 $\triangle P_0P_1P_2$ 中，$A_1A_2$ 为中位线. 根据三角形中位线定理，有 $P_0P_2 = 2A_1A_2$，$P_0P_2 /\!/ A_1A_2$.

在 $\triangle P_3P_4P_5$ 中，$A_1A_2$ 为中位线. 根据三角形中位线定理，有 $P_3P_5 = 2A_1A_2$，$P_3P_5 /\!/ A_1A_2$. 因此 $P_0P_2 = P_3P_5$，$P_0P_2 /\!/ P_3P_5$.

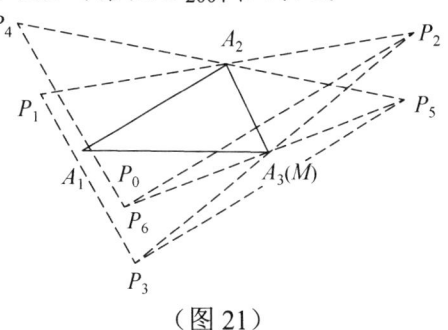

（图 21）

注意到 $A_3$ 是线段 $P_2P_3$ 的中点，连接 $P_0P_5$ 交 $P_2P_3$ 于点 $M$. 则由 $P_0P_2 /\!/ P_3P_5$ 可知 $\angle P_0P_2P_3 = \angle P_2P_3P_5$，$\angle P_2P_0P_5 = \angle P_0P_5P_3$，又因为 $P_0P_2 = P_3P_5$，所以 $\triangle P_0P_2M \cong \triangle P_5P_3M$（边角边）.

因此，$P_2M = P_3M$，$P_5M = P_0M$. 即 $M$ 为线段 $P_2P_3$ 的中点，也就是 $M$ 点与 $A_3$ 点重合.

由 $P_5M = MP_0$，$M$ 与 $A_3$ 重合，可知 $P_5A_3 = A_3P_0$，即 $P_0$ 为 $P_5$ 关于 $A_3$ 的对称点.

但已知 $P_6$ 为 $P_5$ 关于 $A_3$ 的对称点，所以点 $P_6$ 与点 $P_0$ 重合. 于是可知，青蛙每跳 6 次之后，第 6 次的落点又回到点 $P_0$.

由于 $2004 = 6 \times 334$，所以青蛙跳 2004 次之后，第 2004 次落点 $P_{2004}$ 与点 $P_0$ 重合.

**例 11** 如图 22 所示，在 $\triangle ABC$ 中，$D$ 为 $AB$ 的中点，分别延长 $CA$，$CB$ 到点 $E$，$F$，使 $DE = DF$. 过 $E$，$F$ 分别作 $CA$，$CB$ 的垂线，相交于点 $P$. 求证：$\angle PAE = \angle PBF$.

（图 22）

（2003 年全国初中联赛第二试试题）

**分析**：本题的条件中有 $D$ 为 $AB$ 的中点，另外三角形 $EAP$，$FBP$ 都是直角三角形，可分别取斜边 $AP$，$BP$ 的中点，这样为应用"直角三角形斜边中线等于斜边的一半"以及"三角形中位线定理"创造了条件.

**证明**：如图 23 所示，分别取 $AP$，$BP$ 的中点 $M$，$N$. 连接 $EM$，$DM$，

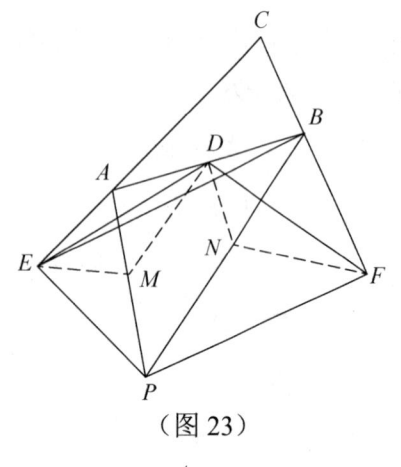

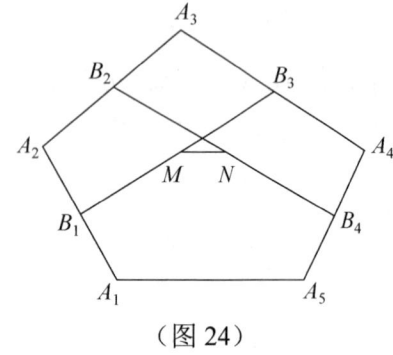

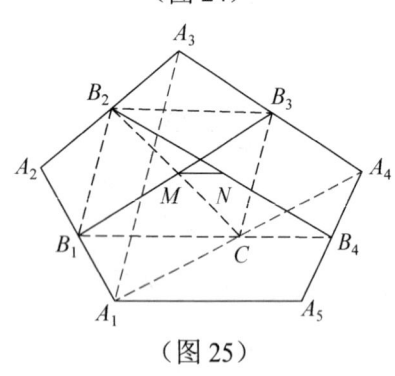

$FN$，$DN$.

因为 $D$ 是 $AB$ 的中点，所以 $DM \underline{\parallel} BN$，$DN \underline{\parallel} AM$，所以 $\angle AMD = \angle BND$.

又因为 $M$，$N$ 分别是 Rt$\triangle AEP$，Rt$\triangle BFP$ 斜边的中点，所以 $EM = AM = DN$，$FN = BN = DM$. 又已知 $DE = DF$，所以 $\triangle DEM \cong \triangle DFN$（边边边）.

由此可知 $\angle EMD = \angle FND$，所以 $\angle AME = \angle BNF$.

而 $\triangle AME$，$\triangle BNF$ 均为等腰三角形，所以 $\angle PAE = \angle PBF$.

**例 12** 如图 24 所示，凸五边形 $A_1A_2A_3A_4A_5$ 中，$B_1$，$B_2$，$B_3$，$B_4$ 分别为 $A_1A_2$，$A_2A_3$，$A_3A_4$，$A_4A_5$ 的中点，$M$，$N$ 分别为 $B_1B_3$，$B_2B_4$ 的中点，连接 $MN$. 证明：$MN = \dfrac{1}{4}A_1A_5$.

**证明：** 如图 25 所示，连接 $A_1A_3$，$A_1A_4$，取 $A_1A_4$ 的中点为 $C$，连接 $B_1B_2$，$B_2B_3$，$B_3C$，$B_1C$，$B_2C$，则 $B_1B_2$ 平行于 $A_1A_3$，且 $B_1B_2$ 等于 $\dfrac{1}{2}A_1A_3$，$CB_3$ 平行于 $A_1A_3$ 且 $CB_3$ 等于 $\dfrac{1}{2}A_1A_3$，所以 $B_1B_2$ 与 $CB_3$ 平行且相等. 因此，四边形 $B_1B_2B_3C$ 是平行四边形. 于是 $M$ 为 $B_2C$ 的中点.

在三角形 $B_2B_4C$ 中，根据三角形中位线定理，得 $MN = \dfrac{1}{2}CB_4$. 而在三角形 $A_1A_4A_5$ 中，根据三角形定理，得 $CB_4 = \dfrac{1}{2}A_1A_5$.

所以 $MN = \dfrac{1}{2}CB_4 = \dfrac{1}{2}\left(\dfrac{1}{2}A_1A_5\right) = \dfrac{1}{4}A_1A_5$.

**例 13** 如图 26 所示，$\triangle ABC$ 中，分别以 $AB$，$AC$ 为边，向形外作等边 $\triangle ABE$ 和等边 $\triangle ACD$，$F$，$G$ 分别为 $AE$，$CD$ 的中点，$P$ 为 $BC$ 上一点，

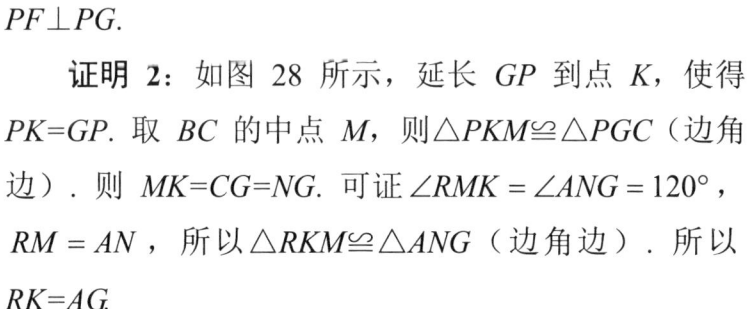

$PC = \frac{1}{4}BC$. 求证：$PF \perp PG$.

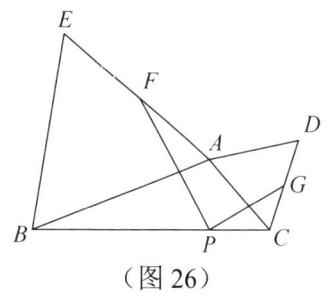

**证明 1**：如图 27 所示，延长 $GP$ 到点 $K$，使得 $PK=GP$. 取 $BC$ 的中点 $M$，连接 $KM$，则 $\triangle PKM \cong \triangle PGC$（边角边）. 取 $AD$ 的中点 $W$，$AB$ 的中点 $R$，连接 $FW$，$WG$，$FG$，$FM$，$RM$，$FR$，$FK$. 所以 $FR=FA$，$KM=CG=GW=RM=AW$，$\angle FRM = \angle FAW$. 因此，$\triangle FRM \cong \triangle FAW$（边角边）. 所以 $FM=FW$，$\angle RFM = \angle AFW$，$\angle FMR = \angle FWA$. 又 $\angle RMK = \angle AWG = 120°$，所以 $\angle FMK = \angle FMR + 120° = \angle FWA + 120° = \angle FWG$. 在 $\triangle FMK$ 与 $\triangle FWA$ 中，$FM=FW$，$\angle FMK = \angle FWG$，$KM=GW$（已证），所以 $\triangle FMK \cong \triangle FWG$（边角边）. 因此 $FK=FG$. 进而 $\triangle FPK \cong \triangle FPG$（边边边）. 所以 $\angle FPK = \angle FPG$. 但 $\angle FPK + \angle FPG = 180°$，所以 $\angle FPG = 90°$，因此 $PF \perp PG$.

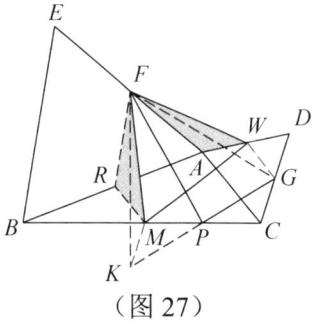

**证明 2**：如图 28 所示，延长 $GP$ 到点 $K$，使得 $PK=GP$. 取 $BC$ 的中点 $M$，则 $\triangle PKM \cong \triangle PGC$（边角边）. 则 $MK=CG=NG$. 可证 $\angle RMK = \angle ANG = 120°$，$RM = AN$，所以 $\triangle RKM \cong \triangle ANG$（边角边）. 所以 $RK=AG$.

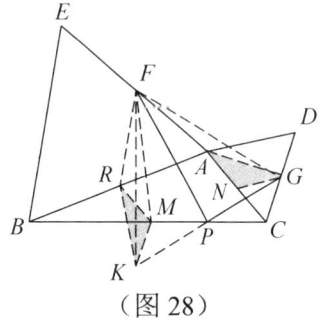

又 $\angle FRK = \angle MRK + \angle FRM$
$= 30° + (60° + \angle ARM) = 90° + \angle ARM$.

而 $\angle FAG = \angle FAD + 30° = 240° - \angle RAC + 30°$
$= 270° - (180° - \angle ARM) = 90° + \angle ARM$.

于是 $\angle FRK = \angle FAG$. 所以 $\triangle FRK \cong \triangle FAG$（边角边）. 因此 $FK=FG$. 进而 $\triangle FPK \cong \triangle FPG$（边边边）. 所以 $\angle FPK = \angle FPG$. 但 $\angle FPK + \angle FPG = 180°$，所以 $\angle FPG = 90°$，因此 $PF \perp PG$.

# 第9讲 等腰三角形问题

## 9.1 基础知识

有两条边相等的三角形叫作等腰三角形．其中相等的两条边叫作腰，第三条边叫作底边，底边对的角叫作顶角，其余两个角叫作底角．

**等腰三角形的基本定理**

**定理 1** 等腰三角形的两个底角相等，两个角相等的三角形是等腰三角形．简称为三角形中，等边对等角，等角对等边．

**定理 2** 等腰三角形顶角的平分线也是底边上的中线、高线和垂直平分线．即等腰三角形的内心、重心、垂心和外心在一条直线上，这条直线是等腰三角形的对称轴．

**定理 3** 等腰三角形两腰上的高线相等．

**定理 4** 等腰三角形两腰上的中线相等．

**定理 5** 等腰三角形两底角的平分线相等．

以上定理不难用三角形全等的知识进行证明．拓展思维，我们思考上述命题的逆命题也是非常有益的．

**定理 6** 如果三角形的两条高线相等，那么这个三角形必为等腰三角形．

**定理 7** 如果三角形的两条中线相等，那么这个三角形必为等腰三角形．

**定理 8** 如果三角形的两条内角平分线相等，那么这个三角形必为等腰三角形．

**定理 6** 易证．**定理 7** 要添线，请大家略加思索．而对于**定理 8**，即对于角平分线问题，其证明并非易事，这是历史上有名的 C. F. Sturm（1803—1855，瑞士）问题．即**如果三角形的两条内角平分线相等，那么这个三角形必为等腰三角形．**

1840 年，C. L. Lahmus 在给 Sturm 的信中写道要求给出这个问题的几何证明，但是 Sturm 自己解决不了，于是就广泛在数学界征解. 最早是 J. Steiner（1796—1863，瑞士）用反证法获得证明，这个问题就冠以 Lahmus 和 Steiner 之名. 之后又陆续发表了很多不同的证明. 1850 年，Sturm 也给出了证明. 但这些都是间接的证明. 一百多年来，**探索其简捷的直接证明**一直是引人入胜的课题. 特别是 Steiner 的原证过于复杂，1961 年，科学美国人专栏作家 Gardner 进行了全文转载，收到一百多封来函，获得不少新证明. 我们只介绍如下两种证明，供大家参考.

**证明 1**：仅用直线型基本定理的直接证明.

如图 1 所示，设 $BD$，$CE$ 为 $\triangle ABC$ 两底角的平分线，且 $BD=CE$. 要证明 $AB=AC$，只需证明 $\angle ABC = \angle ACB$ 即可.

把 $\triangle CEB$ 以 $CE$ 为轴反转一下，再移至 $\triangle DBG$ 的位置，使 $CE$ 与 $DB$ 重合，$G$ 与 $C$ 在 $BD$ 异侧. 连接 $GC$.

显然 $\triangle CEB \cong \triangle DBG$，故 $GD=BC$，$\angle GDB = \angle BCE$.

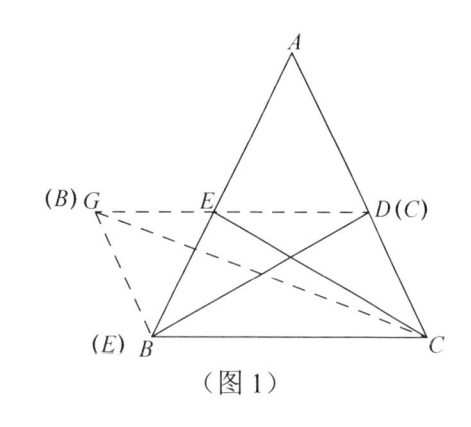

$\angle GDC = \angle GDB + \angle BDC = \angle ECB + \angle A + \angle ABD$
$= \dfrac{1}{2}\angle ACB + \angle A + \dfrac{1}{2}\angle ABC = 90° + \dfrac{1}{2}\angle A$,

$\angle GBC = \angle GBD + \angle DBC = \angle BEC + \angle DBC$
$= \angle A + \dfrac{1}{2}\angle ACB + \dfrac{1}{2}\angle ABC = \angle GDC$.

又因为 $GC$ 为公共边，故 $\triangle GDC \cong \triangle GBC$.

所以 $CD=GB=EB$.

因此 $\triangle BEC \cong \triangle CDB$.

所以 $\angle ABC = \angle ACB$，故 $AB = AC$.

**证明 2**：如图 2 所示，过 $D$，$E$ 分别作 $DG // BE$，$EG // BD$，得平行四边形 $EBDG$. 连接 $CG$，

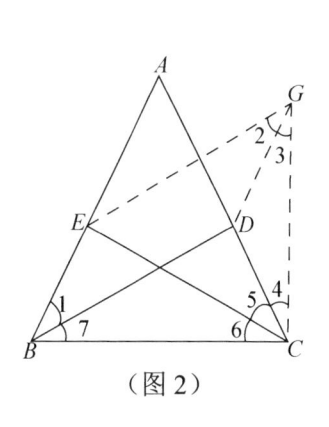

— 77 —

则有 $EG=BD=EC$，又有 $\frac{1}{2}\angle ABC = \angle 1 = \angle 7$.

如果 $\angle ABC \neq \angle ACB$，不妨设 $\angle ABC > \angle ACB$，则 $\angle 1 = \angle 2 > \angle 5$.

在等腰三角形 $EGC$ 中，$\angle 2 + \angle 3 = \angle 5 + \angle 4$，导致 $\angle 3 < \angle 4$，因此 $DG > DC$.

另外，在 $\triangle DBC$ 与 $\triangle EBC$ 中，$EC=DB$，$BC$ 为公共边，而 $\angle 7 > \angle 6$，又导致 $DG = BE < DC$.这就导致矛盾，命题得证.

## 9.2 基本证明练习题

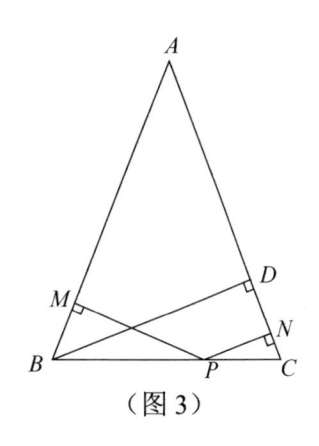

**例1** 求证：等腰三角形底边上一点到两腰距离的和等于定值.

如图 3 所示，已知三角形 $ABC$ 中，$AB=AC$，$P$ 为底边 $BC$ 上一点，$PM \perp AB$ 于点 $M$，$PN \perp AC$ 于点 $N$. 设 $BD \perp AC$ 于点 $D$. 求证：$PM + PN = BD$.

**分析**：（1）如图 4 所示，接短 $PH=PM$，证明其和等于 $BD$.

（2）如图 5 所示，在 $BD$ 上取点 $T$，使得 $DT=PN$.

（3）如图 6 所示，连接 $AP$，用面积法证明.

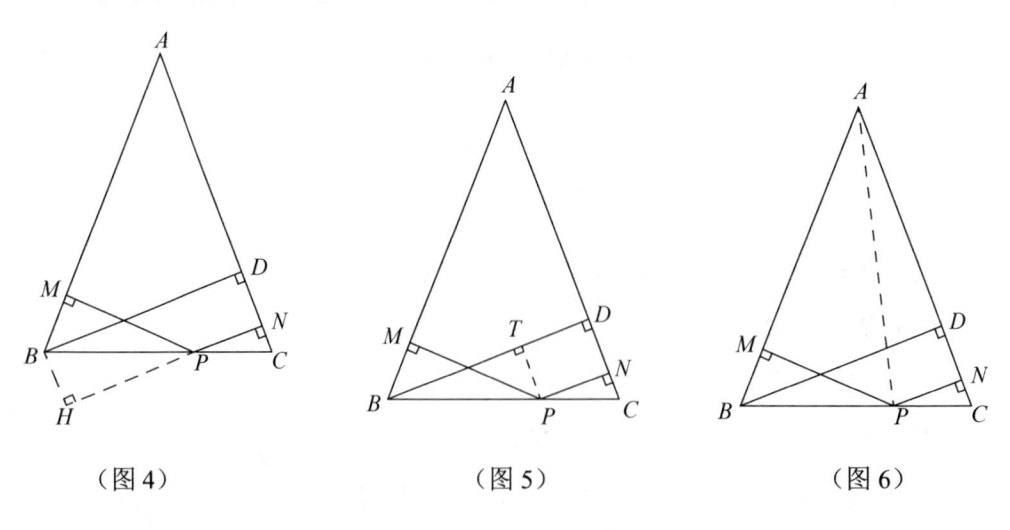

（图3）

（图4）　　　　（图5）　　　　（图6）

**思考**：等腰三角形底边延长线上一点到两腰距离的差（长减短）等于定值.

**例2** 如图 7 所示，三角形 $ABC$ 中，$AB=AC$，过底边 $BC$ 上一点 $P$ 的直

线交 *AB* 于点 *M*，交 *AC* 的延长线于点 *N*. 证明：如果 *BM=CN*，那么 *PM=PN*.

**分析 1**：构造全等三角形法.

如图 8 所示，过 *M* 作 *MK//AC*，交 *BC* 于点 *K*，设法证△*MPK*≌△*NPC*（角角边），得 *PM=PN*.

**分析 2**：利用三角形中位线定理.（1）如图 9 所示，在 *AC* 上截取 *CT=CN*，连接 *MT*. 利用三角形中位线定理即得.

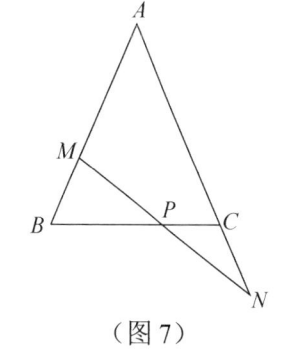

（2）如图 10 所示，在 *AB* 延长线上截取 *BL=BM*，连接 *LN*. 利用三角形中位线定理即得.

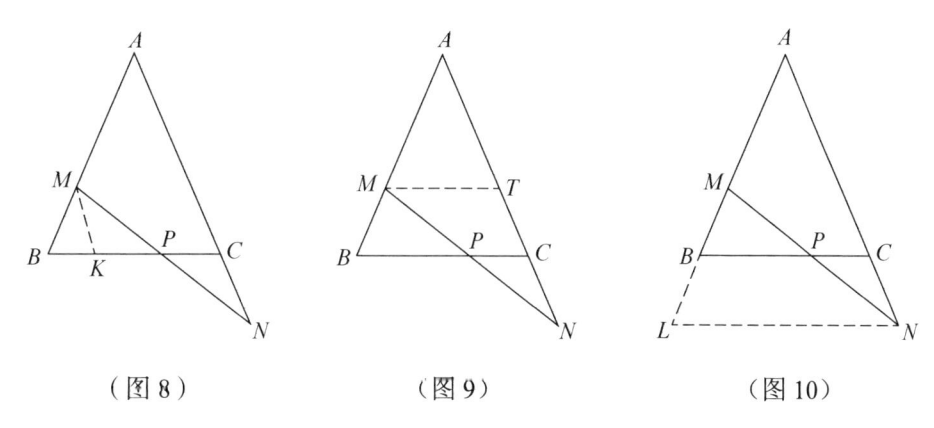

（图 7）

（图 8）　　　（图 9）　　　（图 10）

**思考 1**：三角形 *ABC* 中，*AB=AC*，过底边 *BC* 上一点 *P* 的直线交 *AB* 于点 *M*，交 *AC* 的延长线于点 *N*. 证明：如果 *PM=PN*，那么 *BM=CN*.

**思考 2**：三角形 *ABC* 中，过底边 *BC* 上一点 *P* 的直线交 *AB* 于点 *M*，交 *AC* 的延长线于点 *N*. 如果 *PM=PN*，*BM=CN*，求证：*AB=AC*.

**例 3**　如图 11 所示，设 *AM* 是 Rt△*ABC*(*AB > AC*) 斜边上的中线. 又 *D* 为直角的平分线与斜边的中垂线的交点. 求证：△*AMD* 是等腰三角形.

**证明 1**：设 *AD* 交 *BC* 于点 *X*. 要证 *MA=MD*，只需证 ∠*MAD* = ∠*D* 即可. 为此计算：

$$\angle D = 90° - \angle DXM = 90° - \angle AXC$$
$$= 90° - (45° + \angle B) = 45° - \angle B,$$

$$\angle MAD = \angle BAD - \angle BAM = 45° - \angle B.$$

（图 11）

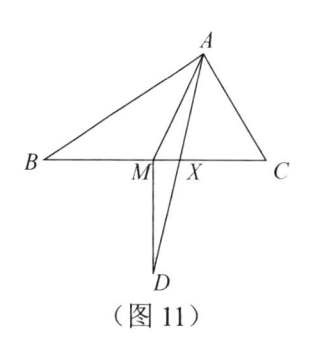

所以∠D = ∠MAD，因此 MA=MD.

所以△AMD 是等腰三角形.

**证明 2**：如图 12 所示，设斜边 BC 的中垂线 DM 交边 AB 于点 E. 在 Rt△ABC 与 Rt△MBE 中，有两个角对应相等，所以∠BEM = ∠C.

∠D = ∠BEM − ∠BAD = ∠C − 45°，而∠MAD = ∠MAC − ∠DAC = ∠C − 45°.

所以∠D = ∠MAD，因此 MA=MD.

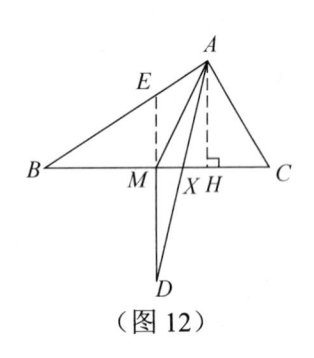

所以△AMD 是等腰三角形.

**证明 3**：如图 12 所示，设 AD 与 BC 交于点 X，作 AH⊥BC 于点 H. 则 AH//MD.

因为∠BAX = 45° = ∠CAX，AM = BM，所以∠BAM = ∠ABM = ∠CAH.

∠MAD = ∠BAX − ∠BAM = 45° − ∠ABM.

∠MAD = ∠HAD = ∠DAC − ∠CAM = 45° − ∠ABM. 所以∠MAD = ∠MDA，故 MA=MD.

即△AMD 是等腰三角形.

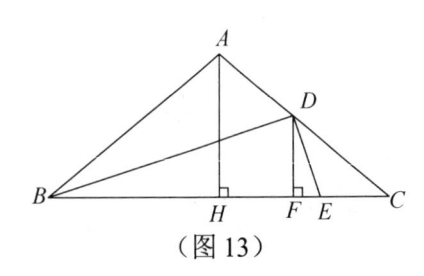

**例 4** 如图 13 所示，在△ABC 中，AB=AC，AH 是底边 BC 上的高. BD 是∠ABC 的平分线. 过 D 引 BD 的垂线交 BC 于点 E. DF⊥BC 交 BC 于点 F. 求证：$FH = \frac{1}{4}BE$.

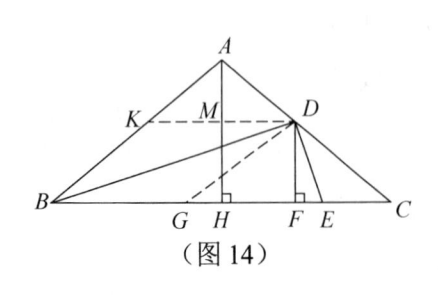

**提示**：过 D 作 BC 的平行线，交 AB 于点 K，交 AH 于点 M，如图 14 所示，则 $FH=DM=\frac{1}{2}DK$. 取 BE 的中点 G，连接 DG，得 DK=BG=DG，所以∠BDG = ∠DBG.

因此∠GDE = ∠GED（等角的余角相等）.

所以 DG=GE=BG. 因此 $DG = \frac{1}{2}BE$. 即 $FH = \frac{1}{2}DK = \frac{1}{2}DG = \frac{1}{4}BE$.

**例 5** 在三角形 ABC 中，引角平分线 $AA_1$ 和 $CC_1$. 证明：如果由点 B 引直

线 $AA_1$ 和 $CC_1$ 的垂线长相等，那么三角形 $ABC$ 是等腰三角形.

(1996—1997 年俄罗斯区域数学竞赛 8 年级试题)

如图 15 所示，已知三角形 $ABC$ 中，$AA_1$ 平分 $\angle BAC$，$CC_1$ 平分 $\angle BCA$. $BM \perp AA_1$ 于点 $M$，$BN \perp CC_1$ 于点 $N$. 又 $BM=BN$. 求证：$BA=BC$.

**证明**：如图 16 所示，延长 $BM$ 交 $AC$ 于点 $D$，延长 $BN$ 交 $AC$ 于点 $E$. 因为 $BM=BN$，所以 $BD=BE$.

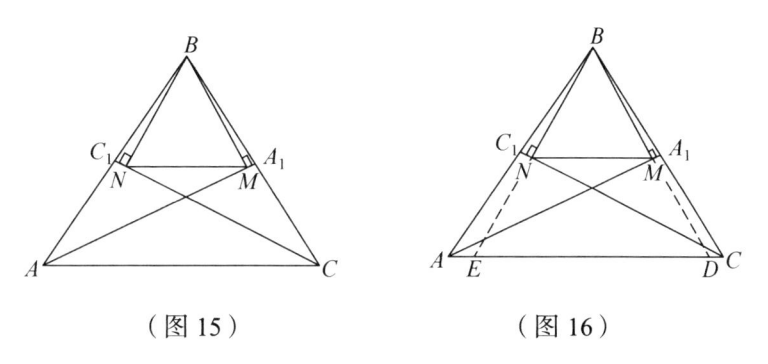

（图 15）　　　（图 16）

因此，$\angle BED = \angle BDE$. 在 Rt$\triangle ADM$ 与 Rt$\triangle CEN$ 中，因为 $\angle MDE = \angle NED$，所以 $\angle MAD = \angle NCE$（等角的余角相等），进而 $\angle BAC = \angle BCA$（等量的同倍量相等）.

因此，$BA=BC$.

**例6** 如图 17 所示，$\triangle ABC$ 中，$O$ 是 $\angle ABC$ 的平分线 $BE$ 上一点，$AO$，$CO$ 分别交 $BC$，$AB$ 于点 $D$ 和点 $F$. 证明：如果 $\triangle BOF$ 与 $\triangle BOD$ 的面积相等，那么 $AB=BC$.

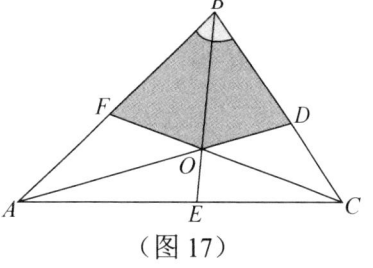

（图 17）

（俄罗斯区域数学竞赛题）

**证明**：由于 $O$ 是 $\angle ABC$ 的平分线 $BE$ 上一点，所以 $O$ 到 $BF$ 的距离和到 $BD$ 的距离相等，设为 $h$. 由 $\triangle BOF$ 与 $\triangle BOD$ 的面积相等（已知），即 $\frac{1}{2}BF \times h = \frac{1}{2}BD \times h$，得 $BF=BD$.

因此 $\triangle BOF \cong \triangle BOD$（边角边）.

于是 $\angle BFC = \angle BDA$（全等三角形的对应角相等）.

在 $\triangle BDA$ 与 $\triangle BFC$ 中，$\angle B = \angle B$，$BD=BF$，$\angle BDA = \angle BFC$（已证），所以 $\triangle BDA \cong \triangle BFC$（角边角），

因此 $AB=BC$.

**例7** 如图 18 所示，三角形 $ABC$ 中，$AB=AC$，$P$ 为形内一点，$\angle APB > \angle APC$. 求证：$\angle PBC > \angle PCB$.

**证明**：如图 19 所示，将 $\triangle APB$ 绕中心 $A$ 旋转到 $\triangle AKC$ 的位置. 连接 $PK$，则 $\angle AKC = \angle APB$.

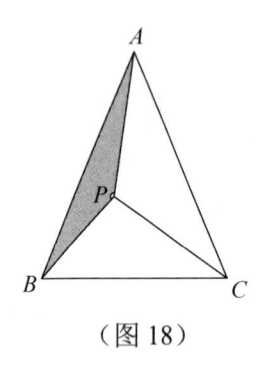

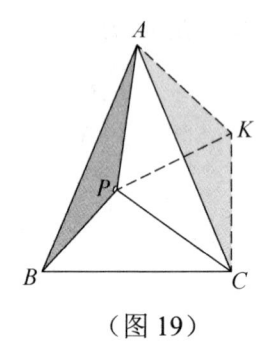

（图 18）

（图 19）

因为 $AP=AK$，所以 $\angle AKP = \angle APK$.

相减得 $\angle PKC > \angle KPC$.

在 $\triangle CPK$ 中，因为 $\angle PKC > \angle KPC$，所以 $PC > KC$.

因为 $PB=KC$，所以 $PC > PB$.

在 $\triangle PBC$ 中，因为 $PC > PB$，所以 $\angle PBC > \angle PCB$.

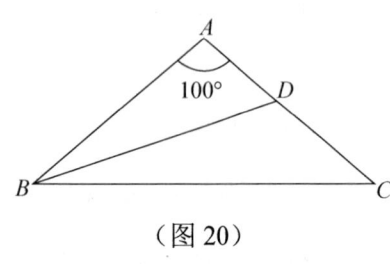

## 9.3 竞赛题选讲

**例8** 如图 20 所示，三角形 $ABC$ 中，$AB=AC$，$\angle A=100°$，$BD$ 平分 $\angle ABC$. 求证：$BD+AD=BC$.

（图 20）

（图 21）

**证明1**：如图 21 所示，延长 $BD$ 到点 $E$，使 $DE=AD$. 则只需证明 $BE=BC$ 即可. 要证 $BE=BC$，只需证 $\angle BEC = \angle BCE$ 即可. 为此在 $BC$ 上取点 $F$，使 $BF=BA$. 则 $\triangle ABD \cong \triangle FBD$（边角边），所以 $\angle BFD=100°$，$DF=AD=DE$，$\angle DFC=80°$. 又由于 $\triangle CDE \cong \triangle CDF$（边角边），则 $\angle BEC = \angle DFC = 80°$. 所以 $\angle BCE = 180° - 20° - 80° = 80° = \angle BEC$. 所以 $BE=BC$. 所以 $BD+AD=BC$.

**证明 2：** 因为 $\angle BDC > \angle A > \angle C = 40°$，所以 $BC > BD$. 因此可在 $BC$ 上取点 $E$，使得 $BE=BD$. 连接 $DE$，作 $DF//BC$ 交 $AB$ 于点 $F$（如图 22 所示），则 $\angle 1 = \angle 2 = \angle 3$，所以 $DF=FB=CD$.

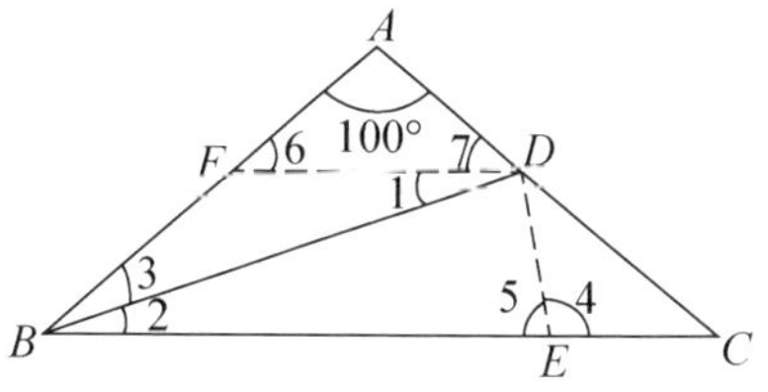

因为等腰 $\triangle BED$ 的顶角 $\angle 2 = 20°$，故 $\angle 5 = 80°$，所以 $\angle 4 = 100°$.

又因 $\angle C = 40°$，故 $\angle EDC = 40°$，因此 $DE=EC$.

易知 $\triangle AFD \cong \triangle ECD$，所以 $AD=EC$.

因此 $BC=BE+EC=BD+AD$.

**证明 3：** 如图 23 所示，因 $BD$ 是 $\angle ABC$ 的平分线，故把 $\triangle BDA$ 翻折到 $\triangle BDF$ 的位置. 这时，$DF=DA$，$\angle 2 = \angle A = 100°$. 又因为 $\angle C = 40°$，所以 $\angle FDC = 60°$.

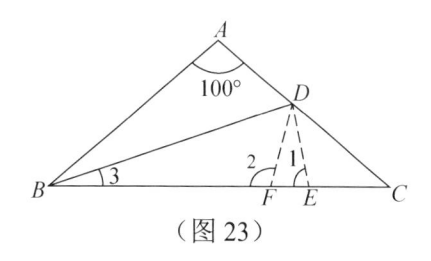

作 $\angle CDE = \angle C$，则 $DE=EC$，$\angle DEC = 100°$.

所以 $\triangle DFE$，$\triangle BDE$ 是等腰三角形。又因为 $BE=BD$，而 $EC=ED=DF=DA$，故 $BC=BE+EC=BD+DA$.

**证明 4：** 如图 24 所示，在 $BC$ 上取 $BE=BD$，连接 $DE$. 在等腰 $\triangle BDE$ 中，$\angle 1 = 20°$，故 $\angle 2 = 80°$. 又 $\angle C = 40°$，故 $\angle 3 = 40°$，所以 $DE=EC$. 因 $BD>BA$，故可延长 $BA$ 到点 $F$，使 $BF=BD$. 连接 $DF$，则 $\triangle BDF \cong \triangle BDE$（边角边）. 所以 $\angle F = \angle 2 = 80°$，$\angle DAF = 180° - \angle A = 80°$.

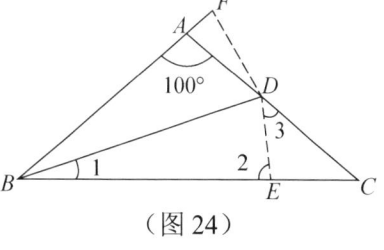

因此 $DA=DF=DE=EC$. 所以 $BC=BE+EC=BD+AD$.

**证明 5：** 如图 25 所示，延长 $BD$ 到点 $E$，使 $DE=AD$. 则只需证明 $BE=BC$ 即可. 连接 $EA$，过 $B$ 作 $BF \perp EA$ 于点 $F$. 作 $AH \perp BC$ 于点 $H$.

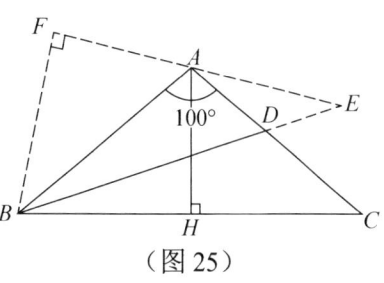

注意到 $\angle ADB = 60°$，则 $\angle FEB = 30°$，所以 $BF = \dfrac{1}{2}BE$，$BH = \dfrac{1}{2}BC$.

由于 △AFB≌△AHB（斜边锐角），所以 BF=BH. 因此 BE=BC.
即 AD+BD=BC.

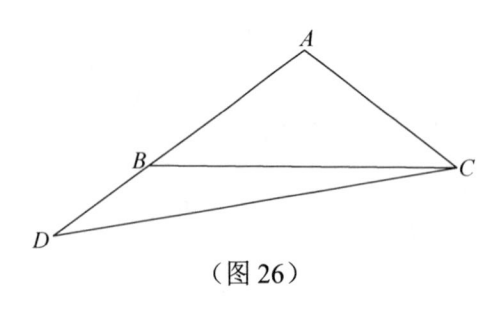

下面是一道由例 8 衍生出来的数学竞赛题.

**例 9** 三角形 ABC 是等腰三角形，其中 $\angle ABC = \angle ACB = 40°$. 将 AB 延长到点 D，使得 AD=BC（如图 26 所示）. 求证：$\angle BCD = 10°$.

（图 26）

（1979 年美国密歇根州赛题）

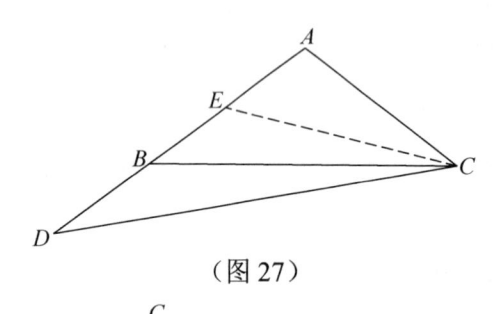

**提示**：如图 27 所示，作 $\angle ACB$ 的平分线交 AB 边于点 E. 由上题结果知，BC=CE+EA. 但已知 AD=BC，所以 AE+ED=AD=BC=AE+CE，所以 ED=CE. $\angle ECD = \dfrac{60°}{2} = 30°$.

（图 27）

所以 $\angle BCD = \angle ECD - \angle ECB = 30° - 20° = 10°$.

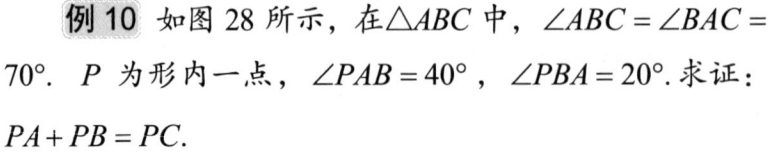

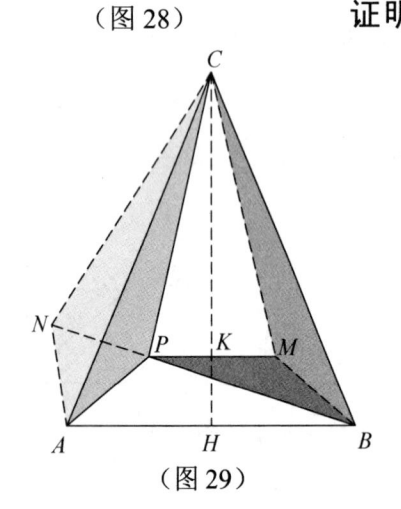

**例 10** 如图 28 所示，在 △ABC 中，$\angle ABC = \angle BAC = 70°$. P 为形内一点，$\angle PAB = 40°$，$\angle PBA = 20°$. 求证：PA+PB=PC.

（2012 年北京市初二年级数学竞赛题）

**证明**：因为 $\angle ABC = \angle BAC = 70°$，所以 AC=BC，$\angle ACB = 40°$.

（图 28）

如图 29 所示，在 BP 延长线上取一点 N，使 PN=PA，连接 AN，CN. 由已知得 $\angle APB = 120°$，所以 $\angle APN = 60°$，因此 △APN 是等边三角形.

由 $\angle PAC = 30° = \angle NAC$ 可得，AC 垂直平分 PN，所以 NC=PC，$\angle NCA = \angle PCA$.

将 △CAN 逆时针旋转到 △BCM 的位置.

（图 29）

因此 ∠NCM = ∠NCA + ∠ACM
= ∠ACM + ∠BCM = 40°.

作 $CH \perp AB$ 于点 $H$，交 $PM$ 于点 $K$，由 $PC=MC$，得 $CH \perp PM$，因此 $PM // AB$.

由 ∠MBC = ∠NAC = 30°，∠MBA = 40°，得 ∠MBP = 20° = ∠MPB.

所以 $PM=BM=PN$，此时 △NCP≌△MCP（边边边），所以 ∠MCP = ∠NCP.

所以 $\angle NCA = \frac{1}{2} \angle NCP = \frac{1}{4} \angle NCM = \frac{1}{4} \angle ACB = \frac{1}{4} \times 40° = 10°$.

所以 ∠NCB = ∠NCA + ∠ACB = 10° + 40° = 50° = ∠NBC. 因此 $NB=NC$.

但 $PC=NC$，所以 $PC=BN=NP+PB=PA+PB$.

# 第10讲 正三角形综合练习

3条边长都相等的三角形叫作等边三角形,也叫作正三角形. 正三角形每个内角都等于60°. 正三角形是特殊的等腰三角形,它有 3 条对称轴. 它的内心、外心、重心、垂心是同一点,叫作正三角形的中心.

正三角形的性质极为丰富,因此,在几何练习题中经常出现正三角形.

**注意**:等腰三角形中有一个内角为60°,则这个三角形是正三角形.

**例1** 若 $P$ 为正三角形 $ABC$ 内任一点,则点 $P$ 到正三角形三边距离之和等于定值(该正三角形的高线长).

例 1 叫作**维维阿尼**定理,十分重要. 用面积法证明最简单.

**例2** 如图 1 所示,在 $\triangle ABC$ 中引中线 $AM$ 与 $BN$. 已知 $\angle MAC = \angle NBC = 30°$.

证明:$\triangle ABC$ 是正三角形.

(1994—1995年俄罗斯区域数学竞赛 11 年级试题)

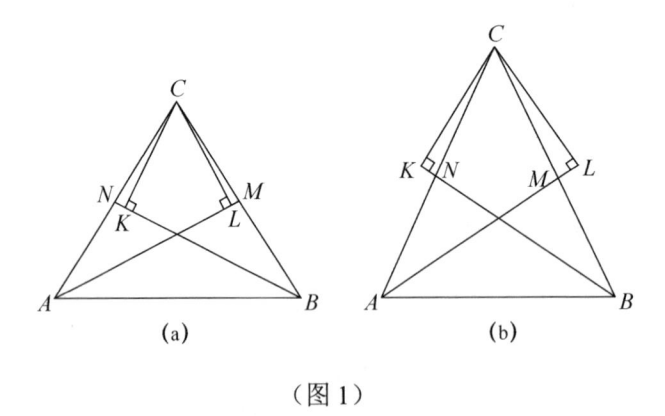

(图1)

**证明**:我们证明 $\angle ACB = 60°$.

假设 $\angle ACB \neq 60°$,由点 $C$ 向直线 $BN$,$AM$ 引垂线 $CK$ 和 $CL$(图 1(a)中

对应 $\angle ACB > 60°$ 的情况，图 1（b）中对应 $\angle ACB < 60°$ 的情况），则由直角 $\triangle ACL$ 中 $\angle CAL = 30°$ 可得 $CL = \frac{1}{2}AC = CN$，由直角 $\triangle BCK$ 类似可得 $CK=CM$.

另外，由于 $CK < CN$，$CL < CM$，所以 $CL < CM = CK < CN = CL$. 我们得出了矛盾！于是 $\angle ACB = 60°$. 但此时 $\angle AMC = \angle BNC = 90°$，即中线 $AM$ 和 $BN$ 同时是 $\triangle ABC$ 的高线，因此 $BC=AB$ 和 $AC=AB$，即 $\triangle ABC$ 是正三角形.

**点评**：利用本题条件的特殊性，使用两边夹的办法证明，是其新颖之处.

**例 3** $\triangle ABC$ 的中线 $AA_1$，$BB_1$，$CC_1$ 的交点恰是 $\triangle A_1B_1C_1$ 三条角平分线的交点. 证明：$\triangle ABC$ 是正三角形.

（1999—2000 年俄罗斯区域数学竞赛 8 年级试题）

**证明**：如图 2 所示，已知 $A_1C_1$ 和 $A_1B_1$ 是 $\triangle ABC$ 的中位线，可得四边形 $AB_1A_1C_1$ 是平行四边形. 在平行四边形 $AB_1A_1C_1$ 中，对角线 $AA_1$ 是 $\angle B_1A_1C_1$ 的平分线. 这意味着，四边形 $AB_1A_1C_1$ 是菱形. 因此 $\frac{1}{2}AB = AC_1 = AB_1 = \frac{1}{2}AC$，即 $AB=AC$.

类似可证 $BC=AC$. 因此 $\triangle ABC$ 是正三角形.

**例 4** 锐角 $\triangle ABC$ 的两条高线之间的角等于 $60°$，高线的交点分一条高线由顶点算起为 $2:1$. 证明：$\triangle ABC$ 是等边三角形.

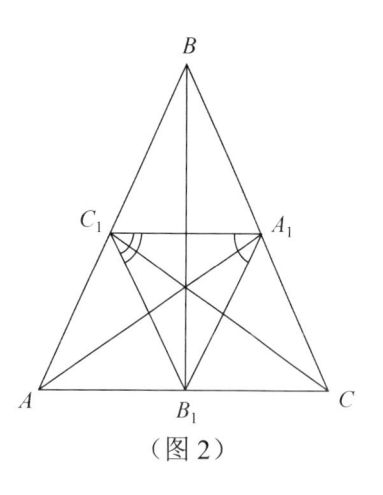

（图 2）

（2001—2002 年俄罗斯区域数学竞赛 8 年级试题）

**证明**：设 $AD$ 和 $CE$ 是锐角 $\triangle ABC$ 的高线，$O$ 是它们的交点（如图 3 所示）. 由此，在直角 $\triangle AOE$ 中 $\angle AOE = 60°$，得出 $OE = \frac{1}{2}AO$，也就是 $OE=OD$. 这意味着，直角 $\triangle OEB$ 与直角 $\triangle ODB$ 全等（$BO$ 是公共斜边）. 则 $BE=BD$.

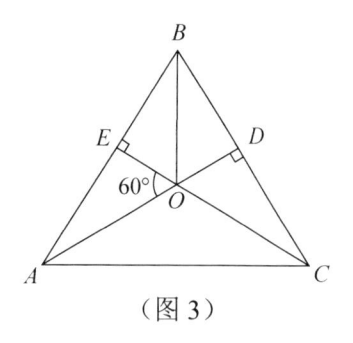

可推出，$\triangle ABD \cong \triangle CBE$.

由此得 $AB=BC$. 另一方面，$\angle ABC = 90° - \angle BAD = \angle AOE = 60°$. 因此 $\triangle ABC$ 是等边三角形.

（图 3）

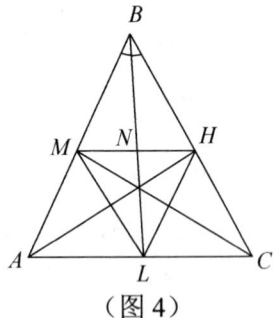

**例5** 如图 4 所示，已知△ABC 中，∠ABC 的平分线 BL 的中点 N，也恰是高线 AH 的垂足 H 与 AB 边中点 M 连接线段的中点．

**证明**：△ABC 是正三角形．

(2003—2004 年俄罗斯区域数学竞赛 11 年级试题)

**证明**：因为 N 是 BL 的中点，也是 MH 的中点，则四边形 BMLH 是平行四边形（对角线在交点互相平分）．所以 ML 是△BAC 的中位线．也就是说，L 是 AC 边的中点，则 LH 也是△ABC 的中位线．这意味着，角平分线 BL 和高 AH 也是△ABC 的中线．

因此，AB=BC，BC=AC，即△ABC 是等边三角形．

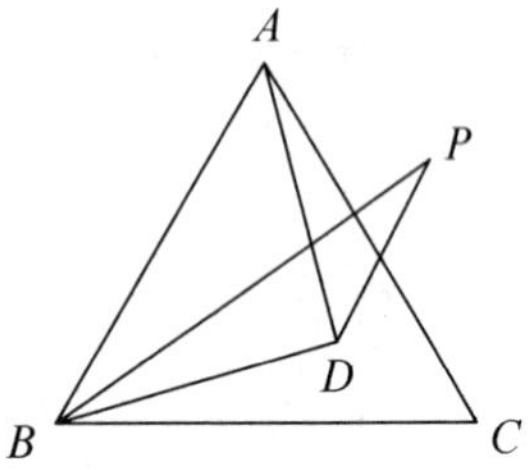

**例6** 如图 5 所示，D 为等边△ABC 内一点．DB=DA，BP=AB，∠DBP=∠DBC．求∠BPD 的度数．

(1983 年北京市中学生数学竞赛初二年级试题三)

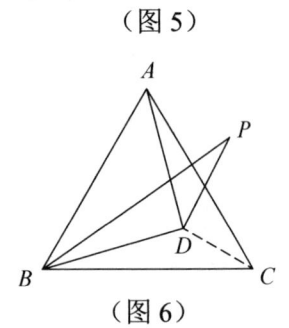

**解**：如图 6 所示，连接 DC．在△BPD 与△BCD 中，因为 BP=AB=BC，∠PBD=∠CBD，BD=BD，所以△BPD≌△BCD（SAS）．

所以∠BPD=∠BCD（全等三角形的对应角相等）．

在△ACD 与△BCD 中，因为 AC=BC，AD=BD，DC=DC，所以△ACD≌△BCD（SSS）．

所以∠ACD=∠BCD（全等三角形的对应角相等）．

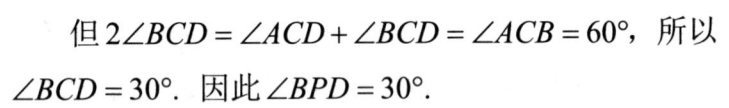

但 2∠BCD=∠ACD+∠BCD=∠ACB=60°，所以∠BCD=30°．因此∠BPD=30°．

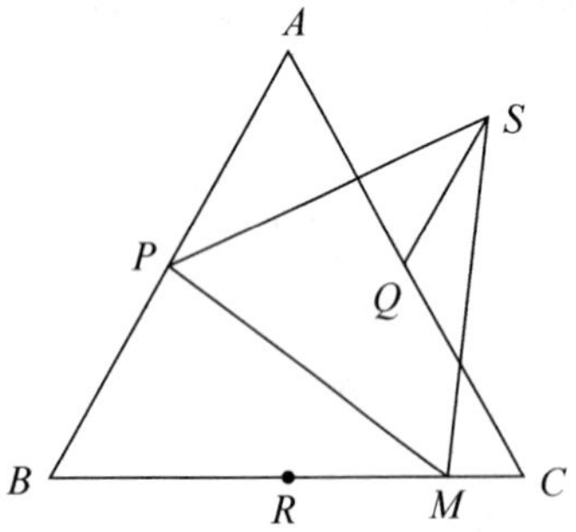

**例7** 如图 7 所示，正△ABC 中，P 为 AB 的中点，Q 为 AC 的中点，R 为 BC 的中点，M 为 RC 上任意一点，△PMS 为正三角形．求证：RM=QS．

(1984 年北京市中学生数学竞赛初二年级试题二)

**证明**：连接 PR，PQ（如图 8 所示）．

因为△ABC 是正三角形，P，Q，R 分别是 AB，AC，BC 的中点，

所以 $AP=BR$，$AQ=BP$，$\angle A = \angle B = 60°$.

所以 $\triangle APQ \cong \triangle BPR$（SAS）.

因此 $PQ=PR$，$\angle APQ = \angle BPR = 60°$，所以 $\angle RPQ = 60°$

又 $\angle QPS = \angle MPS - \angle MPQ = 60° - \angle MPQ$，$\angle RPM = \angle RPQ - \angle MPQ = 60° - \angle MPQ$，所以 $\angle QPS = \angle RPM$.

另外，$PS=PM$，所以 $\triangle PRM \cong \triangle PQS$（SAS）.

所以 $RM=QS$.

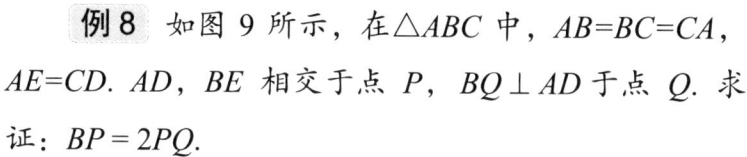

**例 8** 如图 9 所示，在 $\triangle ABC$ 中，$AB=BC=CA$，$AE=CD$. $AD$，$BE$ 相交于点 $P$，$BQ \perp AD$ 于点 $Q$. 求证：$BP=2PQ$.

（1987 年北京市中学生数学竞赛初二年级试题二）

**证明：** 因为 $AB=BC=CA$，所以 $\triangle ABC$ 是正三角形，$\angle ABC = \angle BCA = \angle CAB = 60°$.

在 $\triangle ABE$ 与 $\triangle ACD$ 中，因为 $AB=AC$，$\angle BAE = \angle ACD$，$AE=CD$，所以 $\triangle ABE \cong \triangle CAD$（SAS）. 所以 $\angle ABE = \angle CAD$.

由三角形外角定理及等量代换可得 $\angle BPQ = \angle BAP + \angle ABP = \angle BAP + \angle CAD = 60°$.

在 $\triangle BPQ$ 中，因为 $\angle BQP = 90°$，$\angle PBQ = 90° - \angle BPQ = 90° - 60° = 30°$，所以 $BP = 2PQ$.

**例 9** 如图 10 所示，$P$ 是边长为 1 的等边三角形 $ABC$ 内任意一点. 设 $l = PA+PB+PC$. 求证：$1.5 < l < 2$.

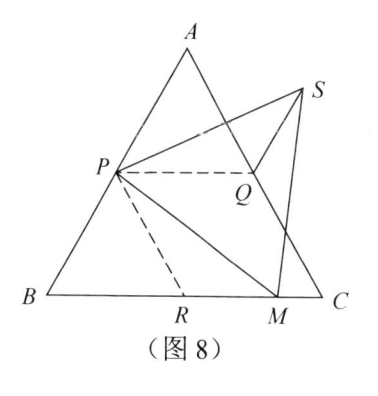

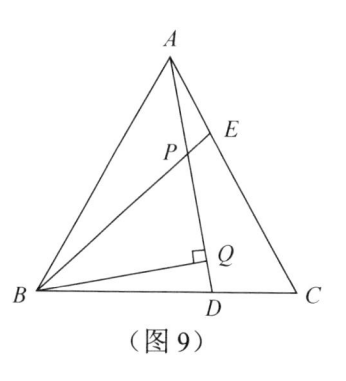

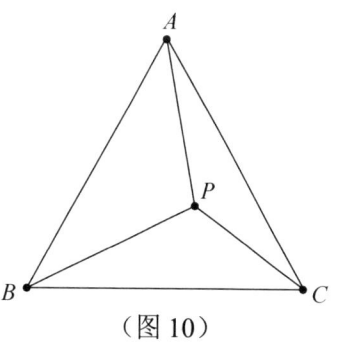

（1988 年北京市中学生数学竞赛初二年级试题二）

**证明：** 由三角形三边关系的不等式，得 $AP+BP > AB = 1$，$BP+CP > BC = 1$，$CP+AP > AC = 1$，三式相加，有 $2(AP+BP+CP) > 3$，即 $l > \dfrac{3}{2} = 1.5$.

过 $P$ 作 $MN \parallel BC$，交 $AB$ 于点 $M$，交 $AC$ 于点 $N$（如图 11 所示），则 $\triangle AMN$

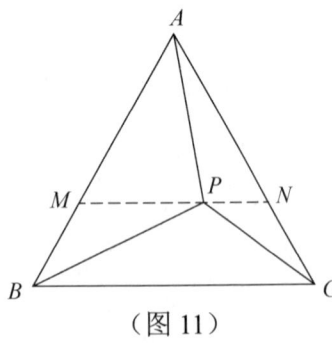

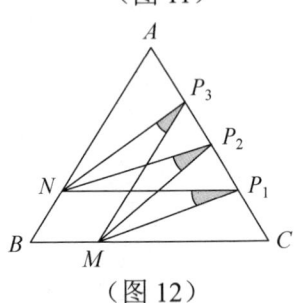

是正三角形．

由三角形外角的性质，得 $\angle APN > \angle AMP = 60° = \angle ANP$，所以 $AP < AN$．

又由于 $MP + BM > BP$，$NP + CN > CP$，所以 $MP + BM + NP + CN > BP + CP$，即 $BM + MN + NC > BP + CP$．

但 $AM = MN$，所以 $(BM + AM) + (AN + NC) > AP + BP + CP = l$．即 $AB + AC > l$．所以 $l < 2$．

综上可得 $1.5 < l < 2$．

**例 10** 如图 12 所示，△ABC 是等边三角形，在 BC 边上取点 M，使得 $BM = \dfrac{1}{4}BC$，在 AB 边上取点 N，使得 $BN = \dfrac{1}{4}AB$，$P_1, P_2, P_3$ 依次是 AC 边上的 3 个四等分点，求 $\angle MP_1N + \angle MP_2N + \angle MP_3N$ 的度数，并证明你的结论．

(1999 年北京市初二年级数学竞赛试题四)

**证明**：如图 13 所示，连接 $NM$．因为 $BN = BM$，$\angle B = 60°$，所以 △BMN 为正三角形．

所以 $\angle BMN = 60° = \angle C$，所以 $MN // AC$，$MN = BM = \dfrac{1}{4}BC = \dfrac{1}{4}AC = AP_3 = P_2P_3$．

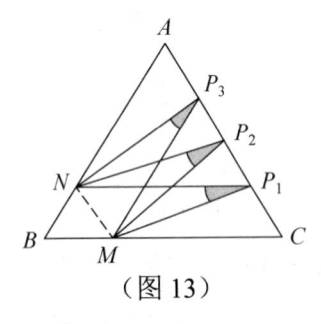

易证，四边形 $ANMP_3$ 为平行四边形，则 $AN // P_3M$．所以 $\angle MP_3N = \angle ANP_3$．……①

同理可得四边形 $NMP_2P_3$ 为平行四边形，则 $NP_3 // MP_2$．所以 $\angle MP_2N = \angle P_2NP_3$．……②

又可得四边形 $NMP_1P_2$ 为平行四边形，则 $NP_2 // MP_1$．所以 $\angle MP_1N = \angle P_1NP_2$．……③

因此，由①＋②＋③可得，$\angle MP_1N + \angle MP_2N + \angle MP_3N = \angle P_1NP_2 + \angle P_2NP_3 + \angle P_3NA = \angle ANP_1$．

在 △$ANP_1$ 中，$AN = AP_1$，$\angle A = 60°$，因此 △$ANP_1$ 为正三角形，$\angle ANP_1 = 60°$.

所以 $\angle MP_1N + \angle MP_2N + \angle MP_3N = \angle ANP_1 = 60°$.

**例 11** 如图 14 所示，在边长为 1 的正△$ABC$ 中，$P_0$ 为 $BC$ 边上一点．作 $P_0P_1 \perp CA$ 于点 $P_1$，作 $P_1P_2 \perp AB$ 于点 $P_2$，作 $P_2P_3 \perp BC$ 于点 $P_3$．如果点 $P_3$ 恰与点 $P_0$ 重合，则 △$P_1P_2P_3$ 的面积是_____．

（图 14）

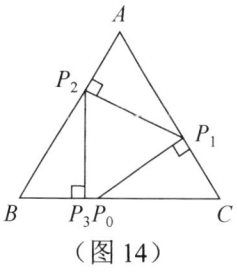

（2001 年北京市初二年级数学竞赛复赛试题）

**答**：$\dfrac{\sqrt{3}}{2}$.

**解**：设 $BP_0 = x$，则 $P_0C = 1-x$，$CP_1 = \dfrac{1-x}{2}$，

$AP_1 = 1 - \dfrac{1-x}{2} = \dfrac{2-1+x}{2} = \dfrac{1+x}{2}$;

$AP_2 = \dfrac{1+x}{4}$；$BP_2 = 1 - \dfrac{1+x}{4} = \dfrac{3-x}{4}$；

$BP_3 = \dfrac{3-x}{8}$.

当 $P_3 \equiv P_0$，则 $BP_3 = BP_0$．列得方程 $x = \dfrac{3-x}{8}$，解得 $x = \dfrac{1}{3}$.

因此 $P_1$、$P_2$、$P_3$ 依次为 $BC$，$CA$，$AB$ 的一个三等分点.

即 $BP_3 = CP_1 = AP_2 = \dfrac{1}{3}$.

因此 $S_{\triangle ABC} = \dfrac{\sqrt{3}}{4}$，$S_{\triangle ABP_3} = \dfrac{1}{3}S_{\triangle ABC} = \dfrac{\sqrt{3}}{12}$，$S_{\triangle BP_3P_2} = \dfrac{2}{9}S_{\triangle ABC} = \dfrac{2}{9} \times \dfrac{\sqrt{3}}{4} = \dfrac{\sqrt{3}}{18}$，$S_{\triangle P_1P_2P_3} = S_{\triangle ABC} - 3S_{\triangle BP_3P_2} = \dfrac{\sqrt{3}}{4} - 3 \times \dfrac{\sqrt{3}}{18} = \dfrac{\sqrt{3}}{12}$.

**例 12** 如图 15 所示，△$ABC$ 是边长为 1 的正三角形，△$BDC$ 是顶角 $\angle BDC = 120°$ 的等腰三角形，以 $D$ 为顶点作一个 $60°$ 的角，角的两边分别交 $AB$ 于点 $M$，交 $AC$ 于点 $N$．连接 $MN$，形成一个三角形 $AMN$．求证：△$AMN$ 的周长等于 2.

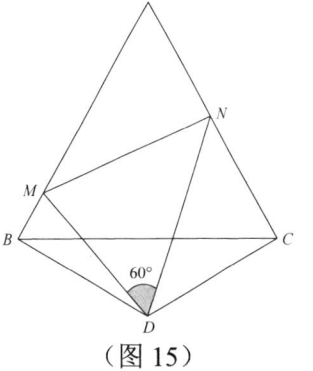

（1991 年北京市中学生数学竞赛初二年级复赛试题四）

（图 15）

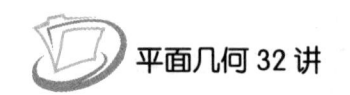

证明：因为 $\angle ABC = \angle ACB = 60°$，$\angle CBD = \angle BCD = 30°$，所以 $\angle ABD = \angle ACD = 90°$.

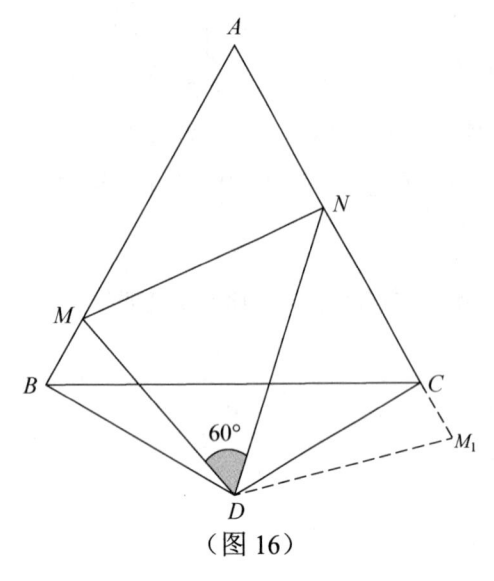

在 $AC$ 的延长线上截取 $CM_1 = BM$，连接 $DM_1$.

在 $\triangle BDM$ 与 $\triangle CDM_1$ 中（如图16所示），

因为 $BM = CM_1$，$\angle MBD = \angle DCM_1 = 90°$，$BD = CD$，所以 $\triangle BDM \cong \triangle CDM_1$（边角边），$MD = M_1D$，$BM = CM_1$，$\angle MDB = \angle M_1DC$

因此 $\angle MDM_1 = 120° - \angle MDB + \angle M_1DC = 120°$，又因为 $\angle MDN = 60°$，所以 $\angle NDM_1 = 60°$

在 $\triangle MDN$ 与 $\triangle M_1DN$ 中，因为 $MD = M_1D$，$\angle MDN = \angle NDM_1$，$DN = DN$，所以 $\triangle MDN \cong \triangle M_1DN$（边角边），所以 $MN = M_1N$.

记 $\triangle AMN$ 的周长为 $l$，则

$l = AM + MN + AN = AM + AN + NM_1 = (AB - BM) + (AC + CM_1)$

$= AB + AC = 2$.

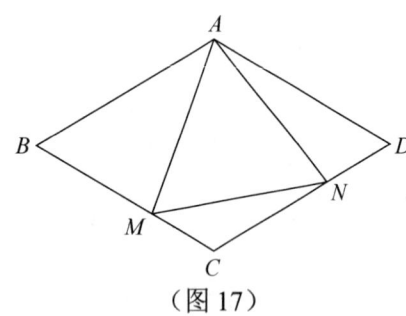

（图16）

**例13** 如图17所示，四边形 $ABCD$ 中，$AB = BC = CD = DA$. $\angle BAD = 120°$. $M$ 为 $BC$ 上一点，$N$ 为 $CD$ 上一点. 求证：若 $\triangle AMN$ 有一个内角为 $60°$，则 $\triangle AMN$ 是正三角形.

（1992年北京市中学生数学竞赛初二年级复赛试题四）

（图17）

证明：如图18所示. 连接 $AC$，

易证 $\triangle ABC \cong \triangle ADC$.

所以 $\angle BAC = \angle CAD = 60°$.

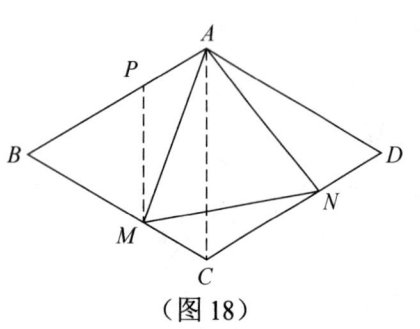

（1）若 $\angle MAN = 60°$. 则 $\angle BAM = \angle BAC - \angle MAC = 60° - \angle MAC = \angle MAN - \angle MAC = \angle CAN$.

又因为 $\angle ABC = 60° = \angle ACN$，$AB = AC$，所以 $\triangle ABM \cong \triangle ACN$（角边角）.

（图18）

因此 $AM=AN$, 且 $\angle MAN=60°$, 所以 $\triangle AMN$ 是正三角形.

（2）若 $\angle AMN=60°$ 或 $\angle ANM=60°$, 证明类似, 不妨设 $\angle AMN=60°$.

在 $BA$ 上取点 $P$, 使得 $BP=BM$, 则 $\triangle BMP$ 是正三角形. $\angle BPM = \angle BAC = 60°$.

$PA = AB - BP = BC - BM = MC$, $\angle APM = 180° - 60° = 120° = \angle MCN$.

$\angle PAM = \angle AMC - \angle B = \angle AMC - 60° = \angle AMC - \angle AMN = \angle CMN$.

所以 $\triangle APM \cong \triangle MCN$（角边角）. 因此 $AM = MN$.

已知 $\angle AMN = 60°$, 所以 $\triangle AMN$ 是正三角形.

综上所证，当 $\triangle AMN$ 有一个内角为 $60°$ 时，$\triangle AMN$ 为正三角形.

**例 14** 如图 19 所示，由正三角形 $ABC$ 内的点 $M$ 分别向 $AB$, $BC$, $CA$ 引垂线 $MP$, $MQ$, $MR$.

证明：（1）$AP + BQ + CR = PB + QC + RA$.

（2）$AP^2 + BQ^2 + CR^2 = PB^2 + QC^2 + RA^2$.

证明：（1）过点 $M$ 分别作三边的平行线，如图 20 所示，将正三角形 $ABC$ 分为 3 个小正三角形和 3 个平行四边形. 其中相等的线段用小写字母标示. 则

$$AP + BQ + CR = \left(a + \frac{b}{2}\right) + \left(b + \frac{c}{2}\right) + \left(c + \frac{a}{2}\right)$$

$$= \frac{3}{2}(a+b+c). \cdots\cdots①$$

$$PB + QC + RA = \left(c + \frac{b}{2}\right) + \left(a + \frac{c}{2}\right) + \left(b + \frac{a}{2}\right)$$

$$= \frac{3}{2}(a+b+c). \cdots\cdots②$$

由①、②得 $AP + BQ + CR = PB + QC + RA$.

（2）如图 21 所示，连接 $AM$, $BM$, $CM$,

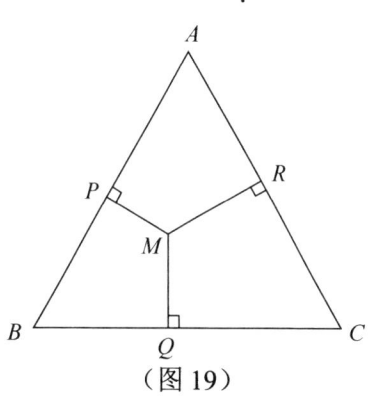

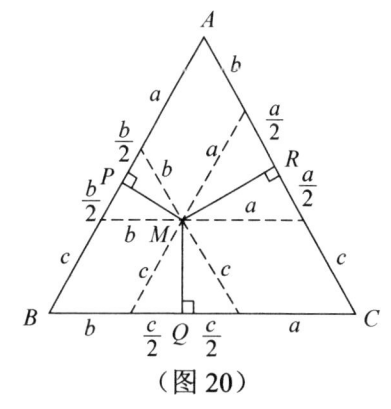

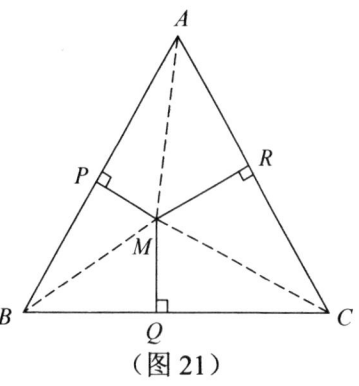

— 93 —

根据勾股定理，有：

$AP^2 + BQ^2 + CR^2 = (AM^2 - PM^2) + (BM^2 - QM^2) + (CM^2 - RM^2)$；

$PB^2 + QC^2 + RA^2 = (BM^2 - PM^2) + (CM^2 - QM^2) + (AM^2 - RM^2)$.

因为上述两个等式的右端相等，所以 $AP^2 + BQ^2 + CR^2 = PB^2 + QC^2 + RA^2$.

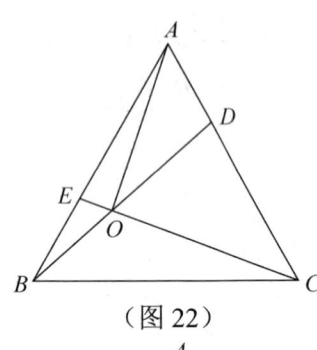

例15 如图22所示，正三角形 $ABC$ 中，$D$ 和 $E$ 分别为边 $AC$ 和 $AB$ 上的点，且 $\dfrac{AD}{DC} = \dfrac{BE}{AE} = \dfrac{1}{2}$. 连接 $BD$，$CE$ 相交于点 $O$. 求证：$AO \perp CE$.

（图22）

证明：如图23所示，取 $BC$ 上的点 $F$，使得 $\dfrac{CF}{BF} = \dfrac{1}{2}$，连接 $AF$ 交 $BD$ 于点 $P$，交 $CE$ 于点 $Q$，则三角形 $POQ$ 为等边三角形，即 $PQ = PO = OQ$.

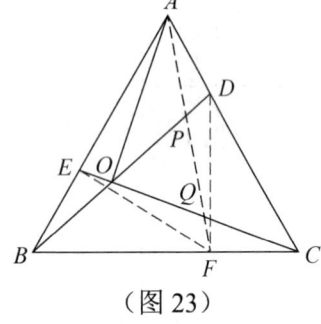

得 $\angle PQO = \angle POQ = \angle OPQ = 60°$.

连接 $DF$，$EF$. 则

$\dfrac{AP}{PF} = \dfrac{S_{\triangle ABD}}{S_{\triangle DBF}} = \dfrac{3}{4}$，

$\dfrac{AQ}{QF} = \dfrac{S_{\triangle AEC}}{S_{\triangle CEF}} = \dfrac{6}{1}$，

（图23）

所以 $AP : PQ : QF = 3 : 3 : 1$.

因此，$AP = PQ = OP$.

在三角形 $AOQ$ 中，$\angle POA = \dfrac{1}{2} \angle OPQ = \dfrac{1}{2} \times 60° = 30°$，又 $\angle POQ = 60°$，所以 $\angle AOC = \angle POA + \angle POQ = 30° + 60° = 90°$，因此 $AO \perp CE$.

例16 $P$ 为等边 $\triangle ABC$ 内一点，$AP=3$，$BP=4$，$CP=5$，则四边形 $ABCP$ 的面积等于 _____ .

（2012年北京市数学竞赛初二年级试题）

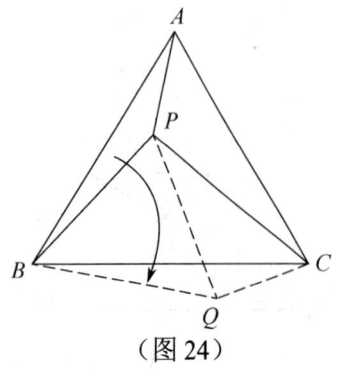

答：$6 + 4\sqrt{3}$.

解：如图24所示，以 $B$ 为旋转中心，将 $\triangle APB$ 顺时针旋转 $60°$，到 $\triangle CQB$ 的位置. 连接 $PQ$，易知 $\triangle BPQ$ 是等边三角形. 即 $PQ=BQ=BP=4$，$\angle PQB = 60°$. 又 $\triangle BQC \cong \triangle BPA$，$CQ=$

（图24）

— 94 —

$AP=3$，$CP=5$，所以 $CP^2 = 5^2 = 3^2 + 4^2 = CQ^2 + PQ^2$，可知 $\angle PQC = 90°$. 因此 $\triangle PQC$ 是直角三角形。

$$S_{\text{四边形}ABCP} = S_{\text{四边形}PBQC} = S_{\triangle PBQ} + S_{\triangle PQC}$$
$$= \frac{\sqrt{3}}{4} \times 4^2 + \frac{1}{2} \times 4 \times 3 = 6 + 4\sqrt{3}.$$

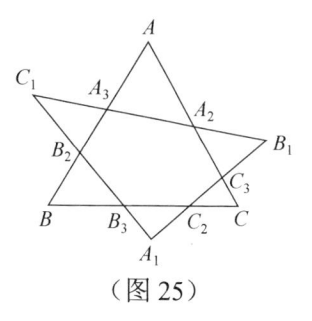

**例 17** 如图 25 所示，$\triangle ABC$ 是正三角形，$\triangle A_1B_1C_1$ 的 3 条边 $A_1B_1$，$B_1C_1$，$C_1A_1$ 分别交 $\triangle ABC$ 各边于点 $C_2$，$C_3$，$A_2$，$A_3$，$B_2$，$B_3$.

已知 $A_2C_3 = C_2B_3 = B_2A_3$ 且 $C_2C_3^2 + B_2B_3^2 = A_2A_3^2$，求证：$A_1B_1 \perp A_1C_1$.

（2002 年北京市初二年级数学竞赛复赛试题三）

**证明**：如图 26 所示，过 $A_2$ 作 $C_3C_2$ 的平行线，交过 $C_2$ 所作 $C_3A_2$ 的平行线于点 $O$，则四边形 $A_2OC_2C_3$ 是平行四边形. 所以 $A_2O // C_3C_2$ 且 $A_2O = C_3C_2$，$OC_2 // A_2C_3$ 且 $OC_2 = A_2C_3 = B_3C_2$，$\angle OC_2B_3 = \angle C = 60°$，所以 $\triangle OB_3C_2$ 是正三角形.

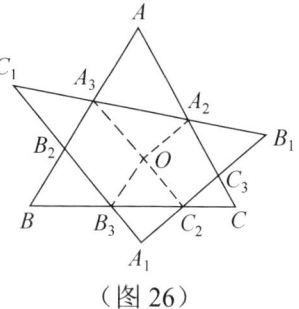

所以 $\angle OB_3C_2 = 60° = \angle B$，所以 $OB_3 // A_3B_2$.

又 $OB_3 = B_3C_2 = A_3B_2$，因此四边形 $OB_3B_2A_3$ 是平行四边形，所以 $OA_3 // B_3B_2$ 且 $OA_3 = B_3B_2$.

由已知 $C_2C_3^2 + B_2B_3^2 = A_2A_3^2$，所以 $OA_2^2 + OA_3^2 = A_2A_3^2$.

在 $\triangle A_2OA_3$ 中，因为 $OA_2^2 + OA_3^2 = A_2A_3^2$，由勾股定理的逆定理得 $\angle A_2OA_3 = 90°$.

由已证 $OA_3 // B_3B_2$，即 $OA_3 // A_1C_1$，$A_2O // C_3C_2$，即 $A_2O // B_1A_1$，所以 $\angle C_1A_1B_1 = 90°$. 因此 $A_1B_1 \perp A_1C_1$.

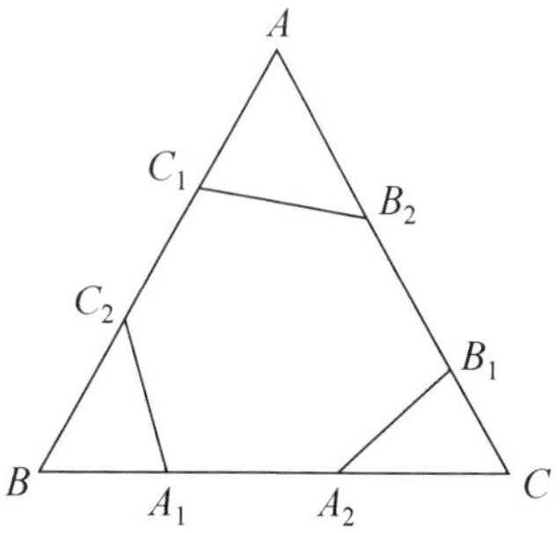

**例 18** 如图 27 所示，在正 $\triangle ABC$ 的边 $BC$ 上取点 $A_1$，$A_2$，在边 $CA$ 上取点 $B_1$，$B_2$，在边 $AB$ 上取点 $C_1$，$C_2$，使得凸六边形 $A_1A_2B_1B_2C_1C_2$ 的边长都相等. 证明：直线 $A_1B_2$，$B_1C_2$，$C_1A_2$ 共点.

（2016 年北京市中学生数学竞赛初二年级试题四）

**证明**：（1）在正 $\triangle ABC$ 内作正三角形 $PA_1A_2$，连接 $PB_1$，$PB_2$，$PC_1$，$PC_2$（见图 28），则易知四边形 $PA_1C_2C_1$，$PB_1B_2C_1$ 都是菱形.

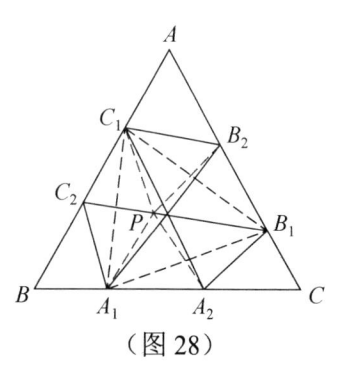

— 95 —

（2）连接 $A_1B_1$，$B_1C_1$，$C_1A_1$（见图 28）．

注意 $\angle C_1B_2B_1 = 60° + \angle PB_2B_1 = 60° + \angle PA_2B_1 = \angle A_1A_2B_1$．$\angle A_1C_2C_1 + \angle A_1PC_1 + \angle A_2PB_2 = 360° - 60° - 60° = 240°$．

而 $\angle A_1A_2B_1 + \angle A_2B_1B_2 = (\angle A_2B_1C + \angle C) + (\angle B_1A_2C + \angle C)$
$$= (\angle A_2B_1C + \angle C + \angle B_1A_2C) + 60° = 180° + 60° = 240°，$$

所以 $\angle A_1C_2C_1 = \angle A_1A_2B_1$，进而 $\angle A_1C_2C_1 = \angle A_1A_2B_1 = \angle C_1B_2B_1$．

因此 $\triangle A_1A_2B_1 \cong \triangle B_1B_2C_1 \cong \triangle C_1C_2A_1$，所以 $A_1B_1 = B_1C_1 = C_1A_1$．

（3）由于直线 $A_1B_2$，$B_1C_2$（见图 28），$C_1A_2$ 是三角形 $A_1B_1C_1$ 三边的中垂线，故直线 $A_1B_2$，$B_1C_2$，$C_1A_2$ 共点．

# 第11讲 平行四边形的判定与性质

众所周知，两组对边分别平行的四边形叫作平行四边形．

平行四边形有一系列的性质定理与判定定理，掌握这些定理，是研究平行四边形的基础．

**性质定理** 在平行四边形中，

（1）对角分别相等；

（2）对边分别相等；

（3）对角线互相平分；

（4）对角线的平方和等于四条边的平方之和．

其中，（1）～（3）是教材内容，可以利用三角形全等的知识进行证明．（4）可以利用勾股定理进行证明，我们简述如下：

（4）的简证．如图 1 所示，在平行四边形 $ABCD$ 中，作 $AH_1 \perp BC$ 于点 $H_1$，作 $DH_2 \perp BC$，垂足 $H_2$ 在 $BC$ 的延长线上．易证 $\triangle ABH_1 \cong \triangle DCH_2$．所以 $AH_1 = DH_2$，$BH_1 = CH_2$．

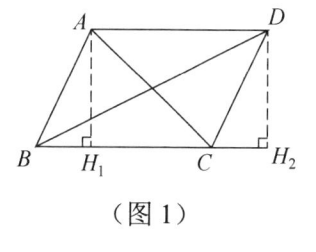

（图1）

在 Rt$\triangle AH_1C$ 中，$AC^2 = AH_1^2 + CH_1^2 = AH_1^2 + (BC - BH_1)^2$，在 Rt$\triangle DH_2B$ 中，$BD^2 = DH_2^2 + BH_2^2 = DH_2^2 + (BC + CH_2)^2$．

所以相加得

$$AC^2 + BD^2 = AH_1^2 + (BC - BH_1)^2 + DH_2^2 + (BC + CH_2)^2$$
$$= AH_1^2 + BC^2 - 2BC \cdot BH_1 + BH_1^2 + DH_2^2 + BC^2 + 2BC \cdot CH_2 + CH_2^2$$
$$= (AH_1^2 + BH_1^2) + BC^2 + AD^2 + (DH_2^2 + CH_2^2)$$
$$= AB^2 + BC^2 + AD^2 + CD^2.$$

**推论** 三角形的两边的平方和等于第三边上的中线的平方与第三边之半的

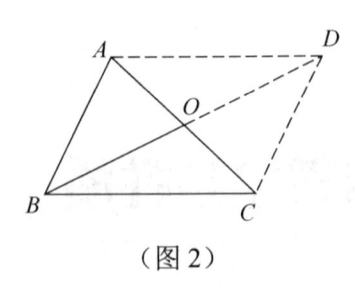

平方和的 2 倍.

如图 2 所示，△ABC 中，O 为 AC 边中点，延长中线 BO 到 D，使 DO=OB. 易证四边形 ABCD 为平行四边形. 由性质（4）可得

$$2(AB^2+BC^2)=AC^2+BD^2$$
$$=4\left(\frac{AC}{2}\right)^2+4\left(\frac{BD}{2}\right)^2=4\left(\frac{AC}{2}\right)^2+4BO^2.$$

（图 2）

所以 $AB^2+BC^2=2\left[BO^2+\left(\frac{AC}{2}\right)^2\right]$. ……（*）

记 $AB=c$，$AC=b$，$BC=a$，中线 $BO=m_b$，代入（*）式得 $c^2+a^2=2\left[m_b^2+\left(\frac{b}{2}\right)^2\right]$，即 $m_b=\frac{1}{2}\sqrt{2a^2+2c^2-b^2}$.

同理可得 $m_a=\frac{1}{2}\sqrt{2b^2+2c^2-a^2}$，$m_c=\frac{1}{2}\sqrt{2a^2+2b^2-c^2}$. 这就是已知 △ABC 的三边，计算三边上中线长的公式.

**欧拉定理** 四边形各边的平方之和等于其对角线的平方和加上对角线中点连接线段的平方之 4 倍.

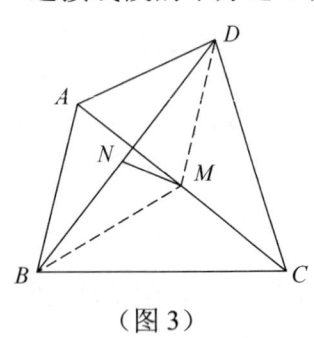

即，在四边形 ABCD 中，M，N 分别是对角线 AC，BD 的中点. 则 $AB^2+BC^2+CD^2+DA^2=AC^2+BD^2+4MN^2$.

我们利用**三角形中线公式**的变形 $4m_a^2=2b^2+2c^2-a^2$ 来证明.

（图 3）

**证明：** 如图 3 所示，连接 BM，DM.

在 △DMB 中，$4MN^2=2BM^2+2DM^2-BD^2$，

则有 $8MN^2=4BM^2+4DM^2-2BD^2$. ……①

在 △ABC 中，$4BM^2=2AB^2+2BC^2-AC^2$. ……②

在 △ADC 中，$4DM^2=2DA^2+2CD^2-AC^2$. ……③

将②、③代入①得，

$8MN^2=4BM^2+4DM^2-2BD^2$

— 98 —

$$= (2AB^2 + 2BC^2 - AC^2) + (2DA^2 + 2CD^2 - AC^2) - 2BD^2$$
$$= 2(AB^2 + BC^2 + CD^2 + DA^2 - AC^2 - BD^2).$$

所以 $AB^2 + BC^2 + CD^2 + DA^2 = AC^2 + BD^2 + 4MN^2$.

**判定定理** 四边形中，若有下列条件之一成立，则这个四边形是平行四边形.

（1）对角分别相等；

（2）对边分别相等；

（3）一组对边平行且相等；

（4）对角线互相平分；

（5）对角线的平方和等于四边的平方和.

其中，（1）～（4）都是课本的内容，只有（5）我们当作例题来进行讲解.

**例 1** 若四边形 $ABCD$ 中，$AB^2 + BC^2 + CD^2 + DA^2 = AC^2 + BD^2$. 求证：四边形 $ABCD$ 是平行四边形.

**证明：** 如图 4 所示，设四边形 $ABCD$ 两个对角线 $AC$，$BD$ 的中点分别为 $M$，$N$．$AC$，$BD$ 的交点为 $O$.

根据欧拉定理，有 $AB^2 + BC^2 + CD^2 + DA^2 = AC^2 + BD^2 + 4MN^2$.

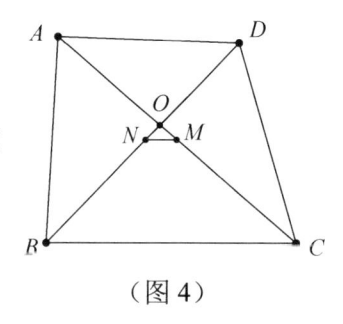

（图 4）

依题设条件 $AB^2 + BC^2 + CD^2 + DA^2 = AC^2 + BD^2$.

比较两式可得 $4MN^2 = 0$，即 $MN = 0$.

即 $AC$，$BD$ 的中点应在其交点 $O$ 处，故 $AC$，$BD$ 互相平分于 $O$，所以四边形 $ABCD$ 是平行四边形.

根据某些条件判定一个四边形是平行四边形，是极为有益的能力训练问题.

**例 2** 如图 5 所示，在四边形 $ABCD$ 中，$\angle ABC = \angle ADC$，对角线 $AC$ 被对角线 $BD$ 所平分. 求证：四边形 $ABCD$ 是平行四边形.

**证明：** 在 $OD$ 上取 $OD' = OB$，则四边形 $ABCD'$ 是个平行四边形. 所以 $\angle AD'C = \angle ABC = \angle ADC$.

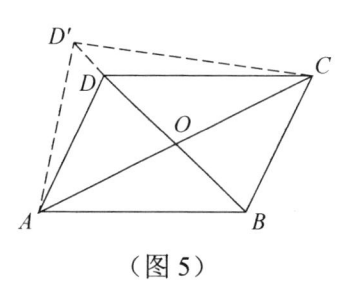

（图 5）

若 $D'$ 在 $OD$ 上，则有 $\angle AD'C > \angle ADC$. 若 $D'$ 在 $OD$ 延长线上，则有 $\angle AD'C < \angle ADC$. 以上都与已证结论 $\angle AD'C = \angle ADC$ 矛盾！因

此，点 $D'$ 必与点 $D$ 重合.

所以四边形 $ABCD$ 是平行四边形.

**例 3** 下面有 4 个命题：

（1）一组对边相等且一组对角相等的四边形是平行四边形；

（2）一组对边相等且一条对角线平分另一条对角线的四边形是平行四边形；

（3）一组对角相等且连接这一组对角顶点的对角线平分另一条对角线的四边形是平行四边形；

（4）一组对角相等且连接这一组对角顶点的对角线被另一条对角线所平分的四边形是平行四边形.

其中，正确的命题的个数是（　　）.

(A) 1　　　　(B) 2　　　　(C) 3　　　　(D) 4

(1988 年全国初中联合数学竞赛一试试题)

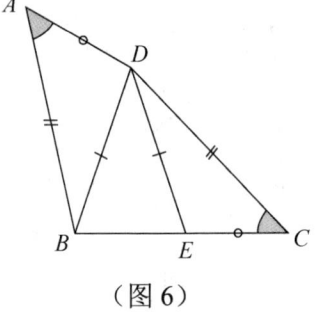

**答**：(A)

**解**：① 对于命题（1），我们构造如下反例：作 $\triangle BDE$，使得 $BD=DE$，延长 $BE$ 到 $C$，连接 $DC$. 以 $B$ 为圆心，$DC$ 长为半径画弧，再以 $D$ 为圆心，$EC$ 长为半径画弧，两弧的交点记为 $A$（如图 6 所示），则 $\triangle ABD \cong \triangle CDE$. 这时四边形 $ABCD$ 中，$\angle A = \angle C$，$AB = CD$，但四边形 $ABCD$ 不是平行四边形，所以命题（1）不正确.

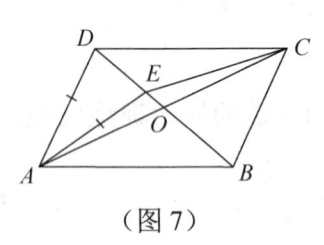

② 对于命题（2），我们构造如下反例：作等腰 $\triangle ADE$（$AD=AE$），延长底边 $DE$ 至任一点 $O$，在 $EO$ 延长线上取一点 $B$，使 $BO=OD$，连接 $AO$，在 $AO$ 延长线上取点 $C$，使得 $OC=OA$，这样四边形 $ABCD$ 是平行四边形（如图 7 所示），此时的四边形 $ABCE$ 满足条件 $AD=AE=BC$ 且 $AO=OC$，但四边形 $ABCE$ 不是平行四边形. 所以命题（2）不正确.

③ 对于命题（3），由前面的例②的证明可知，命题（3）是个真命题.

④ 对于命题（4），我们构造如下反例：作等形 $ABCD$，其中 $B$，$D$ 是 $AC$ 垂直平分线上的两个点，但 $BO \neq DO$（如图 8 所示）. 易知四边形 $ABCD$ 中，

满足 $\angle DAB = \angle DCB$，$AO = CO$，但四边形 $ABCD$ 不是平行四边形. 所以命题（4）不正确.

综合①、②、③、④，4 个命题中只有（3）正确. 因此选（A）.

由例 3 可见，平行四边形的判定，是指根据给定的条件，断定一个四边形是否为平行四边形的问题. 如果不是，请举出反例；如果是，请给出证明.

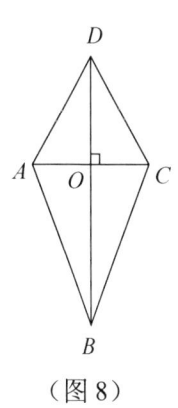

**例 4** 凸四边形 $ABCD$ 中，若两组对边的中点连线都平分这个四边形的面积. 求证：四边形 $ABCD$ 是平行四边形.

**证明**：如图 9 所示，四边形 $ABCD$ 中，$M$ 为 $DC$ 中点，$N$ 为 $AB$ 中点，$MN$ 平分四边形 $ABCD$ 的面积，即

四边形 $ADMN$ 的面积 = 四边形 $BCMN$ 的面积. ……①

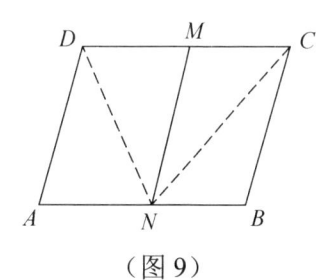

连接 $ND$，$NC$，易知

三角形 $DMN$ 的面积 = 三角形 $CMN$ 的面积. ……②

由式①-②，得

三角形 $ADN$ 的面积 = 三角形 $BCN$ 的面积. ……③

由于 $A$，$N$，$B$ 共线，且 $AN = BN$，$C$，$D$ 在直线 $AB$ 的同一侧，由式③可得 $DC // AB$.

同理可证 $AD // BC$.

所以四边形 $ABCD$ 是平行四边形.

**例 5** 如图 10 所示，凸四边形 $ABCD$ 中，对角线 $AC$，$BD$ 都平分这个四边形的面积. 求证：四边形 $ABCD$ 是平行四边形.

**证明**：设 $AC$，$BD$ 相交于点 $O$，作 $BQ \perp AC$ 于点 $Q$，$DP \perp AC$ 于点 $P$.

因为 $S_{\triangle ABC} = S_{\triangle ADC} = \dfrac{1}{2} DP \cdot AC = \dfrac{1}{2} BQ \cdot AC$，

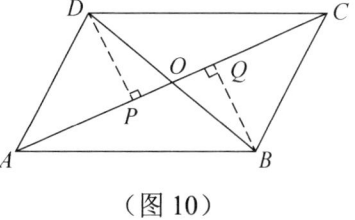

所以 $DP = BQ$. 易证 $\triangle DOP \cong \triangle BOQ$，得 $DO = BO$. 同理可证 $AO = CO$.

因为对角线 $AC$，$BD$ 互相平分于点 $O$，所以四边形 $ABCD$ 是平行四边形.

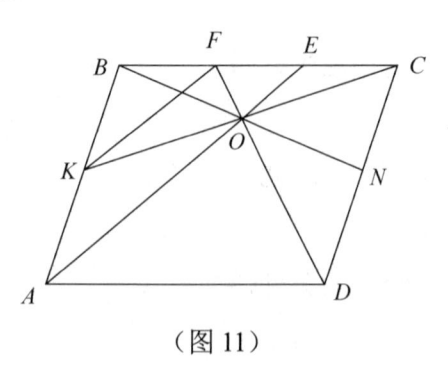

**例6** 如图 11 所示，$K$，$N$ 分别是四边形 $ABCD$ 的边 $AB$，$CD$ 的中点．线段 $BN$ 与 $KC$ 交于 $O$ 点．设延长 $AO$，$DO$ 与 $BC$ 边的交点将 $BC$ 三等分，求证：四边形 $ABCD$ 是平行四边形．

(第 63 届圣彼得堡第二轮 9 年级试题)

（图 11）

**证明**：设 $AO$，$DO$ 与 $BC$ 边的交点分别为 $E$，$F$．由于 $K$，$F$ 分别为 $AB$，$BE$ 的中点，所以 $KF//AE$．

再由于 $E$ 是 $CF$ 的中点，所以 $OE//KF$．得到 $OK=OC$．

同理可证 $OB=ON$．

因此四边形 $BCNK$ 是平行四边形，所以 $BK$ 平行且等于 $CN$．从而 $AB$ 平行且等于 $CD$．因此，四边形 $ABCD$ 是平行四边形．

**例7** 凸四边形 $ABCD$ 中，$AB//CD$，且 $AB+BC=CD+DA$．求证：四边形 $ABCD$ 是平行四边形．

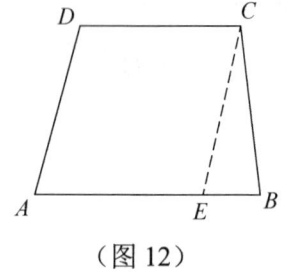

（图 12）

**证明**：假设四边形 $ABCD$ 不是平行四边形，则有 $AB \neq CD$．为确定起见，不妨设 $AB > CD$．

我们在 $AB$ 边上取点 $E$，使得 $AE=DC$．则四边形 $AECD$ 是平行四边形（如图 12 所示）．

根据 $AB+BC=CD+DA$，注意到 $AE=DC$，于是
$$EC = AD = AB+BC-CD = (AE+EB)+BC-CD = EB+BC.$$

这表明 $\triangle CEB$ 中，$EC=EB+BC$，与 3 条线段构成三角形的条件相矛盾！

所以四边形 $ABCD$ 是平行四边形．

**例8** 四边形 $ABCD$ 中，$AB$，$BC$，$CD$，$DA$ 的中点分别为 $M$，$P$，$N$，$Q$，且 $MN+PQ = \dfrac{1}{2}(AB+BC+CD+DA)$．求证：四边形 $ABCD$ 是平行四边形．

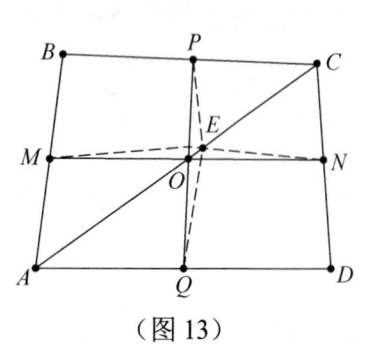

（图 13）

**证明**：设 $E$ 是对角线 $AC$ 的中点，连接 $PE$，$QE$，如图 13 所示，则 $PE//AB$，$PE = \dfrac{1}{2}AB$．

同理可得 $EM/\!/BC$，$EM=\dfrac{1}{2}BC$；$QE/\!/DC$，$QE=\dfrac{1}{2}DC$；$EN/\!/AD$，$EN=\dfrac{1}{2}AD$.

相加得 $EP+EM+EQ+EN=\dfrac{1}{2}(AB+BC+CD+DA)$. ……①

易知 $EM+EN\geqslant MN$，$EP+EQ\geqslant PQ$.

所以 $EP+EM+EQ+EN\geqslant MN+PQ=\dfrac{1}{2}(AB+BC+CD+DA)$. ……②

由①、②得 $EP+EM+EQ+EN=PQ+MN$.

这时，$E$ 应位于 $MN$ 与 $PQ$ 的交点 $O$ 处. 此时 $MO/\!/BC$ 且 $ON/\!/AD$，即 $BC/\!/AD$.

同理可证 $AB/\!/CD$. 因此，四边形 $ABCD$ 是平行四边形.

**例 9** 四边形 $PQRS$ 的四边 $PQ$，$QR$，$RS$，$SP$ 上各有一点为 $A$，$B$，$C$，$D$. 已知四边形 $ABCD$ 是平行四边形，而且它的对角线和四边形 $PQRS$ 的对角线（共四线）都交于一点 $O$. 证明：四边形 $PQRS$ 是平行四边形.

(1964 年北京市中学生数学竞赛高二第二试试题 2)

**证明**：如图 14 所示，若四边形 $PQRS$ 不是平行四边形，则其对角线不能互相平分. 即 $OP$，$OR$ 与 $OQ$，$OS$ 两对线段中至少有一对不相等.

不妨设 $OP<OR$，$OQ\leqslant OS$. 在 $OR$ 上取 $OR'=OP$，在 $OS$ 上取 $OS'=OQ$（$S'$ 可能与 $S$ 重合），连接 $R'S'$，则 $R'S'$ 与 $OC$ 的交点 $C'$ 在 $OC$ 内，故有 $OC'<OC$.

由 $\triangle POQ\cong\triangle R'OS'$ 可得 $OC'=OA$，所以 $OA<OC$. 这就与四边形 $ABCD$ 为平行四边形矛盾.

故四边形 $PQRS$ 是平行四边形.

(图 14)

**例 10** 点 $M$ 和 $N$ 分别是四边形 $ABCD$ 的边 $BC$ 和 $CD$ 的中点. 线段 $AM$ 和 $AN$ 将对角线 $BD$ 三等分. 证明：四边形 $ABCD$ 是平行四边形.

(2010 年莫斯科区域数学竞赛 9 年级试题)

**证明**：设线段 $AM$ 和 $AN$ 分别交 $BD$ 于点 $K$ 和点 $L$（如图 15 所示），因为

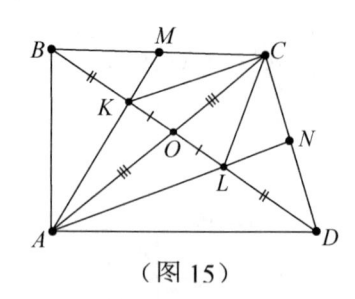

$BK=KL=LD$,所以线段 $KM$ 和 $LN$ 分别是三角形 $BLC$ 和 $DKC$ 的中位线. 这意味着,$AM//CL$ 和 $AN//CK$.

因此,四边形 $AKCL$ 是平行四边形,所以它的对角线的交点 $O$ 平分这两条对角线. 因此,$AO=OC$ 和 $BO=BK+KO=DL+LO=DO$,则四边形 $ABCD$ 的对角线也被交点平分. 因此,四边形 $ABCD$ 是平行四边形.

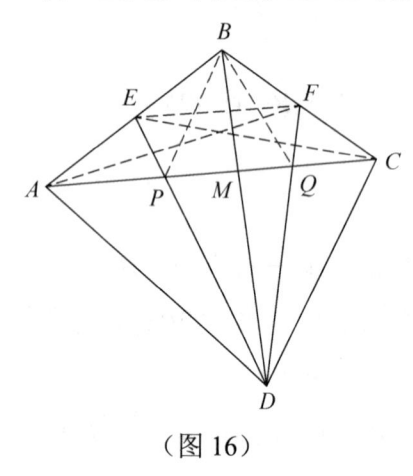

(图 15)

**例 11** 如图 16 所示,在凸四边形 $ABCD$ 的边 $AB$ 和 $BC$ 上分别取点 $E$,$F$,使得线段 $DE$,$DF$ 将对角线 $AC$ 三等分. 已知 $\triangle ADE$ 和 $\triangle CDF$ 的面积分别是四边形 $ABCD$ 面积的 $\frac{1}{4}$. 求证:四边形 $ABCD$ 是平行四边形.

**证明**:设 $DE$,$DF$ 分别交 $AC$ 于点 $P$ 和 $Q$,由 $AP=QC$,得 $S_{\triangle APD}=S_{\triangle CQD}$.

又因为 $S_{\triangle ADE}=S_{\triangle CDF}$,所以 $S_{\triangle AEP}=S_{\triangle CFQ}$.

(图 16)

因为 $AP=CQ$,所以 $E$,$F$ 到 $AC$ 的距离相等,因此 $EF//AC$.

于是 $S_{\triangle AEC}=S_{\triangle CAF}$,所以 $S_{\triangle BEC}=S_{\triangle BAF}$.

设 $\dfrac{S_{\triangle BDF}}{S_{\triangle CDF}}=\dfrac{BF}{FC}=\dfrac{S_{\triangle BAF}}{S_{\triangle CAF}}=\dfrac{S_{\triangle BEC}}{S_{\triangle AEC}}=\dfrac{BE}{EA}=\dfrac{S_{\triangle BDE}}{S_{\triangle ADE}}=k$,

所以 $S_{\text{四边形}ABCD}=S_{\triangle BDE}+S_{\triangle BDF}+S_{\triangle CDF}+S_{\triangle ADE}=kS_{\triangle ADE}+kS_{\triangle CDF}+S_{\triangle CDF}+S_{\triangle ADE}$

$$=(k+1)(S_{\triangle CDF}+S_{\triangle ADE})=\frac{1}{2}(k+1)S_{\text{四边形}ABCD}.$$

所以 $k=1$. 因而 $BE=EA$,$BF=FC$.

注意到 $FQ$ 是 $\triangle BPC$ 的中位线,所以 $BP//FD$. 同理可得 $BQ//ED$.

因此四边形 $BQDP$ 是平行四边形,其对角线互相平分,即 $BM=MD$,$PM=MQ$.

又因为 $AP=QC$,所以 $AM=MC$. 于是四边形 $ABCD$ 的对角线互相平分于点 $M$,所以四边形 $ABCD$ 是平行四边形.

**例 12** 将平行四边形内部一点与 4 个顶点连接，就得到 4 个三角形．试找出一点，使 4 个三角形的面积可以排成等比数列，并证明这样的点是唯一的．

(1962 年北京市中学生数学竞赛高二第二试试题 2)

**解**：设平行四边形 $ABCD$ 的对角线交点为 $O$，不难证明，对角线分平行四边形所成的 4 个三角形等积，则点 $O$ 具有所求的性质．下面我们证明这类点的唯一性．

设 $M$ 是平行四边形 $ABCD$ 内部一点（如图 17 所示），则易证 $S_{\triangle MAB} + S_{\triangle MCD} = \dfrac{1}{2} S_{\text{四边形} ABCD} = S_{\triangle MAD} + S_{\triangle MBC}$．

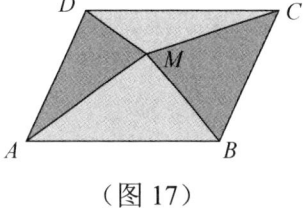

（图 17）

因为这 4 个三角形的面积可以成等比数列，所以设这个等比数列为 $a$，$ar$，$ar^2$，$ar^3$．$(r>0)$．

可以证明，上述某两项之和等于另两项之和的等比数列必是常数列．因为

（1）若 $a + ar = ar^2 + ar^3$，即 $(r-1)(r+1)^2 = 0$，所以 $r = 1$；

（2）若 $a + ar^2 = ar + ar^3$，即 $(r-1)(r^2+1) = 0$，所以 $r = 1$；

（3）若 $a + ar^3 = ar + ar^2$，即 $(r-1)^2(r+1) = 0$，所以 $r = 1$．

这表明，4 个三角形的面积总是相等，且都等于 $\dfrac{1}{4} S_{\text{四边形} ABCD}$，故点 $M$ 必与点 $O$ 重合．

**例 13** 如图 18 所示，已知 $P$ 为平行四边形 $ABCD$ 内一点，$O$ 为 $AC$ 与 $BD$ 的交点．$M$，$N$ 分别为 $PB$，$PC$ 的中点．$Q$ 为 $AN$ 与 $DM$ 的交点．求证：

（1）$P$，$Q$，$O$ 三点在一条直线上；

（2）$PQ = 2OQ$．

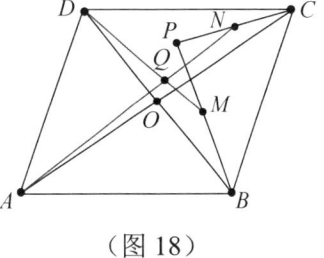

（图 18）

(1998 年全国初中数学联赛第二试试题 2)

**证明**：如图 19 所示，连接 $PO$，设 $PO$ 与 $AN$，$DM$ 分别交于点 $Q_1$，$Q_2$．在 $\triangle PAC$ 中，因为 $AO = OC$，$PN = NC$，所以 $Q_1$ 为重心．因此 $PQ_1 = 2OQ_1$．

在 $\triangle PDB$ 中，因为 $DO = OB$，$BM = MP$，所以 $Q_2$ 为重心，所以 $PQ_2 = 2OQ_2$．

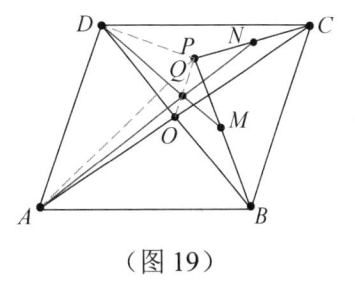

（图 19）

这样 $Q_1 \equiv Q_2$，并且 $Q_1$，$Q_2$ 就是 $AN$ 与 $DM$ 的交点 $Q$.

所以，$P$，$Q$，$O$ 三点在一条直线上，且 $PQ=2OQ$.

**例14** 在平行四边形 $ABCD$ 中，边 $BC$ 与边 $CD$ 的中点分别为 $M$ 与 $N$. 问：射线 $AM$ 和 $AN$ 能否将 $\angle BAD$ 分为三等份？

(1997—1998 年俄罗斯区域竞赛（第四轮）8 年级试题)

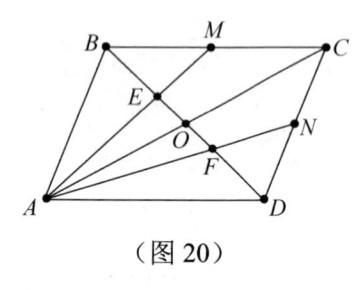

**答**：不能.

**证明**：反证明. 假设射线 $AM$ 和 $AN$ 能将 $\angle BAD$ 分为三等份，设 $O$ 是平行四边形 $ABCD$ 对角线 $AC$ 与 $BD$ 的交点（如图 20 所示）. 在 $\triangle ABC$ 中，$BO$ 与 $AM$ 为中线，$E$ 为它们的交点，于是 $\dfrac{BE}{EO}=\dfrac{2}{1}$，即 $EO=\dfrac{1}{2}BE$. 在 $\triangle ADC$ 中，同理，得 $FO=\dfrac{1}{2}DF$. 从而结合 $BO=OD$，推知 $BE=FD$，以及 $BE=EF=FD$. 这表明，在 $\triangle BAF$ 中，线段 $AE$ 既是中线又应是角平分线，所以它也是高线. 即 $AE \perp BD$. 同理可得 $AF \perp BD$. 由于点 $E$ 与点 $F$ 是两个不同的点，因此 $AE // AF$，这与 $AE$ 与 $AF$ 相交于点 $A$ 的事实相矛盾！

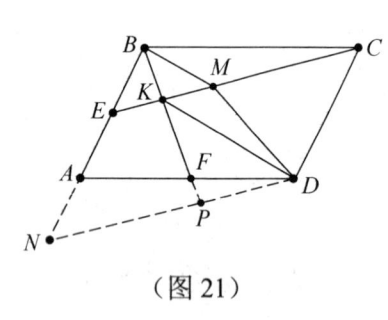

所以射线 $AM$ 和 $AN$ 不能将 $\angle BAD$ 分为三等份.

**例15** 如图 21 所示，设 $E$，$F$ 分别是平行四边形 $ABCD$ 的边 $AB$ 和 $AD$ 的中点，线段 $CE$ 和 $BF$ 相交于点 $K$. 点 $M$ 在线段 $EC$ 上，且 $BM // KD$. 证明：三角形 $KFD$ 和梯形 $KBMD$ 的面积相等.

(1993—1994 年俄罗斯区域竞赛 11 年级试题)

**证明**：通过点 $D$ 引直线平行于 $CE$，交 $BA$ 延长线于点 $N$. 延长线段 $BF$ 交线段 $DN$ 于点 $P$. 显然，$EN=CD=2BE$. 因为 $\dfrac{BK}{KP}=\dfrac{BE}{EN}=\dfrac{1}{2}$，所以线段 $KP=2BK$.

由 $\triangle BKC$ 与 $\triangle FPD$ 相似，得到 $FP=\dfrac{1}{2}BK$，因此 $KF=\dfrac{3}{2}BK$，$\dfrac{KF}{KP}=\dfrac{3}{4}$.

由 $\triangle KDP$ 与 $\triangle BMK$ 相似，得到 $\dfrac{KD}{BM}=2$.

记 $\triangle BKM$ 的面积为 $S$，则 $S_{\triangle KPD}=4S$，而 $S_{\triangle KFD}=\dfrac{KF}{KP} \cdot S_{\triangle KPD}=3S$.

但由已知条件 $BM/\!/KD$ 可得，三角形 $KMD$ 和三角形 $BKM$ 中分别由顶点 $M$ 和顶点 $K$ 引的高线相等，这意味着，$\dfrac{S_{\triangle KMD}}{S_{\triangle BKM}} = \dfrac{KD}{BM} = 2$，也就是 $S_{\triangle KMD} = 2S$.

由此得出 $S_{\text{四边形}KBMD} = S_{\triangle BKM} + S_{\triangle KMD} = 3S$.

于是 $S_{\triangle KFD} = S_{\text{四边形}KBMD}$.

关于平行四边形判定的问题丰富多彩，选作一些这方面的题是很有益处的，不仅可以锻炼逻辑思维能力，还可以通过分析思考，练习举反例，熟悉反证明，培养深入探究问题的意识与习惯. 真可谓一举多得！

# 第 12 讲 梯形的判定与中位线定理

一个四边形中，如果有一组对边平行，那么这个四边形叫作（广义）梯形. 显然，广义梯形包含平行四边形.

一个四边形中，如果一组对边平行，另一组对边不平行，那么这个四边形叫作（狭义）梯形. 显然，狭义梯形不包含平行四边形.

**梯形中位线定理**　梯形两腰中点的连线（中位线）平行于底边且等于两底和的一半.

我们也可以证明如下定理：

**定理**　梯形两对角线中点的连线平行于底边且等于两底差（大底−小底）的一半.

有关梯形的问题，常通过引高线、平移腰或对角线等方法，将梯形的问题转化为三角形的问题. 这是解决梯形问题常用的添设辅助线的方法.

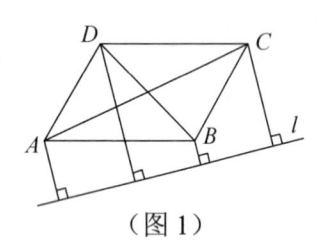

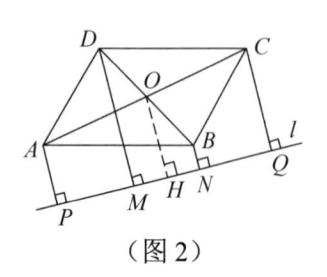

**例1**　如图 1 所示，$l$ 是平行四边形 $ABCD$ 外的一条直线. 求证：$A$，$C$ 两点到 $l$ 的距离之和等于 $B$，$D$ 两点到 $l$ 的距离之和.

（图1）

**解**：如图 2 所示，设平行四边形 $ABCD$ 的对角线 $AC$，$BD$ 相交于点 $O$. 则 $O$ 既是 $BD$ 中点，也是 $AC$ 中点.

记 $AP \perp l$ 于点 $P$，$CQ \perp l$ 于点 $Q$，$BN \perp l$ 于点 $N$，$DM \perp l$ 于点 $M$，过点 $O$ 作 $OH \perp l$ 于点 $H$. 则 $OH$ 既是梯形 $APQC$ 的中位线，也是梯形 $DMNB$ 的中位线.

由梯形中位线定理得 $AP + CQ = 2OH = DM + BN$.

（图2）

**例 2** 如图 3 所示，已知梯形 $ABCD$ 中，过腰 $AD$ 的中点 $M$ 引直线 $l // AB$. 求证：$l$ 必过腰 $BC$ 的中点 $N$.

**证明**：连接腰 $AD$ 的中点 $M$ 与腰 $BC$ 的中点 $N$. 则 $MN$ 为梯形 $ABCD$ 的中位线. 由梯形中位线定理可知 $MN//AB$，即 $MN$ 为过 $M$ 点与 $AB$ 平行的直线. 但已知直线 $l$ 也是过 $M$ 点与 $AB$ 平行的直线，由平行公理得，$l$ 与 $MN$ 重合. 即 $l$ 必过腰 $BC$ 的中点 $N$.

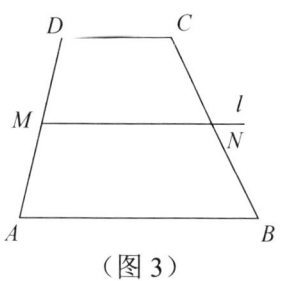

（图 3）

例 2 的结论可表述为：过梯形一腰的中点且平行于底的直线必过另一腰的中点. 该结论可作定理使用. 其进一步的变形如图 4 所示：$B$ 是线段 $AC$ 的中点，过 $A$，$B$，$C$ 分别作直线 $l_1 // l_2 // l_3$，任一直线分别交 $l_1$，$l_2$，$l_3$ 于点 $P$，$M$，$N$，则 $PM = MN$. 这个结论在证题中也非常有用.

**例 3** 如果连接凸四边形一组对边中点的线段等于另外两边之和的一半，则这个四边形是梯形.

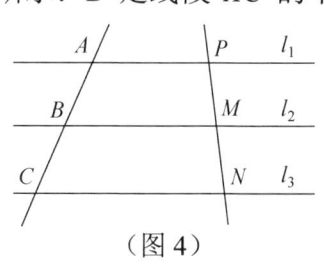

（图 4）

如图 5 所示，已知凸四边形 $ABCD$ 中，腰 $AD$ 的中点为 $M$，腰 $BC$ 的中点为 $N$. 且 $MN = \frac{1}{2}(AB+CD)$. 求证：凸四边形 $ABCD$ 是（广义）梯形.

**证明**：连接 $DN$ 延长到点 $E$，使得 $DN = NE$. 连接 $AE$，得 $\triangle ADE$.

同时，$MN$ 是 $\triangle ADE$ 的中位线，$MN = \frac{AE}{2}$.

连接 $BE$. 因为 $\angle DNC = \angle BNE$，$DN = NE$，$CN = NB$. 所以 $\triangle NBE \cong \triangle NCD$（边角边）.

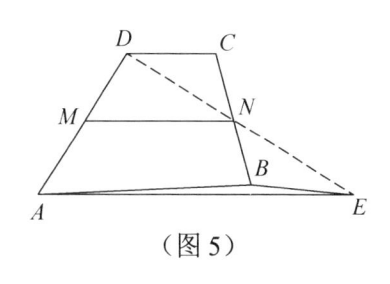

（图 5）

所以 $BE = CD$. 因此 $MN = \frac{1}{2}(AB+CD) = \frac{1}{2}(AB+BE)$.

与 $MN = \frac{AE}{2}$ 比较可得，$AE = AB + BE$. 该结果有且仅有 $B$ 点在直线 $AE$ 上才有可能. 此时，$\angle DCB = \angle EBC$，因此 $BE//CD$，也就是 $AE//CD$. 所以凸四边形 $ABCD$ 是（广义）梯形.

**例 4** 凸四边形 $ABCD$ 的对角线 $AC$，$BD$ 垂直相交. 如果 $AC^2 + BD^2 = (AD+BC)^2$，求证：四边形 $ABCD$ 是梯形.

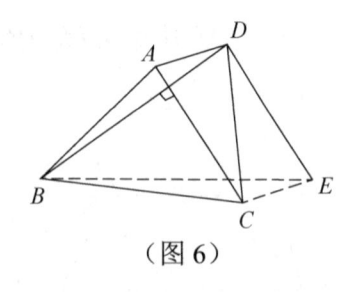

**证明：** 如图 6 所示，过 $D$ 作 $AC$ 的平行线与过 $C$ 所作的 $AD$ 的平行线相交于点 $E$. 连接 $BE$, $CE$.

易知四边形 $ADEC$ 是平行四边形，则 $CE = AD$, $DE = AC$.

因为 $AC \perp BD$，所以 $DE \perp BD$.

在直角三角形 $BDE$ 中，根据勾股定理，有 $DE^2 + BD^2 = BE^2$，即 $AC^2 + BD^2 = BE^2$.

但已知 $AC^2 + BD^2 = (AD + BC)^2$，比较得 $BE^2 = (AD + BC)^2$，所以 $BE = AD + BC$，即 $BE = CE + BC$，因此 $C$ 点在 $BE$ 上. 所以 $AD // BC$. 所以四边形 $ABCD$ 是梯形.

**例 5** 用长为 1, 4, 4, 5 的线段为边作一个梯形. 试确定其中面积最小的梯形的两条对角线长度之和是多少.

**解：** 我们以梯形底边长为依据分类讨论，上、下底边从逻辑组合来看有 (4, 4), (1, 5), (1, 4), (4, 5) 这 4 种可能.

① 若上、下底边为 (4, 4)，两腰为 (1, 5) 则四边形为平行四边形，另两边长显然应该相等，不可能为 1 与 5. 所以上、下底边为 (4, 4)，两腰为 (1, 5) 的梯形不存在.

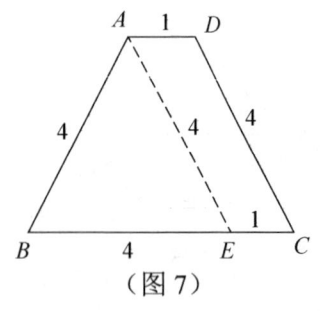

② 若上、下底边为 (1, 5)，两腰为 (4, 4)，如图 7 所示，则 $AD = 1$, $BC = 5$, $AB = CD = 4$, $AD // BC$. 过 $A$ 作 $AE // DC$ 交 $BC$ 于点 $E$，则 $AE = 4$, $BE = 4$. 此时，$\triangle ABE$ 为边长为 4 的等边三角形，且 $\triangle ABE$ 可以作出. 进而以边长为 4 的等边三角形为基础三角形可以完成梯形 $ABCD$，使得 $BC = 5$, $AD = 1$, $DC = BA = 4$.

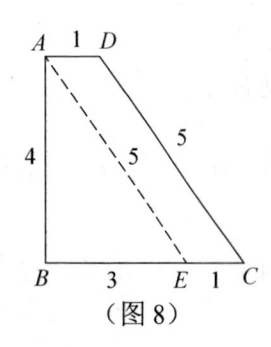

③ 若上、下底边为 (1, 4)，则两腰为 (4, 5)，如图 8 所示. 设梯形 $ABCD$ 符合要求，即 $AD // BC$, $AD = 1$, $BC = 4$, $AB = 4$, $DC = 5$. 过 $A$ 作 $AE // DC$ 交 $BC$ 于点 $E$，则四边形 $AECD$ 为平行四边形. 所以 $AE = DC = 5$, $EC = AD = 1$, $BE = BC - EC = 4 - 1 = 3$, $AB = 4$.

此时，△ABE 的三边长分别为 3，4，5，且△ABE 可以作出．进而以边长为 3，4，5 的直角三角形为基础三角形可以完成梯形 ABCD，使得 AD//BC，AD=1，BC=4，AB=4，CD = 5．

④ 若上、下底边为（4，5），则两腰分别为（1，4），依然按上述方法，假设梯形已经作出，过 A 作 AE//DC 交 BC 于点 E，可知△ABE 的三边 AB = 1，AE = 4，BE = 1．而 4>1+1，即 AB>AB+BE，与三角形不等式矛盾！所以上、下底边为（4，5），两腰为（1，4）的梯形是不存在的．

综上所述可知，用 1，4，4，5 为边长构造梯形，只有②、③所示的两种可能．

对②的情形，易计算梯形的面积为 $6\sqrt{3}$．对③的情形，易计算梯形的面积为 10．

由于 $6\sqrt{3} > 10$，所以面积较小的梯形是上、下底边长为 1，4，两腰长分别为 4，5 的直角梯形．

利用勾股定理计算易得：它的一条对角线长为 $4\sqrt{2}$，另一条对角线长为 $\sqrt{1^2+4^2} = \sqrt{17}$．所以这个梯形的两条对角线长度之和为 $4\sqrt{2} + \sqrt{17}$．

**例 6** 如图 9 所示，△ABC 中，M 为 BC 的中点，O 为 AM 的中点．过 A，B，C 分别向过点 O 的直线 l 引垂线，垂足依次为 D，E，F．求证：$AD = \frac{1}{2}(BE+CF)$．

**分析**：要证 $AD = \frac{1}{2}(BE+CF)$．注意到四边形 BEFC 是个梯形，M 为腰 BC 的中点．过 M 作直线平行于 CF，交 EF 于点 N，则 $MN = \frac{1}{2}(BE+CF)$．只需证 AD = MN 即可．

**证明**：易知四边形 BEFC 是梯形，M 为腰 BC 的中点．取 EF 中点 N，则 MN 是梯形 BEFC 的中位线，如图 10 所示，所以 MN//CF，MN⊥l，并且 $MN = \frac{1}{2}(BE+CF)$．

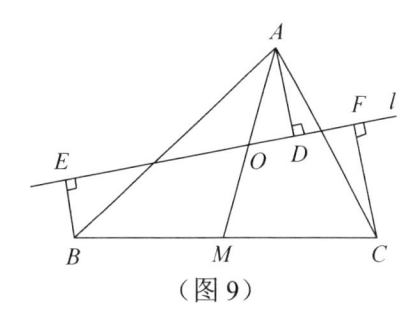

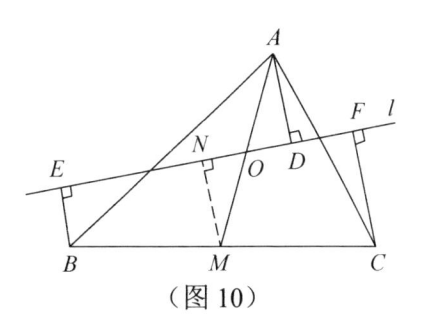

在 Rt△ADO 与 Rt△MNO 中，因为 ∠AOD = ∠MON，AO = OM，所以 Rt△ADO ≅ Rt△MNO，因此 $AD = MN = \frac{1}{2}(BE+CF)$.

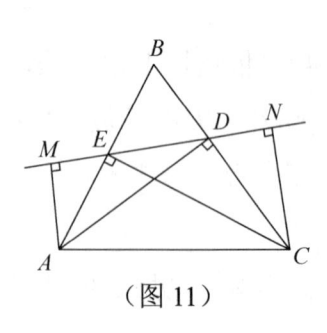

**例 7** 如图 11 所示，在锐角△ABC 中引高线 AD 和 CE. 点 M 和 N 分别是由点 A 和 C 向直线 DE 所引垂线的垂足. 证明：ME=DN.

**证明**：如图 12 所示，取 AC 中点 O，连接 OD，OE.

易知，$OD = \frac{1}{2}BC = OE$，过 O 作 OK⊥DE 于点 K，则 KE=KD.

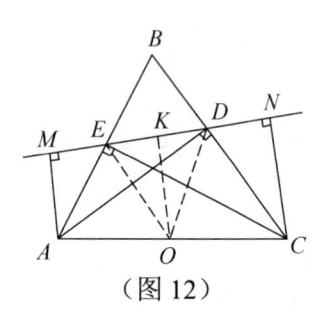

因为 OK//AM//CN，所以 OK 是梯形 CAMN 的中位线. 因此 MK=NK.

又 KE=KD，故 ME=DN.

**例 8** 已知四边形 ABCD 中，AD//BC. AC⊥BD 于点 O. 求证：$AB+CD \geqslant BC+AD$.

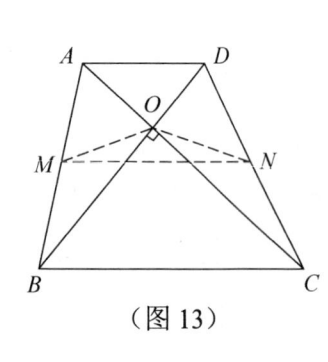

**证明**：如图 13 所示，AD//BC，AC⊥BD 于点 O. 取 AB 中点为 M，CD 中点为点 N. 则 $MN = \frac{1}{2}(BC+AD)$，又易知 $OM = \frac{1}{2}AB$，$ON = \frac{1}{2}CD$，所以 $OM + ON = \frac{1}{2}(AB+CD)$. 因为 $OM+ON \geqslant MN$，所以 $\frac{1}{2}(AB+CD) = OM + ON \geqslant MN = \frac{1}{2}(BC+AD)$.

即 $AB+CD \geqslant BC+AD$.

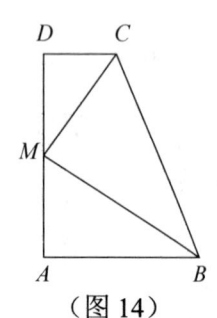

**例 9** 如图 14 所示，梯形 ABCD 中，AB//CD. M 为 AD 上一点. 若 AB+CD=BC，且 CM 平分∠DCB. 求证：BM⊥MC.

**证明**：如图 15 所示，延长 BA 到点 E，使 AE = CD，连接 EC，则△BEC 为等腰三角形，且 BC = BE.

从而 $\angle E = \angle BCE$. 又 $AB // CD$, 所以 $\angle E = \angle ECD$, $CE$ 是 $\angle DCB$ 的平分线. 已知 $CM$ 平分 $\angle DCB$, 所以 $EC$ 与 $MC$ 在同一直线上.

在 $\triangle MAE$ 与 $\triangle MDC$ 中, 因为 $DC=AE$, $\angle EMA = \angle CMD$, $\angle E = \angle MCD$, 所以 $\triangle MAE \cong \triangle MDC$, 从而 $M$ 是 $CE$ 的中点. 所以 $BM \perp MC$.

**例 10** 如图 16 所示, 在凸五边形 $ABCDE$ 中, 已知 $AE // DC$, $M$ 是 $AB$ 的中点, $N$ 是 $DE$ 的中点. 求证: $MN < \dfrac{1}{2}(BC+CD+EA)$.

**证明**: 如图 17 所示, 过 $B$ 作 $CD$ 的平行线, 与过 $D$ 所作的 $CB$ 的平行线交于点 $F$. 连接 $EF$, 取 $EF$ 的中点 $P$, 连接 $MP$, $NP$.

易知 $BF=CD$, $DF=CB$. $MP$ 是梯形 $ABFE$ 的中位线, $PN$ 是 $\triangle DEF$ 的中位线, 所以 $MP = \dfrac{1}{2}(AE+BF) = \dfrac{1}{2}(AE+CD)$, $PN = \dfrac{1}{2}FD = \dfrac{1}{2}BC$.

在 $\triangle PMN$ 中, 因为 $MN < MP + PN$ （想想为什么不能取等号？）, 所以 $MN < \dfrac{1}{2}(BC+CD+EA)$.

**例 11** 四边形 $ABCD$ 中, $AD // BC$, $M$ 为 $\angle BAD$ 和 $\angle ABC$ 的平分线的交点, $N$ 为 $\angle BCD$ 和 $\angle ADC$ 的平分线的交点, 如图 18 所示. 求证: $MN = \dfrac{1}{2}(AB - BC + CD - DA)$.

**解**: 如图 19 所示, 设 $AB$ 的中点为 $E$, $CD$ 的中点为 $F$, 易知 $\angle AMB$, $\angle CND$ 都是直角, $E$, $N$, $M$, $F$ 四点必共线（想想理由！）.

因为 $EM + NF = \dfrac{1}{2}(AB + CD)$, 而 $EF =$

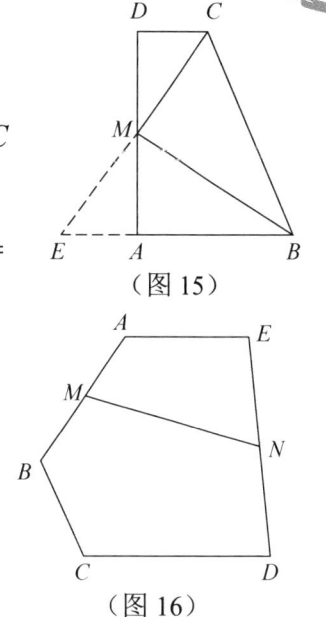

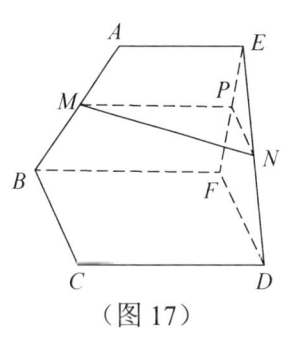

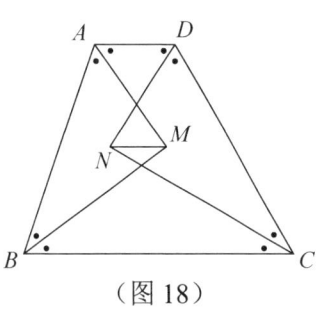

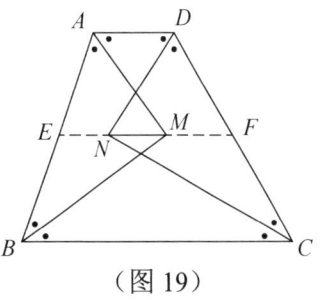

$\frac{1}{2}(AD+BC)$，所以 $MN = EM + NF - EF = \frac{1}{2}(AB+CD) - \frac{1}{2}(BC+AD) = \frac{1}{2}(AB-BC+CD-DA)$.

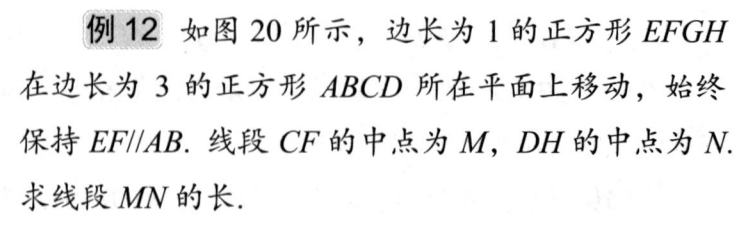

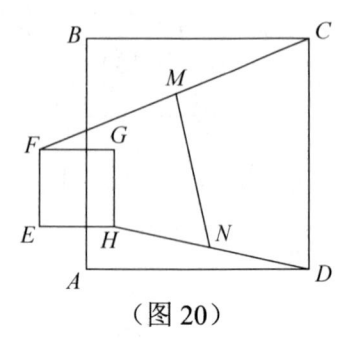

**例 12** 如图 20 所示，边长为 1 的正方形 EFGH 在边长为 3 的正方形 ABCD 所在平面上移动，始终保持 EF//AB. 线段 CF 的中点为 M，DH 的中点为 N. 求线段 MN 的长.

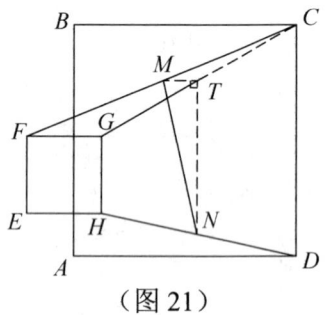

**解**：如图 21 所示，连接 CG，取 CG 的中点 T，连接 MT，TN. 因为 M 是 CF 的中点，所以 MT 是 △GCF 的中位线，所以 MT//FG，且 $MT = \frac{FG}{2} = \frac{1}{2}$.

同理可知 NT//GH，且 $NT = \frac{GH+CD}{2} = \frac{1+3}{2} = 2$.

又 $\angle MTN = \angle FGH = 90°$，在 Rt△MTN 中应用勾股定理，得 $MN^2 = MT^2 + NT^2 = 2^2 + \left(\frac{1}{2}\right)^2 = \frac{17}{4}$. 因此 $MN = \frac{\sqrt{17}}{2}$.

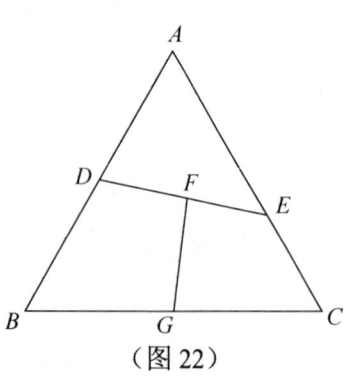

**例 13** 如图 22 所示，正三角形 ABC 中，D，E 分别是 AB，AC 上的点，F，G 分别是 DE，BC 的中点. 已知 BD = 8 厘米，CE = 6 厘米，求 FG 的长.

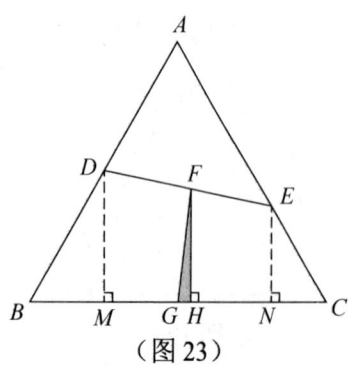

**解**：如图 23 所示，作 DM⊥BC 于点 M，作 EN⊥BC 于点 N，作 FH⊥BC 于点 H.

在 Rt△BMD 和 Rt△CNE 中，应用勾股定理，得 BM = 4，$DM = 4\sqrt{3}$；CN = 3，$EN = 3\sqrt{3}$.

因为 FH 为梯形 DMNE 的中位线，所以 $FH = \frac{1}{2}(4\sqrt{3} + 3\sqrt{3}) = \frac{7\sqrt{3}}{2}$.

由于 $GB=GC$，所以 $GH=\frac{1}{2}(BH-CH)=\frac{1}{2}$.

在直角三角形 $FHG$ 中，由勾股定理得 $FG^2=GH^2+FH^2=\left(\frac{1}{2}\right)^2+\left(\frac{7\sqrt{3}}{2}\right)^2=\frac{1+147}{4}=\frac{148}{4}=37$. 所以 $FG=\sqrt{37}$.

**例 14** 如图 24 所示，在六边形 $ABCDEF$ 中，$AB/\!/DE$，$BC/\!/EF$，$CD/\!/FA$，$AB+DE=BC+EF$，$A_1D_1=B_1E_1$，其中，$A_1$，$B_1$，$D_1$，$E_1$ 分别是 $AB$，$BC$，$DE$，$EF$ 的中点. 求证：$\angle CDE=\angle AFE$.

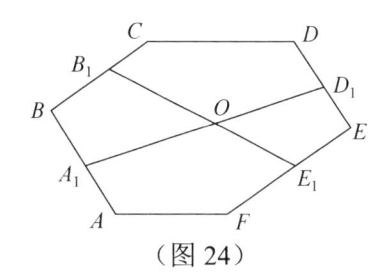

**证明**：如图 25 所示，作 $\square ABPF$，连接 $DP$，取 $PD$ 的中点 $M$，则四边形 $BCDP$ 是梯形. 连接 $B_1M$，$E_1M$，由梯形中位线定理，知 $B_1M/\!/CD/\!/BP/\!/AF$，$ME_1/\!/DE/\!/FP/\!/AB$，且
$$B_1M=\frac{BP+CD}{2}=\frac{AF+CD}{2}, \quad E_1M=\frac{PF+DE}{2}=\frac{AB+DE}{2}.$$

同理，作 $\square BCDO$，连接 $OF$，取 $FO$ 的中点 $N$，连接 $A_1N$，$D_1N$，则由梯形中位线定理可知 $A_1N/\!/AF/\!/BO/\!/CD$，$ND_1/\!/EF/\!/OD/\!/BC$，且
$$A_1N=\frac{AF+BO}{2}=\frac{AF+CD}{2}, \quad D_1N=\frac{EF+OD}{2}=\frac{EF+BC}{2}=\frac{AB+DE}{2}.$$

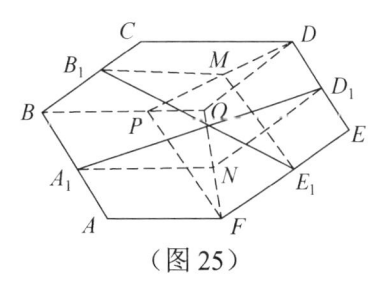

在 $\triangle B_1ME_1$ 与 $\triangle A_1ND_1$ 中，$B_1M=A_1N$，$E_1M=D_1N$，又因为 $A_1D_1=B_1E_1$，所以 $\triangle B_1ME_1\cong\triangle A_1ND_1$（SSS）.

因此 $\angle B_1ME_1=\angle A_1ND_1$，所以 $\angle CDE=\angle AFE$.

**例 15** 荒岛寻宝问题. 在一本叫作《从一到无穷大》的书中有这样一个问题：从前，有个富于冒险精神的年轻人，在他曾祖父的遗物中发现了一张羊皮纸，上面记录了一段荒岛寻宝的指示. 书中是这样写的：

"乘船至北纬××，西经××，即可找到一座荒岛. 岛的北岸有一大片草地，草地上有一颗橡树和一棵松树，还有一座绞架. 从绞架走到橡树处，并记住所走的步数；到了橡树处向右拐个直角再走这么多步，在这里打个桩. 然后回到绞架那里，再朝松树处走去，同时记住所走的步数；到了松树处向左拐个直角再走这么多步,在这里也打个桩. 在两个桩的正中间挖掘,就可以找到宝藏."

根据这段指示,这位年轻人租了一条船开往目的地. 他找到了这座岛,也找到了橡树和松树,但使他大失所望的是,绞架不见了. 经过长时间的风吹日晒雨淋,绞架已糟烂得一点痕迹也没有了. 这位富于冒险精神的年轻人只能乱挖起来. 但是,地方太大了,一切只是白费力气. 最后只好两手空空,启帆返程……

亲爱的同学们:能用你的智慧找到宝藏的位置吗?

其实,只要运用三角形全等、梯形中位线定理等基本知识,略加思考,就可以找到宝藏的埋藏位置.

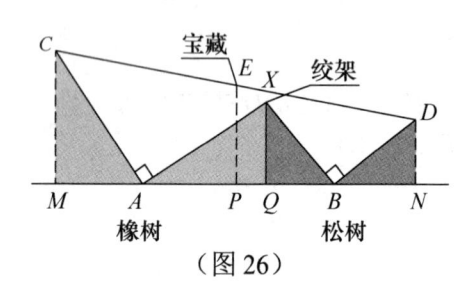

**解**:从图 26 可知,$\triangle AMC \cong \triangle XQA$,$\triangle BND \cong \triangle BQX$.

所以 $MA=XQ=NB$. 又 $CM//DN//EP$,$CE=DE$,则有 $MP=NP$,但是 $MA=XQ=NB$,所以 $AP=BP$,即 $P$ 是 $AB$ 的中点. 由梯形中位线定理得 $EP=\dfrac{CM+DN}{2}=\dfrac{AQ+BQ}{2}=\dfrac{AB}{2}$,所以点 $E$ 可以如此确定:取橡树和松树之间的线段 $AB$ 的中点 $P$,过 $P$ 作 $AB$ 的垂线,在垂线上取点 $E$,使得 $EP=\dfrac{AB}{2}$,则点 $E$ 就是宝藏的位置.

细心的同学应当想到,无论绞架在哪个位置,只要橡树和松树存在,宝藏的位置点 $E$ 就是一个不动点.

很遗憾,这个富于冒险精神的年轻人不会用数学方法思考问题. 年轻人富于冒险精神是好事,但还要有科学的、理性思维的头脑. 不然的话,那就只会是"玩命"蛮干.

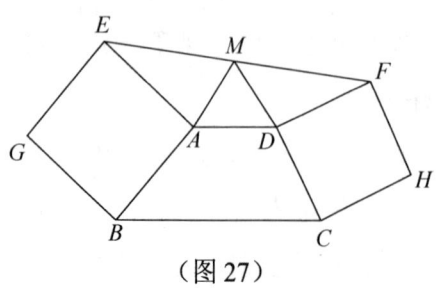

全面的几何学习对培养科学的理性思维有着不可替代的作用!

**例 16** 已知,如图 27 所示,梯形 $ABCD$ 中,$AD//BC$,以两腰 $AB$,$CD$ 为一边分别向两侧作正方形 $ABGE$ 和 $DCHF$,连接 $EF$,设

线段 $EF$ 的中点为 $M$. 求证：$MA = MD$.

**分析**：本题是例 15 的变形推广，证明方法较多，我们只给出其中一种.

**证明**：如图 28 所示，自点 $B$，$C$，$E$，$F$ 分别作直线 $AD$ 的垂线，其垂足依次记为 $B_0$，$C_0$，$E_0$，$F_0$，另取线段 $AD$ 的中点 $N$，连接 $MN$. 易知 Rt$\triangle ABB_0 \cong$ Rt$\triangle EAE_0$，所以 $BB_0 = AE_0$.

同理可知，Rt$\triangle DCC_0 \cong$ Rt$\triangle FDF_0$，所以 $CC_0 = DF_0$.

在梯形 $ABCD$ 中，$AD // BC$，又 $BB_0 \perp AD$，$CC_0 \perp AD$，所以四边形 $BB_0C_0C$ 是矩形. 所以 $BB_0 = CC_0$. 可知 $AE_0 = DF_0$.

又因为 $N$ 是线段 $AD$ 的中点，于是 $E_0A + AN = DF_0 + ND$，即 $E_0N = NF_0$.

由此可知，$MN$ 是梯形 $EE_0F_0F$ 的中位线. 所以 $MN \perp E_0F_0$，即 $MN \perp AD$，故点 $M$ 在线段 $AD$ 的垂直平分线上，因此 $MA = MD$.

# 第13讲 正方形问题

在直线形中，正方形是一种性质极为丰富的图形，它是轴对称图形，又是中心对称图形. 因此很多有趣的竞赛题都以正方形为载体. 我们仅选析一些与三角形全等、勾股定理相关的题目，以达到综合运用的效果.

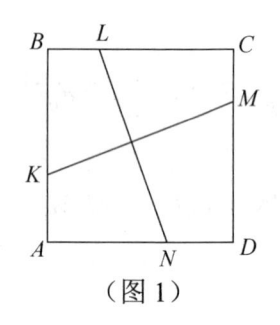

**例1** 如图1所示，在边长为1的正方形 $ABCD$ 的边 $AB$，$BC$，$CD$，$DA$ 上分别取点 $K$，$L$，$M$，$N$，使得 $AK+LC+CM+NA=2$. 证明：$KM \perp LN$.

**证明：** 过 $C$ 作 $CP // MK$，交 $AB$ 于点 $P$，过 $D$ 作 $DQ // NL$，交 $BC$ 于点 $Q$，则四边形 $CMKP$ 和四边形 $DQLN$ 都是平行四边形. 则 $KP=CM$ 和 $LQ=DN$（如图2所示）. 则

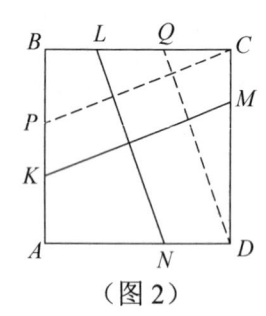

$$2 = AK+LC+CM+NA = AK+LQ+CQ+CM+NA$$
$$= AK+KP+DN+NA+CQ$$
$$= AP+AD+CQ = 2-BP+CQ.$$

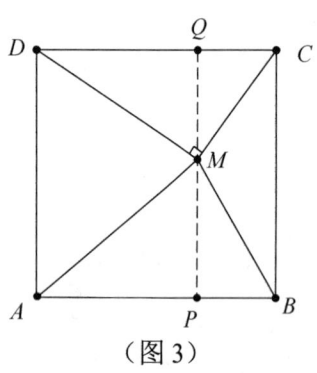

于是 $CQ=BP$. 则 $\mathrm{Rt}\triangle DQC \cong \mathrm{Rt}\triangle CPB$. 即 $DQ \perp CP$，所以 $LN \perp KM$.

**例2** $M$ 是边长为1的正方形 $ABCD$ 内一点，若 $MA^2 - MB^2 = \dfrac{1}{2}$，$\angle CMD = 90°$. 求 $\angle MCD$ 的度数.

**解：** 如图3所示，过点 $M$ 作 $AD$ 的平行线交 $CD$ 于点 $Q$，交 $AB$ 于点 $P$，$AP=DQ$，$BP=CQ$. 由勾股定理可得 $MA^2 - AP^2 = MB^2 - BP^2$，即 $MA^2 - MB^2 = AP^2 - BP^2$.

## 第13讲 正方形问题

同理可得 $MD^2 - MC^2 = DQ^2 - CQ^2 = AP^2 - BP^2$，所以 $MD^2 - MC^2 = MA^2 - MB^2 = \dfrac{1}{2}$. ……①

由 $\angle CMD = 90°$，由勾股定理得

$MD^2 + MC^2 = CD^2 = 1$. ……②

②-①可得 $2MC^2 = \dfrac{1}{2}$，即 $MC^2 = \dfrac{1}{4}$，即 $MC = \dfrac{1}{2}$.

在直角三角形 $DMC$ 中，由 $CM = \dfrac{1}{2}CD$，可得 $\angle MCD = 60°$.

**例3** 在单位正方形 $ABCD$ 中，分别以 $A$，$B$，$C$，$D$ 四点为圆心，1 为半径画弧，如图 4 所示，交点分别为 $M$，$N$，$L$，$K$. 求阴影部分的面积.

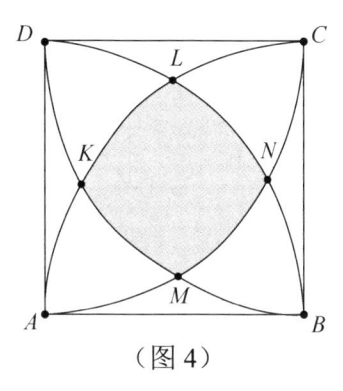

（图4）

（2012年北京市高一年级初赛试题）

**解**：根据对称性，如图 5 所示，设阴影部分的面积为 $u$，其余部分的面积分别是 4 个 $x$ 和 4 个 $y$. 则：等腰曲边形 $ABL$ 的面积 $= u + 2y + x = 2 \times \dfrac{\pi}{6} \times 1^2 - \dfrac{\sqrt{3}}{4} = \dfrac{\pi}{3} - \dfrac{\sqrt{3}}{4}$.

同理可得等腰曲边形 $ADN$ 的面积 $= \dfrac{\pi}{3} - \dfrac{\sqrt{3}}{4}$.

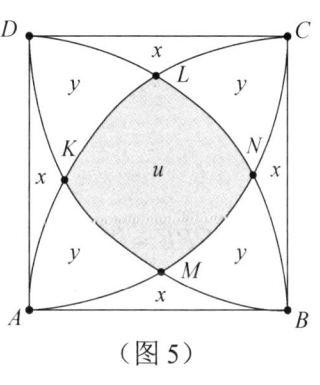

（图5）

因此曲边形 $ANL$ 的面积 $= u + y = 2 \times \left(\dfrac{\pi}{3} - \dfrac{\sqrt{3}}{4}\right) - \dfrac{\pi}{4} \times 1^2 = \dfrac{2\pi}{3} - \dfrac{\sqrt{3}}{2} - \dfrac{\pi}{4} = \dfrac{5\pi}{12} - \dfrac{\sqrt{3}}{2}$.

而枣核形 $AC$ 的面积 $= 2y + u = 2 \times \dfrac{\pi \times 1^2}{4} - 1^2 = \dfrac{\pi}{2} - 1$.

所以阴影部分 $MNLK$ 的面积 $= 2 \times \left(\dfrac{5\pi}{12} - \dfrac{\sqrt{3}}{2}\right) - \left(\dfrac{\pi}{2} - 1\right) = \dfrac{5\pi}{6} - \sqrt{3} - \dfrac{\pi}{2} + 1 = \dfrac{\pi}{3} + 1 - \sqrt{3}$.

**例4** 已知正方形 $ABCD$ 中，$E$，$F$ 分别是 $CD$，$DA$ 的中点. 连接 $BE$、$CF$ 相交于点 $P$. 求证：$AP = AB$.

**证明 1**：如图 6 所示，延长 CF 交 BA 的延长线于点 G. 容易证明，△CDF≌△BCE. 所以∠1=∠2. 但∠2+∠3=90°，因此∠1+∠3=90°.

在△CPE 中，应有∠CPE=90°. 即∠FPB=90°.

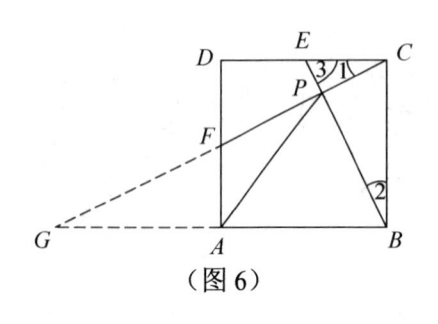

另外，由直角边与锐角的条件，容易证明 Rt△AGF≌Rt△DCF.

因此 GA=DC=AB.

即 A 为 GB 的中点. 又∠FPB=90°.

所以△GPB 为直角三角形. 因为 PA 为斜边 GB 上的中线，所以 PA 应等于 GB 的一半，也就是 AP=AB.

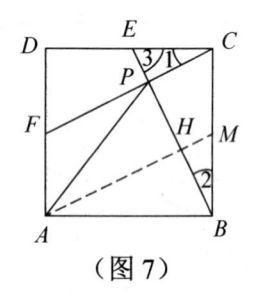

（图 6）

**证明 2**：由△CDF≌△BCE，利用∠1=∠2，推出∠CPE=90°.（见证明 1）

如图 7 所示，取 BC 中点 M，连接 AM 交 BP 于点 H. 因为 AF//CM，$AF = CM = \frac{1}{2}BC$，所以四边形 AMCF 是平行四边形. 因此 AM//CF.

（图 7）

由于∠CPE=90°，所以∠MHP=90°，即 AH⊥PB.

又因为 M 是 BC 的中点，AF//CM，所以 H 是 BP 的中点，因此 AH 是 BP 的垂直平分线，所以 AP=AB.

**例 5** 在正方形 ABCD 中，过 D 作直线 l 平行于 AC，以 C 为圆心，CA 为半径画弧，交 l 于点 E（如图 8 所示）. 连接 CE 交 AD 于点 F. 求证：AF=AE.

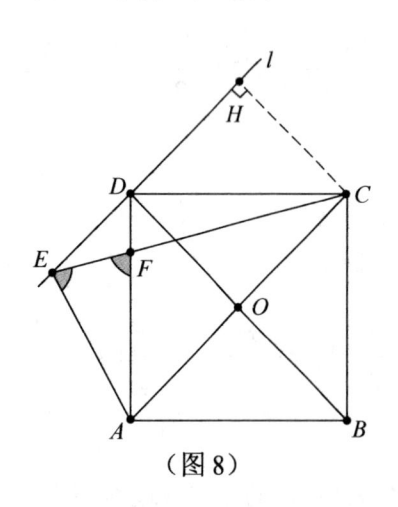

**分析**：要证 AF=AE，只需证∠AEF=∠AFE.

**证明**：过 C 作 CH⊥l 于点 H，连接 BD 交 AC 于点 O，则 $CH = CO = \frac{1}{2}BD = \frac{1}{2}AC$.

（图 8）

因为 CE=CA，所以 $CH = \frac{1}{2}CE$.

在 Rt△CHE 中，因为 $CH = \frac{1}{2}CE$（已证），所以∠HEC=30°. 因此

$\angle ACE = 30°$.

在 $\triangle CEA$ 中，因为 $AC=CE$，所以 $\angle AEC = \angle EAC = \dfrac{180°-30°}{2}=75°$.

但 $\angle AFE = \angle ACF + \angle CAF = 30°+45°=75°$.

所以 $\angle AEF = \angle AEC = \angle AFE$，于是得证 $AF=AE$.

**例6** 在正方形 $ABCD$ 中有一点 $P$，使得 $\angle PAD = \angle PDA = 15°$. 求证：$\triangle BPC$ 是正三角形.

**分析**：本题的直接证明主要是利用含15°角的三角形的性质以及对称性来设计辅助线. 下面提供两种证明方法.

**证明1**：如图9所示，作 $\triangle AOB \cong \triangle APD$，连接 $OP$.

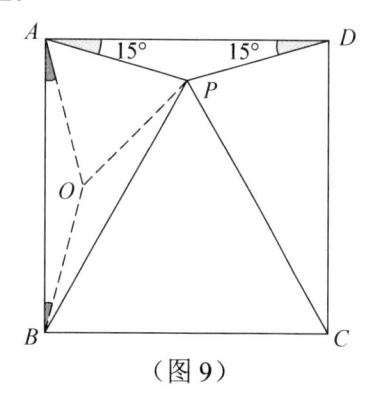

即 $\angle OAB = \angle OBA = 15°$，$OA = OB = PA = PD$，$\angle AOB = 150°$. 易知 $\angle PAO = 90°-15°-15°=60°$.

所以 $\triangle AOP$ 为正三角形. 即 $OA=OP$，且 $\angle AOP=60°$.

所以 $\angle POB = 360° - \angle AOB - \angle AOP = 360°-150°-60°=150°$.

在 $\triangle AOB$ 与 $\triangle POB$ 中，因为 $OA=OP$，$\angle AOB = \angle POB = 150°$，$OB=OB$，所以 $\triangle AOB \cong \triangle POB$（SAS）. 所以 $PB=AB=BC$，$\angle PBO = \angle ABO = 15°$.

又因为 $\angle ABP = \angle PBO + \angle ABO = 30°$，则 $\angle PBC = 60°$. 所以 $\triangle BPC$ 是正三角形.

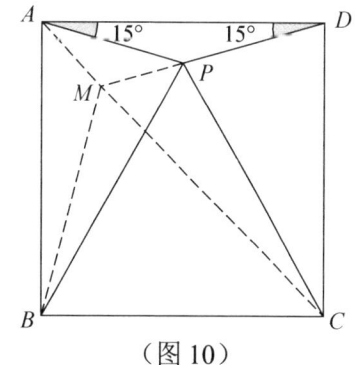

**证明2**：如图10所示，连接 $AC$，延长 $DP$ 交 $AC$ 于点 $M$. 连接 $BM$. 易知 $\angle APM = \angle PAD + \angle ADP = 15°+15°=30°$，$\angle PAM = \angle DAM - \angle DAP = 45°-15°=30°$，所以 $\angle APM = \angle PAM$，$MA=MP$.

易知 $\angle AMP = 120°$.

又 $\triangle AMD \cong \triangle AMB$（SAS），所以 $\angle AMB = \angle AMD = 120°$，$\angle ABM = \angle ADM = 15°$，$\angle PMB = 360°-120°-120°=120°$.

在 $\triangle PMB$ 与 $\triangle AMB$ 中，$PM=AM$（已证），$\angle PMB = \angle AMB = 120°$（已证），$MB=MB$，所以 $\triangle PMB \cong \triangle AMB$. 因此 $PB=AB=BC$，$\angle PBM = \angle ABM = 15°$.

(图 11)

(图 12)

(图 13)

(图 14)

于是 $\angle ABP = \angle ABM + \angle PBM = 30°$，$\angle PBC = 60°$. 即 $\triangle BPC$ 是正三角形.

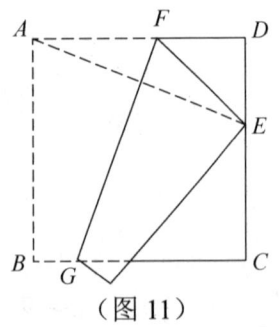

**例 7** 如图 11 所示，将边长为 12 厘米的正方形 $ABCD$ 折叠，使得 $A$ 点落在边 $CD$ 上的点 $E$. 然后压平得折痕 $FG$，若 $FG$ 的长为 13 厘米. 求线段 $CE$ 的长.

**解**：过 $F$ 作 $FH \perp BC$ 于点 $H$，即 $HF \perp AD$. 又 $FG \perp AE$，所以 $\angle GFH = \angle DAE$（如图 12 所示）.

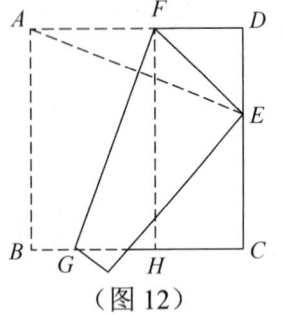

在 Rt$\triangle GHF$ 与 Rt$\triangle EDA$ 中，因为 $\angle GFH = \angle DAE$，$FH = AD$，所以 Rt$\triangle GHF \cong$ Rt$\triangle EDA$.

所以 $AE = FG = 13$ 厘米，又 $AD = 12$ 厘米，在 Rt$\triangle EDA$ 中，应用勾股定理，得

$$DE = \sqrt{AE^2 - AD^2} = \sqrt{13^2 - 12^2} = 5 \text{ 厘米}.$$

所以 $CE = CD - DE = 12 - 5 = 7$ 厘米.

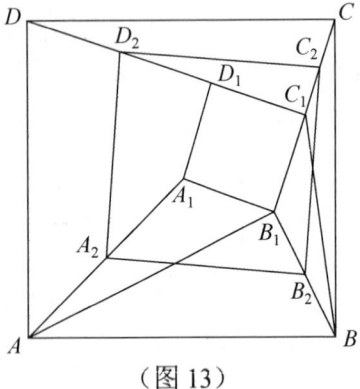

**例 8** 如图 13 所示，正方形 $A_1B_1C_1D_1$ 在正方形 $ABCD$ 的内部，$A_2, B_2, C_2, D_2$ 分别是 $AA_1, BB_1, CC_1, DD_1$ 的中点. 证明：四边形 $A_2B_2C_2D_2$ 是正方形.

(1980 年北京市高一竞赛试题二)

**分析**：要证四边形 $A_2B_2C_2D_2$ 是正方形，只需证 $A_2B_2 = B_2C_2 = C_2D_2 = D_2A_2$ 且该四边形任意一角为 90° 即可.

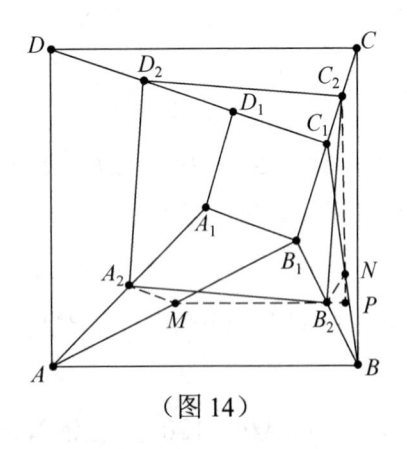

**证明**：连接 $AB_1$，取 $AB_1$ 的中点 $M$，连接 $BC_1$，取 $BC_1$ 的中点 $N$. 连接 $A_2M, B_2M, B_2N, C_2N$，如图 14 所示.

因为 $B_2M = C_2N = \frac{1}{2}AB$，$A_2M = B_2N = \frac{1}{2}A_1B_1$，又 $A_2M \parallel A_1B_1$，$B_2N \parallel B_1C_1$，$A_1B_1 \perp B_1C_1$，所以 $A_2M \perp B_2N$.

因为 $B_2M //AB$，$C_2N //BC$，$AB \perp BC$，所以 $B_2M \perp C_2N$.

于是 $\angle A_2MB_2 = \angle B_2NC_2$，所以 $\triangle A_2MB_2 \cong \triangle B_2NC_2$（SAS）.

因此 $A_2B_2=B_2C_2$，$\angle MB_2A_2 = \angle NC_2B_2$.

同理可证 $B_2C_2=C_2D_2$ 且 $C_2D_2=D_2A_2$.

所以 $A_2B_2=B_2C_2= C_2D_2=D_2A_2$. 即四边形 $A_2B_2C_2D_2$ 是菱形.

延长 $MB_2$ 与 $C_2N$，相交于点 $P$，有 $\angle A_2B_2C_2 = \angle MB_2C_2 - \angle MB_2A_2$，

又 $\angle MB_2C_2 = \angle P + \angle NC_2B_2$，但 $\angle P = 90°$ 且 $\angle MB_2A_2 = \angle NC_2B_2$.

所以 $\angle A_2B_2C_2 = (\angle P + \angle NC_2B_2) - \angle MB_2A_2$
$= \angle P + \angle MB_2A_2 - \angle MB_2A_2 = \angle P = 90°$.

因此，四边形 $A_2B_2C_2D_2$ 是正方形.

**例9** 如图 15 所示，正方形 $ABCD$ 被两条与边平行的线段 $EF$，$GH$ 分割成 4 个小矩形，$P$ 是 $EF$ 与 $GH$ 的交点，若矩形 $PFCH$ 的面积恰是矩形 $AGPE$ 面积的 2 倍. 试确定 $\angle HAF$ 的大小并证明你的结论.

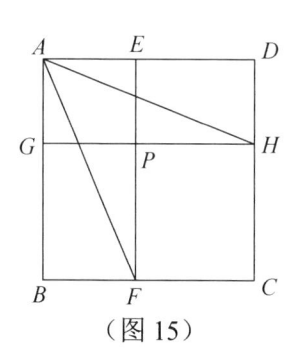

（图15）

（1998年北京市中学生数学竞赛初二复赛试题五）

**解**：通过分析易知 $\angle HAF = 45°$. 证明如下：

设 $AG = a$，$BG = b$，$AE = x$，$ED = y$.

则有 $\begin{cases} a + b = x + y. & \cdots\cdots ① \\ 2ax = by. & \cdots\cdots ② \end{cases}$

由① 得 $a - x = y - b$，平方得 $a^2 - 2ax + x^2 = y^2 - 2by + b^2$，将②代入得 $a^2 - 2ax + x^2 = y^2 - 4ax + b^2$，

所以 $(a+x)^2 = b^2 + y^2$，即 $a + x = \sqrt{b^2 + y^2}$.

因为 $b^2 + y^2 = CH^2 + CF^2 = FH^2$，所以 $a + x = FH$. 即 $DH + BF = FH$.

将 $Rt\triangle ADH$ 绕 $A$ 旋转 $90°$ 到 $Rt\triangle ABM$ 的位置，如图16所示.

易证 $\triangle AMF \cong \triangle AHF$，$\angle MAF = \angle HAF$.

而 $\angle MAH = \angle MAB + \angle BAH = \angle DAH + \angle BAH = \angle DAB = 90°$.

（图16）

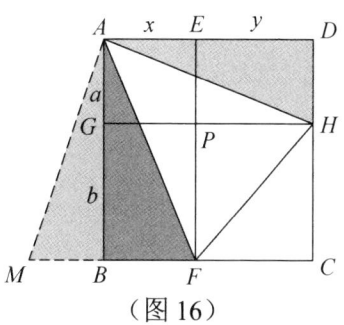

所以 $\angle HAF = \dfrac{1}{2}\angle MAH = 45°$.

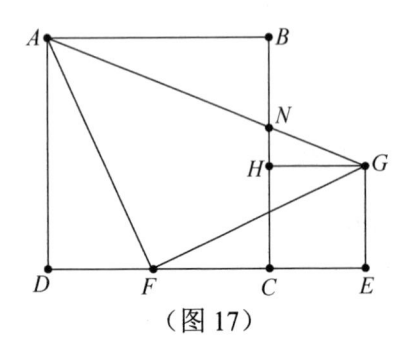

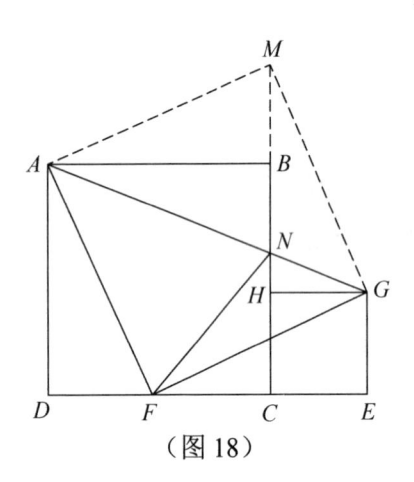

**例 10** 正方形 $ABCD$ 和 $CEGH$ 放置如图 17 所示（$D$，$C$，$E$ 共线）．连接 $AG$ 交 $BC$ 点 $N$，作 $\angle GAF = 45°$，$F$ 点在 $CD$ 上，连接 $FG$, $AF$. 求证：$\triangle AFG$ 是等腰直角三角形．

（图 17）

**证明**：如图 18 所示，将直角 $\triangle ADF$ 逆时针旋转 $90°$ 到直角 $\triangle ABM$ 的位置，连接 $MG$，则 $AF = AM$.

因为 $\angle FAN = \angle MAN = 45°$，$AG = AG$，所以 $\triangle AFG \cong \triangle AMG$（边角边）．

所以 $FG = MG$.

在直角 $\triangle FEG$ 与直角 $\triangle MHG$ 中，$FG = MG$（已证），又 $EG = HG$，所以直角 $\triangle FEG \cong$ 直角 $\triangle MHG$. 因此，$FE = MH$.

设大正方形 $ABCD$ 边长为 $a$，小正方形 $CEGH$ 边长为 $b$. 则 $EF = a + b - DF$，$MH = a - b + MB = a - b + DF$.

（图 18）

由 $FE = MH$，知 $a + b - DF = a - b + DF$，所以 $DF = b = CE$，$FE = DC = AD$.

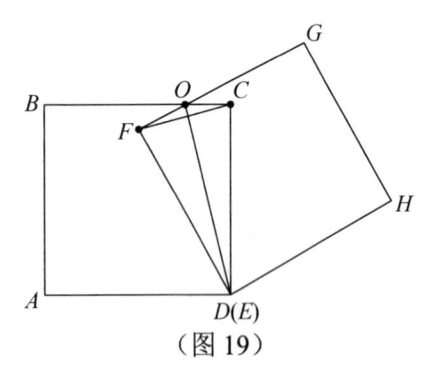

这样直角 $\triangle ADF \cong$ 直角 $\triangle FEG$，所以 $AF = FG$. 又因为 $\angle GAF = 45°$，所以 $\triangle AFG$ 是等腰直角三角形．

**例 11** 有两个边长相等的正方形 $ABCD$ 与 $EFGH$，点 $D$ 与 $E$ 重合，边 $BC$ 与 $FG$ 交于 $O$ 点. 如图 19 所示，已知 $\angle ADH = 150°$，$OD = 2$ 厘米，求 $CF$ 的长．

（图 19）

**解**：容易求得 $\angle CDF = 90° + 90° - 150° = 30°$.

由图形关于直线 $OD$ 的对称性知，$\triangle COD \cong \triangle FOD$，$\angle CDO = \angle FDO = 15°$.

如图 20 所示，将 $\triangle FOD$ 绕点 $D$ 顺时针旋转 $30°$ 到 $\triangle CPD$ 的位置．则

△OPD 的面积=四边形 OCDF 的面积，OD = PD = 2 厘米，∠ODP = 30°.

作 ON ⊥ PD 于点 N，则 ON = $\frac{1}{2}$OD = 1 厘米．

所以△OPD 的面积 = $\frac{1}{2} \times 2 \times 1 = 1$ 平方厘米．

即四边形 OCDF 的面积 = 1 平方厘米．

又四边形 OCDF 的面积 = $\frac{1}{2} \times OD \times CF$，即 $1 = \frac{1}{2} \times 2 \times CF$，所以 $CF = 1$ 厘米．

**例 12** 大正方形 ABCD 被分成了如图 21 所示的面积相等的 5 块．若 EN = 3.6，求大正方形 ABCD 的面积．

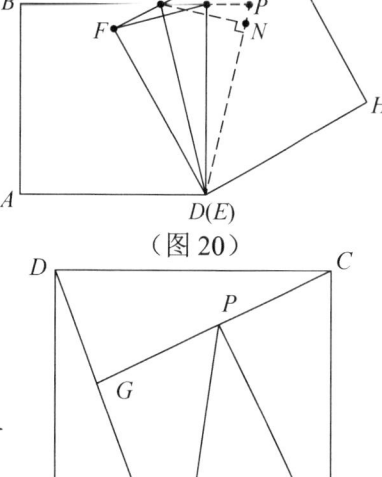

**解**：设正方形 ABCD 的边长为 $x$，如图 22 所示，作 GT ⊥ CD 于点 T，由 $S_{\triangle ADE} = S_{\triangle CDG} = \frac{1}{5}x^2$，得 $AE = GT = \frac{2}{5}x$．

① 连接 CE，则 $S_{\triangle CDE} = \frac{1}{2}x^2$，则 $\frac{DG}{DE} = \frac{S_{\triangle CDG}}{S_{\triangle CDE}} = \frac{\frac{1}{5}x^2}{\frac{1}{2}x^2} = \frac{2}{5}$，所以 $\frac{DG}{GE} = \frac{2}{3}$．

② 作 GK ⊥ AD 于点 K．连接 AG．

由 $S_{\triangle ADG} = \frac{2}{5}S_{\triangle ADE} = \frac{2}{5} \times \frac{1}{5}x^2 = \frac{2}{25}x^2$．则高线 $GK = \frac{4}{5}x$．连接 GB，则 $S_{\triangle CGB} = \frac{1}{2}x^2 - S_{\triangle ADG} = \frac{1}{2}x^2 - \frac{2}{25}x^2 = \frac{21}{50}x^2$．

因此 $\frac{CP}{CG} = \frac{S_{\triangle CBP}}{S_{\triangle CBG}} = \frac{\frac{1}{5}x^2}{\frac{21}{50}x^2} = \frac{10}{21}$．所以 $\frac{CP}{GP} = \frac{10}{11}$．

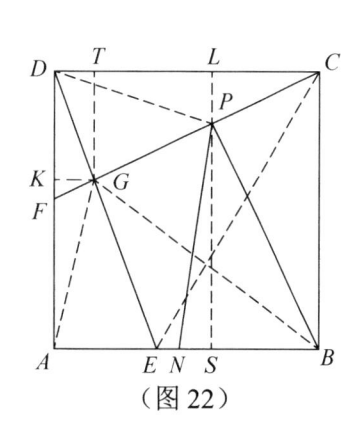

③ 连接 DP．过 P 作 BC 边的平行线，交 CD 于点 L，交 AB 于点 S．则

$\dfrac{PL}{GT} = \dfrac{S_{\triangle CDP}}{S_{\triangle CDG}} = \dfrac{10}{21}$. 所以 $PL = \dfrac{10}{21}GT = \dfrac{10}{21} \times \dfrac{2}{5}x = \dfrac{4}{21}x$, 所以 $PS = x - \dfrac{4}{21}x = \dfrac{17}{21}x$.

④ 由 $\triangle PNB$ 的面积得 $\dfrac{1}{5}x^2 = S_{\triangle PNB} = \dfrac{1}{2}\left(\dfrac{3}{5}x - 3.6\right) \times \dfrac{17}{21}x$, 即 $42x = (3x - 18) \times 17 = 51x - 18 \times 17$, 解得 $x = 34$.

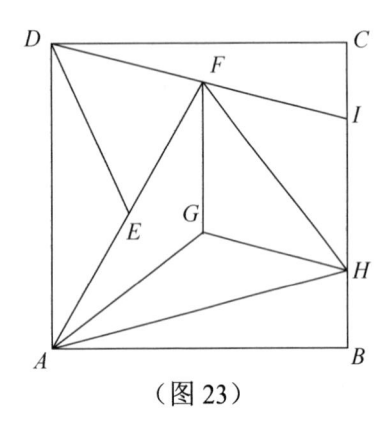

所以正方形 $ABCD$ 的面积是 $34^2 = 1156$.

**例 13** 如图 23 所示, 正方形 $ABCD$ 被分成了面积相等的 8 个三角形, 如果 $AG = \sqrt{50}$, 求正方形 $ABCD$ 面积的值.

**解**: 如图 24 所示, 过 $F$ 作 $KL // DC$, 交 $AD$ 于点 $K$, 交 $BC$ 于点 $L$. 取 $AB$ 的中点 $N$, 连接 $GN$ 交 $AH$ 于点 $P$.

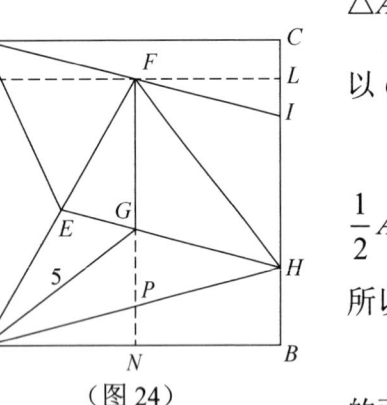

设正方形 $ABCD$ 的边长为 $a$, 由于 $\triangle DCI$、$\triangle ABH$ 的面积都是正方形 $ABCD$ 面积的 $\dfrac{1}{8}$, 所以 $CI = BH = \dfrac{1}{4}BC = \dfrac{a}{4}$.

由 $\triangle ADF$ 的面积 $= \triangle DCI$ 的面积的 2 倍得 $\dfrac{1}{2}AD \times KF = 2 \times \dfrac{1}{2}CD \times CI$, 所以 $KF = 2CI = \dfrac{1}{2}a$. 所以 $F$ 为 $DI$ 中点.

显然, $E$ 是 $AF$ 的中点, 由 $\triangle FAG$、$\triangle FHG$ 的面积相等可得 $AP = PH$, 即 $FP$ 为 $\triangle FAH$ 的一条中线, 因此 $F, P, N$ 三点共线.

同理可证, $HG$ 的延长线必过 $AE$ 的中点 $E$, 所以 $HE$ 为 $\triangle FAH$ 的另一条中线, 中线 $FP$ 与 $HE$ 的交点 $G$ 为 $\triangle FAH$ 的重心, 且 $GP = \dfrac{1}{2}FG$.

因为 $FP$ 为梯形 $AHID$ 的中位线, 且 $FP // BC$, 所以 $FP = \dfrac{HI + AD}{2} = \dfrac{\dfrac{1}{2}a + a}{2} = \dfrac{3a}{4}$, $GP = \dfrac{1}{3}FP = \dfrac{a}{4}$, $GN = GP + PN = \dfrac{a}{4} + \dfrac{a}{8} = \dfrac{3a}{8}$.

而 $AN=\dfrac{a}{2}$，根据勾股定理，有 $AG^2 = \left(\dfrac{a}{2}\right)^2 + \left(\dfrac{3a}{8}\right)^2 = \dfrac{25a^2}{64}$，即 $50 = \dfrac{25a^2}{64}$，所以 $a^2=128$，即正方形 $ABCD$ 的面积为 128.

**例 14** 将两张大小适当的正方形纸片如图 25 所示地重叠放置．重叠部分是一个凸八边形 $ABCDEFGH$．对角线 $AE$，$CG$ 分这个八边形为 4 个小的凸四边形．

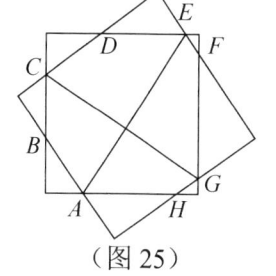

求证：$AE \perp CG$ 且 $AE = CG$.

（图 25）

（2000 年北京中学生初二年级攻擂赛试题三）

**证明**：如图 26 所示，延长 $CB$ 与 $GH$ 相交于点 $P$，延长 $CD$ 与 $GF$ 相交于点 $Q$，延长 $AB$ 与 $ED$ 相交于点 $M$，延长 $AH$ 与 $EF$ 相交于点 $N$．则四边形 $CPGQ$，$AMEN$ 都是平行四边形．

易知 $\angle M = \angle N = \angle Q = \angle P$．作 $AA_1 \perp ME$ 于点 $A_1$，作 $CC_1 \perp QG$ 于点 $C_1$．

在 $\mathrm{Rt}\triangle AA_1M$ 与 $\mathrm{Rt}\triangle CC_1Q$ 中，因为 $AA_1 = CC_1$，$\angle M = \angle Q$，所以 $\mathrm{Rt}\triangle AA_1M \cong \mathrm{Rt}\triangle CC_1Q$，因此，$AM = CQ = EN$．

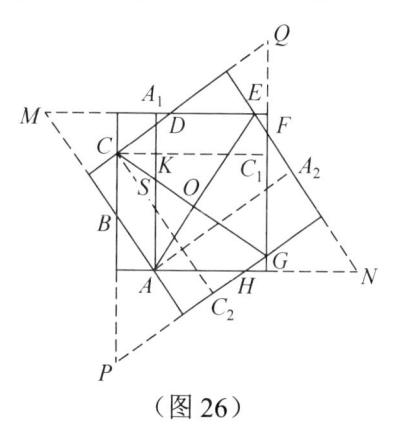

作 $AA_2 \perp EN$ 于点 $A_2$，作 $CC_2 \perp GH$ 于点 $C_2$．

同理可证 $\mathrm{Rt}\triangle AA_2N \cong \mathrm{Rt}\triangle CC_2P$，从而，$CP = AN = ME = GQ$．

易证 $\triangle QCG \cong \triangle NEA$(SAS)，所以 $EA = CG$．

再由 $\mathrm{Rt}\triangle AA_1E \cong \mathrm{Rt}\triangle CC_1G$，推得 $\angle C_1CG = \angle A_1AE$，又 $\angle CSK = \angle ASO$，所以 $\angle SOA = \angle CKS = 90°$，即 $AE \perp CG$.

（图 26）

## 第 14 讲 四边形中的趣味竞赛题

在平面上由首尾相连的 4 条线段组成的封闭图形，叫作四边形. 四边形分为凸四边形、凹四边形和交叉四边形.

四边形具有 4 个顶点和 4 条边. 我们一般研究凸四边形，也就是将每条边延长为直线后，其余各边都在各边所在直线的一侧. 四边形中没有公共顶点的两条边叫作对边；没有公共边的两个角叫作对角；对角顶点的连接线段叫作四边形的对角线. 没有特别声明，今后我们研究的四边形是指凸四边形.

只有一组对边平行，另一组对边不平行的四边形，叫作（狭义）梯形；

两组对边分别平行的四边形，叫作平行四边形；

有一个角是直角的平行四边形，叫作矩形（长方形）；

有一组邻边相等的平行四边形，叫作菱形；

有一组邻边相等的矩形（或有一个角为直角的菱形），叫作正方形.

我们利用欧拉-文氏图可以清楚地表示出以上各概念之间的关系. 如图 1 所示.

（图1）

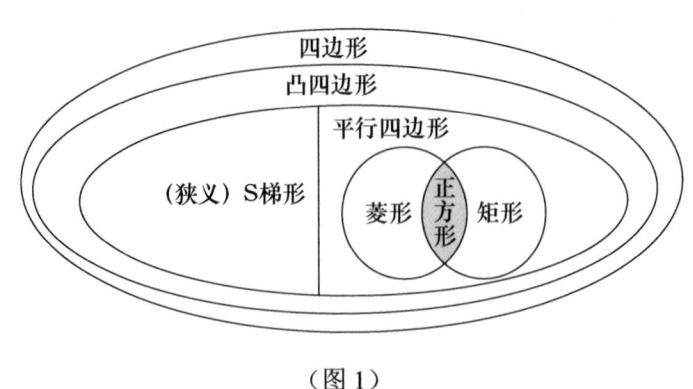

图 2 也可表示上述各概念之间的从属关系.

## 第14讲 四边形中的趣味竞赛题

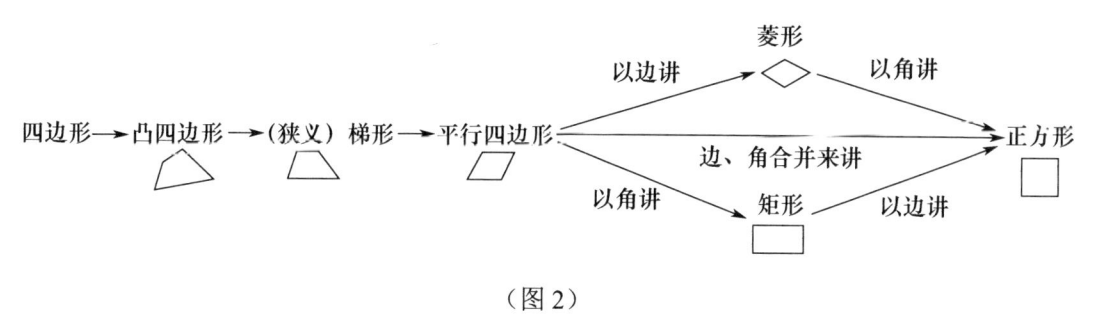

（图2）

四边形的研究内容非常丰富且有趣. 首先是 4 条线段构成一个凸四边形的判定问题. 其次是有关四边形各种性质的证明问题.

**例1** （1）是否存在这样的凸四边形，它的 4 条边长分别是 1，2，7，4？

（2）是否存在这样的凸四边形，它的一组对角是直角，其中一个直角的两条边的长分别是 3，4，另一个直角的一边的长为 6？

**解**：（1）假设存在这样的四边形 $ABCD$，如图 3 所示，$AB=1$，$BC=2$，$CD=4$ 和 $DA=7$. 根据两点之间，线段最短，应有 $AB + BC + CD > AD$.

但事实上，$AB + BC + CD = 1 + 2 + 4 = 7 = AD$，得出矛盾！所以不存在这样的四边形，它的边长分别为 1，2，4，7.

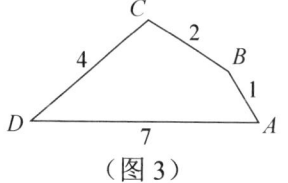

一般地，若凸四边形 $ABCD$ 中，$AB = a$，$BC = b$，$CD = c$，$DA = d$. 设其中 $AD$ 是最长边，则 $AB + BC + CD > DA$，即 $a + b + c > d$.

（图3）

其逆否命题为真：4 条线段 $a, b, c, d$ 中，$d$ 是最长的线段. 如果 $a + b + c \leqslant d$，则 $a, b, c, d$ 不能作为一个凸四边形的 4 条边.

（2）假设存在这样的凸四边形 $ABCD$，如图 4 所示，其中 $\angle B = \angle D = 90°$，$AB = 4$，$BC = 3$，$AD = 6$. 连接 $AC$，由勾股定理得 $AC = \sqrt{AB^2 + BC^2} = \sqrt{4^2 + 3^2} = 5$.

在 Rt$\triangle ACD$ 中，$AC = 5 < 6 = AD$. 与斜边大于直角边矛盾，所以假设不能成立. 故不存在题设条件的凸四边形.

（图4）

**例2** 凸四边形 $ABCD$ 的边 $AB$，$BC$，$CD$，$DA$ 之长分别为 1，9，8，6. 如图 5 所示，试判定以下命题的真假：

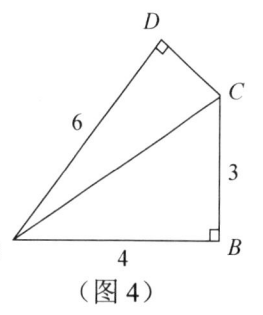

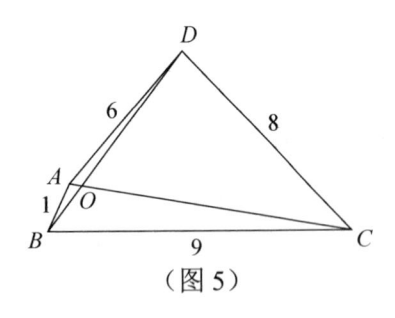

（1）$\angle ADC \geqslant 90°$；

（2）对角线 $AC$，$BD$ 不互相垂直；

（3）$\triangle BCD$ 是等腰三角形.

**解**：（1）若 $\angle ADC = 90°$，则 $AC=10$. 若 $\angle ADC > 90°$，则 $AC > 10$.

所以由 $\angle ADC \geqslant 90°$ 推出 $AC \geqslant 10$. 但在 $\triangle ABC$ 中，$AC \geqslant 10 = 1+9 = AB+BC$，这与 $AC < AB+BC$ 矛盾！因此，"$\angle ADC \geqslant 90°$" 是假命题.

（2）若对角线 $AC$ 与 $BD$ 互相垂直，设 $AC$ 与 $BD$ 的交点为 $O$. 则 $AB^2 + CD^2 = AO^2 + BO^2 + CO^2 + DO^2 = (AO^2+OD^2)+(BO^2+OC^2) = AD^2+BC^2$. 这与 $1^2+8^2 \neq 6^2+9^2$ 矛盾.

所以，"对角线 $AC$，$BD$ 不互相垂直"是真命题.

（3）若 $\triangle BCD$ 为等腰三角形，只能 $BD=8$ 或 $BD=9$. 这都会导致 $\triangle ABD$ 中 $BD \geqslant 8 > 1+6 = AB+AD$，这与 $AB+AD > BD$ 矛盾.

所以"$\triangle BCD$ 是等腰三角形"是假命题.

**例3** 一个凸四边形的 4 条边不全相等. 证明：存在这样的梯形，它的 4 条边长恰好分别等于这个凸四边形的 4 条边长.

**证明**：假设这个凸四边形的 4 条边为长度为 $a$，$b$，$c$，$d$ 的 4 条线段，由于这个凸四边形的 4 条边长不全相等，不妨设 $a \geqslant b \geqslant c > d$，如图 6 所示，则 $a-d > 0$.

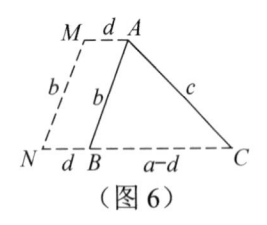

于是 $a+b > c+d$，$a+c > b+d$.

即 $(a-d)+b > c$. ……①

$(a-d)+c > b$. ……②

又 $b+c+d > a$，即 $b+c > a-d$. ……③

由①、②和③可知，以 $a-d$，$b$，$c$ 为边长可以作出一个三角形. 使 $AB=b$，$AC=c$，$BC=a-d$. 延长 $CB$ 到 $N$，使得 $BN=d$，则 $NC = NB+BC = d+(a-d) = a$.

过 $A$ 作 $CB$ 的平行线，与过 $N$ 所作 $BA$ 的平行线交于点 $M$，则四边形 $BAMN$ 为平行四边形，$AM=d$，$MN=b$.

— 130 —

因为 $AM /\!/ CN$，所以四边形 $ACNM$ 为梯形，且 $NC = a$，$MN = b$，$AC = c$，$AM = d$.

问题得证.

**例 4** 如图 7 所示，设在四边形 $ABCD$ 内可以找到一点 $P$，使得 4 个三角形 $\triangle PAB$，$\triangle PBC$，$\triangle PCD$，$\triangle PDA$ 的面积相等. 求证：点 $P$ 必落在对角线 $AC$ 或 $BD$ 上.

**证明**：假设点 $P$ 不在对角线 $BD$ 上，我们证明，点 $P$ 必在对角线 $AC$ 上即可.

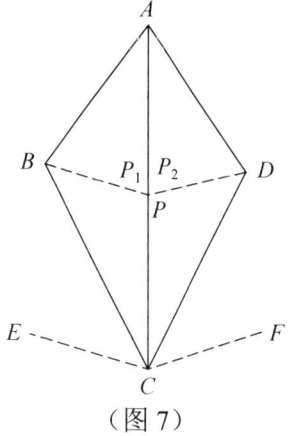

由题设条件，存在形内一点 $P$，使得 $S_{\triangle PAB} = S_{\triangle PBC} = S_{\triangle PCD} = S_{\triangle PDA}$.

所以 $A$ 到 $BP$ 的距离等于 $C$ 到 $BP$ 的距离，且 $A$ 到 $PD$ 的距离等于 $C$ 到 $PD$ 的距离.

过 $C$ 作 $CE /\!/ BP$，$CF /\!/ DP$.

于是 $A$ 到 $CE$ 的距离是 $A$ 到 $BP$ 的距离的 2 倍，同时 $A$ 到 $CF$ 的距离是 $A$ 到 $PD$ 的距离的 2 倍.

设 $BP$ 交 $AC$ 于点 $P_1$，$DP$ 交 $AC$ 于点 $P_2$.

显然 $P_1$，$P_2$ 都是 $AC$ 的中点.

因此 $P_1$，$P_2$ 重合，即 $P$ 点在 $AC$ 上且为 $AC$ 的中点.

**例 5** 如图 8 所示，在凸四边形中，有两条边长与两条对角线的长都等于 $a$. 求这个四边形中最大内角的度数.

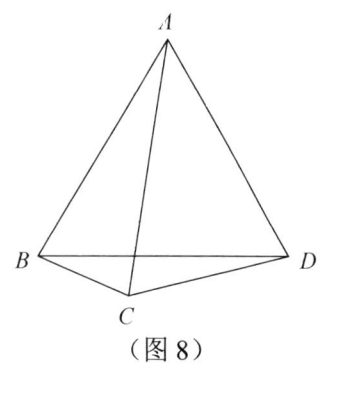

**解**：四边形中，当有两条边长与两条对角线的长都等于 $a$ 时，都等于 $a$ 的两边不可能是一组对边. 理由：如果 $AB = CD = a$，$AC = BD = a$，则 $AB + CD = AC + BD$，与 $AB + CD < AC + BD$ 矛盾. 因此，四边形中都等于 $a$ 的两边是一组邻边. 我们不妨设 $AB = BD = AC = AD = a$. 则 $\triangle ABD$ 为等边三角形，$\angle BAD = 60°$.

又 $AB = AC$，所以 $\angle ABC = \angle ACB$，因此 $\angle BCD > \angle ACB = \angle ABC$.

由 $AD=AC$，同理推得 $\angle BCD > \angle ADC$.

注意，$\angle ABC$，$\angle ADC$ 都是锐角，所以 $\angle ABC + \angle ADC < 180°$，因此 $\angle BAC + \angle BCD > 180°$.

由于 $\angle BAD = 60°$. 所以 $\angle BCD > 180° - 60° = 120° > 60° = \angle BAD$.

所以 $\angle BCD$ 是这个四边形中的最大的内角.

易知 $\angle BCD = \angle ACB + \angle ACD = \angle ABC + \angle ADC$

$$= \frac{180° - \angle BAC}{2} + \frac{180° - \angle DAC}{2} = 180° - \frac{\angle BAC + \angle DAC}{2}$$

$$= 180° - \frac{\angle BAD}{2} = 180° - \frac{60°}{2} = 180° - 30° = 150°.$$

**例 6** 在恰有 3 条边长相等的四边形中，有两条等长的边所夹的内角为直角. 若从该直角顶点引出的对角线恰好把这个四边形分成两个等腰三角形，求该直角所对的角的度数.

（第 21 届华罗庚金杯数学邀请赛决赛初一年级试题 9）

**解**：（1）如果对角线与第三条边相等，那么这个四边形中的一个等腰三角形是正三角形，如图 9 所示. 在四边形 $ABCD$ 中，因为 $AB=AC=BC$，所以 $\angle ABC= \angle BCA = \angle BAC = 60°$. 又因为 $AC=AD$，所以三角形 $ACD$ 是等腰三角形，$\angle CAD = 30°$，$\angle ACD = \angle ADC = 75°$，则直角所对的 $\angle BCD = 60° + 75° = 135°$.

（图 9）

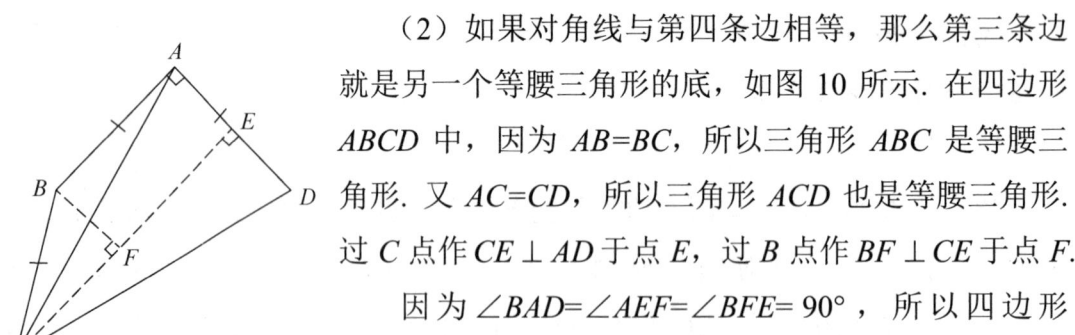

（2）如果对角线与第四条边相等，那么第三条边就是另一个等腰三角形的底，如图 10 所示. 在四边形 $ABCD$ 中，因为 $AB=BC$，所以三角形 $ABC$ 是等腰三角形. 又 $AC=CD$，所以三角形 $ACD$ 也是等腰三角形. 过 $C$ 点作 $CE \perp AD$ 于点 $E$，过 $B$ 点作 $BF \perp CE$ 于点 $F$.

因为 $\angle BAD = \angle AEF = \angle BFE = 90°$，所以四边形 $ABFE$ 是矩形. 易知 $AE=DE=BF$，$\angle ACE = \angle ECD$. 因为 $AB // CE$，所以 $\angle BAC = \angle ACE$. 在直角三角形 $BFC$

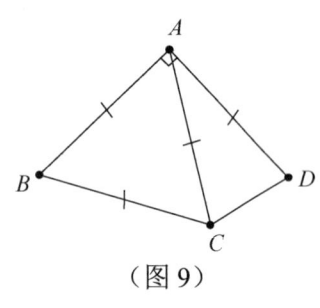

（图 10）

中，因为 $BF = \frac{1}{2} BC$，所以 $\angle BCF = 30°$. 又因为在等腰三角形 $ABC$ 中，

∠BAC=∠BCA，所以 ∠BCA=∠ACE=∠ECD= 15°，因此直角所对的 ∠BCD = 45°.

**例7** 在凸四边形 ABCD 中，AB，CD 的中点分别是 E，F，连接 EF，交 AC 于点 M，交 BD 于点 N. 如果 ∠CMF = ∠BNE，求证：AC=BD.

**证明**：如图 11 所示，取 BC 的中点 P，由于 EP 为△ABC 的中位线，所以 EP//AC，$EP = \frac{1}{2}AC$.

同理可证 FP //BD，$FP = \frac{1}{2}BD$.

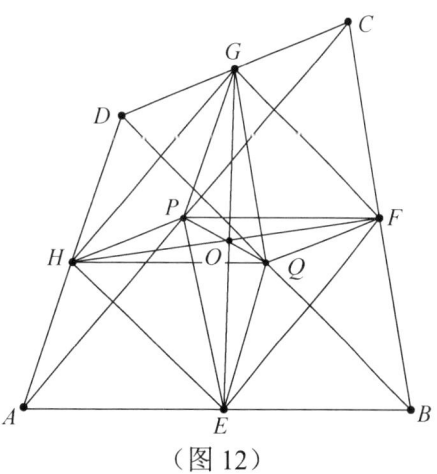

因为 EP//AC，所以 ∠PEF = ∠CMF；因为 FP//BD，所以 ∠PFE = ∠BNE.

由于 ∠CMF = ∠BNE（已知）.

所以 ∠PEF = ∠PFE（等量代换）.

在△PEF 中，因为 ∠PEF = ∠PFE，所以 PE=PF（等角对等边）. 因此 2PE=2PF，即 AC=BD.

（图 11）

**注**：上述证明中，取中点 P，利用三角形中位线定理是关键的一步. 其实，一个凸四边形连接各边中点与对角线中点，可组成一个美丽的图形.

在四边形 ABCD 中，AB，BC，CD，DA，AC，BD 的中点依次为 E，F，G，H，P，Q. 如图 12 所示连接后，产生 ▱GHEF，▱GPEQ，▱HQFP 3 个平行四边形. 这 3 个平行四边形将成为解决任意四边形问题的基本图. 因而把任意四边形中的问题转化为平行四边形的问题. 由复杂向简单方向的转化，是添设辅助线的一项基本原则.

（图 12）

**例8** 在四边形 ABCD 中，M，N，K，L 分别是边 AB，BC，CD，DA 的中点，S，T 是对角线 AC，BD 的中点. 如果四边形 MSKT 的面积与 NSLT 的面积相等（如图 13 所示)，证明：四边形 ABCD

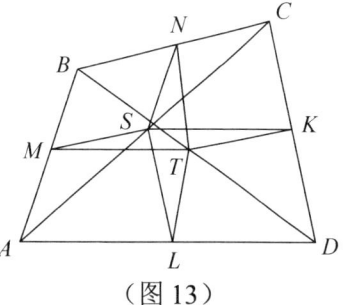

（图 13）

的一条对角线平分它的面积.

(第 22 届全苏数学奥林匹克(1988 年)8 年级试题 2)

**证明**：为书写方便起见，四边形 $ABCD$ 的面积写成 $S(ABCD)$. 由于 $M$，$N$，$K$，$L$ 分别是边 $AB$，$BC$，$CD$，$DA$ 的中点，$S$，$T$ 是对角线 $AC$，$BD$ 的中点，易得：

$$S(NSLT) = S(ABCD) - \frac{3}{4}S(ABC) - \frac{3}{4}S(BCD)$$
$$- \frac{1}{4}S(ACD) - \frac{1}{4}S(ABD),$$
$$S(MSKT) = S(ABCD) - \frac{3}{4}S(ABC) - \frac{1}{4}S(ACD)$$
$$- \frac{1}{4}S(BCD) - \frac{3}{4}S(ABD).$$

又 $S(NSLT) = S(MSKT)$，比较上面两式可得：

$$S(BCD) = S(ABD).$$

所以对角线 $BD$ 平分四边形 $ABCD$.

**注**：也可以如图 13 所示，求证：一条对角线平分另一条对角线.

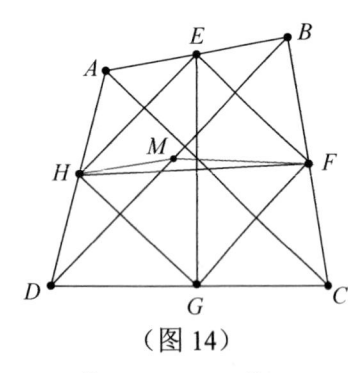

**例 9** 在任意给定的凸四边形 $ABCD$ 中，边 $AB$，$BC$，$CD$，$DA$ 的中点分别为 $E$，$F$，$G$ 和 $H$. 求证：四边形 $ABCD$ 的面积 $\leq EG \times HF \leq \frac{1}{2}(AB+CD) \times \frac{1}{2}(AD+BC)$.

（图 14）

**证明**：如图 14 所示，$HE // DB // GF$，又 $EF // HG // AC$，所以四边形 $EFGH$ 为平行四边形.

$$S_{四边形ABCD} = S_{\square EFGH} + S_{\triangle AEH} + S_{\triangle DGH} + S_{\triangle CGF} + S_{\triangle BEF}.$$

而 $S_{\triangle AEH} + S_{\triangle CGF} = \frac{1}{4}(S_{\triangle ABD} + S_{\triangle CBD}) = \frac{1}{4}S_{四边形ABCD}$.

同理可证 $S_{\triangle DGH} + S_{\triangle BEF} = \frac{1}{4}S_{四边形ABCD}$，所以 $S_{四边形ABCD} = S_{\square EFGH} + \frac{1}{2}S_{四边形ABCD}$，

即 $\frac{1}{2}S_{四边形ABCD} = S_{\square EFGH}$.   ……①

由于四边形 EFGH 是平行四边形，

所以 $S_{\square EFGH} \leqslant \dfrac{1}{2} EG \times HF$.　　……②

由①、②可知，$S_{四边形ABCD} \leqslant EG \times HF$.

设 $M$ 为 $BD$ 的中点，则 $\dfrac{1}{2}(AB+DC) = HM + MF \geqslant HF$，同理有 $\dfrac{1}{2}(AD+BC) \geqslant EG$

所以得证 $S_{四边形ABCD} \leqslant EG \times HF \leqslant \dfrac{1}{2}(AB+DC) \times \dfrac{1}{2}(AD+BC)$.

**例 10** 四边形 $ABCD$ 的边 $AB$ 和 $CD$ 的中垂线的交点在边 $AD$ 上. 证明：如果 $\angle BAD = \angle CDA$，那么四边形的对角线相等.

**证明：** 设 $K$ 是边 $AB$ 和 $CD$ 的中垂线的交点，如图 15 所示，$K$ 落在边 $AD$ 上. 则 $AK=KB$，$CK=KD$ 及 $\angle KBA = \angle BAK = \angle KDC = \angle KCD$.

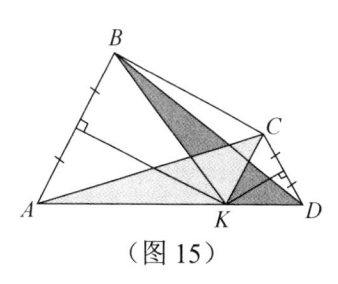

由此 $\angle AKB = \angle CKD$，这意味着 $\angle AKC = \angle BKD$.

所以 $\triangle AKC \cong \triangle BKD$（SAS），因此 $BD=AC$.

**例 11** 如图 16 所示，四边形 $ABCD$ 中，$AB = BC = CA = AD = 30$，$\angle CDB = 2\angle ADB$.

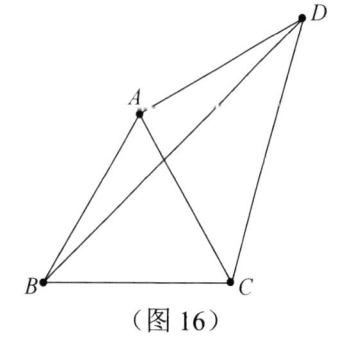

（1）求证：$DA \perp CA$；

（2）计算 $\triangle BCD$ 的面积.

**解：**（1）因为 $AB = BC = CA = 30$，所以 $\triangle ABC$ 是等边三角形，有 $\angle BAC = \angle ABC = \angle ACB = 60°$.

又因为 $AC=AD$，

所以 $\triangle ACD$ 是等腰三角形，有 $\angle ACD = \angle ADC$.

设 $\angle ADB = \alpha$，则 $\angle CDB = 2\alpha$，$\angle ACD = \angle ADC = 3\alpha$.

所以 $\angle DBC = 60° - \alpha$，在 $\triangle DBC$ 中，$(60° - \alpha) + (60° + 3\alpha) + 2\alpha = 180°$，解得 $\alpha = 15°$，所以 $\angle ACD = \angle ADC = 3\alpha = 45°$，因此 $\angle CAD = 180° - \angle ACD - \angle ADC = 180° - 45° - 45° = 90°$.

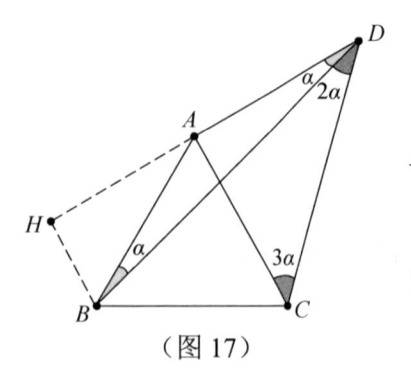

所以 $DA \perp CA$.

（2）如图 17 所示，作 $BH \perp DA$，交 $DA$ 延长线于点 $H$.

易知 $\angle HBA = \angle BAC = 60°$，所以 $\angle BAH = 180° - 90° - 60° = 30°$.

所以 $BH = \dfrac{1}{2} \times BA = 15$.

（图 17）

所以 $\triangle ABD$ 的面积 $= \dfrac{1}{2} \times AD \times BH = \dfrac{1}{2} \times 30 \times 15 = 225$.

又四边形 $ABCD$ 的面积 $=$ 正 $\triangle ABC$ 的面积 $+$ 等腰直角三角形 $\triangle ACD$ 的面积

$$= \dfrac{\sqrt{3}}{4} \times 30^2 + \dfrac{1}{2} \times 30 \times 30 = 225(\sqrt{3}+2).$$

所以 $\triangle BCD$ 的面积 $=$ 四边形 $ABCD$ 的面积 $- \triangle ABD$ 的面积

$$= 225(\sqrt{3}+2) - 225 = 225(\sqrt{3}+1).$$

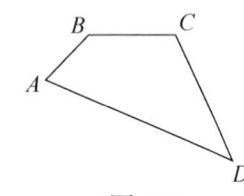

**例 12** 如图 18 所示，四边形 $ABCD$ 中，$\angle ABC = 135°$，$\angle BCD = 120°$，$AB = \sqrt{6}$，$BC = 5 - \sqrt{3}$，$CD = 6$，求四边形 $ABCD$ 的面积.

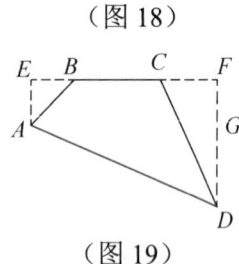

（图 18）

**解**：如图 19 所示，作 $AE \perp BC$ 交 $CB$ 的延长线于点 $E$，作 $DF \perp BC$ 交 $BC$ 的延长线于点 $F$. 由已知得，在等腰直角 $\triangle ABE$ 中，$BE = AE = \sqrt{3}$；在直角 $\triangle CFD$ 中，$CF = \dfrac{1}{2}CD = 3$，$DF = 3\sqrt{3}$，所以 $EF = 8$.

（图 19）

$AEFD$ 是直角梯形，由 $AE = \sqrt{3}$，$DF = 3\sqrt{3}$，$EF = 8$，得直角梯形 $AEFD$ 的面积 $= \dfrac{1}{2}(\sqrt{3} + 3\sqrt{3}) \times 8 = 16\sqrt{3}$.

又因为三角形 $AEB$ 的面积 $= \dfrac{1}{2}\sqrt{3} \times \sqrt{3} = \dfrac{3}{2}$，三角形 $CFD$ 的面积 $= \dfrac{1}{2} \times 3 \times 3\sqrt{3} = \dfrac{9}{2}\sqrt{3}$，所以四边形 $ABCD$ 的面积 $= 16\sqrt{3} - \dfrac{3}{2} - \dfrac{9}{2}\sqrt{3} = \dfrac{1}{2}(23\sqrt{3} - 3)$.

**例 13** 已知凸四边形 $ABCD$ 内一点 $P$ 满足 $PA^2 + PB^2 + PC^2 + PD^2 = 2$，且四边形 $ABCD$ 的面积为 1. 求证：四边形 $ABCD$ 为正方形.

**证明**：如图 20 所示，作 $AM \perp PD$ 于点 $M$，于是 $S_{\triangle PAD} = \dfrac{1}{2} \cdot PD \cdot AM \leqslant$

$\frac{1}{2} \cdot PD \cdot PA \leqslant \frac{PA^2 + PD^2}{4}$，同理可得 $S_{\triangle PCD} \leqslant \frac{PC^2 + PD^2}{4}$，$S_{\triangle PAB} \leqslant \frac{PA^2 + PB^2}{4}$，$S_{\triangle PBC} \leqslant \frac{PC^2 + PB^2}{4}$.

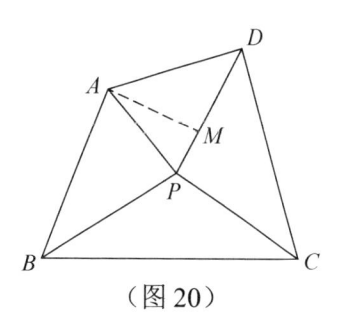

（图20）

将上面的 4 个不等式相加，及四边形 $ABCD$ 的面积为 1，有 $1 = S_{\text{四边形}ABCD} = S_{\triangle PAD} + S_{\triangle PCD} + S_{\triangle PAB} + S_{\triangle PBC} \leqslant \frac{PA^2 + PD^2}{4} + \frac{PC^2 + PD^2}{4} + \frac{PA^2 + PB^2}{4} + \frac{PC^2 + PB^2}{4} = \frac{PA^2 + PB^2 + PC^2 + PD^2}{2} = 1$.

从而上面不等式只能成为等式，而等号成立的条件是 $AM = PA$，即 $PA \perp PD$，同理 $PA \perp PB$，$PB \perp PC$，$PC \perp PD$. 故对角线互相垂直. 同时还满足 $PA = PB = PC = PD$，所以凸四边形 $ABCD$ 是一个对角线相等且垂直平分的四边形，因此四边形 $ABCD$ 是一个正方形.

**例14** 如图 21 所示，已知四边形 $ABCD$ 的面积为 32，$AB$，$CD$，$AC$ 的长都是整数，且它们的和为 16.

（1）这样的四边形有几个？

（2）求这样的四边形边长的平方和的最小值.

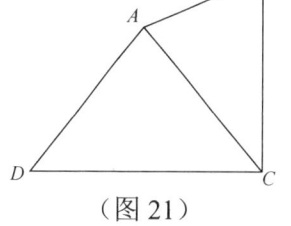

（图21）

（2003 年全国初中数学联赛第二试（B）试题三）

**解：**（1）如图 22 所示，记 $AB = a$，$CD = b$，$AC = l$. 并设 $\triangle ABC$ 中 $AB$ 边上的高为 $h_1$，$\triangle ADC$ 中 $DC$ 边上的高为 $h_2$. 则

$S_{\text{四边形}ABCD} = S_{\triangle ABC} + S_{\triangle ADC} = \frac{1}{2}(ah_1 + bh_2) \leqslant \frac{1}{2}l(a+b)$.

当且仅当 $h_1 = h_2 = l$ 时等号成立，即在四边形 $ABCD$ 中，当 $AC \perp AB$ 及 $AC \perp CD$ 时等号成立.

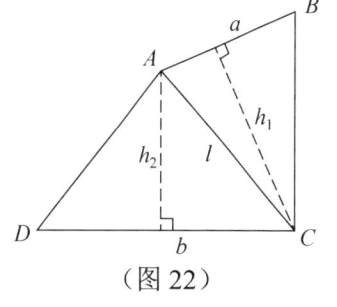

（图22）

由已知可得 $64 \leqslant l(a+b)$. 又由题设 $a + b = 16 - l$，可得 $64 \leqslant l(16-l) = 64 - (l-8)^2 \leqslant 64$，于是必有 $l = 8$，$a + b = 8$，且这时 $AC \perp AB$ 及 $AC \perp CD$.

因此，符合题意的四边形有 4 个.

它们都是以 AC 为高的梯形或平行四边形.

（2）又由 $AB = a$，$CD = 8 - a$，则 $BC^2 = 8^2 + a^2$，$AD^2 = 8^2 + (8-a)^2$，因此，记符合题意的四边形的边长的平方和为 $W$，则 $W = 2a^2 + 2(8-a)^2 + 128 = 2(2a^2 - 16a) + 256 = 4(a-4)^2 + 192$.

故当 $a = b = 4$ 时，$W$ 取最小值. $W_{\min} = 192$.

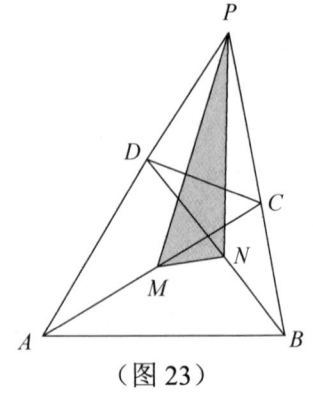

例 15 如图 23 所示，四边形 ABCD 中，M，N 分别是对角线 AC，BD 的中点. 又 AD、BC 延长相交于点 P. 求证：$S_{\triangle PMN} = \dfrac{1}{4} S_{四边形 ABCD}$.

证明：如图 24 所示，取 CD 的中点 Q，连接 PQ，QM，QN，DM，BM，CN. 则 △PQM 的面积 = △DQM 的面积，△PQN 的面积 = △CQN 的面积.

所以 △PMN 的面积 = △PQM 的面积 + △QMN 的面积 + △PQN 的面积

= △DQM 的面积 + △QMN 的面积 + △CQN 的面积

= 四边形 DMNC 的面积.

而四边形 DMNC 的面积 = △DMN 的面积 + △DCN 的面积

$= \dfrac{1}{2}$ △DMB 的面积 $+ \dfrac{1}{2}$ △DCB 的面积

$= \dfrac{1}{2}$ 四边形 DMBC 的面积.

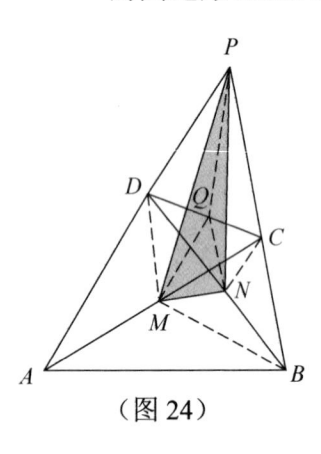

而四边形 DMBC 的面积 = △DMC 的面积 + △BMC 的面积 $= \dfrac{1}{2}$ △ADC 的面积 $+ \dfrac{1}{2}$ △ABC 的面积

$= \dfrac{1}{2}$ (△ADC 的面积 + △ABC 的面积) $= \dfrac{1}{2}$ 四边形 ABCD 的面积.

所以 △PMN 的面积 = 四边形 DMNC 的面积

$= \dfrac{1}{2}$ 四边形 DMBC 的面积 $= \dfrac{1}{4}$ 四边形 ABCD 的面积.

即 $S_{\triangle PMN} = \dfrac{1}{4} S_{四边形 ABCD}$.

例 16 如图 25 所示，在四边形 ABCD 中，△ABD，△BCD，△ABC 的

面积比是 3:4:1. 点 $M$，$N$ 分别在 $AC$，$CD$ 上，满足 $AM:AC = CN:CD$，并且 $B$，$M$，$N$ 三点共线. 求证：$M$ 与 $N$ 分别是 $AC$ 与 $CD$ 的中点.

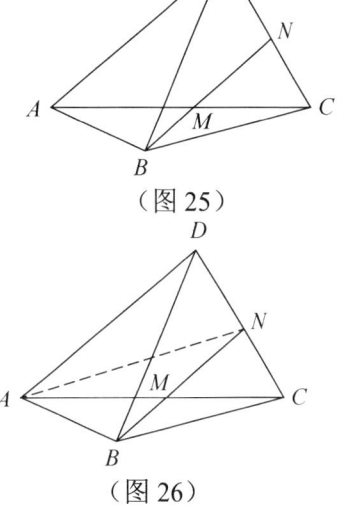

（1983 年全国高中联合数学竞赛第二试试题三）

证明：如图 26 所示，不妨设 $\dfrac{AM}{AC} = \dfrac{CN}{CD} = r$ $(0 < r < 1)$，由 △ABD，△BCD，△ABC 的面积比是 3:4:1. 不妨设 △ABC 的面积 $= 1$，△ABD 的面积 $= 3$，△BCD 的面积 $= 4$. 则 △ACD 的面积 $= 3 + 4 - 1 = 6$

△ABM 的面积 $= r$，△BCM 的面积 $= 1 - r$，△BCN 的面积 $= 4r$，△ACN 的面积 $= 6r$.

（图 25）

（图 26）

△CNM 的面积 $=$ △BCN 的面积 $-$ △BCM 的面积 $= 4r - (1 - r) = 5r - 1$，

△AMN 的面积 $=$ △ACN 的面积 $-$ △CNM 的面积 $= 6r - (5r - 1) = r + 1$.

因此 $\dfrac{\triangle AMN\text{的面积}}{\triangle ACN\text{的面积}} = \dfrac{r+1}{6r}$. 又因 $\dfrac{\triangle AMN\text{的面积}}{\triangle ACN\text{的面积}} = \dfrac{AM}{AC} = r$，所以 $\dfrac{r+1}{6r} = r$，即 $6r^2 - r - 1 = 0$.

这个方程在（0，1）中有唯一解 $r = \dfrac{1}{2}$.

即 $M$，$N$ 分别是 $AC$，$CD$ 的中点。

# 第15讲 平行截割定理

**定义**：线段 $AB$ 的长为 $m$，线段 $CD$ 的长为 $n$．我们称数 $\dfrac{m}{n}$ 为线段 $AB$ 与 $CD$ 的比．记作 $AB:CD = m:n$ 或 $\dfrac{AB}{CD} = \dfrac{m}{n}$．

如果 4 条线段 $AB$，$CD$，$A_1B_1$，$C_1D_1$ 满足 $\dfrac{AB}{CD} = \dfrac{A_1B_1}{C_1D_1} = k$，我们称这 4 条线段 $AB$，$CD$，$A_1B_1$，$C_1D_1$ 成比例．

**比例相似基本定理** 在三角形 $ABC$ 的 $AB$ 边上取点 $B_1$，在 $AC$ 边上取点 $C_1$，（1）若 $B_1C_1 \mathbin{/\mkern-5mu/} BC$，则 $\dfrac{AB_1}{B_1B} = \dfrac{AC_1}{C_1C}$；（2）若 $\dfrac{AB_1}{B_1B} = \dfrac{AC_1}{C_1C}$，则 $B_1C_1 \mathbin{/\mkern-5mu/} BC$．

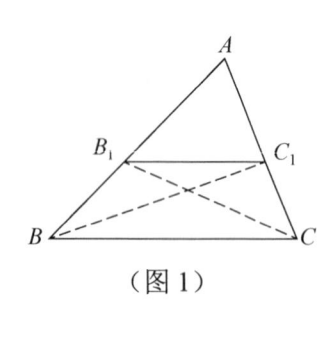

**证明**：（1）如图 1 所示，连接 $BC_1$ 和 $CB_1$．因为 $B_1C_1 \mathbin{/\mkern-5mu/} BC$，所以 $\dfrac{AB_1}{B_1B} = \dfrac{S_{\triangle AB_1C_1}}{S_{\triangle BB_1C_1}} = \dfrac{S_{\triangle AB_1C_1}}{S_{\triangle CB_1C_1}} = \dfrac{AC_1}{C_1C}$．

（2）连接 $BC_1$ 和 $CB_1$，显然有 $\dfrac{AB_1}{B_1B} = \dfrac{S_{\triangle AB_1C_1}}{S_{\triangle BB_1C_1}}$，$\dfrac{AC_1}{C_1C} = \dfrac{S_{\triangle AB_1C_1}}{S_{\triangle CB_1C_1}}$．

（图1）

因为 $\dfrac{AB_1}{B_1B} = \dfrac{AC_1}{C_1C}$，所以 $\dfrac{S_{\triangle AB_1C_1}}{S_{\triangle BB_1C_1}} = \dfrac{S_{\triangle AB_1C_1}}{S_{\triangle CB_1C_1}}$．

但 $S_{\triangle AB_1C_1} = S_{\triangle AB_1C_1}$，于是 $S_{\triangle BB_1C_1} = S_{\triangle CB_1C_1}$，因此 $B_1C_1 \mathbin{/\mkern-5mu/} BC$．

**注意**：（1）在比例相似基本定理中，若 $B_1C_1 \mathbin{/\mkern-5mu/} BC$，则 $\dfrac{AB_1}{AB} = \dfrac{AC_1}{AC} = \dfrac{B_1C_1}{BC}$．

因为，若 $B_1C_1 \mathbin{/\mkern-5mu/} BC$，则 $\dfrac{AB_1}{B_1B} = \dfrac{AC_1}{C_1C}$，由和比定理，得 $\dfrac{AB_1}{AB_1 + B_1B} =$

$\dfrac{AC_1}{AC_1+C_1C}$，即 $\dfrac{AB_1}{AB}=\dfrac{AC_1}{AC}$.

过 $C_1$ 作 $AB$ 的平行线交 $BC$ 于点 $D$，如图 2 所示，则 $\dfrac{AC_1}{CC_1}=\dfrac{BD}{DC}$.

由和比定理，得 $\dfrac{AC_1}{AC_1+CC_1}=\dfrac{BD}{BD+DC}$，即 $\dfrac{AC_1}{AC}=\dfrac{BD}{BC}$，但 $B_1C_1=BD$，$\dfrac{AC_1}{AC}=\dfrac{B_1C_1}{BC}$.

所以 $\dfrac{AB_1}{AB}=\dfrac{AC_1}{AC}=\dfrac{B_1C_1}{BC}$.

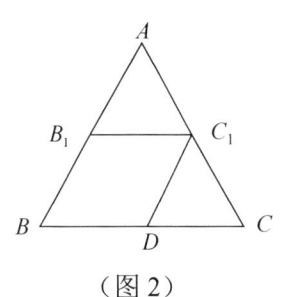

（图 2）

（2）**平行线分线段成比例定理** 两条直线与一组平行线相交，则这两条直线被这组平行线截得的对应线段成比例.

定理有时也简称为"**平行截割定理**".

如图 3 所示，已知 $l_1 \parallel l_2 \parallel l_3$. 求证：$\dfrac{AB_0}{B_0B}=\dfrac{A_1B_1}{B_1C_1}$.

**提示**：如图 3 所示，过 $A$ 作 $AC \parallel A_1C_1$，转化为利用比例相似基本定理可证.

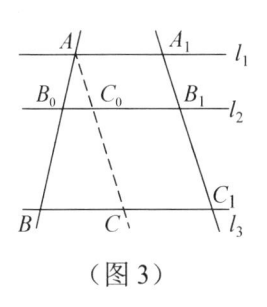

（图 3）

（3）**线段的等比移动** 如图 4 所示，两条直线被一组平行线所截，则 $\dfrac{a}{b}=\dfrac{a'}{b'}$. 如图 5 所示，两平行线被一线束所截，则 $\dfrac{a}{b}=\dfrac{a'}{b'}$. 这种 $a \to a'$，$b \to b'$，但保持 $\dfrac{a}{b}=\dfrac{a'}{b'}$ 的移动，我们

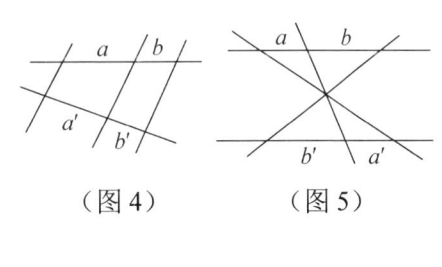

（图 4）　（图 5）

称为线段的等比移动. 这种移动常把在一条直线上两线段比的关系转移到另外直线上的两线段之比.

**三角形内角平分线的性质定理**

$\triangle ABC$ 中，$AD$ 是角 $BAC$ 的平分线. 证明：$\dfrac{AB}{AC}=\dfrac{BD}{DC}$.

**分析**：要证 $AB$，$AC$，$BD$，$DC$ 4 条线段成比例，设法利用平行截割定理. 可以想到过 $C$ 作 $CE \parallel DA$，如图 6 所示，交 $BA$ 延长线于 $E$，则有

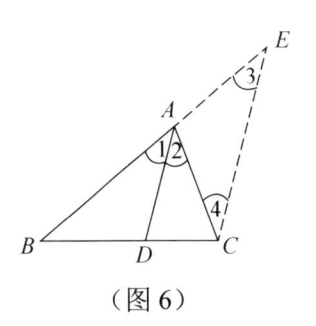

（图 6）

— 141 —

$$\frac{BA}{AE} = \frac{BD}{DC}. \quad \cdots\cdots (*)$$

由 $AD/\!/CE$，可知 $\angle 1 = \angle 3$，$\angle 2 = \angle 4$. 又 $\angle 1 = \angle 2$，所以 $\angle 3 = \angle 4$，即 $AC = AE$. 代入（*）可得 $\dfrac{AB}{AC} = \dfrac{BD}{DC}$.

**思考 1**：请用其他添线法证明.

**思考 2：三角形外角平分线性质定理** $\triangle ABC$ 中，$T$ 是角 $A$ 的外角平分线与 $BC$ 延长线的交点，证明：$BT:CT = AB:AC$.

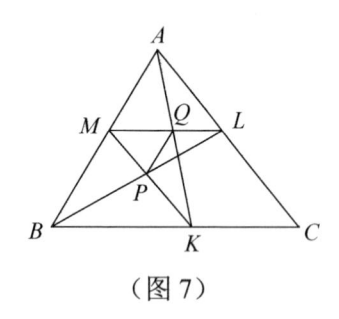

**例 1** 在 $\triangle ABC$ 的边 $AB$，$BC$，$CA$ 上分别取点 $M$，$K$，$L$，使得 $MK/\!/AC$，$ML/\!/BC$. 令 $BL$ 交 $MK$ 于点 $P$，$AK$ 交 $ML$ 于点 $Q$. 证明：$PQ/\!/AB$.

**证明**：如图 7 所示，有 $\dfrac{KP}{PM} = \dfrac{BP}{PL} = \dfrac{BK}{KC} = \dfrac{BM}{MA} = \dfrac{KQ}{QA}$，所以 $PQ/\!/AB$.

（图 7）

（第 52 届莫斯科数学奥林匹克 9 年级试题）

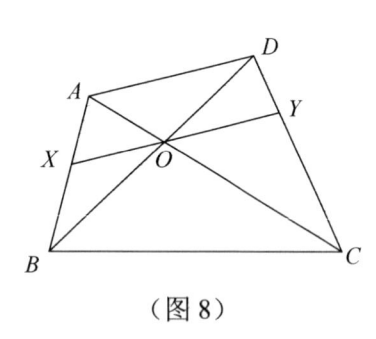

**例 2** 凸四边形 $ABCD$ 的对角线 $AC$ 与 $BD$ 相交于点 $O$. 如图 8 所示，过 $O$ 作 $XY/\!/AD$，交 $AB$ 于点 $X$，交 $DC$ 于点 $Y$. 求证：$\dfrac{S_{\triangle ABC}}{S_{\triangle DBC}} = \dfrac{OX}{OY}$.

**证明**：$\dfrac{S_{\triangle ABC}}{S_{\triangle DBC}} = \dfrac{S_{\triangle ABC}}{S_{\triangle OBC}} \cdot \dfrac{S_{\triangle OBC}}{S_{\triangle DBC}} = \dfrac{AC}{OC} \cdot \dfrac{OB}{BD} = \dfrac{AD}{OY} \cdot \dfrac{OX}{AD} = \dfrac{OX}{OY}$.

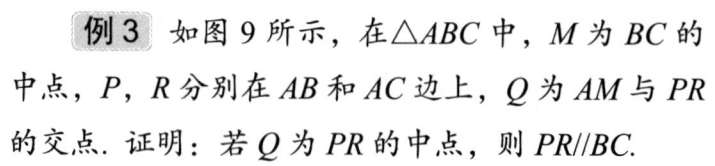

（图 8）

**例 3** 如图 9 所示，在 $\triangle ABC$ 中，$M$ 为 $BC$ 的中点，$P$，$R$ 分别在 $AB$ 和 $AC$ 边上，$Q$ 为 $AM$ 与 $PR$ 的交点. 证明：若 $Q$ 为 $PR$ 的中点，则 $PR/\!/BC$.

（1991 年澳大利亚数学奥林匹克试题 7）

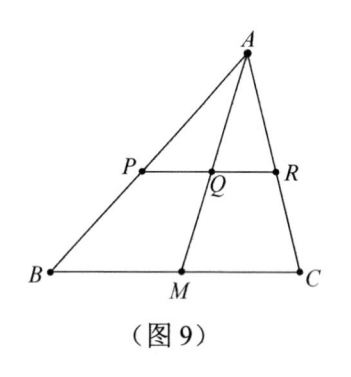

**证明**：如图 10 所示，由于 $M$ 为 $BC$ 的中点，$Q$ 为 $PR$ 的中点，连接 $PM$，$RM$，则 $S_{\triangle ABM} = S_{\triangle ACM}$，$S_{\triangle APM} = S_{\triangle ARM}$.

（图 9）

相减得 $S_{\triangle PBM} = S_{\triangle RCM}$.

因此 $\dfrac{AP}{PB} = \dfrac{S_{\triangle APM}}{S_{\triangle PBM}} = \dfrac{S_{\triangle ARM}}{S_{\triangle RCM}} = \dfrac{AR}{RC}$.

由平行截割定理逆定理,得 $PR//BC$.

**例 4** 如图 11 所示,等腰直角 $\triangle ABC$ 中,$E$,$D$ 分别为直角边 $BC$,$AC$ 上的点,且 $CE=CD$. 过 $C$,$D$ 分别作 $AE$ 的垂线,交斜边 $AB$ 于点 $L$,$K$. 求证:$BL=LK$.

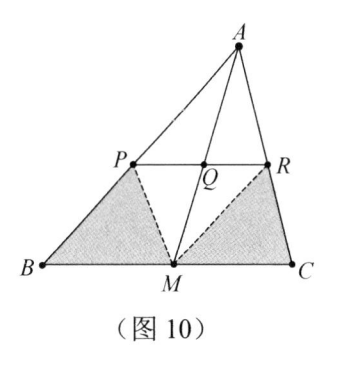

(图 10)

**分析**:因为 $CL$,$DK$ 都垂直于 $AE$,所以 $CL//DK$. 而要证 $BL=LK$,即要证 $\dfrac{BL}{LK}=1$.

但 $BL$,$LK$ 是 $BK$ 上被平行线 $CL$,$DK$ 分得的两部分的线段,很容易联想到应用平行线分线段成比例定理,为此可添线补图如下:过 $B$ 作 $BF//CL$,交 $AC$ 延长线于点 $F$,构成了平行截线的基本图. 如图 12 所示.

(图 11)

因此要证 $\dfrac{BL}{LK}=1$. 只需证 $\dfrac{FC}{CD}=1$,即 $FC=CD$.

为此,只需证 $Rt\triangle BCF$ 与 $Rt\triangle ACE$ 全等就可以了. 于是 $CF=CE=CD$,至此,分析完毕,只需写出证明就可以了.

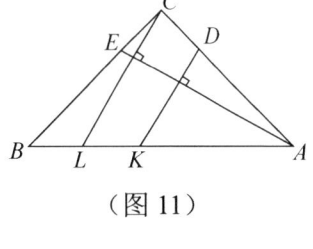

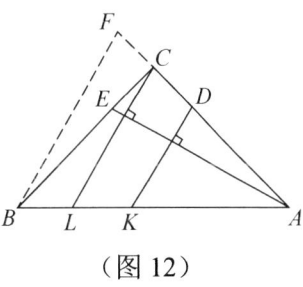

(图 12)

**例 5** 四边形两组对边延长后分别相交,且交点的连线与四边形的一条对角线平行. 证明:另一条对角线的延长线平分对边交点连线的线段.

(1978 年全国部分省市中学数学竞赛第二试题 1)

**分析**:如图 13 所示,已知四边形 $ABCD$ 的两组对边延长后得交点 $E$ 和 $F$. 对角线 $BD//EF$,$AC$ 的延长线交 $EF$ 于点 $G$. 求证:$EG=GF$.

**证明**:如图 14 所示,因为 $BD//EF$,所以 $\dfrac{AB}{AE} = \dfrac{AD}{AF}$. ……①

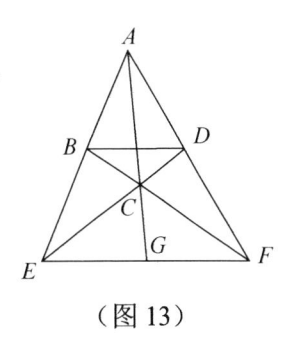

过 $E$ 作 $BF$ 的平行线,交 $AG$ 的延长线于点 $H$.

(图 13)

— 143 —

所以 $\dfrac{AC}{AH}=\dfrac{AB}{AE}$. …… ②

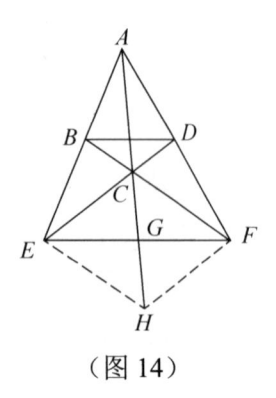

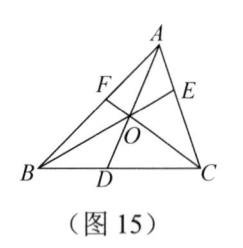

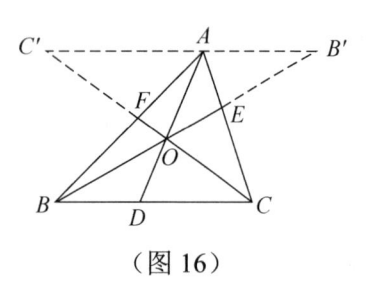

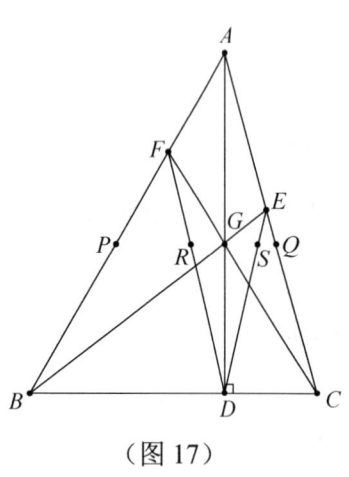

由①、②得 $\dfrac{AC}{AH}=\dfrac{AD}{AF}$.

连接 HF，有 CD//HF. 所以四边形 CEHF 为平行四边形.

因此，EG=GF（平行四边形对角线互相平分）.

**注**：本题考点是射影几何的基本定理.

**例 6** 如图 15 所示，$O$ 为 $\triangle ABC$ 内一点，直线 AO 交 BC 于点 D，BO 交 AC 于点 E，CO 交 AB 于点 F. 求证：$\dfrac{BD}{CD}\cdot\dfrac{CE}{EA}\cdot\dfrac{AF}{FB}=1$.

**分析**：如图 16 所示，过 A 作 BC 的平行线，交 CF 的延长线于点 C′，交 BE 的延长线于点 B′，形成的两平行线被线束所截及三角形相似，因此，$\dfrac{BD}{CD}=\dfrac{AB'}{AC'}$，$\dfrac{CE}{EA}=\dfrac{BC}{AB'}$，$\dfrac{AF}{FB}=\dfrac{AC'}{BC}$，所以 $\dfrac{BD}{CD}\cdot\dfrac{CE}{EA}\cdot\dfrac{AF}{FB}=\dfrac{AB'}{AC'}\cdot\dfrac{BC}{AB'}\cdot\dfrac{AC'}{BC}=1$.

**例 7** 如图 17 所示，AD 是锐角三角形 ABC 的 BC 边上的高，G 是 AD 上一点. 作直线 BG，CG，分别交 AC 于点 E，交 AB 于点 F. 连接 ED、FD. 求证：$\angle EDA=\angle FDA$.

**证明**：如图 18 所示，过 G 作 AD 的垂线 PQ，交 AB 于点 P，交 AC 于点 Q，交 ED 于点 S，交 FD 于点 R. 显然 PQ//BC.

应用平行线分线段成比例定理，有 $\dfrac{GR}{GP}=\dfrac{CD}{BC}$，$\dfrac{GQ}{GS}=\dfrac{BC}{BD}$，$\dfrac{GP}{GQ}=\dfrac{BD}{DC}$.

（图 14）

（图 15）

（图 16）

（图 17）

以上 3 式相乘，得 $\dfrac{GR}{GS}=1$，即 $GR=GS$.

所以 $\triangle DRS$ 为等腰三角形，底边 $RS$ 上的高线必是顶角 $\angle SDR$ 的平分线. 所以 $\angle EDA = \angle FDA$.

**例 8** 如图 19 所示，在凸四边形 $ABCD$ 中，角 $\angle CAD$ 和 $\angle CBD$ 的平分线交于边 $CD$ 上. 证明：$\angle ACB$ 和 $\angle ADB$ 的平分线交点在边 $AB$ 上.

(1994—1995 年全俄数学奥林匹克 10 年级试题)

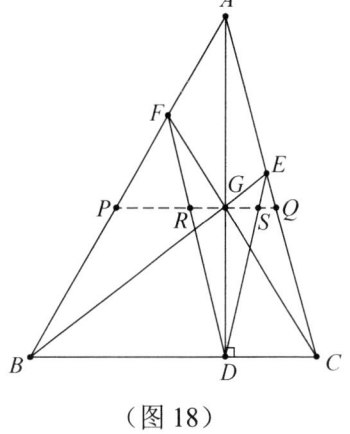

**证明：** 设 $M$ 是 $\angle CAD$ 和 $\angle CBD$ 的平分线的交点. 根据三角形内角平分线性质定理，我们有 $CM:MD = AC:AD = BC:BD$，由此得出

$$AC:BC = AD:BD. \quad \cdots\cdots \text{①}$$

设 $\angle ACB$ 的平分线交 $AB$ 于点 $N$，则 $AC:BC = AN:NB$. 由①得：$AD:BD = AN:NB$.

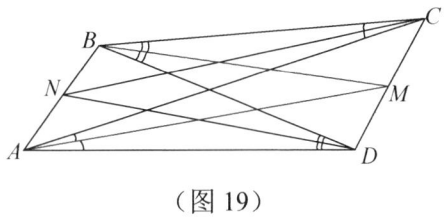

因此 $DN$ 也是 $\angle ADB$ 的平分线.

所以 $\angle ACB$ 和 $\angle ADB$ 的平分线交点在边 $AB$ 上.

**例 9** 在三角形 $ABC$ 的边 $AB$ 和 $AC$ 上分别取点 $M$ 和 $N$，使得 $BM=MN=NC$. 作三角形 $AMN$ 的角平分线 $MM_1$ 和 $NN_1$. 证明：$M_1N_1 // BC$.

(2000—2001 年全俄数学奥林匹克 9 年级试题)

**证明 1：** 如图 20 所示，因为 $\angle MNA$ 是等腰三角形 $MNC$ 的外角，所以 $\angle MNA = \angle NMC + \angle NCM = 2\angle NCM$.

因为 $NN_1$ 是角 $ANM$ 的平分线，所以 $\angle ANN_1 = \dfrac{1}{2}\angle MNA = \angle NCM$.

我们得到 $NN_1 // CM$. 因此 $\dfrac{AN_1}{AN} = \dfrac{AM}{AC}$. $\cdots\cdots$ ①

对三角形 $AMM_1$ 和三角形 $ABN$ 进行类似的讨论，得到 $\dfrac{AM_1}{AN} = \dfrac{AM}{AB}$. $\cdots\cdots$ ②

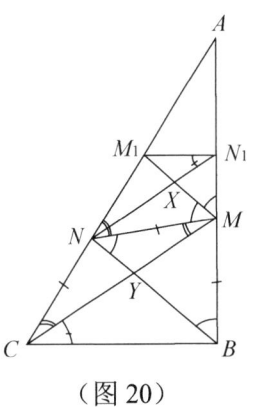

等式 ①、②相除，得到 $\dfrac{AN_1}{AM_1}=\dfrac{AB}{AC}$，所以 $M_1N_1//BC$.

**证明 2**：设 $BM=MN=NC=a$，$AM=b$，$AN_1=b_1$，$AN=c$，$AM_1=c_1$. 则根据三角形角平分线的性质，有 $AN_1:N_1M=AN:NM$，即 $b_1:(b-b_1)=c:a$，由此得 $b_1=\dfrac{bc}{a+c}$. 类似可得 $c_1=\dfrac{bc}{a+b}$.

这意味着，$AN_1:AM_1=b_1:c_1=(a+b):(a+c)=AB:AC$.

因此，$M_1N_1//BC$.

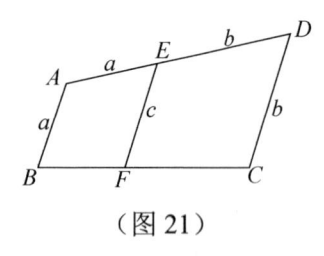

**例 10** 如图 21 所示，四边形 $ABCD$ 中，$AB//DC$. $E$ 为 $AD$ 上一点. 若 $AB=AE=a$，$CD=ED=b$（$a<b$）. 过 $E$ 作 $AB$ 的平行线交 $BC$ 于点 $F$，$EF=c$. 求证：$\dfrac{1}{a}+\dfrac{1}{b}=\dfrac{2}{c}$.

（图 21）

**证明**：如图 22 所示，过 $A$ 作 $BC$ 的平行线交 $EF$ 于点 $G$，交 $CD$ 于点 $H$.

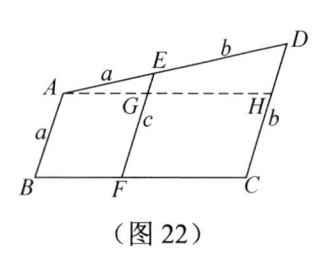

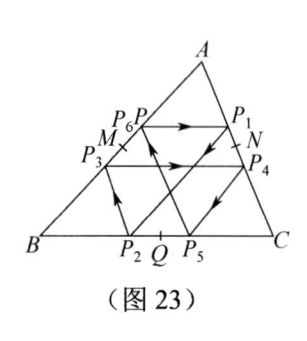

则 $EG=c-a$，$DH=b-a$.

由 $\dfrac{AE}{AD}=\dfrac{EG}{DH}$，得 $\dfrac{a}{a+b}=\dfrac{c-a}{b-a}$.

所以 $ab-a^2=ac+bc-a^2-ab$.

即 $ac+bc=2ab$.

两边同除 $abc$ 得 $\dfrac{1}{a}+\dfrac{1}{b}=\dfrac{2}{c}$.

（图 22）

**例 11** 如图 23 所示，已知 $\triangle ABC$ 的周长为 1992 厘米. 一只小松鼠位于 $AB$ 上（点 $A$，$B$ 除外）的点 $P$，小松鼠首先由点 $P$ 沿平行于 $BC$ 的方向奔跑，当跑到 $AC$ 边上的点 $P_1$ 后，立即改变方向，再沿平行于 $AB$ 的方向奔跑，当跑到 $BC$ 边上的点 $P_2$ 后，又立即改变方向，沿平行于 $CA$ 边的方向奔跑，当跑到 $AB$ 边上的点 $P_3$ 后，又立即改变方向，沿平行于边 $BC$ 的方向奔跑，……，此后按上述规律一直跑下去. 问小松鼠能否再返回到点 $P$. 如果能再回到点 $P$，那么要跑多少路程？

（图 23）

**解**：设 $BC$ 中点为 $Q$，$AC$ 中点为 $N$，若小松鼠 $P$ 位于 $AB$ 的中点 $M$，容易知道小松鼠 $P$ 跑的轨道是 $M\to N\to Q\to M$，所跑的路程恰为 $\triangle MNQ$ 的周

长，即 $\triangle ABC$ 的周长之半，为 $\dfrac{1992}{2} = 996$ 厘米.

若 $P$ 不与 $AB$ 的中点 $M$ 重合，如图 23 所示，$PP_1//BC$，$P_1$，$P_2$，$P_3$，$P_4$，$P_5$，$P_6$ 是依次按题设的方式产生的点列.

因为 $P_1P_2//AB$，所以 $\dfrac{AP_1}{P_1C} = \dfrac{BP_2}{P_2C}$. …… ①

因为 $P_2P_3//CA$，所以 $\dfrac{BP_2}{P_2C} = \dfrac{BP_3}{P_3A}$. …… ②

因为 $P_3P_4//BC$，所以 $\dfrac{BP_3}{P_3A} = \dfrac{CP_4}{P_4A}$. …… ③

因为 $P_4P_5//AB$，所以 $\dfrac{CP_4}{P_4A} = \dfrac{CP_5}{P_5B}$. …… ④

因为 $P_5P_6//CA$，所以 $\dfrac{CP_5}{P_5B} = \dfrac{AP_6}{P_6B}$. …… ⑤

比较①、②、③、④、⑤得 $\dfrac{AP_1}{P_1C} = \dfrac{AP_6}{P_6B}$，即 $P_6P_1//BC$.

又 $PP_1//BC$，所以根据平行公理，$P_6P_1$ 与 $PP_1$ 重合，$P_6$ 与初始点 $P$ 重合. 因此小松鼠离开点 $P$ 后，折返 6 次返回到点 $P$. 此时因四边形 $P_6P_1P_2B$ 是平行四边形，故 $P_6P_1 = BP_2$. 因四边形 $P_3P_4CP_2$ 为平行四边形，故 $P_3P_4 = P_2C$.

所以 $P_6P_1 + P_3P_4 = BC$.

同理可得 $P_2P_3 + P_5P_6 = CA$，$P_4P_5 + P_1P_2 = AB$.

所以 $P_6P_1 + P_1P_2 + P_2P_3 + P_3P_4 + P_4P_5 + P_5P_6 = BC + CA + AB = 1992$ 厘米.

所以此时小松鼠返回点 $P$ 至少要跑 1992 厘米的路程.

所以若小松鼠从 $AB$ 边的中点出发，则返回原处至少要跑 996 厘米的路程；若小松鼠不是从 $AB$ 边的中点出发，则返回原处至少要跑 1992 厘米的路程.

**例 12** 在三角形 $ABC$ 的边 $AB$ 上取不同于点 $A$ 与 $B$ 的点 $P$，在 $BC$ 和 $AC$ 上分别取点 $Q$ 和 $R$，使得四边形 $PQCR$ 是平行四边形. 设线段 $AQ$ 和 $PR$ 交点为 $M$，线段 $BR$ 和 $PQ$ 交点为 $N$. 证明：三角形 $AMP$ 和 $BNP$ 面积的和等于三角形 $CQR$ 的面积.

(1994—1995 年全俄数学奥林匹克 9 年级试题)

**证明**：如图 24 所示，连接 $MN$，$MB$. 根据平行线分线段成比例，因为

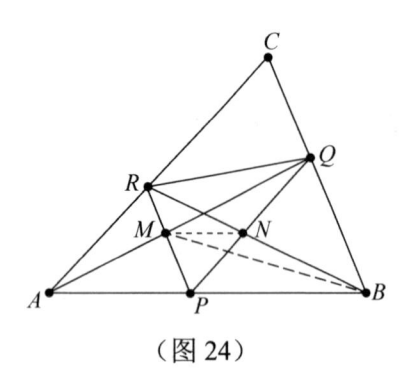

$PR//BC$，所以 $\dfrac{RM}{MP} = \dfrac{CQ}{QB}$. 因为 $PQ//CA$，所以 $\dfrac{CQ}{QB} = \dfrac{RN}{NB}$.

所以 $\dfrac{RM}{MP} = \dfrac{RN}{NB}$，因此 $MN//AB$.

易知 $\triangle AMP$ 的面积 $= \triangle QRM$ 的面积 $= \triangle BRM$ 的面积，

$\triangle BNP$ 的面积 $= \triangle BPM$ 的面积，

所以 $\triangle AMP$ 的面积 $+ \triangle BNP$ 的面积

$= \triangle BRM$ 的面积 $+ \triangle BPM$ 的面积

$= \triangle BRP$ 的面积

$= \triangle QRP$ 的面积 $= \triangle CQR$ 的面积.

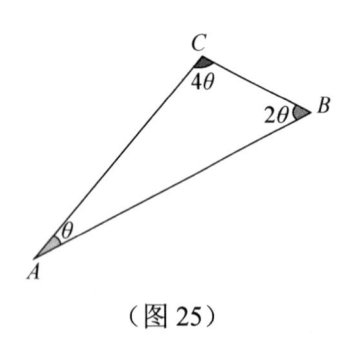

（图 24）

（图 25）

**例 13** 如图 25 所示，在 $\triangle ABC$ 中，已知 $\angle A : \angle B : \angle C = 1 : 2 : 4$. 求证：$\dfrac{1}{AB} + \dfrac{1}{AC} = \dfrac{1}{BC}$.

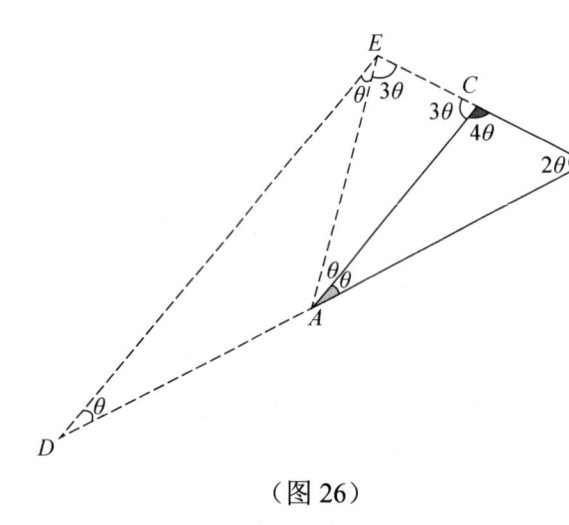

**证法 1**：如图 26 所示，要证 $\dfrac{1}{AB} + \dfrac{1}{AC} = \dfrac{1}{BC}$，只需证 $\dfrac{AB+AC}{AB \cdot AC} = \dfrac{1}{BC}$，只需证 $\dfrac{AB+AC}{AB} = \dfrac{AC}{BC}$.

延长 $BA$ 到 $D$，使得 $AD = AC$. 只需证 $\dfrac{BD}{AB} = \dfrac{AC}{BC}$ 即可.

为此需要在 $BC$ 延长线上取点 $E$，使得 $BE = AC$.（或换另一种途径：作 $\angle CAE = \theta$，交 $BC$ 延长线于点 $E$），可证 $DE//CA$. 所以 $\dfrac{BD}{AB} = \dfrac{BE}{BC} = \dfrac{AC}{BC}$.

（图 26）

这时就可以变换得出 $\dfrac{1}{AB} + \dfrac{1}{AC} = \dfrac{1}{BC}$.

**证法 2**：如图 27 所示，要证 $\dfrac{1}{AB} + \dfrac{1}{AC} = \dfrac{1}{BC}$，只需证 $\dfrac{AB+AC}{AB \cdot AC} = \dfrac{1}{BC}$，

只需证 $AB \cdot BC + AC \cdot BC = AB \cdot AC$ 即可. 联想到托勒密定理, 作 $\triangle ABC$ 的外接圆, 作圆内接正七边形. 易知 $A'C = AC$, $AA' = AB$, $A'B = BC$.

由托勒密定理, 得 $AA' \cdot BC + AC \cdot A'B = AB \cdot A'C$, 所以 $AB \cdot BC + AC \cdot BC = AB \cdot AC$.

下面就可以变换得出 $\dfrac{1}{AB} + \dfrac{1}{AC} = \dfrac{1}{BC}$.

（图 27）

**例 14** 如图 28 所示, 在三角形 $ABC$ 中, $D$, $E$, $F$ 分别是边 $AB$, $AC$, $BC$ 上的一点, 且 $DE/\!/BC$, $EF/\!/AB$. 记 $\triangle ADE$, $\triangle BFD$, $\triangle CEF$ 的面积分别是 $S_1$, $S_2$, $S_3$.

求证：$S_2^2 = S_1 \cdot S_3$.

**证明**：如图 28 所示, 连接 $BE$, 则由 $DE/\!/BC$, $EF/\!/AB$ 可知, 四边形 $BFED$ 为平行四边形. 从而 $S_{\triangle BED} = S_{\triangle BFE} = S_{\triangle BFD} = S_2$. 于是由 $DE/\!/BC$ 可得 $\dfrac{S_1}{S_2} = \dfrac{S_{\triangle ADE}}{S_{\triangle BED}} = \dfrac{AD}{DB} = \dfrac{AE}{EC} = \dfrac{S_{\triangle ABE}}{S_{\triangle BCE}} = \dfrac{S_1 + S_2}{S_2 + S_3}$.

从而得 $S_1(S_2 + S_3) = S_2(S_1 + S_2)$, 展开整理得 $S_2^2 = S_1 \cdot S_3$.

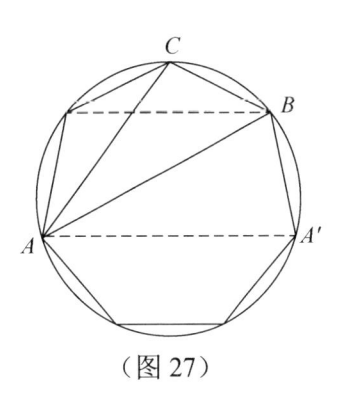

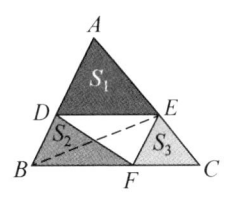

（图 28）

**例 15** 平行四边形 $ABCD$ 的对角线 $BD$ 上的点 $A_1$、$C_1$ 满足 $AA_1/\!/CC_1$. $K$ 是线段 $A_1C$ 上一点, 直线 $AK$ 与 $CC_1$ 交于点 $L$. 过 $K$ 所作 $BC$ 的平行线与过 $C$ 所作 $BD$ 的平行线相交于点 $M$. 求证：$D$, $M$, $L$ 三点共线.

**证明**：如图 29 所示, 连接 $AC_1$, 由平行四边形的对称性, 易知 $AA_1CC_1$ 是平行四边形. 所以 $AC_1/\!/KC$, 因此 $\dfrac{LC}{LC_1} = \dfrac{LK}{LA}$.

设过 $K$ 所作 $BC$ 的平行线交 $LD$ 于 $M_1$, 过 $C$ 所作 $BD$ 的平行线相交于点 $M_2$.

由 $KM_1/\!/AD$, 则 $\dfrac{LM_1}{LD} = \dfrac{LK}{LA}$.

由 $CM_2/\!/BD$, 则 $\dfrac{LM_2}{LD} = \dfrac{LC}{LC_1}$.

由已证 $\dfrac{LC}{LC_1} = \dfrac{LK}{LA}$, 得 $\dfrac{LM_1}{LD} = \dfrac{LM_2}{LD}$. 所以

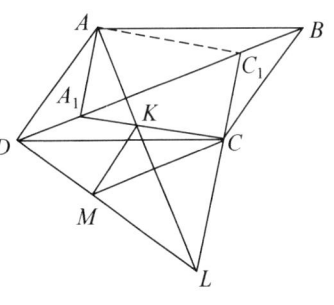

（图 29）

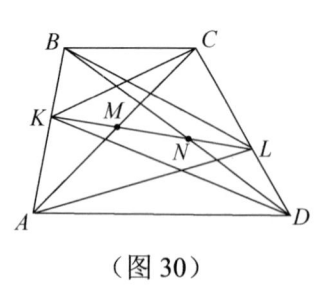

$LM_1 = LM_2$.

因此 $M_1 = M_2 = M$ 即 $D$，$M$，$L$ 三点共线.

**例16** 如图 30 所示，设梯形 $ABCD$ 的两腰 $AB$，$CD$ 上分别取点 $K$，$L$，使得 $KL$ 不与底边平行，并且被对角线三等分. 求证：$AD=2BC$.

（图 30）

（第 62 届圣彼得堡数学奥林匹克试题）

**证明**：已知 $KM=MN=NL$，所以由 $KN=2NL$，得 $S_{\triangle BDK} = 2S_{\triangle BDL}$. 由 $ML=2KM$，得 $S_{\triangle ACL} = 2S_{\triangle ACK}$.

因为三角形 $BDL$ 与 $ADL$ 共底边 $DL$，所以它们面积之比等于 $B$，$A$ 两点到 $LD$ 距离之比. 而由于 $BC//AD$，也等于 $\dfrac{BC}{AD}$，即 $\dfrac{S_{\triangle BDL}}{S_{\triangle ADL}} = \dfrac{BC}{AD}$，即 $S_{\triangle ADL} = \dfrac{AD}{BC} \cdot S_{\triangle BDL} = \dfrac{AD}{2BC} \cdot S_{\triangle BDK}$.

同理可得 $\dfrac{S_{\triangle ACK}}{S_{\triangle ADK}} = \dfrac{BC}{AD}$，即 $S_{\triangle ADK} = \dfrac{AD}{BC} \cdot S_{\triangle ACK} = \dfrac{AD}{2BC} \cdot S_{\triangle ACL}$.

相乘即得 $S_{\triangle ACL} \times S_{\triangle ADL} = S_{\triangle ADK} \times S_{\triangle BDK}$，由 $BC//AD$，得 $S_{\triangle ACL} + S_{\triangle ADL} = S_{\triangle ADK} + S_{\triangle BDK}$，所以必有 $\{S_{\triangle ACL}, S_{\triangle ADL}\} = \{S_{\triangle ADK}, S_{\triangle BDK}\}$.

由于 $KL$ 不与底边平行，$S_{\triangle ADL} \neq S_{\triangle ADK}$，因此 $S_{\triangle ADL} = S_{\triangle BDK}$. 所以 $AD = 2BC$.

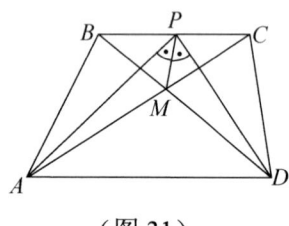

**例17** 如图 31 所示，梯形 $ABCD$ 两对角线交于点 $M$，底边 $BC$ 上的点 $P$ 满足 $\angle APM = \angle DPM$. 求证：点 $C$ 到直线 $AP$ 的距离等于点 $B$ 到直线 $DP$ 的距离.

（圣彼得堡数学竞赛试题）

（图 31）

**证明**：记点 $X$ 到直线 $L$ 的距离为 $d(X, L)$.

则有 $\dfrac{d(C, AP)}{d(M, AP)} = \dfrac{AC}{AM}$，$\dfrac{d(B, DP)}{d(M, DP)} = \dfrac{DB}{DM}$. 由 $AD//BC$，得 $\dfrac{AC}{AM} = \dfrac{DB}{DM}$. 而由 $PM$ 平分 $\angle APD$，得 $d(M, AP) = d(M, DP)$. 所以 $d(C, AP) = d(B, DP)$.

# 第 16 讲

# 相似三角形及其应用

**定义**：如图 1 所示，$\triangle ABC$ 与 $\triangle A'B'C'$ 中，如果 $\angle A = \angle A'$，$\angle B = \angle B'$，$\angle C = \angle C'$，且 $\dfrac{AB}{A'B'} = \dfrac{BC}{B'C'} = \dfrac{CA}{C'A'}$，则称 $\triangle ABC$ 与 $\triangle A'B'C'$ 相似，简记作 $\triangle ABC \backsim \triangle A'B'C'$.

（图 1）

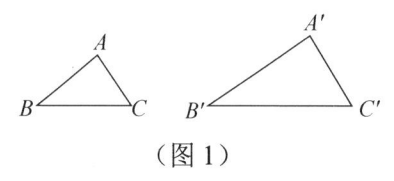

## 16.1 相似三角形的判定

（1）两角对应相等，两三角形相似；

（2）两边对应成比例且夹角相等，两三角形相似；

（3）三边对应成比例，两三角形相似；

（4）如果一个直角三角形的斜边和一条直角边与另一个直角三角形的斜边和一条直角边对应成比例，那么这两个直角三角形相似.

## 16.2 相似三角形的性质

（1）相似三角形的对应角相等，对应边成比例；

（2）相似三角形的对应高的比，对应中线的比和对应角平分线的比都等于相似比；

（3）相似三角形的周长比等于相似比；

（4）相似三角形的面积比等于相似比的平方.

## 16.3 直角三角形的射影定理

如图 2 所示，在 $\triangle ABC$ 中，$\angle ACB = 90°$. $CD \perp AB$

（图 2）

于 $D$. 从图中可见 $\angle CAD = \angle BCD$，$\angle ACD = \angle DBC$，于是 $\triangle ACD \backsim \triangle CBD \backsim \triangle ABC$. 可以得出如下结论：$CD^2 = AD \cdot BD$，$AC^2 = AD \cdot AB$，$BC^2 = BD \cdot AB$.

如果称 $AD$ 为 $AC$ 在 $AB$ 上的射影，$BD$ 为 $BC$ 在 $AB$ 上的射影，上述结论可以表述为如下的**射影定理**：

在直角三角形中，(1) 斜边上高线的平方等于两条直角边在斜边上射影的乘积. 即 $CD^2 = AD \cdot BD$. (2) 一条直角边的平方等于这条直角边在斜边上的射影与斜边的乘积. 即 $AC^2 = AD \cdot AB$ 与 $BC^2 = BD \cdot AB$.

掌握直角三角形的射影定理，对进一步学习几何和力学都是很重要的.

研究相似三角形的问题，主要是指相似三角形的判定和相似三角形的性质的应用.

相似三角形的应用极其广泛，可证明角相等、线段相等、线段成比例、两线段平行及计算线段长、面积大小等问题.

初学相似三角形，要会分析两个三角形的对应条件来判定两个三角形相似.

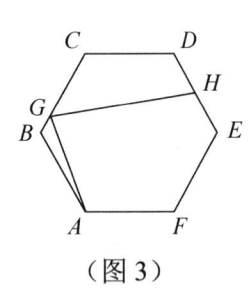

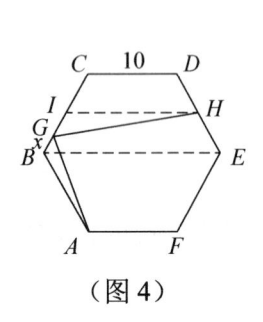

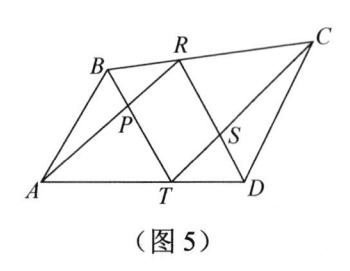

（图3）

（图4）

（图5）

**例1** 如图3所示，正六边形 $ABCDEF$ 的边长为10，$H$ 为 $DE$ 的中点，$G$ 为 $BC$ 边上一点且满足 $\angle AGB = \angle CGH$，则 $BG$ 的长度为 ____.

**答**：2.

**解**：如图4所示，连接 $BE$，取 $BC$ 的中点 $I$，连接 $IH$，则 $IH$ 是梯形 $BCDE$ 的中位线. 易知 $IH = \dfrac{10+20}{2} = 15$.

在 $\triangle AGB$ 与 $\triangle HIG$ 中，因为 $\angle ABG = 120° = \angle HIG$，又 $\angle AGB = \angle CGH$，所以 $\triangle AGB \backsim \triangle HIG$，故 $\dfrac{BG}{AB} = \dfrac{IG}{IH}$. ……（*）

设 $BG = x$，$IG = 5-x$，$AB = 10$，$IH = 15$. 代入（*）式，得 $\dfrac{x}{10} = \dfrac{5-x}{15}$，

解得 $x = 2$. 即 $BG = 2$.

**例2** 如图5所示，四边形 $ABCD$ 中，点 $R$，$T$ 分别在边 $BC$，$AD$ 上，$P$ 是 $BT$ 与 $AR$ 的交点，$S$ 是

CT 与 DR 的交点. 已知四边形 PRST 为平行四边形，求证：AB//CD.

**证明**：由平行关系 $\dfrac{AP}{PR} = \dfrac{AT}{TD} = \dfrac{RS}{SD}$，$\dfrac{BP}{PT} = \dfrac{BR}{RC} = \dfrac{TS}{SC}$. 两式相除并由 PR=TS，PT=RS，得到 $\dfrac{PA}{PB} = \dfrac{SC}{SD}$. 又因 $\angle APB = \angle RPT = \angle RST = \angle CSD$，故 △APB∽△CSD.

于是 $\angle BAR = \angle DCT$，

又因 AR//CT，所以 $\angle RAD = \angle CTD$.

因此 $\angle BAD + \angle ADC = (\angle BAR + \angle RAD) + \angle TDC$

$= \angle TCD + \angle CTD + \angle TDC = 180°$.

所以 AB//CD.

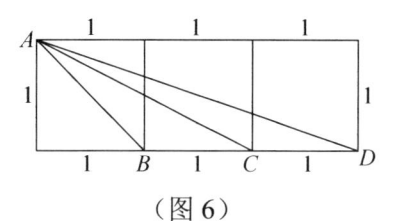

**例 3** 3 个单位正方形如图 6 所示并排放在一起.

（1）求证：△ABC∽△DBA；

（2）计算：$\angle ADB + \angle ACB$ 的度数.

（图 6）

**解**：（1）证明：通过计算可得：$AB = \sqrt{2}$，$AC = \sqrt{5}$，$AD = \sqrt{10}$. 因此 $\dfrac{AB}{BD} = \dfrac{\sqrt{2}}{2}$，$\dfrac{BC}{AB} = \dfrac{1}{\sqrt{2}} = \dfrac{\sqrt{2}}{2}$，$\dfrac{AC}{DA} = \dfrac{\sqrt{5}}{\sqrt{10}} = \dfrac{1}{\sqrt{2}} = \dfrac{\sqrt{2}}{2}$.

在 △ABC 与 △DBA 中，有 $\dfrac{AB}{BD} = \dfrac{BC}{AB} = \dfrac{AC}{DA}$，所以 △ABC∽△DBA.

（2）由 △ABC∽△DBA，得 $\angle BAC = \angle ADB$.

易知 $\angle ABC = 135°$. 所以 $\angle BAC + \angle ACB = 45°$，因此 $\angle ADB + \angle ACB = 45°$.

**例 4** 如图 7 所示，△ABC 与 △$A_1B_1C_1$ 均是等边三角形. 并且它们有相同的中心与平行的对应边. BC 边与 $B_1C_1$ 边之间的距离是△ABC 高线的 $\dfrac{1}{6}$. 求 △ABC 与 △$A_1B_1C_1$ 的面积比.

**分析**：由于两个正三角形是相似的，因此它们的面积之比就等于对应高的平方之比. 为此，我们只需先求出它们对应高之比就可以了.

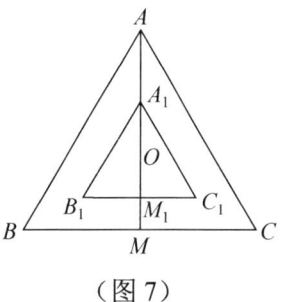

**解**：设正△ABC 与正△$A_1B_1C_1$ 的高分别是 $h$ 和 $h_1$.

由于 O 为这两个正三角形的公共中心，其对应边又

（图 7）

分别平行，所以由点 $A_1$ 引的正 $\triangle A_1B_1C_1$ 的高 $A_1M_1$ 重合落在正 $\triangle ABC$ 的高 $AM$ 上，而 $M_1M$ 即为平行线 $B_1C_1$ 与 $BC$ 之间的距离. 所以 $M_1M = \dfrac{h}{6}$.

因为等边三角形的高线也是中线，则 $OM = \dfrac{h}{3}$，$OM_1 = \dfrac{h_1}{3}$.

由题设 $MM_1 = OM - OM_1$，推出 $OM = OM_1 + MM_1$，所以 $\dfrac{h}{3} = \dfrac{h_1}{3} + \dfrac{h}{6}$. 故得 $\dfrac{h_1}{h} = \dfrac{1}{2}$.

由正 $\triangle ABC$ 与正 $\triangle A_1B_1C_1$ 相似，得 $\dfrac{S_{\triangle A_1B_1C_1}}{S_{\triangle ABC}} = \left(\dfrac{h_1}{h}\right)^2 = \left(\dfrac{1}{2}\right)^2 = \dfrac{1}{4}$.

即正 $\triangle ABC$ 与正 $\triangle A_1B_1C_1$ 的面积之比是 4:1.

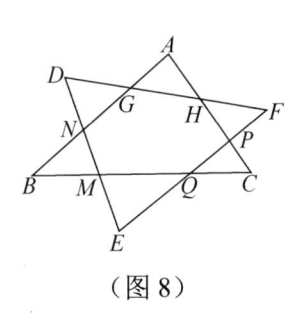

**例 5** 如图 8 所示，若 $\dfrac{GH}{DF} = \dfrac{PQ}{EF} = \dfrac{MN}{DE}$，求证：$\dfrac{GN}{AB} = \dfrac{PH}{AC} = \dfrac{MQ}{BC}$.

（图8）

**分析**：$AC$，$BC$，$AB$ 分别为 $\triangle ABC$ 的三边，而 $PH$，$MQ$，$GN$ 3 条线段位置分散，故考虑构造一个三角形与 $\triangle ABC$ 相似，且它的 3 条边分别等于 $PH$，$MQ$，$GN$.

**证明**：如图 9 所示，分别过点 $G$，$H$ 作 $DE$、$EF$ 的平行线，交点为 $O$. 连接 $MO$，$QO$. 则 $\triangle GOH \backsim \triangle DEF$.

所以 $\dfrac{GH}{DF} = \dfrac{OH}{EF} = \dfrac{OG}{DE}$.

又因为 $\dfrac{GH}{DF} = \dfrac{PQ}{EF} = \dfrac{MN}{DE}$.

（图9）

所以 $OH = PQ$，$OG = MN$. 所以 $OH \underline{\parallel} PQ$，$OG \underline{\parallel} MN$.

所以 $OM \underline{\parallel} GN$，$OQ \underline{\parallel} PH$.

所以 $\triangle MOQ \backsim \triangle BAC$. 所以 $\dfrac{OM}{AB} = \dfrac{OQ}{AC} = \dfrac{MQ}{BC}$，即 $\dfrac{GN}{AB} = \dfrac{PH}{AC} = \dfrac{MQ}{BC}$.

**注**：证明角相等或线段成比例，常转化为证两个三角形相似.

**例 6** 已知等腰 $\triangle ABC$ 底边上的中线 $AM$ 从点 $M$ 向 $AC$ 引垂线，垂足为 $H$. 取 $MH$ 的中点 $N$. 求证：$AN \perp BH$.

**分析**：要证 $AN \perp BH$，根据条件知 $AM \perp BC$，故只需证 $\angle 1 = \angle 2$ 即可.

要证 $\angle 1 = \angle 2$，我们发现 $\angle 1$ 是 Rt$\triangle AMH$ 的斜边与一直角边 $MH$ 上的中线

— 154 —

的夹角. 因此，要构造一个直角三角形，使∠2恰为这个直角三角形斜边 $BC$ 与一直角边上的中线的夹角就好了. 于是我们作 $BG \perp AC$ 于点 $G$，设法证直角三角形 $AMH$ 与 $BCG$ 相似就可以了.

**证明：** 如图 10 所示，作 $BG \perp AC$ 于 $G$，易知 $\angle AMH = \angle C$. 则 $\mathrm{Rt}\triangle AMH \backsim \mathrm{Rt}\triangle BGC$.

所以 $AM : BC = MH : CG$.

又 $MN = \dfrac{1}{2}MH$，$CH = \dfrac{1}{2}CG$（三角形中位线定理）.

所以 $AM : BC = MN : CH$. 又 $\angle AMH = \angle C$.

因此 $\triangle AMN \backsim \triangle BCH$（相似三角形判定定理 2）.

于是得 $\angle 1 = \angle 2$（相似三角形对应角相等）.

设 $AM$ 与 $BH$ 相交于点 $Q$，$AN$ 与 $BH$ 相交于点 $P$. 可得 $\triangle AQP \backsim \triangle BQM$，比较 $\triangle AQP$，$\triangle BQM$ 中的各角可知，$\angle APQ = \angle QMB = 90°$，所以 $AN \perp BH$.

**例 7** 如图 11 所示，$\triangle ABC$ 中，$CD$ 是 $\angle ACB$ 的平分线. 作 $CD$ 的垂直平分线交 $AB$ 的延长线于点 $E$. 求证：$ED^2 = EB \cdot EA$.

（图 11）

**分析：** 如图 12 所示，要证 $ED^2 = EB \cdot EA$.

只需证 $ED : EB = EA : ED$ 即可.

连接 $EC$，由于 $E$ 点在 $CD$ 的垂直平分线上，所以 $ED=EC$.

因此只需证 $EC : EB = EA : EC$ 即可，即只需证 $\triangle ACE \backsim \triangle CBE$ 即可.

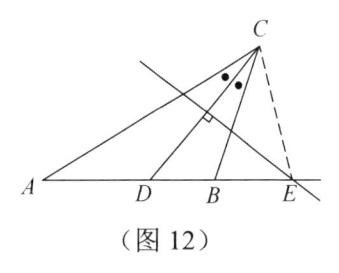

（图 12）

在 $\triangle ACE$ 与 $\triangle CBE$ 中，$\angle AEC = \angle CEB$（公共角），所以只需证 $\angle CAE = \angle BCE$ 即可.

因为 $CD$ 是 $\angle ACB$ 的平分线，所以 $\angle ACD = \angle BCD$. 又由 $ED=EC$ 知，$\angle EDC = \angle ECD$. 则 $\angle EDC - \angle ACD = \angle ECD - \angle BCD$，即 $\angle CAE = \angle BCE$.

所以 $\triangle ACE$ 与 $\triangle CBE$ 相似的条件已经具备.

至此，分析完毕，本题的证明过程略.

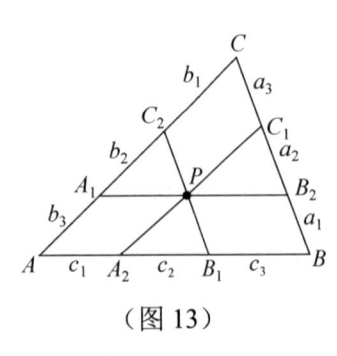

**例 8** 经过 $\triangle ABC$ 内任一点 $P$ 分别引平行于三角形 3 边的直线，它们将 3 边依次分成长为 $a_1$，$a_2$，$a_3$；$b_1$，$b_2$，$b_3$；$c_1$，$c_2$，$c_3$ 的线段，如图 13 所示. 求证：$a_1b_1c_1 = a_2b_2c_2 = a_3b_3c_3$.

（图 13）

**分析**：所求证的为线段的乘积式，可考虑用相似三角形证明. 由 $A_1B_2 // AB$，$B_1C_2 // BC$，$C_1A_2 // CA$，可知在图中构造了 3 个平行四边形和 3 个小三角形. 易知 $A_1P = c_1$，$A_2P = b_3$，$B_1P = a_1$，$B_2P = c_3$，$C_1P = b_1$，$C_2P = a_3$. $\triangle PC_2A_1$，$\triangle B_2C_1P$，$\triangle B_1PA_2$ 是彼此相似的，我们不妨按这一思路展开推证.

**证明**：由于 $A_1B_2 // AB$，$B_1C_2 // BC$，$C_1A_2 // CA$，易知 $\triangle B_2C_1P \backsim \triangle B_1PA_2 \backsim \triangle PC_2A_1$. 可得 $\dfrac{a_1}{a_2} = \dfrac{b_3}{b_1} = \dfrac{c_2}{c_3}$，$\dfrac{b_1}{b_2} = \dfrac{c_3}{c_1} = \dfrac{a_2}{a_3}$，$\dfrac{c_1}{c_2} = \dfrac{a_3}{a_1} = \dfrac{b_2}{b_3}$.

所以 $\dfrac{a_1b_1c_1}{a_2b_2c_2} = \dfrac{b_3}{b_1} \cdot \dfrac{b_1}{b_2} \cdot \dfrac{b_2}{b_3} = 1$. 所以 $a_1b_1c_1 = a_2b_2c_2$.

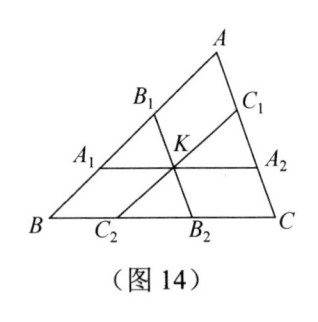

又因为 $\dfrac{a_2b_2c_2}{a_3b_3c_3} = \dfrac{b_1}{b_2} \cdot \dfrac{b_2}{b_3} \cdot \dfrac{b_3}{b_1} = 1$. 所以 $a_2b_2c_2 = a_3b_3c_3$.

因此得证 $a_1b_1c_1 = a_2b_2c_2 = a_3b_3c_3$.

（图 14）

**例 9** 在 $\triangle ABC$ 内任取一点 $K$，过 $K$ 引直线 $A_1A_2 // BC$，$B_1B_2 // AC$，$C_1C_2 // AB$. 如图 14 所示. 证明：$\dfrac{A_1A_2}{BC} + \dfrac{B_1B_2}{AC} + \dfrac{C_1C_2}{AB}$ 与 $K$ 点的选取无关.

**分析**：所谓 $\dfrac{A_1A_2}{BC} + \dfrac{B_1B_2}{AC} + \dfrac{C_1C_2}{AB}$ 与 $K$ 点的选取无关，即要证明，对 $\triangle ABC$ 内任取的点 $K$，$\dfrac{A_1A_2}{BC} + \dfrac{B_1B_2}{AC} + \dfrac{C_1C_2}{AB}$ 均为定值即可.

**证明**：易知 $\triangle AA_1A_2 \backsim \triangle ABC$，所以 $\dfrac{A_1A_2}{BC} = \dfrac{AA_1}{AB}$. ……①

又因 $\triangle BB_1B_2 \backsim \triangle BAC$，所以 $\dfrac{B_1B_2}{AC} = \dfrac{BB_1}{AB}$. ……②

此外 $\dfrac{C_1C_2}{AB} = \dfrac{C_1K + C_2K}{AB} = \dfrac{AB_1 + A_1B}{AB}$. ……③

①+②+③可得

$$\frac{A_1A_2}{BC}+\frac{B_1B_2}{AC}+\frac{C_1C_2}{AB}=\frac{AA_1}{AB}+\frac{BB_1}{AB}+\frac{AB_1+A_1B}{AB}=\frac{AA_1+BB_1+(AB_1+A_1B)}{AB}$$

$$=\frac{(AA_1+A_1B)+(BB_1+AB_1)}{AB}=\frac{2AB}{AB}=2.$$

所以，$\dfrac{A_1A_2}{BC}+\dfrac{B_1B_2}{AC}+\dfrac{C_1C_2}{AB}$ 之值与 $K$ 点的选取无关．

**例 10** 如图 15 所示，$\triangle PQR$ 和 $\triangle P'Q'R'$ 是两个全等的等边三角形．六边形 $ABCDEF$ 的边长分别为 $AB=a_1$，$BC=b_1$；$CD=a_2$，$DE=b_2$，$EF=a_3$，$FA=b_3$．求证：$a_1^2+a_2^2+a_3^2=b_1^2+b_2^2+b_3^2$．

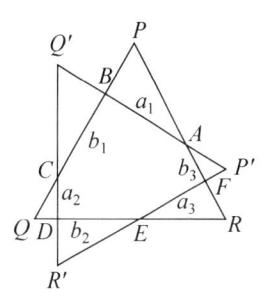

（图 15）

（1988 年全国初中数学联赛第二试试题三）

**证明：** 由等边三角形每个内角都为 $60°$ 及对顶角相等，我们不难发现：
$\triangle PAB \backsim \triangle Q'CB \backsim \triangle QCD \backsim \triangle R'ED \backsim \triangle REF \backsim \triangle P'AF$．

设 $\triangle PAB$，$\triangle Q'CB$，$\triangle QCD$，$\triangle R'ED$，$\triangle REF$，$\triangle P'AF$ 的面积依次为 $S_1$，$S_1'$，$S_2$，$S_2'$，$S_3$，$S_3'$．

由题设的两个正三角形全等，即 $S_{\triangle PQR}=S_{\triangle P'Q'R'}$，减去重叠部分六边形 $ABCDEF$ 的面积，可得 $S_1+S_2+S_3=S_1'+S_2'+S_3'$．

由上述 6 个三角形彼此相似的关系，我们有：$\dfrac{b_1^2}{a_1^2}=\dfrac{S_1'}{S_1}$，$\dfrac{b_2^2}{a_1^2}=\dfrac{S_2'}{S_1}$，$\dfrac{b_3^2}{a_1^2}=\dfrac{S_3'}{S_1}$．相加得 $\dfrac{b_1^2+b_2^2+b_3^2}{a_1^2}=\dfrac{S_1'+S_2'+S_3'}{S_1}$，

即 $\dfrac{a_1^2}{b_1^2+b_2^2+b_3^2}=\dfrac{S_1}{S_1'+S_2'+S_3'}$．……①

同理可证 $\dfrac{a_2^2}{b_1^2+b_2^2+b_3^2}=\dfrac{S_2}{S_1'+S_2'+S_3'}$．……②

$\dfrac{a_3^2}{b_1^2+b_2^2+b_3^2}=\dfrac{S_3}{S_1'+S_2'+S_3'}$．……③

①+②+③得 $\dfrac{a_1^2+a_2^2+a_3^2}{b_1^2+b_2^2+b_3^2}=\dfrac{S_1+S_2+S_3}{S_1'+S_2'+S_3'}=1$，即 $a_1^2+a_2^2+a_3^2=b_1^2+b_2^2+b_3^2$．

**例 11** 如图 16 所示，在凸四边形 $ABCD$ 中，$\angle A+\angle C=90°$．求证：$(AB\cdot CD)^2+(AD\cdot BC)^2=(AC\cdot BD)^2$．

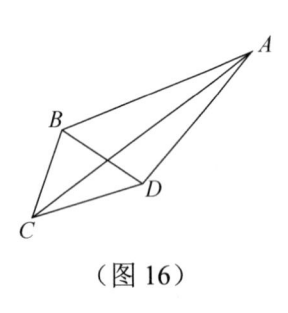

**分析**：求证的式子 $(AB\cdot CD)^2+(AD\cdot BC)^2=(AC\cdot BD)^2$ 酷似勾股定理的表达式，差异只在于勾股定理表达式的每一项都是线段的平方，而这里是线段乘积的平方．要化归为勾股定理来证明，就要设法消除这个差异．为此，各项均被 $AC^2$ 去除，得 $\left(\dfrac{AB\cdot CD}{AC}\right)^2+\left(\dfrac{AD\cdot BC}{AC}\right)^2=BD^2$．

（图 16）

这样一来，一个直角三角形已现端倪，$BD$ 应是斜边，$\dfrac{AB\cdot CD}{AC}$ 和 $\dfrac{AD\cdot BC}{AC}$ 应是直角边．

根据求第四比例项的方法，启发我们作出一对相似三角形，使 $AB$ 与 $CD$ 是一组对应边，又知 $\dfrac{AB\cdot CD}{AC}$ 就是 $AC$ 的对应边；同法可求 $\dfrac{AD\cdot BC}{AC}$ 表示的线段．这样，将本题的证明，化归为勾股定理的应用．可得如下证法：

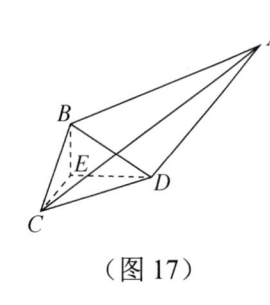

**证明**：如图 17 所示，在凸四边形 $ABCD$ 内取一点 $E$，使得 $\angle EDC=\angle BAC$，$\angle ECD=\angle BCA$，则 $\triangle ECD\backsim\triangle BCA$，推出 $\dfrac{AB\cdot CD}{AC}=DE$．

连接 $BE$，再证 $\triangle BCE\backsim\triangle ACD$，推出 $\dfrac{AD\cdot BC}{AC}=BE$．

（图 17）

由 $\angle A+\angle C=90°$，不难推得 $\angle BED=90°$．

在 $Rt\triangle BED$ 中，根据勾股定理得 $BE^2+ED^2=BD^2$，所以 $\left(\dfrac{AD\cdot BC}{AC}\right)^2+\left(\dfrac{AB\cdot CD}{AC}\right)^2=BD^2$．

即 $(AB\cdot CD)^2+(AD\cdot BC)^2=(AC\cdot BD)^2$．

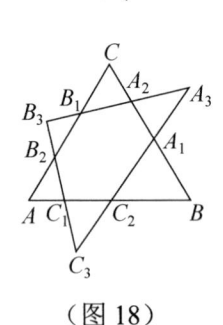

**例12** 如图 18 所示，等边三角形 $ABC$ 的 3 条边上，有 3 条相等的线段 $A_1A_2$，$B_1B_2$，$C_1C_2$．证明：$B_2C_1$，$C_2A_1$，$A_2B_1$ 所在直线交成的三角形 $A_3B_3C_3$ 中，线段 $A_1A_2$，$B_1B_2$，$C_1C_2$ 与它们所在的三角形 $A_3B_3C_3$ 的边成比例 $\left(\text{即}\ \dfrac{B_1A_2}{B_3A_3}=\dfrac{C_1B_2}{C_3B_3}=\dfrac{A_1C_2}{A_3C_3}\right)$．

（图 18）

**分析**：如图 19 所示，设直线 $B_2C_1$，$C_2A_1$，$A_2B_1$ 交成

$\triangle A_3B_3C_3$，要证明 $\dfrac{A_2B_1}{A_3B_3}=\dfrac{B_2C_1}{B_3C_3}=\dfrac{C_2A_1}{C_3A_3}$，则很容易想到，若这 6 条线段要是一对相似三角形的 3 组对应边问题就解决了. 而 $A_3B_3$，$B_3C_3$，$C_3A_3$ 已经是 $\triangle A_3B_3C_3$ 的 3 条边，所以只要将线段 $A_2B_1$，$B_2C_1$，$C_2A_1$ 集中构成一个三角形，再证所构成的三角形与 $\triangle A_3B_3C_3$ 相似就可以了. 这样一来，就将这个问题化归为证明两个三角形相似的基本问题了，从而找到了解题的思路.

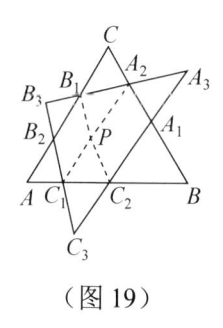

（图19）

为此，将 $A_1C_2$ 平移到 $A_2P$（即过 $A_2$ 作 $A_1C_2$ 的平行线与过 $C_2$ 所作 $A_1A_2$ 的平行线相交于点 $P$），则四边形 $A_1A_2PC_2$ 是平行四边形.

由 $PC_2=A_1A_2=C_2C_1$，$\angle PC_2C_1=\angle B=60°$，推出 $\triangle PC_1C_2$ 是正三角形.

由 $\angle PC_1C_2=60°=\angle A$，推出 $PC_1//B_1B_2$. 又 $PC_1=B_1B_2$，所以四边形 $PB_1B_2C_1$ 为平行四边形，所以 $B_1P\underline{//}B_2C_1$. 这时，$\triangle PB_1A_2$ 的 3 边分别等于 $C_2A_1$，$A_2B_1$，$B_2C_1$，又由 $PB_1//B_2C_1$，得 $\angle A_2B_1P=\angle A_3B_3C_3$，由 $A_2P//A_1C_2$，得 $\angle B_1A_2P=\angle B_3A_3C_3$．

所以 $\triangle A_3B_3C_3\backsim\triangle A_2B_1P$. 所以 $\dfrac{A_2B_1}{A_3B_3}=\dfrac{B_1P}{B_3C_3}=\dfrac{PA_2}{C_3A_3}$.

因为 $B_1P=B_2C_1$，$PA_2=C_2A_1$，所以 $\dfrac{A_2B_1}{A_3B_3}=\dfrac{B_2C_1}{B_3C_3}=\dfrac{C_2A_1}{C_3A_3}$.

**例13** 设 $A_1$ 和 $C_1$ 是三角形 $ABC$ 中顶点 $A$ 和 $C$ 在顶点 $B$ 的外角平分线上的射影. 证明：线段 $AC_1$ 和 $CA_1$ 的交点在三角形 $ABC$ 的 $\angle ABC$ 的平分线上.

（2003—2004年全俄数学奥林匹克9年级试题）

**证明：** 如图 20 所示，我们通过 $K$ 表示线段 $AC_1$ 和 $CA_1$ 的交点，因为 $AA_1//CC_1$，所以 $\triangle AA_1K\backsim\triangle C_1CK$，所以 $\dfrac{CK}{KA_1}=\dfrac{C_1K}{KA}=\dfrac{CC_1}{AA_1}$.

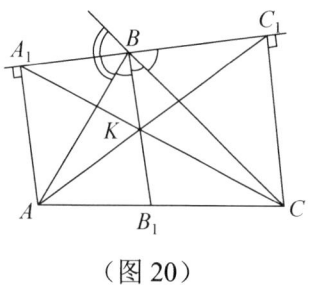

（图20）

因为 $\angle A_1BA=\angle CBC_1$，所以 $\text{Rt}\triangle CC_1B\backsim\text{Rt}\triangle AA_1B$，可得 $\dfrac{CC_1}{AA_1}=\dfrac{C_1B}{A_1B}$. 这意味着，$\dfrac{C_1K}{KA}=\dfrac{C_1B}{A_1B}$，即 $BK//A_1A//CC_1$，即 $BK\perp A_1C_1$，所以 $BK$ 是 $\angle ABC$ 的内角平分线（因为垂直于外角平分线）.

（图 21）

（图 22）

（图 23）

（图 24）

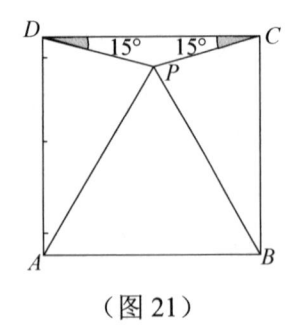

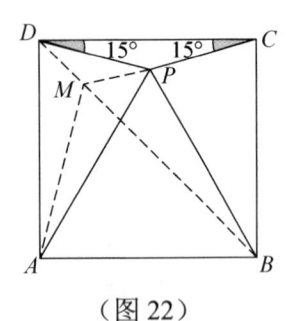

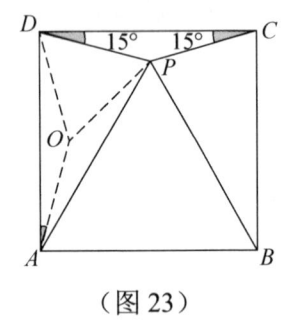

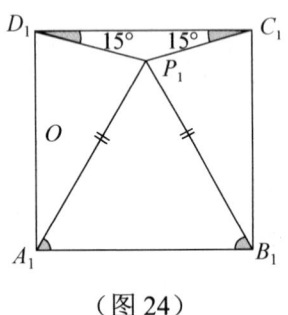

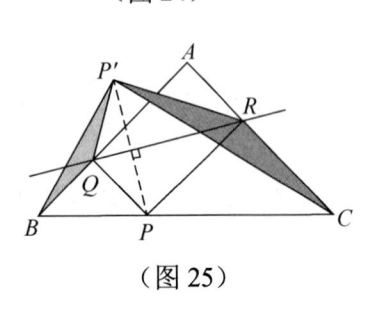

（图 25）

**例 14** 如图 21 所示，正方形 $ABCD$ 中，$P$ 为形内一点，使得 $\angle CDP = \angle DCP = 15°$. 求证：三角形 $ABP$ 为正三角形.

**证法 1**：如图 22 所示，延长 $CP$ 交 $BD$ 于点 $M$，连接 $AM$. 易知 $\angle PDM = \angle DPM = 30°$，所以 $\angle DMP = 120°$.

又 $\triangle ADM \cong \triangle CDM$，则 $\angle PMA = \angle DMA$.

又 $DM = PM$，$AM = AM$，所以 $\triangle ADM \cong \triangle APM$.

因此 $AP = AD$.

**证法 2**：如图 23 所示，作 $\triangle AOD \cong \triangle CPD$.

则 $\triangle POD$ 为正三角形，$\angle AOP = \angle AOD = 150°$.

所以 $\triangle AOP \cong \triangle AOD$. 因此 $AP = AD$.

**证法 3**：如图 24 所示，在正方形 $A_1B_1C_1D_1$ 中，作等边 $\triangle A_1B_1P_1$，易知 $\angle C_1D_1P_1 = \angle D_1C_1P_1 = 15°$. 这时，$\triangle C_1D_1P_1 \backsim \triangle CDP$，因此 $\dfrac{D_1C_1}{P_1C_1} = \dfrac{DC}{PC}$，推出 $\dfrac{D_1C_1}{DC} = \dfrac{P_1C_1}{PC}$，即 $\dfrac{P_1C_1}{PC} = \dfrac{B_1C_1}{BC}$. 又 $\angle P_1C_1B_1 = \angle PCB$，所以 $\triangle BCP \backsim \triangle B_1C_1P_1$.

由于 $P_1B_1 = C_1B_1$，所以 $PB = CB$.

**例 15** 如图 25 所示，等腰 $\triangle ABC$ 中，$P$ 为底边 $BC$ 上任意一点. 过 $P$ 作两腰的平行线分别与 $AB$，$AC$ 相交于 $Q$，$R$ 两点，又 $P'$ 是 $P$ 关于直线 $RQ$ 的对称点. 证明：$\triangle P'QB \backsim \triangle P'RC$.

（2002 年全国初中数学联赛第二试（A）二题）

**证明**：因为 $PQ // AC$，所以 $\angle QPB = \angle ACB$.

又 $\angle ACB = \angle ABC$，所以 $\angle QPB = \angle QBP$. 所以 $QP = QB$.

又 $P$，$P'$ 关于直线 $QR$ 对称，所以 $QP = QP'$.

— 160 —

故 $P'Q = QP = QB$.

所以 $Q$ 为 $\triangle P'BP$ 的外心.

同理可证 $P'R = PR = RC$，所以 $R$ 为 $\triangle P'PC$ 的外心.

$\angle P'QB = 2\angle P'PB = 2(180° - \angle P'PC) = 360° - \angle P'PC - \angle P'PR - \angle RPC$
$= 360° - \angle P'PC - \angle P'PR - \angle PCR = \angle P'RC$.

且 $QP' = QB$，$RP' = RC$，即 $\dfrac{QP'}{QB} = \dfrac{RP'}{RC} = 1$. 所以 $\triangle P'QB \sim \triangle P'RC$.

**例 16** 如图 26 所示，在 $\triangle ABC$ 中，$\angle B = 2\angle A$，求证：$b^2 = a^2 + ac$.（其中 $a, b, c$ 分别是 $\angle A, \angle B, \angle C$ 的对边的长.）

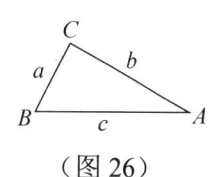

（图 26）

**分析**：如图 27 所示，要证 $b^2 = a^2 + ac$，只需证 $b^2 = a(a+c)$ 即可. 只需证 $b:a = (a+c):b$ 即可.

而要证 $b:a = (a+c):b$，只需证 $b, a, a+c, b$ 分别为一对相似三角形的两组对应边，且这对三角形要满足：①以 $b$ 为公共边；②其中有一个三角形要有一边为 $a+c$（这是一个思路）."$a+c$" 告诉我们要延长 $CB$ 到点 $D$，使 $BD = AB$（构造出 $CD = a+c$），连接 $AD$. 我们看到：要证 $b:a = (a+c):b$，只需证 $\triangle ABC \sim \triangle ADC$ 即可.

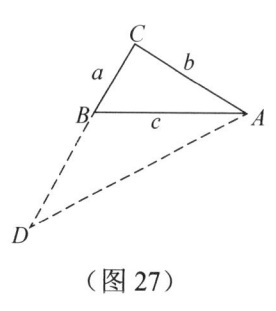

（图 27）

要证 $\triangle ABC \sim \triangle ADC$，因 $\angle C$ 为公共角，所以只需证 $\angle CAB = \angle D$ 就可以了. 而事实上，$\angle D = \dfrac{1}{2}\angle ABC$（因 $AB = BD$）. 所以只需证 $\angle CAB = \dfrac{1}{2}\angle ABC$，即 $2\angle CAB = \angle ABC$ 就可以了. 而这正是已知条件中的.

至此，分析完毕.

**证明**：延长 $CB$ 到点 $D$，使得 $BD = AB = c$，连接 $AD$.

因为 $AB = BD$，所以 $\angle ADB = \angle DAB$. 但 $\angle CBA = \angle ADB + \angle DAB = 2\angle ADB$，又 $\angle CBA = 2\angle CAB$（已知），所以 $\angle ADB = \angle CAB$，另外 $\angle C = \angle C$，所以 $\triangle ABC \sim \triangle ADC$. 因此 $AC:CB = CD:AC$，即 $b:a = (a+c):b$.

所以 $b^2 = a(a+c)$，即 $b^2 = a^2 + ac$.

**例 17** 在梯形 $ABCD$ 的大底 $AB$ 上任取一点 $M$ 且通过这点引平行于梯形对角线的直线交边 $BC$ 和 $AD$ 分别于点 $N$ 和 $K$. 设线段 $KN$ 交对角线 $AC$ 和 $BD$

分别于点 $P$ 和 $Q$. 证明：线段 $KP$ 和 $QN$ 相等.

(1999—2000 年俄罗斯区域数学竞赛 9 年级试题)

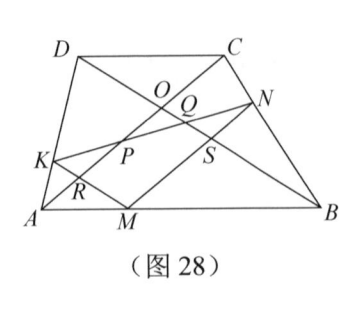

**证明**：设梯形的对角线的交点为 $O$，而线段 $AC$ 和 $KM$ 交点为 $R$（如图 28 所示）. 根据平行截割定理，有 $\dfrac{KP}{PN}=\dfrac{KR}{BM}=\dfrac{DO}{OB}$. 同理可得 $\dfrac{QN}{QK}=\dfrac{CO}{OA}$.

由三角形 $AOB$ 与三角形 $COD$ 相似我们得到：$\dfrac{DO}{OB}=\dfrac{CO}{OA}$，因此 $\dfrac{KP}{PN}=\dfrac{QN}{QK}$，也就是 $\dfrac{KP}{KN-KP}=\dfrac{QN}{KN-QN}$. 由此等式交叉相乘、消项即可推出 $KP=QN$.

**注**：本质是 $\triangle KRP \cong \triangle QSN$.

**例 18** 通过边长为 $a, b, c (a<b<c)$ 的三角形内一点引平行于三角形 3 边的平行线. 这些直线生成交于三角形内部的长为 $l, m, n$ 的线段. 证明：$l+m+n \leqslant b+c$.

(2004—2005 年全俄数学奥林匹克 9 年级试题)

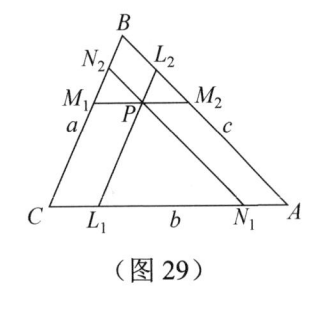

**证明**：我们通过 $L_1$ 和 $L_2$，$M_1$ 和 $M_2$，$N_1$ 和 $N_2$ 表示直线同三角形边的交点（如图 29 所示）. 它们是线段 $l, m$ 和 $n$ 的端点. 根据通过点 $P$ 的这些线段 $L_1L_2$，$M_1M_2$，$N_1N_2$ 平行于三角形的边，四边形 $CM_1PL_1$，$BL_2PN_2$，$AN_1PM_2$ 是平行四边形. 所以 $CM_1=L_1P$，$N_2B=PL_2$，$CL_1=M_1P$，$N_1A=PM_2$，$BL_2=PN_2$，$M_2A=PN_1$.

因此 $b+c = (CL_1+L_1N_1+N_1A)+(AM_2+M_2L_2+L_2B)$
$= (M_1P+L_1N_1+PM_2)+(N_1P+M_2L_2+PN_2)$
$= M_1M_2+L_1N_1+N_1N_2+M_2L_2 = m+n+L_1N_1+M_2L_2$.

三角形 $N_1PL_1$ 和 $M_2L_2P$ 相似于三角形 $ABC$，因此，$PL_2$ 在三角形 $PL_2M_2$ 中是最小边，而 $L_1P$ 是三角形 $L_1PN_1$ 的最小边. 因此 $L_1N_1+M_2L_2 \geqslant L_1P+PL_2 = L_1L_2 = l$，由此推得，$b+c \geqslant l+m+n$.

**注**：同样可以证明，$a+b \leqslant l+m+n$.

**例 19** 设 $B_0$ 是三角形 $ABC$ 中边 $AC$ 的中点. 由线段 $AB_0$ 的中点引 $BC$ 边的

垂线，而由线段 $B_0C$ 的中点引边 $AB$ 的垂线．通过 $B'$ 表示这两条垂线的交点．类似地，作点 $C'$ 和 $A'$．证明：三角形 $A'B'C'$ 与三角形 $ABC$ 相似．

(2004—2005 年全俄数学奥林匹克 10 年级试题)

**证明：** 在以 $B_0$ 为中心，系数为 2 的位似变换下，线段 $AB_0$ 和 $CB_0$ 的中点分别变为顶点 $A$ 和 $C$，而由这两个中点引向边 $BC$ 和 $AB$ 的垂线，变为三角形 $ABC$ 的高线（如图 30 所示）．由此得出，在我们考查的位似下垂线的交点 $B'$ 变作三角形 $ABC$ 高线的交点 $H$．我们得到，$B'$ 是线段 $HB_0$ 的中点．类似地，$A'$ 是线段 $HA_0$ 的中点，$C'$ 是线段 $HC_0$ 的中点．这意味着，在中心为 $H$，系数为 2 的位似变换下，三角形 $A'B'C'$ 变为相似于三角形 $ABC$ 的三角形 $A_0B_0C_0$．因此，三角形 $A'B'C'$ 与三角形 $ABC$ 相似．

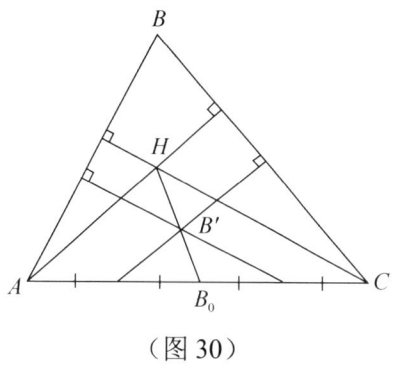

**例 20** 在凸 $n$ 边形中，所有的内角都相等，且在形内存在一点 $M$，使得点 $M$ 对 $n$ 边形所有边的视角都相等．求证：这个凸 $n$ 边形一定是正 $n$ 边形．

**证明：** 如图 31 所示，设凸 $n$ 边形为 $A_1A_2A_3\cdots A_n$，它的所有内角都相等，都等于 $\dfrac{(n-2)\cdot 180°}{n}$．

要证凸 $n$ 边形 $A_1A_2A_3\cdots A_n$ 为正 $n$ 边形，只需证 $A_1A_2 = A_2A_3 = \cdots = A_{n-1}A_n = A_nA_1$ 即可．

由点 $M$ 对 $n$ 边形所有边的视角都相等，即 $\angle A_1MA_2 = \angle A_2MA_3 = \cdots = \angle A_nMA_1 = \dfrac{360°}{n}$，若设 $\angle MA_1A_2 = \alpha$，则 $\angle A_1A_2M = \beta = 180° - \dfrac{360°}{n} - \alpha$，$\angle MA_2A_3 = \dfrac{(n-2)\cdot 180°}{n} - \beta = \alpha$，$\angle A_2A_3M = 180° - \dfrac{360°}{n} - \alpha = \beta$．

一般地，$\angle MA_1A_2 = \angle MA_2A_3 = \angle MA_3A_4 = \cdots = \angle MA_nA_1 = \alpha$，$\angle MA_2A_1 = \angle MA_3A_2 = \angle MA_4A_3 = \cdots = \angle MA_1A_n = \beta$，所以 $\triangle A_1MA_2 \backsim \triangle A_2MA_3 \backsim \cdots \backsim \triangle A_nMA_1$．因此 $\dfrac{MA_1}{MA_2} = \dfrac{MA_2}{MA_3} = \cdots = \dfrac{MA_{n-1}}{MA_n} = \dfrac{MA_n}{MA_1} = k$．

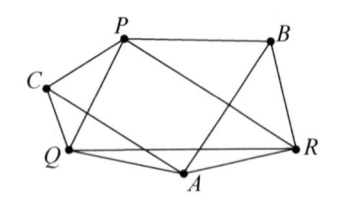

上式各比式相乘，得 $k^n=1$，即 $k=1$. 也就是相似比等于 1.

所以 $A_1A_2=A_2A_3=A_3A_4=\cdots=A_{n-1}A_n=A_nA_1$.

因此，凸 $n$ 边形 $A_1A_2A_3\cdots A_n$ 为正 $n$ 边形.

**例 21** 如图 32 所示，$\triangle PQR$ 是一个任意的三角形. $\angle AQR=\angle ARQ=15°$，$\angle BPR=\angle CPQ=30°$，$\angle BRP=\angle CQP=45°$. 证明：（1）$AC=AB$；（2）$\angle BAC=90°$.

（图 32）

（选自 1988—1990 年加拿大参加 IMO 的培训题）

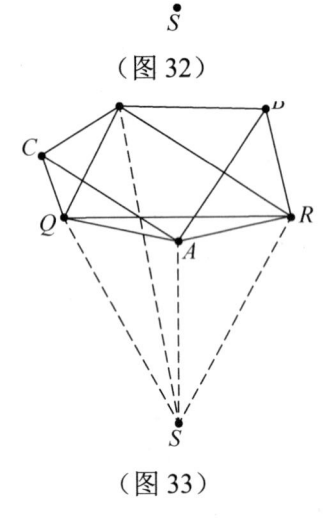

**证明**：如图 33 所示，以 $QR$ 为一边向形外作正三角形 $QRS$，连接 $SP$ 和 $AS$.

显然 $\angle AQS=45°$. 又 $\angle CQP=45°$，$\angle ASQ=\angle CPQ=30°$，所以 $\triangle AQS\sim\triangle CQP$.

于是 $\dfrac{CQ}{AQ}=\dfrac{QP}{QS}$. ······①

又 $\angle AQS+\angle AQP=\angle CQP+\angle AQP$，即 $\angle PQS=\angle CQA$. ······②

（图 33）

由①、②得 $\triangle CQA\sim\triangle PQS$.

所以 $\angle PSQ=\angle CAQ$，$\dfrac{AQ}{AC}=\dfrac{QS}{SP}$. ······③

同理可证 $\angle PSR=\angle BAR$，$\dfrac{AR}{AB}=\dfrac{SR}{SP}$. ······④

因为 $QS=QR$，$SP=SP$，$AQ=AR$，所以由③、④得 $AB=AC$.

所以 $\angle BAC=\angle QAR-(\angle CAQ+\angle BAR)=150°-(\angle QSP+\angle PSR)=90°$.

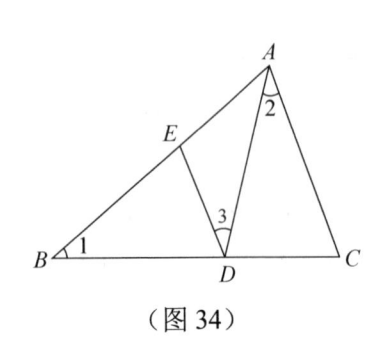

**例 22** 如图 34 所示，$\triangle ABC$ 中，$D$，$E$ 分别是边 $BC$，$AB$ 上的点，且 $\angle 1=\angle 2=\angle 3$，如果 $\triangle ABC$，$\triangle EBD$，$\triangle ADC$ 的周长依次是 $m$，$m_1$，$m_2$，证明：$\dfrac{m_1+m_2}{m}\leq\dfrac{5}{4}$.

（1989 年全国初中联赛试题）

（图 34）

**证明**：设 $BC=a$，$AC=b$，$AB=c$，则 $m=$

$a+b+c$.

因为 $\angle 1 = \angle 2 = \angle 3$，所以 $ED // AC$. 得 $\triangle ABC \backsim \triangle EBD \backsim \triangle DAC$.

由 $\triangle ABC \backsim \triangle DAC$，得 $\dfrac{DC}{b} = \dfrac{AD}{c} = \dfrac{AC}{a} = \dfrac{b}{a}$.

所以 $\dfrac{m_2}{m} = \dfrac{DC + AD + AC}{b+c+a} = \dfrac{b}{a}$.

同时 $BD = a - DC = a - \dfrac{b^2}{a} = \dfrac{a^2 - b^2}{a}$.

由 $\triangle EBD \backsim \triangle ABC$，得 $\dfrac{ED}{b} = \dfrac{BE}{c} = \dfrac{BD}{a} = \dfrac{a^2 - b^2}{a^2}$，所以 $\dfrac{m_1}{m} = \dfrac{ED + BE + BD}{b+c+a} = \dfrac{a^2 - b^2}{a}$.

因此 $\dfrac{m_1 + m_2}{m} = \dfrac{a^2 - b^2}{a^2} + \dfrac{b}{a} = 1 - \left(\dfrac{b}{a}\right)^2 + \dfrac{b}{a} = -\left(\dfrac{b}{a} - \dfrac{1}{2}\right)^2 + \dfrac{5}{4} \leqslant \dfrac{5}{4}$.

**例 23** 在凸六边形 $ABCDEF$ 中，$\angle B + \angle D + \angle F = 360°$，且 $AB \cdot CD \cdot EF = BC \cdot DE \cdot FA$. 证明：$BC \cdot AE \cdot FD = CA \cdot EF \cdot DB$.

**证明：** 如图 35 所示，在形外找一点 $P$，使得 $\angle FEA = \angle DEP$ 且 $\angle EFA = \angle EDP$.

由 $\triangle FEA \backsim \triangle DEP$，得 $\dfrac{FA}{EF} = \dfrac{DP}{ED}$，$\dfrac{EF}{ED} = \dfrac{EA}{EP}$.

于是 $\angle ABC = \angle PDC$ 且 $\dfrac{AB}{BC} = \dfrac{DE \cdot FA}{CD \cdot EF} = \dfrac{DP}{CD}$.

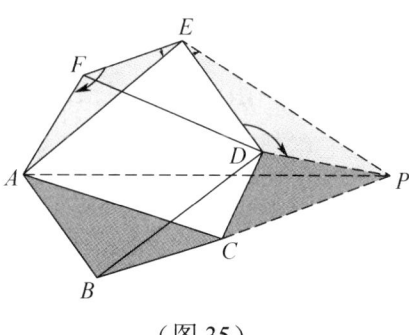

（图 35）

则有 $\triangle ABC \backsim \triangle DPC$，由此得 $\angle BCA = \angle DCP$ 且 $\dfrac{CB}{CD} = \dfrac{CA}{CP}$.

因此，$\angle FED = \angle AEP$ 且 $\dfrac{EF}{ED} = \dfrac{EA}{EP}$，那么 $\triangle FED \backsim \triangle AEP$.

因此，$\angle BCD = \angle ACP$ 且 $\dfrac{CB}{CD} = \dfrac{CA}{CP}$，那么 $\triangle BCD \backsim \triangle ACP$.

由此，$\dfrac{FD}{EF} = \dfrac{PA}{AE}$ 且 $\dfrac{BC}{DB} = \dfrac{CA}{PA}$.

上述两个等式相乘，得 $\dfrac{FD \cdot BC}{EF \cdot DB} = \dfrac{CA}{AE}$，即 $BC \cdot AE \cdot FD = CA \cdot EF \cdot DB$.

# 第 17 讲

# 圆的基本问题

圆是平面内到定点的距离等于定长的点的集合. 这个定点是该圆的**圆心**, 定长是该圆的**半径**. 只要圆心与半径确定了, 该圆也就确定了. 因此, 找圆心和确定半径是圆的基本问题.

**不共线的三点可以确定一个圆.** 圆是轴对称图形, 也是中心对称图形.

## 17.1 圆的基本问题

**例 1** 在平面上设法找出 2017 个点, 使这些点中的任何三点都不共线.

**分析**: 由圆的定义及不共线的三点可以确定一个圆的结论可知, 一个圆上任何三点都不共线. 因此, 我们可得如下解法:

**解**: 在平面上任画一个圆, 在该圆上依次取 2017 个不同的点. 由"不共线的三点可以确定一个圆"的性质可知, 这 2017 个点中的任何三点都不共线.

**例 2** 证明: 平面上的两个圆至多有两个公共点.

**证明**: 设 $\odot O_1$ 与 $\odot O_2$ 至多两个公共点的结论不成立, 则至少要有 3 个公共点. 为确定起见, 不妨设 $\odot O_1$ 与 $\odot O_2$ 的这 3 个公共点是 $A, B, C$. 显然, $A, B, C$ 在 $\odot O_1$ 上, 也在 $\odot O_2$ 上, 且 $A, B, C$ 为不共线的三点, 注意, $\odot O_1$ 与 $\odot O_2$ 是两个不同的圆. 这与不共线的三点可以确定一个圆的结论相矛盾.

因此, 平面上的两个圆至多有两个公共点.

**例 3** 在半径为 1 的圆 $\odot O$ 上任取三点 $O_1, O_2, O_3$. 分别以 $O_1, O_2, O_3$ 为圆心、1.1 为半径画 3 个圆 $\odot O_1, \odot O_2, \odot O_3$. 求证: $\odot O_1, \odot O_2, \odot O_3$ 不能通过同一点.

**证明**: 假设 $\odot O_1, \odot O_2, \odot O_3$ 通过同一点 $P$, 则 $PO_1 = PO_2 = PO_3 = 1.1$. 因此 $O_1, O_2, O_3$ 在以 $P$ 为圆心、半径为 1.1 的圆上. 但已知 $O_1, O_2, O_3$ 在以 $O$

为圆心、半径是 1 的圆上. 这与"不共线的三点可以确定一个圆"相矛盾.

所以 $\odot O_1$，$\odot O_2$，$\odot O_3$ 不能通过同一点.

**例 4** 平面上有 $A_1$，$A_2$，$A_3$，$A_4$，$A_5$，$A_6$ 6 个点. 它们两两之间都用线段相连接. 求证：这 6 个点中任意两点所引出的长为 1 的线段条数之和不超过 8.

**证明：** 假设 $A_i$，$A_j$ 为这 6 个点中任意两点，$A_i$ 引出的长为 1 的线段为 $n_i$ 条，$A_j$ 引出的长为 1 的线段为 $n_j$ 条.

若 $n_i + n_j \leq 8$ 不成立，则必有 $n_i + n_j \geq 9$ 成立.

这表明以 $A_i$ 为圆心、半径为 1 的圆上有 $n_i$ 个点，以 $A_j$ 为圆心、半径为 1 的圆上有 $n_j$ 个点. 而两个圆至多有两个公共点，所以圆 $A_i$ 上的 $n_i$ 个点与圆 $A_j$ 上的 $n_j$ 个点中至少有 $(n_i + n_j - 2)$ 个是不同的点.

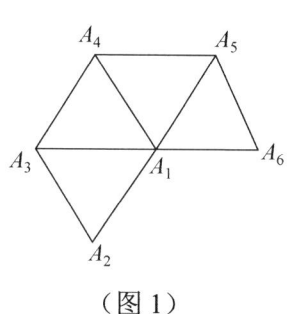

则 $n_i + (n_j - 2) \geq 9 - 2 = 7$（即至少有 7 个点）.

（图 1）

这与"只有 6 个不同的点"的条件矛盾.

因此，这 6 个点中任两点所引出的长为 1 的线段条数之和不超过 8.

**说明：** 事实上，可以举例说明 8 是可以达到的. 如图 1 所示的 6 个点 $A_1$，$A_2$，$A_3$，$A_4$，$A_5$，$A_6$，使得 $A_1A_2 = A_1A_3 = A_1A_4 = A_1A_5 = A_1A_6 = A_2A_3 = A_3A_4 = A_4A_5 = A_5A_6 = 1$，

其中，从点 $A_1$ 引出的长为 1 的线段共 5 条，从点 $A_3$ 引出的长为 1 的线段共 3 条，由这两个点引出的长为 1 的线段恰共 8 条.

**例 5** 平面上画 5 个不同的圆，其中任意 4 个圆都交于一点. 求证：这 5 个圆交于一点.

**证明：** 假设这 5 个不同的圆，即甲、乙、丙、丁、戊，不共点. 依题意，其中任意 4 个圆都交于一点. 设：甲、乙、丙、丁共点 $A$，乙、丙、丁、戊共点 $B$，丙、丁、戊、甲共点 $C$，则丙、丁两个圆有 $A$，$B$，$C$ 3 个不同的公共点. 这样丙、丁将是同一个圆. 这与已知条件"甲、乙、丙、丁、戊是 5 个不同的圆"相矛盾. 所以，这 5 个圆交于一点.

## 17.2 垂径定理及其应用

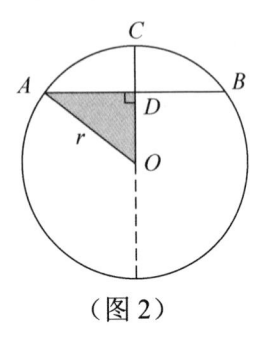

**垂径定理** 垂直于弦的直径平分这条弦，并且平分弦所对的两条弧.

垂径定理对解决与圆有关的计算题极为有用，因为半径、半弦和弦心距如图 2 所示，可以构成一个直角三角形 $ADO$，这是在解题中常用的基本图.

（图2）

**例6** 如图 3 所示，一个长方形与⊙$O$ 相交，$AB=4$，$BC=5$，$DE=3$. 求 $EF$ 的长.

（改编自第 35 届（1984 年）美国高中数学考试试题 4）

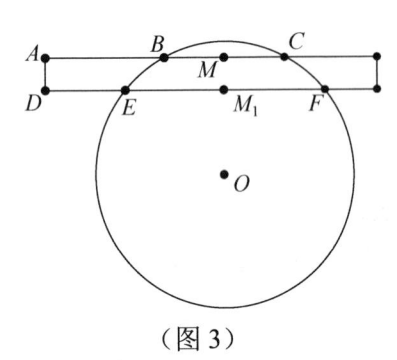

**解**：如图 4 所示，自圆心 $O$ 作弦 $BC$ 的垂线交 $BC$ 于点 $M$，交 $EF$ 于点 $M_1$.

由于 $EF // BC$，所以 $OM_1 \perp EF$.

因此，$OM$ 为 $BC$ 的弦心距，$OM_1$ 为 $EF$ 的弦心距.

由垂径定理得，$M$ 为 $BC$ 的中点，$M_1$ 为 $EF$ 的中点. 易知四边形 $ADM_1M$ 为长方形，所以 $AM=DM_1$.

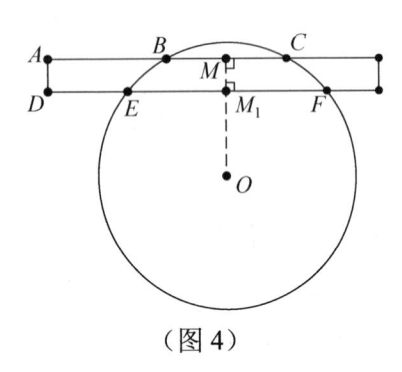

但 $AM = AB + BM = AB + \dfrac{BC}{2} = 4 + \dfrac{5}{2} = \dfrac{13}{2}$.

因此 $DM_1 = AM = \dfrac{13}{2}$.

但 $DM_1 = DE + EM_1 = DE + \dfrac{EF}{2} = 3 + \dfrac{1}{2} EF$.

即 $\dfrac{13}{2} = 3 + \dfrac{1}{2} EF$，所以 $EF=7$.

（图3）

（图4）

**例7** 今有圆木砌入壁中，不知大小. 以锯锯之，深一寸，锯道长一尺. 问径几何.

（《九章算术》《勾股》章第九题）

**分析**：如图 5 所示，是砌入墙壁中圆木的截面图. 锯道 $BE = 10$ 寸，锯深

$CD=1$ 寸，求这个圆木的直径是多少. 其中 $O$ 是圆木的圆心，$OC$ 是 $BE$ 的弦心距，$OB$ 是圆木的半径. 由于直角三角形 $OBC$ 是基础三角形，因此不难求解.

**解**：如图，设原木的半径 $OB=x$ 寸，则 $OC=(x-1)$ 寸，$BC=\dfrac{1}{2}BE=5$ 寸. 在直角三角形 $OCB$ 中，由勾股定理，得

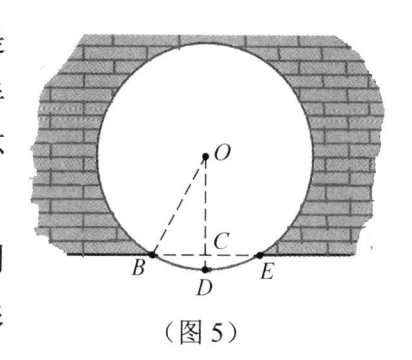

$$x^2=(x-1)^2+5^2.$$

解得 $x=13$.

所以圆木的直径为 $2x=26$ 寸，即 2 尺 6 寸.

**例8** 在半径为 $R$ 的 $\odot O$ 中，弦 $CD$ 与直径 $AB$ 相交于点 $P$. 若 $\angle DPB=45°$，求证：$PC^2+PD^2=2R^2$.

**证明**：如图 6 所示，作 $OE\perp CD$ 于点 $E$，由垂径定理得，$CE=ED$.

又已知 $\angle DPB=45°$ 所以 $\triangle OEP$ 是等腰直角三角形，即 $OE=PE$.

于是 $PC^2+PD^2=(CE-PE)^2+(DE+PE)^2$
$=(CE-PE)^2+(CE+PE)^2$
$=2CE^2+2PE^2=2(CE^2+PE^2)$
$=2(CE^2+OE^2).$

连接 $OC$，则 $OC=R$，在 Rt$\triangle OEC$ 中，由勾股定理，有

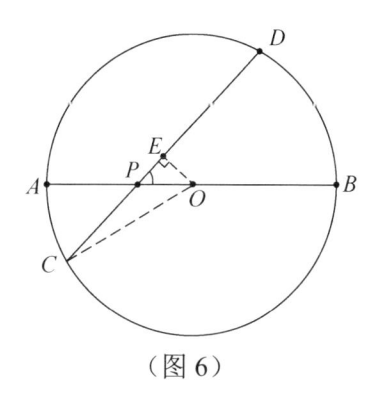

$$CE^2+OE^2=OC^2=R^2.$$

所以 $PC^2+PD^2=2R^2$.

**例9** 如图 7 所示，一个圆的直径 $AB$ 的长度是个十进制的两位整数，把两个数字交换一下，就是与直径 $AB$ 垂直的弦 $CD$ 的长度. 从交点 $H$ 到圆心 $O$ 的距离是一个正有理数. 求 $AB$ 的长度.

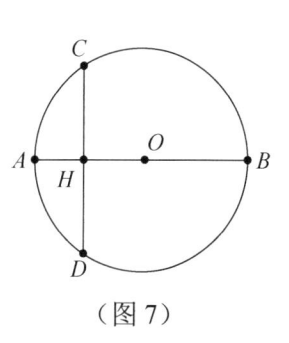

(第一届美国数学邀请赛（1983）试题 12)

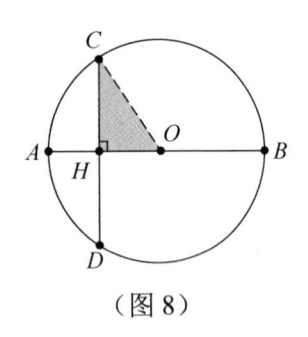

**解**：如图 8 所示，设 $AB = 10x + y$，其中，$x$，$y$ 为 0 到 9 的数字，且 $x \neq 0$. 则 $CD = 10y + x$.

连接 $CO$. 在直角三角形 $CHO$ 中，由勾股定理，得
$$OH^2 = OC^2 - CH^2 = \left(\frac{10x+y}{2}\right)^2 - \left(\frac{10y+x}{2}\right)^2$$
$$= \frac{9}{4} \times 11(x^2 - y^2).$$

（图 8）

由于 $OH$ 是正有理数，而 $\frac{9}{4} = \left(\frac{3}{2}\right)^2$，则 $11(x^2 - y^2)$ 必为完全平方数，设 $11(x^2 - y^2) = (11k)^2$，则 $x^2 - y^2 = (x+y)(x-y) = 11k^2$.

显然有 $x+y \geq x-y$，$0 < x+y \leq 18$，$0 < x-y < 8$.

所以只能有 $\begin{cases} x+y = 11 \\ x-y = 1 \end{cases}$；

解得 $x = 6$，$y = 5$. 即 $AB = 65$.

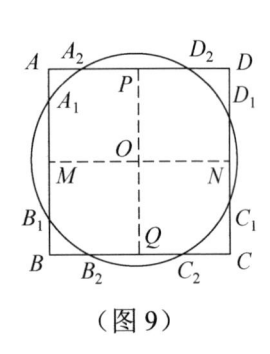

**例 10** $\odot O$ 与一个正方形 $ABCD$ 相交，如图 9 所示. $A_1$，$A_2$，$B_1$，$B_2$，$C_1$，$C_2$，$D_1$ 和 $D_2$ 是 8 个交点. 求证：$AA_1 + AA_2 + CC_1 + CC_2 = BB_1 + BB_2 + DD_1 + DD_2$.

**证明**：过 $\odot O$ 的中心 $O$ 作正方形边的平行线，分别交 $AB$ 于点 $M$、交 $CD$ 于点 $N$、交 $BC$ 于点 $Q$、交 $AD$ 于点 $P$. 则直线 $MN$ 与 $PQ$ 将正方形分为 4 个矩形.

（图 9）

则 $AP = BQ$，$AM = DN$，$CN = BM$，$CQ = DP$，所以 $AP + AM + CN + CQ = BQ + BM + DP + DN$. ……（*）

由垂径定理，得 $A_2P = D_2P$，$MA_1 = MB_1$，$QC_2 = QB_2$，$NC_1 = ND_1$. ……（**）

式（*）变为 $(AA_2 + A_2P) + (AA_1 + A_1M) + (CC_1 + C_1N) + (CC_2 + C_2Q)$
$= (BB_2 + B_2Q) + (BB_1 + B_1M) + (DD_2 + D_2P) + (DD_1 + D_1N)$.

减去式（**）得 $AA_1 + AA_2 + CC_1 + CC_2 = BB_1 + BB_2 + DD_1 + DD_2$.

**例 11** 圆内两条非直径的弦相交，试证它们不能互相平分.

**证明**：设 $AC$，$BD$ 是圆 $O$ 内的不是直径的两条弦，它们相交于点 $P$. 则应用反证法，即求证 $AC$，$BD$ 不能互相平分来证明.

假若 $P$ 是 $AC$ 与 $BD$ 的中点，如图 10 所示，连接 $OP$，则由垂径定理可得，$OP \perp AC$ 且 $OP \perp BD$（圆心与弦的中点的连线垂直于弦）.

因为一条直线不能同时垂直于两条相交的直线，得出矛盾.

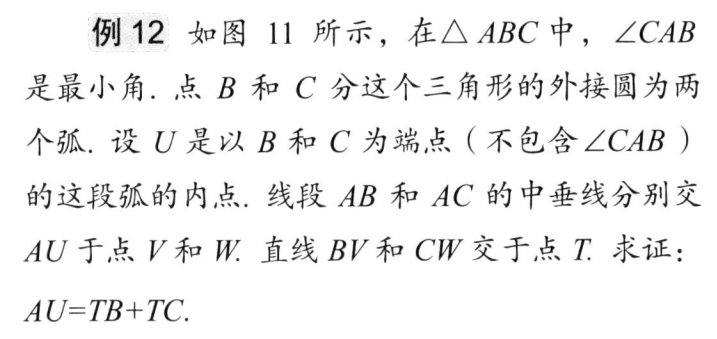

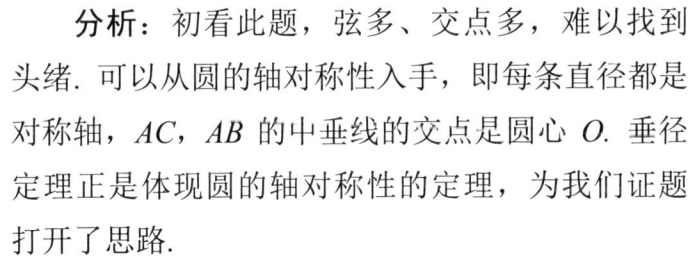

所以 $P$ 不能同时是弦 $AC$ 和 $BD$ 的中点. 也就是它们不能互相平分.

（图 10）

**例 12** 如图 11 所示，在 $\triangle ABC$ 中，$\angle CAB$ 是最小角. 点 $B$ 和 $C$ 分这个三角形的外接圆为两个弧. 设 $U$ 是以 $B$ 和 $C$ 为端点（不包含 $\angle CAB$）的这段弧的内点. 线段 $AB$ 和 $AC$ 的中垂线分别交 $AU$ 于点 $V$ 和 $W$. 直线 $BV$ 和 $CW$ 交于点 $T$. 求证：$AU=TB+TC$.

**分析**：初看此题，弦多、交点多，难以找到头绪. 可以从圆的轴对称性入手，即每条直径都是对称轴，$AC$，$AB$ 的中垂线的交点是圆心 $O$. 垂径定理正是体现圆的轴对称性的定理，为我们证题打开了思路.

（图 11）

**证明**：不难证明，当 $\angle CAB$ 是 $\triangle ABC$ 中的最小角时，点 $T$ 在 $\triangle ABC$ 的内部.

如图 12 所示，设直线 $BV$ 和 $CW$ 交 $\triangle ABC$ 的外接圆分别于点 $B_1$ 和 $C_1$. 根据圆对 $AB$ 中垂线的对称性，可得 $AU=BB_1$. 根据圆对 $AC$ 中垂线的对称性，可得 $AU=CC_1$.

（图 12）

所以 $BB_1 = CC_1$. 因此两条劣弧 $\overset{\frown}{BB_1} = \overset{\frown}{CC_1}$，即 $\overset{\frown}{B_1C_1} = \overset{\frown}{BC}$，

所以 $BC_1 // CB_1$ 且 $B_1C_1=BC$. 这意味着，四边形 $BCB_1C_1$ 是等腰梯形，该等腰梯形是轴对称图形，其对称轴是 $\odot O$ 的一条直径，这条直径过梯形 $BCB_1C_1$ 对角线的交点 $T$. 于是 $TB = TC_1$.

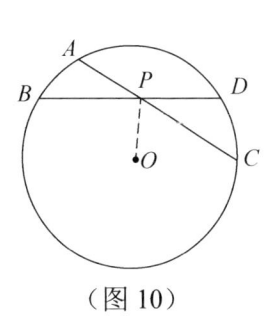

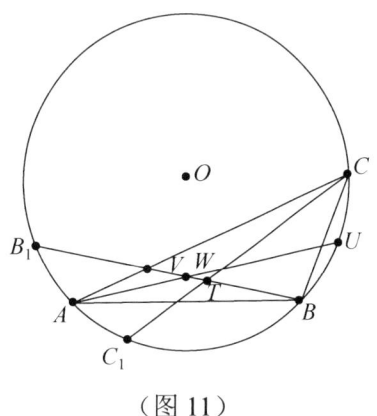

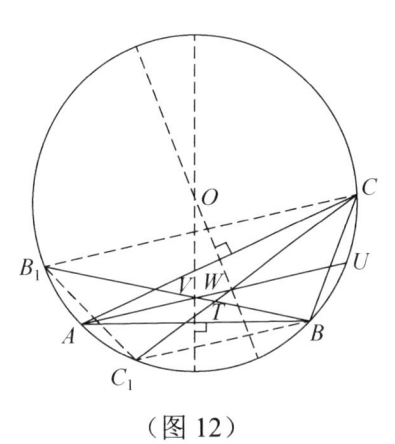

— 171 —

因此 $TB + TC = TC_1 + TC = CC_1 = AU$. 问题得证.

## 17.3 和圆有关的角及其应用

和圆有关的角主要是指圆心角、圆周角、圆内角和圆外角.

顶点在圆心, 以两条半径所在射线为边的角称为**圆心角**. 圆心角与它所对的弧的度数相同.

顶点在圆上并且两边都和圆相交的角叫作**圆周角**. 圆周角的度数等于它所对的弧的度数的一半.

顶点在圆内的角称为**圆内角**. 圆内角的度数等于它的两边及反向延长线所夹的两段弧的度数之和的一半.

顶点在圆外且两边都与圆相交的角称为**圆外角**. 圆外角的度数等于它两边所夹两段弧中, 较大的一段的度数减去较小的一段的度数之差的一半.

显然, 直径上的圆周角是直角. 反之, 如果一个圆的圆周角是直角, 则这个圆周角两边恰过该圆的一条直径的两个端点.

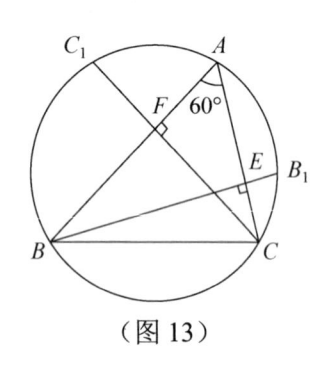

**例 13** 如图 13 所示, 锐角 $\triangle ABC$ 中, $\angle BAC = 60°$, $AC$ 边上的高 $BE$ 延长交 $\triangle ABC$ 的外接圆于点 $B_1$, $AB$ 边上的高 $CF$ 延长交 $\triangle ABC$ 的外接圆于点 $C_1$. 求证: $BB_1 = CC_1$.

（图 13）

**分析**：题设条件中有特殊角 60°, 求证的线段是 $\triangle ABC$ 的外接圆的两条弦, 我们设法证 $\overparen{C_1A} = \overparen{BCB_1}$, 从而由"同圆中等弧对等弦"推出所求证的结论.

**证明**：由于 $\angle BAC = 60°$, $BE \perp AC$, $CF \perp AB$, 在 Rt$\triangle ABE$ 与 Rt$\triangle ACF$ 中, 易知 $\angle ABE = \angle ACF = 30°$, 即 $\angle ABB_1 = \angle ACC_1 = 30°$. 因此 $\overparen{BC}$ 的度数 $= 120°$, $\overparen{C_1A}$ 的度数 $= 60°$, $\overparen{AB_1}$ 的度数 $= 60°$, 所以 $\overparen{C_1B_1}$ 的度数 $= \overparen{C_1A}$ 的度数 $+ \overparen{AB_1}$ 的度数 $= 60° + 60° = 120° = \overparen{BC}$ 的度数. 进而有 $\overparen{C_1B_1} + \overparen{B_1C} = \overparen{BC} + \overparen{CB_1}$ （等量加等量其和仍相等）, 即 $\overparen{C_1AC} = \overparen{BCB_1}$.

所以 $CC_1 = BB_1$ （同圆中等弧对等弦）.

**例 14** 两圆相交于点 $P$ 和 $Q$, 一条直线依次交这两个圆于 $A$, $B$, $C$, $D$

四点，如图 14 所示．求证：$\angle APB = \angle CQD$．

**证明**：如图 15 所示，连接 $PQ$，则由圆周角定理可得

$\angle PAC = \angle PQC$，$\angle PBD = \angle PQD$．

所以 $\angle PBD - \angle PAC = \angle PQD - \angle PQC$．

注意到 $\angle PBD - \angle PAC = \angle APB$（三角形外角定理）．

又因为 $\angle PQD - \angle PQC = \angle CQD$，所以 $\angle APB = \angle CQD$（等量代换）．

（图 14）

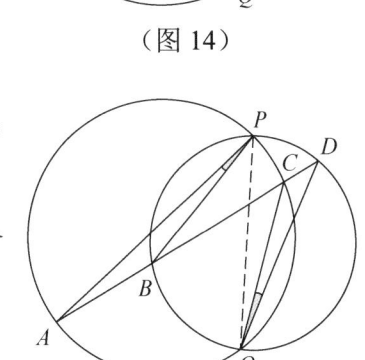

（图 15）

**例 15** $D$ 是 $\triangle ABC$ 的边 $BC$ 上一点，$O_1$ 与 $O_2$ 分别是 $\triangle ABD$ 与 $\triangle ACD$ 的外接圆的圆心．求证：$\triangle AO_1O_2 \sim \triangle ABC$．

**分析**：要证 $\triangle AO_1O_2 \sim \triangle ABC$，只需证 $\angle AO_1O_2 = \angle ABC$ 及 $\angle AO_2O_1 = \angle ACB$ 即可．在圆中要证角相等，要充分利用圆周角定理．

**证明**：如图 16 所示，连接 $O_1D$，$O_2D$，由于连心线 $O_1O_2$ 垂直平分相交两圆的公共弦 $AD$，且平分 $AD$ 所对的两圆中的弧，所以 $\angle AO_1O_2 = \dfrac{1}{2}\angle AO_1D$．……①

但圆心角与圆周角对同弧，所以 $\angle ABD = \dfrac{1}{2}\angle AO_1D$．……②

由①、②可得 $\angle AO_1O_2 = \angle ABD = \angle ABC$．

同法，对 $\odot O_2$ 可证得 $\angle AO_2O_1 = \angle ACD = \angle ACB$．

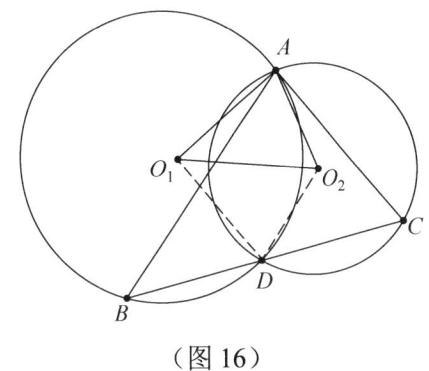

（图 16）

在 $\triangle AO_1O_2$ 与 $\triangle ABC$ 中，因为 $\angle AO_1O_2 = \angle ABC$，$\angle AO_1O_2 = \angle ACB$（已证），所以 $\triangle AO_1O_2 \sim \triangle ABC$．

**例 16** 在凸四边形 $ABCD$ 中，已知 $\angle BAC = 25°$，$\angle BCA = 20°$，$\angle BDC = 50°$，$\angle BDA = 40°$，且四边形的对角线 $AC$，$BD$ 相交于点 $P$．求 $\angle CPD$ 的度数．

(图17)

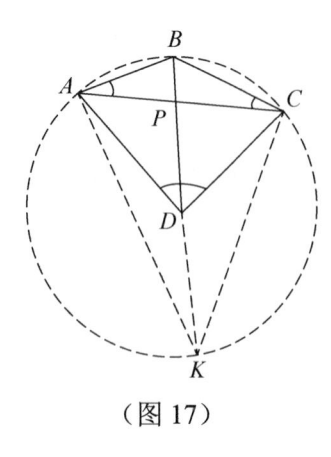

解：如图 17 所示，作 $\triangle ABC$ 的外接圆．设 $BD$ 延长交外接圆于点 $K$．

连接 $AK$，$CK$，则有 $\angle AKB = \angle ACB = 20°$．

又 $\angle BDA = 40°$，所以 $\angle DAK = 40° - 20° = 20°$．

有 $\angle DAK = \angle AKB = \angle DKA$，所以 $DA=DK$．

另外，$\angle CKB = \angle CAB = 25°$，$\angle BDC = 50°$．

由三角形外角定理，得 $\angle DCK = 50° - \angle DKC = 50° - 25° = 25°$，所以 $\angle DCK = \angle DKC$，所以 $DC = DK$．

因此 $DA = DC = DK$．可见 $D$ 为 $\triangle ABC$ 的外接圆的圆心．

因为 $\angle BDA$ 是圆心角且 $\angle BDA = 40°$，$\angle BDC$ 也是圆心角且 $\angle BDC = 50°$，所以 $\overset{\frown}{AB} = 40°$，$\overset{\frown}{BC} = 50°$，所以 $\overset{\frown}{CK} = 130°$．

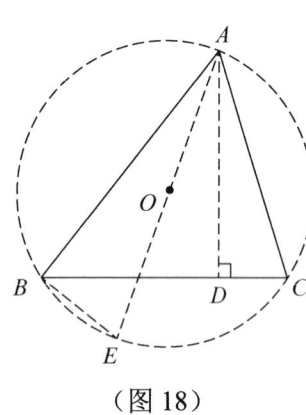

因此 $\angle CPD \overset{m}{=} \dfrac{1}{2}\left(\overset{\frown}{AB} + \overset{\frown}{CK}\right) = \dfrac{1}{2}(40° + 130°) = 85°$．

**例17** 设 $\triangle ABC$ 中，$a$，$b$，$c$ 分别为 $\angle A$，$\angle B$，$\angle C$ 的对边长．$R$ 为 $\triangle ABC$ 的外接圆的半径，$S$ 为 $\triangle ABC$ 的面积．求证：$R = \dfrac{abc}{4S}$．

**证明：** 如图 18 所示，不妨设 $\angle A$ 为 $\triangle ABC$ 中最大的内角．过 $A$ 作 $AD \perp BC$ 于点 $D$，则 $D$ 在线段 $BC$ 上．

作 $\triangle ABC$ 的外接圆，记为 $\odot O$．连接 $AO$ 交 $\odot O$ 于点 $E$．

(图18)

则 $AE$ 为 $\odot O$ 的一条直径，所以 $\angle ABE = 90°$．

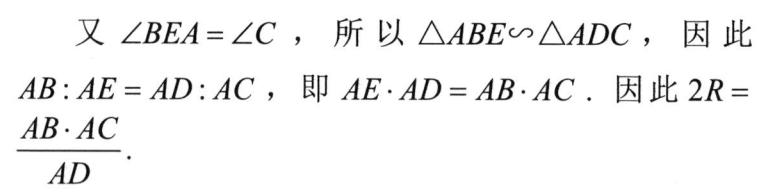

又 $\angle BEA = \angle C$，所以 $\triangle ABE \sim \triangle ADC$，因此 $AB : AE = AD : AC$，即 $AE \cdot AD = AB \cdot AC$．因此 $2R = \dfrac{AB \cdot AC}{AD}$．

所以 $R = \dfrac{AB \cdot AC \cdot BC}{2AD \cdot BC} = \dfrac{abc}{4S}$．

**例18** 一个机器零件的形状是一个有缺口的圆（如图 19 所示），这个圆的半径是 $\sqrt{50}$ 厘米，$AB$ 的长度是 6 厘米，$BC$ 的长度是 2 厘米，$\angle ABC$ 是直角．求

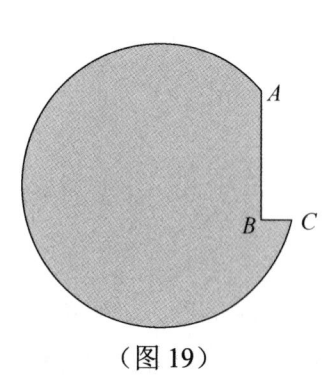

(图19)

$B$ 与圆心的距离.

(第一届美国数学邀请赛（1983）试题 4)

**解**：如图 20 所示，补成一个圆. 连接 $AC$，延长 $AB$ 交圆周于点 $D$. 连接 $OA$，$OB$，作 $OE \perp AC$ 于点 $E$，作 $OF \perp AB$ 于点 $F$，连接 $OB$，$CD$.

因为 $AB=6$，$BC=2$，$\angle ABC = 90°$，由勾股定理得 $AC = \sqrt{6^2+2^2} = \sqrt{40} = 2\sqrt{10}$，$AE = \frac{1}{2}\sqrt{40} = \sqrt{10}$.

于是 $OE = \sqrt{OA^2 - AE^2} = \sqrt{40}$.

注意 $\angle BDC = \frac{1}{2}\overset{\frown}{AC}$ 的度数 $=\angle AOE$，$\angle CBD = 90° = \angle AEO$.

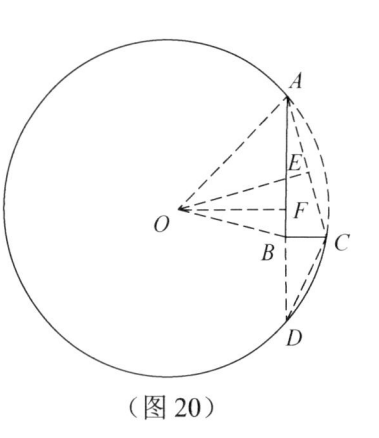

所以 $\triangle CBD \sim \triangle AEO$. 因此 $\frac{BD}{BC} = \frac{OE}{AE} = \frac{\sqrt{40}}{\sqrt{10}} = 2$，所以 $BD = 2BC = 4$.

因此 $AD = AB + BD = 6 + 4 = 10$，所以 $DF = \frac{1}{2}AD = 5$，$BF = DF - BD = 5 - 4 = 1$.

在直角三角形 $AFO$ 中，由勾股定理得 $OF^2 = OA^2 - AF^2 = 50 - 25 = 25$，

在直角三角形 $OFB$ 中，由勾股定理得 $OB^2 = OF^2 + BF^2 = 25 + 1 = 26$，所以 $OB = \sqrt{26}$（厘米）.

**例 19** 如图 21 所示，由圆 $O$ 上的点 $M$ 引 3 条弦 $MA$，$MB$，$MC$，使得 $\angle AMB = \angle AMC = 60°$. 证明：$MA = MB + MC$.

**证法 1**：如图 22 所示，延长 $BM$ 到点 $P$，使得 $MP = MC$，连接 $PC$. 由于 $\angle BMC = 60° + 60° = 120°$，所以 $\angle PMC = 60°$，因此 $\triangle PMC$ 是等边三角形. 所以 $\angle MPC = 60°$，$PC = MC$.

在 $\triangle MCA$ 与 $\triangle PCB$ 中，$PC = MC$，$\angle AMC = \angle BPC = 60°$，又因为 $\angle MAC = \angle PBC$，所以 $\triangle MCA \cong \triangle PCB$.

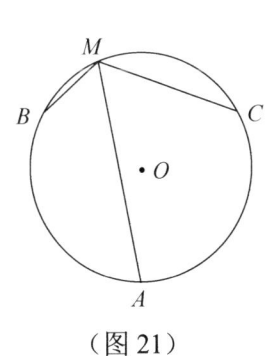

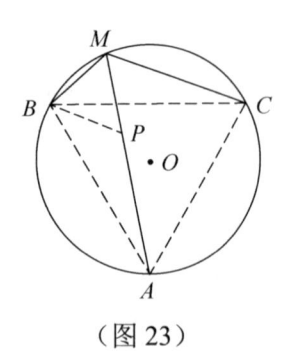

因此 $MA = PB = MB + MC$.

**证法 2**：如图 23 所示，连接 $BC$，$AB$，$AC$. 由 $\angle AMB = \angle AMC = 60°$，所以 $\angle ABC = \angle AMC = \angle AMB = \angle ACB = 60°$，因此 $\triangle ABC$ 为等边三角形，即 $AB = BC = CA$.

在 $AM$ 上取点 $P$，使得 $MP = MB$，连接 $PB$. 在 $\triangle ABP$ 与 $\triangle CBM$ 中，因为 $BP = BM$，$\angle ABP = 60° - \angle CBP = \angle CBM$，$AB = CB$.

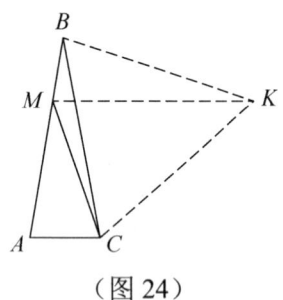

所以 $\triangle ABP \cong \triangle CBM$. 因此 $AP = MC$，所以 $AM = MP + AP = MB + MC$.

（图 23）

**例 20** $\triangle ABC$ 中，$AB = BC$，$\angle ABC = 20°$. 在 $AB$ 上取点 $M$，使得 $BM = AC$. 求 $\angle AMC$ 的度数.

**解**：如图 24 所示，以 $BC$ 为边在 $\triangle ABC$ 外作正 $\triangle KBC$. 连接 $MK$.

（图 24）

在 $\triangle ABC$ 与 $\triangle KBM$ 中，$AC = BM$（已知），$\angle BAC = (180° - 20°) \cdot \dfrac{1}{2} = 80° = 20° + 60° = \angle ABC + \angle CBK = \angle MBK$.

又因为 $AB = BC = BK$. 所以 $\triangle ABC \cong \triangle MKB$.

因此 $KB = KM = KC$，$\angle BKM = 20°$.

所以，以 $K$ 为圆心，$KB$ 为半径的圆过点 $B$，$M$，$C$.

由 $\angle MCB = \dfrac{1}{2} \angle BKM = 10°$，所以 $\angle AMC = \angle MCB + \angle MBC = 10° + 20° = 30°$.

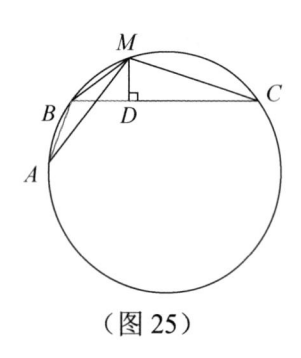

**例 21** 如图 25 所示，$\overparen{AC}$ 是一段劣弧，$M$ 为 $\overparen{AC}$ 的中点，$B$ 为 $\overparen{AC}$ 上任一点. 自 $M$ 向弦 $BC$ 引垂线，垂足为 $D$. 求证：$AB + BD = DC$.

**提示**：如图 26 所示，延长 $CB$ 到 $E$，使得 $DE = DC$. 连接 $ME$. 要证 $AB + BD = DC$.

由于 $DC = ED = EB + BD$，只需证 $BE = BA$，只需证 $\triangle EBM \cong \triangle ABM$ 即可.

（图 25）

由对称性知，$\angle MEB = \angle MCB = \angle MAB$.

又 $\angle EBM = \angle BMC + \angle MCB$

$= \dfrac{1}{2}\overparen{BAC} + \dfrac{1}{2}\overparen{BM} = \dfrac{1}{2}\overparen{MAC}$

$= \dfrac{1}{2}\overparen{ACM} = \angle ABM$.

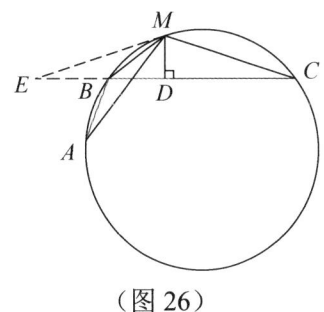

又 $BM$ 边为公共边，所以 $\triangle EBM \cong \triangle ABM$.

思路已经沟通. 证明从略.

说明：本题是由古希腊数学家阿基米德发现的，折线 $ABC$ 恰是圆的折弦，因此本题的结论也被称为"折弦定理".

**例22** 如图 27 所示，$D$ 是正三角形 $ABC$ 外接圆的 $\overparen{BC}$ 上一点. $AB$ 和 $CD$ 的延长线交于点 $E$，$AC$ 和 $BD$ 的延长线交于点 $F$. 求证：$BC^2 = BE \cdot CF$.

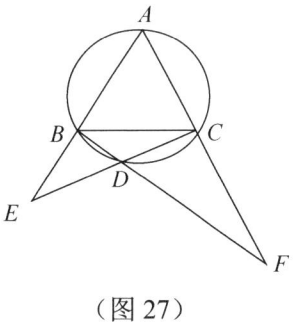

证明：$AB = BC = CA$，$\overparen{AB} = \overparen{BC} = \overparen{CA}$.

$\angle E \overset{m}{=} \dfrac{1}{2}\left(\overparen{AC} - \overparen{BD}\right) = \dfrac{1}{2}\left(\overparen{BC} - \overparen{BD}\right) = \dfrac{1}{2}\overparen{CD} \overset{m}{=} \angle FBC$.

$\angle F \overset{m}{=} \dfrac{1}{2}\left(\overparen{AB} - \overparen{DC}\right) = \dfrac{1}{2}\left(\overparen{BC} - \overparen{DC}\right) = \dfrac{1}{2}\overparen{BD} \overset{m}{=} \angle ECB$.

因此 $\triangle ECB \backsim \triangle BFC$.

所以 $CF : BC = BC : BE$，即 $BC^2 = BE \cdot CF$.

**例23** 自圆内接四边形两条对角线的交点，作一组对边延长线交角的平分线的垂线. 证明：此直线必平分对角线的交角.

分析：已知 $ABCD$ 是圆内接四边形. 边 $DA$，$CB$ 延长交于点 $E$. 对角线 $AC$，$BD$ 交于点 $F$. $EK$ 平分 $\angle DEC$.

过 $F$ 作 $MN \perp EK$ 于点 $P$，交 $AD$ 于点 $M$，交 $BC$ 于点 $N$.

只需证明，$\angle DFM = \angle AFM$.

证明：如图 28 所示，由 $EP \perp MN$，得 $\angle EPM = \angle EPN = 90°$.

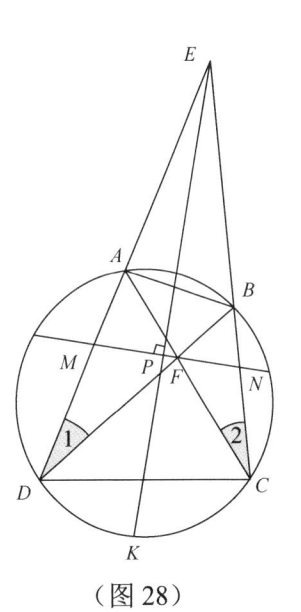

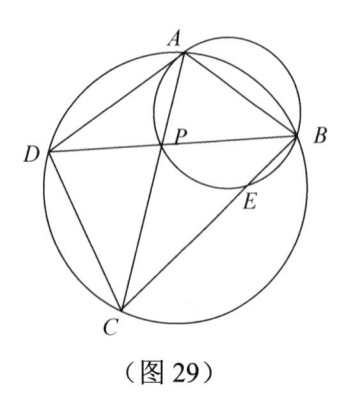

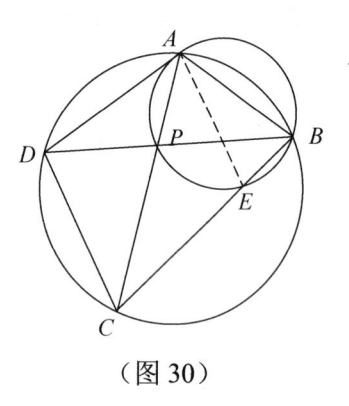

又 $EP=EP$，$\angle MEP = \angle NEP$，所以 $\triangle MEP \cong \triangle NEP$. 所以 $\angle EMN = \angle ENM$.

又 $\angle EMN = \angle 1 + \angle MFD$，所以 $\angle MFD = \angle EMN - \angle 1$；同理可得 $\angle AFM = \angle NFC = \angle BNM - \angle 2$.

但是 $\angle 1 = \angle 2$（对同弧的圆周角相等），所以 $\angle MFD = \angle AFM$. 即 $MN$ 平分 $AC,BD$ 的交角 $\angle AFD$.

**例 24** 如图 29 所示，在圆内接四边形 $ABCD$ 中，通过 $A,B$ 及对角线 $AC,BD$ 的交点 $P$ 画圆，这个圆交 $BC$ 边于点 $E$. 已知 $AB = AD$，求证：$CD = CE$.

（图 29）

**证明**：如图 30 所示，连接 $AE$，在大圆中，同对 $\overset{\frown}{DC}$ 的两个圆周角相等，可得 $\angle DAC = \angle DBC$.

在小圆中，同对 $\overset{\frown}{PE}$ 的两个圆周角相等，可得 $\angle PAE = \angle PBE$，$\angle DAC = \angle CAE$.

又因为已知 $AB = AD$，所以 $\overset{\frown}{AB} = \overset{\frown}{AD}$，所以 $\angle ECA = \angle DCA$.

（图 30）

在 $\triangle ADC$ 与 $\triangle AEC$ 中，因为 $\angle DAC = \angle EAC$，$AC = AC$，$\angle DCA = \angle ACE$，所以 $\triangle ADC \cong \triangle AEC$（SAS）.

因此 $CD = CE$（全等三角形的对应边相等）.

**例 25** 如图 31 所示，已知凸六边形 $ABCDEF$ 中，$\angle FAE = \angle BDC$，且四边形 $ABDF$ 和 $ACDE$ 都是圆内接四边形，$AE$ 与 $BF$ 的交点为 $K$.

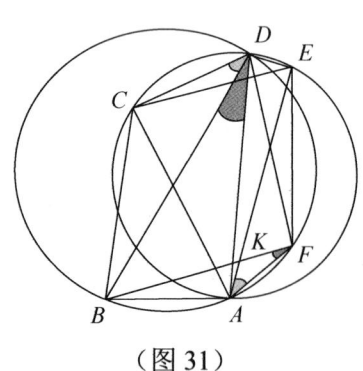

证明：直线 $BF$ 和 $CE$ 平行.

**证明**：因为四边形 $ABDF$ 和 $ACDE$ 都是圆内接四边形，所以 $\angle AFB = \angle ADB$ 且 $\angle ADC = \angle AEC$.

由此得出

$\angle AKB = \angle AFB + \angle FAE$
$= \angle ADB + \angle BDC = \angle ADC = \angle AEC$.

（图 31）

于是 $\angle AKB = \angle AEC$. 则 $BF // CE$.

## 第17讲 圆的基本问题

**例26** 在△ABC 中，∠A 是钝角．请你画一个面积最小的圆，把这个三角形完全盖住，并说明理由．

**解**：以 BC 为直径画圆 O（即以 BC 边中点 O 为圆心、$\frac{1}{2}BC$ 为半径画圆），此圆即为所求．理由如下：

（1）因 BC 是直径，∠A 是钝角．直径上的钝角顶点必在圆内，故点 A 在圆内，即圆 O 盖住了△ABC．

（2）若有另一个⊙O' 盖住△ABC，B，C 都在⊙O' 内或圆周上，因此 BC≤⊙O' 的直径．因此圆 O 是盖住△ABC 的最小圆．

**例27** 如图 32 所示，△ABC 中，AB=AC，∠A=20°，D 为 AB 上一点且∠BCD=70°．求证：AD=BC．

**分析**：如图 33 所示，要证 AD=BC，只要证它们是一对全等三角形的对应边即可．然而，图中并不存在这样明显的一对全等三角形，因此要设法构造出来．

（图32）

作∠BAC 的平分线交 CD 于点 O，可知角∠1=∠2=∠4=10°，即 AO=OB=OC，所以 O 为△ABC 的外接圆圆心．

经计算，∠3=20°．画出△ABC 的外接圆 O．

这时，可造一个以 BC 为边的三角形，与△ADO 全等．

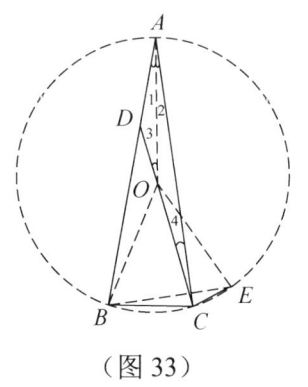

为此，作∠CBE=10°=∠1，BE 交△ABC 的外接圆 O 于点 E．

可见，∠BEC=∠BAC=20°=∠AOD．

因此要证 AD=BC，只需证△AOD≌△BEC 即可．

而要证△AOD≌△BEC，因为∠EBC=∠1=10°，而∠BEC=∠3=20°（已知），所以只需证 AO=BE 成立即可．

要证 AO=BE，只需证 OE=OB=BE 即可．

只需证△OBE 为等边三角形即可．

但在△OBE 中，已知 OB=OE，只需证角∠OBE=60°即可．

（图33）

— 179 —

显然由已知条件可以推出角 $\angle OBE = 60°$.

因此，分析完毕，不难写出证明.

**例 28** 已知凸八边形 $A_1A_2A_3A_4A_5A_6A_7A_8$，它满足 $\angle A_1A_4A_5 = \angle A_2A_5A_6 = \angle A_3A_6A_7 = \angle A_4A_7A_8 = \angle A_5A_8A_1 = \angle A_6A_1A_2 = \angle A_7A_2A_3 = \angle A_8A_3A_4 = 90°$. 证明：八边形 $A_1A_2A_3A_4A_5A_6A_7A_8$ 可以内接于一个圆.

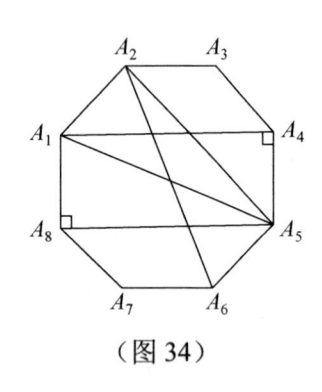

**证明：** 由条件推出，点 $A_4$ 和 $A_8$ 在以 $A_1A_5$ 为直径的圆上（如图 34 所示）. 由此推出 $A_1A_5 \geq A_4A_8$，等号成立仅在当 $A_4A_8$ 也是这个圆的直径的时候. 进一步地，类似有 $A_4A_8 \geq A_3A_7 \geq A_2A_6 \geq A_1A_5$. 于是，所有等号成立仅在当这些线段都是这个圆的直径的时候. 问题得证.

（图 34）

## 第 18 讲

# 四点共圆及其应用

顶点在同一个圆上的四边形叫作**圆内接四边形**. 我们也可以说圆内接四边形的四个顶点共圆.

**圆内接四边形的性质定理** 圆内接四边形中，对角互补. 圆内接四边形中，外角等于内对角.

由此可以推论出：内接于圆的平行四边形是矩形；内接于圆的菱形是正方形；内接于圆的梯形是等腰梯形.

**圆内接四边形的判定定理** 平面上的 4 个点如果具备下列条件之一，则四点共圆：

（1）对角互补（或一个外角等于内对角）的四边形的 4 个顶点共圆；

（2）具有公共斜边的两个直角三角形的 4 个顶点共圆；

（3）如果有公共底边且顶点在公共边的同侧的两个三角形的顶角相等，则它们的 4 个顶点共圆.

当然，最基本的，如果平面上的 4 个点到这张平面的某一点的距离相等，则这 4 个点必定共圆.

具体地讲，矩形的 4 个顶点共圆；正方形的 4 个顶点共圆；等腰梯形的 4 个顶点共圆.

将四点共圆和圆有关角的内容联系在一起，产生了许多精彩的数学竞赛题.

## 18.1 四点共圆的基本竞赛题

**例 1** 如图 1 所示，通过梯形 $ABCD$（$AD$//$BC$）的顶点 $B$，$C$，$D$ 作圆，交边 $AB$ 于点 $M$（$M$ 与 $B$ 不重合）. 在边 $CD$ 上取点 $K$，使得 $BK$//$DM$. 证明：四边形 $ABKD$

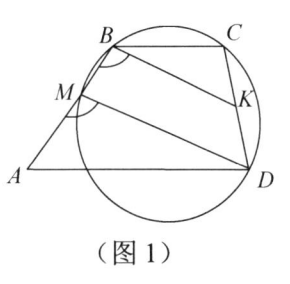

（图 1）

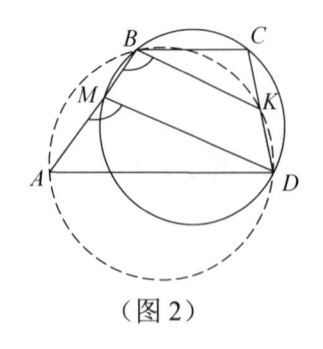

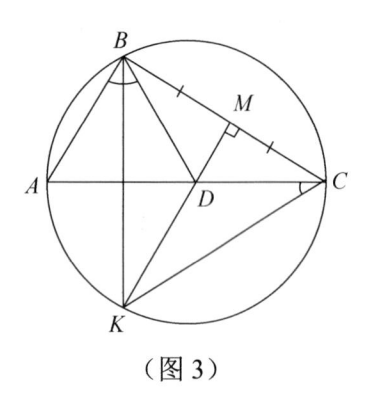

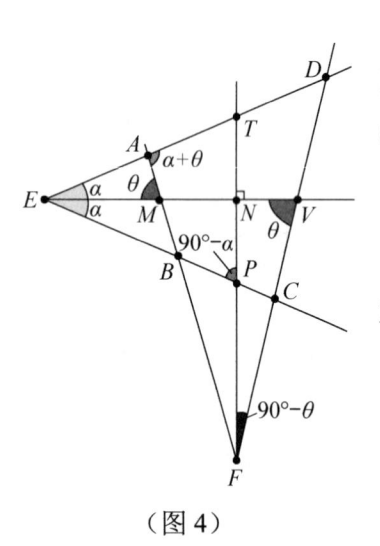

可以内接于圆.

**提示**：$\angle ABK = \angle AMD = 180° - \angle BMD = \angle BCD$（因为四边形 $MBCD$ 是圆内接四边形）（如图2所示）. 由 $BC$ 和 $AD$ 的平行性，得 $\angle BCD = 180° - \angle CDA = 180° - \angle KDA$，也就是 $\angle ABK = 180° - \angle KDA$，由此推出问题的结论.

（图2）

**例2** 在三角形 $ABC$ 中，边 $BC$ 的中垂线交边 $AC$ 于点 $D$，与角 $ABD$ 的平分线相交于点 $K$. 证明：点 $A$，$B$，$C$，$K$ 四点共圆.

**提示**：问题的结论等价于 $\angle ABK = \angle ACK$（如图3所示）. 但根据中垂线的性质，有 $DB=DC$ 和 $KB=KC$. 这就是说，根据三边对应相等，有 $\triangle BKD \cong \triangle CKD$. 由此 $\angle ACK = \angle DCK = \angle DBK$. 但 $\angle DBK = \angle ABK$，即 $\angle ACK = \angle ABK$. 因此，点 $A$，$B$，$C$，$K$ 四点共圆. 问题得证.

（图3）

**例3** 两个角的边交于点 $A$，$B$，$C$，$D$（如图4所示）. 已知这两个角的平分线互相垂直. 证明：$A$，$B$，$C$，$D$ 四点共圆.

**证明**：依题意，设 $\angle AEM = \angle MEB = \alpha$，$\angle NMF = \angle AME = \theta$，$\angle DAB$ 是三角形 $EAM$ 的外角，所以 $\angle DAB = \alpha + \theta$.

因为 $EN \perp NF$，所以 $\angle EPN = 90° - \alpha$，$\angle NFM = 90° - \theta = \angle PFC$，

又 $\angle EPN$ 与 $\angle CPF$ 是对顶角，因此 $\angle CPF = \angle EPN = 90° - \alpha$.

（图4）

又 $\angle BCD$ 是三角形 $PCF$ 的外角，所以 $\angle BCD = \angle PFC + \angle CPF = (90° - \theta) + (90° - \alpha) = 180° - \alpha - \theta$.

于是 $\angle DAB + \angle BCD = (\alpha + \theta) + (180° - \alpha - \theta) = 180°$.

所以 $A$，$B$，$C$，$D$ 四点共圆.

**例4** 四边形 $ABCD$ 与一个圆相交，所得的 8 个弧段如图 5 所示. 如果 4 个弧段 $l_1$，$l_2$，$l_3$，$l_4$ 满足 $l_1 + l_3 = l_2 + l_4$. 求证：$A$，$B$，$C$，$D$ 四点共圆.

**分析**：要证 $A$，$B$，$C$，$D$ 四点共圆，如图 4 所示只需证 $\angle DAB + \angle BCD = 180°$ 即可. 但 $\angle DAB$，$\angle BCD$ 的顶点都在圆外，我们连接 $EF$，$GH$，$PN$，$QM$，使得它们转化为圆周角的关系.

$\angle DAB = \angle HEF - \angle EFA = \angle HEF - \angle EHG$.

$\angle BCD = \angle NMQ - \angle MQC = \angle NMQ - \angle MNP$.

这样就可以利用弧的关系进行计算了.

（图 5）

**证明**：如图 6 所示，连接 $EF$，$GH$，$QM$，$PN$，由于 $E$，$F$，$G$，$H$ 四点共圆，所以 $\angle EFA = \angle EHG$（圆内接四边形中，外角等于内对角）.

于是 $\angle DAB = \angle HEF - \angle EFA = \angle HEF - \angle EHG$.

易知 $\angle HEF \stackrel{m}{=} \dfrac{1}{2}(s_1 + l_2 + s_2 + l_3 + s_3 + l_4)$，

$\angle EHG \stackrel{m}{=} \dfrac{1}{2}(l_1 + s_1)$.

（图 6）

所以 $\angle DAB = \angle HEF - \angle EHG \stackrel{m}{=} \dfrac{1}{2}(l_2 + s_2 + l_3 + s_3 + l_4 - l_1)$，同法可得 $\angle BCD \stackrel{m}{=} \dfrac{1}{2}(l_2 + s_1 + l_1 + s_4 + l_4 - l_3)$.

所以 $\angle DAB + \angle BCD \stackrel{m}{=} \dfrac{1}{2}(s_1 + s_2 + s_3 + s_4) + l_2 + l_4 - \dfrac{1}{2}(l_1 + l_3)$，同理可得 $\angle ABC + \angle CDA \stackrel{m}{=} \dfrac{1}{2}(s_1 + s_2 + s_3 + s_4) + l_1 + l_3 - \dfrac{1}{2}(l_2 + l_4)$.

由已知 $l_1 + l_3 = l_2 + l_4$，所以 $\angle DAB + \angle BCD = \angle ABC + \angle CDA$.

但 $(\angle DAB + \angle BCD) + (\angle ABC + \angle CDA) = 360°$，所以 $\angle DAB + \angle BCD = 180°$. 因此 $A$，$B$，$C$，$D$ 四点共圆.

**例5** 如图 7 所示，在三角形 $ABC$ 中，$AB = AC$. 任意延长 $CA$ 到 $P$，延长 $AB$ 到 $Q$，使得 $AP = BQ$. 求证：三角形 $ABC$ 的外心 $O$ 与 $A$，$P$，$Q$ 四点共圆.

**分析**：要证 $A$，$P$，$Q$，$O$ 四点共圆，只需证 $\angle APO = \angle AQO$ 即可. 这时，只需设法证 $\triangle COP$ 与

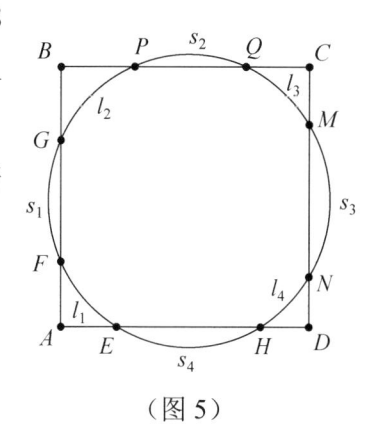

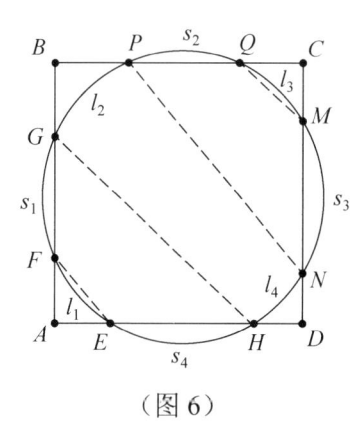

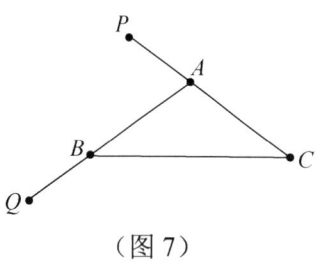

（图 7）

— 183 —

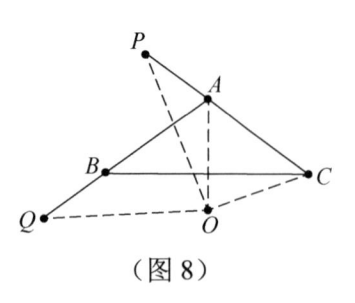

△AOQ 全等即可.

**证明**：如图 8 所示，连接 OA, OC, OP, OQ.

在 △COP 与 △AOQ 中，由已知 OC=OA（同圆半径相等），所以 ∠OCP = ∠OAC.

由已知 CA=AB，AP=BQ，所以 CP=AQ（等量加等量，其和仍相等）.

（图 8）

又 O 是三角形 ABC 的外心，由于等腰三角形的外心必在顶角的平分线上，所以 ∠OAC = ∠OAQ，从而 ∠OCP = ∠OAQ（等量代换）.

因此 △OCP ≅ △OAQ（SAS）

于是 ∠CPO = ∠AQO（全等三角形的对应角相等）.

所以 O, A, P, Q 四点共圆.

**例 6** 在三角形中，内切圆的圆心关于它的一条边的对称点，位于这个三角形的外接圆 S 上. 证明：圆 S 的圆心关于三角形这条边的对称点，也在圆 S 上.

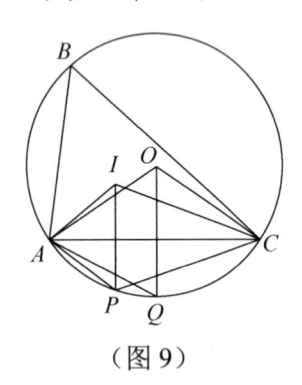

**证明**：设 I 和 O 是已知三角形 ABC（如图 9 所示）的内心和外心. 点 P 和 Q 是 I 和 O 关于边 AC 的对称点. 则由三角形 AIC 与三角形 APC 对称得，

$$\angle APC = \angle AIC = 180° - \angle IAC - \angle ICA$$
$$= 180° - \frac{1}{2}\angle BAC - \frac{1}{2}\angle BCA$$
$$= 180° - \frac{1}{2}(180° - \angle ABC) = 90° + \frac{1}{2}\angle ABC.$$

（图 9）

另外，四边形 ABCP 是圆内接四边形，所以 ∠APC + ∠ABC = 180°. 也就是说，$90° + \frac{1}{2}\angle ABC + \angle ABC = 180°$，所以 ∠ABC = 60°. 则 ∠AOC = 2∠ABC = 120°.

也就是说，∠AQC = 120° = 180° - ∠ABC. 这意味着，Q 在圆 S 上.

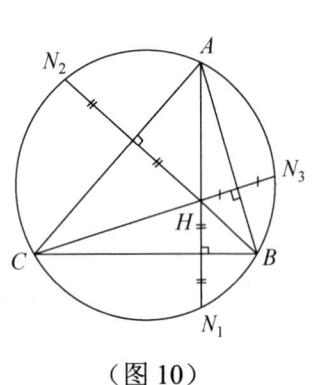

**例 7** 锐角三角形 ABC 的垂心 H 关于该三角形各边的对称点分别是 $N_1, N_2, N_3$（见图 10），关于三角形 ABC 各边的中点的对称点分别是 $D_1, D_2, D_3$（见图 11）. 证明：6 个点 $N_1, N_2, N_3, D_1, D_2, D_3$ 都在三角形 ABC 的外接圆上.

（图 10）

**分析**：设 $N_1$ 是三角形 $ABC$ 的垂心 $H$ 关于边 $BC$ 的对称点（见图 12），我们证明，它在这个三角形的外接圆上．因为 $\angle BN_1C = \angle BHC$（由对称性考虑），而 $\angle BHC$ 是 $\angle N_2HN_3$ 的对顶角，又 $\angle N_2HN_3 = 180° - \angle CAB$（在四边形 $AN_2HN_3$ 中），于是在四边形 $ABN_1C$ 中，对角 $\angle BAC$ 和 $\angle BN_1C$ 之和等于 $180°$．这意味着，点 $A$，$B$，$N_1$，$C$ 同在三角形 $ABC$ 的外接圆上．同理可证，点 $N_2$，$N_3$ 也在三角形 $ABC$ 的外接圆上．

设 $D_1$ 是垂心 $H$ 关于边 $BC$ 中点的对称点（见图 13），为了证明它属于三角形 $ABC$ 的外接圆，我们证明，$\angle BD_1C = 180° - \angle A$．因为四边形 $BHCD_1$ 是平行四边形（四边形 $BHCD_1$ 的对角线在交点 $M_1$ 处互相平分），并且 $\angle BHC = 180° - \angle A$，那么 $\angle BD_1C = 180° - \angle A$．因此 $D_1$ 在三角形 $ABC$ 的外接圆上．同理可证，点 $D_2$ 和 $D_3$（见图 8）也在三角形 $ABC$ 的外接圆上．

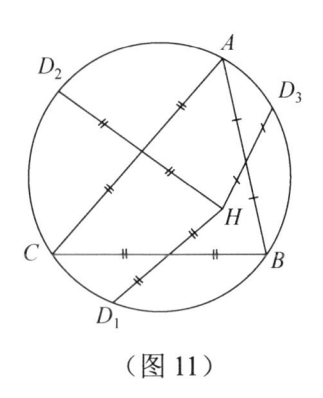

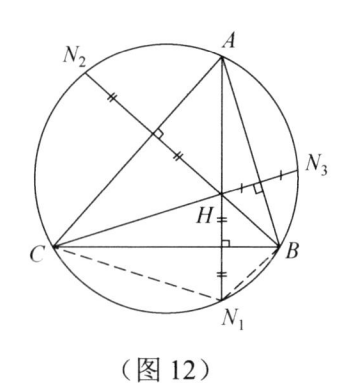

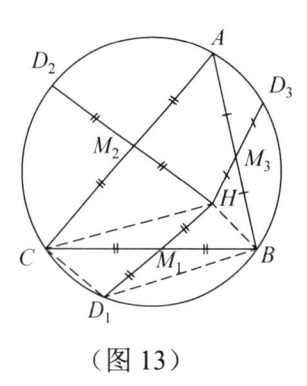

（图 11）　（图 12）　（图 13）

综上可得，6 个点 $N_1$，$N_2$，$N_3$，$D_1$，$D_2$，$D_3$ 都在三角形 $ABC$ 的外接圆上．

**例 8**　如图 14 所示，通过相交两圆的一个交点 $P$ 引两条割线 $APB$ 与 $CPD$．直线 $AC$，$DB$ 相交于点 $S$．求证：两圆的另一个交点 $Q$ 与 $S$，$C$，$D$ 四点共圆．

**证明**：如图 15 所示，连接 $PQ$，$CQ$，$DQ$，有 $\angle SBA = \angle PQD$，$\angle SAB = \angle CQP$．

所以 $\angle SBA + \angle SAB = \angle PQD + \angle CQP = \angle CQD$．

但 $\angle CQD + \angle CSD = (\angle SBA + \angle SAB) + \angle CSD = 180°$，

所以 $S$，$C$，$Q$，$D$ 四点共圆．

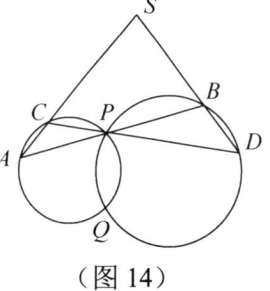

（图 14）

(图15)

(图16)

(图17)

(图18)

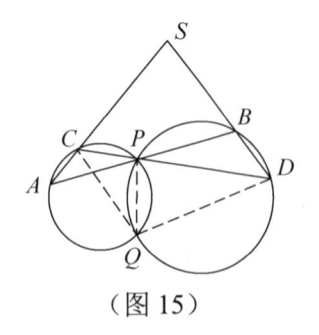

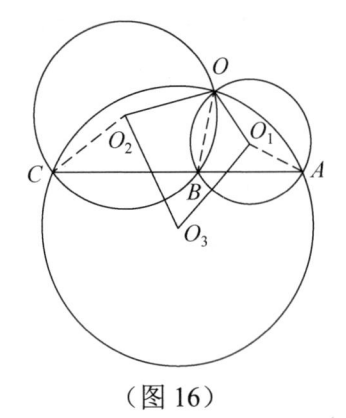

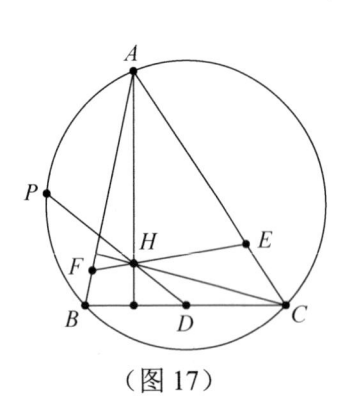

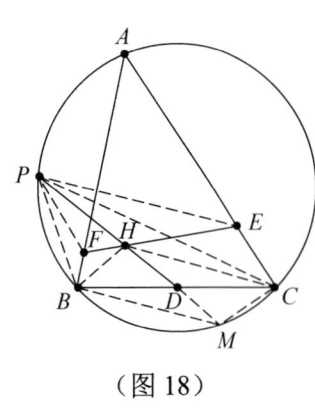

**例9** $A$，$B$，$C$ 为直线 $l$ 上的 3 个点，$O$ 为直线 $l$ 外一点。$O_1$，$O_2$，$O_3$ 分别是 $\triangle AOB$，$\triangle BOC$，$\triangle AOC$ 的外接圆的圆心. 求证：$O$，$O_1$，$O_2$，$O_3$ 四点共圆.

**证明**：如图 16 所示，连接 $O_1A$，$O_2C$. 因为圆 $O_1$ 与圆 $O_3$ 的交点是 $A$，$O$，而 $O_1O_3$ 是圆心的连线，所以 $\angle AO_1O_3 = \angle O_3O_1O$，从而有 $\angle ABO = \dfrac{1}{2}\angle AO_1O = \dfrac{1}{2}(360° - \angle AO_1O_3 - \angle OO_1O_3) = 180° - \angle OO_1O_3$.

同理可证，$\angle OBC = 180° - \angle OO_2O_3$，所以 $\angle ABO + \angle OBC = 360° - (\angle OO_1O_3 + \angle OO_2O_3)$.

又因为 $\angle ABO + \angle OBC = 180°$，所以 $\angle OO_1O_3 + \angle OO_2O_3 = 180°$.

因此，$O$，$O_1$，$O_2$，$O_3$ 四点共圆.

**例10** 如图 17 所示，设 $H$ 为锐角 $\triangle ABC$ 的垂心，$D$ 为边 $BC$ 的中点. 过点 $H$ 的直线分别交边 $AB$，$AC$ 于点 $F$，$E$，使得 $AE = AF$. 射线 $DH$ 与 $\triangle ABC$ 的外接圆交于点 $P$. 求证：$P$，$A$，$E$，$F$ 四点共圆.

(2009 年第 9 届中国西部数学奥林匹克试题)

**证明**：如图 18 所示，延长 $HD$ 至点 $M$ 使 $HD=DM$，连接 $BM$，$CM$，$BH$，$CH$. 因为 $D$ 为边 $BC$ 的中点，所以四边形 $BHCM$ 是平行四边形. 故 $\angle BMC = \angle BHC = 180° - \angle BAC$，即 $\angle BMC + \angle BAC = 180°$，所以点 $M$ 在 $\triangle ABC$ 的外接圆上.

连接 $PB$，$PC$，$PE$，$PF$，因为 $AE = AF$，所以 $\angle BFH = \angle CEH$. ……①

因为 $H$ 是 $\triangle ABC$ 的垂心，所以 $\angle HBF = 90° - \angle BAC = \angle HCE$. ……②

结合①，②知，$\triangle BFH \sim \triangle CEH$，所以 $\dfrac{BF}{BH} =$

$\dfrac{CE}{CH}$.

又由于 $BHCM$ 是平行四边形，知 $BH = CM$，$CH = BM$，所以 $\dfrac{BF}{CM} = \dfrac{CE}{BM}$.……③

又因为 $D$ 是 $BC$ 的中点，所以 $S_{\triangle PBM} = S_{\triangle PCM}$，所以 $\dfrac{1}{2} BP \cdot BM \cdot \sin\angle MBP = \dfrac{1}{2} CP \cdot CM \cdot \sin\angle MCP$.

由 $\angle MBP + \angle MCP = 180°$，可得 $BP \cdot BM = CP \cdot CM$.……④

结合③、④知，$\dfrac{BF}{BP} = \dfrac{CE}{CP}$. 因为 $\angle PBF = \angle PCE$，所以 $\triangle PBF \sim \triangle PCE$，故 $\angle PFB = \angle PEC$，于是 $\angle PFA = \angle PEA$，因此 $P$，$A$，$E$，$F$ 四点共圆.

## 18.2 四点共圆的综合应用

通过证明四点共圆可以进一步证得许多有趣的结果，如角相等、点共线、圆共点、多圆共点等. 下面选了几个历史名题供大家参考.

**例 11** 如图 19 所示，在五边形 $ABCDE$ 中，$\angle ABC = \angle ADE$ 且 $\angle AEC = \angle ADB$. 求证：$\angle BAC = \angle DAE$.

**证明**：如图 20 所示，设 $BD$，$CE$ 的交点为 $P$，连接 $AP$. 由于 $\angle AEC = \angle ADB$，所以 $A$，$E$，$D$，$P$ 四点共圆.

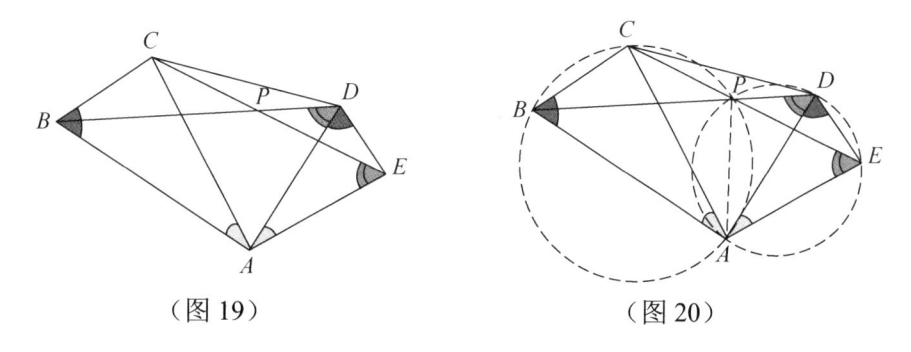

（图 19）　（图 20）

作过 $A$，$E$，$D$，$P$ 四点的圆，有 $\angle APE = \angle ADE = \angle ABC$，所以 $A$，$B$，$C$，$P$ 四点共圆. 作过 $A$，$B$，$C$，$P$ 四点的圆.

此时得证 $\angle BAC = \angle BPC = \angle DPE = \angle DAE$.

**例 12** 如图 21 所示，$D$ 为 $\triangle ABC$ 内一点，使得 $\angle BDC = 90°$ 且 $\angle BAD =$

∠BCD 已知 $AB=5$，$BC=6$. $M$ 为 $AC$ 的中点，求 $DM$.

**解**：如图 22 所示，延长 $CD$ 到 $E$，使得 $DE=DC$. 连接 $BE$，$AE$. 则 $\triangle BDE \cong \triangle BDC$. 所以 $BE=BC=6$.

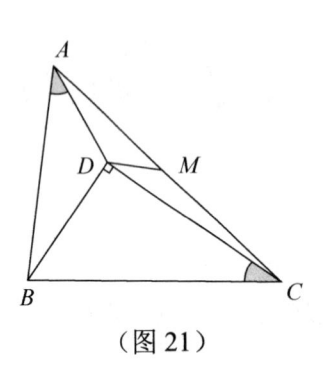

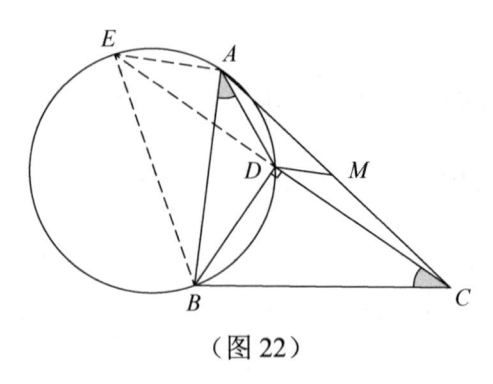

（图 21）　　（图 22）

由于 $\angle BED = \angle BCD = \angle BAD$，所以 $A$，$D$，$B$，$E$ 四点共圆.

因此 $\angle EAB = \angle EDB = 90°$.

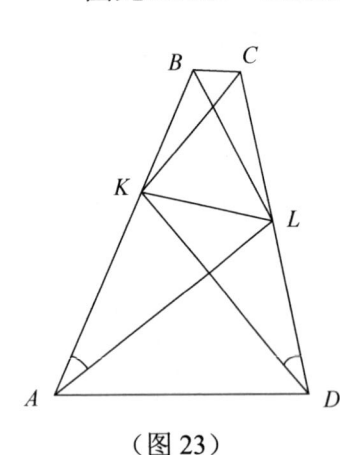

又 $AB=5$，在 Rt$\triangle BAE$ 中，由勾股定理，得 $AE = \sqrt{6^2 - 5^2} = \sqrt{11}$.

所以 $DM = \dfrac{\sqrt{11}}{2}$.

**例 13** 如图 23 所示，在梯形 $ABCD$ 的两腰 $AB$ 和 $CD$ 上各取一点 $K$ 和 $L$. 证明：如果 $\angle BAL = \angle CDK$，那么 $\angle BLA = \angle CKD$

（1988 年列宁格勒数学奥林匹克 8 年级试题）

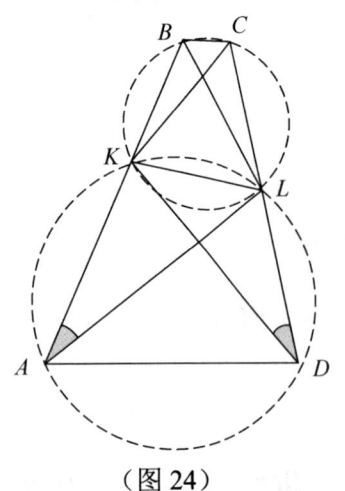

**证明**：如图 24 所示，因为 $\angle BAL = \angle CDK$，所以 $A$，$K$，$L$，$D$ 四点共圆.

所以 $\angle BKL = \angle ADC$.

但 $\angle BCD + \angle ADC = 180°$，所以 $\angle BCD + \angle BKL = 180°$.

因此 $B$，$C$，$L$，$K$ 四点共圆，所以 $\angle ABL = \angle DCK$.

在 $\triangle ABL$ 与 $\triangle CDK$ 中，有 $\angle BLA = 180° - \angle ABL - \angle BAL = 180° - \angle DCK - \angle CDK = \angle CKD$.

即为所证.

**例 14** 如图 25 所示，设 $D$ 是 $\triangle ABC$ 内的一点，满足 $\angle DAC = \angle DCA = 30°$，$\angle DBA = 60°$，$E$ 是 $BC$ 边的中点，$F$ 是 $AC$ 边的三等分点，满足 $AF = 2FC$. 求证：$DE \perp EF$.

**证明**：如图 26 所示，作 $DM \perp AC$ 于点 $M$，$FN \perp CD$ 于点 $N$，连接 $EM$，$EN$.

设 $CF = a$，$AF = 2a$，则 $CN = CF \cdot \cos 30° = \dfrac{\sqrt{3}a}{2} = \dfrac{1}{2}CD$，即 $N$ 是 $CD$ 的中点.

又因为 $M$ 是 $AC$ 边上的中点，$E$ 是 $BC$ 边上的中点，所以 $EM \parallel AB$，$EN \parallel BD$，所以 $\angle MEN = \angle ABD = 60° = \angle MDC$，故 $M$，$D$，$E$，$N$ 四点共圆.

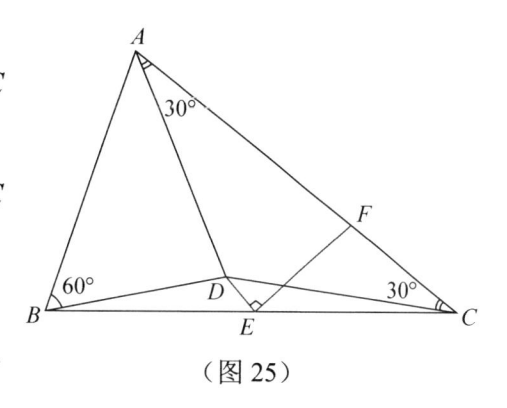

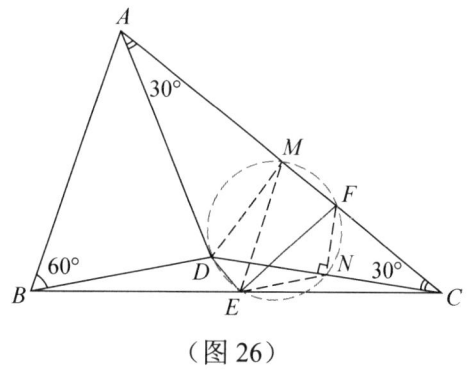

又显然有 $D$，$M$，$F$，$N$ 四点共圆，所以 $D$，$E$，$F$，$M$，$N$ 五点共圆. 从而 $\angle DEF = 90°$.

**例 15** 在 $\triangle ABC$ 的三边 $BC$，$CA$，$AB$ 所在直线上各取一点 $X$，$Y$，$Z$. 证明：3 个圆 $\odot AYZ$，$\odot BZX$，$\odot CXY$ 共点（密克点）.

**提示**：如图 27 所示，设 $\odot BZX$，$\odot CXY$ 除 $X$ 外的另一交点为 $O$，则 $\angle CXO = \angle BZO$（圆内接四边形外角等于内对角），同理 $\angle AYO = \angle CXO$，所以 $\angle AYO = \angle BZO$. 因此，$A$，$Z$，$O$，$Y$ 四点共圆（外角等于内对角，则四点共圆），即 $O$ 在 $\odot AYZ$ 上.

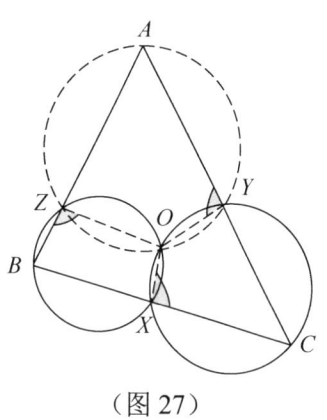

也就是 3 个圆 $\odot AYZ$，$\odot BZX$，$\odot CXY$ 共点于 $O$.

**例 16** $P$ 是 $\triangle ABC$ 的外接圆上一点. 由 $P$ 向各边 $BC$，$CA$，$AB$ 引垂线 $PD$，$PE$，$PF$. 求证：3 个垂足 $D$，$E$，$F$ 共线（西摩松线）.

**提示**：如图 28 所示，连接 $DE$，$DF$，$PB$，$PC$.

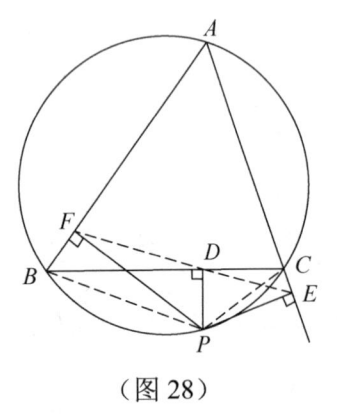

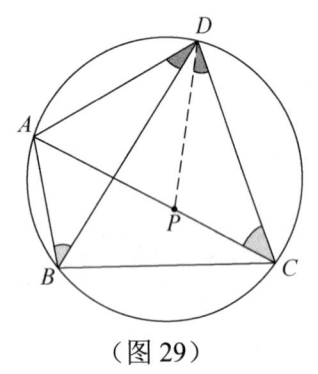

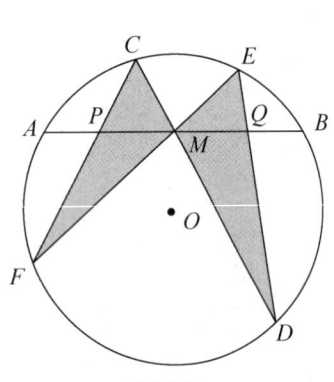

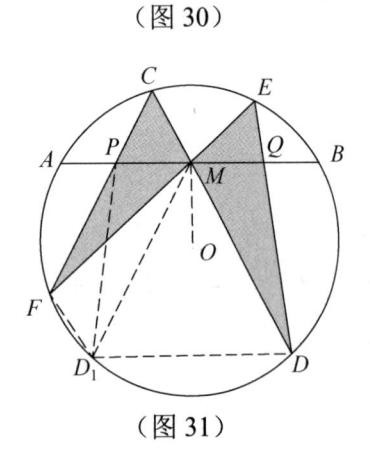

要证 $D$，$E$，$F$ 共线，只需证 $\angle BDF = \angle CDE$ 即可. 为此，由 $P$，$D$，$C$，$E$ 共圆，$P$，$D$，$F$，$B$ 共圆，及 $\angle ABP = \angle ECP$，得 $\angle CPE = \angle BPF$，进而得 $\angle BDF = \angle CDE$.

**例 17**（**托勒密定理**）圆内接四边形 $ABCD$ 中，求证：$AB \cdot CD + BC \cdot AD = AC \cdot BD$.

**证明**：如图 29 所示，作 $\angle CDP = \angle ADB$，交 $AC$ 于点 $P$.

则易证 $\triangle ADB \sim \triangle PDC$，有 $DB : AB = CD : CP$，即 $AB \cdot CD = DB \cdot CP$.

又易证 $\triangle ADP \sim \triangle BDC$，有 $AD : AP = BD : BC$，即 $BC \cdot AD = BD \cdot AP$.

相加得 $AB \cdot CD + BC \cdot AD = DB \cdot CP + BD \cdot AP = BD(AP + PC) = BD \cdot AC$.

**例 18** 如图 30 所示，过 $\odot O$ 的弦 $AB$ 的中点 $M$，引任意两条弦 $CD$ 和 $EF$. 连接 $CF$ 和 $ED$ 交弦 $AB$ 分别于点 $P$，$Q$. 求证：$PM = MQ$（蝴蝶定理）.

**证明**：如图 31 所示，作 $D$ 关于 $OM$ 的对称点 $D_1$，连接 $MD_1$，$PD_1$，$FD_1$. 则 $\angle AMD_1 = \angle BMD$.

因为 $AB // DD_1$，所以 $\overset{\frown}{AD_1} = \overset{\frown}{BD}$，$MD = MD_1$，所以

$$\angle AMD_1 = \angle BMD = \frac{1}{2}\left(\overset{\frown}{AC} + \overset{\frown}{BD}\right)$$
$$= \frac{1}{2}\left(\overset{\frown}{AC} + \overset{\frown}{BD_1}\right) = \frac{1}{2}\overset{\frown}{CD_1}.$$

又 $\angle PFD_1 = \frac{1}{2}\overset{\frown}{D_1DBC}$，所以 $\angle PFD_1 + \angle PMD_1 = \frac{1}{2} \cdot 360° = 180°$，因此 $Q$，$F$，$D_1$，$M$ 四点共圆. 所以 $\angle PD_1M = \angle PFM = \angle CFE = \angle CDE = \angle QDM$.

因此可得 $\triangle PD_1M \cong \triangle QDM$ （SAS），所以 $PM = MQ$.

**例19** 圆内接四边形 $ABCD$ 的对角线相交于点 $E$（如图 32 所示）.设 $O_1$ 是三角形 $ABC$ 的内心，而 $O_2$ 是三角形 $ABD$ 的内心.证明：直线 $O_1O_2$ 从三角形 $AEB$ 截出一个等腰三角形.

**证明：**连接 $BO_1$，$AO_1$，$BO_2$，$AO_2$，三角形内切圆的中心是三角形角平分线的交点，所以 $\angle O_1BA = \angle O_1BC = \beta$，$\angle O_1AB = \angle O_1AC = \varphi$；$\angle O_2BA = \angle O_2BD = \alpha$，$\angle O_2AB = \angle O_2AD = \gamma$（如图 33 所示）.

所以 $\angle BO_1A = 180° - (\beta + \varphi)$，$\angle BO_2A = 180° - (\alpha + \gamma)$，也就是 $\angle BO_1A = \angle BO_2A$，因为 $\beta + \varphi = \alpha + \gamma$，即 $2\beta - 2\alpha = 2\gamma - 2\varphi$，所以 $\angle CBD = \angle CAD$（同在 $\overset{\frown}{CD}$ 上的圆周角）.

（图 32）

（图 33）

这意味着，$B$，$O_1$，$O_2$，$A$ 四点共圆.

则 $\angle MO_1B = 180° - \angle O_2O_1B = \angle O_2AB = \gamma$，也就是 $\angle EMN = \angle MBO_1 + \angle MO_1B = 2\alpha - \beta + \gamma$.

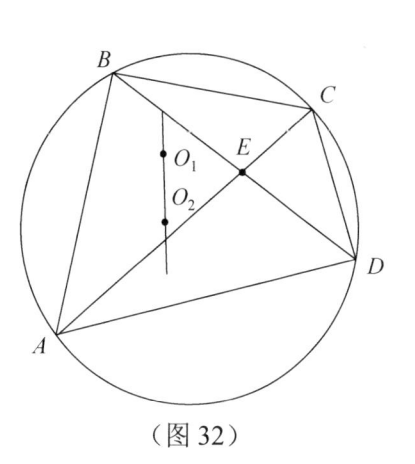

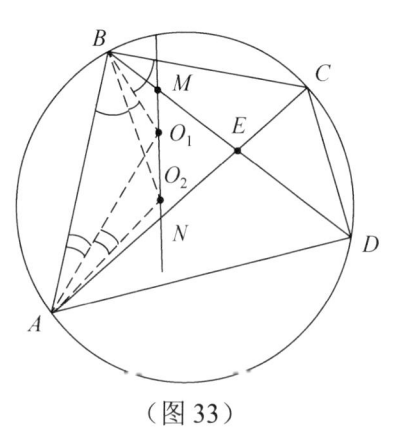

类似地，$\angle ENM = \angle NAO_1 + \angle NO_1A = \varphi + \angle O_2BA = \varphi + \alpha$，因为 $2\alpha - \beta + \gamma = \varphi + \alpha$，由此得出 $\angle EMN = \angle ENM$.即 $\triangle MEN$ 是等腰三角形.

**例20** 设 $A_1$ 和 $A_2$ 是圆 $S_1$ 和 $S_2$ 的交点，$B_1$ 和 $B_2$ 是圆 $S_2$ 和 $S_3$ 的交点，且 $O_1$，$O_2$，$O_3$ 分别是圆 $S_1$，$S_2$，$S_3$ 的圆心.证明：如果点 $O_1$，$A_1$，$O_2$，$B_1$，$O_3$ 在一个圆上，那么线段 $A_2B_2$ 平行于线段 $O_1O_3$.

**提示：**设 $\omega$ 是通过点 $O_1$，$A_1$，$O_2$，$B_1$，$O_3$ 的圆，而 $A_3$ 和 $B_3$ 是圆 $\omega$ 同圆 $S_1$ 和 $S_2$ 的第二个交点.我们证明，点 $O_2$，$A_2$，$A_3$ 在一条直线上（如图 34 所示）.

实际上，作为等弧 $\overset{\frown}{A_1O_1}$ 和 $\overset{\frown}{O_1A_3}$ 上的圆周角，$\angle A_1O_2O_1 = \angle O_1O_2A_3$，$\angle A_1O_2O_1 = \angle O_1O_2A_2$，也就是 $\angle O_1O_2A_2 = \angle O_1O_2A_3$，即点 $O_2$，$A_2$，$A_3$ 在一条直线上.

类似地，可证点 $O_2$，$B_2$，$B_3$ 共线.

设 $O_2P \perp A_2B_2$（如图 35 所示），则由等式 $O_2A_2 = O_2B_2$（圆 $S_2$ 的半径）得出，$\angle A_2O_2P = \angle PO_2B_2$ 和 $\angle A_3O_2P = \angle PO_2B_3$，即 $P$ 是 $\overset{\frown}{A_3PB_3}$ 的中点. 由此推出，$\overset{\frown}{O_2B_1O_3}$ 和 $\overset{\frown}{O_1A_3P}$ 之和等于 $180°$，即

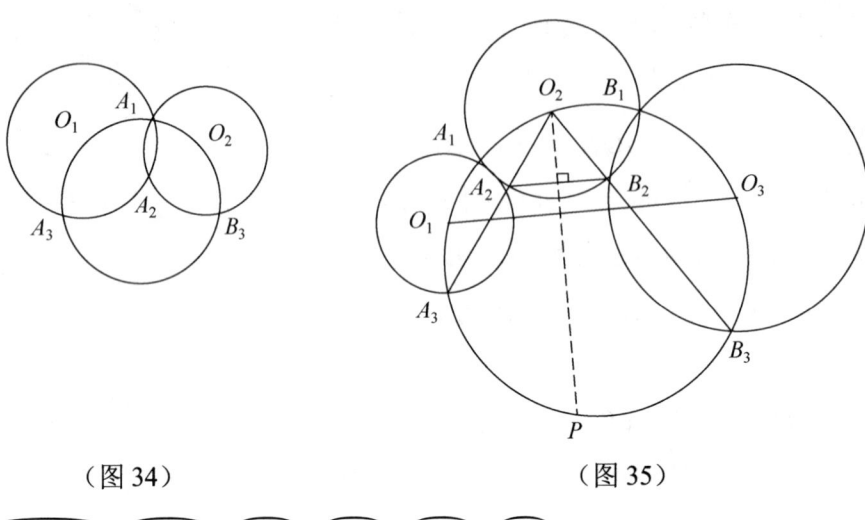

（图 34）　　　　　（图 35）

$$\overset{\frown}{O_2B_1O_3} + \overset{\frown}{O_1A_3P} = \overset{\frown}{O_2B_1} + \overset{\frown}{B_1O_3} + \overset{\frown}{O_1A_3} + \overset{\frown}{A_3P}$$
$$= \frac{1}{2}\overset{\frown}{A_1B_1} + \frac{1}{2}\overset{\frown}{B_1B_3} + \frac{1}{2}\overset{\frown}{A_1A_3} + \frac{1}{2}\overset{\frown}{A_3B_3} = \frac{1}{2} \cdot 360° = 180°,$$

也就是，直线 $O_1O_3$ 和 $O_2P$ 之间成直角. 这意味着 $O_1O_3 /\!/ A_2B_2$.

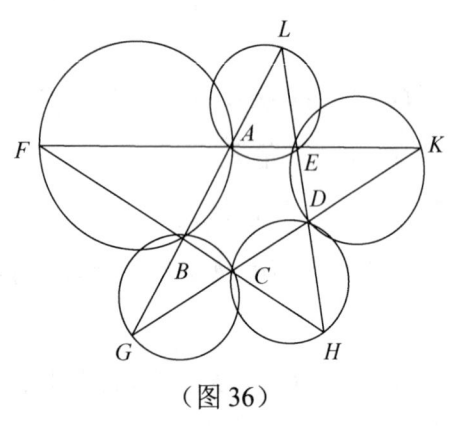

**例 21** 如图 36 所示，延长凸五边形 $ABCDE$ 各边，在外部交成 5 个三角形. 求证：这 5 个三角形的外接圆的（非 $A$，$B$，$C$，$D$，$E$ 的）另 5 个交点共圆.

**证明**：如图 37 所示，设 5 个三角形 $\triangle ABF$，$\triangle BCG$，$\triangle CDH$，$\triangle DEK$，$\triangle EAL$ 的外接圆的（非 $A$，$B$，$C$，$D$，$E$ 的）另 5 个交点分别为 $A'$，$B'$，$C'$，$D'$，$E'$. 要证这 5

（图 36）

个点共圆，我们先证 $A'$，$B'$，$D'$，$E'$ 共圆，再同理可证 $E'$，$A'$，$B'$，$C'$ 共圆，于是可知 $A'$，$B'$，$C'$，$D'$，$E'$ 都在由不共线三点 $E'$，$A'$，$B'$ 所决定的圆上了. 我们按这一思路从证 $A'$，$B'$，$D'$，$E'$ 共圆入手.

因为 $E$，$K$，$D'$，$D$ 共圆，所以 $\angle EKD' = \angle HDD'$. …… ①

因为 $H$，$C$，$D$，$D'$ 共圆，所以 $\angle HDD' = \angle HCD'$. ……②

由①、②可得 $\angle FKD' = \angle EKD' = \angle HCD'$，所以 $F$，$K$，$D'$，$C$ 四点共圆.

同理可证 $\angle KFB' = \angle B'BG = \angle B'CG$，所以 $F$，$B'$，$C$，$K$ 四点共圆.

因此得 $B'$，$D'$ 点都在过不共线的三点 $F$，$C$，$K$ 的圆上.

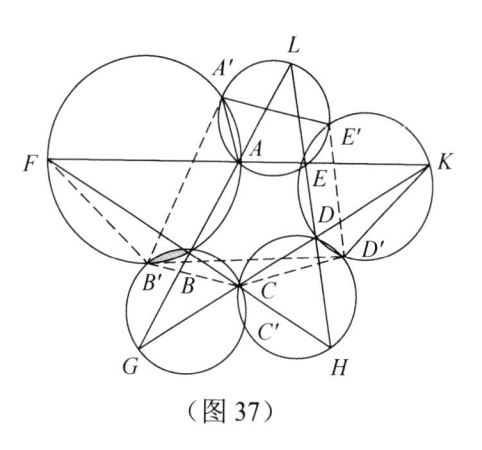

根据 $B'$，$F$，$K$，$D'$ 共圆，有 $\angle FKD' + \angle D'B'F = 180°$. ……③

再由 $E'$，$E$，$D'$，$K$ 共圆，有 $\angle EE'D' = \angle EKD' = \angle FKD'$. ……④

将④代入③得 $\angle EE'D' + (\angle D'B'A' + \angle A'B'F) = 180°$.

但 $\angle A'B'F = \angle A'AF = \angle A'E'E$，代入得 $\angle EE'D' + (\angle D'B'A' + \angle A'E'E) = 180°$，即 $(\angle EE'D' + \angle A'E'E) + \angle D'B'A' = 180°$，也就是 $\angle A'E'D' + \angle D'B'A' = 180°$. 所以 $A'$，$B'$，$D'$，$E'$ 四点共圆.

依上述步骤同理可证 $E'$，$A'$，$B'$，$C'$ 共圆.

因此可得 $A'$，$B'$，$C'$，$D'$，$E'$ 五点共圆.

**例22** 锐角三角形 $ABC$ 中，高线 $AH_1$，$BH_2$，$CH_3$ 共点于 $H$（垂心）. $M_1$，$M_2$，$M_3$ 分别为边 $BC$，$CA$，$AB$ 的中点. $P_1$，$P_2$，$P_3$ 分别为线段 $AH$，$BH$，$CH$ 的中点. 求证：$H_1$，$H_2$，$H_3$，$M_1$，$M_2$，$M_3$，$P_1$，$P_2$，$P_3$ 九点共圆.

**提示**：如图 38 所示，易证 $P_2P_1M_2M_1$ 是个矩形，所以 $P_2$，$P_1$，$M_2$，$M_1$ 四点共圆. 易证 $H_1$，$H_2$，$P_3$ 在这个圆上，$M_3$ 也在这个圆上，再证 $H_3$ 在这个圆上. 所以 $H_1$，$H_2$，$H_3$，$M_1$，$M_2$，$M_3$，$P_1$，$P_2$，$P_3$ 九点共圆.

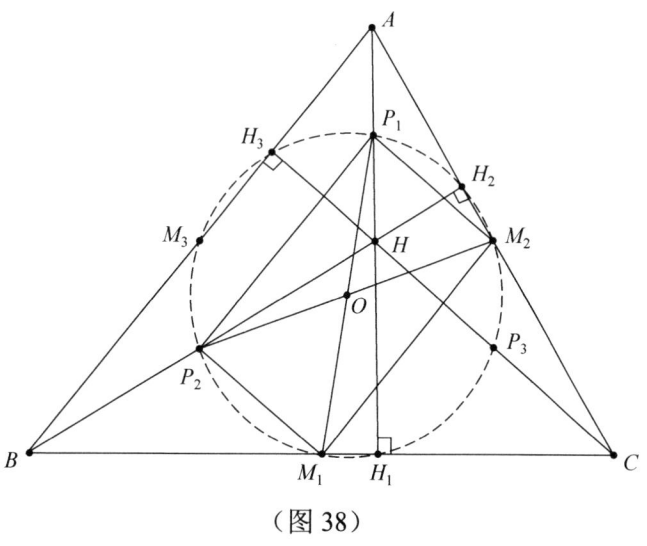

（图 38）

## 第19讲

# 直线与圆

直线与圆有相离、相切、相交 3 种不同的位置关系. 设圆心到直线的距离为 $d$，则

直线 $l$ 与 $\odot(O, r)$ 相离，即 $d > r$；

直线 $l$ 与 $\odot(O, r)$ 相切，即 $d = r$；

直线 $l$ 与 $\odot(O, r)$ 相交，即 $d < r$.

**切线的判定定理**　经过半径的外端并且垂直于这条半径的直线是该圆的切线.

**切线的性质定理**　圆的切线垂直于经过切点的半径.

在圆与一个角的位置关系中，我们称顶点在圆上，一边和圆相交，另一边和圆相切的角为**弦切角**. 弦切角等于它所夹的弧对的圆周角.

此外，一个圆可以和角的两边相切，这时从角的顶点到两个切点的两条线段等长，这就是所谓的**切线长定理**.

进一步地，我们可以考察一个圆与三角形三边相切的情况. 这个圆的圆心是三角形 3 条角平分线的交点，称为该三角形的**内心**. 这个与三角形三边都相切的圆叫作这个三角形的**内切圆**. 任何三角形都存在唯一的内切圆. 这个三角形叫作**圆的外切三角形**.

对于任意的凸 $n$ 边形，若存在和它的各边都相切的圆，则这个圆叫作这个凸 $n$ 边形的内切圆，这个凸 $n$ 边形叫作**圆的外切凸 $n$ 边形**. 但当 $n \geqslant 4$ 时，凸 $n$ 边形不一定存在内切圆. 因此，凸 $n$ 边形内切圆存在的条件是什么自然就成为人们感兴趣的问题.

4 条边都与一个圆相切的四边形叫作**圆外切四边形**.

**圆外切四边形的性质定理**　圆外切四边形的两组对边之和相等.

**圆外切四边形的判定定理** 在一个四边形中，如果一组对边之和等于另一组对边之和，那么这个四边形必有内切圆.

已知：四边形 $ABCD$ 中 $AB+CD=AD+BC$.

求证：四边形 $ABCD$ 必有内切圆.

**证明**：如图 1 所示，若 $AB=AD$，则有 $CD=BC$，这时四边形 $ABCD$ 为筝形，必有内切圆.

若 $AB>AD$，那么 $AB-AD=BC-CD$. 在 $AB$ 上取 $AE=AD$，在 $CB$ 上取 $CF=CD$，连接 $DE$，$DF$，$EF$.

易知，$\triangle ADE$，$\triangle BEF$，$\triangle CDF$ 都是等腰三角形，它们的顶角的平分线就是底边的中垂线，也就是 $\triangle DEF$ 各边的中垂线. 由于 $\triangle DEF$ 各边的中垂线交于一点 $O$，$O$ 也就是 $\angle DAE$，$\angle ABC$，$\angle BCD$ 的平分线的交点. 于是 $O$ 到 $CD$，$AD$，$AB$，$BC$ 各边的距离相等，所以四边形 $ABCD$ 有内切圆.

**例 1** 如图 2 所示，$AB$ 是半圆的直径，$C$ 是半圆上一点，直线 $MN$ 切半圆于点 $C$，$AM \perp MN$ 于点 $M$，$MN \perp MN$ 于点 $N$，$CD \perp AB$ 于点 $D$. 求证：$CD = CM = CN$.

**证明**：如图 3 所示，连接 $AC$，$BC$，易知 $\angle ACB = 90°$.

又 $MN$ 切半圆于点 $C$，

所以 $\angle NCB = \angle CAB$，$\angle MCA = \angle CBA$.

但 $\angle CBD + \angle CAB = 90°$，$\angle NBC + \angle NCB = 90°$，所以 $\angle CBD = \angle NBC$.

此时 $C$ 点在 $\angle NBA$ 的平分线上，它到角的两边的距离相等，所以 $CN = CD$.

又因为 $\angle MAC$，$\angle CAD$ 分别为 $\angle MCA$，$\angle CBA$ 的余角，所以 $\angle MAC = \angle CAD$，所以 $CM = CD$. 因此 $CD = CM = CN$ 成立.

**例 2** 如图 4 所示，点 $C$ 在线段 $AB$ 上. 分别以 $AB$，$AC$，$CB$ 为直径画 3 个半圆，形成的阴影图形称作"皮匠刀形". 过 $C$ 的 $AB$ 的垂线交大半圆于点

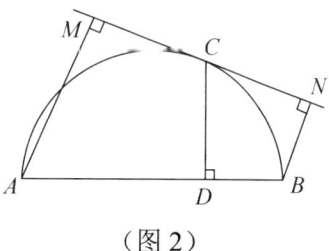

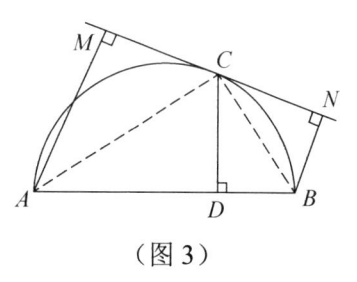

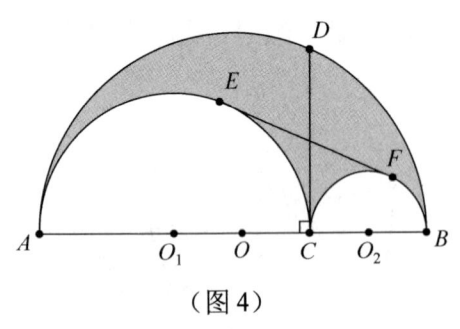

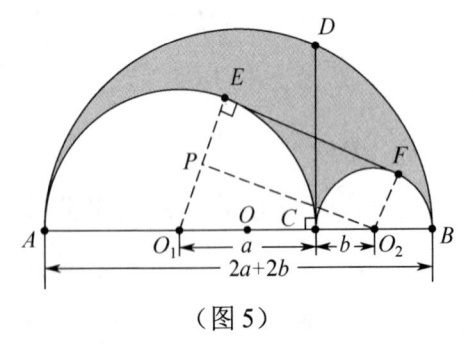

$D$，两个小半圆的外公切线是 $EF$．求证：$CD = EF$．

(2016 年北京市高一复赛试题二)

**证明**：如图 5 所示，设 $O_1C = a$，$CO_2 = b$，则 $AB = 2a + 2b$．

易知 $CD^2 = AC \times CB$，

所以 $CD^2 = 2a \times 2b = 4ab$．…… ①

连接 $O_1E$，$O_2F$，过 $O_2$ 作 $EF$ 的平行线交 $O_1E$ 于点 $P$，

易知三角形 $O_1O_2P$ 中，$\angle O_2PO_1 = 90°$，$O_1P = a - b$，$O_1O_2 = a + b$，

所以 $EF^2 = O_2P^2 = O_1O_2^2 - O_1P^2 = (a+b)^2 - (a-b)^2 = 4ab$．…… ②

(图4)

(图5)

由①、②得，$CD^2 = EF^2$，所以 $CD = EF$．

**例3** 如图 6 所示，$\triangle ABC$ 的两条高线 $BE$，$CF$ 交于点 $H$，又 $\triangle ABC$ 的外接圆圆心为 $O$．求证：$AO \perp EF$．

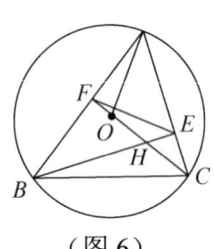

**证明**：如图 7 所示，过 $A$ 作 $\odot O$ 的切线 $TA$，由于 $OA$ 是半径，所以 $TA \perp OA$．由弦切角定理，得 $\angle TAB = \angle BCA$．

因为 $BE$，$CF$ 是 $\triangle ABC$ 的高线，所以 $\angle BEC = \angle CFB = 90°$．

所以 $B$，$C$，$E$，$F$ 四点共圆．因此 $\angle AFE = \angle BCA$，所以 $\angle TAB = \angle AFE$，所以 $EF // TA$．

但 $TA \perp OA$，所以 $AO \perp EF$．

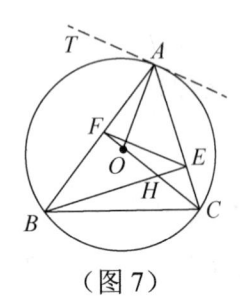

(图6)

**例4** 四边形 $ABCD$ 为圆外切四边形，$AC$ 为对角线．求证：三角形 $ABC$ 的内切圆与三角形 $ADC$ 的内切圆与 $AC$ 切于同一点．

**证明**：如图 8 所示，设三角形 $ABC$ 的内切圆与 $AC$ 切于点 $X$，三角形 $ADC$ 的内切圆与 $AC$ 切于点 $Y$，则

(图7)

第19讲 直线与圆

$$AX = \frac{1}{2}(AB+BC+AC)-BC$$
$$= \frac{1}{2}(AB+AC-BC). \quad \cdots\cdots (*)$$
$$AY = \frac{1}{2}(AC+CD+AD)-CD$$
$$= \frac{1}{2}(AC+AD-CD). \quad \cdots\cdots (**)$$

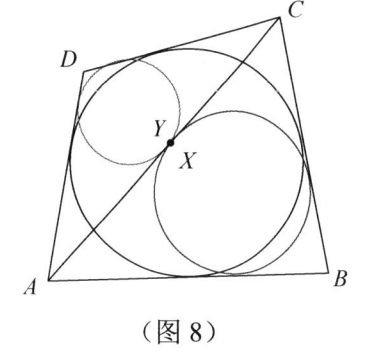

因为四边形 $ABCD$ 是圆外切四边形，所以 $AB+CD = AD+BC$.

也就是 $AB-BC = AD-CD$.

代入（*）、（**）比较后可知，$AX = AY$. 即点 $X$，$Y$ 重合.

所以三角形 $ABC$ 的内切圆与三角形 $ADC$ 的内切圆与 $AC$ 切于同一点.

**例5** 小圆与大圆内切（如图 9 所示），切点为 $M$，大圆的弦 $AB$ 切小圆于点 $C$. 求证：$MC$ 是 $\angle AMB$ 的平分线.

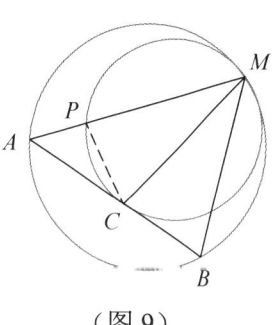

**证明**：如图 10 所示，设 $AM$ 交小圆于 $P$ 点，过 $M$ 点作两圆的公切线（这条切线既是大圆的切线，也是小圆的切线），连接 $PC$. 由弦切角定理，

对于小圆，得 $\angle TMP = \angle PCM$，对于大圆，得 $\angle TMA = \angle ABM$.

由 $AB$ 切小圆于点 $C$，所以 $\angle ACP = \angle CMP$，但 $\angle ACM$ 是三角形 $CMB$ 的外角，所以 $\angle ACM = \angle ABM + \angle CMB$.

即 $\angle ACP + \angle PCM = \angle ABM + \angle CMB$.

又已证 $\angle PCM = \angle ABM$，所以 $\angle ACP = \angle CMB$.

则 $\angle CMP = \angle CMB$.

所以 $MC$ 是 $\angle AMB$ 的平分线.

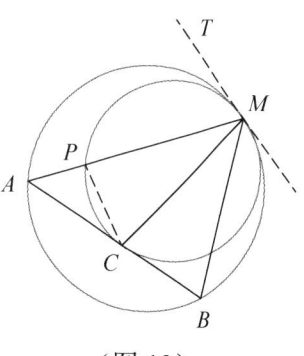

**例6** 如图 11 所示，在圆内接四边形 $ABCD$ 中，圆 $O_1$，圆 $O_2$，圆 $O_3$，圆 $O_4$ 分别是 $\triangle ABD$，$\triangle BCA$，$\triangle CDB$，$\triangle DAC$ 的内切圆，设 $AB$，$BC$，$CD$，$DA$ 上的切点依次是 $E$，$F$，$M$，$N$，$G$，$H$，$P$，$Q$. 求证：$EF = GH$，$MN = PQ$.

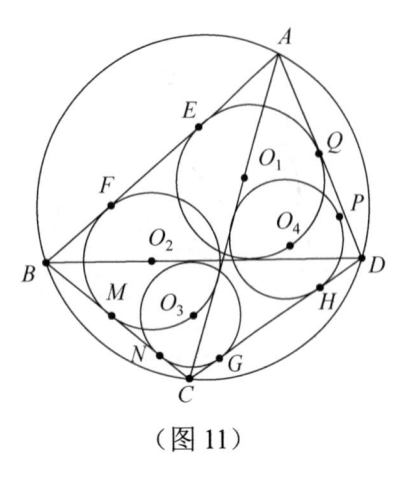

**分析**：由于题目中有多个三角形的内切圆，故可充分利用切线长的有关定理进行推导.

**证明**：根据切线长定理可得
$$(AC-BC)+(BD-DA)=(AF-BF)+(BE-AE)=(AF-AE)+(BE-BF)=2EF.$$
又 $(AC-DA)+(BD-BC)=(CH-DH)+(DG-CG)=(CH-CG)+(DG-DH)=2GH$.
又因为 $(AC-BC)+(BD-DA)=(AC-DA)+(BD-BC)$.

（图11）

所以 $2EF=2GH$. 因此 $EF=GH$.

同理可证 $MN=PQ$.

**例7** 设一个四边形同时有内切圆和外接圆. 将其内切圆不相邻的切点用线段连接，则这两条线段所在的直线互相垂直（即 $E$，$F$，$G$，$H$ 依次为内切圆与四边形各边的切点）. 求证：$EG \perp FH$.

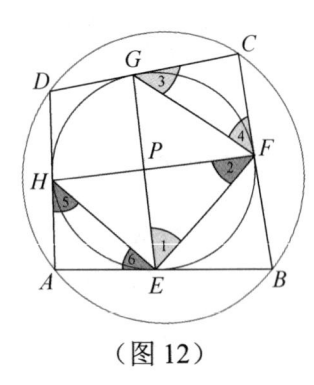

**证明1**：连接 $EF$，$FG$，$EH$，如图12所示，由切线长定理及弦切角定理，得 $\angle 1=\angle 3=\angle 4$，$\angle 2=\angle 5=\angle 6$.

因为 $\angle A+\angle C=180°$，所以 $2(\angle 3+\angle 5)=180°$，所以 $\angle 3+\angle 5=90°$.

因此 $\angle 1+\angle 2=90°$. 即 $\angle EPF=90°$，所以 $EG \perp FH$.

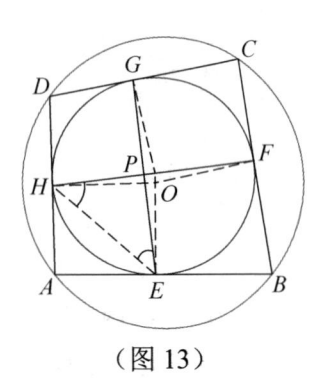

（图12）

**证明2**：如图13所示，设四边形内切圆圆心为 $O$，连接 $OE$，$OF$，$OG$，$OH$，则 $\angle OEB=\angle OFB=90°$，所以 $O$，$E$，$B$，$F$ 四点共圆.

所以 $\angle EOF+\angle B=180°$.

同理可证 $\angle HOG+\angle D=180°$.

因为 $\angle B+\angle D=180°$，所以 $\angle EOF+\angle HOG=180°$，所以

$$\angle HEG+\angle FHE \stackrel{m}{=} \frac{1}{2}\widehat{HG}+\frac{1}{2}\widehat{EF} \stackrel{m}{=} \frac{1}{2}\angle HOG+\frac{1}{2}\angle EOF$$

（图13）

$$= \frac{1}{2}(\angle HOG + \angle EOF) = \frac{1}{2} \times 180° = 90°.$$

所以 $\angle HPE = 90°$，即 $EG \perp FH$.

**例 8** 已知半径分别为 $R$，$r$ 的两个圆外切于点 $P$. 点 $P$ 到这两圆的一条外公切线 $AB$ 的距离等于 $d$. 求证：$\dfrac{1}{R} + \dfrac{1}{r} = \dfrac{2}{d}$.

**证明 1**：如图 14 所示，设半径为 $R$ 的 $\odot O$ 与半径为 $r$ 的 $\odot O_1$ 外切于点 $P$，$AB$ 是两圆的一条外公切线，作 $PC \perp AB$ 于点 $C$. 连接 $OP$，$PO_1$，则 $O$，$P$，$O_1$ 共线.

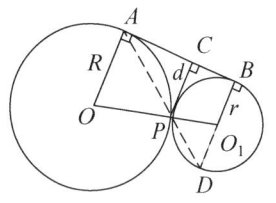

延长 $BO_1$ 交 $\odot O_1$ 于点 $D$，则 $BD$ 是 $\odot O_1$ 的直径.

（图 14）

连接 $AP$，$PD$. 由于 $OA // BD$，所以 $\angle AOP = \angle PO_1D$. 再由 $\triangle AOP$，$\triangle PO_1D$ 都是等腰三角形，则有 $\angle OPA = \angle O_1PD$，所以 $A$，$P$，$D$ 三点共线.

因为 $PC // DB$，所以 $\dfrac{AP}{AD} = \dfrac{PC}{DB} = \dfrac{d}{2r}$.

又由 $\triangle AOP \sim \triangle DO_1P$，则有 $\dfrac{AP}{DP} = \dfrac{OP}{O_1P} = \dfrac{R}{r}$，推出 $\dfrac{AP}{AP+DP} = \dfrac{R}{R+r}$，即 $\dfrac{AP}{AD} = \dfrac{R}{R+r}$，因此 $\dfrac{R}{R+r} = \dfrac{d}{2r}$，推出 $\dfrac{R+r}{Rr} = \dfrac{2}{d}$，即 $\dfrac{1}{R} + \dfrac{1}{r} = \dfrac{2}{d}$.

**证明 2**：如图 15 所示，设半径为 $R$ 的 $\odot O$ 与半径为 $r$ 的 $\odot O_1$ 外切于点 $P$，$AB$ 是两圆的一条外公切线，作 $PC \perp AB$ 于点 $C$. 连接 $OP$，$PO_1$，则 $O$，$P$，$O_1$ 共线.

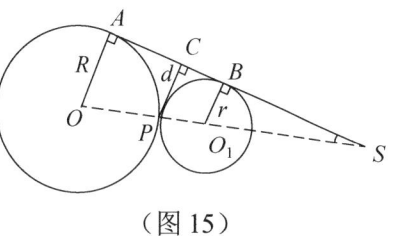

（图 15）

（1）若 $R = r$，结论显然成立.

（2）若 $R \neq r$，不妨设 $R > r$. 延长 $AB$，与 $OO_1$ 相交于点 $S$.

则由 $PC // O_1B$，有 $\dfrac{d}{r} = \dfrac{SP}{SO_1}$，由 $PC // OA$，有 $\dfrac{d}{R} = \dfrac{SP}{SO}$.

所以 $\dfrac{d}{r} + \dfrac{d}{R} = \dfrac{SP}{SO_1} + \dfrac{SP}{SO} = \dfrac{r+SO_1}{SO_1} + \dfrac{SO-R}{SO} = \dfrac{r}{SO_1} + 1 + 1 - \dfrac{R}{SO}$.

注意到 $\dfrac{BO_1}{SO_1} = \dfrac{AO}{SO}$，即 $\dfrac{r}{SO_1} = \dfrac{R}{SO}$，所以 $\dfrac{d}{r} + \dfrac{d}{R} = 2$，即 $\dfrac{1}{R} + \dfrac{1}{r} = \dfrac{2}{d}$.

**例 9** 如图 16 所示，四边形 $ABCD$ 内接于圆，另一圆的圆心 $O$ 在边 $AD$

（图 16）

（图 17）

（图 18）

（图 19）

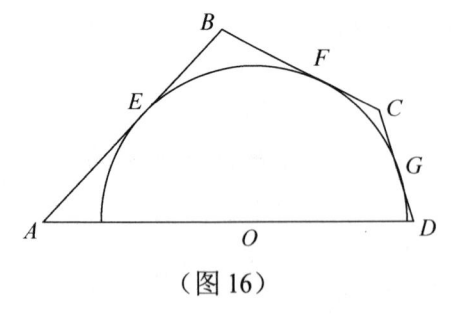

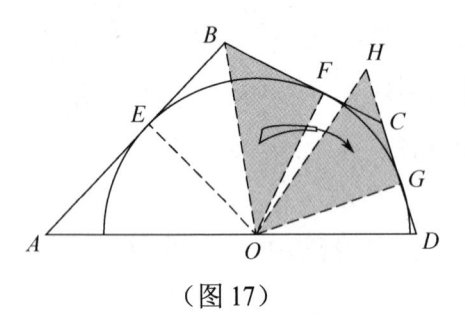

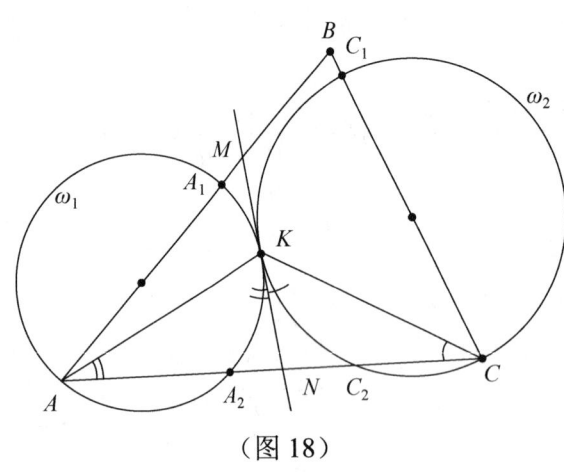

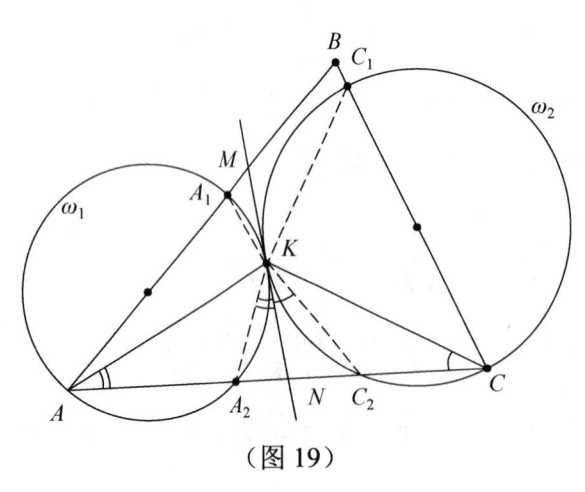

上且与其余三边相切，求证：$AB+CD=AD$.

（1985年第26届IMO试题）

**解**：如图 17 所示，设圆 $O$ 切三边于点 $E$，$F$，$G$. 连接 $OE$，$OF$，$OG$.

将 $\triangle BOF$ 绕点 $O$ 顺时针旋转定角（$\angle FOG$）到 $\triangle HOG$ 的位置.

设 $\angle H = \angle OBF = \angle OBA = \theta$，则 $\angle D = 180° - 2\theta$，$\angle HOG = 90° - \theta$，$\angle GOD = 90° - \angle D = 2\theta - 90°$.

则 $\angle HOD = (90° - \theta) + (2\theta - 90°) = \theta$.

即 $OD = DH = DG + GH = DG + BF = DG + BE$. …… ①

同理可证 $AO = AE + GC$. …… ②

由①+②得 $AD = AB + CD$.

**例10** 如图18所示，给定三角形 $ABC$. 中心在线段 $AB$ 上的圆 $\omega_1$ 通过点 $A$ 且第二次交线段 $AB$ 和 $AC$ 分别于点 $A_1$ 和 $A_2$. 中心在 $BC$ 上的圆 $\omega_2$ 通过 $C$ 且第二次交线段 $BC$ 和 $AC$ 分别于点 $C_1$ 和 $C_2$. 已知圆 $\omega_1$ 和 $\omega_2$ 外切于点 $K$. 证明：$\angle A_1 K C_1 = \angle A_2 K C_2$.

**证明**：通过点 $K$ 引圆 $\omega_1$ 和 $\omega_2$ 的公切线 $MN$（如图 19 所示）. 根据弦切角定理，得 $\angle KAC = \angle A_2 KN$ 及 $\angle KCA = \angle C_2 KN$. 因为 $\angle AKA_1$ 和 $\angle CKC_1$ 分别是圆 $\omega_1$ 和 $\omega_2$ 的直径所对的圆周角，所以 $\angle AKA_1 = \angle CKC_1 = 90°$，由此可得，

$$\angle A_2KC_2 = \angle A_2KN + \angle C_2KN = \angle KAC + \angle KCA = 180° - \angle AKC$$
$$= 180° - (360° - \angle AKA_1 - \angle CKC_1 - \angle A_1KC_1) = \angle A_1KC_1.$$

**例 11** 如图 20 所示，过三角形 $ABC$ 的外心 $O$ 作直径 $AT$，过 $T$ 作 $\odot O$ 的切线交 $CB$ 的延长线于点 $P$. 直线 $PO$ 交 $AB$，$AC$ 分别于点 $M$，$N$. 求证：$OM = ON$.

**分析**：要证 $OM=ON$，过 $B$ 作 $BE//PO$，交 $OT$ 于点 $F$，交 $AC$ 于点 $E$. 只需证 $BF = FE$ 即可.

（图 20）

如图 21 所示，取 $BC$ 的中点 $D$，连接 $FD$，$OD$，$DT$，$BT$. 因为 $D$ 是 $BC$ 的中点，所以要证 $F$ 为 $BE$ 的中点，只需证 $FD//EC$ 即可.

由 $\angle ODP = 90° = \angle OTP$，得 $O$，$P$，$T$，$D$ 四点共圆. 有 $\angle FBD = \angle OPD = \angle OTD$，得 $F$，$B$，$T$，$D$ 四点共圆.

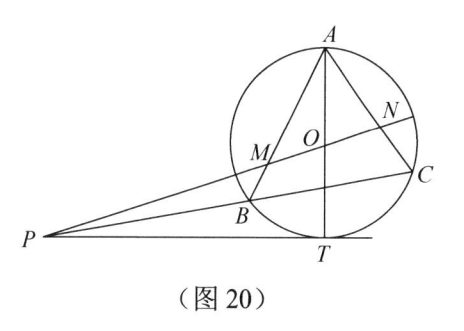

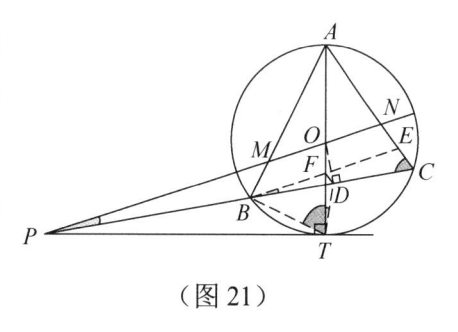

（图 21）

因此有 $\angle FDB = \angle FTB = \angle ATB = \angle ACB$，所以 $FD//EC$. 至此分析完毕，即可写出证明！

**例 12** 如图 22 所示，已知 3 个圆 $\odot O_1$，$\odot O_2$，$\odot O_3$，其中，$\odot O_2$ 与 $\odot O_3$ 外切于点 $C$ 且分别与 $\odot O_1$ 内切于点 $A$ 和 $B$. 通过点 $C$ 引 $\odot O_2$ 与 $\odot O_3$ 的公切线与 $\odot O_1$ 交成的弦的中点是 $D$. 求证：$C$ 是三角形 $ABD$ 的内心.

**证明 1**：如图 23 所示，易证 $A$，$C$，$L$ 共线，$B$，$C$，$K$ 共线，易知 $LA \perp MK$，$KB \perp ML$，所以 $LA$ 与 $KB$ 的交点 $C$ 是锐角三角形 $MLK$ 的垂心，$CD$ 必过点 $M$.

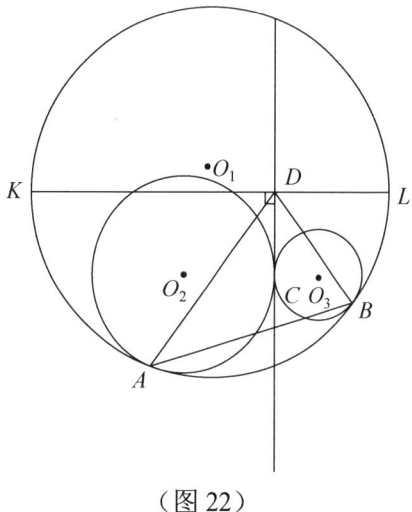

由于锐角三角形的垂心是其垂足三角形的内心，所以 $C$ 是三角形 $ABD$ 的内心.

（图 22）

**证明 2**：如图 24 所示，易知过 $\odot O_2$ 与 $\odot O_1$ 的切点 $A$ 的公切线，过 $\odot O_3$ 与

⊙$O_1$ 的切点 $B$ 的公切线相交于点 $T$，则 $CD$ 过点 $T$.

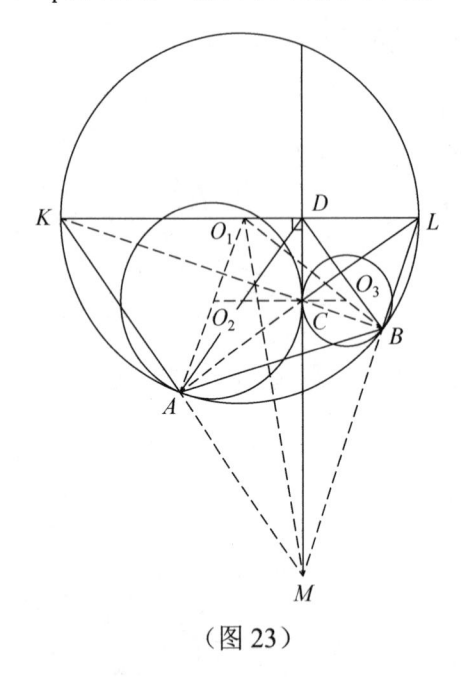

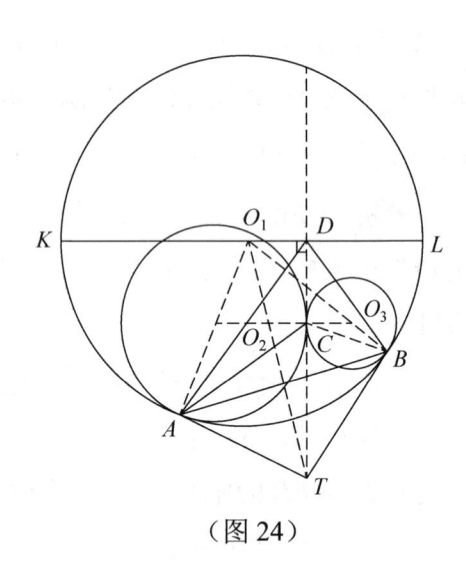

（图 23）　　　　　　　　　　（图 24）

由 $TA = TC$，得 $\angle TAC = \angle TCA$.

又 $A$，$O_1$，$D$，$T$ 共圆，所以 $\angle ADT = \angle AO_1T$.

但 $\angle TAB = \angle TBA = \dfrac{1}{2}\angle AO_1B = \angle AO_1T = \angle BO_1T$.

所以 $\angle ACT - \angle ADT = \angle CAT - \angle TAB$，即 $\angle DAC = \angle BAC$，$AC$ 为 $\angle DAB$ 的平分线.

同理可证 $BC$ 是 $\angle ABD$ 的平分线，所以 $C$ 是三角形 $ABD$ 的内心.

# 第20讲

# 圆幂定理

在圆的知识中,以下几个定理都与线段的乘积式有关,它们是:

**相交弦定理** 经过圆内一点引两条弦,各弦被这点所分成的两条线段的乘积相等. 图 1(a)中,$PA \cdot PB = PC \cdot PD$.

**切割线定理** 从圆外一点引圆的切线和割线,切线长是这点到割线与圆交点的两条线段长的比例中项.

图 1(b)中,$PA \cdot PB = PC \cdot PD = PE^2$.

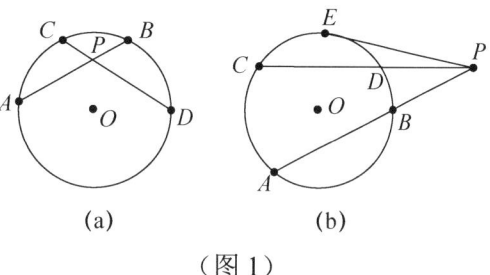

在平面几何中,相交弦定理与切割线定理,统称为**圆幂定理**.

圆幂定理的逆定理也成立,是证明四点共圆的定理.

**圆幂定理的逆定理**

(1) 两条线段 AB 和 CD 相交于点 P,若 $PA \cdot PB = PC \cdot PD$,则 A,B,C,D 四点共圆 [参见图 1(a)].

(2) 共端点 P 但不共线的两条射线上分别有两点 A,B 和 C,D 满足 $PA \cdot PB = PC \cdot PD$.

则 A,B,C,D 四点共圆 [参见图 1 (b)].

以上两条结论,在证明四点共圆问题时是非常有用的.

**例1** 如图 2 所示,自圆 O 外一点 P 向圆 O 作切线 PA,切点为 A. 再由 PA 的中点 M 作圆 O 的割线与圆 O 交于 B,C 两点. PB,

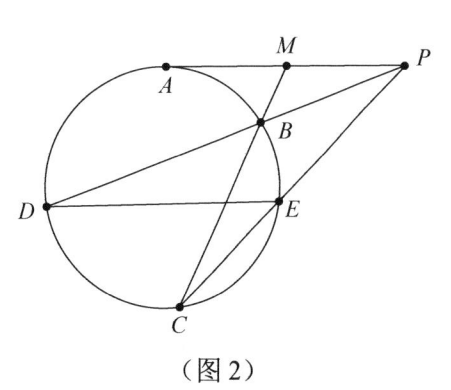

$PC$ 分别交圆 $O$ 于点 $D$ 和 $E$. 求证: $DE//PA$.

**证明:** 由切割线定理,得 $MA^2 = MB \cdot MC$.

而 $MA = MP$,所以 $MP^2 = MB \cdot MC$.

即 $\dfrac{MB}{MP} = \dfrac{MP}{MC}$.

又 $\angle PMB = \angle CMP$,所以 $\triangle PMB \sim \triangle CMP$,所以 $\angle MPB = \angle MCP$.

但 $\angle MCP = \angle PDE$,所以 $\angle MPB = \angle PDE$.

因此 $DE//PA$.

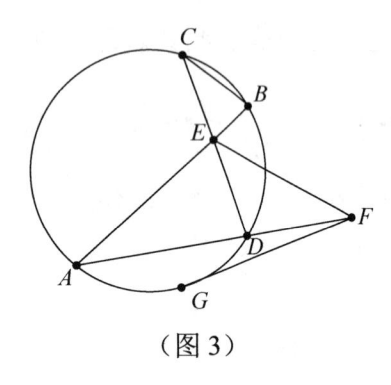

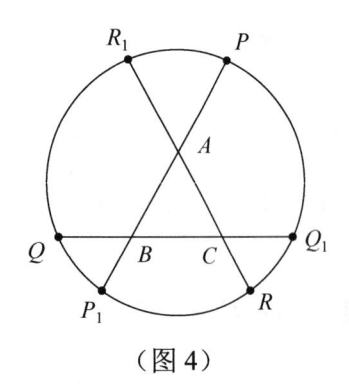

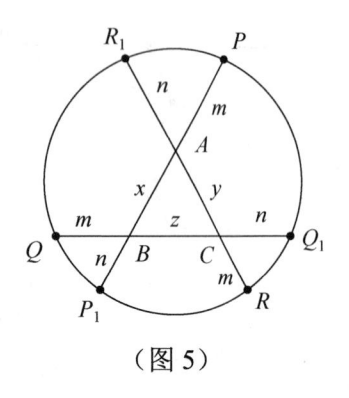

**例 2** 已知 $E$ 为圆内两弦 $AB$ 和 $CD$ 的交点(如图 3 所示). 直线 $EF//CB$,交 $AD$ 的延长线于点 $F$, $FG$ 切圆于点 $G$. 求证: $EF=FG$.

**证明:** 在 $\triangle DFE$ 与 $\triangle EFA$ 中,

因为 $\angle DFE = \angle EFA$, $\angle FED = \angle C = \angle A$,所以 $\triangle DFE \sim \triangle EFA$.

于是有 $\dfrac{EF}{FA} = \dfrac{FD}{EF}$.

即 $EF^2 = FD \cdot FA$.

由切割线定理,得 $FG^2 = FD \cdot FA$.

所以 $EF^2 = FG^2$.

即 $EF = FG$.

**例 3** 如图 4 所示,圆的 3 条弦 $PP_1$, $QQ_1$, $RR_1$ 两两相交,交点分别是 $A$, $B$, $C$. 已知 $AP = BQ = CR$, $AR_1 = BP_1 = CQ_1$. 求证: $\triangle ABC$ 是正三角形.

(1979 年北京市中学生数学竞赛高中初试试题三)

**证明:** 如图 5 所示,设 $BC = z$, $CA = y$, $AB = x$, $AP = BQ = CR = m$, $AR_1 = BP_1 = CQ_1 = n$.

根据相交弦定理得 $\begin{cases} n(m+x) = m(n+z) \\ n(m+y) = m(n+x) \\ n(m+z) = m(n+y) \end{cases}$,化

(图 3)

(图 4)

(图 5)

— 204 —

简，得 $\begin{cases} nx = mx \\ ny = mx \\ nz = my \end{cases}$.

三式相加，得 $m = n$，所以 $x = y = z$. 即 $BC=CA=AB$.

则 $\triangle ABC$ 是正三角形.

**例4** 已知锐角 $\triangle ABC$. 以 $AB$ 为直径的圆与 $AB$ 边上的高线 $CC_1$ 及其延长线交于点 $M$ 和 $N$，以 $AC$ 为直径的圆与 $AC$ 边上的高线及其延长线交于点 $P$ 和 $Q$. 求证：$M$，$N$，$P$，$Q$ 四点共圆.

**分析**：要证 $M$，$N$，$P$，$Q$ 四点共圆，需要设 $MN$，$PQ$ 相交于点 $D$. 若能设法证得 $DP \cdot DQ = DM \cdot DN$，则可应用相交弦定理的逆定理证得本题的结论. 由于本题中有两个圆及若干条直径或弦，我们不妨试试这种思路.

**证明**：如图 6 所示，设 $MN$ 和 $PQ$ 交于点 $D$，则由相交弦定理得

$DP \cdot DQ = DC \cdot DC_1$. …… ①

$DM \cdot DN = DB \cdot DB_1$. …… ②

由于 $\angle CC_1B = \angle CB_1B = 90°$，所以 $C$，$B$，$C_1$，$B_1$ 四点共圆. 于是由相交弦定理，得

$DC \cdot DC_1 = DB \cdot DB_1$. …… ③

由①、②、③可得 $DP \cdot DQ = DM \cdot DN$.

由相交弦定理的逆定理可知 $M$，$N$，$P$，$Q$ 四点共圆.

（图6）

**例5** 如图 7 所示，$PA$，$PB$ 切圆 $O$ 于点 $A$ 和 $B$. $PO$ 交 $AB$ 于点 $M$，过 $M$ 任作一弦 $CD$. 求证：$\angle APC = \angle BPD$.

**证明**：如图 8 所示，由 $A$，$O$，$B$，$P$ 四点共圆，有 $AM \cdot MB = OM \cdot MP$.

又 $AM \cdot MB = CM \cdot MD$，所以 $CM \cdot MD = OM \cdot MP$.

所以 $O$，$C$，$P$，$D$ 四点共圆.

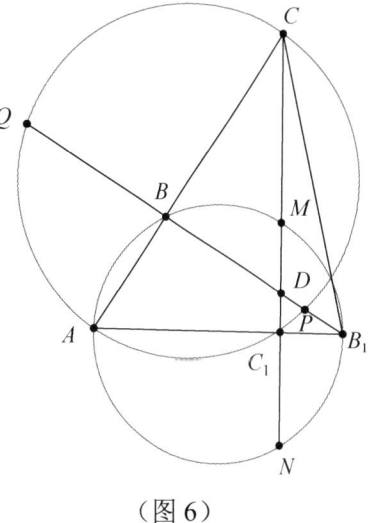

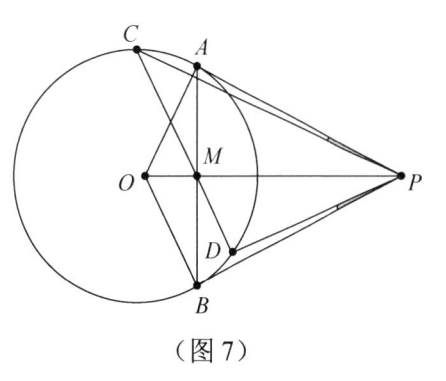

（图7）

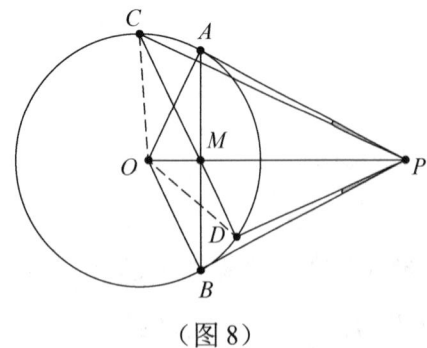

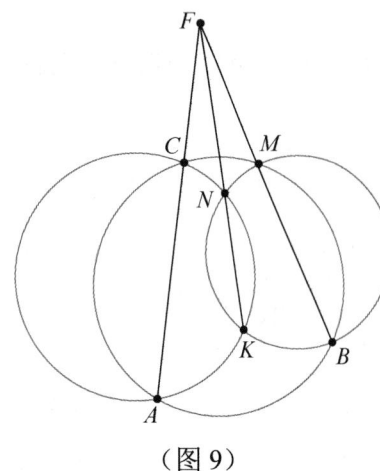

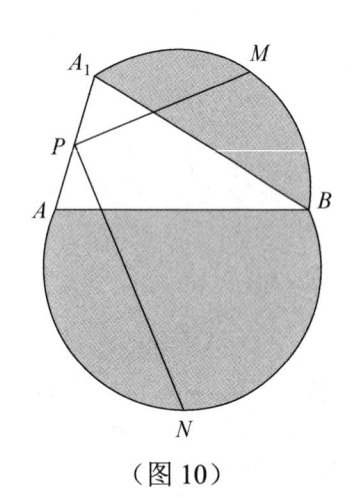

连接半径 $OC$，$OD$，则 $OC=OD$，即 $\overset{\frown}{OC}=\overset{\frown}{OD}$，所以 $\angle CPO=\angle DPO$.

又 $\angle APO=\angle BPO$，因此 $\angle APC=\angle BPD$.

**例6** 如图 9 所示，3 个圆两两相交. 证明：若公共弦不平行，则 3 条公共弦所在的直线 $AC$，$KN$，$BM$ 交于一点.

**证明**：设 $AC$，$KN$ 相交于点 $F$，连接 $FB$ 交 $\odot KBN$ 于异于 $B$ 的另一点 $M'$.

则由切割线定理，得 $FB \cdot FM' = FK \cdot FN = FA \cdot FC$.

所以 $M'$ 在 $\odot ABC$ 上，从而点 $M'$ 是 $\odot ABC$ 与 $\odot KBN$ 的交点，即 $M'$ 与 $M$ 重合.

因此 $AC$，$KN$，$BM$ 共点 $F$.

**例7** $AB$ 是已知圆的一条弦，它将圆分成两部分，$M$ 和 $N$ 分别是两段弧的中点，以 $B$ 为旋转中心，将弓形 $\overset{\frown}{AMB}$ 顺时针转一个角度成弓形 $\overset{\frown}{A_1B}$，如图 10 所示，$AA_1$ 的中点为 $P$. 求证：$MP \perp NP$.

（2008 年北京市中学生数学竞赛高一年级复赛试题）

**证明**：如图 11 所示，取 $AB$ 的中点 $C$，$A_1B$ 的中点 $C_1$，易知 $A_1B=AB$，于是 $A_1C_1=AC$.

连接 $MC_1$，$NC$，则 $MC_1 \perp A_1B$，$NC \perp AB$，在未旋转时，$C_1$ 与 $C$ 是同一点，$MN$ 是垂直于 $AB$ 的直径，由相交弦定理得 $MC_1 \cdot NC = AC \cdot CB = AC^2$.

连接 $PC$，$PC_1$，则 $PC_1 \underline{\underline{\parallel}} AC$，$PC \underline{\underline{\parallel}} A_1C_1$，$\angle A_1C_1P = \angle C_1PC = \angle ACP$，所以 $MC_1 \cdot CN = PC_1 \cdot PC$，即 $\dfrac{MC_1}{PC} = \dfrac{PC_1}{CN}$，又 $\angle MC_1P = 90°+\angle A_1C_1P = 90°+\angle ACP = \angle NCP$，所以 $\triangle MC_1P \sim \triangle PCN$，因此 $\angle MPC_1 = \angle PNC$.

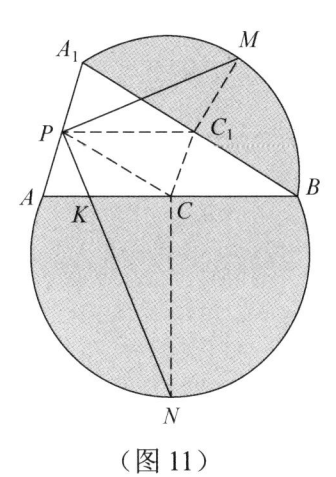

设 $PN$ 交 $AB$ 于点 $K$, 则 $\angle C_1PN = \angle CKN$, 所以 $\angle MPN = \angle MPC_1 + \angle C_1PN = \angle PNC + \angle CKN = 90°$, 因此 $MP \perp NP$.

**例8** 如图 12 所示, 圆内接四边形 $ABCD$ 的一组对边 $AB$, $DC$ 的延长线交于点 $P$, 另一组对边 $AD$, $BC$ 的延长线交于点 $Q$. 从 $P$, $Q$ 分别引圆的切线, $E$, $F$ 是切点. 求证: $PQ^2 = PE^2 + QF^2$.

（2006年北京市中学生数学竞赛高一年级试题）

（图11）

**证明**: 如图 13 所示, 作 $\triangle CDQ$ 的外接圆交 $PQ$ 于点 $G$. 则 $\angle PGC = \angle QDC = \angle ABC$, 所以 $B$, $C$, $G$, $P$ 四点共圆. 作过 $B$, $C$, $G$, $P$ 四点的圆. 根据圆幂定理, 得 $PG \cdot PQ = PC \cdot PD = PE^2$; $QG \cdot QP = QC \cdot QB = QF^2$. 两式相加即得 $PQ^2 = PE^2 + QF^2$.

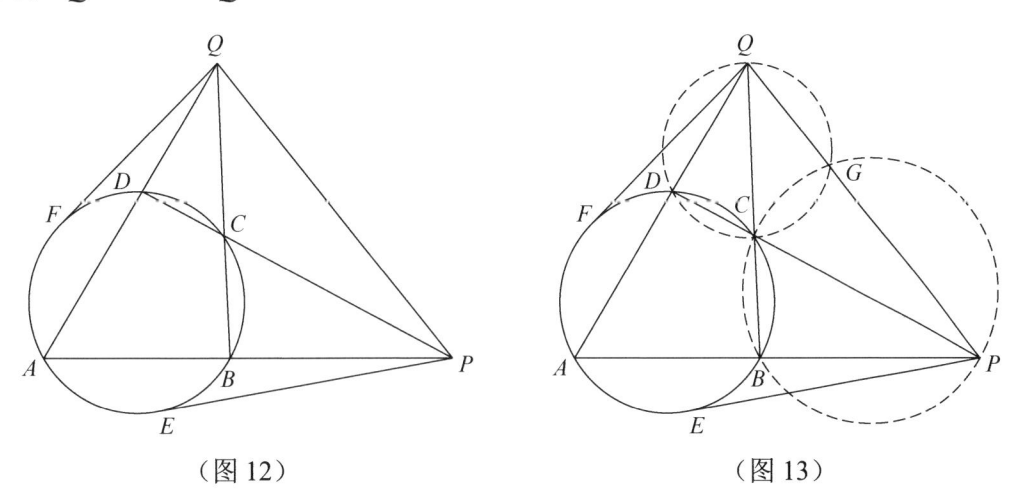

（图12） （图13）

**例9** 如图 14 所示, 两圆 $\Gamma_1$, $\Gamma_2$ 相交于 $A$, $B$ 两点. 过点 $B$ 的一条直线分别交圆 $\Gamma_1$, $\Gamma_2$ 于点 $C$, $D$, 过点 $B$ 的另一条直线分别交圆 $\Gamma_1$, $\Gamma_2$ 于点 $E$, $F$, 直线 $CF$ 分别交圆 $\Gamma_1$, $\Gamma_2$ 于点 $P$, $Q$. 设 $M$, $N$ 分别是 $\overparen{PB}$, $\overparen{QB}$ 的中点. 求证: 若 $CD = EF$, 则 $C$, $F$, $M$, $N$ 四点共圆.

（2010年中国数学奥林匹克试题）

**证明**: 如图 15 所示, 连接 $AC$, $AD$, $AE$, $AF$, $DF$. 则由 $\angle ADB = \angle AFB$, $\angle ACB = \angle AEF$ 及题设 $CD = EF$, 知 $\triangle ACD \cong \triangle AEF$.

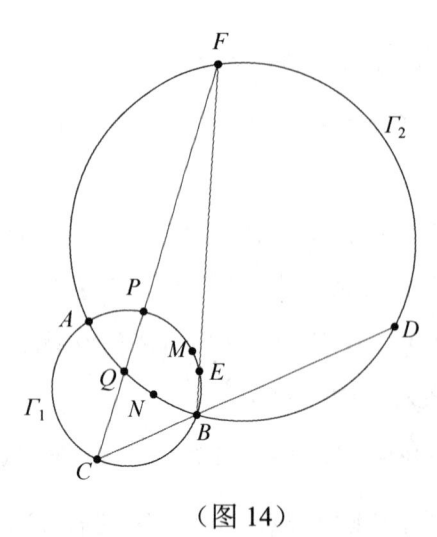

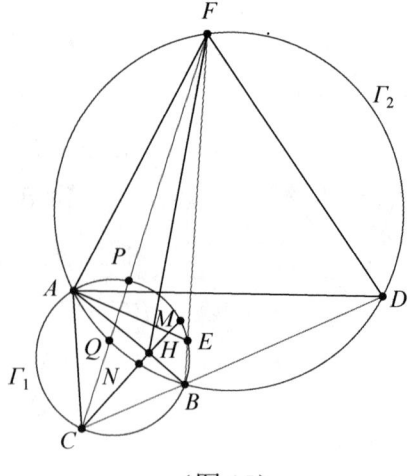

（图 14）　　　　　　　　　　（图 15）

所以 $AD=AF$，故 $\angle ADC = \angle AFE$. 又 $\angle ADF = \angle AFD$（等边对等角），从而 $\angle ABC = \angle AFD = \angle ADF = \angle ABF$，即 $AB$ 是 $\angle CBF$ 的平分线.

连接 $CM$，$FN$，由于 $M$ 是弧 $PB$ 的中点，所以 $CM$ 是 $\angle DCF$ 的平分线. 同样 $FN$ 是 $\angle CFB$ 的平分线. 于是 $BA$，$CM$，$FN$ 三线共点. 设它们的交点为 $I$.

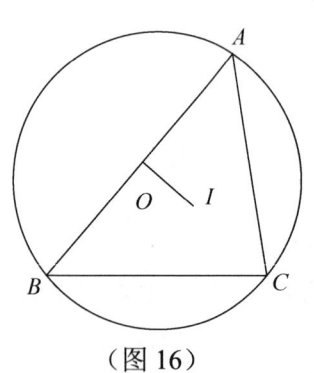

在圆 $\Gamma_2$ 中，$NI \cdot IF = AI \cdot IB$，在圆 $\Gamma_1$ 中，$CI \cdot IM = AI \cdot IB$，所以 $NI \cdot IF = CI \cdot IM$. 从而 $C$，$F$，$M$，$N$ 四点共圆.

**例 10** 如图 16 所示，三角形 $ABC$ 的外心为 $O$，内心为 $I$. $R$ 和 $r$ 分别是三角形 $ABC$ 的外接圆半径和内切圆半径，且 $OI = d$. 求证：$d^2 = R^2 - 2Rr$.

（图 16）

**分析**：如图 17 所示，延长 $OI$，交圆于点 $D$，$E$.

要证 $d^2 = R^2 - 2Rr$，只需证 $R^2 - d^2 = 2Rr$，只需证 $(R+d)(R-d) = 2Rr$.

即只需证 $IE \cdot ID = 2Rr$，但 $IE \cdot ID = AI \cdot IF$，故只需证 $AI \cdot IF = 2Rr$ 即可.

我们通过角的关系易证 $IF = FB$，故只需证 $\dfrac{AI}{2R} = \dfrac{r}{FB}$ 即可.

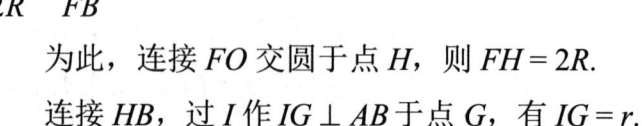

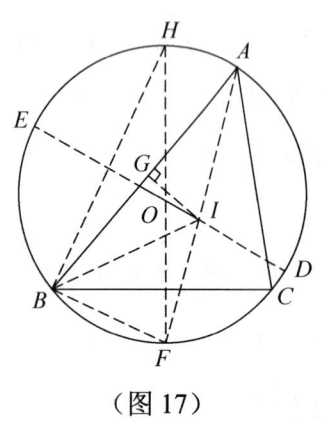

为此，连接 $FO$ 交圆于点 $H$，则 $FH = 2R$.

连接 $HB$，过 $I$ 作 $IG \perp AB$ 于点 $G$，有 $IG = r$.

（图 17）

— 208 —

由 Rt$\triangle HBF \sim$ Rt$\triangle AGI$，可得 $\dfrac{AI}{HF} = \dfrac{IG}{FB}$，也就是 $\dfrac{AI}{2R} = \dfrac{r}{BF} = \dfrac{r}{IF}$.

于是得出需要的等式 $AI \cdot IF = 2Rr$. 问题得证.

请大家根据分析不难自行写出证明，此处从略.

**说明**：本题也是一个著名的欧拉定理. 由此很容易得出一个三角形的外接圆半径不小于内切圆半径两倍的结论.

第四届 IMO 试题六"等腰三角形的外接圆半径记为 $R$，内切圆半径记为 $r$. 该两圆圆心间的距离为 $d$. 证明：$d = \sqrt{R^2 - 2Rr}$."正是欧拉定理的特殊情况.

**例 11** 如图 18 所示，在 $\triangle ABC$ 中，$X$，$Y$ 是直线 $BC$ 上两点（$X$，$B$，$C$，$Y$ 顺次排列），使得 $BX \cdot AC = CY \cdot AB$.

设 $\triangle ACX$，$\triangle ABY$ 的外心分别为 $O_1$，$O_2$，直线 $O_1O_2$ 与 $AB$，$AC$ 分别交于点 $U$，$V$. 证明：$\triangle AUV$ 是等腰三角形.

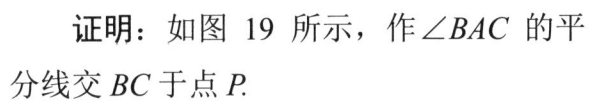

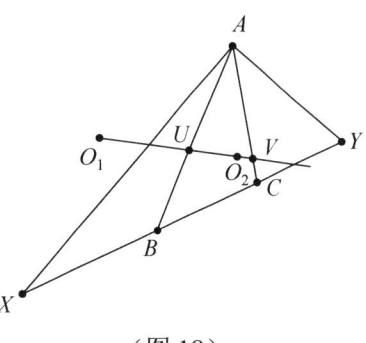

（2016 年全国高中数学联合竞赛加试（A 卷）试题二）

（图 18）

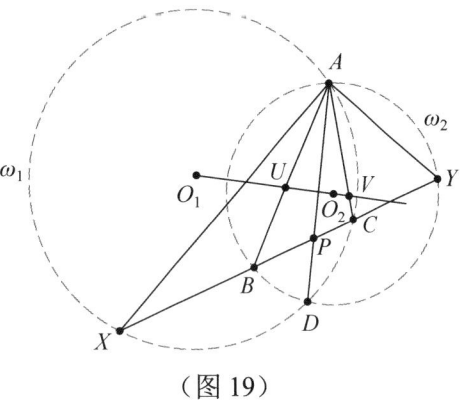

**证明**：如图 19 所示，作 $\angle BAC$ 的平分线交 $BC$ 于点 $P$.

设 $\triangle ACX$ 和 $\triangle ABY$ 的外接圆分别为 $\omega_1$ 和 $\omega_2$.

由三角形内角平分线的性质，可知 $\dfrac{BP}{CP} = \dfrac{AB}{AC}$. 由已知条件得 $\dfrac{BX}{CY} = \dfrac{AB}{AC}$.

从而 $\dfrac{PX}{PY} = \dfrac{BX + BP}{CY + CP} = \dfrac{AB}{AC} = \dfrac{BP}{CP}$.

即 $CP \cdot PX = BP \cdot PY$.

（图 19）

设 $AP$ 交圆 $\omega_1$ 于点 $D$，则显然 $AP \cdot PD = CP \cdot PX = BP \cdot PY$. 即 $D$ 也在圆 $\omega_2$ 上.

所以 $D$ 是圆 $\omega_1$ 和 $\omega_2$ 的交点. 因此线段 $AD$ 是圆 $\omega_1$ 和 $\omega_2$ 的公共弦，所以 $AP \perp O_1O_2$.

由于 $AP$ 是 $\angle BAC$ 的平分线，这表明点 $U$，$V$ 关于直线 $AP$ 对称，从而 $\triangle AUV$ 是等腰三角形.

## 第21讲 正多边形与圆

各边相等、各角也相等的多边形叫作**正多边形**. 任何一个正多边形都有一个外接圆和一个内切圆. 一个正多边形的外接圆与内切圆是同心圆. 一个正 $n$ 边形的顶点恰把它的外接圆分成 $n$ 个等弧段. 正 $n$ 边形的顶点与外接圆圆心连接的 $n$ 条半径将这个正 $n$ 边形分成了 $n$ 个全等的等腰三角形. 引每个边的边心距,则正 $n$ 边形的半径和边心距将这个正 $n$ 边形分成为 $2n$ 个全等的直角三角形. 每个这样的直角三角形构成了联系半径、边心距及圆形角的基本图.

**例1** 证明:对于圆内接凸五边形,如果它的所有的内角都相等,那么它必是个正五边形.

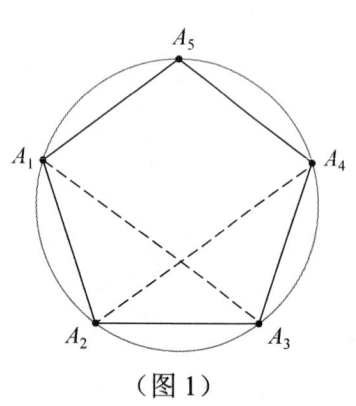

**证明**:如图 1 所示,在圆内接凸五边形 $A_1A_2A_3A_4A_5$ 中,已知 $\angle A_1A_2A_3 = \angle A_2A_3A_4 = \angle A_3A_4A_5 = \angle A_4A_5A_1 = \angle A_5A_1A_2$.

因此要证凸五边形 $A_1A_2A_3A_4A_5$ 是正五边形,只需设法再证凸五边形 $A_1A_2A_3A_4A_5$ 的 5 条边相等即可.

为此,连接 $A_1A_3$,$A_2A_4$,在 $\triangle A_1A_2A_3$ 与 $\triangle A_2A_3A_4$ 中,$A_2A_3 = A_3A_2$,$\angle A_1A_2A_3 = \angle A_2A_3A_4$,$\angle A_2A_1A_3 = \angle A_2A_4A_3$(同弧上的圆周角),所以 $\triangle A_1A_2A_3 \cong \triangle A_4A_3A_2$,所以 $A_1A_2 = A_3A_4$.

(图1)

同法可证 $A_1A_2 = A_3A_4 = A_5A_1 = A_2A_3 = A_4A_5$.

因此,这个圆内接凸五边形 $A_1A_2A_3A_4A_5$ 是正五边形.

**例2** 如图 2 所示,设 $P$ 是正五边形 $ABCDE$ 的外接圆 $O$ 的 $\overset{\frown}{AB}$ 的中点,求证: $PC = PA + PO$.

**证明 1**：如图 3 所示，取 $\overparen{BC}$ 及 $\overparen{CD}$ 的中点 $M$，$N$，则 $M$，$O$，$E$ 三点共线，$N$，$O$，$A$ 三点共线，且都是圆 $O$ 的直径.

因为 $\overparen{PA} = \dfrac{1}{2}\overparen{AB} = \dfrac{1}{2}\overparen{CD} = \overparen{CN}$，所以 $PC // AN$.

同理可证 $\overparen{PM} = \overparen{AE}$，所以 $PA // ME$.

设 $OM$，$PC$ 交点为 $K$，则四边形 $PKOA$ 为平行四边形.

所以 $PK = AO = PO$，$OK = PA$.

又因为 $\angle OCK = \angle CON = \angle COM$，所以 $CK = OK = PA$.

因此 $PC = PK + KC = PO + PA$.

**证明 2**：如图 4 所示，在 $PC$ 上取 $PQ = PO$，连接 $OC$，$OD$，$OQ$，$OA$. 因为 $\overparen{PD}$ 是半圆周，所以 $P$，$O$，$D$ 三点共线，$\angle OCP = \angle OPC = 36°$.

因此，$\angle PQO = 72°$，$\angle QOC = 36°$. 于是 $QO = QC$.

但 $\angle AOP = 36° = \angle OPQ$，所以 $PQ // AO$.

又 $PQ = PO = AO$，所以四边形 $PQOA$ 是平行四边形，所以 $QO = PA$.

因此，$PC = PQ + QC = PO + PA$.

**证明 3**：如图 5 所示，在 $PC$ 上取 $PG = PA$，连接 $AG$，$AO$，$OC$，因为 $\angle APC = \angle B = 108°$，所以 $\angle PGA = \angle PAG = \dfrac{1}{2}(180° - 108°) = 36°$.

因此 $\angle AGC = 144° = \angle AOC$.

又因为 $CO$ 平分 $\angle BCD$，所以 $\angle OCB = 54°$.

而 $\angle PCB = 18°$，所以 $\angle OCP = \angle OCB - \angle PCB = 54° - 18° = 36°$.

由此可知，四边形 $AOCG$ 是菱形，$CG = AO$. 故

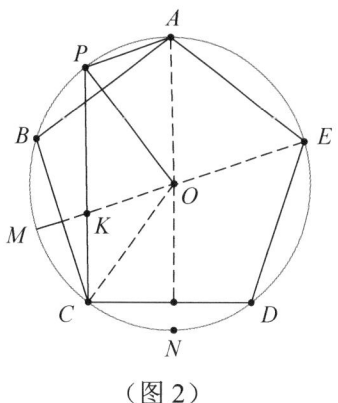

（图 2）

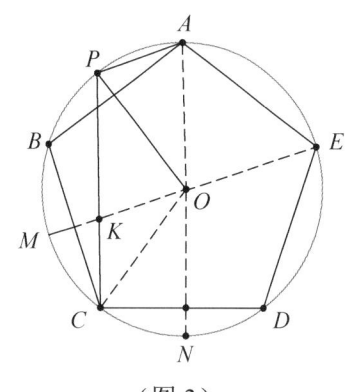

（图 3）

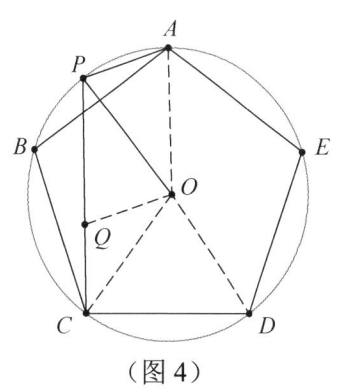

（图 4）

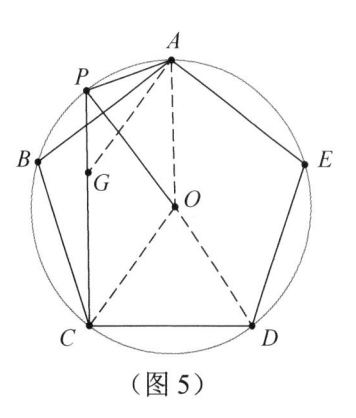

（图 5）

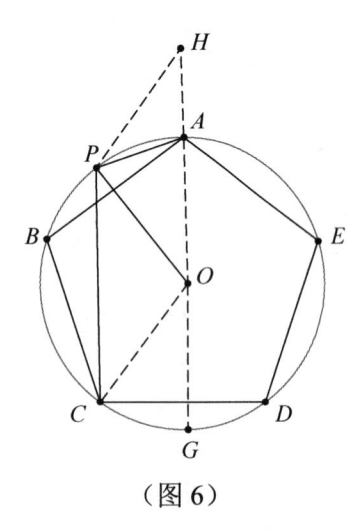

$PC = PG + GC = PA + PO$.

**证明 4**：如图 6 所示，将两线段的和转化为一条线段，为此延长 $OA$ 到 $H$，使得 $AH = AP$，则 $OH = PO + PA$. 连接 $PH$，$OC$，并延长 $AO$ 交圆于点 $G$，则 $G$ 为 $\overset{\frown}{CD}$ 的中点. 所以 $\overset{\frown}{AP} = \overset{\frown}{CG}$，所以 $PC // AG$.

又因为 $\overset{\frown}{CG} = \dfrac{1}{4}\overset{\frown}{PG}$，所以 $\angle COG = \dfrac{1}{4}\angle POG$.

又 $\angle H = \dfrac{1}{2}\angle PAG = \dfrac{1}{2} \times \dfrac{1}{2}\angle POG = \dfrac{1}{4}\angle POG = \angle COG$，

所以 $OC // HP$. 因此四边形 $PCOH$ 是平行四边形，从而 $PC = HO = PO + PA$.

（图6）

当然，本题还有其他证法，我们就不一一例举了. 有兴趣的读者可自行探索.

**例3** 设 $P$ 是正五边形 $ABCDE$ 的外接圆 $\overset{\frown}{AE}$ 上任意一点，求证：$PA + PC + PE = PB + PD$.

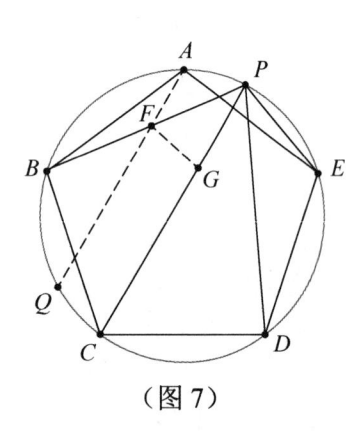

**证明**：如图 7 所示，引 $AQ // PC$ 交 $PB$ 于点 $F$. 连接 $CQ$，则有 $\overset{\frown}{AP} = \overset{\frown}{CQ}$，$AP = CQ$. 四边形 $AQCP$ 是一个等腰梯形.

所以 $\angle QCP = \angle CPA = \dfrac{2}{5} \times 180° = 72°$.

引 $FG // QC$，交 $PC$ 于点 $G$，则 $FQ = CG$.

而 $\angle FCG = \angle QCP = 72°$，$\angle FPG = 36°$，所以 $\angle PFG = 72°$，因此 $PF = PG$.

又因为 $\overset{\frown}{BC} = \overset{\frown}{AE} = \overset{\frown}{DE} = \overset{\frown}{AB}$，$\overset{\frown}{BQ} = \overset{\frown}{PE}$，

（图7）

$\overset{\frown}{AQ} = \overset{\frown}{DP}$，所以 $AQ = PD$.

又 $\angle BAQ = \angle EAP$，且 $\angle ABP = \angle AEP$，$AB = AE$，所以 $\triangle ABF \cong \triangle AEP$，因此 $AP = AF$，$PE = BF$.

所以 $PA + PC + PE = AF + (FQ + PF) + PE = AQ + PF + BF = PB + PD$.

**例4** 同一个圆的内接正五边形、正六边形、正十边形的边长分别为 $a_5$，$a_6$，$a_{10}$. 证明：$a_5^2 = a_6^2 + a_{10}^2$.

— 212 —

**证明 1**：如图 8 所示，在半径为 $R$ 的圆 $O$ 中，正五边形的边对的圆心角为 72°；正六边形的边等于半径 $R$，所对的圆心角为 60°；正十边形的边对的圆心角等于 36°.

在半径为 $R$ 的圆 $O$ 中，设 $AB$ 是内接正五边形的一边，则 $\angle AOB = 72°$.

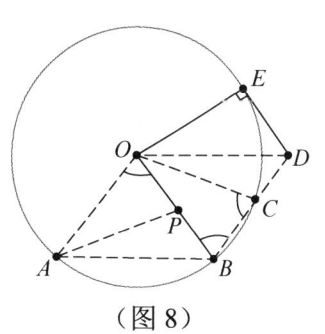

作平行四边形 $OABD$，记 $BD$ 与圆 $O$ 的另一个交点为 $C$，连接 $OC$，则 $\angle OCB = \angle OBC = \angle AOB = 72°$，于是 $\angle BOC = 180° - 2 \times 72° = 36°$.

由此可知，$BC$ 是圆 $O$ 中正十边形的一条边，而 $BD=OA$，作 $\angle OCB$ 的平分线交 $OB$ 于 $P$，因为 $\angle OCP = \angle PCB = \angle BOC = 36°$，所以 $OP=CP=BC$，又 $OC=OB=DB=R$，因此 $DC = DB - BC = OB - OP = PB$.

根据角平分线定理，得 $\dfrac{OC}{BC} = \dfrac{OP}{BP}$，即 $\dfrac{OB}{BC} = \dfrac{BC}{DC}$，即 $BC^2 = DB \times DC$. ……（*）

自 $D$ 作圆 $O$ 的切线，设切点为 $E$，则由切割线定理，得 $DE^2 = DB \times DC$. ……（**）

比较式（*）、式（**）得 $DE = BC$.

在 Rt$\triangle OED$ 中，由勾股定理得 $OD^2 = OE^2 + DE^2$.

又 $OD = AB = a_5$，$OE = R = a_6$，$DE = BC = a_{10}$，代入上式，得 $a_5^2 = a_6^2 + a_{10}^2$.

**证明 2**：如图 9 所示，取 $CD$ 的中点 $M$，$CD = 2CM$. 连接 $CM$，则 $OM \perp CD$. 连接 $OC$.

因为 $\angle OCD = 72° = \angle COA$，所以 $CD // AF$. 因此 $OM \perp AF$.

在 $OA$ 上取 $OB_1 = AB = CD$，引 $CH \perp OA$ 于点 $H$，则四边形 $OHCM$ 为矩形. 故 $OH = CM = \dfrac{1}{2}CD = \dfrac{1}{2}OB_1$.

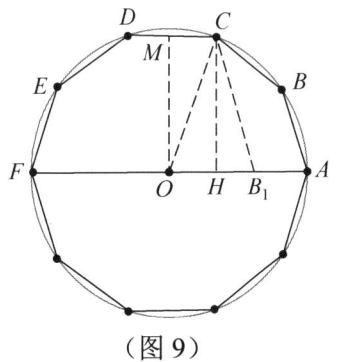

所以 $OH = HB_1$，$OC = CB_1$.

因为 $OB_1 = AB = a_{10}$，所以 $B_1$ 分 $OA$ 成中外比. 故 $OB_1^2 = AB^2 = AB_1 \times AO = (AH - OH) \cdot (AH + OH) = AH^2 - OH^2 = AC^2 - OC^2$.

即 $AB^2 + OC^2 = AC^2$. 也就是 $a_{10}^2 + a_6^2 = a_5^2$，所以 $a_5^2 = a_6^2 + a_{10}^2$.

**证明 3**：如图 10 所示，设 $AB = BC = CD = a_{10}$，则 $AC = BD = a_5$.

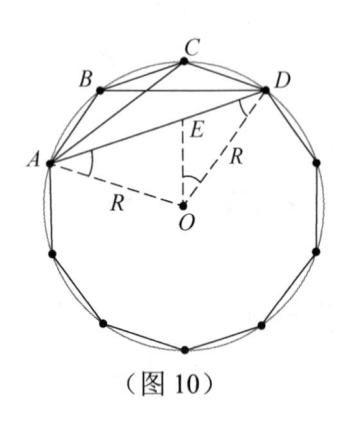

根据托勒密定理，得 $AB \times CD + BC \times AD = AC \times BD$，即 $a_{10}^2 + a_{10} \times AD = a_5^2$. ……（1）

下面只要证 $a_{10} \times AD = R^2$ 即可.

在 △$OAD$ 中，$\angle AOD = 108°$，所以 $\angle OAD = \angle ODA = 36°$.

在 $AD$ 上取点 $E$，使得 $\angle DOE = 36°$，所以 △$AOD \sim$ △$DEO$，所以 $DO : OE = DA : DO$，即 $DO^2 = OE \times DA$.

（图 10）

注意到等腰 △$AOE$ 的顶角为 $36°$，腰长 $OA = R$，所以 $OE = a_{10}$. 故 $R^2 = a_{10} \times AD$.

代入式（1）得 $a_5^2 = a_6^2 + a_{10}^2$.

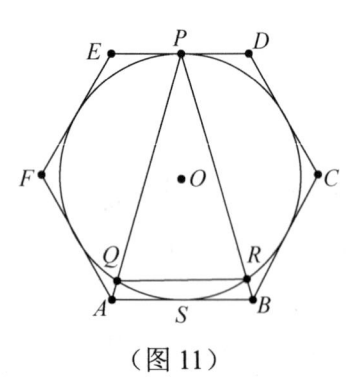

**说明**：例 4 的证法很多，我们只择要举出 4 种. 有兴趣的读者可自己探求.

**例 5** 如图 11 所示，圆 $O$ 是正六边形 $ABCDEF$ 的内切圆，$P$ 为圆 $O$ 和 $DE$ 的切点，$Q, R$ 分别为 $PA, PB$ 与圆 $O$ 的交点. 已知正六边形 $ABCDEF$ 的边长等于 2，求 △$PQR$ 的面积.

（图 11）

**解**：如图 12 所示，设圆 $O$ 切 $AB$ 边于点 $S$，连接 $PS$.

易证 $PS \perp AB$ 且 $PS \perp QR$. 所以 $QR // AB$.

因此 △$PQR \sim$ △$PAB$.

于是 $\dfrac{S_{\triangle PQR}}{S_{\triangle PAB}} = \dfrac{PQ^2}{PA^2}$. ……（*）

（图 12）

因为 $AS = 1$，$PS = 2OS = 2\sqrt{3}$，所以 $PA =$

$\sqrt{12+1} = \sqrt{13}$.

又 $AS^2 = AQ \times PA$，所以 $AQ = \dfrac{AS^2}{PA} = \dfrac{1}{\sqrt{13}}$.

于是 $PQ = PA - AQ = \sqrt{13} - \dfrac{1}{\sqrt{13}} = \dfrac{12}{\sqrt{13}}$.

将 $PQ$，$PA$ 的值代入式（*），有

$$S_{\triangle PQR} = \dfrac{PQ^2}{PA^2} \times S_{\triangle PAB} = \dfrac{PQ^2}{PA^2} \times \dfrac{1}{2} \times PS \times AB$$

$$= \dfrac{\left(\dfrac{12}{\sqrt{13}}\right)^2}{(\sqrt{13})^2} \times \dfrac{1}{2} \times 2\sqrt{3} \times 2 = \dfrac{188\sqrt{3}}{169}.$$

即 $\triangle PQR$ 的面积是 $\dfrac{288\sqrt{3}}{169}$.

**例 6** 正七边形的一边长为 $a$，不相等的两对角线的长分别为 $b$，$c$. 求证：$\dfrac{1}{a} = \dfrac{1}{b} + \dfrac{1}{c}$.

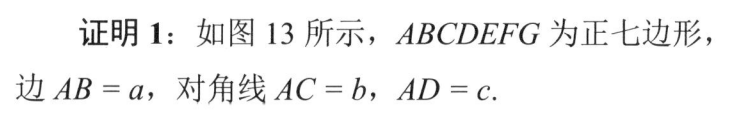

**证明 1**：如图 13 所示，$ABCDEFG$ 为正七边形，边 $AB = a$，对角线 $AC = b$，$AD = c$.

在 $AC$ 上截取 $AH = AB$，连接 $BH$，作正七边形 $ABCDEFG$ 的外接圆，则 $CH = AC - AH = b - a$.

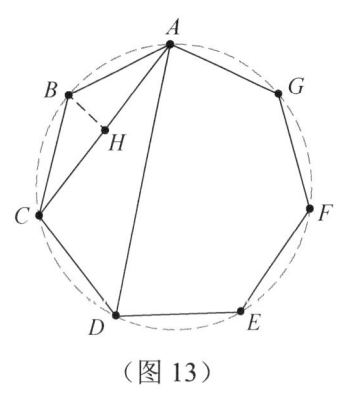

在 $\triangle BCH$ 与 $\triangle DCA$ 中，$\angle ACD = \dfrac{180°}{7} \times 4 = \dfrac{720°}{7}$，$\angle BCH = \dfrac{180°}{7}$.

但 $\triangle ABH$ 为等腰三角形，$\angle AHB = \dfrac{1}{2}(180° - \angle BAH) = \dfrac{1}{2}\left(180° - \dfrac{180°}{7}\right) = \dfrac{3 \times 180°}{7}$.

$\angle CHB = 180° - \dfrac{3 \times 180°}{7} = \dfrac{720°}{7}$.

所以 $\angle BCH = \angle CAD$，$\angle CHB = \angle ACD$，因此 $\triangle BCH \sim \triangle DAC$，所以 $\dfrac{BC}{CH} = \dfrac{AD}{AC}$.

即 $\dfrac{a}{b-a} = \dfrac{c}{b}$，所以 $bc = ab + ac$.

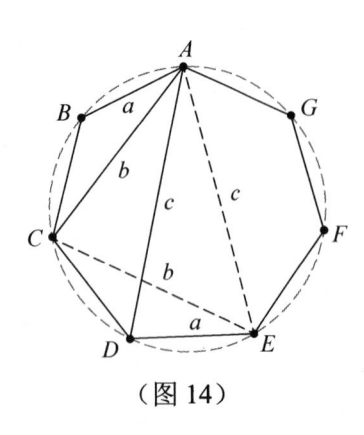

同除以 $abc$，得 $\dfrac{1}{a}=\dfrac{1}{b}+\dfrac{1}{c}$.

**证明 2**：如图 14 所示，作正七边形的外接圆，引对角线 $AC$，$AD$，$CE$，$AE$. 则 $AC=CE=b$，$AB=DE=CD=a$，$AD=AE=c$.

在圆内接四边形 $ACDE$ 中应用托勒密定理，得 $AD\times CE=AC\times DE+AE\times CD$，即 $cb=ac+ab$，等式两边同除以 $abc$，得 $\dfrac{1}{a}=\dfrac{1}{b}+\dfrac{1}{c}$.

（图 14）

**例 7** 如图 15 所示，已知 $P$ 为正七边形 $ABCDEFG$ 的外接圆 $\overset{\frown}{AG}$ 上任一点. 证明：$PA+PC+PE+PG=PB+PD+PF$.

**证明**：本题只给出利用托勒密定理的证明.

如图 16 所示，作对角线 $AC$，$BE$，$BD$，$CG$，$GD$，$DF$，$CE$.

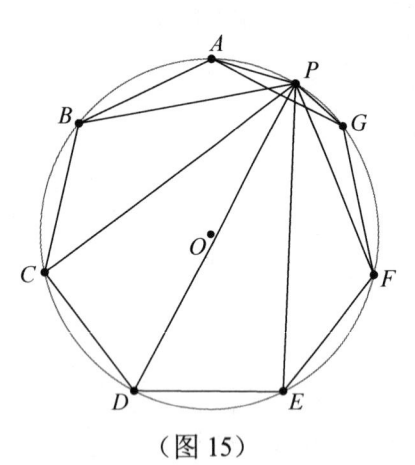

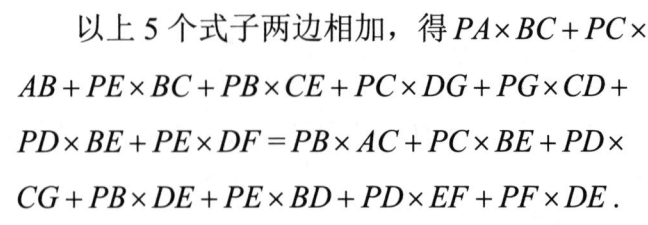

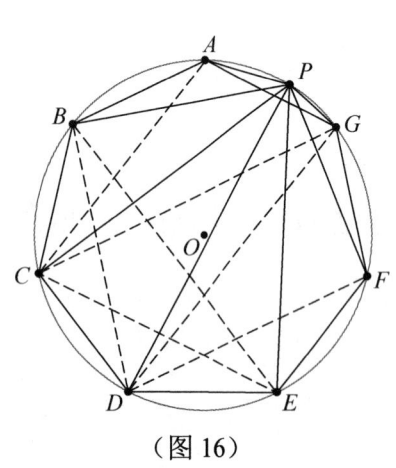

从四边形 $PABC$ 得 $PA\times BC+PC\times AB=PB\times AC$.

从四边形 $PBCE$ 得 $PE\times BC+PB\times CE=PC\times BE$.

从四边形 $PCDG$ 得 $PC\times DG+PG\times CD=PD\times CG$.

从四边形 $PBDE$ 得 $PD\times BE=PB\times DE+PE\times BD$.

（图 15）

从四边形 $PDEF$ 得 $PE\times DF=PD\times EF+PF\times DE$.

以上 5 个式子两边相加，得 $PA\times BC+PC\times AB+PE\times BC+PB\times CE+PC\times DG+PG\times CD+PD\times BE+PE\times DF=PB\times AC+PC\times BE+PD\times CG+PB\times DE+PE\times BD+PD\times EF+PF\times DE$.

注意到 $PB\times CE=PB\times AC$，$PC\times DG=PC\times BE$，$PD\times BE=PD\times CG$ 及 $PE\times DF=PE\times BD$，从上面等式两边对消掉，得 $PA\times$

（图 16）

$BC+PC\times AB+PE\times BC+PG\times CD=PB\times DE+PD\times EF+PF\times DE$.

再注意到 $AB=BC=CD=DE=EF$，两边消掉后，即得证 $PA+PC+PE+PG=PB+PD+PF$.

**例 8** 已知圆的半径为 $R$，求它的内接正八边形的边长及外切正八边形的边长.

**解**：如图 17 所示，设半径为 $R$ 的圆的圆心为 $O$，作半径 $OA \perp OC$，连接 $AC$，设 $AC=a$.

作 $OD \perp AC$ 于点 $D$，交 $\overparen{AC}$ 点 $B$，则 $AB$ 即为半径为 $R$ 的圆内接正八边形的边.

$OD=AD=\dfrac{\sqrt{2}}{2}R$，$DB=R-\dfrac{\sqrt{2}}{2}R=\dfrac{(2-\sqrt{2})}{2}R$.

在 Rt$\triangle ADB$ 中，有
$$AB=\sqrt{AD^2+DB^2}$$
$$=\sqrt{\left(\dfrac{\sqrt{2}}{2}R^2\right)+\left(\dfrac{(2-\sqrt{2})R}{2}\right)^2}=\sqrt{\dfrac{8R^2-4\sqrt{2}R^2}{4}}$$
$$=R\sqrt{2-\sqrt{2}}.$$

（图 17）

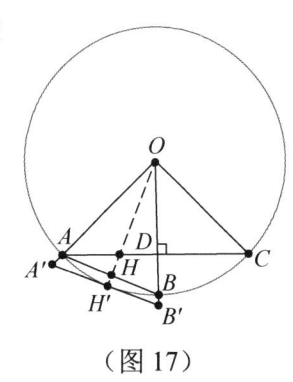

下面我们求半径为 $R$ 的圆的外切正八边形的边长：

在图中，作半径 $OH' \perp AB$ 于点 $H$，过 $H'$ 作 $OH'$ 的垂线，交 $OA$ 的延长线于点 $A'$，交 $OB$ 的延长线于点 $B'$，则 $A'B'$ 就是半径为 $R$ 的圆的外切正八边形的边.

由 $\triangle OAB \sim \triangle OA'B'$，得 $AB:A'B'=OH:OH'$.

所以 $A'B'=\dfrac{OH'\times AB}{OH}$.

其中 $OH'=R$，$AB=R\sqrt{2-\sqrt{2}}$.

计算可得 $OH=\sqrt{R^2-\left(\dfrac{R\sqrt{2-\sqrt{2}}}{2}\right)^2}$，所以 $A'B'=\dfrac{2R\times R\sqrt{2-\sqrt{2}}}{\sqrt{2R^2-R^2(2-\sqrt{2})}}=\dfrac{2R\sqrt{2-\sqrt{2}}}{\sqrt{2+\sqrt{2}}}=\dfrac{2R\sqrt{2-\sqrt{2}}}{\sqrt{2}}=2(\sqrt{2}-1)R$.

**例 9** 设 $a$，$b$，$d$ 分别是正九边形的边长、最短的对角线和最长的对角线. 求证：$d=a+b$.

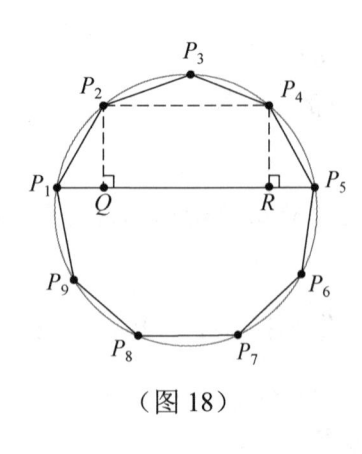

**证明**：如图 18 所示，九边形 $P_1P_2P_3P_4P_5P_6P_7P_8P_9$ 是正九边形. 边 $P_1P_2 = a$，对短对角线 $P_2P_2 = b$，最长对角线 $P_1P_5 = d$.

作 $P_2Q \perp P_1P_5$ 于点 $Q$，$P_4R \perp P_1P_5$ 于点 $R$.

因为正九边形的每个内角为 $\dfrac{180° \times (9-2)}{9} = 140°$，所以 $\angle P_2P_3P_4 = 140°$，又 $P_2P_3 = P_3P_4$，因此 $\angle P_3P_2P_4 = \angle P_3P_4P_2 = \dfrac{1}{2}(180° - 140°) = 20°$.

（图 18）

由对称性知，$P_2P_4 \text{∥} P_1P_5$，所以四边形 $P_2QRP_4$ 是矩形，$QR = P_2P_4$.

所以 $\angle P_1P_2Q = \angle P_5P_4 = 140° - 20° - 90° = 30°$.

因此 $P_1Q = \dfrac{1}{2}P_1P_2 = \dfrac{1}{2}a$，$P_5R = \dfrac{1}{2}P_4P_5 = \dfrac{1}{2}a$.

所以 $d = P_1P_5 = P_1Q + QR + RP_5 = \dfrac{1}{2}a + b + \dfrac{1}{2}a = a + b$.

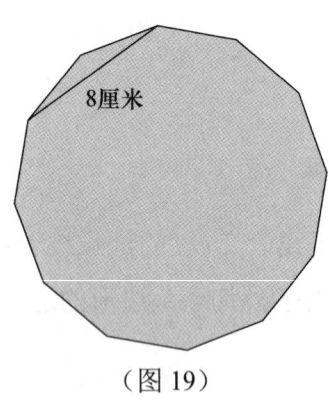

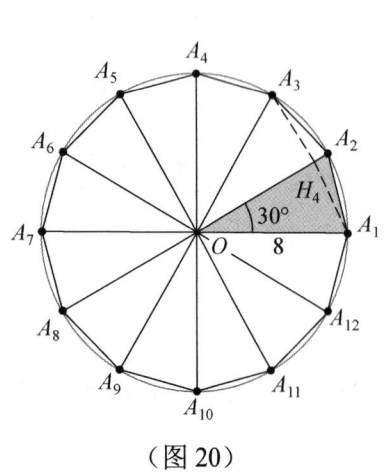

**例 10** 如图 19 所示，正十二边形的一条最短的对角线长为 8 厘米. 请问：这个正十二边形的面积是多少平方厘米？

（图 19）

**解**：如图 20 所示，十二边形 $A_1A_2A_3A_4…A_{12}$ 为正十二边形，六边形 $A_1A_3A_5…A_{11}$ 是正六边形.

由已知 $OA_1 = 8$ 厘米 $= A_1A_3 = OA_2$，所以 $S_{\triangle OA_1A_2} = \dfrac{1}{2} \times OA_2 \times A_1H = \dfrac{1}{2} \times 8 \times 4 = 16$（平方厘米）.

正十二边形面积 $= 16 \times 12 = 192$（平方厘米）.

**例 11** 证明：在正五十四边形中可以找到 4 条不过它的外接圆圆心的对角线相交于同一点.

**证明**：如图 21 所示，选取正五十四边形的 6 个顶点依次为 $A$，$B$，$C$，$D$，$E$，$F$，使得它们分割正五十四边形的外接圆满足 $l_{\overset{\frown}{AB}} = 6a$，$l_{\overset{\frown}{BC}} = 6a$，$l_{\overset{\frown}{CD}} = 12a$，$l_{\overset{\frown}{DF}} = 12a$，$l_{\overset{\frown}{EF}} = 9a$，$l_{\overset{\frown}{FA}} = 9a$.

（图 20）

— 218 —

其中，$a$ 为正五十四边形的外接圆的 $\dfrac{1}{54}$.

正五十四边形的对角线 $AD$，$BE$，$CF$ 相交于一点 $M$. 因为它们是 $\triangle ACE$ 的 3 条内角平分线的交点，所以它们共点 $M$.

我们注意到，对角线 $AD$ 关于通过 $M$ 的直径的轴对称是对角线 $BE$. 而对角线 $CF$ 关于通过 $M$ 的直径的轴对称变为过 $M$ 的另一条对角线（图中的虚线所示）.

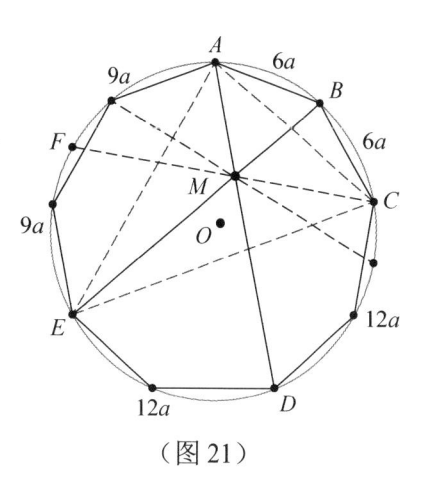

这就证明存在 4 条（不过圆心的）对角线共点.

**例 12** 已知正 $n$ 边形的边长为 $a$，内切圆的半径为 $r$，外接圆的半径为 $R$. 求证：$r + R = \dfrac{a}{2} \cot \dfrac{\pi}{2n}$.

**证明**：如图 22 所示，设 $AB$ 为正 $n$ 边形的一条边，$O$ 为正 $n$ 边形的外心，作 $OD \perp AB$ 于点 $D$. 延长 $DO$ 交正 $n$ 边形的外接圆于点 $C$，连接 $BC$.

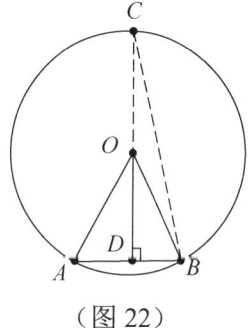

则 $CD = r + R$.

因为 $\angle BCD = \dfrac{1}{2} \angle BOD = \dfrac{\pi}{2n}$，且 $DB = \dfrac{a}{2}$.

所以，在 $\text{Rt}\triangle CDB$ 中：有 $\dfrac{CD}{DB} = \cot \angle BOD = \cot \dfrac{\pi}{2n}$，即 $\dfrac{r+R}{\dfrac{a}{2}} = \cot \dfrac{\pi}{2n}$.

所以 $r + R = \dfrac{a}{2} \cot \dfrac{\pi}{2n}$.

**例 13** 圆的内接正六边形的周长是 $P_6$，该圆的内接正八边形的周长是 $P_8$，求证：$P_8 > P_6$.

**分析**：设半径为 $R$ 的圆的内接正八边形的边长为 $a_8$，则 $P_8 = 8a_8$，而该圆的内接正六边形的周长是 $P_6 = 6R$. 由例 8 得知，$a_8 = R\sqrt{2-\sqrt{2}}$. 只需证明 $P_8 = 8R\sqrt{2-\sqrt{2}} > 6R = P_6$ 即可. 这要进行 $8\sqrt{2-\sqrt{2}} > 6$ 的根式运算. 能否给出一个纯几何的证明呢？现做如下思考.

**证明**：如图 23 所示，作出半径为 $R$ 的圆的内接正八边形和内接正六边形.

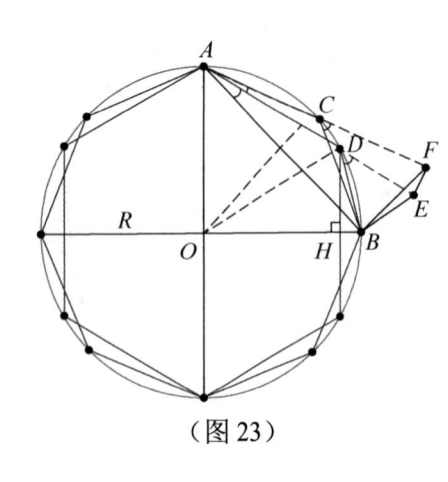

延长 $AC$ 到 $F$，使得 $CF=CB$，连接 $BF$.

由 $\angle FCB = 45°$，则 $\angle CFB = \angle CBF = 67.5°$.

延长 $AD$ 到 $E$，使得 $DE=DB$，连接 $BE$.

由 $\angle FCB = 45°$，则 $\angle DBE = \angle DEB = 67.5°$.

由 $\angle ABD = \dfrac{1}{2}\overset{\frown}{AD}$ 的度数 $=\dfrac{60°}{2}=30°$；

$\angle ABC = \dfrac{1}{2}\overset{\frown}{AC}$ 的度数 $=\dfrac{45°}{2}=22.5°$. 所以 $\angle CBD = 30° - 22.5° = 7.5° = \angle FBE$.

而 $\angle FAE = \angle CAD = \dfrac{1}{2}\overset{\frown}{CD}$ 的度数 $=\dfrac{15°}{2}=$ 7.5° $=\angle FBE$，所以 $A$，$B$，$E$，$F$ 四点共圆. 因此，$\angle BFE = \angle BAE = 15°$

由于 $\angle FAE + \angle AFB + \angle BFE = 7.5° + 67.5° + 15° = 90°$，所以 $\angle AEF = 90° >$ $\angle AFE$. 因此，$AF > AE$. 也就是 $AC + CB > AD + BD$.

过 $D$ 作 $DH \perp OB$ 于点 $H$，在直角三角形 $ODH$ 中，$\angle DOH = 30°$，所以 $DH = \dfrac{1}{2}OD = \dfrac{1}{2}R$. 因此，$AC + CB > AD + BD > AD + DH = \dfrac{3}{2}R$，即 $2a_8 > \dfrac{3}{2}a_6$. 进而 $8a_8 > 6a_6$，因此得证 $P_8 > P_6$.

# 第22讲 几何图形不等式问题

平面图形中的几何量,包含线段长度、角的大小及图形的面积.每类几何量之间除有相等关系外,应该说,多数情况下呈现的是不等关系.研究这些不等关系就构成了几何图形中不等式的内容(简称几何不等式).若在某约束条件下一种图形中的几何量的值在一定范围内变化,则我们很自然地会提出什么时候这个量最大(或最小)的问题.这类问题与几何不等式有着密切的联系,称为几何极值问题.从本质上说,它也是几何不等式问题.

## 22.1 几何不等式的基本定理

几何不等式主要有线段不等式、角的不等式及面积不等式.除"两点之间,线段最短"这个公理外,以下几个定理是经常被用到的.

**定理 1**(三角形不等式)如果 $A$,$B$,$C$ 为任意 3 个点,则 $AB \leqslant AC + CB$. 并且仅当点 $C$ 位于线段 $AB$ 上时等号成立.

**定理 2** 三角形中大角(边)对大边(角).

**定理 3** 两对边对应相等的两个三角形中,夹角(第三边)大的第三边(夹角)也大.

**定理 4** 三角形一边上的中线小于另两边和的一半.

**定理 5** 由定直线 $l$ 外一点 $P$ 到 $l$ 上的点连接线段的长,以 $P$ 点到定直线 $l$ 的垂线距离为最短.

此外,有两个基本图很重要.

**基本图 1** 如图 1 所示,$P$ 是 $\triangle ABC$ 内一点,则有 $AB + AC > PB + PC$,$\angle BPC > \angle BAC$(请读者自证).

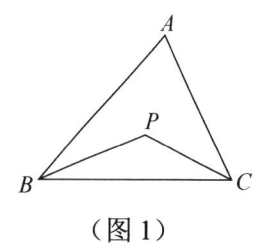

(图1)

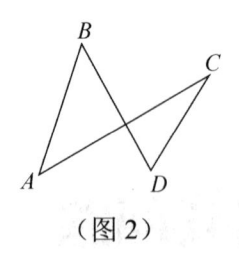

**基本图 2** 如图 2 所示的 8 字形中有 $AB+CD < AC+BD$.

这两个基本图及其结论对证明几何不等式非常有用.

此外，三角形的面积公式、正弦定理、余弦定理等在证明几何不等式中都有重要作用.

（图2）

## 22.2 基本不等式例题选讲

**例 1** 在 $\triangle ABC$ 中，$\angle B = 2\angle C$，求证：$AC < 2AB$.

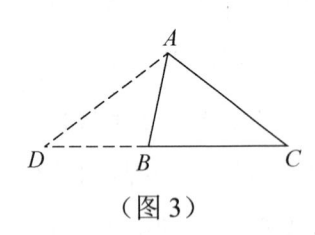

**证明**：如图 3 所示，延长 $CB$ 到 $D$，使 $BD=AB$. 连接 $AD$，则 $\triangle ABC$ 中，$\angle ADB = \angle DAB$. 所以 $\angle ABC = 2\angle D$. 因此 $\angle C = \angle D$，所以 $AC = AD$.

在 $\triangle ABD$ 中，$AB + BD > AD$，但 $AB = BD$，所以 $2AB > AD = AC$，即 $AC < 2AB$.

（图3）

**说明**：本题的证明实际上是把 $2AB$ 与 $AC$ 以 $AB + BD$ 和 $AD$ 的身份集中到 $\triangle ABD$ 中，以便利用线段不等关系的有关定理. 通过几何图形的变位，把要比较的线段与角相对集中，这是证几何不等式的一条重要思路.

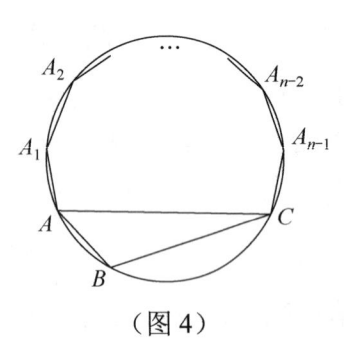

例 1 还可以进一步推广为："在 $\triangle ABC$ 中，$\angle B = n\angle C$（$n$ 为大于 1 的自然数），则 $AC < nAB$."然而证明方法却不是简单的推广，需要用到圆的知识. 如图 4 所示，作 $\triangle ABC$ 的外接圆，将 $\angle B$ 所对的 $\overset{\frown}{AC}$ $n$ 等分，连接相邻分点得 $AA_1, A_1A_2, \cdots, A_{n-2}A_{n-1}, A_{n-1}C$ 共 $n$ 条彼此相等的弦，这些弦都与 $AB$ 相等. 由折线 $AA_1A_2A_3\cdots A_{n-2}A_{n-1}C$ 的长大于 $AC$ 可知，$AC < nAB$ 成立. 就证题思路而言，仍是把 $n$ 倍的 $AB$ 与 $AC$ 变位组合集中到一个（$n + 1$）边形中，以便进行比较.

（图4）

**例 2** 三角形内任意一点到 3 个顶点的距离之和小于周长而大于半周长. 已知 $O$ 为 $\triangle ABC$ 内任意一点. 求证：$\frac{1}{2}(AB+BC+CA) < AO+BO+CO < AB+BC+CA$.

**证明**：如图 5 所示，因为 $O$ 为 $\triangle ABC$ 内任意一点，由三角形不等式，得

$AO+BO>AB$，$AO+OC>AC$，$BO+OC>BC$.

三式相加得 $AO+BO+CO>\dfrac{1}{2}(AB+BC+CA)$. ……①

另外根据性质（1）的基本图，可得 $AO+BO<AC+BC$，$BO+CO<AB+AC$，$CO+AO<BC+AB$.

三式相加得 $2(AO+BO+CO)<2(AB+BC+CA)$.

所以 $AO+BO+CO<AB+BC+CA$. ……②

综合①、②可得 $\dfrac{1}{2}(AB+BC+CA)<AO+BO+CO<AB+BC+CA$.

**例 3** 已知凸四边形 $ABCD$ 中，$AB+BD\leqslant AC+CD$. 求证：$AB<AC$.

（匈牙利中学生数学竞赛题）

**证明**：因为 $AB+BD\leqslant AC+CD$（已知），在图 6 中，根据性质（2）的基本图，可得 $AB+CD<AC+BD$，相加得 $2AB<2AC$，所以 $AB<AC$.

**例 4** 如图 7 所示，在锐角 $\triangle ABC$ 中，$AB>AC$. $BE$，$CF$ 为 $\triangle ABC$ 的两条高线. 证明：$AB+CF>AC+BE$.

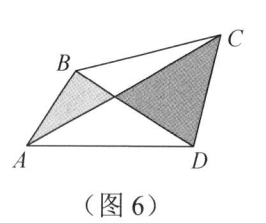

（1967 英国数学竞赛题）

**分析**：要证 $AB+CF>AC+BE$，只需证 $AB-AC>BE-CF$ 即可.

**证明**：如图 8 所示，在 $AB$ 上取点 $C'$，使得 $AC'=AC$，在 $AC$ 上取点 $F'$，使得 $AF'=AF$. 因为 $AB>AC$，可知 $C'$ 在边 $AB$ 上，$F'$ 在边 $AC$ 上，且 $C'F'\perp AC$

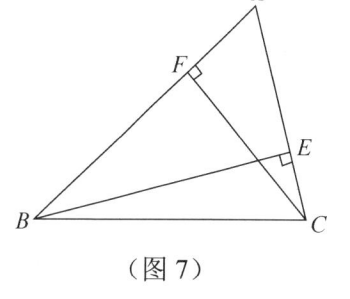

而 $BE\perp AC$，所以 $C'F'\ /\!/\ BE$.

过 $C'$ 作 $CD\perp BE$ 于点 $D$.

则有 $DE=C'F'=CF$.

由于 $BC'>BD$，但 $BC'=AB-AC'=AB-AC$，$BD=BE-DE=BE-CF$，所以 $AB-AC>BE-CF$，也就是 $AB+CF>AC+BE$.

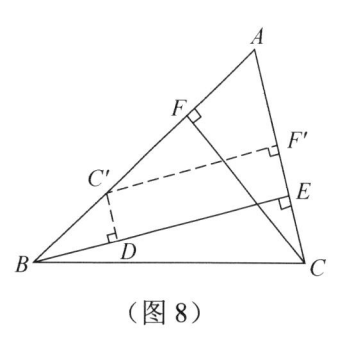

（图 5）

（图 6）

（图 7）

（图 8）

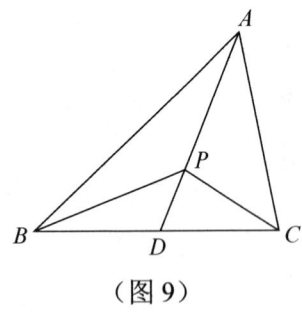

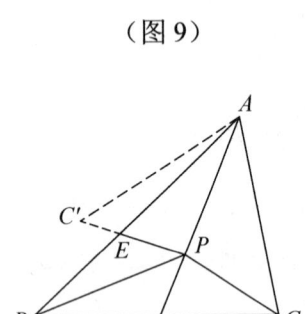

**例5** 如图 9 所示，在 $\triangle ABC$ 中，$AB > AC$．$P$ 是中线 $AD$ 上任意一点．求证：$AB + PC > AC + PB$．

**证明**：如图 10 所示，由 $AB > AC$ 易知 $\angle DAC > \angle BAD$，于是设 $C \underline{S(AD)} C'$，则 $\angle C'AD = \angle DAC > \angle BAD$．

所以 $AB$ 在 $\angle C'AD$ 内部．从而 $C'P$ 与 $AB$ 相交．

设 $C'P$ 与 $AB$ 相交于点 $E$．则有 $AB + PC' > AC' + PB$，注意 $PC' = PC$，也就是 $AB + PC > AC + PB$．

**例6** 如图 11 所示，在三角形 $ABC$ 中，$AB = AC$，$P$ 为形内一点，如果 $\angle APB > \angle APC$，求证：$\angle PBC > \angle PCB$．

**证明**：如图 12 所示，将 $\triangle APB$ 绕中心 $A$ 旋转到 $\triangle AKC$ 的位置．连接 $PK$．

则 $\angle AKC = \angle APB$．

但因为 $AP = AK$，所以 $\angle AKP = \angle APK$．

相减得 $\angle PKC > \angle KPC$．

在 $\triangle CPK$ 中，因 $\angle PKC > \angle KPC$，所以 $PC > KC$．

因为 $PB = KC$，所以 $PC > PB$．

在 $\triangle PBC$ 中，因为 $PC > PB$，所以 $\angle PBC > \angle PCB$．

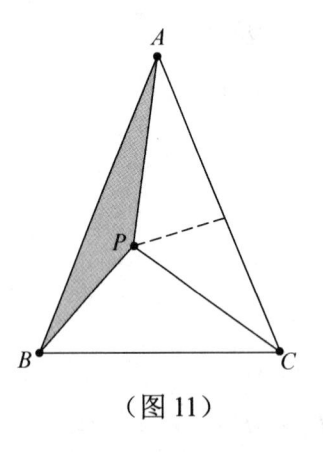

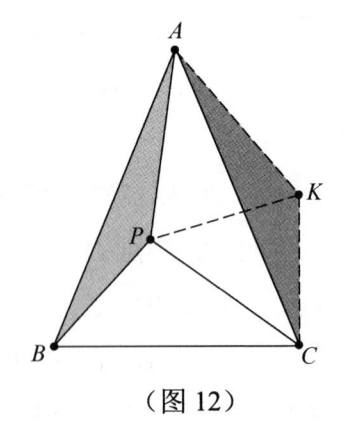

## 22.3 不等式竞赛综合题选讲

**例7** 在 $\triangle ABC$ 中，$\angle A$，$\angle B$，$\angle C$ 的对边分别记为 $a$，$b$，$c$. 如果 $b < \frac{1}{2}(a+c)$，求证：$\angle B < \frac{1}{2}(\angle A + \angle C)$.

**分析**：在 $\triangle ABC$ 中，要证 $\angle B < \frac{1}{2}(\angle A + \angle C)$，等价于证 $2\angle B < \angle A + \angle C$ 或 $3\angle B < \angle A + \angle B + \angle C = 180°$，即等价于 $\angle B < 60°$ 这样证明的目的就明确了.

**证明**：在 $\triangle ABC$ 中，如图 13 所示，延长 $BA$ 到 $D$，使 $AD = BC = a$. 延长 $BC$ 到 $E$，使 $CE = BA = c$. 则 $BD = BE = a+c$. 即 $\triangle BDE$ 中，$\angle BDE = \angle BED$. 过 $D$ 作 $AC$ 的平行线与过 $C$ 所引 $BD$ 的平行线相交于点 $F$. 连接 $EF$，则四边形 $ADFC$ 为平行四边形. 所以 $DF = AC = b$，$CF = AD = a$，$\angle FCE = \angle ABC$.

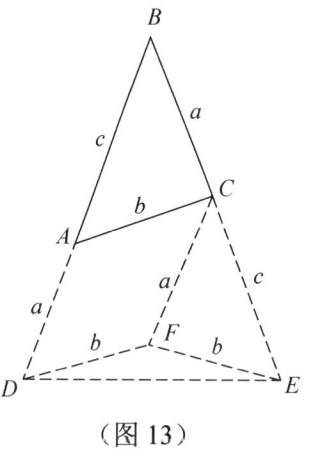

又因为 $CE = BA = c$，所以 $\triangle FCE \cong \triangle CBA$ (SAS)，因此有 $FE = CA = b$.

对 $D$，$F$，$E$ 三点，由三角形不等式，有 $DE \le DF + EF = 2b < a+c = BD = BE$，所以在 $\triangle BDE$ 中，$\angle B < \angle BDE$，$\angle B < \angle BED$，相加得 $2\angle B < \angle BDE + \angle BED$，即 $2\angle B < 180° - \angle B = \angle A + \angle C$，所以 $\angle B < \frac{1}{2}(\angle A + \angle C)$.

（图 13）

**例8** 设 $\angle MON = 20°$. $A$ 为 $OM$ 上一点，$OA = 4\sqrt{3}$；$D$ 为 $ON$ 上一点，$OD = 8\sqrt{3}$；$C$ 为 $AM$ 上任一点，$B$ 是 $OD$ 上任一点（如图 14 所示）. 求证：折线 $ABCD$ 的长 $AB + BC + CD \ge 12$.

（图 14）

（1991 年全国理科实验班招生选拔试题）

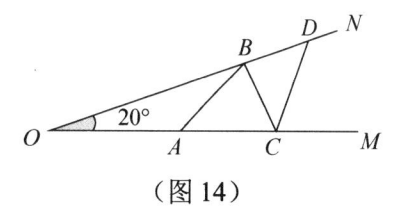

**证明**：如图 15 所示，以 $OM$ 为轴，作点 $D$ 关于 $OM$ 的对称点 $D_1$，连接 $OD_1$，则 $\angle MOD_1 = 20°$. 作点 $A$ 关于 $ON$ 的对称点 $A_1$，连接 $OA_1$，则 $\angle A_1ON = 20°$. 所以 $\angle A_1OD_1 = 60°$. 连接 $A_1D_1$，$A_1B$，$CD_1$，则 $A_1B = AB$，$CD_1 = CD$ 有 $AB + BC + CD = A_1B + BC + CD_1$. 因为 $OA_1 = OA = 4\sqrt{3}$，$OD_1 = OD = 8\sqrt{3}$，所

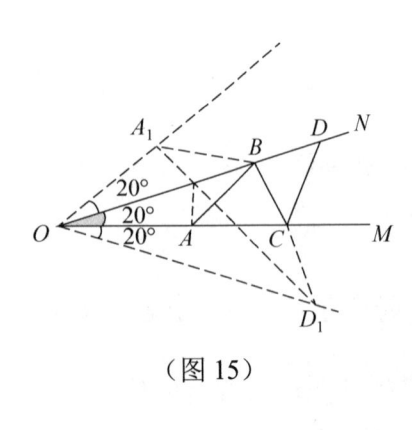

以 $A_1$，$D_1$ 为定点．

因此连接定点 $A_1$，$D_1$ 以线段为最短，所以 $A_1B + BC + CD_1 \geqslant A_1D_1$．

在 $\triangle A_1OD_1$ 中，$\angle A_1OD_1 = 60°$，$OA_1 = 4\sqrt{3} = \frac{1}{2} \times 8\sqrt{3} = \frac{1}{2}OD_1$，所以 $\triangle A_1OD_1$ 是直角三角形（想一想，为什么？），有 $A_1D_1 = \sqrt{(8\sqrt{3})^2 - (4\sqrt{3})^2} = 12$．

（图15）

所以 $AB + BC + CD = A_1B + BC + CD_1 \geqslant A_1D_1 = 12$．

**说明**：本题通过轴对称设法把折线"化直"，然后利用两点之间线段最短来证明．需要注意的是：通过轴对称后，折线与线段比较时，折线与线段的两个公共端点必须是定点，这时才能确定这线段之长是个定值．本题的提法可以改变为极值问题："设 $\angle MON = 20°$．$A$ 为 $OM$ 上一点，$OA = 4\sqrt{3}$；$D$ 为 $ON$ 上一点，$OD = 8\sqrt{3}$．试在 $AM$ 上找一点 $C$，在 $OD$ 上找一点 $B$．使得 $AB + BC + CD$ 的长度最小．请确定 $C$，$B$ 两点的位置，并求出 $AB + BC + CD$ 的长度的最小值．"问题形式改变，但实质内容一样，可见不等式与极值问题存在内在的联系．

**例9** 如图 16 所示，有 4 个点在一条直线上，它们依次是 $A$，$B$，$C$，$D$．求证：对不在这条直线上的任意点 $E$，成立不等式：
$AE + ED + |AB - CD| > BE + CE$．

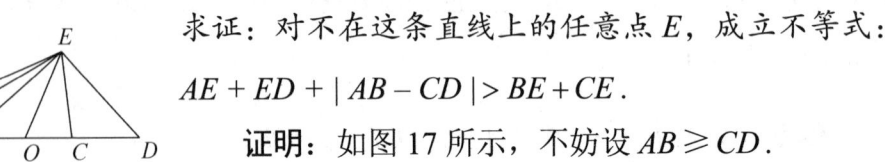

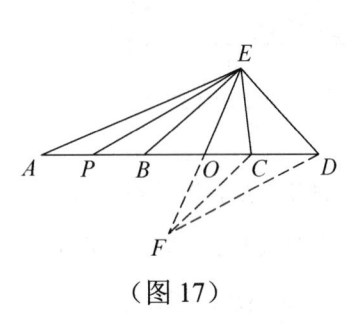

（图16）

**证明**：如图 17 所示，不妨设 $AB \geqslant CD$．

在 $AB$ 上取点 $P$，使得 $BP = CD$．则有 $AP = AB - CD = |AB - CD|$．取 $BC$ 的中点 $O$，则 $O$ 也是 $PD$ 的中点．连接 $EO$ 并延长 $EO$ 到 $F$，连接 $CF$，$DF$，有 $CF = BE$，$DF = PE$．在 $\triangle EFD$ 中，易证 $DF + ED > CF + CE$，所以 $PE + ED > BE + CE$．但 $AE + AP > PE$，所以 $AE + AP + ED > BE + CE$，即 $AE + ED + |AB - CD| > BE + CE$．

（图17）

**例 10** 在六边形 $A_1A_2A_3A_4A_5A_6$ 中存在一点 $O$，它对六边形各条边的视角都等于 $60°$（如图 18 所示）。如果 $OA_1 > OA_3 > OA_5$，且 $OA_2 > OA_4 > OA_6$。求证：$A_1A_2 + A_3A_4 + A_5A_6 < A_2A_3 + A_4A_5 + A_6A_1$。

**证明**：以 $O$ 为旋转中心，将 $\triangle OA_1A_6$ 旋转到图 19 中 $\triangle B_1OB_6$ 的位置（即射线 $OA_6$ 旋转到与射线 $OA_4$ 重合，射线 $OA_1$ 旋转到与射线 $OA_5$ 重合）。有 $OB_1 = OA_1$，$OB_6 = OA_6$，$A_6A_1 = B_6B_1$。

同法可将 $\triangle A_2OA_3$ 旋转到图 19 中 $\triangle B_2OB_3$ 的位置。

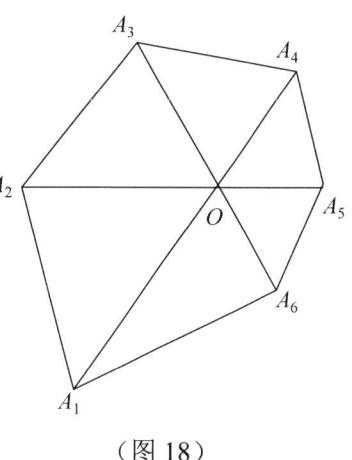

即 $OB_2 = OA_2$，$OB_3 = OA_3$，$B_2B_3 = A_2A_3$。

这时容易证明 $A_5B_6 = A_5A_6$，$B_1B_2 = A_1A_2$，$A_3A_4 = B_3A_4$。

由于 $OA_1 > OA_3 > OA_5$，所以 $OB_1 > OB_3 > OA_5$，在射线 $OA_5$ 上有 $O$，$A_5$，$B_3$，$B_1$ 的顺序。由于 $OA_2 > OA_4 > OA_6$，所以 $OB_2 > OA_4 > OB_6$，在射线 $OA_4$ 上有 $O$，$B_6$，$A_4$，$B_2$ 的顺序。

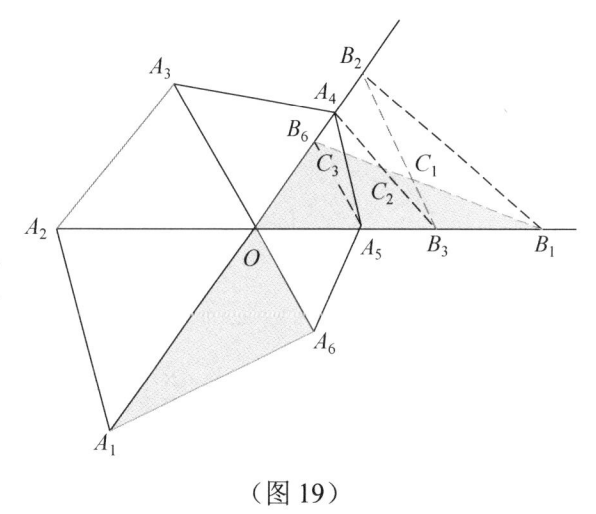

（图 18）

（图 19）

由于 $OB_3 < OB_1$，$OB_6 < OB_2$，得出 $B_3$ 和 $O$ 在 $B_1B_6$ 同侧，$B_2$ 和 $O$ 在 $B_1B_6$ 不同侧。所以 $B_3$ 和 $B_2$ 在 $B_1B_6$ 不同侧，即直线 $B_1B_6$ 与线段 $B_2B_3$ 相交。类似可证直线 $B_2B_3$ 与线段 $B_1B_6$ 相交。因此线段 $B_2B_3$ 与线段 $B_1B_6$ 相交，设交点为 $C_1$。

同理，可设线段 $B_1B_6$ 与线段 $B_3A_4$ 相交于点 $C_2$；线段 $B_1B_6$ 与线段 $A_5A_4$ 相交于点 $C_3$。

由三角形不等式，我们有 $B_1B_2 < B_1C_1 + C_1B_2$；$B_3C_2 < B_3C_1 + C_1C_2$；$C_2A_4 < C_2C_3 + C_3A_4$；$A_5B_6 < A_5C_3 + C_3B_6$。

将四式相加得 $B_1B_2 + (B_3C_2 + C_2A_4) + A_5B_6 < (B_1C_1 + C_1C_2 + C_2C_3 + C_3B_6) +$

$(C_1B_2 + C_1B_3) + (C_3A_4 + A_5C_3) = B_1B_6 + B_2B_3 + A_4A_5$.

经过等量代换,得 $A_1A_2 + A_3A_4 + A_5A_6 < A_2A_3 + A_4A_5 + A_6A_1$ 成立.

**说明**:本题涉及线段较多,但由于点 $O$ 对六边形 $A_1A_2A_3A_4A_5A_6$ 各条边的视角都等于 $60°$,所以可以通过旋转、轴对称使这 6 个 $60°$ 的角叠合在一起,从而把题设条件与结论中的有关线段都变位集中到一起,最后非常巧妙地实现了证明.

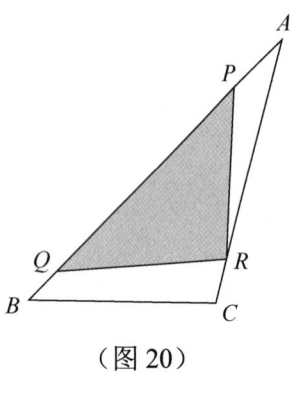

**例 11** 如图 20 所示,在 $\triangle ABC$ 中,$P$,$Q$,$R$ 将其周长三等分,且 $P$,$Q$ 在 $AB$ 边上. 求证:$S_{\triangle PQR} > \frac{2}{9}S_{\triangle ABC}$.

**证明**:这是三角形面积关系的不等式,需要利用三角形的面积公式.

所以作 $\triangle ABC$ 的高 $CL$,作 $\triangle PQR$ 的高 $RH$(如图 21 所示).

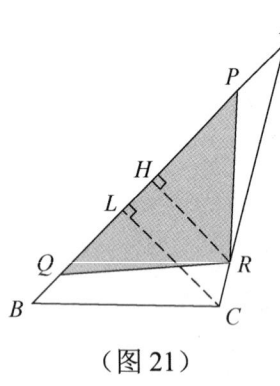

不妨设 $\triangle ABC$ 的周长为 1. 则 $\dfrac{S_{\triangle PQR}}{S_{\triangle ABC}} = \dfrac{\frac{1}{2}PQ \cdot RH}{\frac{1}{2}AB \cdot CL} =$

$\dfrac{PQ \cdot AR}{AB \cdot AC}$ $\left(\text{注意}: \dfrac{AR}{AC} = \dfrac{RH}{CL}\right)$.

因为 $PQ = \dfrac{1}{3}$,$AB < \dfrac{1}{2}$,所以 $\dfrac{PQ}{AB} = \dfrac{\frac{1}{3}}{AB} > \dfrac{\frac{1}{3}}{\frac{1}{2}} = \dfrac{2}{3}$.

又因为 $AP \leqslant AP + BQ = AB - PQ < \dfrac{1}{2} - \dfrac{1}{3} = \dfrac{1}{6}$,$AR = \dfrac{1}{3} - AP > \dfrac{1}{3} - \dfrac{1}{6} = \dfrac{1}{6}$,

$AC < \dfrac{1}{2}$,所以 $\dfrac{AR}{AC} > \dfrac{\frac{1}{6}}{\frac{1}{2}} = \dfrac{1}{3}$.

即 $\dfrac{S_{\triangle PQR}}{S_{\triangle ABC}} > \dfrac{2}{3} \cdot \dfrac{1}{3} = \dfrac{2}{9}$,所以 $S_{\triangle PQR} > \dfrac{2}{9} S_{\triangle ABC}$.

**例 12** 证明:任意三角形的三个内角平分线的乘积必小于三边的连乘积.

(1958 年上海市中学生数学竞赛题)

**证明**：如图 22 所示，设 $a$，$b$，$c$ 为三角形 $ABC$ 的三边长，$t_a$，$t_b$，$t_c$ 为三角形 $ABC$ 的 3 个内角的平分线. 作 $\triangle ABC$ 的外接圆与 $\angle BAC$ 的平分线 $AD$ 的延长线相交于点 $E$，则 $\triangle EAC \backsim \triangle BAD$.

因此 $AB:AE = AD:AC$.

所以 $AB \cdot AC = AE \cdot AD$.

即 $bc = t_a(t_a + DE) = t_a^2 + t_a \times DE$，所以 $bc > t_a^2$.

同理可得 $ca > t_b^2$，$ab > t_c^2$.

三式相乘得 $a^2b^2c^2 > t_a^2 t_b^2 t_c^2$，开方即得 $abc > t_a t_b t_c$.

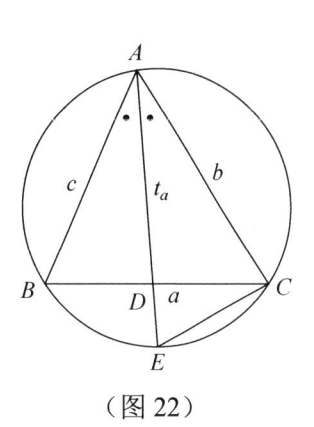

（图 22）

**例 13** 凸四边形 $ABCD$ 的面积为 $S$，$O$ 为它的对角线的交点. $K$，$L$，$M$，$N$ 分别是 $\triangle AOB$，$\triangle BOC$，$\triangle COD$，$\triangle DOA$ 的内心. 证明：四边形 $ABCD$ 的周长与四边形 $KLMN$ 的周长的乘积大于 $4S$.

**证明**：如图 23 所示，设 $k$，$l$，$m$，$n$ 分别是 $\triangle AOB$，$\triangle BOC$，$\triangle COD$，$\triangle DOA$ 的内切圆半径. 则 $KL \geqslant k+l$，$LM \geqslant l+m$，$MN \geqslant m+n$，$NK \geqslant n+k$.

所以四边形 $KLMN$ 的周长 $P_{四边形KLMN} = KL + LM + MN + NK \geqslant 2(k+l+m+n)$.

设 $P_{\triangle AOB}$，$P_{\triangle BOC}$，$P_{\triangle COD}$，$P_{\triangle DOA}$ 分别是 $\triangle AOB$，$\triangle BOC$，$\triangle COD$，$\triangle DOA$ 的周长. 则 $k = \dfrac{2S_{\triangle AOB}}{P_{\triangle AOB}}$，而 $P_{\triangle AOB} < P_{四边形ABCD}$，所以 $k > \dfrac{2S_{\triangle AOB}}{P_{四边形ABCD}}$.

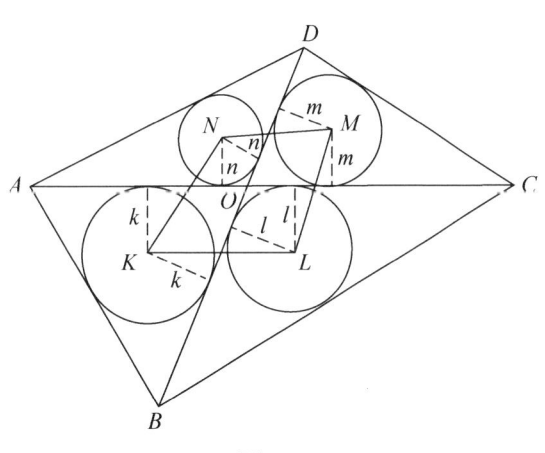

（图 23）

类似可得 $l > \dfrac{2S_{\triangle BOC}}{P_{四边形ABCD}}$，$m > \dfrac{2S_{\triangle COD}}{P_{四边形ABCD}}$，$n > \dfrac{2S_{\triangle DOA}}{P_{四边形ABCD}}$.

因此有 $P_{四边形KLMN} \geqslant 2(k+l+m+n) > \dfrac{4(S_{\triangle AOB} + S_{\triangle BOC} + S_{\triangle COD} + S_{\triangle DOA})}{P_{四边形ABCD}} = $

$\dfrac{4S}{P_{\text{四边形}ABCD}}$.

所以 $P_{\text{四边形}KLMN} \times P_{\text{四边形}ABCD} > 4S$.

**例 14** 已知四边形 $ABCD$ 是圆内接四边形，证明：$|AB-CD|+|AD-BC| \geqslant 2|AC-BD|$.

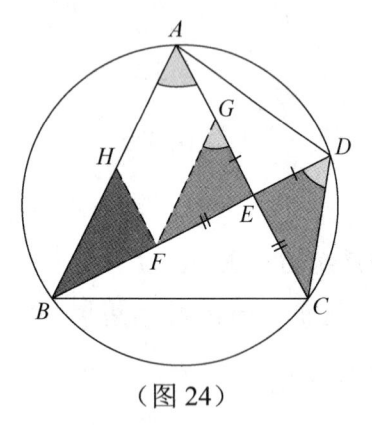

（1999 年第 28 届美国数学奥林匹克试题）

**证明 1**：首先证明，$|AB-CD| \geqslant |AC-BD|$.

（1）若 $AB=CD$，则 $AC=BD$，等号成立.

（2）不妨设 $AB>CD$，如图 24 所示，记 $AC$ 和 $BD$ 相交于点 $E$.

则 $\triangle ABE \backsim \triangle DCE$，得 $EA>ED$，$EB>EC$.

在 $EA$ 上截取 $EG=ED$，在 $EB$ 上截取 $EF=EC$，连接 $GF$，得 $\triangle GEF \cong \triangle DEC$，所以 $GF=CD$.

（图 24）

又由 $\angle EAB=\angle EDC=\angle EGF$，得 $AB/\!/GF$，作 $FH/\!/AE$ 交 $AB$ 于点 $H$，则 $AHFG$ 是平行四边形，$AH=FG=CD$，$FH=AG$，因此，$AB-CD=BH>|FH-BF|=|AC-BD|$.

综上所述，$|AB-CD| \geqslant |AC-BD|$. 当 $AB=CD$ 时，等号成立.

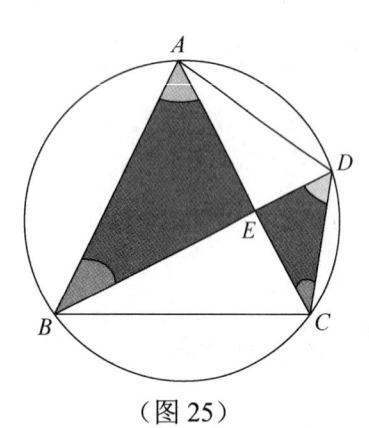

同理可得 $|AD-BC| \geqslant |AC-BD|$. 当 $AD=BC$ 时，等号成立.

故 $|AB-CD|+|AD-BC| \geqslant 2|AC-BD|$.

当且仅当 $AB=CD$ 且 $AD=BC$，即四边形 $ABCD$ 为矩形时，等号成立.

**证明 2**：如图 25 所示，设 $AC$ 与 $BD$ 相交于点 $E$，因为 $\triangle ABE \backsim \triangle DCE$，所以可设 $\dfrac{AB}{CD}=\dfrac{BE}{CE}=\dfrac{AE}{DE}=k(k>0)$，则

（图 25）

$|AB-CD|=|k \cdot CD-CD|=|k-1| \cdot CD$,

$|AC-BD|=|(AE+CE)-(BE+DE)|=|k \cdot DE+CE-k \cdot CE-DE|$

$=|(k-1) \cdot DE-(k-1) \cdot CE|=|k-1| \cdot |DE-CE|$.

由 $|k-1|\geq 0$，在 $\triangle CDE$ 中，$CD>|DE-CE|$，得 $|AB-CD|\geq|AC-BD|$；当 $k=1$，即 $AB=CD$ 时，等号成立.

同理可得 $|AD-BC|\geq|AC-BD|$，当 $AD=BC$ 时，等号成立.

故 $|AB-CD|+|AD-BC|\geq 2|AC-BD|$.

当且仅当 $AB=CD$ 且 $AD=BC$，即四边形 $ABCD$ 为矩形时，等号成立.

**例 15** 在凸 $n$ 边形 $A_1A_2\cdots A_{n-1}A_n$ 中，连接对角线 $A_1A_4$ 就可以形成一个凸四边形 $A_1A_2A_3A_4$. 我们用这种连接对角线的方法能得出 $n$ 个凸四边形. 证明：在这 $n$ 个凸四边形中，圆外切四边形不会多于 $\dfrac{n}{2}$ 个.

**证明**：用连接对角线的方法恰可得到 $n$ 个凸四边形. 假设结论不成立，即这 $n$ 个凸四边形中圆外切四边形的个数大于 $\dfrac{n}{2}$，则其中必有两个是"相邻的"（如图 26 所示）. 不妨设四边形 $A_1A_2A_3A_4$ 与四边形 $A_2A_3A_4A_5$ 是"相邻的"两个圆外切四边形，则应有 $A_1A_2+A_3A_4=A_2A_3+A_1A_4$，$A_2A_3+A_4A_5=A_3A_4+A_2A_5$. 两式相加，化简得 $A_1A_2+A_4A_5=A_1A_4+A_2A_5$.

这显然与 $A_1A_2+A_4A_5<A_1A_4+A_2A_5$ 的事实相矛盾！

所以，任何两个"相邻的"四边形不能都是圆外切四边形. 即这 $n$ 个凸四边形中圆外切四边形不会多于 $\dfrac{n}{2}$.

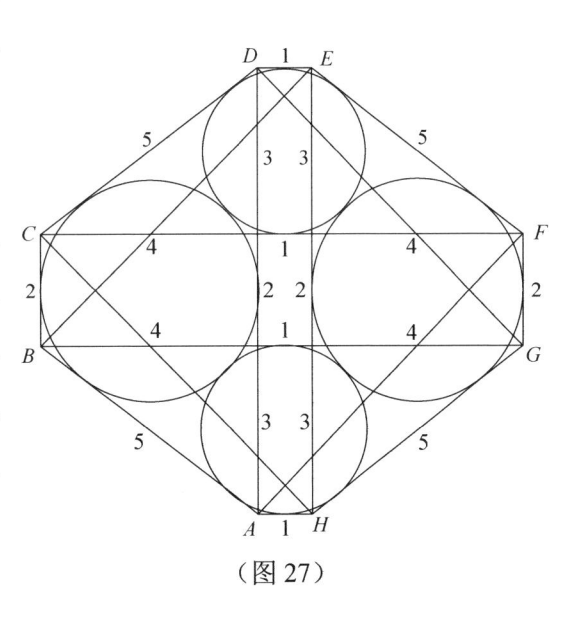

（图 26）

**说明**：例 15 是几何不等式的应用类型题. 其中用到了"凸四边形任一组对边之和小于两对角线之和"这个基本的几何不等式. 结论中的 $\dfrac{n}{2}$ 是可以达到的. 如图 27 所示是一个"作一个凸八边形，用它的对角线划分出的 8 个四边形中恰有 4 个是圆外切四边形"的例子.

（图 27）

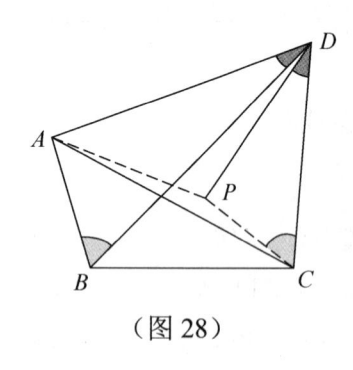

**例 16**（广义托勒密定理）在四边形 $ABCD$ 中，对角线 $AC$，$BD$ 的乘积不超过其对边乘积之和．即 $AC \times BD \leqslant AB \times CD + BC \times DA$．

**证明：**（1）若四边形 $ABCD$ 是凸四边形，如图 28 所示．作 $\angle CDP = \angle ADB$，作 $\angle DCP = \angle ABD$，所作两角的 $DP$ 边与 $CP$ 边交于点 $P$．连接 $AP$．

则易证 $\triangle ADB \backsim \triangle PDC$，有 $DB : AB = CD : CP$，即 $AB \cdot CD = DB \cdot CP$．……①

另有 $DB : AD = CD : DP$，$\angle ADP = \angle BDC$．

所以 $\triangle ADP \backsim \triangle BDC$，有 $AD : AP = BD : BC$，即 $BC \cdot AD = BD \cdot AP$．……②

①、②相加得 $AB \cdot CD + BC \cdot AD = DB \cdot CP + BD \cdot AP = BD(AP + PC) \geqslant BD \cdot AC$．

即 $AC \times BD \leqslant AB \times CD + BC \times DA$．

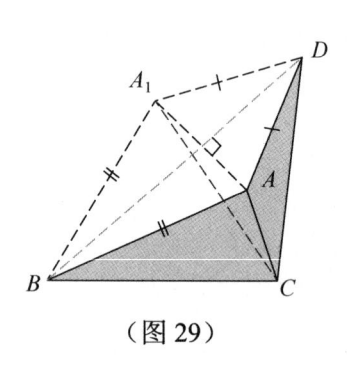

（2）若 $ABCD$ 是凹四边形，如图 29 所示．作点 $A$ 关于 $BD$ 的对称点 $A_1$，连接 $A_1D$，$A_1B$，$A_1C$，则 $A_1BCD$ 是凸四边形，根据（1）的结果，有 $A_1C \times BD \leqslant A_1B \times CD + BC \times DA_1$．……（*）

注意，在 $\triangle A_1DC$ 与 $\triangle ADC$ 中，$A_1D = AD$，$CD = CD$，$\angle A_1DC > \angle ADC$，所以 $A_1C > AC$．又 $A_1D = AD$，$A_1B = AB$，代入式（*），得 $AC \times BD \leqslant AB \times CD + BC \times DA$．

**例 17** 设 $C_1$，$C_2$ 是同心圆．$C_2$ 的半径是 $C_1$ 半径的两倍．四边形 $A_1A_2A_3A_4$ 内接于 $C_1$，将 $A_4A_1$ 延长交圆 $C_2$ 于点 $B_1$，$A_1A_2$ 延长交圆 $C_2$ 于点 $B_2$，$A_2A_3$ 延长交圆 $C_2$ 于点 $B_3$，$A_3A_4$ 延长交圆 $C_2$ 于点 $B_4$．求证：四边形 $B_1B_2B_3B_4$ 的周长 $\geqslant 2 \times$ 四边形 $A_1A_2A_3A_4$ 的周长，并确定等号成立的条件．

（1986 年全国第一届冬令营试题）

**证明：** 如图 30 所示，设 $O$ 为 $C_1$，$C_2$ 的圆心．

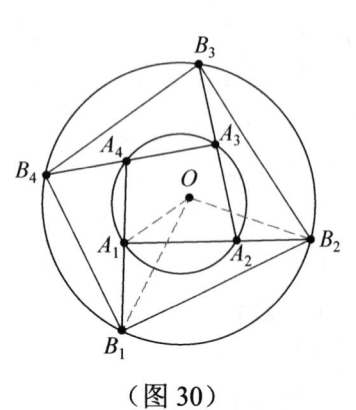

连接 $OA_1$，$OB_2$，$OB_1$. 在四边形 $OA_1B_2B_1$ 中应用广义托勒密定理，有 $OB_1 \times A_1B_2 \leqslant OA_1 \times B_1B_2 + A_1B_1 \times OB_2$.

设 $C_1$ 的半径为 $r$，由于 $A_1B_2 = A_1A_2 + A_2B_2$.

因此 $2r(A_1A_2 + A_2B_2) \leqslant r \cdot B_1B_2 + 2r \cdot B_1A_1$，即 $2A_1A_2 + 2A_2B_2 \leqslant B_1B_2 + 2A_1B_1$，同理可得 $2A_2A_3 + 2A_3B_3 \leqslant B_2B_3 + 2A_2B_2$，$2A_3A_4 + 2A_4B_4 \leqslant B_3B_4 + 2A_3B_3$，$2A_4A_1 + 2A_1B_1 \leqslant B_4B_1 + 2A_4B_4$.

将 4 个不等式相加后，可得 $2(A_1A_2 + A_2A_3 + A_3A_4 + A_4A_1) \leqslant B_1B_2 + B_2B_3 + B_3B_4 + B_4B_1$.

即四边形 $B_1B_2B_3B_4$ 的周长 $\geqslant 2 \times$ 四边形 $A_1A_2A_3A_4$ 的周长.

欲使最后一式成立等式，必须使上面诸式都成立等式，此时四边形 $A_1A_2A_3A_4$ 和四边形 $B_1B_2B_3B_4$ 都是正方形.

**例 18** 如图 31 所示，设四边形 $ABCD$ 是一个凸四边形，它的 3 条边满足 $AB = AD + BC$. 在四边形内，距离 $CD$ 为 $h$ 的地方有一点 $P$，使得 $AP = h + AD$，$BP = h + BC$. 求证：$\dfrac{1}{\sqrt{h}} \geqslant \dfrac{1}{\sqrt{AB}} + \dfrac{1}{\sqrt{BC}}$.

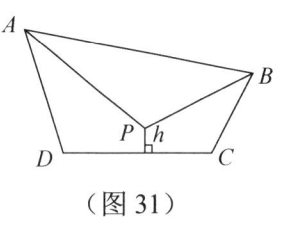

（图 31）

（1989 年第 30 届 IMO 试题 4）

**证明：**分别以 $A$ 为圆心、$AD$ 为半径，以 $B$ 为圆心、$BC$ 为半径，以及以 $P$ 为圆心、$h$ 为半径作圆. 设圆 $A$ 与圆 $B$ 相切于点 $G$. 考虑曲边三角形 $GDC$，圆 $P$ 内切于此曲边三角形. 设 $EF$ 是圆 $A$ 与圆 $B$ 的外公切线（见图 32），

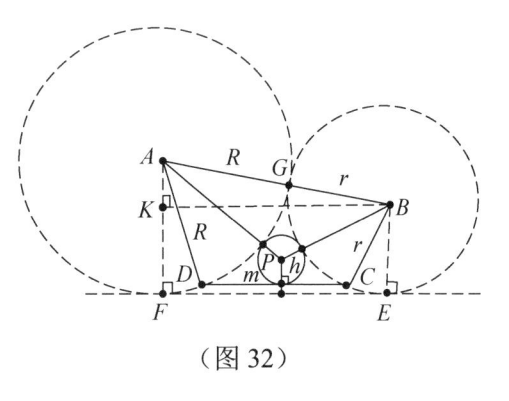

（图 32）

当 $C$ 和 $D$ 分别沿圆 $A$ 和圆 $B$ 趋近于 $E$ 和 $F$ 时，圆 $P$ 逐渐变大. 当圆 $P$ 最终与 $EF$ 相切时，$h$ 最大. 设圆 $P$ 与 $EF$ 相切时的半径为 $m$，则 $m \geqslant h$.

在圆 $P$ 与 $EF$ 相切时，我们把 $AB$，$BP$，$PA$ 分别投影到 $EF$ 上. 设圆 $A$ 和圆 $B$ 的半径分别为 $R$ 和 $r$，根据勾股定理，这 3 个投影的长分别为 $\sqrt{(R+r)^2 - (R-r)^2}$，$\sqrt{(R+m)^2 - (R-m)^2}$，$\sqrt{(r+m)^2 - (r-m)^2}$，而且 $\sqrt{(R+r)^2 - (R-r)^2} = \sqrt{(R+m)^2 - (R-m)^2} + \sqrt{(r+m)^2 - (r-m)^2}$，所以

$\sqrt{Rr} = \sqrt{Rm} + \sqrt{rm}$.

因此有，$\dfrac{1}{\sqrt{m}} = \dfrac{1}{\sqrt{R}} + \dfrac{1}{\sqrt{r}}$.

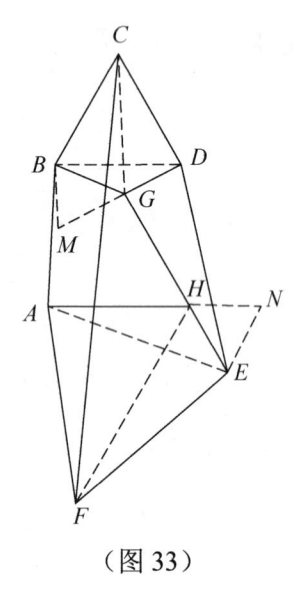

注意到 $m \geq h$，所以 $\dfrac{1}{\sqrt{h}} \geq \dfrac{1}{\sqrt{m}} = \dfrac{1}{\sqrt{R}} + \dfrac{1}{\sqrt{r}}$.

即 $\dfrac{1}{\sqrt{h}} \geq \dfrac{1}{\sqrt{AB}} + \dfrac{1}{\sqrt{BC}}$.

**例 19** 如图 33 所示，六边形 $ABCDEF$ 是凸六边形. $BC = CD$，$EF = FA$，$\angle BCD = \angle EFA = 60°$. 设 $G$ 和 $H$ 是这个六边形内的两点，使得 $\angle BGD = \angle AHE = 120°$. 求证：$BG + GD + GH + HA + HE \geq CF$.

**分析**：连接 $CG$，$FH$. 易见 $CG + GH + HF \geq CF$.

要证 $BG + GD + GH + HA + HE \geq CF$，如果能证 $BG + GD \geq CG$，$HA + HE \geq HF$ 即可.

**证明**：连接 $BD$，$EA$，由 $BC = CD$，$EF = FA$，$\angle BCD = \angle EFA = 60°$. 则 $\triangle BCD$，$\triangle AEF$ 都是正三角形.

（图 33）

因为 $\angle BGD = \angle AHE = 120°$，所以 $B$，$C$，$D$，$G$ 四点共圆，$E$，$F$，$A$，$H$ 四点共圆，因此 $\angle BCG = \angle BDG$，$\angle EFH = \angle EAH$.

以 $B$ 为旋转中心，将 $\triangle BCG$ 顺时针旋转 $60°$，$C$ 与 $D$ 重合，$G$ 与 $M$ 重合，$\angle BCG$ 与 $\angle BDG$ 重合，$\triangle BCG$ 落到 $\triangle BDM$ 的位置. 即 $\triangle BCG \cong \triangle BDM$.

易知 $\triangle BGM$ 是正三角形，所以 $MG = BG$，

因此 $BG + GD = MG + GD = DM = CG$. ……①

同法，以 $E$ 为旋转中心，将 $\triangle EFH$ 顺时针旋转 $60°$，$\triangle EFH$ 落到 $\triangle EAN$ 的位置. 即 $\triangle EFH \cong \triangle EAN$，可证得 $HA + HE = HF$. …… ②

由线段的性质得 $CG + GH + HF \geq CF$. ……③

将①、②代入③得 $BG + GD + GH + HA + HE \geq CF$.

在解题中也可以通过旋转图形来解题，甚至可以多种变换联合使用. 比如，第 38 届 IMO 的第 5 题："如图，凸六边形 $ABCDEF$ 中，$AB = BC = CD$，

$DE = EF = FA$，$\angle BCD = \angle EFA = 60°$. 设 $G$ 和 $H$ 是这个六边形内的两点，使得 $\angle AGB = \angle DHE = 120°$. 求证：$AG + GB + GH + DH + HE \geqslant CF$."

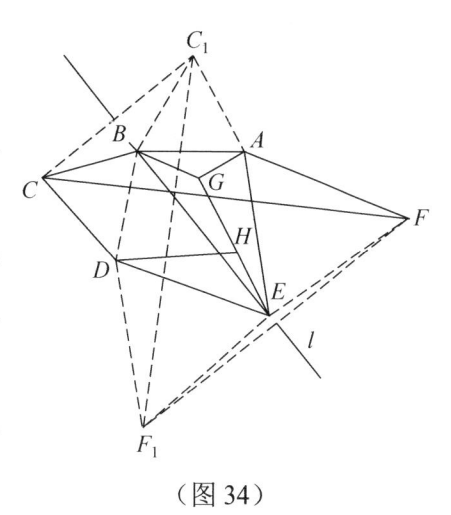

其实，只需作六边形 $ABCDEF$ 关于 $BE$ 所在直线 $l$ 的轴对称图形 $DBC_1AEF_1$，如图 34 所示，根据例 19 的结果，有 $AG + GB + GH + DH + HE \geqslant C_1F_1$，注意到 $C_1F_1 = CF$，所以 $AG + GB + GH + DH + HE \geqslant CF$.

多么简洁美妙的思路呀！

（图 34）

## 22.4 三角形中特殊的几何不等式

**例 20** 设 $\triangle ABC$ 的三边长为 $a$，$b$，$c$，面积为 $S$. 求证：$a^2 + b^2 + c^2 \geqslant 4\sqrt{3}S$.

**分析**：要证 $a^2 + b^2 + c^2 \geqslant 4\sqrt{3}S$，只需证 $\dfrac{1}{4\sqrt{3}}(a^2 + b^2 + c^2) \geqslant S$ 即可.

只需证 $\dfrac{1}{3}\left(\dfrac{\sqrt{3}}{4}a^2\right) + \dfrac{1}{3}\left(\dfrac{\sqrt{3}}{4}b^2\right) + \dfrac{1}{3}\left(\dfrac{\sqrt{3}}{4}c^2\right) \geqslant S$. ……(*)

这时观察式(*)各项的几何意义.

$\dfrac{\sqrt{3}}{4}a^2$ 是边长为 $a$ 的正三角形的面积，$\dfrac{1}{3}\left(\dfrac{\sqrt{3}}{4}a^2\right)$ 是这个正三角形面积的 $\dfrac{1}{3}$.

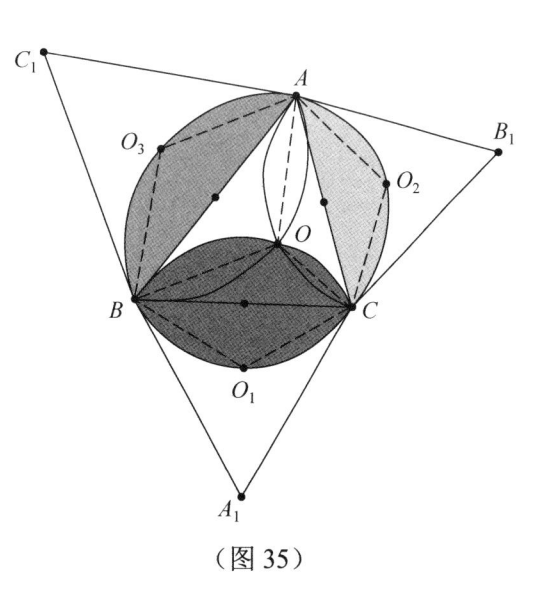

为此，如图 35 所示，在 $\triangle ABC$ 中分别以 $BC$，$CA$，$BA$ 为边向形外作正三角形 $BA_1C$，$CB_1A$，$AC_1B$. 这 3 个正三角形的中心依次是 $O_1$，$O_2$，$O_3$.

$\dfrac{1}{3}\left(\dfrac{\sqrt{3}}{4}a^2\right) = S_{\triangle BO_1C}$，$\dfrac{1}{3}\left(\dfrac{\sqrt{3}}{4}b^2\right) =$

（图 35）

$S_{\triangle CO_2A}$，$\dfrac{1}{3}\left(\dfrac{\sqrt{3}}{4}c^2\right)=S_{\triangle AO_3C}$.

要式(*)成立，只需 $S_{\triangle BO_1C}+S_{\triangle CO_2A}+S_{\triangle AO_3C}\geqslant S$ 即可.

（1）若 $\triangle ABC$ 中有一个内角不小于 $120°$，不妨设 $\angle A\geqslant 120°$. 这时以 $BC$ 为弦在 $O_1$ 点关于 $BC$ 另一侧所作含 $120°$ 角的弓形将盖住 $\triangle ABC$.

此时，$S_{\triangle BO_1C}\geqslant S$.

更有 $S_{\triangle BO_1C}+S_{\triangle CO_2A}+S_{\triangle AO_3C}\geqslant S$.

（2）若 $\triangle ABC$ 中最大内角的度数小于 $120°$. 这时以 $BC$ 为弦在点 $O_1$ 关于 $BC$ 另一侧所作的含 $120°$ 角的弓形弧，以 $AC$ 为弦在点 $O_2$ 关于 $AC$ 另一侧所作的含 $120°$ 角的弓形弧，设以上两个弓形弧在 $\triangle ABC$ 内部交于点 $O$，连接 $AO$，$BO$，$CO$，则 $\angle AOB=360°-120°-120°=120°$. 因此点 $O$ 也在以 $AB$ 为弦含 $120°$ 角的弓形弧上.

易知 $S_{\triangle BO_1C}\geqslant S_{\triangle BOC}$，$S_{\triangle CO_2A}\geqslant S_{\triangle COA}$，$S_{\triangle AO_3C}\geqslant S_{\triangle AOC}$，相加得 $S_{\triangle BO_1C}+S_{\triangle CO_2A}+S_{\triangle AO_3C}\geqslant S_{\triangle BOC}+S_{\triangle COA}+S_{\triangle AOC}\geqslant S$.

因此有 $a^2+b^2+c^2\geqslant 4\sqrt{3}S$.

这是一道第一届的 3-thIMO 试题 2. 这个不等式叫作外森比克不等式. 这道试题的发现过程也很有趣，充分体现了几何与代数、三角的联系.

首先从人所共知的公式谈起：$S=\dfrac{1}{2}ab\sin C$，$c^2=a^2+b^2-2ab\cos C$，则 $\sin C=\dfrac{2S}{ab}$，$\cos C=\dfrac{a^2+b^2-c^2}{2ab}$，由 $\sin^2 C+\cos^2 C=1$，得 $\dfrac{4S^2}{a^2b^2}+\dfrac{(a^2+b^2-c^2)^2}{4a^2b^2}=1$.

即 $16S^2+a^4+b^4+c^4+2a^2b^2-2a^2c^2-2b^2c^2=4a^2b^2$，

$16S^2+a^4+b^4+c^4+2a^2b^2+2a^2c^2+2b^2c^2=4a^2b^2+4a^2c^2+4b^2c^2$.

所以 $16S^2+(a^2+b^2+c^2)^2=4a^2b^2+4a^2c^2+4b^2c^2$，即 $48S^2+3(a^2+b^2+c^2)^2=12a^2b^2+12a^2c^2+12b^2c^2$.

由 $(a^2+b^2+c^2)^2=a^4+b^4+c^4+2a^2b^2+2a^2c^2+2b^2c^2\geqslant 3a^2b^2+3a^2c^2+3b^2c^2$，所以 $48S^2+3(a^2+b^2+c^2)^2\leqslant 4(a^2+b^2+c^2)^2$，因此 $48S^2\leqslant (a^2+b^2+c^2)^2$，开方得 $4\sqrt{3}S\leqslant a^2+b^2+c^2$.

即 $a^2+b^2+c^2 \geqslant 4\sqrt{3}S$.

**外森比克不等式的另外一种证法：**

如图 36 所示，设 $\angle BAC$ 是 $\triangle ABC$ 中的最大内角.

作 $AD \perp BC$ 于点 $D$，则 $D$ 在 $BC$ 上.

记 $BD = n$，$CD = m$，则 $m+n = a$.

要证 $a^2+b^2+c^2 \geqslant 4\sqrt{3}S$，只需证 $(m+n)^2+(m+h)^2+(n+h)^2 \geqslant 4\sqrt{3}(m+n)h$，即 $h^2 - \sqrt{3}(m+n)h + n^2 + m^2 + mn \geqslant 0$.

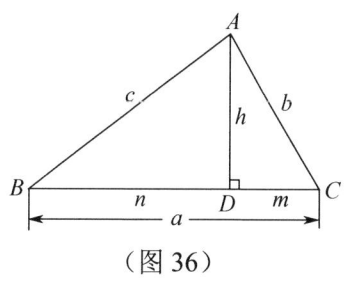

此式看成 $h$ 的二次三项式，它大于等于 0，即该二次三项式的判别式 $\Delta \leqslant 0$.

事实上，$[\sqrt{3}(m+n)]^2 - 4(m^2+n^2+mn) = -m^2 - n^2 + 2mn = -(m-n)^2 \leqslant 0$.

因此成立不等式 $a^2+b^2+c^2 \geqslant 4\sqrt{3}S$.

外森比克不等式还有许多有趣的推广，都是三角形的三边长 $a$，$b$，$c$ 与面积 $S$ 之间的不等关系，可以结合代数不等式进行证明．我国许多数学教师都对此作了大量的研究工作．有兴趣的同学可以在课外进一步学习和探索．

## 第23讲 几何极值问题

几何极值问题实际上是以几何条件出现的极值问题. 具体解法可以有几何不等式法、代数函数法及三角函数法. 由于知识所限,我们不可能系统地讲解几何极值问题,只能通过一些典型的例子进行介绍.

### 23.1 基本的几何极值例题

**例1** 设 $A$,$B$ 两镇分别在河 $R$ 的两岸,假设河 $R$ 的宽度是一定的. 现在想在河上垂直于河岸搭一座桥. 问桥应该修在什么地方,才能使从 $A$ 镇经过桥到 $B$ 镇的路程最短.

(选自1956年北京、上海数学竞赛委员会提供的《问题集》)

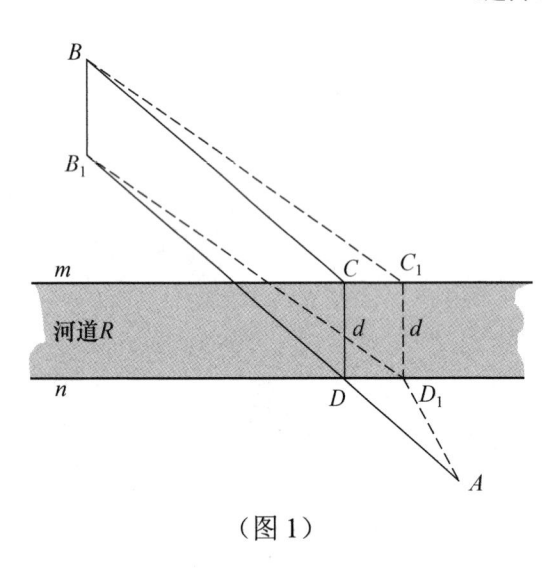

**分析**:如图1所示,由于河 $R$ 的宽度一定,桥又垂直于河岸. 所以桥长为定值 $d$. 假设河岸为两平行直线 $m$,$n$,设桥架在 $CD$ 处,则要使 $BC + CD + DA$ 最短,只需 $BC + DA$ 最短即可. 我们假想点 $B$ 和直线 $m$ 所在的半平面向下平移距离 $d$,这时直线 $m$ 与直线 $n$ 重合,点 $C$ 与点 $D$ 重合. 点 $B$ 到了 $B_1$ 点的位置. 于是只需 $B_1D + DA$ 最小即可. 但两点之间,线段最短,所以点 $D$ 应是 $AB_1$ 与直线 $n$ 的交点. 于是桥的位置即可得出了.

(图1)

**作法**:将点 $B$ 向下平移距离 $d$ 到点 $B_1$,连接 $AB_1$ 交直线 $n$ 于点 $D$. 过 $D$ 作直线 $n$ 的垂线交直线 $m$ 于点 $C$,连接 $BC$,则 $CD$ 即为桥的位置,且使得 $BC +$

$CD + DA$ 最短.

**证明**：如图 1 所示，设在另外的地点垂直与河岸架桥 $C_1D_1$，连接 $BC_1$，$B_1D_1$，$D_1A$，则 $BB_1 \underline{\underline{\parallel}} C_1D_1$，所以四边形 $BB_1D_1C_1$ 为平行四边形. 有 $BC_1 = B_1D_1$. 由于 $B_1D_1 + D_1A > B_1A$，即 $BC_1 + D_1A > B_1A$，所以 $BC_1 + C_1D_1 + D_1A > BC + CD + DA$.

因此，桥 $CD$ 的确为所要求（使 $BC + CD + DA$ 最短）的位置.

**说明**：本题是用最基本的几何不等式法来解极值问题的. 一般说来，若证得的不等式以"$\geq$"或"$\leq$"的形式出现，那么寻求等号成立的几何条件就会得到相应的几何极值.

**例2** 矩形 $ABCD$ 中，$AB = 20$ 厘米，$BC = 10$ 厘米. 若在 $AC$，$AB$ 上各取一点 $M$，$N$（如图 2 所示），使 $BM + MN$ 的值最小，求这个最小值.

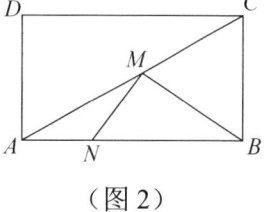

（图2）

（1998 年北京市中学生数学竞赛初二复赛试题三）

**解**：如图 3 所示，作 $B$ 关于 $AC$ 的对称点 $B'$，连接 $AB'$. 则 $N$ 点关于 $AC$ 的对称点为 $AB'$ 上的点 $N'$.

这时，$B$ 到 $M$ 到 $N$ 的最小值等于 $B$ 到 $M$ 到 $N'$ 的最小值，等于 $B$ 到 $AB'$ 的距离 $BH'$. 即 $BM+MN$ 的最小值为 $BH'$.

现在求 $BH'$ 的长. 设 $AB'$ 与 $DC$ 交于点 $P$，连接 $BP$，则 $\triangle ABP$ 的面积等于 $\frac{1}{2} \times 20 \times 10 = 100$.

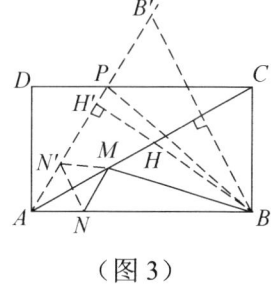

（图3）

注意到 $PA = PC$（想一想，为什么？）.

设 $AP = x$，则 $PC = x$，$DP = 20 - x$.

根据勾股定理得 $PA^2 = DP^2 + DA^2$，即 $x^2 = (20-x)^2 + 10^2$，即 $x^2 = 400 - 40x + x^2 + 100$，解得 $x = 12.5$.

所以 $BH' = \frac{100 \times 2}{12.5} = 16$（厘米）. 即 $BM+MN$ 的最小值是 16 厘米.

**例3** 凸四边形 $ABCD$ 中，$AB+AC+CD=16$，如图 4 所示. 问：对角线 $AC$，$BD$ 为何值时，四边形 $ABCD$ 的面积最大？面积最大值是多少？

（第九届华杯赛总决赛笔试初二组一试试题 4）

（图4）

（图5）

（图6）

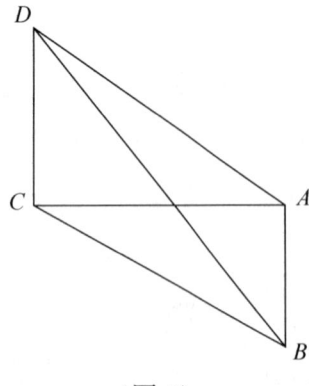

（图7）

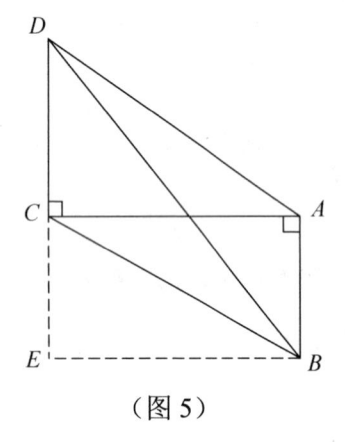

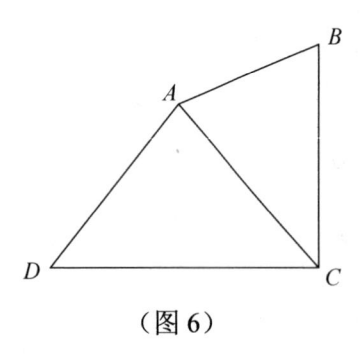

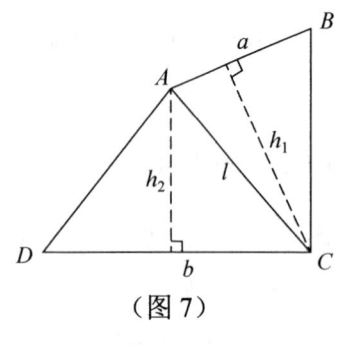

**解**：设 $AB = x$，$AC = y$，则 $CD = 16 - x - y$.

$$S_{四边形ABCD} = S_{\triangle ABC} + S_{\triangle ACD} \leq \frac{1}{2}xy + \frac{1}{2}y(16 - x - y)$$

（当 $\angle BAC = \angle ACD = 90°$ 时取等号）

$$= \frac{1}{2}xy + 8y - \frac{1}{2}xy - \frac{1}{2}y^2 = -\frac{1}{2}(y^2 - 16y)$$

$$= -\frac{1}{2}(y-8)^2 + 32.$$

所以当 $y = 8$ 时，$S_{四边形ABCD}$ 最大，为 32.

此时，取最大面积时凸四边形 $ABCD$，如图 5 所示，由 $\angle BAC = \angle ACD = 90°$，$AC = 8$，根据勾股定理得 $BD = 8\sqrt{2}$.

**答**：当 $\angle BAC = \angle ACD = 90°$，$AC = 8$，$BD = 8\sqrt{2}$ 时，四边形 $ABCD$ 的面积最大，为 32.

**说明**：这是一个条件极值问题. 在四边形中当 $CD$，$AC$，$AB$ 固定时，根据三角形面积公式，只有在 $\angle BAC = \angle ACD = 90°$ 时，三角形 $ACD$ 和三角形 $ABC$ 的面积最大. 再利用条件，这样我们得到一个二次函数（二次三项式）. 对于二次函数的极值问题，利用配方法求极值是最基本的初等方法.

**例4** 如图 6 所示，已知四边形 $ABCD$ 的面积为 32，$AB$，$CD$，$AC$ 的长都是整数，且它们的和为 16.

（1）这样的四边形有几个？

（2）求这样的四边形边长的平方和的最小值.

（2003年全国初中数学联赛第二试（B）试题三）

**解**：（1）如图 7 所示，记 $AB = a$，$CD = b$，$AC = l$. 并设 $\triangle ABC$ 中 $AB$ 边上的高为 $h_1$，$\triangle ADC$ 中 $DC$ 边上的高为 $h_2$.

则 $S_{四边形ABCD} = S_{\triangle ABC} + S_{\triangle ADC}$

$$= \frac{1}{2}(ah_1 + bh_2) \leq \frac{1}{2}l(a+b).$$

仅当 $h_1 = h_2 = l$ 时等号成立，即在四边形 $ABCD$ 中，当 $AC \perp AB$ 及 $AC \perp CD$ 时等号成立.

由已知可得 $64 \leq l(a+b)$. 又由题设 $a+b = 16-l$，可得 $64 \leq l(16-l) = 64 - (l-8)^2 \leq 64$，于是必有 $l = 8$，$a+b = 8$，且这时 $AC \perp AB$ 及 $AC \perp CD$.

因此，这样的四边形有 4 个：$a=1$，$b=7$，$l=8$；$a=2$，$b=6$，$l=8$；$a=3$，$b=5$，$l=8$；$a=b=4$，$l=8$.

它们都是以 $AC$ 为高的梯形或平行四边形.

（2）又由 $AB=a$，$CD=8-a$，则 $BC^2 = 8^2 + a^2$，$AD^2 = 8^2 + (8-a)^2$，因此，记这样的四边形的边长的平方和为 $W$，则 $W = 2a^2 + 2(8+a)^2 + 128 = 2(2a^2 - 16a) + 256 = 4(a-4)^2 + 192$.

故当 $a = b = 4$ 时，上述平方和 $W$ 取最小值. $W_{\min} = 192$.

**例 5** 如图 8 所示，在以 $AB$ 为直径的半圆上取一点 $C$，分别以 $AC$ 和 $BC$ 为直径在 $\triangle ABC$ 外作半圆 $AEC$ 和 $BFC$. 当点 $C$ 在什么位置时，图中两个弯月形（阴影部分）$AEC$ 和 $BFC$ 的面积之和最大.

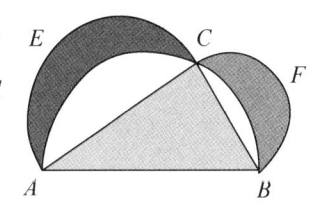

（图 8）

**解**：连接 $AB$ 中点（圆心）和点 $C$，由同圆半径相等及等腰三角形底角相等和三角形内角和定理，推得 $\angle ACB = 90°$.

弯月形 $AEC$ 的面积 + 弯月形 $BFC$ 的面积

=半圆 $AEC$ 的面积+半圆 $BFC$ 的面积+$\triangle ABC$ 的面积−半圆 $ABC$ 的面积

$$= \frac{1}{2}\pi\left(\frac{AC}{2}\right)^2 + \frac{1}{2}\pi\left(\frac{BC}{2}\right)^2 + \triangle ABC \text{ 的面积} - \frac{1}{2}\pi\left(\frac{AB}{2}\right)^2$$

$$= \frac{\pi}{8}(AC^2 + BC^2 - AB^2) + \triangle ABC \text{ 的面积}.$$

在 $\triangle ACB$ 中，由勾股定理得 $AC^2 + BC^2 = AB^2$，即 $AC^2 + BC^2 - AB^2 = 0$.

所以，弯月形 $AEC$ 的面积 + 弯月形 $BFC$ 的面积 = $\triangle ABC$ 的面积.

因为 $\triangle ABC$ 的底 $AB$ 固定，所以当高 $CD$ 最大时，$\triangle ABC$ 的面积最大.

即当点 $C$ 通过圆心，且与直径 $AB$ 垂直的直线与半圆 $AB$ 的交点处时，两弯月形的面积最大.

## 23.2 几何极值竞赛题选讲

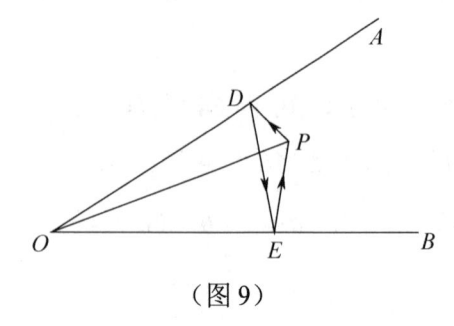

**例 6** 如图 9 所示，蓝精灵在 $\angle AOB = 30°$ 的内部的点 $P$，已知 $PO=1$ 米. 蓝精灵从 $P$ 走到 $OA$ 上的一点 $D$，即刻返身走到 $OB$ 上的一点 $E$，然后从点 $E$ 走回到点 $P$. 问蓝精灵走的路线的最短路程是多少米.

（第 18 届华杯赛决赛初二试题）

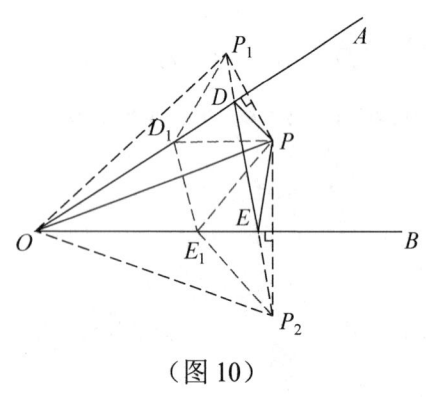

（图 9）

**解**：蓝精灵走的最短路径是由 3 条线段组成的三角形.

如图 10 所示，作 $P$ 关于 $OA$ 的对称点 $P_1$，作 $P$ 关于 $OB$ 的对称点 $P_2$. 连接 $P_1P_2$，交 $OA$ 于点 $D$，交 $OB$ 于点 $E$，连接 $PD$，$PE$，则蓝精灵走的最短路径是三角形 $PDE$ 的周长.

由对称性知，$OP_1 = OP_2 = OP = 1$ 米，$\angle P_1OP_2 = 2 \times \angle AOB = 2 \times 30° = 60°$，三角形 $P_1OP_2$ 是等边三角形，$P_1P_2 = 1$ 米. 因此 $PD + DE + EP = P_1D + DE + EP_2 = P_1P_2 = 1$（米）.

（图 10）

假设蓝精灵走的路径是 $\triangle PD_1E_1$，则 $PD_1 + D_1E_1 + E_1P > P_1P_2 = P_1D + DE + EP_2 = PD + DE + EP$.

即蓝精灵走的路线的最短路程是 1 米.

**例 7** 设有一个边长为 1 的正方形. 试在这个正方形的内接正三角形中找出一个面积最大的和一个面积最小的. 并求出这个面积.

（1978 年全国部分省市数学竞赛第二试试题六）

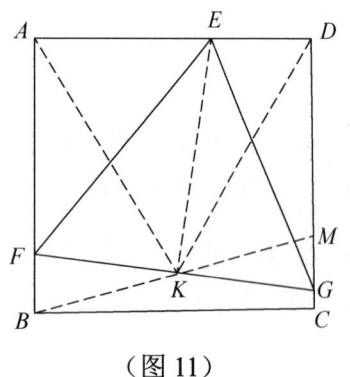

**解**：假设 $\triangle EFG$ 是正方形的任一内接正三角形. 由于正三角形的 3 个顶点至少必落在正方形的 3 条边上. 所以，不妨设其中的 $F$，$G$ 是在正方形的一组对边上.

（图 11）

如图 11 所示，作△EFG 的边 FG 上的高 EK，则 E，K，G，D 四点共圆.

连接 KD，有∠KDE =∠EGK = 60°，同理，连接 AK，由 E，K，F，A 四点共圆，有∠KAE =∠EFK = 60°

所以△KDA 是边长为 1 的正三角形，而 K 是它的一个顶点.

由此可知，内接正△EFG 的边 FG 的中点必是不动点 K.

又因为正三角形面积由边长决定，所以当 FG 边在直线 BK 上时（或在直线 CK 上时），取得内接正三角形的最大边长为 BM.

由 K 到 BC 的距离为 $1-\dfrac{\sqrt{3}}{2}$，所以 $CM=2-\sqrt{3}$，$BM=\sqrt{1^2+(2-\sqrt{3})^2}=2\sqrt{2-\sqrt{3}}$.

这时内接正三角形的面积最大，$S_{\max}=2\sqrt{3}-3$.

当 FG 边与 BC 平行时，取得内接正三角形的最小边长为 1.

所以内接面积最小的正三角形的面积 $S_{\min}=\dfrac{\sqrt{3}}{4}$.

**例 8** 已知⊙O 的半径是 1. 正方形 ABCD 的边长也是 1. 这个正方形的顶点 A 固定在圆周上而这个正方形在圆内摆动着. 试求 $OA^2+OB^2+OC^2+OD^2$ 的最大值与最小值.

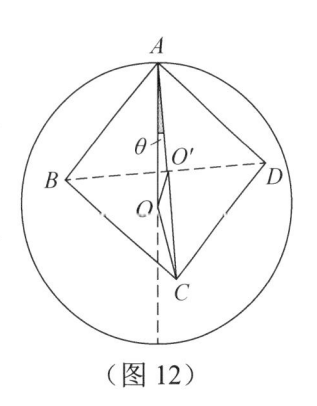

**解**：如图 12 所示，连接 AO，设正方形 ABCD 的对角线交点为 O'，AO' 与 AO 的夹角为 θ.

（图 12）

由三角形的中线公式（请读者用平行四边形定理自己推导！），得
$OA^2+OC^2=\dfrac{1}{2}AC^2+2O'O^2$，$OB^2+OD^2=\dfrac{1}{2}BD^2+2O'O^2$.

两式相加得 $OA^2+OB^2+OC^2+OD^2=\dfrac{1}{2}AC^2+\dfrac{1}{2}BD^2+4O'O^2=2+4O'O^2$.

在△AOO' 中，由余弦定理得 $O'O^2=1^2+\left(\dfrac{\sqrt{2}}{2}\right)^2-2\times 1\times\dfrac{\sqrt{2}}{2}\cos\theta=\dfrac{3}{2}-\sqrt{2}\cos\theta$，

所以 $OA^2+OB^2+OC^2+OD^2=2+4\left(\dfrac{3}{2}-\sqrt{2}\cos\theta\right)=8-4\sqrt{2}\cos\theta$.

其中，θ 在 0°与 15°之间变化，cos θ 的值呈递减变化.

当 $\theta = 0°$ 时，$OA^2 + OB^2 + OC^2 + OD^2$ 取最小值 $8 - 4\sqrt{2}$. 这时，正方形 $ABCD$ 的对角线 $AC$ 过点 $O$.

当 $\theta = 15°$ 时，$OA^2 + OB^2 + OC^2 + OD^2$ 取最大值，这时，点 $D$ 也落在圆周上（或 $B$ 点落在圆周上）. 有 $OA = OD = 1$，而 $\angle BAO = \angle CDO = 30°$，此时 $OA^2 + OB^2 + OC^2 + OD^2 = 1^2 + 2 \times (1^2 + 1^2 - 2\cos 30°) + 1^2 = 6 - 2\sqrt{3}$.

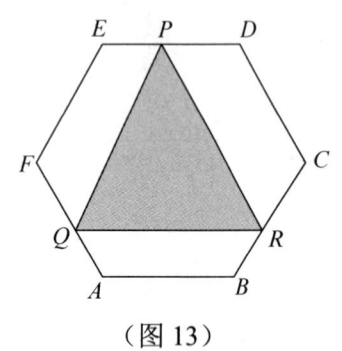

**例 9** 如图 13 所示，已知正六边形 $ABCDEF$ 的边长是 1. $QR$ 是正六边形内平行于 $AB$ 的任一线段. 求以线段 $QR$ 为底边的内接于正六边形 $ABCDEF$ 中的三角形 $PQR$ 的最大面积.

**解**：$S_{六边形ABCDEF} = 6 \times \dfrac{\sqrt{3}}{4} = \dfrac{3\sqrt{3}}{2}$. 如图 14 所示，$\triangle PQR$ 要取得最大面积，点 $P$ 应在与 $QR$ 平行的 $DE$ 边上.

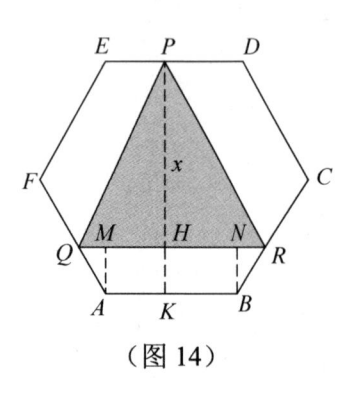

过 $P$ 作 $PK \perp AB$ 于 $K$，交 $QR$ 于点 $H$，过 $A$ 作 $AM \perp QR$ 于点 $M$，过 $B$ 作 $BN \perp QR$ 于点 $N$.

设 $PH = x$，$HK = \sqrt{3} - x$. 则 $QM = NR = AM \tan 30° = (\sqrt{3} - x) \times \dfrac{\sqrt{3}}{3} = 1 - \dfrac{\sqrt{3}}{3}x$，$QR = 2\left(1 - \dfrac{\sqrt{3}}{3}x\right) + 1 = 3 - \dfrac{2\sqrt{3}}{3}x$.

$$S_{\triangle PQR} = \dfrac{1}{2}\left(3 - \dfrac{2\sqrt{3}}{3}x\right)x = -\dfrac{\sqrt{3}}{3}x^2 + \dfrac{3}{2}x = -\dfrac{\sqrt{3}}{3}\left(x^2 - \dfrac{3\sqrt{3}}{2}x\right)$$

$$= -\dfrac{\sqrt{3}}{3}\left(x^2 - 2 \cdot \dfrac{3\sqrt{3}}{4}x + \dfrac{27}{16} - \dfrac{27}{16}\right) = -\dfrac{\sqrt{3}}{3}\left(x - \dfrac{3\sqrt{3}}{4}\right)^2 + \dfrac{9\sqrt{3}}{16}.$$

当 $x = \dfrac{3\sqrt{3}}{4}$ 时，$S_{\triangle PQR}$ 取得最大值，为 $\dfrac{9\sqrt{3}}{16}$.

**说明**：本题的几何极值是应用代数方法求解的. 用代数求极值法也可以反过来证明某些不等式. 由于 $\dfrac{9\sqrt{3}}{16} = \dfrac{3}{8}\left(\dfrac{3\sqrt{3}}{2}\right)$，所以本题可以变更为几何不等式问题："已知边长为 1 的正六边形 $ABCDEF$ 中，内接有 $\triangle PQR$. 又 $\triangle PQR$ 的边

## 第23讲 几何极值问题

$QR$ 平行于 $AB$，求证：$S_{\triangle PQR} \leqslant \dfrac{3}{8} S_{\text{六边形} ABCDEF}$."

很显然，这个几何不等式可以用代数方法来证明.

**例 10** 如图 15 所示，在直角三角形 $ABC$ 中，$\angle ABC = 90°$，$AB // A'B'$，$BC // B'C'$，$AC // A'C'$，且 3 对平行线的距离都是 1，若 $AC = 10$，$AB = 8$，$BC = 6$，求三角形 $A'B'C'$ 上的点到三角形 $ABC$ 三边的距离之和的最大值.

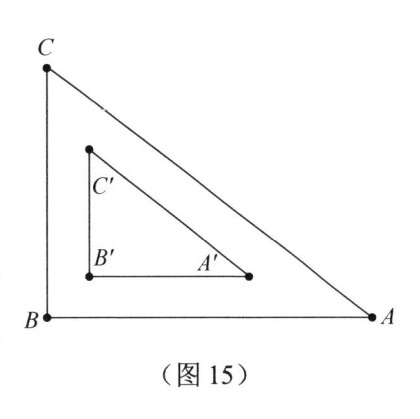

（图 15）

（第 15 届华杯赛总决赛少年二组、三组一试试题 5）

**解 1**：我们先分析取得最大值的点是哪个点.

从图 16 可见，对 $\triangle A'B'C'$ 内平行于 $B'A'$ 的线段上任意由左到右的两点 $P_1$，$P_2$，点 $P_1$ 到点 $P_2$ 到三边距离和增大.

从图 17 可见，对 $\triangle A'B'C'$ 内平行于 $B'C'$ 的线段上任意由下到上的两点 $Q_1$，$Q_2$，下点 $Q_1$ 到上点 $Q_2$ 到三边距离之和增大.

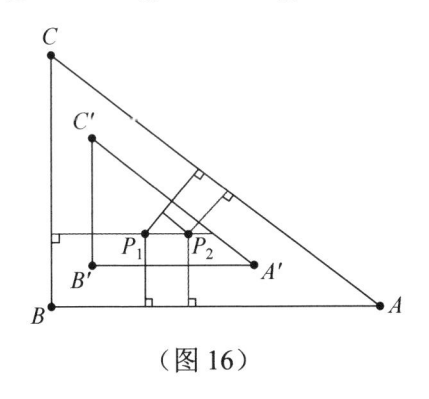

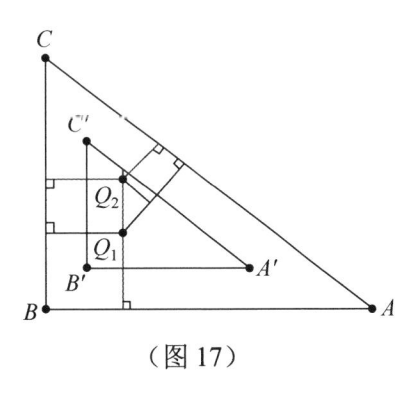

（图 16） （图 17）

从图 18 可见，对 $\triangle A'B'C'$ 内平行于 $C'A'$ 的线段上任意由左到右的两点 $R_1$，$R_2$，点 $R_1$ 到点 $R_2$ 到三边距离之和增大.

综上分析，可见对 $\triangle A'B'C'$ 中的点到三边距离之和最小的点是 $B'$，三边距离之和最大的点是 $A'$.

下面我们设法计算点 $A'$ 到三边距离的和.

由于点 $A'$ 到 $AC$，$AB$ 两边的距离都是 1，所以关键要计算点 $A'$ 到 $BC$ 边的距离 $h$. 如图 19 所示，连接 $A'A$，$A'B$，$A'C$，则列得面积方程：$\dfrac{1}{2} \times 10 \times 1 +$

— 245 —

$$\frac{1}{2}\times 8\times 1+\frac{1}{2}\times 6\times h=\frac{1}{2}\times 6\times 8.$$

即 $3h=15$，解得 $h=5$.

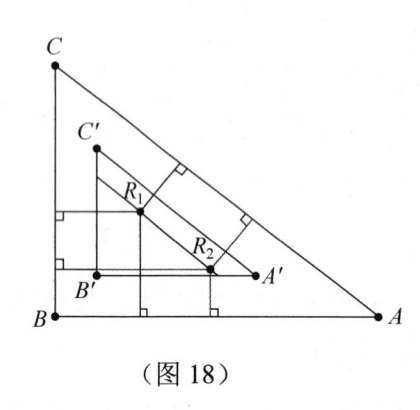

（图 18） 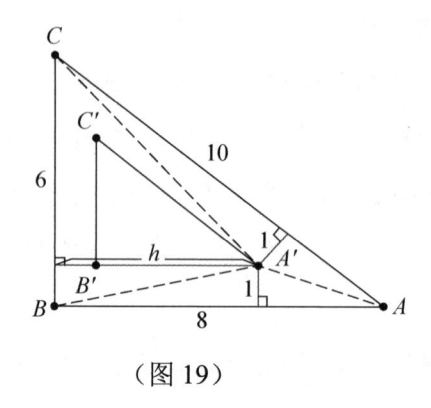　　　　　　　　　（图 19）

所以 $\triangle A'B'C'$ 中的点到三边距离之和的最大值，也就是点 $A'$ 到三边距离之和（$5+1+1=7$）.

即三角形 $A'B'C'$ 的点 $A'$ 到三角形 $ABC$ 三边距离之和最大，最大值等于 7.

**解 2**：设 $\triangle ABC$ 中的任意一点 $P$ 到边 $AC$，$AB$，$BC$ 的距离分别为 $h_1$，$h_2$，$h_3$，则

$$2\text{ 倍}\triangle ABC\text{ 的面积}=48=h_1\times AC+h_2\times AB+h_3\times BC$$
$$=BC\times(h_1+h_2+h_3)+h_1\times(AC-BC)+h_2\times(AB-BC).$$

所以 $h_1+h_2+h_3=\dfrac{48-h_1\times(AC-BC)-h_2\times(AB-BC)}{BC}$.

只有当点 $P$ 在 $A'$ 的位置时，$h_1$ 和 $h_2$ 都有最小值 1.

所以当点 $P$ 在 $\triangle A'B'C'$ 中时，有 $h_1+h_2+h_3\leqslant\dfrac{48-(10+8-2\times 6)}{6}=7$.

**例 11** $\triangle ABC$ 与 $\triangle A_1B_1C_1$ 是两个直角边都等于 $2a$ 的等腰直角三角形（如图 20 所示），叠放在一起. $\triangle ABC$ 的位置固定，直角边 $AC$，$BC$ 的中点分别是 $M$，$N$. 保持斜边 $A_1B_1$ 在直线 $MN$ 上可使 $\triangle A_1B_1C_1$ 位置左右移动. 求两个三角形重叠部分（图中阴影部分）面积的最大值.

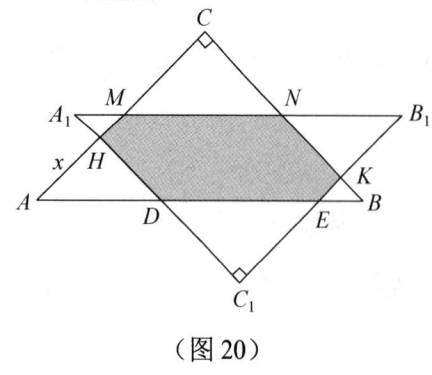

（图 20）

（1987 年北京市中学生数学竞赛高一年级试题二）

**解**：由 $M$，$N$ 分别为 $AC$，$BC$ 的中点，可知 $D$，$E$ 分别为 $A_1C_1$，$B_1C_1$ 的中点．于是六边形 $MHDEKN$ 的面积 =四边形 $MABN$ 的面积 $-\triangle AHD$ 的面积 $-\triangle EKB$ 的面积．

设 $AH=x$，则 $AD=\sqrt{2}x$，$DE=\sqrt{2}a$，$EB=\sqrt{2}(a-x)$，所以 $EK=a-x$．

则有六边形 $MHDEKN$ 的面积 $=\dfrac{3}{2}a^2-\dfrac{1}{2}x^2-\dfrac{1}{2}(a-x)^2$

$$=a^2+ax-x^2$$

$$=-\left(x-\dfrac{a}{2}\right)^2+\dfrac{5}{4}a^2.$$

所以，当 $x=\dfrac{a}{2}$ 时，六边形 $MHDEKN$ 的面积取最大值 $\dfrac{5}{4}a^2$．

由于 $x\in[0,a]$，$x=\dfrac{a}{2}$ 在定义域内，因此二次函数确可取得最大值．

所以两个三角形重叠部分（图中阴影部分）面积的最大值是 $\dfrac{5}{4}a^2$．

**例12** 如图 21 所示，矩形 $ABCD$ 是一个长为 1000 米、宽为 600 米的货场，$A$，$D$ 是入口，现拟在货场内建一个收费站 $P$，在铁路线 $BC$ 段上建一个发货站台 $H$，设铺设公路 $AP$，$DP$ 及 $PH$ 的长度之和为 $l$．

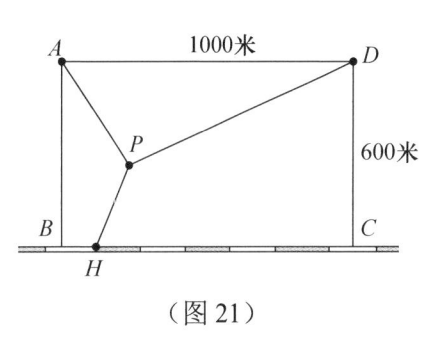

（1）求 $l$ 的最小值．

（2）请指出当 $l$ 取最小值时，收费站 $P$ 和发货站台 $H$ 的几何位置．

（2011年北京市初二数学竞赛试题）

**解**：（1）如图 22 所示，将矩形 $ABCD$ 绕点 $A$ 顺时针旋转 $60°$，到矩形 $AB_1C_1D_1$ 的位置，则矩形内的点 $P$ 和 $BC$ 边上的点 $H$ 随之分别旋转到了 $P_1$ 和 $H_1$ 的位置，有 $AP=AP_1=PP_1$，$P_1H_1=PH$，所以 $l=PD+PA+PH=DP+PP_1+P_1H_1$，而 $B_1C_1$ 是定直线，因此 $l$ 的最小值就是点 $D$ 到定直线 $B_1C_1$ 的距离 $DM$，经计算可知，$DM=1000\times\dfrac{\sqrt{3}}{2}+600=600+500\sqrt{3}$（米）．

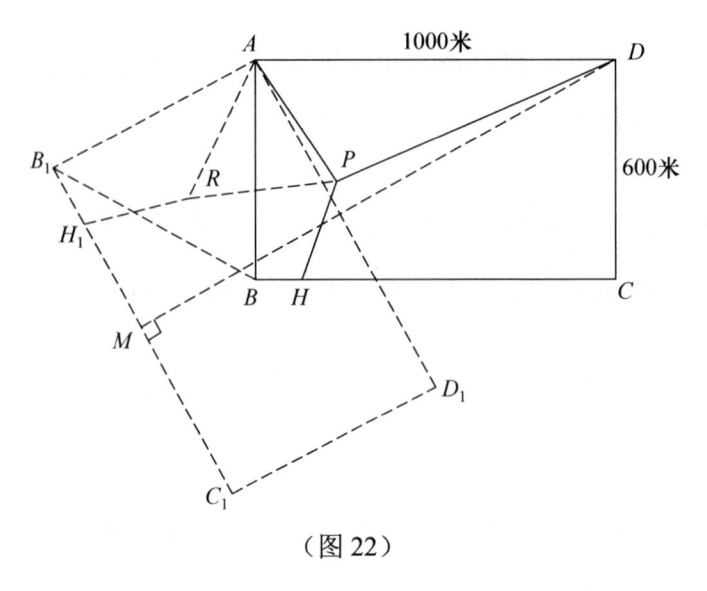

(图 22)

（2）当铺设公路总长 $l$ 取最小值时，点 $H_1$ 与点 $M$ 重合，$D$，$P$，$P_1$，$H_1$ 共线，此时 $\angle APD = 120°$.

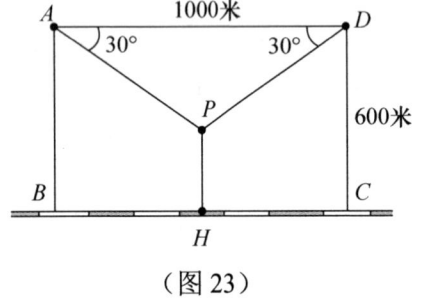

由于 $\angle DAD_1 = 60°$，所以 $\angle ADM = 30°$，所以 $\angle DAP = 180° - 120° - 30° = 30°$，即收费站 $P$ 的几何位置在以 $AD$ 为底边、两底角为 $30°$ 的等腰三角形的顶点，发货站台 $H$ 的几何位置在 $BC$ 边的中点（如图 23 所示）.

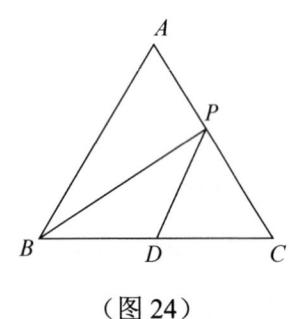

(图 23)

**例 13** 如图 24 所示，正三角形 $ABC$ 的边长为 $a$，$D$ 是 $BC$ 的中点，$P$ 是 $AC$ 边上的动点，连接 $PB$ 和 $PD$ 得到 $\triangle PBD$. 求：

（1）当 $P$ 点运动到 $AC$ 的中点时，$\triangle PBD$ 的周长；

（2）$\triangle PBD$ 的周长的最小值.

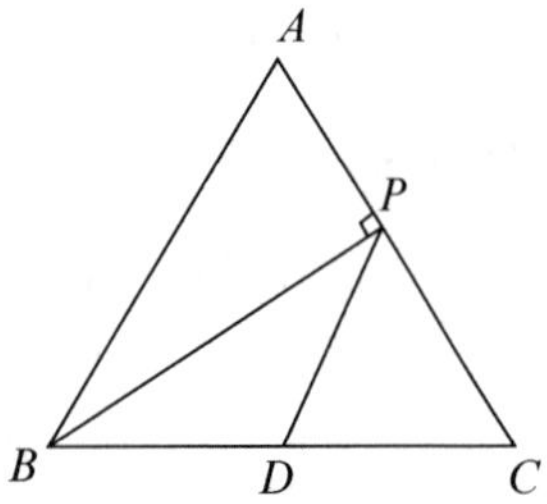

(图 24)

**解**：（1）如图 25 所示，当点 $P$ 运动到 $AC$ 的中点时，$BP \perp AC$，$DP // AB$，所以 $BP = \dfrac{\sqrt{3}}{2}a$，$DP = \dfrac{1}{2}a$，$BD = \dfrac{1}{2}a$，即 $\triangle PBD$ 的周长为 $BP + DP + BD = \left(\dfrac{\sqrt{3}}{2} + 1\right)a$.

(图 25)

（2）如图 26 所示，作点 $B$ 关于 $AC$ 的对称点 $E$，连接 $EP$，$EB$，$ED$，$EC$，则 $PB + PD = PE + PD$，因此 $ED$

的长度就是 $PB+PD$ 的最小值.

即当点 $P$ 运动到 $ED$ 与 $AC$ 的交点 $G$ 时，$\triangle PBD$ 的周长最小.

从点 $D$ 作 $DF \perp BE$，垂足为 $F$，因为 $BC = a$，所以 $BD = \dfrac{1}{2}a$，$BE = 2\sqrt{a^2 - \left(\dfrac{1}{2}a\right)^2} = \sqrt{3}a$.

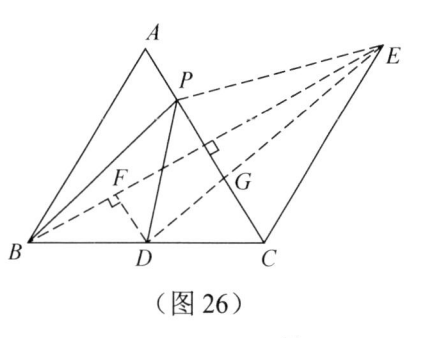

因为 $\angle DBF = 30°$，所以 $DF = \dfrac{1}{2}BD = \dfrac{1}{4}a$，$BF = \sqrt{BD^2 - DF^2} = \dfrac{\sqrt{3}}{4}a$，$EF = BE - BF = \dfrac{3\sqrt{3}}{4}a$，$DE = \sqrt{DF^2 + EF^2} = \dfrac{\sqrt{7}}{2}a$，所以 $\triangle PBD$ 的周长的最小值是 $\dfrac{1}{2}a + \dfrac{\sqrt{7}}{2}a = \dfrac{1+\sqrt{7}}{2}a$.

**例 14** 在边长为 10 的正三角形 $ABC$ 中，以如图 27 所示的方式内接两个正方形（甲、乙两个正方形有一边相重叠，都有一边落在 $BC$ 上，甲有一个顶点在 $AB$ 上，乙有一顶点在 $AC$ 上）．求这样内接的两个正方形面积之和的最小值.

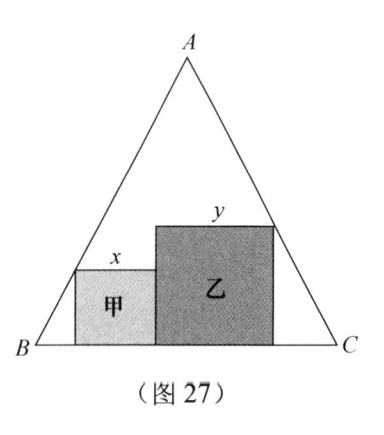

（1988 年北京市中学生数学竞赛高一年级试题三）

**解**：设甲正方形的边长为 $x$，乙正方形的边长为 $y$. 依题意，参照图 26 计算可得：$\left(1+\dfrac{\sqrt{3}}{3}\right)x + \left(1+\dfrac{\sqrt{3}}{3}\right)y = 10$，令 $\lambda = 1+\dfrac{\sqrt{3}}{3}$，则 $y = \dfrac{10}{\lambda} - x$.

设甲、乙两正方形面积之和为 $S$，则有

$$S = x^2 + \left(\dfrac{10}{\lambda} - x\right)^2 = 2x^2 - \dfrac{20}{\lambda}x + \dfrac{100}{\lambda^2}$$

$$= 2\left(x^2 - \dfrac{10}{\lambda}x + \dfrac{25}{\lambda^2}\right) + \left(\dfrac{100}{\lambda^2} - \dfrac{50}{\lambda^2}\right)$$

$$= 2\left(x - \dfrac{5}{\lambda}\right)^2 + \dfrac{50}{\lambda^2}.$$

所以 $x = \dfrac{5}{\lambda}$ 时,$S$ 取最小值.此时 $x = \dfrac{5}{1+\dfrac{\sqrt{3}}{3}} = \dfrac{15}{3+\sqrt{3}} = \dfrac{5}{2}(3-\sqrt{3})$,

$$S_{\min} = \dfrac{50}{\lambda^2} = \dfrac{450}{(3+\sqrt{3})^2} = \dfrac{450(3-\sqrt{3})^3}{36} = \dfrac{25}{2}(3-\sqrt{3})^2.$$

所求最小值为 $\dfrac{25}{2}(3-\sqrt{3})^2$.

## 23.3 名题赏析

**例 15** 在 $\triangle ABC$ 中,最大角小于 $120°$.试在 $\triangle ABC$ 内取一点 $P$,使得 $P$ 到 3 个顶点距离之和 $PA + PB + PC$ 为最小.

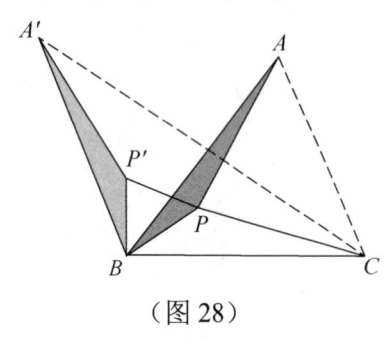

**解**:设 $P$ 为 $\triangle ABC$ 内任一点,把 $\triangle ABP$ 绕点 $B$ 逆时针方向旋转 $60°$,$P$ 转到点 $P'$,$A$ 转到点 $A'$(如图 28 所示).

因为 $\angle PBP' = 60°$,$BP = BP'$,所以 $\triangle BPP'$ 是正三角形.所以 $PP' = PB$,$A'P' = AP$.

$$AP + BP + CP = A'P' + P'P + PC \geqslant A'C.$$

(图 28)

因为 $A'$,$C$ 都是定点,所以 $A'C$ 是 $PA + PB + PC$ 的最小值.这最小值当且仅当 $C$,$P$,$P'$,$A'$ 共线时达到.

而当 $C$,$P$,$P'$,$A'$ 共线时,$\angle CPB = 180° - \angle BPP' = 120°$,$\angle APB = \angle A'P'B = 180° - \angle PP'B = 120°$.

因此,点 $P$ 是以 $BC$ 为弦、含 $120°$ 角的位于三角形 $ABC$ 内的弓形弧与以 $AB$ 为弦、含 $120°$ 角的位于三角形 $ABC$ 内的弓形弧的交点.这个点就是著名的费马点.

反过来,如果点 $P$ 是费马点,根据图 27 所示,$\angle CPB + \angle P'PB = 120° + 60° = 180°$.

因此 $C$,$P$,$P'$ 共线.

同理,$\angle A'P'B + \angle BP'P = \angle APB + \angle BP'P = 120° + 60° = 180°$,所以 $A$,$P'$,$P$ 共线,因此 $A'$,$P'$,$P$,$C$ 共线.点 $P$ 一定是 $PA + PB + PC$ 取得最小值的点.

**例 16** 一个战士要探明一个区域内部或边界上是否有地雷.这个区域的形

状是一个正三角形（包含边界及内部）. 探测器的有效范围等于这个正三角形的高的一半. 这个战士从三角形的一个顶点开始探测，问他选择怎样的探测路线才能使探遍整个区域的路程最短.

（第15届IMO试题4）

**分析**：不妨设这个战士从正三角形 $ABC$ 的顶点 $A$ 出发探测. 正三角形 $ABC$ 的高为 $h$. 为了探测到点 $C$ 和点 $B$，分别以点 $C$，点 $B$ 为圆心，$\dfrac{h}{2}$ 为半径画弧，不妨分别称它们为"$C$ 弧"与"$B$ 弧". 该战士必须到"$C$ 弧"上一点 $D$ 再到"$B$ 弧"上一点 $E$，路线为 $A \to D \to E$（先到"$B$ 弧"再到"$C$ 弧"的情形与此对称）. 要 $AD + DE$ 最短，只要 $AD + DB$ 最短即可. 问题变更为：在"$C$ 弧"上取点 $D$，使得 $AD + DB$ 最小. 容易猜测到，当 $D$ 在"$C$ 弧"的中点时 $AD + DB$ 最小.

设 $D$ 为"$C$ 弧"的中点，我们证明 $AD + DB$ 最小.

事实上，若有点 $D'$ 满足条件但在"$C$ 弧"上却不同于 $D$，则 $CD' = \dfrac{h}{2}$.

不妨设点 $D'$ 离 $A$ 较近离 $B$ 较远，如图 29 所示，连接 $AD'$，$BD'$. $BD'$ 交过 $D$ 的 $AB$ 的平行线于点 $K$. 则 $AD' + D'B = AD' + D'K + KB > AK + KB > AD + DB$.

（图29）

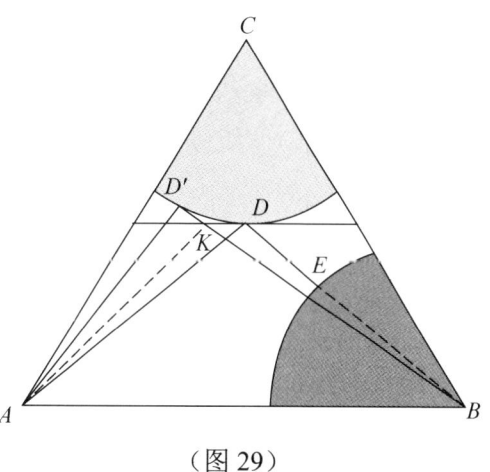

这就证明了 $AD + DB$ 的最小性，从而该战士沿 $AD + DE$ 就是最短的探测路线.

下面需要说明，沿路线 $A \to D \to E$ 确实可以探遍正三角形 $ABC$ 内部及边界上的每个点.

事实上，过 $AD$ 上任一点 $P$ 作直线平行于 $CD$ 交 $AC$ 于点 $R$，交 $AB$ 于点 $Q$（如图 30 所示），则 $\dfrac{RP}{CD} = \dfrac{PQ}{DH}$，但 $CD = DH$，所以 $RP = PQ < DH = \dfrac{h}{2}$.

即 $\triangle ACH$ 内和边界上每个点都可以在沿 $AD$ 行进时被探测到.

同理可知，$\triangle CBH$ 内部和边界上每个点当战士沿 $DE$ 行进时也都可以被

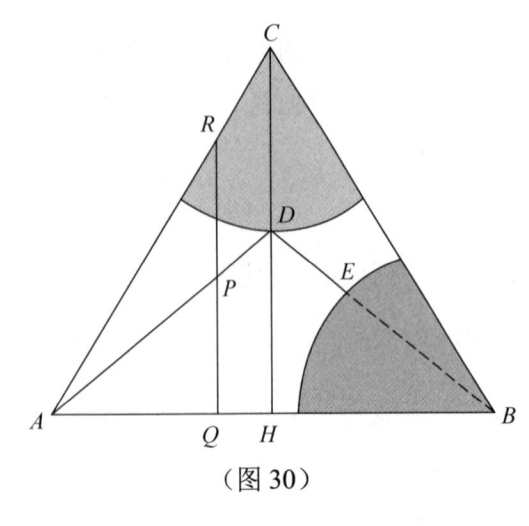

探测到.

**例17** 已知边长为 4 的正三角形 $ABC$，$D$，$E$，$F$ 分别是 $BC$，$CA$，$AB$ 上的点，且 $AE=BF=CD=1$. 连接 $AD$，$BE$，$CF$ 交成 $\triangle RQS$，点 $P$ 在 $\triangle RQS$ 内及边上移动. 点 $P$ 到 $\triangle ABC$ 三边的距离分别记为 $x$，$y$，$z$.

（1）求证：当点 $P$ 在 $\triangle RQS$ 的顶点位置时，乘积 $xyz$ 有极小值；

（图30）

（2）求上述乘积 $xyz$ 的极小值.

（1982年全国高中联赛试题四）

**解**：（1）证明：由已知条件 $AB=BC=CA=4$，$AE=BF=CD=1$，所以 $\triangle ABE \cong \triangle BCF \cong \triangle CAD$（SAS）. 又 $AD$，$BE$，$CF$ 的交点分别为 $R$，$Q$，$S$（如图 31 所示），所以 $\triangle AER \cong \triangle BFQ \cong \triangle CDS$（ASA）. 从而，$\triangle RQS$ 是正三角形（三内角相等）. 又 $AR=BQ=CS$，所以 $DS=ER=FQ$.

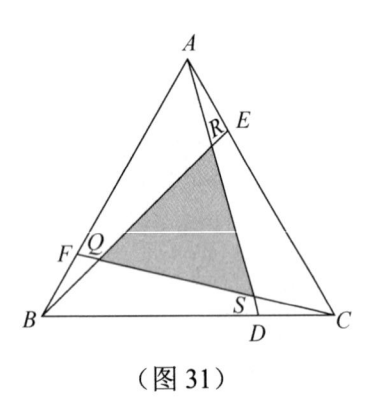

对于 $\triangle ABC$ 的内点 $P$，规定分别用 $P_1$，$P_2$，$P_3$ 表示点 $P$ 到 $BC$，$CA$，$AB$ 的距离，于是 $R_1$，$R_2$，$R_3$ 分别表示点 $R$ 到 $BC$，$CA$，$AB$ 的距离，$Q_1$，$Q_2$，$Q_3$ 分别表示点 $Q$ 到 $BC$，$CA$，$AB$ 的距离，$S_1$，$S_2$，$S_3$ 分别表示点 $S$ 到 $BC$，$CA$，$AB$ 的距离，其余类似表示.

（图31）

容易证明：$S_1=R_2=Q_3$，$S_2=R_3=Q_1$，$S_3=R_1=Q_2$.

所以 $S_1S_2S_3=R_1R_2R_3=Q_1Q_2Q_3$. ……①

又正三角形内一点 $P$ 到三边距离之和等于正 $\triangle ABC$ 的高（定值）. 如果两个正数 $x$，$y$ 之和为 $a$，那么它们的积 $xy=\dfrac{(x+y)^2}{4}-\dfrac{(x-y)^2}{4}=\dfrac{a^2}{4}-\dfrac{1}{4}(x-y)^2$.

显见，当 $x=y=\dfrac{a}{2}$ 时，$xy$ 最大，而当 $|x-y|$ 较大时，$xy$ 最小. ……②

首先，固定 $P$ 到正 $\triangle ABC$ 一边的距离，考察 $P$ 在正 $\triangle ABC$ 内被这边上的

高线垂直平分的线段上变动时，$P_1P_2P_3$ 值的变化. 如图 32 所示，高 $AH \perp MN$ 于点 $P_0$，且 $P_0M=P_0N$，由对称性知 $M_1M_2M_3 = N_1N_2N_3$. 根据②，当 $P$ 与 $P_0$ 重合时，$P_1P_2P_3$ 最大，而当 $PP_0$ 较大时，$P_1P_2P_3$ 较小. 所以 $P_1P_2P_3 \geqslant M_1M_2M_3 = N_1N_2N_3$. 即点 $P$ 在 $MN$ 上变动，在两个端点 $M$，$N$ 时，乘积 $P_1P_2P_3$ 取到最小值. ……③

作 $E$，$D$，$F$，$Q$，$R$，$S$ 关于高 $AH$ 的对称点：如图 33 所示，连接有关线段，得出六边形 $\Omega$：$R'RS'SQ'Q$，$\triangle ABC$ 的 3 条高恰是 $\Omega$ 的对称轴，六边形的每组对边都平行于正 $\triangle ABC$ 的每一条边，并被这边上的高线垂直平分，由①及对称性易知：$R_1R_2R_3 = S_1'S_2'S_3' = S_1S_2S_3 = Q_1'Q_2'Q_3' = Q_1Q_2Q_3 = R_1'R_2'R_3'$.

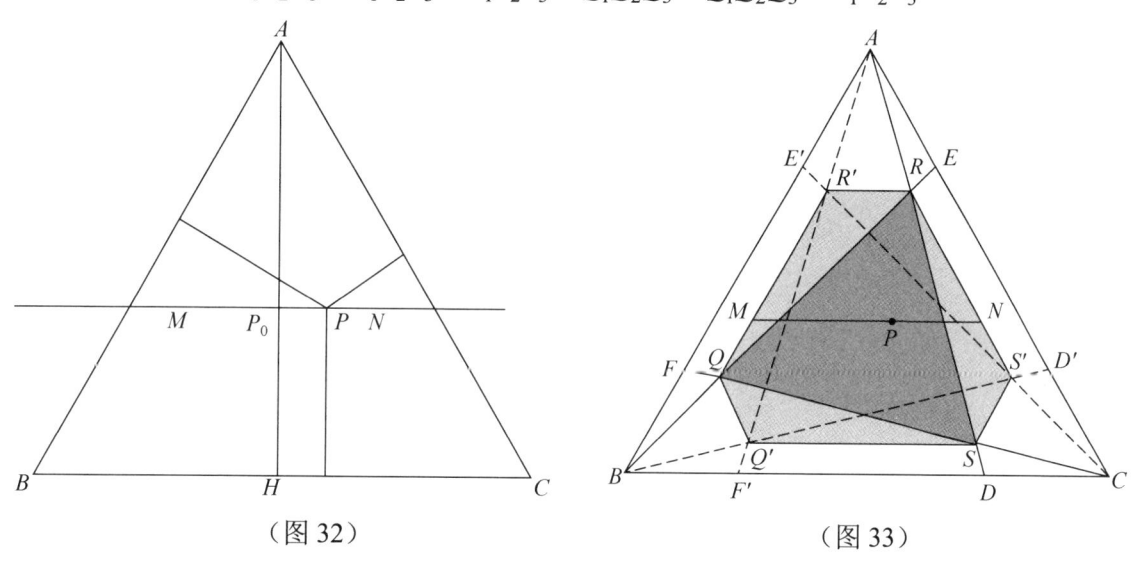

（图 32）　　（图 33）

设 $P$ 为六边形 $\Omega$ 内任一点，过 $P$ 作直线 $l // BC$ 交 $\Omega$ 的边 $R'Q$，$RS'$ 分别于点 $M$，$N$（交 $QQ'$，$SS'$ 情形证法相同）. 由于 $MN$ 被 $BC$ 边的高所垂直平分，根据③有 $P_1P_2P_3 \geqslant M_1M_2M_3 = N_1N_2N_3$. ……④

由于 $N$ 是线段 $RS'$ 上一点，$RS'$ 被 $AC$ 边上高线所垂直平分，根据③有 $N_1N_2N_3 \geqslant R_1R_2R_3$.

所以 $P_1P_2P_3 \geqslant R_1R_2R_3$.

注意④，可知 $P$ 在六边形 $\Omega$（包括边）上变化时，在 6 个顶点处取到最小值. 但 $\triangle RQS$ 包含在六边形 $\Omega$ 内，其顶点 $R$，$Q$，$S$ 恰是六边形 $\Omega$ 的 3 个顶点，所以 $P$ 在 $\triangle RQS$ 内变化时，$P_1P_2P_3$ 在 3 个顶点 $R$，$Q$，$S$ 处取到最小值.

（2）下面计算这个最小值，比如计算 $S_1S_2S_3$ 即可.

由 $\triangle ARE \backsim \triangle ACD$，所以 $AR:RE=4:1$.

由于 $\triangle AFS \backsim \triangle ADB$，所以 $AS:SF=4:3$.

因此，$AR:RS:SD=4:8:1$.

因为正 $\triangle ABC$ 的高 $h=\sqrt{12}$.

所以 $S_1=\dfrac{1}{13}h$，$S_3=R_1=\dfrac{9}{13}h$，$S_2=\dfrac{3}{13}h$.

因此 $S_1S_2S_3=\dfrac{1}{13}\cdot\dfrac{3}{13}\cdot\dfrac{9}{13}(\sqrt{12})^3=\dfrac{648}{2197}\sqrt{3}$.

总之，几何极值问题内容丰富. 我们只介绍了几种基本方法和类型. 这只能是几何极值中的只鳞片甲而已. 有很多著名的几何极值问题——比如"等周问题". 由于需要一定储备知识及较大篇幅，不是本文所能容纳得了的，所以一概没有涉及. 事情已经开了头，几何不等式与极值如果已经诱发起你的兴趣，就请你找一些专门的文章或小册子来参考吧！

# 第24讲 等积变形与面积证题

## 24.1 名题巧解的启示

**例1** 求证：正三角形内一点到三边距离之和等于定值.

这是一道几何名题. 其结论是"正三角形内一点 $P$ 到三边距离之和等于这个正三角形的高 $h$."这是著名的维维阿尼（Viviani，意大利人，1622—1703）定理. 在诸种证法中，下列证法最为简捷.

**证明：** 如图1所示，连接 $PA$，$PB$，$PC$，作高 $AH$. 设 $AB=BC=CA=a$，$PH_1=h_1$，$PH_2=h_2$，$PH_3=h_3$，$AH=h$.

则 $S(\triangle ABC) = S(\triangle APB) + S(\triangle BPC) + S(\triangle CPA)$ [*].

即 $\dfrac{1}{2}ah = \dfrac{1}{2}ah_3 + \dfrac{1}{2}ah_1 + \dfrac{1}{2}ah_2$，所以 $h=h_1+h_2+h_3$.

也就是 $PH_1+PH_2+PH_3=AH$ 为定值.

（图1）

我们只是利用了三角形面积公式，得出一个面积等式，竟能这样简捷、漂亮地完成这个问题的证明. 这是偶然碰到的特例吗？我们不妨再看一例.

**例2** 如图2所示，在 $\triangle ABC$ 的两边 $AB$，$AC$ 上分别作正方形 $ACGH$，$BAFE$. 延长 $BC$ 边上的高线 $AD$ 交 $FH$ 于点 $M$. 求证：$MH=MF$.

**证明：** 由题设条件可知，$\angle MAH = \angle ACD = \alpha$，$\angle MAF = \angle ABD = \beta$.

$$\dfrac{MH}{MF} = \dfrac{S(\triangle MHA)}{S(\triangle MFA)} = \dfrac{AH \cdot AM \sin \alpha}{AF \cdot AM \sin \beta} = \dfrac{AC \sin \alpha}{AB \sin \beta} =$$

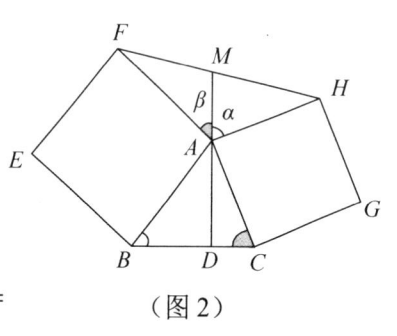

（图2）

---
[*] 本文中 $S(\triangle ABC)$ 表示 $\triangle ABC$ 的面积.

$\dfrac{AD}{AD}=1$，所以 $MH=MF$.

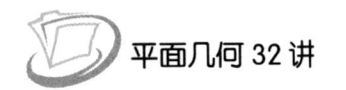

方法之妙，其趣无穷. 看来对利用面积证题大有探究的必要！

## 24.2 面积证题的依据

一般而言，一条封闭的平面曲线包围的区域占有平面部分的大小叫作这条封闭曲线图形的面积. 平面图形的面积必须满足：

（1）两个全等图形的面积相等；

（2）若把给定图形分成若干部分，则被分成的各部分的面积之和等于给定图形的面积.

如果从图形运动的角度来看，由（1），可以看作一个平面图形刚性运动到新的位置面积不变. 因此再根据（2），可以从图形割下一块补到另外的位置，拼成新的图形，而总面积不变. 这就是所谓的"面积割补"（面积割补"积等而形异"）.

一个图形经过其他形式的运动，还可能只形状改变而面积不变. 我们称面积相等的图形为**等积形**，把图形保持其面积不变的各种变形称作**等积变形**，有时也称作**等积变换**.

利用面积关系证题，对于各种平面图形的面积公式均作为已知：正方形面积=（边长）$^2$，长方形面积=长×宽，三角形面积：$S(\triangle ABC)=\dfrac{1}{2}ab\sin C=\dfrac{1}{2}ac\sin B=\dfrac{1}{2}bc\sin A=\dfrac{1}{2}ah_a=\dfrac{1}{2}bh_b=\dfrac{1}{2}ch_c=rp$.

其中，$r$ 为内切圆的半径，$p=\dfrac{1}{2}(a+b+c)$，等等，还有许多图形的面积公式就不一一例举了.

在直线形中三角形最为简单，我们分析各种直线形，它们都可以分割为若干个三角形. 因此，研究三角形面积是利用面积关系证题的基础.

平面几何命题，无非是关于长度、角度、面积这些几何量之间的判断. 而三角形面积公式 $S(\triangle ABC)=\dfrac{1}{2}ab\sin C=\dfrac{1}{2}ac\sin B=\dfrac{1}{2}bc\sin A$ 恰恰表明了线段长度、角度和面积这 3 个几何量之间的联系，这为我们利用面积解题提供了前提.

"等底等高的两个三角形的面积相等"，则是最常采用的关于三角形的等积变形定理.

只要我们对同一块三角形面积，采用不同的方法从不同的角度去计算（像例 1 那样），就可以得到一个面积关系式。化简这个面积关系式，或对所得面积关系式进行某种讨论，就可以获得我们要证的结果——这是我们用面积关系证题的基本思想.

**例 3** 证明：等腰三角形的两个底角相等. 如图 3 所示，已知 $\triangle ABC$ 中，$AB=AC$. 求证：$\angle B = \angle C$.

**证明：** $S(\triangle ABC) = \dfrac{1}{2} AB \cdot BC \sin B$，$S(\triangle ABC) = \dfrac{1}{2} AC \cdot BC \sin C$.

（图 3）

于是得到面积关系式 $\dfrac{1}{2} AB \cdot BC \sin B = \dfrac{1}{2} AC \cdot BC \sin C$.

由于 $AB=AC$，所以 $\sin B = \sin C$. 则有 $B = C$ 或 $B + C = 180°$.

但在 $\triangle ABC$ 中，$B + C < 180°$，所以 $B=C$，即 $\angle B = \angle C$ 成立.

按这种办法很容易证明"等腰三角形两腰上的高相等".

**例 4** 证明：三角形中大边上的高线小于小边上的高线. 已知在 $\triangle ABC$ 中，$AB > AC$. $BD$，$CE$ 分别为 $AC$、$AB$ 边上的高. 求证：$CE < BD$.

**证明：** $S(\triangle ABC) = \dfrac{1}{2} AB \cdot CE$，$S(\triangle ABC) = \dfrac{1}{2} AC \cdot BD$.

于是得 $\dfrac{1}{2} AB \cdot CE = \dfrac{1}{2} AC \cdot BD$，即 $\dfrac{AB}{AC} = \dfrac{BD}{CE}$.

因为 $AB > AC$，即 $\dfrac{AB}{AC} > 1$. 所以 $\dfrac{BD}{CE} > 1$，因此 $BD > CE$.

**例 5** 如图 4 所示，在 $\triangle ABC$ 中，$r$ 为内切圆半径. $r_a$，$r_b$，$r_c$ 分别为 3 个旁切圆的半径. 求证：$\dfrac{1}{r_a} + \dfrac{1}{r_b} + \dfrac{1}{r_c} = \dfrac{1}{r}$.

**证明：** $S(\triangle AO_a B) = \dfrac{1}{2} r_a c$，$S(\triangle AO_a C) = \dfrac{1}{2} r_a b$，

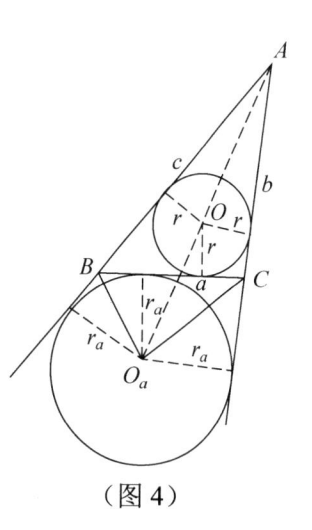

（图 4）

$$S(\triangle BO_aC) = \frac{1}{2}r_a a.$$

而 $S(\triangle ABC) = \frac{1}{2}r(a+b+c)$，由 $S(\triangle ABC) = S(\triangle AO_aB) + S(\triangle AO_aC) - S(\triangle BO_aC)$ 可得 $r(a+b+c) = r_a(b+c-a)$，即 $r \cdot 2p = r_a(2p-2a)$.

所以 $rp = r_a(p-a)$. …… ①

同理可得 $rp = r_b(p-b)$. …… ②

$rp = r_c(p-c)$. …… ③

所以 $\dfrac{1}{r_a} + \dfrac{1}{r_b} + \dfrac{1}{r_c} = \dfrac{p-a}{rp} + \dfrac{p-b}{rp} + \dfrac{p-c}{rp} = \dfrac{1}{r}\left[\dfrac{(p-a)+(p-b)+(p-c)}{p}\right]$

$$= \dfrac{1}{r} \cdot \dfrac{3p-2p}{p} = \dfrac{1}{r}.$$

## 24.3 等积变形定理的应用

面积证题，往往涉及两块等积图形．因此，会证明图形等积，从而实现等积变形是极为关键的一步．

下面例举几种常见的图形等积变形．

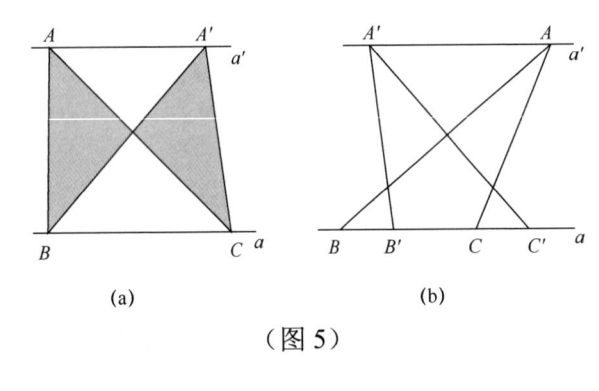

（1）如图 5 所示，三角形的底边在直线 $a$ 上，第三个顶点在与 $a$ 平行的直线 $a'$ 上．无论底边在 $a$ 上如何平移变位及第三个顶点在 $a'$ 上如何变动，新三角形与原三角形总是等积的．同时，当底边相同时，马上得出阴影部分的两个三角形等积．

（图5）

（2）等高三角形面积之比等于其底边之比．等底三角形面积之比等于其对应高之比．

特别地，在 $\triangle ABC$ 中，一边上的中线等分 $\triangle ABC$ 的面积．

（3）三角形的底边扩大若干倍，而这个底边上的高相应地缩小相同的倍数，则新三角形与原三角形等积．

（4）相似三角形面积之比，等于其对应线段的平方之比．

（5）如图 6 所示，成立 $S(\triangle PBC) \geqslant \min\{S(\triangle ABC), S(\triangle DBC)\}$.

**例 6** 如图 7 所示，四边形 $ABCD$ 的面积等于 1. $E$，$F$，$M$，$N$ 分别为 $AB$，$DC$ 的三等分点. 求证：如图 8 所示，$S(\text{四边形}EFNM) = \dfrac{1}{3}$.

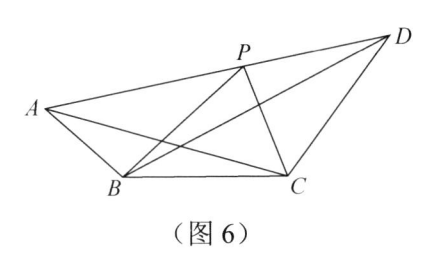

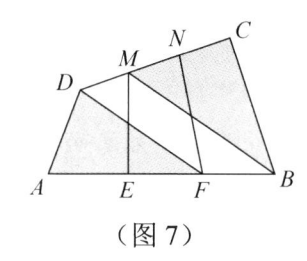

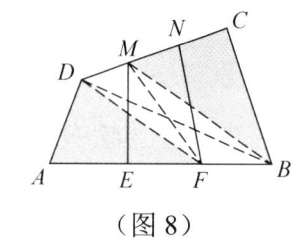

（图 6） （图 7） （图 8）

**证明 1**：连接 $BD$，$DF$，$BM$，$MF$，则 $S(\triangle BDF) = \dfrac{1}{3}S(\triangle ABD)$，$S(\triangle BDM) = \dfrac{1}{3}S(\triangle BCD)$.

所以 $S(\triangle BDF) + S(\triangle BDM) = \dfrac{1}{3} \times S(\text{四边形}ABCD) = \dfrac{1}{3}$.

即 $S(\text{四边形}DFBM) = \dfrac{1}{3}$.

但 $S(\triangle MNF) = S(\triangle MDF)$，$S(\triangle MEF) = S(\triangle MFB)$，所以 $S(\text{四边形}EFNM) = S(\triangle MNF) + S(\triangle MEF) = S(\triangle MDF) + S(\triangle MFB) = S(\text{四边形}DFBM) = \dfrac{1}{3}$.

**证明 2**：如图 9 所示，连接 $BD$，取 $P$，$Q$ 三等分 $BD$. 连接 $MP$，$PE$，$NQ$，$QF$，则 $MP/\!/NQ/\!/BC$，$PE/\!/QF/\!/AD$，$MP = \dfrac{1}{3}BC$，$NQ = \dfrac{2}{3}BC$.

$S(\triangle DPM) = \dfrac{1}{9}S(\triangle DBC)$，$S(\triangle DNQ) = \dfrac{4}{9}S(\triangle DBC)$.

所以 $S(\text{四边形}MPQN) = S(\triangle DQN) - S(\triangle DPM) = \dfrac{1}{3}S(\triangle ABC)$.

同理可得 $S(\text{四边形}EPQF) = \dfrac{1}{3}S(\triangle ABD)$.

所以 $S(\text{六边形}MPEFQN) = \dfrac{1}{3}S(\triangle DBC) + \dfrac{1}{3}S(\triangle BDA) = \dfrac{1}{3} \times S(\text{四边形}ABCD) = \dfrac{1}{3}$.

下面只需证 $S(\triangle MEP) = S(\triangle NFQ)$ 即可.

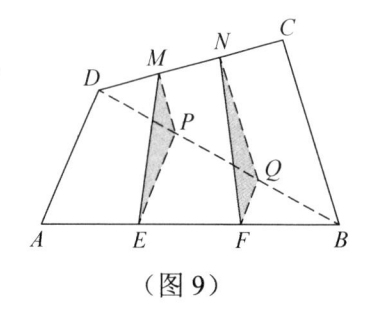

（图 9）

事实上 $\angle MPE = \angle FQN$，$MP = \frac{1}{2}NQ$，$PE = 2QF$.

所以 $S(\triangle MEP) = \frac{1}{2}MP \cdot PE \sin \angle MPE$，$S(\triangle NFQ) = \frac{1}{2}FQ \cdot NQ \sin \angle FQN$.

通过比较可知 $S(\triangle MEP) = S(\triangle NFQ)$，所以 $S(四边形\ MEFN) = \frac{1}{3}$.

**例7** 如图 10 所示，已知凸四边形 ABCD 中，边 AB 和 CD 的中点分别为 K 和 M，BM 与 CK 的交点为 P，AM 与 DK 的交点为 Q. 证明：△BPC 与 △AQD 面积之和等于四边形 MQKP 的面积.

**分析**：$S(\triangle AKD) = S(\triangle DKB)$，$S(\triangle CBM) = S(\triangle DBM)$，所以 $S(四边形\ DKBM) = \frac{1}{2}S(四边形\ ABCD)$. 同理 $S(四边形\ AKCM) = \frac{1}{2}S(四边形\ ABCD)$.

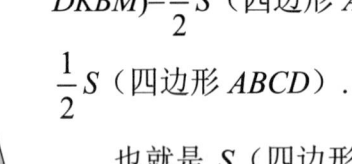

也就是 $S(四边形\ AKCM) + S(四边形\ DKBM) = S(四边形\ ABCD)$.

（图 10）

但现在四边形 AKCM 与四边形 DKBM 两块面积并没有覆盖满四边形 ABCD，因此，重叠部分四边形 MQKP 的面积应等于未被覆盖的 △BPC 与 △AQD 面积之和. 证明过程略.

**例8** 如图，在 △ABC 中，$AF = \frac{1}{3}AB$，$BD = \frac{1}{3}BC$，$CE = \frac{1}{3}CA$. 若 $S_{\triangle ABC} = 1$，求 △PQR 的面积.

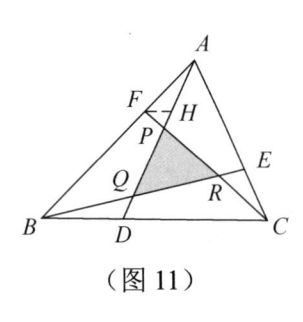

**分析**：如图 11 所示，△ABD，△BCE，△ACF 的面积各为 $\frac{1}{3}$. 3 个三角形覆盖在 △ABC 上，没覆盖的部分为 △PQR. △AFP，△BDQ，△CER 部分重复覆盖.

因此 $S(\triangle AFP) + S(\triangle BDQ) + S(\triangle CER) = S(\triangle PQR)$.

作 $FH\ //\ BC$，交 AP 于点 H，则 $FH = \frac{1}{3}BD = \frac{1}{6}DC$.

（图 11）

$FP = \frac{1}{6}PC$，即 $FP = \frac{1}{7}FC$.

$S(\triangle AFP) = \frac{1}{7}S(\triangle AFC) = \frac{1}{21}$. 同理 $S(\triangle BDQ) = S(\triangle CER) = \frac{1}{21}$，所以

— 260 —

$S(\triangle PQR) = \dfrac{1}{7}$.

**例9** 如图，在凸五边形 $ABCDE$ 中，5 个三角形 $ABC$，$BCD$，$CDE$，$DEA$，$EAB$ 每个的面积都等于 1，求五边形 $ABCDE$ 的面积.

**解**：如图 12 所示，因为 $S(\triangle ABC) = S(\triangle EAB) = 1$，所以 $AB // EC$.

类似可证 $BD // AE$. 所以 $ABPE$ 是平行四边形.

其中 $P$ 是 $BD$ 与 $EC$ 的交点.

所以 $S(\triangle BPE) = S(\triangle EAB) = 1$.

设 $S(\triangle BCP) = x$，则 $S(\triangle EPD) = x$，$S(\triangle CDP) = 1 - x$.

因为 $\dfrac{S(\triangle BCP)}{S(\triangle CDP)} = \dfrac{BP}{PD} = \dfrac{S(\triangle BPE)}{S(\triangle PDE)}$，所以 $\dfrac{x}{1-x} = \dfrac{1}{x}$，即 $x^2 = 1 - x$，$x^2 + x - 1 = 0$.

解得 $x = \dfrac{\sqrt{5} - 1}{2}$（舍去 $x = \dfrac{-\sqrt{5} - 1}{2}$）.

所以五边形 $ABCDE$ 的面积 $= S(\triangle CDE) + 2S(\triangle ABE) + S(\triangle BCP) = 3 + \dfrac{\sqrt{5} - 1}{2} = \dfrac{5 + \sqrt{5}}{2}$.

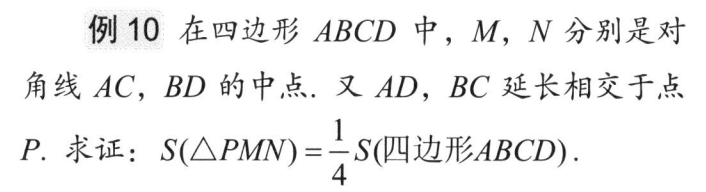

**例10** 在四边形 $ABCD$ 中，$M$，$N$ 分别是对角线 $AC$，$BD$ 的中点. 又 $AD$，$BC$ 延长相交于点 $P$. 求证：$S(\triangle PMN) = \dfrac{1}{4} S(四边形 ABCD)$.

**证明**：如图 13 所示，取 $CD$ 的中点 $Q$，连接 $PQ$，$QM$，$QN$，$DM$，$BM$，$CN$. 则 $S(\triangle PQM) = S(\triangle DQM)$，$S(\triangle PQN) = S(\triangle CQN)$.

$S(\triangle PMN) = S(\triangle PQM) + S(\triangle QMN) + S(\triangle PQN)$

$= S(\triangle DQM) + S(\triangle QMN) + S(\triangle CQN)$

$= S(四边形 DMNC)$.

$S(四边形 DMNC) = S(\triangle DMN) + S(\triangle DCN)$

$= \dfrac{1}{2} S(\triangle DMB) + \dfrac{1}{2} S(\triangle DCB) = \dfrac{1}{2} S(四边形 DMBC)$.

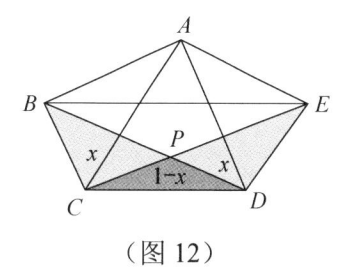

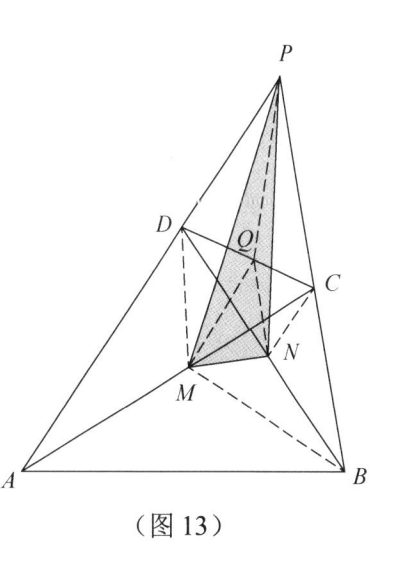

而 $S(四边形DMBC) = S(\triangle DMC) + S(\triangle BMC) = \frac{1}{2}S(\triangle ADC) + \frac{1}{2}S(\triangle ABC)$

$= \frac{1}{2}(S(\triangle ADC) + S(\triangle ABC)) = \frac{1}{2}S(四边形ABCD)$.

所以 $S(\triangle PMN) = S(四边形DMNC) = \frac{1}{2}S(四边形DMBC)$

$= \frac{1}{4}S(四边形\ ABCD)$.

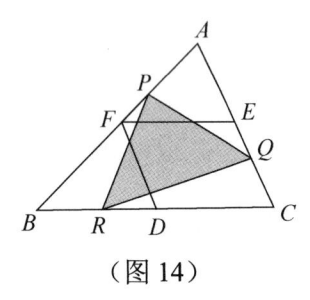

**例 11** 如图 14 所示，$\triangle ABC$ 中，$F$，$D$，$E$ 分别是 $AB$、$BC$、$CA$ 的中点，$P$ 在 $AF$ 上，$R$ 在 $BD$ 上，$Q$ 在 $CE$ 上. 求证：$S(\triangle PRQ) \geqslant \frac{1}{4}S(\triangle ABC)$.

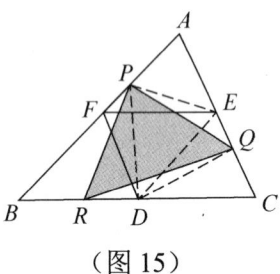

（图 14）

**证明：** 如图 15 所示，连接 $PE$，$PD$，$DQ$，因为 $PQ$ 是 $\triangle PRQ$，$\triangle PDQ$ 的公共底边，

所以 $S(\triangle PRQ) \geqslant S(\triangle PDQ) \geqslant S(\triangle PDE) =$
$S(\triangle EFD) = \frac{1}{4}S(\triangle ABC)$.

（图 15）

**例 12** 如图 16 所示，在凸六边形 $A_1A_2A_3A_4A_5A_6$ 中，证明：存在 3 个顶点组成的三角形，其面积不超过这个六边形面积的 $\frac{1}{6}$.

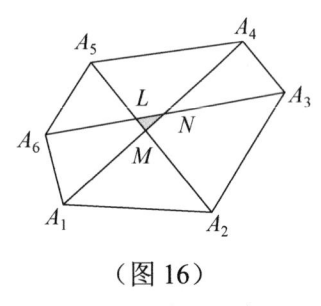

**证明：** 如图 17 所示，以 $A_1$，$A_2$，$A_3$，$A_4$，$A_5$，$A_6$ 中任意三点为顶点作三角形，所作的三角形的面积的最小值设为 $m$，又设六边形面积为 $S$，连接 $A_1A_4$，$A_2A_5$，$A_3A_6$，两两相交于点 $L$，$M$，$N$. 连接 $NA_2$，$MA_6$，$LA_4$.

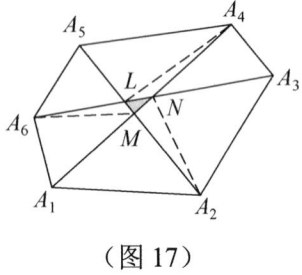

（图 16）

则 $S(\triangle NA_2A_3) \geqslant \min\{S(\triangle A_4A_2A_3), S(\triangle A_1A_2A_3)\} \geqslant m$.

同理可证 $S(\triangle NA_1A_2) \geqslant m$，$S(\triangle MA_1A_6) \geqslant m$，$S(\triangle MA_5A_6) \geqslant m$，$S(\triangle LA_4A_5) \geqslant m$，$S(\triangle LA_3A_4) \geqslant m$，相加得 $S - S(\triangle LMN) \geqslant 6m$，所以 $m \leqslant \frac{1}{6}S$ 成立.

（图 17）

**例 13** 已知 $\triangle ABC$ 的面积为 1. 设 $A_1$，$B_1$，$C_1$ 分别是 $BC$，$CA$，$AB$ 的中点. 如果 $K$，$L$，$M$ 分别在线段 $AB_1$，$CA_1$，$BC_1$ 上，求证：$\triangle A_1B_1C_1$ 和 $\triangle KLM$

公共部分的面积不小于 $\frac{1}{8}$.

**证明**：添线和交点字母如图 18 所示，连接 $K_1M_1$，$K_1L_1$，$L_1M_1$.

设 $S(\triangle C_1M_2K_1) = s_1$，$S(\triangle M_2M_1K_1) = \sigma_1$，$S(\triangle A_1L_2M_1) = s_2$，$S(\triangle L_2L_1M_1) = \sigma_2$，$S(\triangle B_1K_2L_1) = s_3$，$S(\triangle K_2K_1L_1) = \sigma_3$.

因为 $\dfrac{C_1M_2}{M_2M_1} \leqslant \dfrac{AK}{KC} \leqslant \dfrac{AB_1}{B_1C} = 1$，所以 $C_1M_2 \leqslant M_2M_1$，故得 $s_1 \leqslant \sigma_1$.

类似可证 $s_2 \leqslant \sigma_2$，$s_3 \leqslant \sigma_3$.

所以 $s_1 + s_2 + s_3 \leqslant \sigma_1 + \sigma_2 + \sigma_3$.

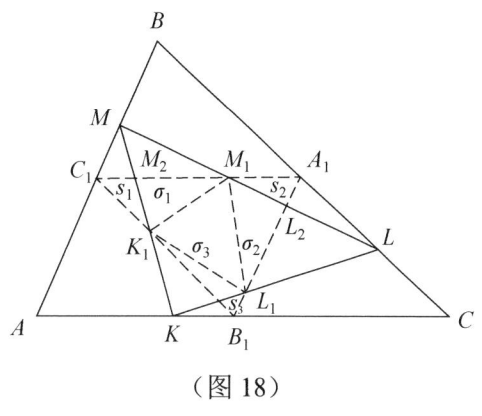

设 $\triangle A_1B_1C_1$ 与 $\triangle KLM$ 公共部分的面积为 $S$，得 $S(\triangle A_1B_1C_1) - S = s_1 + s_2 + s_3 \leqslant \sigma_1 + \sigma_2 + \sigma_3 \leqslant S$.

所以 $2S \geqslant S(\triangle A_1B_1C_1) = \dfrac{1}{4}$，即 $S \geqslant \dfrac{1}{8}$.

**例 14** 给出一根宽为 $a$ 的长纸条. 把它打一个结，如图 19（a），然后拉紧压平，如图 19（b）所示. 求证：打结部分成一个正五边形.

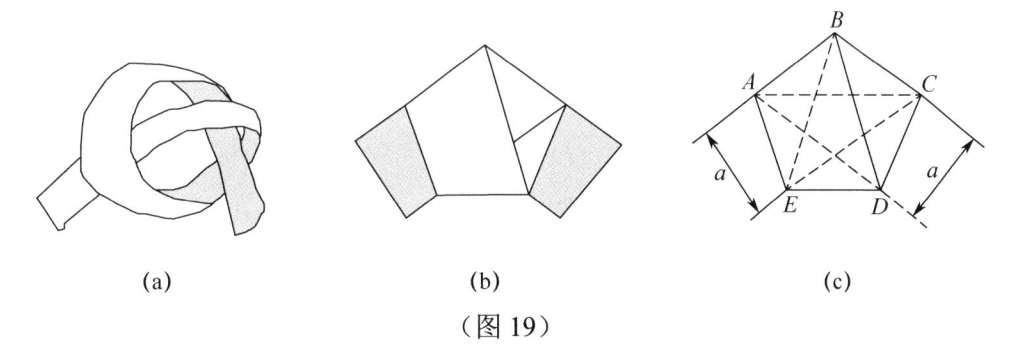

（图 19）

**分析**：我们写出已知条件：如图 19（c）所示，凸五边形 $ABCDE$ 中，四边形 $EABC$，$ABCD$，$BCDE$ 和 $DEAB$ 都是高为 $a$ 的梯形. 求证：五边形 $ABCDE$ 是正五边形.

**证明**：$S(\triangle ABC) = \dfrac{1}{2}AB \cdot a = \dfrac{1}{2}BC \cdot a$，所以 $AB = BC$. 同样可证 $EA = AB = BC = CD$.

这说明四边形 $EABC$ 和 $ABCD$ 均是等腰梯形，所以对角线 $BE = AC$，$AC = $

$BD$.

再考虑 $S(\triangle ABD) = \dfrac{1}{2}BD \cdot a = \dfrac{1}{2}AD \cdot a$，所以 $BD = AD$. 同理从 $\triangle BCE$ 中得出 $CE = BE$.

于是 $CE = BE = AC = BD = AD$. 因为 $AD = BE$，所以四边形 $ABDE$ 是等腰梯形.

即 $AB = DE$. 所以有 $AB = BC = CD = DE = EA$. 此时不难得证 $\triangle EAB \cong \triangle ABC \cong \triangle BCD \cong \triangle CDE \cong \triangle DEA$.

于是可得 $\angle ABC = \angle BCD = \angle CDE = \angle DEA = \angle EAB$.

所以五边形 $ABCDE$ 是正五边形.

等积变形在几何证题中的应用，最早可溯源到欧几里得《几何原本》中对勾股定理的面积证明. 中国古代的弦图也是对勾股定理的面积证明. 这些在几何教材中都有介绍，我们就不例举重述. 希望读者重温并研究勾股定理的面积证明，它会对你掌握用等积变形证几何问题的思路方法有所启迪.

## 24.4 面积方程证题举例

一般说来，若 $\triangle = \triangle_1 + \triangle_2 + \cdots + \triangle_n$ 称为一个面积方程. 如例 1 中，就是从面积方程 $S(\triangle ABC) = S(\triangle APB) + S(\triangle BPC) + S(\triangle CPA)$ 入手的.

（1）若 $S(\triangle ABC) = S(\triangle A_1 B_1 C_1)$，这样 $\dfrac{1}{2}AB \cdot h_c = \dfrac{1}{2}A_1 B_1 h_{c_1}$.

当 $AB = A_1 B_1$，则有 $h_c = h_{c_1}$；当 $h_c = h_{c_1}$，则有 $AB = A_1 B_1$.

利用上述关系可以证明线段相等.

**例 15** 如图 20 所示，在直角 $\triangle ABC$ 的两直角边 $AC$，$BC$ 上分别作正方形 $ACDE$ 和 $CBFG$. 连接 $AF$，$BE$ 分别交 $BC$，$AC$ 于点 $Q$，$P$. 求证：$CP = CQ$.

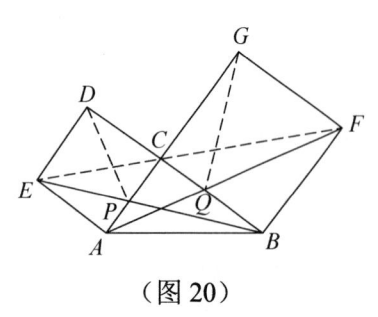

（图 20）

**证明**：注意 $AG = AC + CG = DC + CB = BD$.

因为 $S(\triangle BPD) = S(\triangle BCE) = S(\triangle ABC)$，$S(\triangle AQG) = S(\triangle ACF) = S(\triangle ABC)$，所以 $\triangle BPD = \triangle AQG$.

即 $\dfrac{1}{2}BD \times CP = \dfrac{1}{2}AG \times CQ$.

由于 $AG = BD$，所以 $CP = CQ$.

（2）若 $S(\triangle ABC) = mS(\triangle A_1B_1C_1)$，即 $\frac{1}{2}AB \cdot AC \sin A = m \cdot \frac{1}{2}A_1B_1 \cdot A_1C_1 \sin A_1$.

如果 $AB \cdot AC = mA_1B_1 \cdot A_1C_1$，则有 $\sin A = \sin A_1$. 判定 $A + A_1 < 180°$，则 $A = A_1$.

**例 16** 在凸四边形 $ABCD$ 中，已知 $AB=CD$，$E$，$F$ 分别是 $AD$，$BC$ 的中点. 延长 $BA$，$CD$ 分别交 $FE$ 的延长线于点 $P$，$Q$. 求证：$\angle APE = \angle CQE$.

**证明：** 如图 21 所示，设 $\angle QED = \alpha$，则

$S(\triangle PAE) = \frac{1}{2}AP \cdot PE \sin P = \frac{1}{2}AE \cdot PE \sin \alpha$，

$S(\triangle QDE) = \frac{1}{2}DQ \cdot QE \sin Q = \frac{1}{2}DE \cdot QE \sin \alpha$.

相比得 $\frac{AP \cdot PE \sin P}{DQ \cdot QE \sin Q} = \frac{AE \cdot PE \sin \alpha}{DE \cdot QE \sin \alpha} = \frac{PE}{QE}$.

所以 $AP \sin P = DQ \sin Q$. ……①

同理可得 $BP \sin P = CQ \sin Q$. ……②

②-① 得 $(BP - AP) \sin P = (CQ - DQ) \sin Q$.

即 $AB \sin P = CD \sin Q$. 因为 $AB = CD$，所以 $\sin P = \sin Q$.

显然 $P + Q < 180°$，因此 $\angle P = \angle Q$. 也就是 $\angle APE = \angle CQE$.

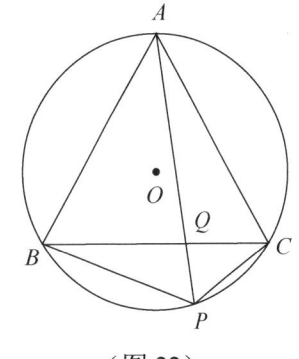

（图 21）

（3）关于线段的和差倍分，常常化归为相关的三角形面积的和差倍分来证.

**例 17** 如图 22 所示，等边 $\triangle ABC$ 内接于圆 $O$，在弧 $BC$ 上任取一点 $P$，求证：$PB+PC = PA$.

**证明：** 列出面积方程：$S($四边形 $ABPC)=S(\triangle PAB)+S(\triangle PAC)$，即

$\frac{1}{2}PA \cdot BC \sin \angle AQC = \frac{1}{2}PA \cdot PB \sin \angle APB + \frac{1}{2}AP \cdot PC \sin \angle APC$.

化简为 $BC \sin(\angle APC + \angle BCP) = (PB + PC) \sin 60°$.

因为 $\angle APC = \angle ACB = 60°$，则 $\angle APC + \angle BCP = 60° + \angle BCP = \angle ACB + \angle BCP = \angle ACP$，所以 $BC \sin \angle ACP = (PB + PC) \sin \angle APC$. 于是 $PB + PC = \frac{BC \sin \angle ACP}{\sin \angle APC}$.

（图 22）

— 265 —

注意在 $\triangle APC$ 中应用正弦定理得, $\dfrac{AC}{\sin\angle APC}=\dfrac{AP}{\sin\angle ACP}=\dfrac{BC}{\sin\angle APC}$, 所以 $AP=\dfrac{BC\sin\angle ACP}{\sin\angle APC}$, 因此 $PB+PC=PA$.

（4）有关线段比例式，线段的比例式的和或积式，都可化归为面积方程来证明.

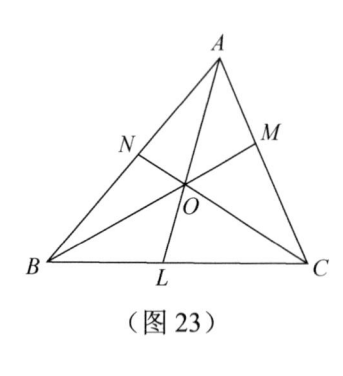

**例 18** 如图 23 所示，在 $\triangle ABC$ 中，$AL$，$BM$，$CN$ 相交于点 $O$，求证：$\dfrac{AN}{NB}\cdot\dfrac{BL}{LC}\cdot\dfrac{CM}{MA}=1$.

**证明：** $\dfrac{AN}{BN}=\dfrac{S(\triangle ANC)}{S(\triangle BNC)}=\dfrac{S(\triangle AOC)}{S(\triangle BOC)}$.

同理可得 $\dfrac{BL}{CL}=\dfrac{S(\triangle AOB)}{S(\triangle AOC)}$.

$\dfrac{CM}{AM}=\dfrac{S(\triangle BOC)}{S(\triangle AOB)}$.

（图 23）

三式相乘即得所求证的结果.

**例 19** 半径为 $R$ 和 $r$ 的两圆外切于点 $P$, 从 $P$ 到两圆一条外公切线的距离为 $d$. 求证: $\dfrac{1}{R}+\dfrac{1}{r}=\dfrac{2}{d}$.

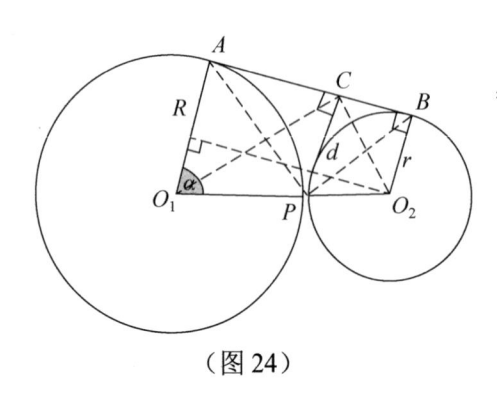

**分析：** 如图 24 所示，本题需证 $rd+Rd=2Rr$, 而梯形 $AO_1O_2B$ 的面积 $=\dfrac{1}{2}(R+r)(R+r)\sin\alpha$,

$S(\triangle AO_1P)=\dfrac{1}{2}R^2\sin\alpha$,

$S(\triangle BO_2P)=\dfrac{1}{2}r^2\sin\alpha$,

$S(\triangle ACP)=S(\triangle O_1CP)=\dfrac{1}{2}Rd\sin\alpha$,

（图 24）

$S(\triangle CBP)=S(\triangle CPO_2)=\dfrac{1}{2}rd\sin\alpha$,

由 $S(\text{四边形 }AO_1O_2B)=S(\triangle AO_1P)+S(\triangle BO_2P)+S(\triangle ACP)+S(\triangle CBP)$ 得

$\dfrac{1}{2}(R+r)^2\sin\alpha=\dfrac{1}{2}R^2\sin\alpha+\dfrac{1}{2}r^2\sin\alpha+\dfrac{1}{2}Rd\sin\alpha+\dfrac{1}{2}rd\sin\alpha$.

所以 $(R+r)^2=R^2+r^2+Rd+rd$, 化简为 $2Rr=Rd+rd$.

两边同除以 $Rrd$，得 $\dfrac{2}{d}=\dfrac{1}{r}+\dfrac{1}{R}$，即 $\dfrac{1}{R}+\dfrac{1}{r}=\dfrac{2}{d}$.

## 24.5 数学竞赛题的面积证法选析

**例 20** 如图 25 所示，在 $\triangle ABC$ 中，$D$ 为 $BC$ 的中点，过 $D$ 作一直线分别交 $AC$ 于点 $E$，交 $AB$ 的延长线于点 $F$. 求证：$\dfrac{AE}{EC}=\dfrac{AF}{BF}$.

（1978 年北京市复赛一试试题）

**提示**：如图 26 所示，$1=\dfrac{S(\triangle ADF)}{S(\triangle BDF)}\cdot\dfrac{S(\triangle BDF)}{S(\triangle CDF)}\cdot\dfrac{S(\triangle CDF)}{S(\triangle ADF)}=\dfrac{AF}{BF}\cdot\dfrac{BD}{CD}\cdot\dfrac{CE}{AE}=\dfrac{AF}{BF}\cdot\dfrac{CE}{AE}$.

可得求证结果.

**例 21** 如图 27 所示，四边形 $ABCD$ 是梯形，点 $E$ 是上底边 $AD$ 上一点，$CE$ 的延长线与 $BA$ 的延长线交于点 $F$，过点 $E$ 作 $BA$ 的平行线交 $CD$ 的延长线于点 $M$，$BM$ 与 $AD$ 交于点 $N$. 证明：$\angle AFN=\angle DME$.

（2007 全国初中数学联合竞赛试题）

**分析**：延长 $BF$，$CM$ 相交于点 $Q$，因为 $EM/\!/AF$，所以 $\angle DME=\angle DQA$. 要证 $\angle AFN=\angle DME$，只需证 $\angle AFN=\angle DQA$ 即可. 为此，只需证 $FN/\!/MC$ 即可.

**证明**：如图 28 所示，连接 $FM$，$BE$，$CN$，因为 $EM/\!/AF$，所以 $S(\triangle PFM)=S(\triangle PBE)$.

因为 $AD/\!/BC$，所以 $S(\triangle BNE)=S(\triangle CNE)$.

因此 $S(\triangle BNE)+S(\triangle PNE)=S(\triangle CNE)+S(\triangle PNE)$，即 $S(\triangle PBE)=S(\triangle PNC)$，所以 $S(\triangle PFM)=S(\triangle PNC)$.

两边同加 $S(\triangle PMC)$ 得 $S(\triangle FMC)=S(\triangle NMC)$，所以 $FN/\!/MC$. 又已知 $FB/\!/ME$，所以 $\angle AFN=\angle DME$.

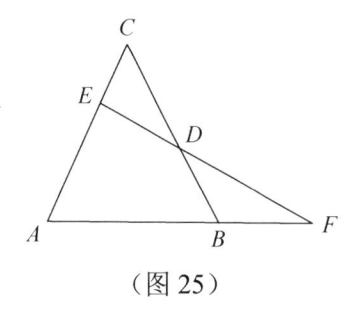

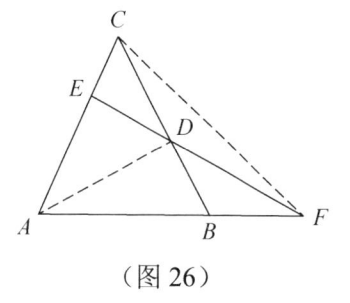

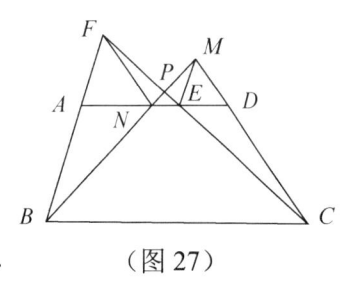

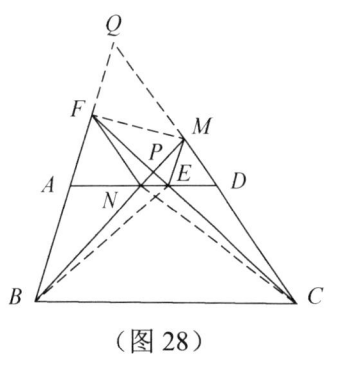

**例22** 如图29所示，点 $M$，$N$ 分别在 $AC$，$CD$ 上，满足 $AM:AC = CN:CD$，并且 $B$，$M$，$N$ 三点共线．$S(\triangle ABC)=1$，$S(\triangle ABD) = 3$，$S(\triangle BCD) = 4$．求证：$M$ 与 $N$ 分别是 $AC$ 与 $CD$ 的中点．

（1983年全国联合数学竞赛试题）

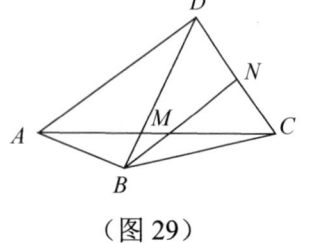

**证明**：如图 30 所示，连接 $AN$，不妨设 $\dfrac{AM}{AC} = \dfrac{CN}{CD} = r\ (0 < r < 1)$，

由已知 $S(\triangle ABC)=1$，$S(\triangle ABD)=3$，$S(\triangle BCD)=4$．

则 $S(\triangle ACD) = 3+4-1 = 6$．

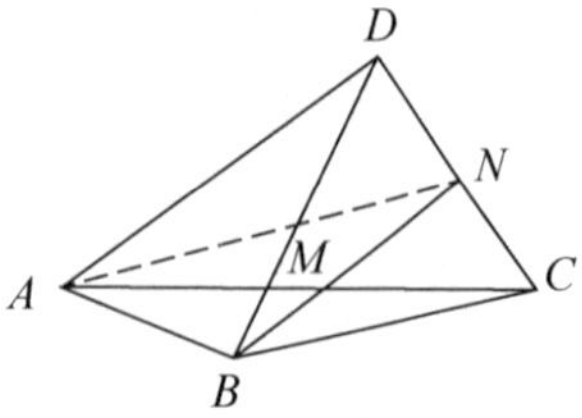

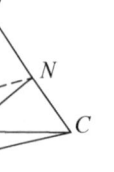

$S(\triangle ABM) = r$，$S(\triangle BCM) = 1-r$，$S(\triangle BCN) = 4r$，$S(\triangle ACN) = 6r$．

$S(\triangle CNM) = S(\triangle BCN) - S(\triangle BCM) = 4r - (1-r) = 5r-1$，$S(\triangle AMN) = S(\triangle ACN) - S(\triangle CNM) = 6r - (5r-1) = r+1$．

因此 $\dfrac{S(\triangle AMN)}{S(\triangle ACN)} = \dfrac{r+1}{6r}$，又因为 $\dfrac{S(\triangle AMN)}{S(\triangle ACN)} = \dfrac{AM}{AC} = r$，所以 $\dfrac{r+1}{6r} = r$，即 $6r^2 - r - 1 = 0$．

这个方程在（0，1）中有唯一解 $r = \dfrac{1}{2}$．即 $M$，$N$ 分别是 $AC$ 与 $CD$ 的中点．

**例23** 如图 31 所示，六边形 $ABCDEF$ 为正六边形，$M$ 为对角线 $AC$ 上一点，$N$ 为 $CE$ 上一点，满足 $\dfrac{AM}{AC} = \dfrac{CN}{CE} = r$．如果 $B$，$M$，$N$ 三点共线，求 $r$．

（第 23 届 IMO 试题）

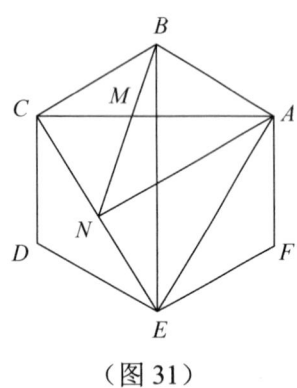

**解**：记 $S(\triangle ABC) = s$，则 $S(\triangle ACE) = 3s$，$S(\triangle BCE) = 2s$．

所以 $S(\triangle BCM) = (1-r)s$，$S(\triangle MCN) = r(1-r)$ $S(\triangle ACE) = 3r(1-r)s$，$S(\triangle BCN) = rS(\triangle BCE) = 2rs$．

由 $S(\triangle BCN) = S(\triangle BCM) + S(\triangle MCN)$，得 $2rs = (1-r)s + 3r(1-r)s$，即 $2r = (1-r) + 3r(1-r)$．

解得 $r = \pm\frac{\sqrt{3}}{3}$. 因为 $r > 0$，所以 $r = \frac{\sqrt{3}}{3}$.

**例 24** 设凸四边形 $ABCD$ 的顶点在一个圆周上，另一个圆的圆心在边 $AB$ 上，且与四边形的其余 3 条边相切. 求证：$AD+BC=AB$.

(第 26 届 IMO 试题)

**解**：如图 32 所示，设另一圆的圆心为 $O$，$AD$，$BC$ 的延长线交于点 $M$. $\odot O$ 为 $\triangle MCD$ 的旁切圆.

连接 $OM$，$OC$，$OD$. 设 $MC = a$，$MD = b$，$CD = c$. $\odot O$ 的半径为 $r$. 则

$$S(\triangle MCD) = S(\triangle MDO) + S(\triangle MCO) - S(\triangle DOC)$$
$$= \frac{1}{2}br + \frac{1}{2}ar - \frac{1}{2}cr = \frac{1}{2}(a+b-c)r.$$

$$S(\triangle MAB) = \frac{1}{2}(MA+MB)r.$$

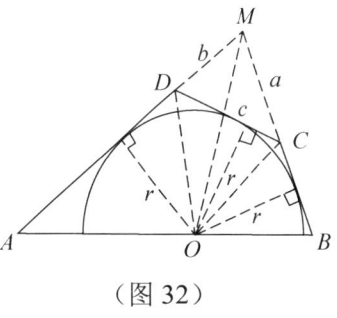

又因为 $ABCD$ 是圆内接四边形，所以 $\triangle MAB \sim \triangle MCD$.

因此 $\frac{MA}{a} = \frac{MB}{b} = \frac{AB}{c} = k$（常数），所以 $MA=ak$, $MB=bk$, $AB=ck$.

而 $\frac{S(\triangle MAB)}{S(\triangle MCD)} = k^2$，故 $\frac{MA+MB}{a+b-c} = k^2$，也就是 $\frac{ak+bk}{a+b-c} = k^2$，即 $\frac{a+b}{a+b-c} = k$.

所以 $a+b = k(a+b-c) = ak+bk-ck = MA+MB-AB$.

因此 $AB = MA - b + MB - a = MA - MD + MB - MC = AD + BC$.

**例 25** 如图 33 所示，锐角三角形 $ABC$ 的顶点 $A$ 的内角平分线交 $BC$ 边于点 $L$，又交三角形 $ABC$ 的外接圆于点 $N$. 过 $L$ 分别作 $AB$ 和 $AC$ 边的垂线 $LK$ 和 $LM$，垂足分别是 $K$ 与 $M$. 求证：四边形 $AKNM$ 的面积等于三角形 $ABC$ 的面积.

(第 28 届 IMO 试题 2)

**分析 1**：如图 34 所示，设 $KN$ 交 $BC$ 于点 $E$，

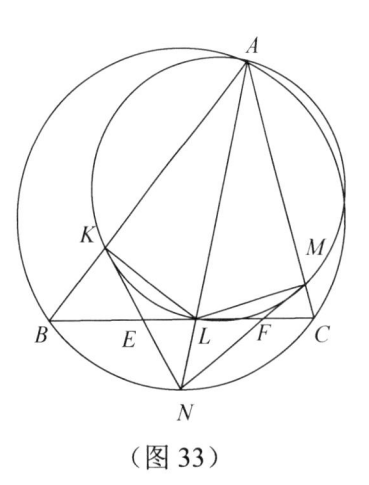

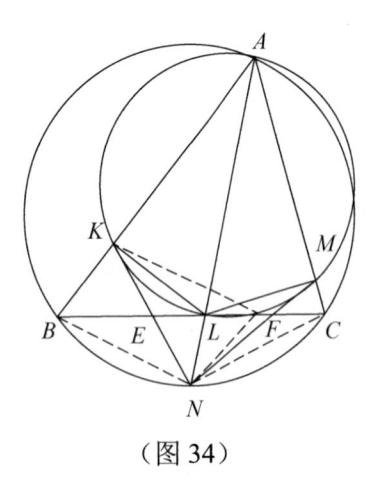

$MN$ 交 $BC$ 于点 $F$. 要证四边形 $AKNM$ 与三角形 $ABC$ 等积，只需证 $S(\triangle BEK)+S(\triangle CMF)=S(\triangle ENF)$ 就可以了（见图 33）.

由于 $LK\perp AB$，$LM\perp AC$，则 $A$，$K$，$L$，$M$ 四点共圆. 过这四点作的圆若与 $BC$ 恰只有一个交点，即该圆与 $BC$ 相切于 $L$，则 $BC\perp AL$. 此种情况易证四边形 $AKNM$ 的面积等于三角形 $ABC$ 的面积.

若过 $A$，$K$，$L$，$M$ 四点作的圆与 $BC$ 除 $L$ 外另交有一点 $P$，连接 $KP$，$MP$，$PN$，$BN$，$CN$.

（图 34）

由圆中有关的角的关系可得证：$\angle BPK=\angle BAL=\angle CAL=\angle CBN$，所以 $KP//BN$.

所以 $S(\triangle BKP)=S(\triangle KPN)$，等式两边减去 $S(\triangle KEP)$，有 $S(\triangle BKE)=S(\triangle NPE)$. ……①

又 $\angle CPM=\angle LAC=\angle CBN=\angle BCN$，所以 $PM//NC$.

所以 $S(\triangle CPM)=S(\triangle NPM)$，等式两边减去 $S(\triangle PMF)$，有 $S(\triangle CMF)=S(\triangle NPF)$. ……②

由①+②得 $S(\triangle BKE)+S(\triangle CMF)=S(\triangle NPE)+S(\triangle NPF)=S(\triangle NEF)$.

这样便得出"四边形 $AKNM$ 的面积等于三角形 $ABC$ 的面积"的结论.

**分析 2**：如图 35 所示，设 $\angle BAC=\alpha$，连接 $KM$，有 $AN\perp KM$. 则 $S(\triangle ABC)=\dfrac{1}{2}AB\cdot AC\sin\alpha$.

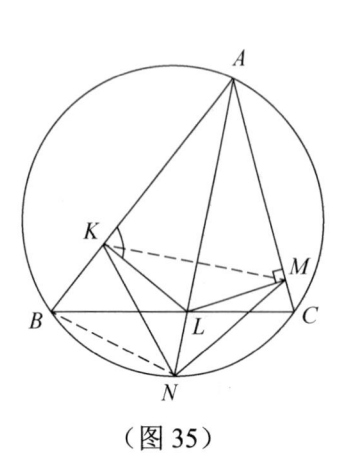

又 $S(\text{四边形 } AKNM)=\dfrac{1}{2}AN\cdot KM$，因此要证四边形 $AKNM$ 的面积等于三角形 $ABC$ 的面积，只需证 $AB\cdot AC\sin\alpha=AN\cdot KM$ 即可.

连接 $BN$，由 $\angle ANB=\angle ACL$，$\angle BAN=\angle CAL$，易知 $\triangle ACL\backsim\triangle ANB$，则有 $\dfrac{AB}{AN}=\dfrac{AL}{AC}$.

所以 $AB\cdot AC=AL\cdot AN$.

由此只需证 $KM=AL\sin\alpha$ 即可.

（图 35）

注意到 $A$，$K$，$L$，$M$ 四点共在以 $AL$ 为直径的圆上，在 $\triangle AKM$ 中，应用正弦定理得 $KM = AL\sin\alpha$ 显然成立．至此问题得证．

**例 26** 设 $AD$ 是直角三角形 $ABC$ 的高，$\angle A = 90°$．通过 $\triangle ABD$ 和 $\triangle ACD$ 的内心引直线交边 $AB$ 和 $AC$ 分别于点 $K$ 和 $L$．证明：$S(\triangle ABC) \geqslant 2S(\triangle AKL)$．

（第 29 届 IMO 试题 5）

**解**：如图 36 所示，设 $\triangle ABD$ 和 $\triangle ACD$ 的内心分别为 $O_1$ 和 $O_2$，半径分别为 $r_1$ 和 $r_2$．由 $O_1$ 和 $O_2$ 分别引 $AC$，$AB$，$AD$ 的垂线，交 $AC$ 于点 $X_1$，$X_2$；交 $AB$ 于点 $Y_1$，$Y_2$；交 $AD$ 于点 $Z_1$，$Z_2$．点 $Z_1$，$Z_2$ 到 $BC$ 的距离分别等于 $O_1$ 与 $O_2$ 到 $BC$ 的距离．所以 $Z_1D = r_1$，$Z_2D = r_2$，此外，由点 $A$ 引向 $\odot O_1$ 及 $\odot O_2$ 的切线长相等，

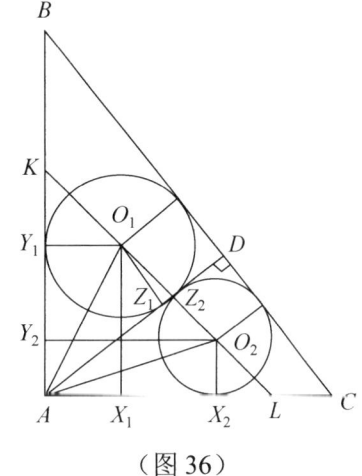

有 $AY_1 = AZ_1$，$AX_2 = AZ_2$．

由此，$AY_1 + AX_1 = AZ_1 + r_1 = AZ_1 + Z_1D = AD$，$AY_2 + AX_2 = r_2 + AZ_2 = AZ_2 + Z_2D = AD$．

由等式 $AY_1 + AX_1 = AY_2 + AX_2 = AD$，推得 $AY_1 - AY_2 = AX_2 - AX_1$，即 $\triangle O_1PO_2$ 为等腰直角三角形．所以 $\triangle AKL$ 为等腰直角三角形．

即 $AK = AL = AD$，由此得 $S(\triangle AKL) = \dfrac{1}{2}AD^2$．

（图 36）

从图 37 可知，对于直角三角形 $ABC$，以斜边上的高 $AD$ 为边作正方形 $ADEF$，记 $AB$ 与 $EF$ 的交点为 $G$，易知 $\triangle ADC \cong \triangle AFG$．

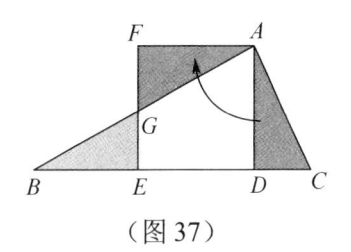

则有 $S(\triangle ABC) \geqslant AD^2$ 因此 $S(\triangle ABC) \geqslant 2S(\triangle AKL)$．

（图 37）

**例 27** 如图 38 所示，在锐角三角形 $ABC$ 中，角 $A$ 的平分线与三角形的外接圆交于另一点 $A_1$．点 $B_1$，$C_1$ 与此类似．直线 $AA_1$ 与 $B$，$C$ 两角的外角平分线相交于点 $A_0$，点 $B_0$，$C_0$ 与此类似．

求证：（1）三角形 $A_0B_0C_0$ 的面积是六边形 $AC_1BA_1CB_1$ 面积的 2 倍．

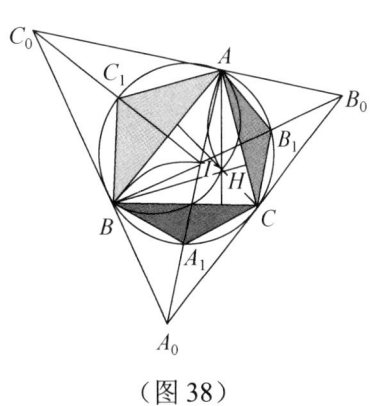

（图 38）

（2）三角形 $A_0B_0C_0$ 的面积至少是三角形 $ABC$ 面积的 4 倍.

（第 30 届 IMO 试题 2）

**证明：**（1）设三角形 $ABC$ 的内心为 $I$. 易证 $\angle BIA_1 = \angle IBA_1$，所以 $BA_1 = IA_1$. 又 $B_0B \perp A_0B$，所以 $\angle A_1BA_0 = \angle A_1A_0B$.

所以 $A_1A_0 = BA_1 = LA_1$，因此 $BA_1$ 是 $\triangle IBA_0$ 的中线，所以 $S(\triangle A_0BI) = 2S(\triangle A_1BI)$.

同理有 $S(\triangle A_0CI) = 2S(\triangle A_1CI)$，相加得 $S(四边形 A_0BIC) = 2S(四边形 A_1BIC)$. …… ①

类似可得 $S(四边形 B_0CIA) = 2S(四边形 B_1CIA)$. …… ②

$S(四边形 C_0BIA) = 2S(四边形 C_1BIA)$. …… ③

①+②+③ 得 $S(\triangle A_0B_0C_0) = S(四边形 A_0BIC) + S(四边形 B_0CIA) + S(四边形 C_0BIA)$

$= 2S(四边形 A_1BIC) + 2S(四边形 B_1CIA) + 2S(四边形 C_1BIA)$

$= 2[S(四边形 A_1BIC) + S(四边形 B_1CIA) + S(四边形 C_1BIA)]$

$= 2S(六边形 AC_1BA_1CB_1)$.

所以，三角形 $A_0B_0C_0$ 的面积是六边形 $AC_1BA_1CB_1$ 面积的 2 倍.

（2）作锐角三角形 $ABC$ 的三条高线交于垂心 $H$，则 $H$ 在形内.

易证 $\angle BHC = 180° - \angle A = \angle BA_1C$，同理可得 $\angle CHA = \angle CB_1A$，$\angle AHB = \angle AC_1B$.

又 $A_1$ 为弧 $BC$ 的中点，$S(\triangle BA_1C) \geq S(\triangle BHC)$，同理可知 $S(\triangle CB_1A) \geq S(\triangle CHA)$，$S(\triangle AC_1B) \geq S(\triangle AHB)$.

相加得 $S(\triangle BA_1C) + S(\triangle CB_1A) + S(\triangle AC_1B) \geq S(\triangle BHC) + S(\triangle CHA) + S(\triangle AHB) = S(\triangle ABC)$，所以，六边形 $AC_1BA_1CB_1$ 面积 $= S(\triangle BA_1C) + S(\triangle CB_1A) + S(\triangle AC_1B) + S(\triangle ABC) \geq S(\triangle BHC) + S(\triangle CHA) + S(\triangle AHB) + S(\triangle ABC) \geq 2S(\triangle ABC)$.

由（1）所证的结论立刻得出：$S(\triangle A_0B_0C_0) = 2S(六边形 AC_1BA_1CB_1) \geq 4S(\triangle ABC)$.

即三角形 $A_0B_0C_0$ 的面积至少是三角形 $ABC$ 面积的 4 倍.

# 第25讲 梅涅劳斯定理及其应用

梅涅劳斯（Menelaus，公元 98 年左右），是希腊数学家兼天文学家. 他提出了一个非常有名的定理.

**梅涅劳斯定理** $X$，$Y$，$Z$ 分别是 $\triangle ABC$ 三边所在直线 $BC$，$CA$，$AB$ 上的点，则 $X$，$Y$，$Z$ 共线的**充要条件**是 $\dfrac{CX}{XB} \cdot \dfrac{BZ}{ZA} \cdot \dfrac{AY}{YC} = 1$.

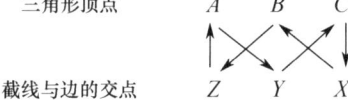

**读写方法**

三角形顶点　　$A$　$B$　$C$

截线与边的交点　$Z$　$Y$　$X$

$$\dfrac{CX}{XB} \cdot \dfrac{BZ}{ZA} \cdot \dfrac{AY}{YC} = 1.$$

根据命题的条件可以画出如图 1 所示的两种图形：或 $X$，$Y$，$Z$ 三点中只有一点在 $\triangle ABC$ 边的延长线上，而其他两点在该三角形的边上；或 $X$，$Y$，$Z$ 三点分别都在 $\triangle ABC$ 各边的延长线上.

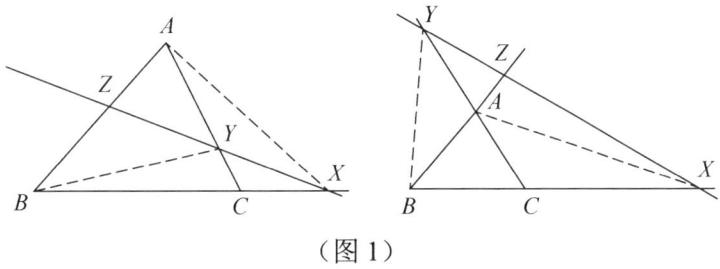

（图 1）

**证明：**（1）**必要性** "若 $X$，$Y$，$Z$ 三点共线，则 $\dfrac{CX}{XB} \cdot \dfrac{BZ}{ZA} \cdot \dfrac{AY}{YC} = 1$,"

$\dfrac{CX}{XB} = \dfrac{S_{\triangle YXC}}{S_{\triangle YXB}}$；　$\dfrac{BZ}{ZA} = \dfrac{S_{\triangle XBZ}}{S_{\triangle XAZ}} = \dfrac{S_{\triangle YBZ}}{S_{\triangle YAZ}} = \dfrac{S_{\triangle XBZ} - S_{\triangle YBZ}}{S_{\triangle XAZ} - S_{\triangle YAZ}} = \dfrac{S_{\triangle XBY}}{S_{\triangle XAY}}$；　$\dfrac{AY}{YC} = \dfrac{S_{\triangle XAY}}{S_{\triangle XCY}}$.

所以 $\dfrac{CX}{XB} \cdot \dfrac{BZ}{ZA} \cdot \dfrac{AY}{YC} = \dfrac{S_{\triangle YXC}}{S_{\triangle YXB}} \cdot \dfrac{S_{\triangle XBY}}{S_{\triangle XAY}} \cdot \dfrac{S_{\triangle XAY}}{S_{\triangle XCY}} = 1$.

（2）**充分性** "若 $\dfrac{CX}{XB} \cdot \dfrac{BZ}{ZA} \cdot \dfrac{AY}{YC} = 1$，则 $X$，$Y$，$Z$ 三点共线."

设直线 $XZ$ 交 $AC$ 于点 $Y'$，由已证的必要性得，$\dfrac{CX}{XB} \cdot \dfrac{BZ}{ZA} \cdot \dfrac{AY'}{Y'C} = 1$. 又因已知 $\dfrac{CX}{XB} \cdot \dfrac{BZ}{ZA} \cdot \dfrac{AY}{YC} = 1$. 比较得 $\dfrac{AY'}{Y'C} = \dfrac{AY}{YC}$. 因为 $Y'$ 和 $Y$ 或同在线段 $AC$ 上，或同在 $AC$ 边的延长线上，且分得的比例相等，所以 $Y'$ 和 $Y$ 必重合为一点，也就是 $X$，$Y$，$Z$ 三点共线.

梅涅劳斯定理的应用，一是求共线线段之比，即在 $\dfrac{CX}{XB}$，$\dfrac{BZ}{ZA}$，$\dfrac{AY}{YC}$ 3 个比中，已知其中两个，可以求得第三个；二是证明三点共线. 下面举例进行说明.

### 25.1 证明线段的比例关系

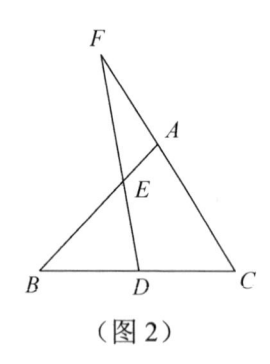

**例1** 如图 2 所示，在 $\triangle ABC$ 中，$D$ 是 $BC$ 的中点，经过 $D$ 的直线交 $AB$ 于点 $E$，交 $CA$ 的延长线于点 $F$. 求证：$\dfrac{FA}{FC} = \dfrac{EA}{EB}$.

**分析**：直线截 $\triangle ABC$ 三边于 $D$，$E$，$F$ 三点，构成可应用梅氏定理的基本图. 由必要性知 $\dfrac{CD}{DB} \cdot \dfrac{BE}{EA} \cdot \dfrac{FA}{FC} = 1$.

又已知 $BD = DC$，即 $\dfrac{CD}{DB} = 1$，因此 $\dfrac{BE}{EA} \cdot \dfrac{AF}{FC} = 1$，即 $\dfrac{FA}{FC} = \dfrac{EA}{EB}$.

（图2）

（图3）

**例2** 如图 3 所示，在 $\triangle ABC$ 中，$\angle ACB = 90°$，$AC = BC$. $AM$ 为 $BC$ 边上的中线，$CD \perp AM$ 于点 $D$，$CD$ 的延长线交 $AB$ 于点 $E$. 求 $\dfrac{AE}{EB}$.

**解**：由题设，在 Rt$\triangle AMC$ 中，$CD \perp AM$，$AC = 2CM$.

由射影定理，得 $\dfrac{AD}{DM} = \dfrac{AD \cdot AM}{DM \cdot AM} = \dfrac{AC^2}{CM^2} = 4$.

对 $\triangle ABM$ 和截线 $EDC$，由梅涅劳斯定理，得

$\dfrac{AE}{EB} \cdot \dfrac{BC}{CM} \cdot \dfrac{MD}{DA} = 1$，即 $\dfrac{AE}{EB} \cdot \dfrac{2}{1} \times \dfrac{1}{4} = 1$，所以 $\dfrac{AE}{EB} = 2$.

**例 3** 在 $\triangle ABC$ 的三边 $BC$，$CA$，$AB$ 上分别取点 $D$，$E$，$F$，使得 $\dfrac{BD}{DC} = \dfrac{CE}{EA} = \dfrac{AF}{FB} = \dfrac{1}{2}$. 若 $BE$ 与 $CF$，$CF$ 与 $AD$，$AD$ 与 $BE$ 的交点分别为 $A_1$，$B_1$，$C_1$. 求证：$\dfrac{S_{\triangle A_1B_1C_1}}{S_{\triangle ABC}} = \dfrac{1}{7}$.

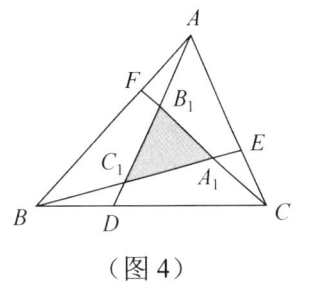

**证明**：如图 4 所示，对 $\triangle ABD$ 与截线 $FB_1C$，由梅涅劳斯定理必要条件，得 $\dfrac{AF}{FB} \cdot \dfrac{BC}{CD} \cdot \dfrac{DB_1}{B_1A} = 1$，即 $\dfrac{1}{2} \times \dfrac{3}{2} \cdot \dfrac{DB_1}{B_1A} = 1$，所以 $\dfrac{AB_1}{B_1D} = \dfrac{3}{4}$.

（图 4）

因此 $\dfrac{AB_1}{AD} = \dfrac{3}{7}$，$\dfrac{S_{\triangle AB_1C}}{S_{\triangle ADC}} = \dfrac{3}{7}$.

但 $\dfrac{S_{\triangle ADC}}{S_{\triangle ABC}} = \dfrac{DC}{BC} = \dfrac{2}{3}$，所以 $\dfrac{S_{\triangle AB_1C}}{S_{\triangle ABC}} = \dfrac{S_{\triangle AB_1C}}{S_{\triangle ADC}} \cdot \dfrac{S_{\triangle ADC}}{S_{\triangle ABC}} = \dfrac{3}{7} \times \dfrac{2}{3} = \dfrac{6}{21} = \dfrac{2}{7}$.

同理可证 $\dfrac{S_{\triangle BC_1A}}{S_{\triangle ABC}} = \dfrac{2}{7}$，$\dfrac{S_{\triangle CA_1B}}{S_{\triangle ABC}} = \dfrac{2}{7}$.

因此，$\dfrac{S_{\triangle A_1B_1C_1}}{S_{\triangle ABC}} = \dfrac{S_{\triangle ABC} - S_{\triangle AB_1C} - S_{\triangle BC_1A} - S_{\triangle CA_1B}}{S_{\triangle ABC}} = 1 - 3 \times \dfrac{2}{7} = \dfrac{1}{7}$.

**例 4** 若 $M$ 为 $\triangle ABC$ 内任意一点，射线 $AM$，$BM$，$CM$ 分别交 $BC$，$CA$，$AB$ 于点 $D$，$E$，$F$，则有 $\dfrac{AM}{MD} = \dfrac{AF}{FB} + \dfrac{AE}{EC}$.

**证明**：如图 5 所示，对 $\triangle ABD$ 与截线 $FMC$，由梅涅劳斯定理必要条件，得 $\dfrac{AF}{FB} \cdot \dfrac{BC}{CD} \cdot \dfrac{DM}{MA} = 1$，所以 $\dfrac{AF}{FB} = \dfrac{MA}{MD} \cdot \dfrac{CD}{CB}$.

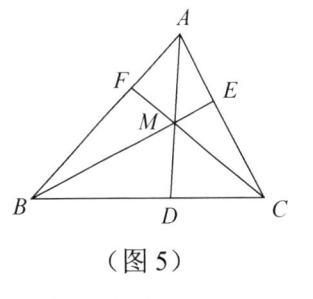

类似地，对 $\triangle ACD$ 与截线 $EMB$，由梅涅劳斯定理必要条件，得 $\dfrac{AE}{EC} \cdot \dfrac{CB}{BD} \cdot \dfrac{DM}{MA} = 1$，所以 $\dfrac{AE}{EC} = \dfrac{MA}{MD} \cdot \dfrac{BD}{BC}$.

两式相加，得 $\dfrac{AF}{FB} + \dfrac{AE}{EC} = \dfrac{AM}{MD} \cdot \left( \dfrac{CD}{BC} + \dfrac{BD}{BC} \right) = \dfrac{AM}{MD}$.

（图 5）

**例 5** 如图 6 所示. $AC$，$CE$ 是正六边形 $ABCDEF$ 的两条对角线，点 $M$，$N$ 分别内分 $AC$，$CE$，使得 $\dfrac{AM}{AC} = \dfrac{CN}{CE} = r$. 如果 $B$，$M$，$N$ 三点共线，求 $r$.

（第 23 届 IMO 试题）

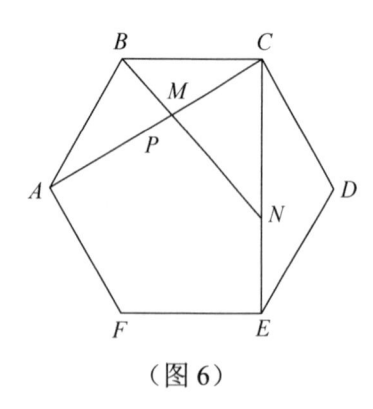

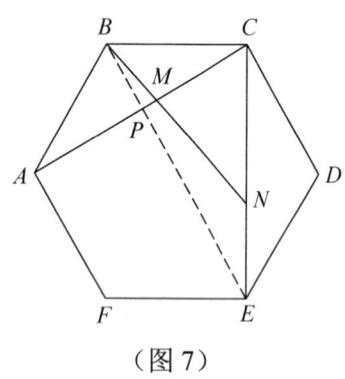

分析：如图 6 所示，连接 $BE$，与 $AC$ 相交于点 $P$，易知 $\dfrac{BP}{PE}=\dfrac{1}{3}$，故 $BPE$ 是可知线段比的三点连线. $CNE$ 是所求线段比的三点连线，其中 $\dfrac{CN}{CE}=r$ 为所求线段比.

由题设 $\dfrac{AM}{AC}=r$，$\dfrac{AP}{AC}=\dfrac{1}{2}$ 可得 $\dfrac{PM}{MC}=\dfrac{r-\dfrac{1}{2}}{1-r}$. 对 $\triangle EPC$ 和截线 $NMB$，由梅涅劳斯定理可列出含 $r$ 的线段比例方程式，从而可求得 $r$.

解：如图 7 所示，连接 $BE$ 与 $AC$ 相交于点 $P$，对 $\triangle EPC$ 和截线 $NMB$，由梅涅劳斯定理，得
$$\dfrac{PM}{MC}\cdot\dfrac{CN}{NE}\cdot\dfrac{EB}{PB}=1.$$
由分析中的计算可知，$\dfrac{PM}{MC}=\dfrac{r-\dfrac{1}{2}}{1-r}$，$\dfrac{CN}{NE}=\dfrac{r}{1-r}$，$\dfrac{EB}{BP}=\dfrac{4}{1}$，所以 $\dfrac{r-\dfrac{1}{2}}{1-r}\cdot\dfrac{r}{1-r}\cdot\dfrac{4}{1}=1$，化简得 $3r^2=1$.

由此得出 $r=\dfrac{\sqrt{3}}{3}$.

从以上诸例可知，当具备了三角形及其截线的条件，应用梅涅劳斯定理求共线线段之比，一般而言，是相当简捷的.

## 25.2 证明三点共线

**例 6** 证明：三角形的外角平分线与各对边所在直线的交点，这三点共线.

已知：在 $\triangle ABC$ 中，$\angle A$ 的外角平分线交直线 $BC$ 于点 $D$，$\angle B$ 的外角平分线交直线 $AC$ 于点 $E$，$\angle C$ 的外角平分线交直线 $AB$ 于点 $F$. 求证：$D$，$E$，$F$ 三点共线.

**证明**：如图 8 所示，设 $D$，$E$，$F$ 分别是 $\triangle ABC$ 的外角平分线 $AD$，$BE$，

$CF$ 与对边所在直线的交点. 由外角平分线的性质定理，得 $\dfrac{BD}{DC}=\dfrac{AB}{AC}$，$\dfrac{CE}{EA}=\dfrac{BC}{BA}$，$\dfrac{AF}{FB}=\dfrac{CA}{CB}$.

由于 $\dfrac{BD}{DC}\cdot\dfrac{CE}{EA}\cdot\dfrac{AF}{FB}=\dfrac{AB}{AC}\cdot\dfrac{BC}{BA}\cdot\dfrac{CA}{CB}=1$，根据梅涅劳斯定理的充分性可得，$D$，$E$，$F$ 三点共线.

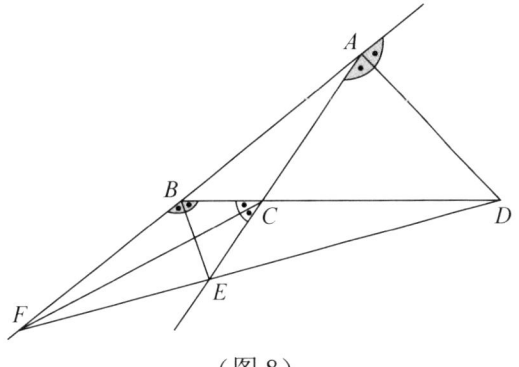

（图 8）

**例 7** 证明：若 $\triangle ABC$ 各边 $BC$，$CA$，$AB$ 所在直线上的点 $D$，$E$，$F$ 共线，则这些点关于所在边中点的对称点 $D_1$，$E_1$，$F_1$ 也共线.

**证明：** 如图 9 所示，$\triangle ABC$ 的截线 $DEF$ 交 $AB$ 于点 $F$，交 $BC$ 于点 $D$，交 $AC$ 于点 $E$. $F$ 关于 $AB$ 中点 $M_3$ 的对称点为 $F_1$；$D$ 关于 $BC$ 中点 $M_1$ 的对称点为 $D_1$；$E$ 关于 $AC$ 中点 $M_2$ 的对称点为 $E_1$.

由梅涅劳斯定理，得 $\dfrac{BD}{DC}\cdot\dfrac{CE}{EA}\cdot\dfrac{AF}{FB}=1$，又

（图 9）

$BD_1=DC$，$D_1C=BD$，$CE_1=EA$，$E_1A=CE$，$AF_1=FB$，$F_1B=AF$.

所以 $\dfrac{BD_1}{D_1C}\cdot\dfrac{CE_1}{E_1A}\cdot\dfrac{AF_1}{F_1B}=\dfrac{DC}{BD}\cdot\dfrac{EA}{CE}\cdot\dfrac{FB}{AF}=\dfrac{1}{\dfrac{BD}{DC}\cdot\dfrac{CE}{EA}\cdot\dfrac{AF}{FB}}=\dfrac{1}{1}=1$.

由梅涅劳斯定理的充分条件，得 $D_1$，$E_1$，$F_1$ 三点共线.

**例 8** 设四边形 $ABCD$ 的一组对边 $BA$，$CD$ 的延长线交于点 $E$，另一组对边 $AD$，$BC$ 的延长线交于点 $F$，对角线 $AC$，$BD$，以及线段 $EF$ 的中点分别为 $X$，$Y$，$Z$. 证明：$X$，$Y$，$Z$ 三点共线（这条线叫作四边形 $ABCD$ 的牛顿线）.

**证明：** 如图 10 所示，设 $L$，$M$，$N$ 分别是 $\triangle ADE$ 的边 $DE$，$EA$，$AD$ 的中点，则 $MN/\!/ED$ 且 $MN$ 过点 $X$，$NL/\!/AE$ 且 $NL$ 过点 $Y$，$LM/\!/DA$ 且 $LM$ 过点 $Z$.

因 $X$，$Y$，$Z$ 分别是 $\triangle LMN$ 边 $MN$，$NL$，$LM$ 延长线上的点，故要证 $X$，$Y$，$Z$ 三点共线，只需证 $\dfrac{MX}{XN}\cdot\dfrac{NY}{YL}\cdot\dfrac{LZ}{ZM}=1$ 即可.

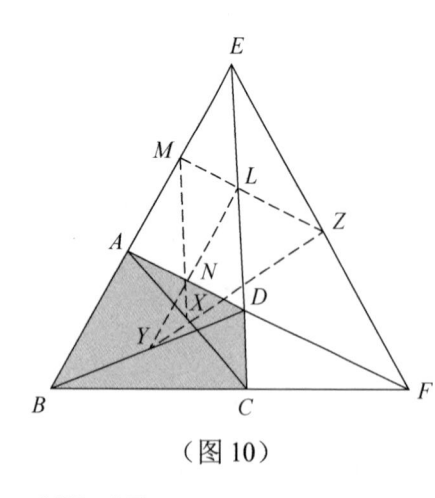

由 $NM//CE$，得 $\dfrac{MX}{XN}=\dfrac{EC}{CD}$；由 $NL//BE$，得 $\dfrac{NY}{YL}=\dfrac{AB}{BE}$；由 $LM//AF$，得 $\dfrac{LZ}{ZM}=\dfrac{DF}{FA}$.

以上三式相乘，得 $\dfrac{MX}{XN}\cdot\dfrac{NY}{YL}\cdot\dfrac{LZ}{ZM}=\dfrac{EC}{CD}\cdot\dfrac{AB}{BE}\cdot\dfrac{DF}{FA}$.

对 $\triangle EDA$ 及截线 $BCF$，由梅涅劳斯定理的必要性可知，$\dfrac{EC}{CD}\cdot\dfrac{DF}{FA}\cdot\dfrac{AB}{BE}=1$，所以 $\dfrac{MX}{XN}\cdot\dfrac{NY}{YL}\cdot\dfrac{LZ}{ZM}=1$. 由梅涅劳斯定理的充分性，得 $X,Y,Z$ 三点共线.

（图 10）

**例 9** 如图 11 所示，若 $\triangle ABC$ 与 $\triangle A_1B_1C_1$ 的对应顶点连线 $AA_1$，$BB_1$，$CC_1$ 相交于一点 $O$，则对应边 $BC$ 与 $B_1C_1$，$CA$ 与 $C_1A_1$，$AB$ 与 $A_1B_1$ 的交点 $D$，$E$，$F$ 共线（笛沙格）.

**证明**：如图 12 所示，对 $\triangle OBC$ 及截线 $DB_1C_1$，$\triangle OCA$ 及截线 $EC_1A_1$，$\triangle OAB$ 及截线 $FB_1A_1$，由梅涅劳斯定理，得 $\dfrac{BD}{DC}\cdot\dfrac{CC_1}{C_1O}\cdot\dfrac{OB_1}{B_1B}=1$，$\dfrac{CE}{EA}\cdot\dfrac{AA_1}{A_1O}\cdot\dfrac{OC_1}{C_1C}=1$，$\dfrac{AF}{FB}\cdot\dfrac{BB_1}{B_1O}\cdot\dfrac{OA_1}{A_1A}=1$.

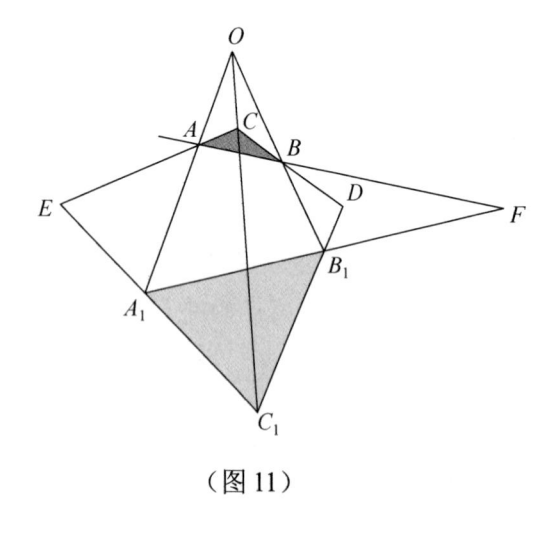

（图 11） 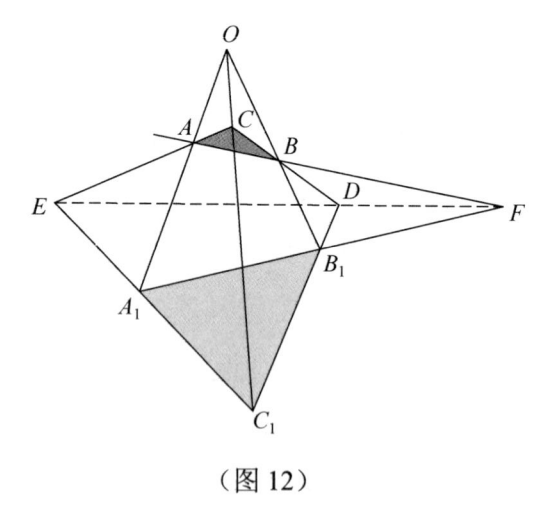 （图 12）

三式相乘化简得 $\dfrac{BD}{DC}\cdot\dfrac{CE}{EA}\cdot\dfrac{AF}{FB}=1$.

所以，对 $\triangle ABC$ 及其截线 $D, E, F$，由梅涅劳斯定理的充分性，得 $D, E, F$ 三点共线.

**例 10** 如图 13 所示，过 $\triangle ABC$ 的 3 个顶点 $A, B, C$ 作其外接圆的切线，分别交 $BC, CA, BA$ 的延长线于点 $D, E, F$. 求证：$D, E, F$ 三点共线（莱莫恩线）.

**证明：** 如图 14 所示，$DA$ 与圆相切于点 $A$，则 $\triangle ADB \sim \triangle CDA$，所以 $\dfrac{DB}{DA} = \dfrac{DA}{DC} = \dfrac{AB}{CA}$，因此 $\dfrac{DB}{DA} \cdot \dfrac{DA}{DC} = \left(\dfrac{AB}{CA}\right)^2$，即 $\dfrac{BD}{DC} = \dfrac{AB^2}{CA^2}$.

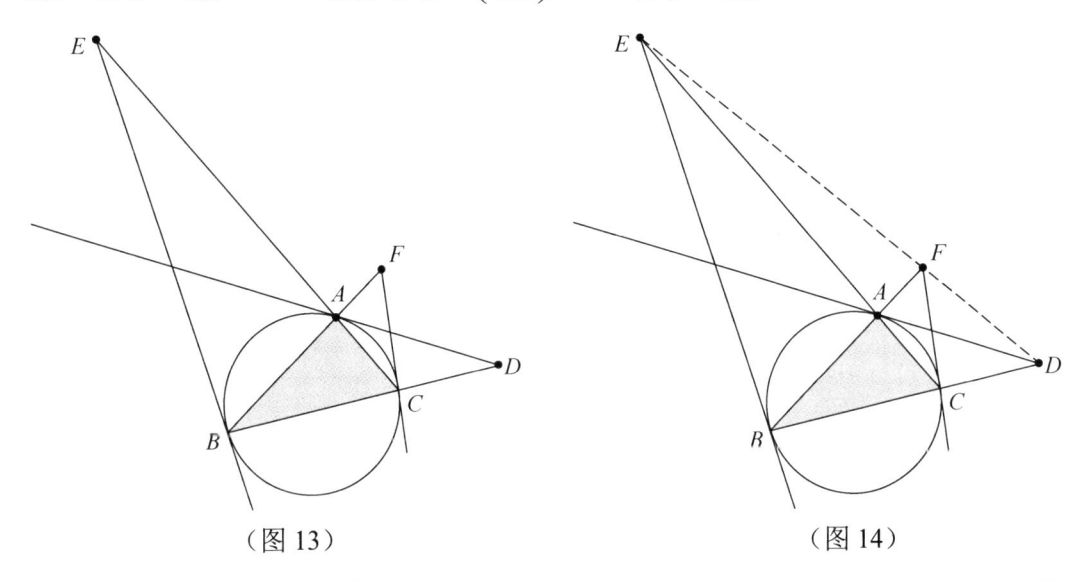

（图 13） （图 14）

同理可得 $\dfrac{CE}{EA} = \dfrac{BC^2}{AB^2}$，$\dfrac{AF}{FB} = \dfrac{CA^2}{BC^2}$，三式相乘得 $\dfrac{BD}{DC} \cdot \dfrac{CE}{EA} \cdot \dfrac{AF}{FB} = \dfrac{AB^2}{CA^2} \cdot \dfrac{BC^2}{AB^2} \cdot \dfrac{CA^2}{BC^2} = 1$. 由梅涅劳斯定理的充分性，得 $D, E, F$ 三点共线.

**例 11** 如图 15 所示，$P$ 是 $\triangle ABC$ 的外接圆上一点. 由 $P$ 向各边 $BC, CA, AB$ 引垂线 $PD, PE, PF$. 求证：3 个垂足 $D, E, F$ 共线（西摩松线）.

**证明：** 如图 16 所示，连接 $AP$，则 $\dfrac{AE}{EC} = \dfrac{PA\cos\angle PAE}{PC\cos\angle PCE}$，$\dfrac{CD}{DB} = \dfrac{PC\cos\angle PCD}{PB\cos\angle PBD}$，$\dfrac{BF}{FA} = \dfrac{PB\cos\angle PBF}{PA\cos\angle PAF}$.

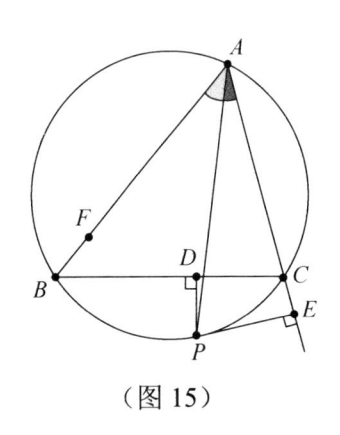

（图 15）

— 279 —

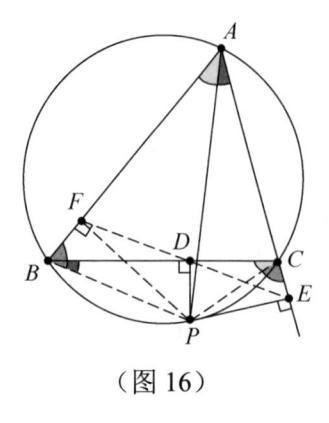

又 $\angle PAE = \angle PBD$，$\angle PBF = \angle PCE$，$\angle PCD = \angle PAF$，所以 $\dfrac{AE}{EC} \cdot \dfrac{CD}{DB} \cdot \dfrac{BF}{FA} = \dfrac{PA\cos \angle PAE}{PC\cos \angle PCE} \cdot$

$\dfrac{PC\cos \angle PCD}{PB\cos \angle PBD} \cdot \dfrac{PB\cos \angle PBF}{PA\cos \angle PAF} = \dfrac{PA\cos \angle PBD}{PC\cos \angle PCE} \cdot$

$\dfrac{PC\cos \angle PAF}{PB\cos \angle PBD} \cdot \dfrac{PB\cos \angle PCE}{PA\cos \angle PAF} = 1.$

由梅涅劳斯定理的充分性，得 3 个垂足 $D$，$E$，$F$ 共线.

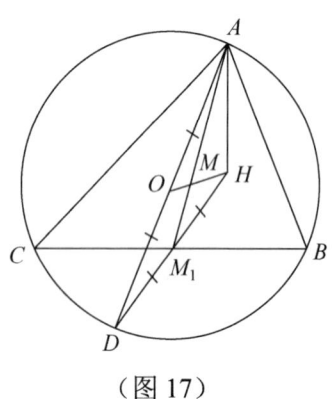

（图 16）

**例 12** 证明：三角形 $ABC$ 的外心 $O$，重心 $M$ 和垂心 $H$ 三点共线，并且 $OM = \dfrac{1}{2}MH$（此线称为欧拉线）.

**证明**：如图 17 所示，在三角形 $ABC$ 中引中线 $AM_1$，$M$ 为重心，即 $\dfrac{AM}{MM_1} = 2$，则 $H$ 关于 $M_1$ 的对称点 $D$ 在三角形的外接圆上，则易证，$D$ 为 $A$ 的对径点. 即 $\dfrac{DH}{DM_1} = 2$，$\dfrac{AO}{OD} = 1$.

（图 17）

对三角形 $ADM_1$ 及点 $O$，$M$，$H$，$\dfrac{AO}{OD} \cdot \dfrac{DH}{DM_1} \cdot \dfrac{M_1M}{MA} = \dfrac{1}{1} \cdot \dfrac{2}{1} \cdot \dfrac{1}{2} = 1$，根据梅涅劳斯定理的充分性，得 $O$，$M$，$H$ 三点共线.

此时，对三角形 $MHM_1$ 和截线 $AOD$，得 $1 = \dfrac{MO}{OH} \cdot \dfrac{HD}{DM_1} \cdot \dfrac{M_1A}{AM} = \dfrac{MO}{OH} \cdot \dfrac{2}{1} \cdot \dfrac{3}{2}$，

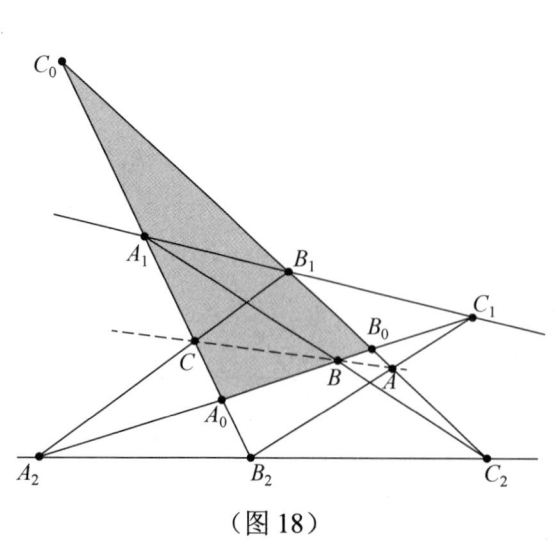

所以 $\dfrac{MO}{OH} = \dfrac{1}{3}$，因此 $OM = \dfrac{1}{2}MH$.

**例 13** 如图 18 所示，在一条直线上取点 $A_1$，$B_1$，$C_1$，而在另一条直线取点 $A_2$，$B_2$，$C_2$. 直线 $A_1B_2$，$A_2B_1$，$B_1C_2$ 和 $B_2C_1$，$C_1A_2$，$C_2A_1$ 分别交于点 $C$，$A$，$B$. 证明：点 $A$，$B$，$C$ 三点共线（帕普斯定理）.

**证明**：对 $\triangle A_0B_0C_0$ 和截线 $A_2CB_1$，$A_1BC_2$，$B_2AC_1$，$A_1B_1C_1$，

（图 18）

$A_2B_2C_2$,根据梅涅劳斯定理,得 $\dfrac{A_0A_2}{A_2B_0} \cdot \dfrac{B_0B_1}{B_1C_0} \cdot \dfrac{C_0C}{CA_0} = 1$,$\dfrac{A_0B}{BB_0} \cdot \dfrac{B_0C_2}{C_2C_0} \cdot \dfrac{C_0A_1}{A_1A_0} = 1$,$\dfrac{B_0A}{AC_0} \cdot \dfrac{C_0B_2}{B_2A_0} \cdot \dfrac{A_0C_1}{C_1B_0} = 1$,$\dfrac{A_0A_1}{A_1C_0} \cdot \dfrac{C_0B_1}{B_1B_0} \cdot \dfrac{B_0C_1}{C_1A_0} = 1$,$\dfrac{A_0B_2}{B_2C_0} \cdot \dfrac{C_0C_2}{C_2B_0} \cdot \dfrac{B_0A_2}{A_2A_0} = 1$.

五式相乘得 $\dfrac{C_0C}{CA_0} \cdot \dfrac{A_0B}{BB_0} \cdot \dfrac{B_0A}{AC_0} = 1$.

根据梅涅劳斯定理的充分性,得 $A$,$B$,$C$ 三点共线.

**例 14** 证明:圆内接六边形 $ABCDEF$(不要求是凸的)三组对边 $AB$ 和 $DE$,$CD$ 和 $FA$,$EF$ 和 $BC$ 的交点 $L$,$M$,$N$ 共线(帕斯卡定理).

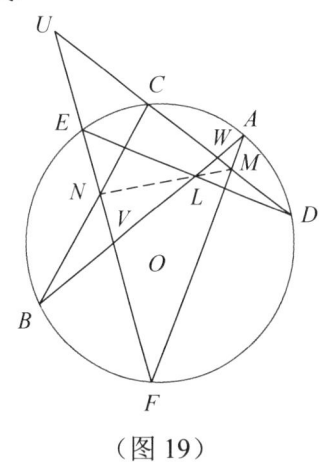

**证明**:如图 19 所示,设三直线 $AB$,$CD$,$EF$ 两两相交成 $\triangle UVW$,对 $\triangle UVW$ 和截线 $BCN$,$DEL$,$FAM$,应用梅涅劳斯定理,得 $\dfrac{UN}{NV} \cdot \dfrac{VB}{BW} \cdot \dfrac{WC}{CU} = 1$,$\dfrac{UE}{EV} \cdot \dfrac{VL}{LW} \cdot \dfrac{WD}{DU} = 1$,$\dfrac{UF}{FV} \cdot \dfrac{VA}{AW} \cdot \dfrac{WM}{MU} = 1$.

(图 19)

三式相乘,由相交弦定理及切割线定理,得
$\left(\dfrac{UN}{NV} \cdot \dfrac{VB}{BW} \cdot \dfrac{WC}{CU}\right) \cdot \left(\dfrac{UE}{EV} \cdot \dfrac{VL}{LW} \cdot \dfrac{WD}{DU}\right) \cdot \left(\dfrac{UF}{FV} \cdot \dfrac{VA}{AW} \cdot \dfrac{WM}{MU}\right) = 1$,即 $\left(\dfrac{UN}{NV} \cdot \dfrac{VL}{LW} \cdot \dfrac{WM}{MU}\right) \cdot \left(\dfrac{VB}{BW} \cdot \dfrac{WC}{CU} \cdot \dfrac{UE}{EV} \cdot \dfrac{WD}{DU} \cdot \dfrac{UF}{FV} \cdot \dfrac{VA}{AW}\right) = 1$,$\left(\dfrac{UN}{NV} \cdot \dfrac{VL}{LW} \cdot \dfrac{WM}{MU}\right) \cdot \left(\dfrac{VB \cdot VA}{EV \cdot FV} \cdot \dfrac{WC \cdot WD}{BW \cdot AW} \cdot \dfrac{UE \cdot UF}{CU \cdot DU}\right) = 1$,

所以,得 $\dfrac{UN}{NV} \cdot \dfrac{VL}{LW} \cdot \dfrac{WM}{MU} = 1$.

由梅涅劳斯定理的充分性,得 $L$,$M$,$N$ 共线.

## 25.3 竞赛题、著名定理选讲

**例 15** 如图 20 所示,$\triangle ABC$ 被通过它的 3 个顶点与一个内点 $O$ 的 3 条直线分为 6 个小三角形,其中 4 个小三角形的面积已在图中标出,求 $\triangle ABC$ 的面积.

(第 3 届美国数学邀请赛试题)

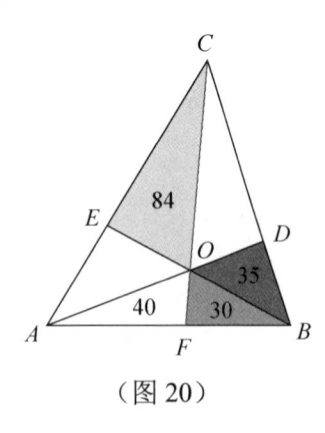

**解**：依题意，$\dfrac{AF}{FB} = \dfrac{4}{3}$，$\dfrac{DO}{OA} = \dfrac{1}{2}$，对 $\triangle ABD$ 与截线 $FOC$，由梅涅劳斯定理，得 $\dfrac{AF}{FB} \cdot \dfrac{BC}{CD} \cdot \dfrac{DO}{OA} = \dfrac{4}{3} \cdot \dfrac{BC}{CD} \cdot \dfrac{1}{2} = 1$.

所以 $\dfrac{BC}{CD} = \dfrac{3}{2}$，所以 $\dfrac{BC}{BD} = 3$.

因此 $S_{\triangle ABC} = 3 S_{\triangle ABD} = 3(40+30+35) = 315$.

**说明**：本解法没有应用 $S_{\triangle OCE} = 84$ 这一条件，因此本题的已知条件多余.

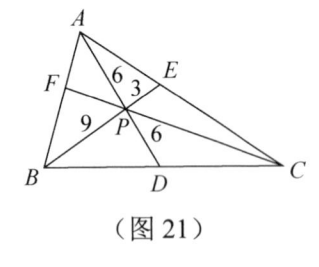

**例 16** 如图 21 所示，$P$ 是 $\triangle ABC$ 内一点，引线段 $APD$，$BPE$，$CPF$，使 $D$ 在 $BC$ 上，$E$ 在 $CA$ 上，$F$ 在 $AB$ 上．已知 $AP=6$，$BP=9$，$PD=6$，$PE=3$，$CF=20$，求 $\triangle ABC$ 的面积.

(第 7 届美国数学邀请赛试题)

**解**：如图，对 $\triangle BDP$ 与截线 $CEA$，由梅涅劳斯定理，得 $\dfrac{BC}{CD} \cdot \dfrac{DA}{AP} \cdot \dfrac{PE}{EB} = \dfrac{BC}{CD} \cdot \dfrac{12}{6} \cdot \dfrac{3}{12} = 1$.

所以 $\dfrac{BC}{CD} = 2$，所以 $BD = DC$.

对 $\triangle CDP$ 与截线 $BFA$，由梅涅劳斯定理，得 $\dfrac{CB}{BD} \cdot \dfrac{DA}{AP} \cdot \dfrac{PF}{FC} = \dfrac{2}{1} \cdot \dfrac{2}{1} \cdot \dfrac{PF}{FC} = 1$，

所以 $\dfrac{PF}{FC} = \dfrac{1}{4}$.

又 $CF=20$，故 $CP=15$.

在 $\triangle PBC$ 中，由中线长公式得 $PD = \dfrac{1}{2}\sqrt{2(PB^2 + PC^2) - BC^2}$，计算得 $BC = 2\sqrt{117}$，从而 $BD = \sqrt{117}$，由此知 $BP^2 + PD^2 = 6^2 + 9^2 = 117 = BD^2$．所以 $\angle BPD = 90°$.

所以 $S_{\triangle PBD} = \dfrac{1}{2} \times 9 \times 6 = 27$，$S_{\triangle ABC} = 2S_{\triangle ABD} = 4S_{\triangle PBD} = 108$.

**例 17** 圆 $S$ 分别切圆 $S_1$ 和 $S_2$ 于点 $A_1$ 和 $A_2$．证明：直线 $A_1A_2$ 过圆 $S_1$ 和 $S_2$

的内公切线或外公切线的交点.

**证明**：如图 22 所示，设 $O$，$O_1$，$O_2$ 分别是圆 $S$，$S_1$，$S_2$ 的圆心. $R$，$R_1$，$R_2$ 分别是圆 $S$，$S_1$，$S_2$ 的半径，$X$ 是直线 $O_1O_2$ 与 $A_1A_2$ 的交点. 对 $\triangle OO_1O_2$ 和点 $X$，$A_1$，$A_2$，应用梅涅劳斯定理，得 $\dfrac{O_1X}{XO_2}\cdot\dfrac{O_2A_2}{A_2O}\cdot\dfrac{OA_1}{A_1O_1}=1$.

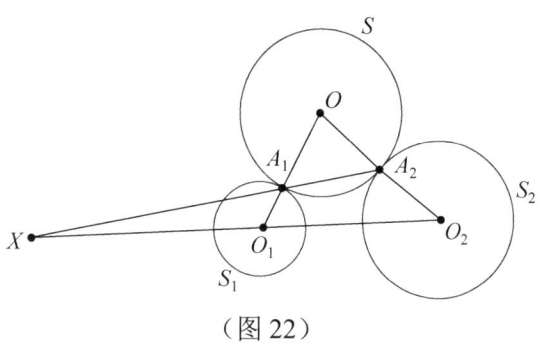

所以 $\dfrac{O_1X}{XO_2}=\dfrac{O_1A_1}{O_2A_2}=\dfrac{R_1}{R_2}$. 可见，点 $X$ 是直线 $A_1A_2$ 过圆 $S_1$ 和 $S_2$ 的内共切线或外公切线的交点.

**例 18** 如图 23 所示，$\triangle ABC$ 的内切圆分别切三边 $BC$，$CA$，$AB$ 于点 $D$，$E$，$F$. 点 $X$ 是 $\triangle ABC$ 的一个内点，$\triangle XBC$ 的内切圆也在点 $D$ 处与 $BC$ 相切，并与 $CX$，$XB$ 分别相切于点 $Y$，$Z$. 证明：四边形 $EFZY$ 是圆内接四边形.

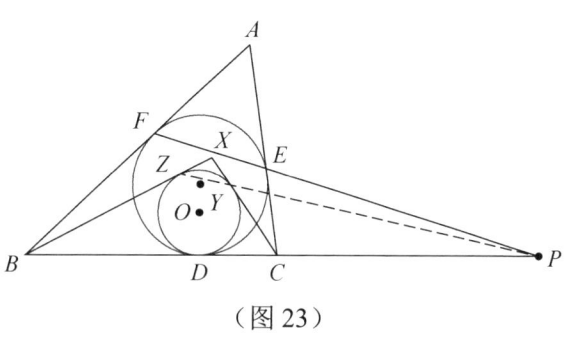

（1995 年第 36 届 IMO 预选题）

**分析**：观察图形，注意 $D$ 是两个内切圆在 $BC$ 边上的公共切点，联想到只要 $P$，$Y$，$Z$ 三点共线，就可以利用切割线定理证明 $E$，$F$，$Z$，$Y$ 四点共圆.

为了在 $\triangle XBC$ 中运用梅氏定理来证明 $P$，$Y$，$Z$ 三点共线，可从 $\triangle ABC$ 与截线 $FEP$ 出发利用切线长定理进行转化.

**证明**：对 $\triangle ABC$ 与截线 $FEP$，由梅涅劳斯定理，有 $\dfrac{AF}{FB}\cdot\dfrac{BP}{PC}\cdot\dfrac{CE}{EA}=1$，

根据切线长定理，有 $CE=CD=CY$，$BF=BD=BZ$，从而 $\dfrac{CE}{FB}=\dfrac{CY}{ZB}$. 又 $\dfrac{AF}{EA}=1=\dfrac{XZ}{YX}$，代入上式得 $\dfrac{XZ}{ZB}\cdot\dfrac{BP}{PC}\cdot\dfrac{CY}{YX}=1$.

由梅涅劳斯定理的充分性，可知 $P$，$Y$，$Z$ 三点共线. 故由切线长定理有 $PE\cdot PF=PD^2$，$PY\cdot PZ=PD^2$，所以 $PE\cdot PF=PY\cdot PZ$.

从而，$E$，$F$，$Z$，$Y$ 四点共圆. 即 $EFZY$ 是圆内接四边形.

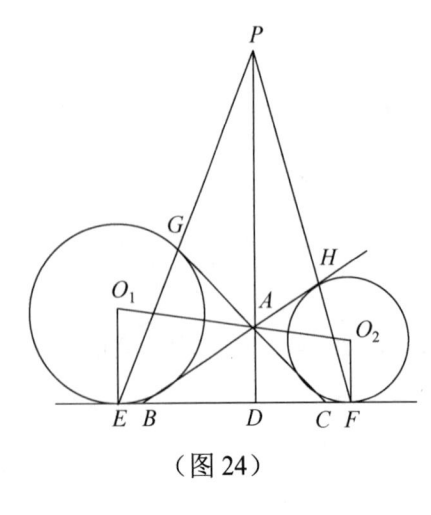

**例 19** 如图 24 所示，圆 $O_1$ 和圆 $O_2$ 与 $\triangle ABC$ 的三边所在的 3 条直线都相切，$E, F, G, H$ 为切点，并且 $EG, FH$ 的延长线交于点 $P$. 求证：直线 $PA$ 与 $BC$ 垂直.

**（1996 年全国高中数学联赛试题）**

**证明**：可将 $A$ 看成圆 $O_1$ 和圆 $O_2$ 内公切线的交点，因而是它们的位似中心. 所以 $\dfrac{AG}{AH}$, $\dfrac{AO_1}{AO_2}$ 都等于两圆半径的比. 若结论成立，则 $\dfrac{ED}{DF} = \dfrac{AO_1}{AO_2}$. 反之，若 $\dfrac{ED}{DF} = \dfrac{AO_1}{AO_2}$，则结论成立.

（图 24）

对 $\triangle CAD$ 与截线 $PGE$，由梅涅劳斯定理，得 $\dfrac{DP}{PA} \cdot \dfrac{AG}{GC} \cdot \dfrac{CE}{ED} = 1$.

而 $GC=CE$，故 $ED = \dfrac{DP}{PA} \cdot AG$. 同理 $DF = \dfrac{DP}{PA} \cdot AH$. 故 $\dfrac{ED}{DF} = \dfrac{AG}{AH} = \dfrac{AO_1}{AO_2}$.

所以直线 $PA$ 与 $BC$ 垂直.

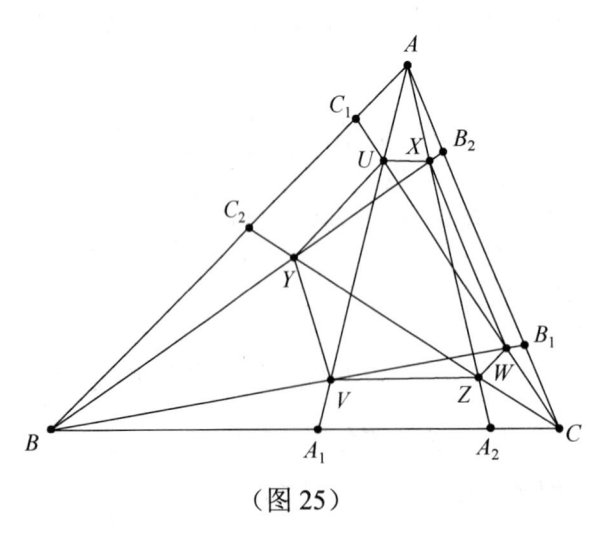

**例 20** 给定锐角 $\triangle ABC$，在 $BC$ 边上取点 $A_1, A_2$（$A_2$ 位于 $A_1$ 与 $C$ 之间），在 $CA$ 边上取点 $B_1, B_2$（$B_2$ 位于 $B_1$ 与 $A$ 之间），在 $AB$ 边上取点 $C_1, C_2$（$C_2$ 位于 $C_1$ 与 $B$ 之间），使得 $\angle AA_1A_2 = \angle AA_2A_1 = \angle BB_1B_2 = \angle BB_2B_1 = \angle CC_1C_2 = \angle CC_2C_1$. 直线 $AA_1, BB_1, CC_1$ 可交成一个三角形 $UVW$，直线 $AA_2, BB_2, CC_2$ 可交成另一个三角形 $XYZ$. 证明：这两个三角形的 6 个顶点共圆.

**（1995 年第 36 届 IMO 预选题）**

**分析**：如图 25 所示，设题中所说的两个三角形分别是 $\triangle UVW$ 和 $\triangle XYZ$. 先通过对图形的观察进行猜想：$UX // A_1A_2$，即 $\dfrac{AU}{UA_1} = \dfrac{AX}{XA_2}$.

因对 $\triangle AA_1B$ 与截线 $CUC_1$，以及对 $\triangle AA_2C$ 与截线 $BXB_2$，由梅涅

（图 25）

— 284 —

劳斯定理，可得 $\dfrac{AU}{UA_1} \cdot \dfrac{A_1C}{CB} \cdot \dfrac{BC_1}{C_1A} = 1$ 及 $\dfrac{AX}{XA_2} \cdot \dfrac{A_2B}{BC} \cdot \dfrac{CB_2}{B_2A} = 1$.

$\dfrac{AU}{UA_1} = \dfrac{C_1A}{C_1B} \cdot \dfrac{BC}{CA_1}$，$\dfrac{AX}{XA_2} = \dfrac{AB_2}{B_2C} \cdot \dfrac{CB}{BA_2}$.

为了证 $\dfrac{AU}{UA_1} = \dfrac{AX}{XA_2}$，故只要证 $\dfrac{AC_1}{C_1B \cdot CA_1} = \dfrac{AB_2}{B_2C \cdot BA_2}$，即只要证 $\dfrac{AC_1}{AB_2} \cdot \dfrac{BA_2}{BC_1} \cdot \dfrac{CB_2}{CA_1} = 1$. …… （*）

由 $\triangle AC_1C \backsim \triangle AB_2B$，$\triangle BA_2A \backsim \triangle BC_1C$，$\triangle CB_2B \backsim \triangle CA_1A$ 知，$\dfrac{AC_1}{AB_2} = \dfrac{AC}{AB}$，$\dfrac{BA_2}{BC_1} = \dfrac{AB}{BC}$，$\dfrac{CB_2}{CA_1} = \dfrac{BC}{AC}$，故知（*）式一定成立的. 从而 $UX \parallel A_1A_2$ 成立. 同理可证 $WX \parallel B_1B_2$，由此命题可通过等角转换获证.

**证明：** 题中所说的两个三角形分别是图 21 中的 $\triangle UVW$ 和 $\triangle XYZ$.

分别对 $\triangle AA_1B$ 与截线 $CUC_1$，以及对 $\triangle AA_2C$ 与截线 $BXB_2$，由梅涅劳斯定理，可得

$\dfrac{AU}{UA_1} \cdot \dfrac{A_1C}{CB} \cdot \dfrac{BC_1}{C_1A} = 1$. …… ①

$\dfrac{AX}{XA_2} \cdot \dfrac{A_2B}{BC} \cdot \dfrac{CB_2}{B_2A} = 1$. …… ②

又由 $\triangle AC_1C \backsim \triangle AB_2B$，$\triangle BA_2A \backsim \triangle BC_1C$，$\triangle CB_2B \backsim \triangle CA_1A$ 得，$\dfrac{AC_1}{AB_2} = \dfrac{AC}{AB}$，$\dfrac{BA_2}{BC_1} = \dfrac{AB}{BC}$，$\dfrac{CB_2}{CA_1} = \dfrac{BC}{AC}$，所以 $\dfrac{AC_1}{AB_2} \cdot \dfrac{BA_2}{BC_1} \cdot \dfrac{CB_2}{CA_1} = 1$. …… ③

①×②×③得 $\dfrac{AU}{UA_1} = \dfrac{AX}{XA_2}$，所以 $UX \parallel BC$. 同理可证 $WX \parallel CA$.

因此 $\angle AUX = \angle AA_1A_2 = \angle BB_1B_2 = \angle BWX$.

所以 $X$ 在 $\triangle UVW$ 的外接圆上，类似可得 $Y, Z$ 也在 $\triangle UVW$ 的外接圆上. 即 $U, V, W, X, Y, Z$ 六点共圆.

# 第26讲 塞瓦定理及其应用

连接三角形一个顶点和对边上一点的线段叫作这个三角形的一条**塞瓦线**. 塞瓦（G-Cevo，1647—1734）是意大利数学家兼水利工程师. 他在 1678 年发表了一个著名的定理，后世以他的名字来命名，叫作塞瓦定理.

**塞瓦定理** 从 $\triangle ABC$ 的每个顶点作一条塞瓦线 $AX$，$BY$，$CZ$. 则 $AX$，$BY$，$CZ$ 共点的充要条件是 $\dfrac{BX}{XC} \cdot \dfrac{CY}{YA} \cdot \dfrac{AZ}{ZB} = 1$.

塞瓦定理实质上包含了充分性与必要性两个命题.

**充分性命题** 设 $\triangle ABC$ 的 3 条塞瓦线 $AX$，$BY$，$CZ$ 共点，则必有 $\dfrac{BX}{XC} \cdot \dfrac{CY}{YA} \cdot \dfrac{AZ}{ZB} = 1$.

**必要性命题** 设 $\triangle ABC$ 中的 3 条塞瓦线 $AX$，$BY$，$CZ$ 满足 $\dfrac{BX}{XC} \cdot \dfrac{CY}{YA} \cdot \dfrac{AZ}{ZB} = 1$，则 $AX$，$BY$，$CZ$ 共点.

我们先证**充分性**："设 $\triangle ABC$ 的 3 条塞瓦线 $AX$，$BY$，$CZ$ 共点 $P$，则必有 $\dfrac{BX}{XC} \cdot \dfrac{CY}{YA} \cdot \dfrac{AZ}{ZB} = 1$."

**证明**：如图 1 所示，易知 $\dfrac{BX}{XC} = \dfrac{S_{\triangle ABX}}{S_{\triangle ACX}} = \dfrac{S_{\triangle PBX}}{S_{\triangle PCX}} = \dfrac{S_{\triangle ABX} - S_{\triangle PBX}}{S_{\triangle ACX} - S_{\triangle PCX}} = \dfrac{S_{\triangle PAB}}{S_{\triangle PCA}}$.

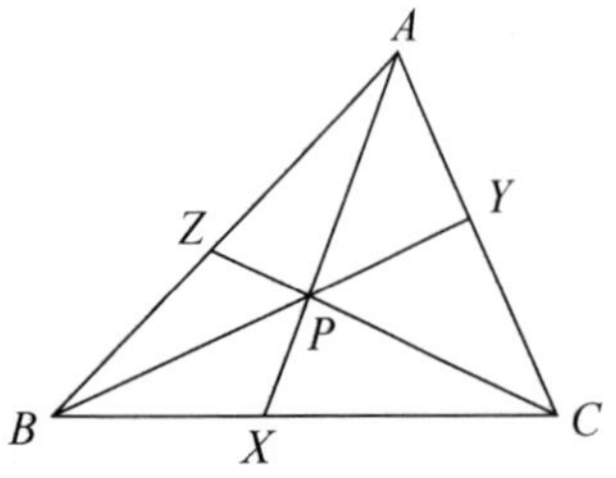

同理可得 $\dfrac{CY}{YA} = \dfrac{S_{\triangle PBC}}{S_{\triangle PAB}}$，$\dfrac{AZ}{ZB} = \dfrac{S_{\triangle PCA}}{S_{\triangle PBC}}$.

三式相乘得 $\dfrac{BX}{XC} \cdot \dfrac{CY}{YA} \cdot \dfrac{AZ}{ZB} = \dfrac{S_{\triangle PAB}}{S_{\triangle PCA}} \cdot \dfrac{S_{\triangle PBC}}{S_{\triangle PAB}} \cdot \dfrac{S_{\triangle PCA}}{S_{\triangle PBC}} = 1$.

（图1）

我们再证**必要性**:"设 $\triangle ABC$ 中的 3 条塞瓦线 $AX$,$BY$,$CZ$ 满足 $\dfrac{BX}{XC} \cdot \dfrac{CY}{YA} \cdot \dfrac{AZ}{ZB} = 1$,则 $AX$,$BY$,$CZ$ 共点."

**证明**:如图 2 所示,假设 $AX$ 与 $BY$ 这两条塞瓦线相交于点 $P$. 连接 $CP$ 交 $AB$ 于点 $Z'$,则 $CZ'$ 也是一条过点 $P$ 的 $\triangle ABC$ 的塞瓦线. 根据已证的充分性命题,可得 $\dfrac{BX}{XC} \cdot \dfrac{CY}{YA} \cdot \dfrac{AZ'}{Z'B} = 1$,但已知 $\dfrac{BX}{XC} \cdot \dfrac{CY}{YA} \cdot \dfrac{AZ}{ZB} = 1$,比较两式知 $\dfrac{AZ'}{Z'B} = \dfrac{AZ}{ZB}$.

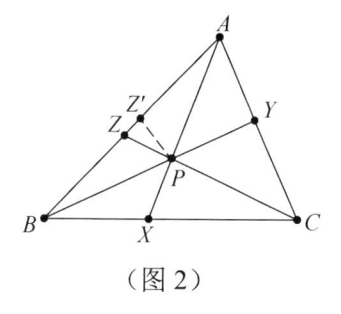

(图 2)

由和比定理得 $\dfrac{AZ'}{AZ' + Z'B} = \dfrac{AZ}{AZ + ZB}$,即 $\dfrac{AZ'}{AB} = \dfrac{AZ}{AB}$,因此 $AZ' = AZ$.

所以点 $Z'$ 与点 $Z$ 重合. 从而 $CZ'$ 与 $CZ$ 重合,于是得出 $AX$,$BY$,$CZ$ 共点.

**注意**:设 $X$,$Y$,$Z$ 分别是 $\triangle ABC$ 的三边 $BC$,$CA$,$AB$ 上的点,我们将研究 3 条塞瓦线形成的比例乘积式 $\dfrac{BX}{XC} \cdot \dfrac{CY}{YA} \cdot \dfrac{AZ}{ZB}$,得

$$\dfrac{BX}{XC} \cdot \dfrac{CY}{YA} \cdot \dfrac{AZ}{ZB} = \dfrac{S_{\triangle BAX}}{S_{\triangle XAC}} \cdot \dfrac{S_{\triangle CBY}}{S_{\triangle YBA}} \cdot \dfrac{S_{\triangle ACZ}}{S_{\triangle ZCB}}$$

$$= \dfrac{BA \cdot AX \sin \angle BAX}{XA \cdot AC \sin \angle XAC} \cdot \dfrac{CB \cdot BY \sin \angle CBY}{YB \cdot BA \sin \angle YBA} \cdot \dfrac{AC \cdot CZ \sin \angle ACZ}{ZC \cdot CB \sin \angle ZCB}$$

$$= \dfrac{\sin \angle BAX}{\sin \angle XAC} \cdot \dfrac{\sin \angle CBY}{\sin \angle YBA} \cdot \dfrac{\sin \angle ACZ}{\sin \angle ZCB}.$$

因此,我们得到塞瓦定理的另一种表现形式——**角元形式**的塞瓦定理.

**角元形式的塞瓦定理** 设 $X$,$Y$,$Z$ 分别是 $\triangle ABC$ 的三边 $BC$,$CA$,$AB$ 上的点,则三直线 $AX$,$BY$,$CZ$ 共点的充要条件是 $\dfrac{\sin \angle BAX}{\sin \angle XAC} \cdot \dfrac{\sin \angle CBY}{\sin \angle YBA} \cdot \dfrac{\sin \angle ACZ}{\sin \angle ZCB} = 1$.

角元形式的塞瓦定理,有时应用起来也是很便捷的.

## 26.1 三角形的"心"与特殊点

**例 1** 如图 3 所示,若 $AX$,$BY$,$CZ$ 是 $\triangle ABC$ 的 3 条中线(即 $BX = XC$,$CY = YA$,$AZ = ZB$),求证:$AX$,$BY$,$CZ$ 共点.

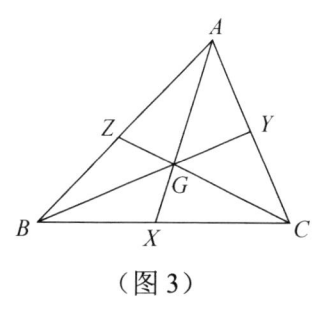

(图 3)

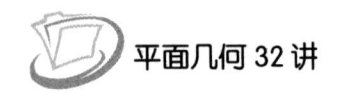

证明：由条件 $BX = XC$，$CY = YA$，$AZ = ZB$，所以 $\dfrac{BX}{XC} \cdot \dfrac{CY}{YA} \cdot \dfrac{AZ}{ZB} = 1$.

根据塞瓦定理的必要性知，3 条中线 $AX$，$BY$，$CZ$ 共点. 这个点称为这个三角形的**重心**，一般记为 $G$.

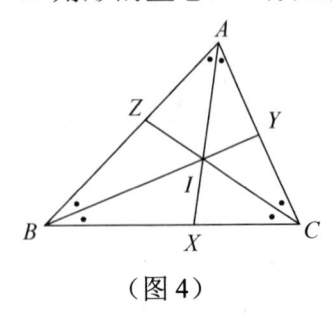

（图 4）

**例 2** 如图 4 所示，若 $AX$，$BY$，$CZ$ 是 $\triangle ABC$ 的 3 条内角平分线（即 $\angle BAX = \angle CAX$，$\angle CBY = \angle ABY$，$\angle ACZ = \angle BCZ$），求证：$AX$，$BY$，$CZ$ 共点.

证明：由三角形内角平分线定理，得 $\dfrac{BX}{XC} = \dfrac{AB}{AC}$，$\dfrac{CY}{YA} = \dfrac{BC}{AB}$，$\dfrac{AZ}{ZB} = \dfrac{CA}{CB}$.

三式两边分别相乘，得 $\dfrac{BX}{XC} \cdot \dfrac{CY}{YA} \cdot \dfrac{AZ}{ZB} = \dfrac{AB}{AC} \cdot \dfrac{BC}{AB} \cdot \dfrac{CA}{CB} = 1$.

根据塞瓦定理的必要性知，三角形 3 条内角平分线 $AX$，$BY$，$CZ$ 共点. 这个点称为这个三角形的**内心**，一般记为 $I$.

**例 3** 若 $AX$，$BY$，$CZ$ 是 $\triangle ABC$ 的 3 条高线（即 $AX \perp BC$，$BY \perp CA$，$CZ \perp AB$），求证：$AX$，$BY$，$CZ$ 共点.

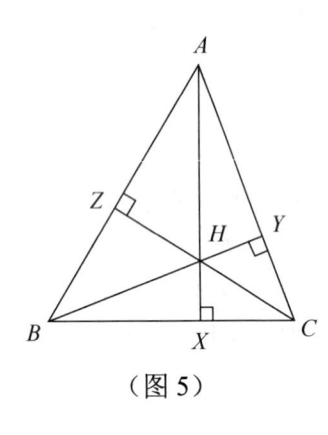

证明：如图 5 所示，若 $AX$，$BY$，$CZ$ 是锐角 $\triangle ABC$ 的 3 条高线（$AX \perp BC$，$BY \perp CA$，$CZ \perp AB$），则 $\dfrac{BX}{XC} = \dfrac{AB\cos\angle B}{AC\cos\angle C}$，$\dfrac{CY}{YA} = \dfrac{BC\cos\angle C}{AB\cos\angle A}$，$\dfrac{AZ}{ZB} = \dfrac{AC\cos\angle A}{BC\cos\angle B}$.

三式相乘，得 $\dfrac{BX}{XC} \cdot \dfrac{CY}{YA} \cdot \dfrac{AZ}{ZB} = \dfrac{AB\cos\angle B}{AC\cos\angle C} \cdot \dfrac{BC\cos\angle C}{AB\cos\angle A} \cdot \dfrac{AC\cos\angle A}{BC\cos\angle B} = 1$.

（图 5）

根据塞瓦定理的必要性可知，锐角三角形的 3 条高线 $AX$，$BY$，$CZ$ 共点.

对直角三角形、钝角三角形同样可证该三角形的 3 条高线 $AX$，$BY$，$CZ$ 共点. 这个点称为这个三角形的**垂心**，一般记为 $H$.

需要说明的是，$\triangle ABC$ 的 3 条边的中垂线共点，这个点称为该三角形的外接圆圆心，简称**外心**，一般记为 $O$.

如图 6 所示，$\triangle ABC$ 的中点三角形为 $\triangle A_1B_1C_1$，中点三角形 3 条高线共点

$H$，就是 $\triangle ABC$ 三边的中垂线共点.

**例 4** 如图 7 所示，$P$ 为 $\triangle ABC$ 内一点，连接 $PA$，$PB$，$PC$. $\angle BPC$ 的平分线交 $BC$ 于点 $X$，$\angle CPA$ 的平分线交 $CA$ 于点 $Y$，$\angle APB$ 的平分线交 $AB$ 于点 $Z$. 求证：$AX$，$BY$，$CZ$ 三线共点.

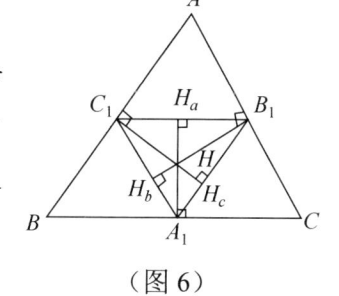

**证明**：由内角平分线性质定理，得 $\dfrac{BX}{XC}=\dfrac{PB}{PC}$，$\dfrac{CY}{YA}=\dfrac{PC}{PA}$，$\dfrac{AZ}{ZB}=\dfrac{PA}{PB}$.

三式相乘得 $\dfrac{BX}{XC}\cdot\dfrac{CY}{YA}\cdot\dfrac{AZ}{ZB}=\dfrac{PB}{PC}\cdot\dfrac{PC}{PA}\cdot\dfrac{PA}{PB}=1$.

由塞瓦定理的必要性知，$AX$，$BY$，$CZ$ 三线共点.

**例 5** 试证：过三角形 3 个顶点且平分三角形周界的 3 条直线共点. 已知 $AD$，$BE$，$CF$ 平分 $\triangle ABC$ 的周界. 求证：$AD$，$BE$，$CF$ 共点.

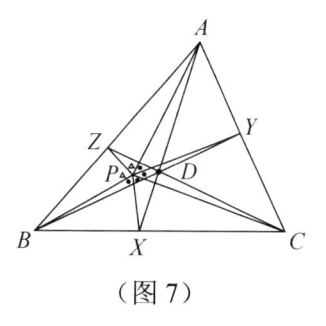

**证明**：设 $\triangle ABC$ 的周界为 $2p$，如图 8 所示，$BD+CD=a$，$c+BD=b+CD$，二式相加得 $2BD=a+b-c=2p-2c$，所以 $BD=p-c$. 二式相减得 $CD=\dfrac{1}{2}(c+a-b)=p-b$.

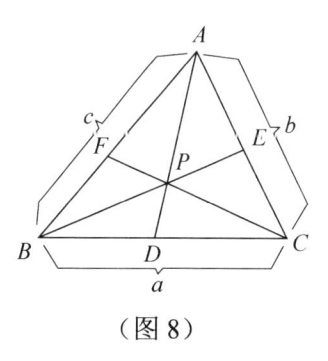

同理可得 $CE=p-a$，$AE=p-c$，$AF=p-b$，$BF=p-a$.

所以 $\dfrac{BD}{DC}\cdot\dfrac{CE}{EA}\cdot\dfrac{AF}{FB}=\dfrac{p-c}{p-b}\cdot\dfrac{p-a}{p-c}\cdot\dfrac{p-b}{p-a}=1$.

由塞瓦定理的必要性知，$AD$，$BE$，$CF$ 共点. 此点称为该三角形的**界心**.

**例 6** $\triangle ABC$ 的内切圆切边 $BC$，$CA$，$AB$ 于点 $D$，$E$，$F$. 求证：$AD$，$BE$，$CF$ 三线共点.

**证明**：如图 9 所示，$\triangle ABC$ 的内切圆分别切边 $BC$，$CA$，$AB$ 于点 $D$，$E$，$F$.

由切线长定理，得 $BD=BF=s-b$，$CD=CE=s-c$，$AE=AF=s-a$.

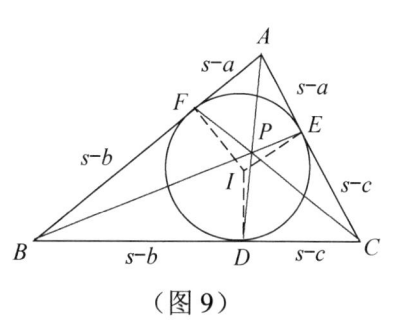

所以 $\dfrac{BD}{DC} \cdot \dfrac{CE}{EA} \cdot \dfrac{AF}{FB} = \dfrac{s-b}{s-c} \cdot \dfrac{s-c}{s-a} \cdot \dfrac{s-a}{s-b} = 1$.

根据塞瓦定理的必要性知，$AD$，$BE$，$CF$ 三线共点. 此点称为**葛尔刚**（Gergonne）**点**.

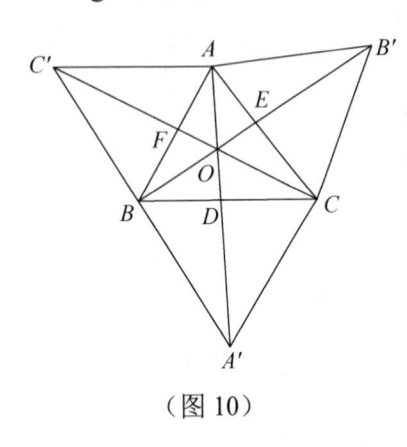

**例7** 在最大角小于 $120°$ 的 $\triangle ABC$ 的外侧，作 3 个正三角形 $\triangle BCA'$，$\triangle CAB'$，$\triangle ABC'$，如图 10 所示. 证明：$AA'$，$BB'$，$CC'$ 三线共点.

**证明：** 设 $AA'$，$BB'$，$CC'$ 分别与 $BC$，$CA$，$AB$ 交于点 $D$，$E$，$F$. 则有

$$\dfrac{BD}{DC} = \dfrac{S_{\triangle ABA'}}{S_{\triangle ACA'}} = \dfrac{AB \cdot BA' \sin(\angle ABC + 60°)}{AC \cdot CA' \sin(\angle ACD + 60°)}$$
$$= \dfrac{AB \sin(\angle ABC + 60°)}{AC \sin(\angle ACD + 60°)};$$

（图10）

同理可得 $\dfrac{CE}{EA} = \dfrac{BC \sin(\angle ACD + 60°)}{AB \sin(\angle CAB + 60°)}$；$\dfrac{AF}{FB} = \dfrac{AC \sin(\angle CAB + 60°)}{BC \sin(\angle ABC + 60°)}$.

三式相乘得 $\dfrac{BD}{DC} \cdot \dfrac{CE}{EA} \cdot \dfrac{AF}{FB} = \dfrac{AB \sin(\angle ABC + 60°)}{AC \sin(\angle ACB + 60°)} \cdot \dfrac{BC \sin(\angle ACB + 60°)}{AB \sin(\angle CAB + 60°)} \cdot$

$\dfrac{AC \sin(\angle CAB + 60°)}{BC \sin(\angle ABC + 60°)} = 1$.

根据塞瓦定理的必要性知，$AA'$，$BB'$，$CC'$ 三线共点.

$AA'$，$BB'$，$CC'$ 三线所共的点，称为 $\triangle ABC$ 的**正等角中心**，即**费马点**.

**例8** 证明：若通过 $\triangle ABC$ 各角的顶点的直线 $AD$，$BE$，$CF$ 共点，则这些直线关于相应的角平分线的对称直线 $AD_1$，$BE_1$，$CF_1$ 也共点.

**证明：** 如图 11 所示，由题设知 $AD$，$BE$，$CF$ 共点，由角元塞瓦定理，得

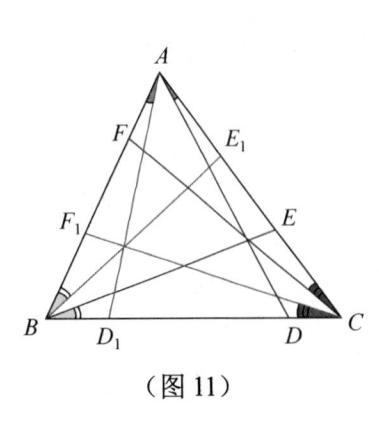

$$\dfrac{\sin \angle BAD}{\sin \angle DAC} \cdot \dfrac{\sin \angle CBE}{\sin \angle EBA} \cdot \dfrac{\sin \angle ACF}{\sin \angle FCB} = 1.$$

又由题设知，$\angle BAD_1 = \angle DAC$，$\angle D_1AC = \angle BAD$，$\angle CBE_1 = \angle EBA$，$\angle E_1BA = \angle CBE$，$\angle ACF_1 = \angle FCB$，$\angle F_1CB = \angle ACF$.

所以 $\dfrac{\sin \angle BAD_1}{\sin \angle D_1AC} \cdot \dfrac{\sin \angle CBE_1}{\sin \angle E_1BA} \cdot \dfrac{\sin \angle ACF_1}{\sin \angle F_1CB} =$

$\dfrac{\sin \angle DAC}{\sin \angle BAD} \cdot \dfrac{\sin \angle EBA}{\sin \angle CBE} \cdot \dfrac{\sin \angle FCB}{\sin \angle ACF}$

（图11）

$$= \frac{1}{\dfrac{\sin\angle BAD}{\sin\angle DAC} \cdot \dfrac{\sin\angle CBE}{\sin\angle EBA} \cdot \dfrac{\sin\angle ACF}{\sin\angle FCB}} = 1.$$

所以,由角元形式的塞瓦定理得必要性知,$AD_1$,$BE_1$,$CF_1$ 共点.

**说明**:图 11 中的 $AD$ 与 $AD_1$,$BE$ 与 $BE_1$,$CF$ 与 $CF_1$ 分别称为顶角 $\angle A$,$\angle B$,$\angle C$ 的**等角线**.称两个三线共点的点是**关于 △ABC 互为等角共轭点**.

## 26.2 塞瓦定理的综合应用

**例 9** 如图 12 所示,在 △ABC 的 BC 边上取点 D,$\angle ADB$ 和 $\angle ADC$ 的平分线分别与 AB,AC 交于点 F,E;求证:AD、BE、CF 相交于一点.

**证明**:由角平分线定理,得 $\dfrac{AF}{FB} = \dfrac{AD}{BD}$,$\dfrac{CE}{EA} = \dfrac{DC}{AD}$.

所以 $\dfrac{AF}{FB} \cdot \dfrac{BD}{DC} \cdot \dfrac{CE}{EA} = \dfrac{AD}{BD} \cdot \dfrac{BD}{DC} \cdot \dfrac{DC}{AD} = 1.$

(图 12)

根据塞瓦定理的必要性知,AD、BE、CF 三线共点,也就是相交于一点.

**例 10** 过平行四边形 ABCD 内任一点 P 引平行于它的邻边的两条直线,交一组对边 AB,CD 分别于点 E,F,交另一组对边 AD,CB 分别于点 G,H.求证:AH,CE,DP 三线共点.

**证明 1**:如图 13 所示,连接 EH.设直线 DP 分别交 EH 于点 L,交 AB 于点 K.

又 CE 交 HG 于点 M,AH 交 EP 于点 N.设法对 △PEH 利用塞瓦定理.

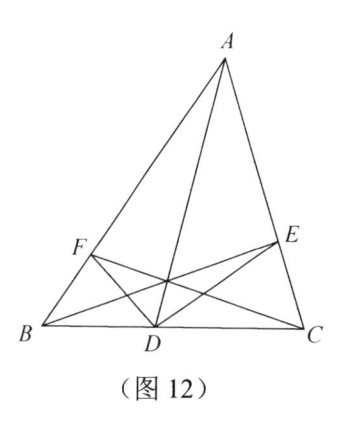

(图 13)

由平行截割定理,得 $\dfrac{HM}{MP} = \dfrac{HC}{PE} = \dfrac{PF}{PE} = \dfrac{FD}{EK} = \dfrac{EA}{EK}.$

又 $\dfrac{PN}{NE} = \dfrac{PH}{EA}$,$\dfrac{EL}{LH} = \dfrac{EK}{PH}.$

所以 $\dfrac{HM}{MP} \cdot \dfrac{PN}{NE} \cdot \dfrac{EL}{LH} = \dfrac{EA}{EK} \cdot \dfrac{PH}{EA} \cdot \dfrac{EK}{PH} = 1.$

根据塞瓦定理的必要性知,AH,CE,DP 三线共点.

**证明 2**：如图 14 所示，连接 $DE$ 交 $HG$ 于点 $Q$，连接 $DH$ 交 $EF$ 于点 $T$. 连接 $EH$，设 $DP$ 交 $EH$ 于点 $L$. 且 $CE$ 交 $HG$ 于点 $M$，$AH$ 交 $EP$ 于点 $N$.

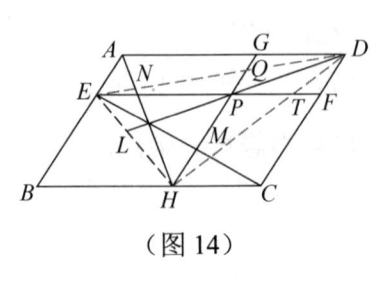

则在 $\triangle DEH$ 中，因三直线 $DL$，$HQ$，$ET$ 共点 $P$，根据塞瓦定理的充分性得 $\dfrac{EQ}{QD} \cdot \dfrac{DT}{TH} \cdot \dfrac{HL}{LE} = 1$. ……①

根据平行截线定理得 $\dfrac{EQ}{QD} = \dfrac{EM}{MC} = \dfrac{PM}{MH}$. 又 $\dfrac{DT}{TH} = \dfrac{AN}{NH} = \dfrac{EN}{NP}$. 代入①得：$\dfrac{PM}{MH} \cdot \dfrac{HL}{LE} \cdot \dfrac{EN}{NP} = \dfrac{EQ}{QD} \cdot \dfrac{HL}{LE} \cdot \dfrac{DT}{TH} = \dfrac{EQ}{QD} \cdot \dfrac{DT}{TH} \cdot \dfrac{HL}{LE} = 1$.

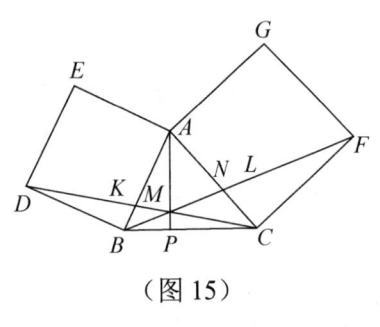

对于 $\triangle PEH$，根据塞瓦定理的必要性知，$AH$，$CE$，$DP$ 三线共点.

**例 11** 在 $\triangle ABC$ 的两边 $AB$，$AC$ 上向外作正方形 $ABDE$，$ACFG$. 设 $AP$ 是从点 $A$ 引 $BC$ 边的垂线. 求证：$AP$，$BF$，$CD$ 共点.

我们提供两种证法以资比较.

**证明 1**：利用垂心性质.

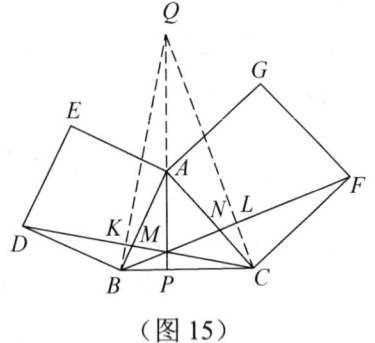

如图 15 所示，延长 $PA$，取 $AQ=BC$. 连接 $BQ$，$CQ$ 交 $CD$，$BF$ 分别于点 $K$，$L$. 则 $\angle QAE + \angle BAP = 90°$，$\angle ABP + \angle BAP = 90°$，所以 $\angle QAE = \angle ABP$. 则 $\angle QAB = \angle DBC$.

于是 $\triangle BAQ \cong \triangle DBC$（边角边）. 而 $\angle QBA = \angle CDB$，又 $\angle DMB = \angle KMB$，所以 $\angle BKM = \angle DBM = 90°$，所以 $CD \perp BQ$. 同理可证 $BF \perp CQ$.

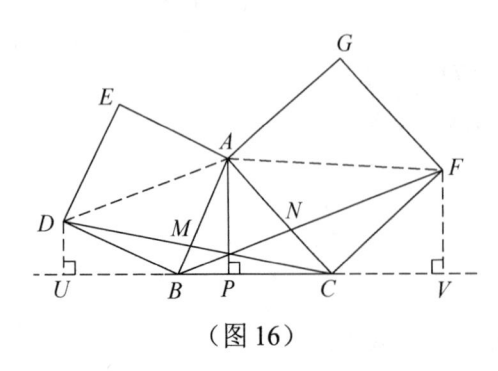

由 $BF$，$CD$，$AP$ 所在直线恰为 $\triangle QBC$ 的 3 条高线，因此必共点.

**证明 2**：利用塞瓦定理.

（图 14）

（图 15）

（图 15）

（图 16）

— 292 —

如图 16 所示，$AD = \sqrt{2}AB$，$AF = \sqrt{2}AC$．$\angle DAC = \angle BAC + 45° = \angle BAF$．易证，$\triangle CVF \cong \triangle APC$，$\triangle BDU \cong \triangle ABP$，所以 $FV = PC$，$DU = PB$．

由 $\dfrac{BP}{PC} \cdot \dfrac{CN}{NA} \cdot \dfrac{AM}{MB} = \dfrac{BP}{PC} \cdot \dfrac{S(\triangle BCF)}{S(\triangle BAF)} \cdot \dfrac{S(\triangle CAD)}{S(\triangle CBD)}$

$= \dfrac{BP}{PC} \cdot \dfrac{\frac{1}{2}BC \times PC}{\frac{1}{2}AB \times AF \sin \angle BAF} \cdot \dfrac{\frac{1}{2}AD \times AC \sin \angle DAC}{\frac{1}{2}BC \times PB}$

$= \dfrac{BP}{PC} \cdot \dfrac{BC \times PC}{AB \times \sqrt{2}AC} \cdot \dfrac{\sqrt{2}AB \times AC}{BC \times PB} = 1$．

根据塞瓦定理的必要性知，$CM$，$BN$，$AP$ 三线共点，即 $BF$，$CD$，$AP$ 三线共点．

**例12** 一圆交 $\triangle ABC$ 的各边所在直线于两点．设 $BC$ 边上的交点为 $D$，$D'$，$CA$ 边上的交点为 $E$，$E'$，$AB$ 边上的交点为 $F$，$F'$．若 $AD$，$BE$，$CF$ 共点，求证：$AD'$，$BE'$，$CF'$ 也共点．

**证明**：如图 17 所示，由题涉及塞瓦定理，得 $\dfrac{BD}{DC} \cdot \dfrac{CE}{EA} \cdot \dfrac{AF}{FB} = 1$．······①

又 $AF \cdot AF' = AE \cdot AE'$，所以 $\dfrac{AF}{EA} = \dfrac{E'A}{AF'}$．

同理可得 $\dfrac{BD}{FB} = \dfrac{F'B}{BD'}$，$\dfrac{CE}{DC} = \dfrac{D'C}{CE'}$．

后面 3 个式子相乘，并适当交换顺序得 $\dfrac{BD}{DC} \cdot \dfrac{CE}{EA} \cdot \dfrac{AF}{FB} = \dfrac{D'C}{BD'} \cdot \dfrac{E'A}{CE'} \cdot \dfrac{F'B}{AF'}$．······②

（图17）

由①、②两式得 $\dfrac{BD'}{D'C} \cdot \dfrac{CE'}{E'A} \cdot \dfrac{AF'}{F'B} = 1$．

由塞瓦定理的必要性知，$AD'$，$BE'$，$CF'$ 共点．

**例13** 如图 18 所示，$ABCD$ 为凸四边形，两组对边 $AB$，$DC$ 和 $AD$，$BC$ 延长后分别交于点 $E$，$F$．对角线 $BD /\!/ EF$．连接 $AC$ 延长交 $EF$ 于点 $G$．求证：$EG = GF$．

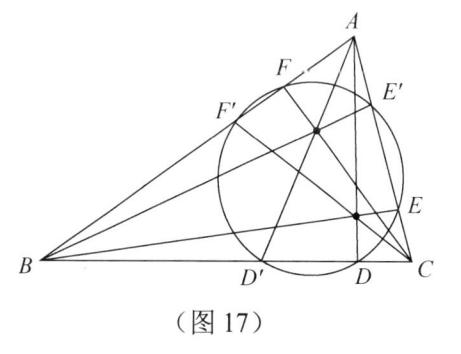

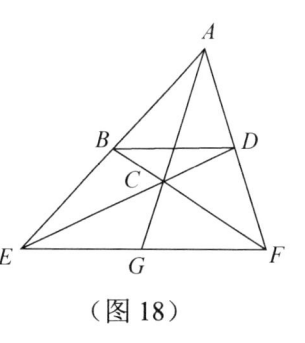

（图18）

分析：要证 $EG=GF$，等价于证明 $\dfrac{EG}{GF}=1$. 对图中 $\triangle AEF$ 有 3 条塞瓦线 $AG$，$ED$，$FB$ 共点 $C$，因此可试用塞瓦定理得出比例关系.

证明：由塞瓦定理的充分性，可得 $\dfrac{EG}{GF}\cdot\dfrac{FD}{DA}\cdot\dfrac{AB}{BE}=1$.

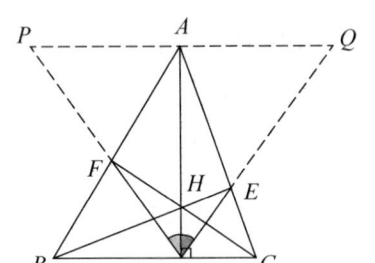

又因为 $BD//EF$，得 $\dfrac{AB}{BE}=\dfrac{AD}{DF}$，代入上式得 $\dfrac{EG}{GF}\cdot\dfrac{FD}{DA}\cdot\dfrac{AD}{DF}=1$，所以 $\dfrac{EG}{GF}=1$. 即 $EG=GF$.

（图 19）

**例 14** 锐角 $\triangle ABC$ 中，$H$ 是 $BC$ 边上的高线 $AD$ 内任意一点. $BH$ 和 $CH$ 的延长线分别交 $AC$，$AB$ 于点 $E$，$F$. 求证：$\angle EDH=\angle FDH$.

分析：如图 19 所示，过 $A$ 作 $PQ//BC$，交 $DF$，$DE$ 延长线于点 $P$，$Q$，则 $DA\perp PQ$. 要证 $\angle EDH=\angle FDH$，只需证 $PA=AQ$，即 $\dfrac{PA}{AQ}=1$. 又 $\triangle ABC$ 中，有 3 条塞瓦线 $AD$，$BE$，$CF$ 共点于 $H$，不妨应用塞瓦定理的充分性，推得比例式的乘积等于 1.

证明：如图 19 所示，过 $A$ 作 $PQ//BC$，交 $DF$，$DE$ 延长线于点 $P$，$Q$，则 $DA\perp PQ$.

由塞瓦定理的充分性，得 $\dfrac{AF}{FB}\cdot\dfrac{BD}{DC}\cdot\dfrac{CE}{EA}=1$. …… （*）

由 $PQ//BC$，得 $\dfrac{AF}{FB}=\dfrac{PA}{BD}$，$\dfrac{CE}{EA}=\dfrac{CD}{AQ}$.

代入式（*），得 $\dfrac{PA}{BD}\cdot\dfrac{BD}{DC}\cdot\dfrac{CD}{AQ}=1$. 所以 $\dfrac{PA}{AQ}=1$. 即 $PA=AQ$.

进而可得 $\mathrm{Rt}\triangle QAD\cong\mathrm{Rt}\triangle PAD$. 所以 $\angle QDA=\angle PDA$，即 $\angle EDH=\angle FDH$.

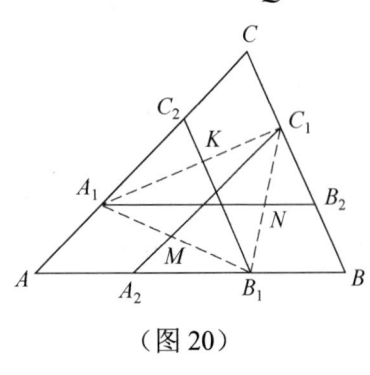

**例 15** 在 $\triangle ABC$ 中，如图 20 所示，作 $A_1B_2//AB$，$B_1C_2//BC$，$C_1A_2//CA$. 如果 $AA_2\cdot BB_2\cdot CC_2=A_2B_1\cdot B_2C_1\cdot C_2A_1$，求证：$A_1B_2$，$B_1C_2$，$C_1A_2$ 三线共点.

证明：如图 20 所示，连接 $A_1B_1$，$B_1C_1$，$C_1A_1$ 分别交 $A_2C_1$，$B_2A_1$，$C_2B_1$ 于点 $M$，$N$，$K$.

（图 20）

由 $A_1B_2 // AB$，$B_1C_2 // BC$，$C_1A_2 // CA$，根据平行截割定理得 $\dfrac{A_1M}{MB_1} = \dfrac{AA_2}{A_2B_1}$，$\dfrac{B_1N}{NC_1} = \dfrac{BB_2}{B_2C_1}$，$\dfrac{C_1K}{KA_1} = \dfrac{CC_2}{C_2A_1}$.

由已知 $AA_2 \cdot BB_2 \cdot CC_2 = A_2B_1 \cdot B_2C_1 \cdot C_2A_1$，得 $\dfrac{AA_2}{A_2B_1} \cdot \dfrac{BB_2}{B_2C_1} \cdot \dfrac{CC_2}{C_2A_1} = 1$，所以 $\dfrac{A_1M}{MB_1} \cdot \dfrac{B_1N}{NC_1} \cdot \dfrac{C_1K}{KA_1} = \dfrac{AA_2}{A_2B_1} \cdot \dfrac{BB_2}{B_2C_1} \cdot \dfrac{CC_2}{C_2A_1} = 1$.

在 $\triangle A_1B_1C_1$ 中，由塞瓦定理的必要性，得 $A_1B_2$，$B_1C_2$，$C_1A_2$ 三线共点.

**例 16** 经过 $\triangle ABC$ 内任意一点 $P$ 分别引平行于三角形三边的直线，它们将三边依次分成长为 $a_1, a_2, a_3$；$b_1, b_2, b_3$；$c_1, c_2, c_3$ 的线段，如图 21 所示. 求证：$a_1b_1c_1 = a_2b_2c_2 = a_3b_3c_3$.

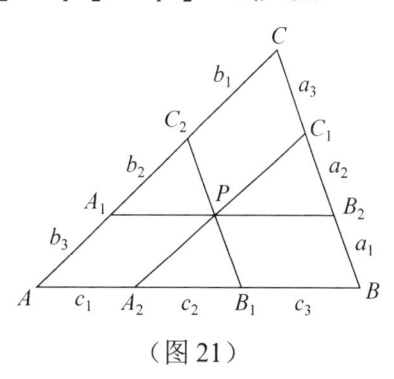

**证明**：如图 22 所示，连接 $A_1B_1$，$B_1C_1$，$C_1A_1$ 分别交 $A_2C_1$，$B_2A_1$，$C_2B_1$ 于点 $M$，$N$，$K$.

由 $A_1B_2 // AB$，$B_1C_2 // BC$，$C_1A_2 // CA$，根据平行截割定理得 $\dfrac{A_1M}{MB_1} = \dfrac{c_1}{c_2}$，$\dfrac{B_1N}{NC_1} = \dfrac{b_1}{b_2}$，$\dfrac{C_1K}{KA_1} = \dfrac{a_1}{a_2}$.

在 $\triangle A_1B_1C_1$ 中，由塞瓦定理的充分性得 $\dfrac{A_1M}{MB_1} \cdot \dfrac{B_1N}{NC_1} \cdot \dfrac{C_1K}{KA_1} = 1$

即 $\dfrac{c_1}{c_2} \cdot \dfrac{a_1}{a_2} \cdot \dfrac{b_1}{b_2} = 1$，所以 $a_1b_1c_1 = a_2b_2c_2$. ······ ①

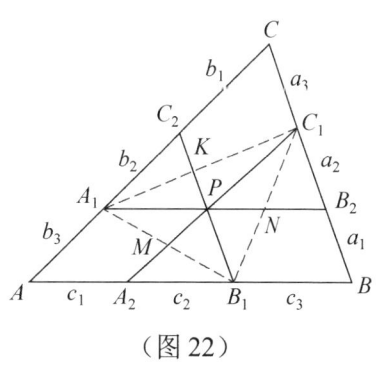

连接 $A_2B_2$，$B_2C_2$，$C_2A_2$.
在 $\triangle A_2B_2C_2$ 中由塞瓦定理的充分性，同法可证 $a_2b_2c_2 = a_3b_3c_3$. ······ ②
综合①、②可得 $a_1b_1c_1 = a_2b_2c_2 = a_3b_3c_3$.

## 26.3 塞瓦定理、梅氏定理的综合应用与竞赛题

**例 17** 如图 23 所示，四边形 $ABCD$ 的对边 $AB$ 与 $CD$，$AD$ 与 $BC$ 分别相交于点 $L$，$K$，对角线 $AC$ 与 $BD$ 交于点 $M$. 直线 $KL$ 与 $BD$，$AC$ 分别交于点 $F$，$G$. 求证：$\dfrac{KF}{LF} = \dfrac{KG}{LG}$.

（图 23）

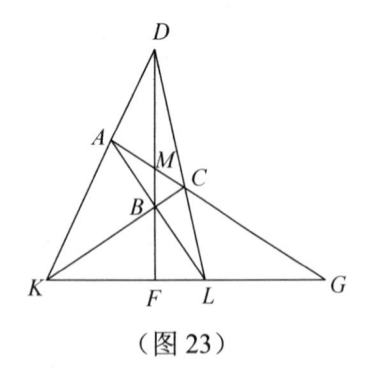

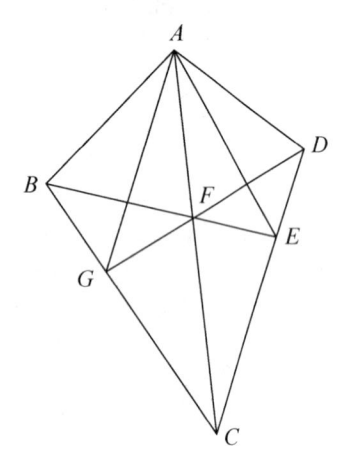

（图 24）

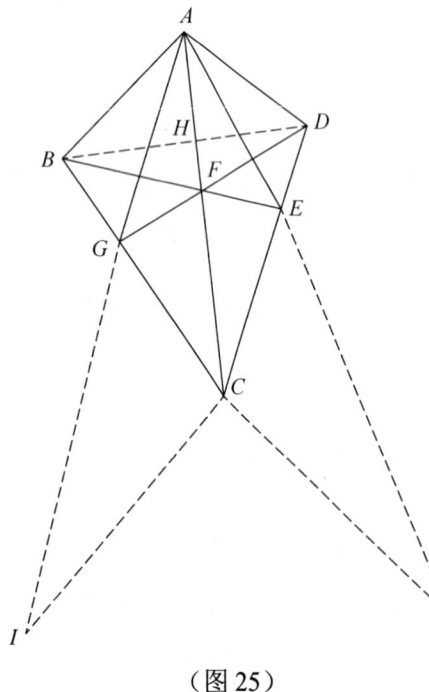

（图 25）

**证明**：对 $\triangle DKL$ 与点 $B$，由塞瓦定理得

$$\frac{DA}{AK} \cdot \frac{KF}{FL} \cdot \frac{LC}{CD} = 1. \quad \cdots\cdots ①$$

对 $\triangle DKL$ 与截线 $ACG$，由梅涅劳斯定理得

$$\frac{DA}{AK} \cdot \frac{KG}{GL} \cdot \frac{LC}{CD} = 1. \quad \cdots\cdots ②$$

比较①、②可知 $\dfrac{KF}{FL} = \dfrac{KG}{GL}$.

也就是 $\dfrac{KF}{LF} = \dfrac{KG}{LG}$.

**注**：本题是塞瓦定理与梅涅劳斯定理的联合应用.

**例18** 如图 24 所示，在四边形 $ABCD$ 中，对角线 $AC$ 平分 $\angle BAD$，在 $CD$ 上取一点 $E$，$BE$ 与 $AC$ 相交于点 $F$. 延长 $DF$ 交 $BC$ 于点 $G$. 求证：$\angle GAC = \angle EAC$.

（1999年全国联赛加试题）

**证明**：如图 25 所示，由 $AC$，$BE$，$DG$ 相交于点 $F$，可考虑用塞瓦定理，为此连接 $BD$，交 $AC$ 于点 $H$.

对 $\triangle BCD$，应用塞瓦定理的充分性，得 $\dfrac{CG}{GB} \cdot \dfrac{BH}{HD} \cdot \dfrac{DE}{EC} = 1. \quad \cdots\cdots (*)$

因为 $AH$ 是 $\angle BAD$ 的平分线，由角平分线定理，得 $\dfrac{BH}{HD} = \dfrac{AB}{AD}$，代入式（*），得

$$\frac{CG}{GB} \cdot \frac{AB}{AD} \cdot \frac{DE}{EC} = 1. \quad \cdots\cdots (**)$$

过点 $C$ 作 $AB$ 的平行线交 $AG$ 的延长线于点 $I$，过点 $C$ 作 $AD$ 的平行线交 $AE$ 的延长线于点 $J$，则 $\dfrac{CG}{GB} = \dfrac{CI}{AB}$，$\dfrac{DE}{EC} = \dfrac{AD}{CJ}$，代入式（**），有 $\dfrac{CI}{AB} \cdot \dfrac{AB}{AD} \cdot \dfrac{AD}{CJ} = 1$. 从而

$CI=CJ$.

又因为 $CI//AB$，$CJ//AD$，因此 $\angle ACI = 180° - \angle BAC = 180° - \angle DAC = \angle ACJ$.

因此，$\triangle ACI \cong \triangle ACJ$，从而 $\angle IAC = \angle JAC$，即 $\angle GAC = \angle EAC$.

注：不难看出，当 $\angle BAC = \angle DAC = 90°$ 时，$B$，$A$，$D$ 三点共线，例 18 中的四边形就变为三角形，因此例 14 是例 18 的特例.

下面的例题是应用梅涅劳斯定理来证明三线共点问题.

**例 19** 四边形 $ABCD$ 的内切圆分别切 $AB$，$BC$，$CD$，$DA$ 于点 $E$，$F$，$G$，$H$. 求证：$HE$，$DB$，$GF$ 三线共点.

**证明**：如图 26 所示，设 $HE$ 交 $DB$ 的延长线于点 $P$，对 $\triangle BAD$ 与截线 $HEP$，由梅涅劳斯定理，得
$$\frac{BP}{PD} \cdot \frac{DH}{HA} \cdot \frac{AE}{EB} = 1.$$

设 $GF$ 交 $DB$ 延长线于点 $Q$，对 $\triangle BCD$ 与截线 $QFG$，由梅涅劳斯定理，得 $\frac{DQ}{QB} \cdot \frac{BF}{FC} \cdot \frac{CG}{GD} = 1$.

又 $HA = AE$，$EB = BF$，$FC = CG$，$GD = DH$.

再由上面两个梅涅劳斯等式相乘化简得，
$\frac{DP}{PB} = \frac{DQ}{QB}$，由差比定理得 $\frac{DB}{PB} = \frac{DB}{QB}$，所以 $PB = QB$.

故 $P$，$Q$ 重合. 也就是 $HE$，$DB$，$GF$ 三线共点.

**例 20** 设凸六边形 $ABCDEF$ 内接于圆. 求证：三条对角线 $AD$，$BE$，$CF$ 共点的充要条件是 $AB \cdot CD \cdot EF = BC \cdot DE \cdot FA$.

**证明**：如图 27 所示，设圆的半径为 $R$，则由正弦定理得

$$\sin\angle CAD = \frac{CD}{2R}, \quad \sin\angle DAE = \frac{DE}{2R},$$
$$\sin\angle AEB = \frac{AB}{2R}, \quad \sin\angle BEC = \frac{BC}{2R},$$

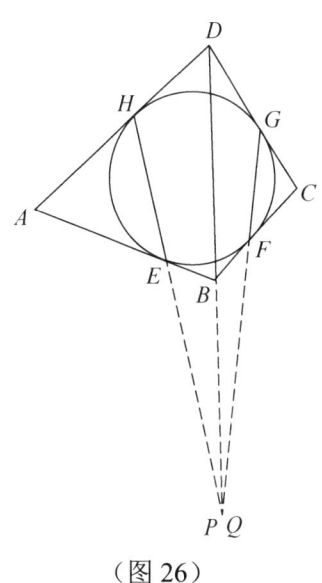

（图 26）

（图 27）

$$\sin\angle ECF = \frac{EF}{2R}, \quad \sin\angle FCA = \frac{FA}{2R}.$$

所以 $\dfrac{\sin\angle CAD}{\sin\angle DAE} \cdot \dfrac{\sin\angle AEB}{\sin\angle BEC} \cdot \dfrac{\sin\angle ECF}{\sin\angle FCA} = \dfrac{CD}{DE} \cdot \dfrac{EF}{FA} \cdot \dfrac{AB}{BC}$,

根据角元形式的塞瓦定理知, $AD$, $BE$, $CF$ 共点,

当且仅当 $\dfrac{\sin\angle CAD}{\sin\angle DAE} \cdot \dfrac{\sin\angle AEB}{\sin\angle BEC} \cdot \dfrac{\sin\angle ECF}{\sin\angle FCA} = \dfrac{CD}{DE} \cdot \dfrac{EF}{FA} \cdot \dfrac{AB}{BC} = 1$,

即 $AB \cdot CD \cdot EF = BC \cdot DE \cdot FA$.

**例 21** 从锐角三角形 $\triangle ABC$ 的各边向形外作 3 个相似的锐角三角形: $\triangle BCA_1$, $\triangle CAB_1$, $\triangle ABC_1$, 使得 $\angle CAB_1 = \angle C_1AB = \alpha$, $\angle ABC_1 = \angle A_1BC = \beta$, $\angle BCA_1 = \angle B_1CA = \gamma$, 证明: $AA_1$, $BB_1$, $CC_1$ 共点.

(第 7 届全苏数学竞赛试题)

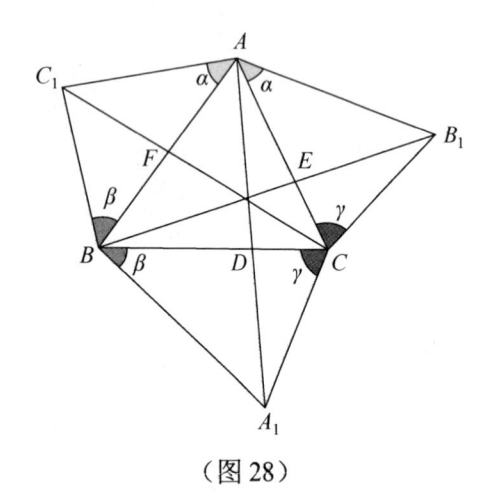

**证明:** 如图 28 所示, 设 $AA_1$, $BB_1$, $CC_1$ 分别交 $BC$, $CA$, $AB$ 于点 $D$, $E$, $F$. 则

$$\frac{BD}{DC} = \frac{S_{\triangle ABA_1}}{S_{\triangle CAA_1}} = \frac{AB \cdot BA_1 \sin(\angle ABC + \beta)}{CA \cdot A_1C \sin(\angle ACB + \gamma)}$$

$$= \frac{AB}{CA} \cdot \frac{\sin\gamma}{\sin\beta} \cdot \frac{\sin(\angle ABC + \beta)}{\sin(\angle ACB + \gamma)}.$$

同理可得 $\dfrac{CE}{EA} = \dfrac{BC}{AB} \cdot \dfrac{\sin\alpha}{\sin\gamma} \cdot \dfrac{\sin(\angle ACB + \gamma)}{\sin(\angle BAC + \alpha)}$;

(图 28)

$\dfrac{AF}{FB} = \dfrac{CA}{BC} \cdot \dfrac{\sin\beta}{\sin\alpha} \cdot \dfrac{\sin(\angle BAC + \alpha)}{\sin(\angle ABC + \beta)}$.

三式相乘, 化简得 $\dfrac{BD}{DC} \cdot \dfrac{CE}{EA} \cdot \dfrac{AF}{FB} = 1$.

由塞瓦定理的必要性知, $AA_1$, $BB_1$, $CC_1$ 共点.

**注:** 其实只要求向形外作 $\triangle BCA_1$, $\triangle CAB_1$, $\triangle ABC_1$, 使 $\angle CAB_1 = \angle C_1AB = \alpha$, $\angle ABC_1 = \angle A_1BC = \beta$, $\angle BCA_1 = \angle B_1CA = \gamma$, 3 个三角形相似的条件是多余的.

**例 22** $\triangle ABC$ 的各内角的三等分线交成一个 $\triangle PQR$ (Moley 三角形), 如图 29 所示. 求证: $AP$, $BQ$, $CR$ 三线共点.

**证明：** 在△ABP 和△ACP 中，由正弦定理得

$$\sin\angle BAP = \frac{BP\sin\frac{2B}{3}}{AP}, \quad \sin\angle PAC = \frac{CP\sin\frac{2C}{3}}{AP}.$$

$$\frac{\sin\angle BAP}{\sin\angle PAC} = \frac{BP\sin\frac{2B}{3}}{CP\sin\frac{2C}{3}} = \frac{\sin\frac{C}{3}\sin\frac{2B}{3}}{\sin\frac{B}{3}\sin\frac{2C}{3}} = \frac{\cos\frac{B}{3}}{\cos\frac{C}{3}}.$$

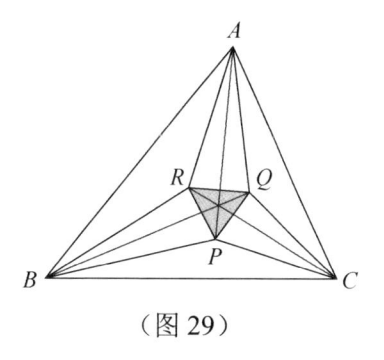

同理可得 $\dfrac{\sin\angle ACR}{\sin\angle RCB} = \dfrac{\cos\frac{A}{3}}{\cos\frac{B}{3}}$，$\dfrac{\sin\angle CBQ}{\sin\angle QBA} = \dfrac{\cos\frac{C}{3}}{\cos\frac{A}{3}}$.

所以 $\dfrac{\sin\angle BAP}{\sin\angle PAC} \cdot \dfrac{\sin\angle ACR}{\sin\angle RCB} \cdot \dfrac{\sin\angle CBQ}{\sin\angle QBA} = 1$.

由角元形式的塞瓦定理的必要性得，$AP$，$BQ$，$CR$ 三线共点.

（图 29）

# 第27讲 三角形的五心

在欧几里的《几何原本》中，没有三角形五心的概念．对三角形"心"的认识应该说是平面几何认识的深化，是近代人们较为系统的开拓．

## 27.1 对三角形五心的初识

人们在几何作图和证明过程中逐渐发现，三角形的三条中线、三条角平分线、三条高线、三边的垂直平分线和一个内角的平分线及另两个外角的平分线都是共点的．我们用极其初等的办法就可以证明．

**例1**（外心定理）三角形三边的垂直平分线相交于一点 $O$，这个点叫作这个三角形的**外心**．外心到三角形 3 个顶点的距离相等．

本定理证明的依据是线段垂直平分线的性质定理．

外心是三角形外接圆的圆心．

外心与三角形的相对位置是：当且仅当三角形为锐角三角形时，外心在三角形的内部；当且仅当三角形为钝角三角形时，外心在三角形的外部；当且仅当三角形为直角三角形时，外心在直角三角形的斜边的中点．

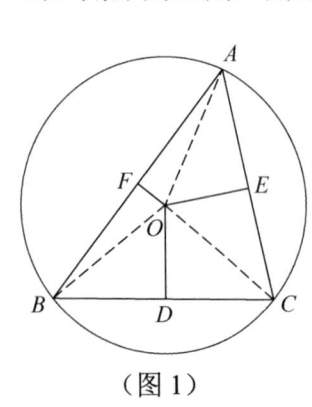

在锐角三角形中（如图 1 所示）：$\angle AOB = 2\angle ACB$，$\angle BOC = 2\angle BAC$，$\angle COA = 2\angle CBA$．

**例2**（内心定理）三角形 3 个内角的平分线相交于一点 $I$，这个点叫作这个三角形的**内心**．内心到三角形三边的距离相等．

本定理证明的依据是角平分线的性质定理．

内心是三角形内切圆的圆心，内心在三角形内部且

（图1）

到三边的距离相等.

如图 2 所示，$\angle AIB = 90° + \frac{1}{2}\angle ACB$，$\angle BIC = 90° + \frac{1}{2}\angle BAC$，$\angle CIA = 90° + \frac{1}{2}\angle CBA$.

**例 3** （**重心定理**）三角形 3 条中线相交于一点 $G$，这个点叫作这个三角形的**重心**. 重心内分 3 条中线由顶点算起都是 2:1 的关系，如图 3 所示.

本定理证明的依据是三角形面积公式和中位线定理.

重心是三角形构架的平衡支点，三角形的重心在三角形的内部.

以三角形的重心为顶点，三角形一条边为底边的 3 个三角形的面积相等.

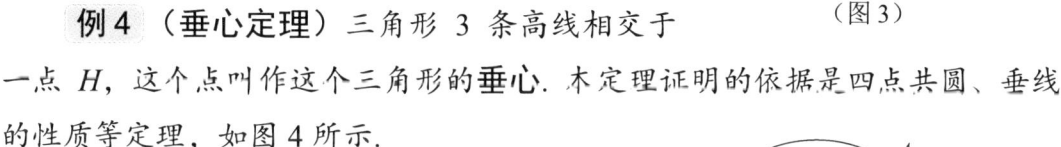

**例 4** （**垂心定理**）三角形 3 条高线相交于一点 $H$，这个点叫作这个三角形的**垂心**. 本定理证明的依据是四点共圆、垂线的性质等定理，如图 4 所示.

锐角三角形垂心在三角形的内部，钝角三角形垂心在三角形的外部，直角三角形垂心在这个直角三角形的直角顶点.

已知 $H$ 为三角形 $ABC$ 的垂心，则 $A$，$B$，$C$ 中任一点是以其他两点和 $H$ 为顶点的三角形的垂心，形成一个**垂心组**.

锐角三角形的 3 条高线共点，图中出现的直角三角形有 12 个，构成 6 对相似形，此外有 6 个四点组共圆，资源十分丰富.

在锐角三角形中，$\angle AHB = 180° - \angle ACB$，$\angle BHC = 180° - \angle BAC$，$\angle CHA = 180° - \angle CBA$.

**例 5** （**旁心定理**）三角形的每个内角的平分线及另两个外角的平分线相

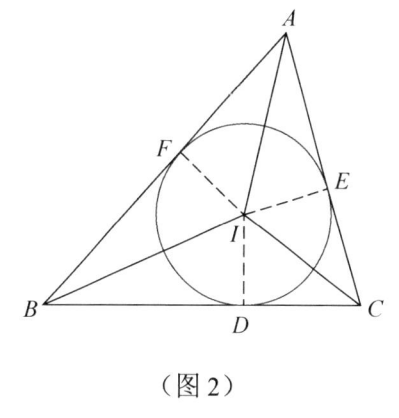

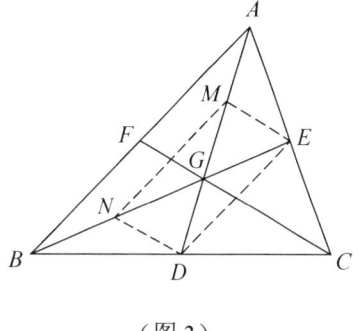

交于一点，这个点叫作这个三角形的**旁心**. 三角形的旁心有 3 个，每个旁心到三边所在直线的距离都相等，如图 5 所示.

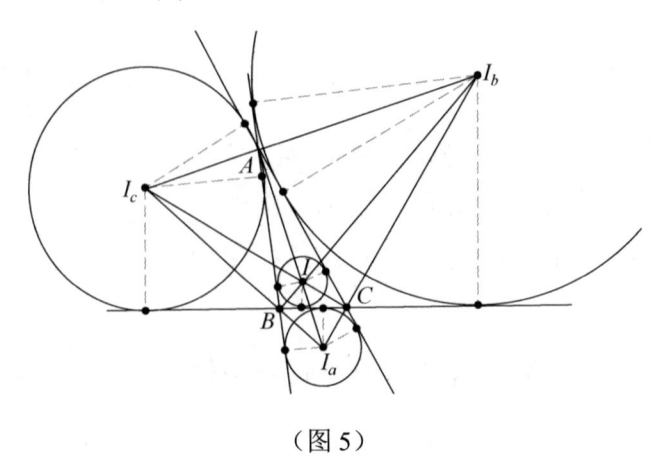

（图 5）

本定理证明的依据是角平分线的性质定理.

三角形有 3 个旁心，3 个旁心都落在三角形的外部. $BC$ 外的旁心记作 $I_a$，半径记作 $r_a$；$CA$ 外的旁心记作 $I_b$，半径记作 $r_b$；$AB$ 外的旁心记作 $I_c$，半径记作 $r_c$.

$\angle AI_cB = 90° - \dfrac{1}{2}\angle ACB$，$\angle BI_aC = 90° - \dfrac{1}{2}\angle BAC$，$\angle CI_bA = 90° - \dfrac{1}{2}\angle CBA$.

## 27.2 对三角形五心的统一处理与开拓

对三角形心的研究，由于有了塞瓦定理，为统一探究证明三线共点问题提供了有力的工具.

**1．五心问题的证明**

**例 6** 若 $AX$，$BY$，$CZ$ 是 $\triangle ABC$ 的 3 条中线（$BX = XC$，$CY = YA$，$AZ = ZB$），求证：$AX$，$BY$，$CZ$ 共点.

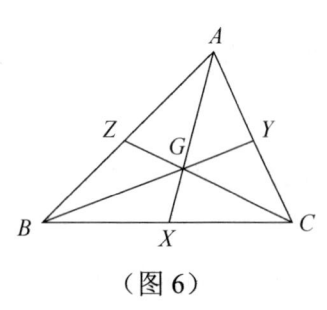

**证明**：如图 6 所示，因为 $BX = XC$，$CY = YA$，$AZ = ZB$，所以 $\dfrac{BX}{XC} \cdot \dfrac{CY}{YA} \cdot \dfrac{AZ}{ZB} = 1$.

根据塞瓦定理必要性知，3 条中线 $AX$，$BY$，$CZ$ 共点.

（图 6）

这个点称为这个三角形的**重心**，一般记为 $G$.

**例7** 若 $AX$，$BY$，$CZ$ 是 $\triangle ABC$ 的 3 条内角平分线（$\angle BAX = \angle CAX$，$\angle CBY = \angle ABY$，$\angle ACZ = \angle BCZ$），求证：$AX$，$BY$，$CZ$ 共点.

**证明**：如图 7 所示，由三角形内角平分线定理，得 $\dfrac{BX}{XC} = \dfrac{AB}{AC}$，$\dfrac{CY}{YA} = \dfrac{BC}{AB}$，$\dfrac{AZ}{ZB} = \dfrac{CA}{CB}$.

三式两边分别相乘，得 $\dfrac{BX}{XC} \cdot \dfrac{CY}{YA} \cdot \dfrac{AZ}{ZB} = \dfrac{AB}{AC} \cdot \dfrac{BC}{AB} \cdot \dfrac{CA}{CB} = 1$.

（图 7）

根据塞瓦定理必要性知，三角形 3 条内角平分线 $AX$，$BY$，$CZ$ 共点.

这个点称为这个三角形的**内心**，一般记为 $I$.

**例8** 若 $AX$，$BY$，$CZ$ 是 $\triangle ABC$ 的 3 条高线（$AX \perp BC$，$BY \perp CA$，$CZ \perp AB$），求证：$AX$，$BY$，$CZ$ 共点.

**证明**：如图 8 所示，若 $AX$，$BY$，$CZ$ 是**锐角** $\triangle ABC$ 的 3 条高线（$AX \perp BC$，$BY \perp CA$，$CZ \perp AB$），则 $\dfrac{BX}{XC} = \dfrac{AB\cos\angle ABC}{AC\cos\angle ACB}$，$\dfrac{CY}{YA} = \dfrac{BC\cos\angle ACB}{AB\cos\angle BAC}$，$\dfrac{AZ}{ZB} = \dfrac{AC\cos\angle BAC}{BC\cos\angle ABC}$.

（图 8）

三式相乘，得 $\dfrac{BX}{XC} \cdot \dfrac{CY}{YA} \cdot \dfrac{AZ}{ZB} = \dfrac{AB\cos\angle ABC}{AC\cos\angle ACB} \cdot \dfrac{BC\cos\angle ACB}{AB\cos\angle BAC} \cdot \dfrac{AC\cos\angle BAC}{BC\cos\angle ABC} = 1$.

根据塞瓦定理的必要性可得，锐角三角形的 3 条高线 $AX$，$BY$，$CZ$ 共点.

对直角三角形、钝角三角形同样可证该三角形的 3 条高线 $AX$，$BY$，$CZ$ 共点.

这个点称为这个三角形的**垂心**，一般记为 $H$.

**2. 新发现的点**

**例9** 试证：过三角形 3 个顶点且平分三角形周界的 3 条直线共点. 已知 $AD$，$BE$，$CF$ 平分 $\triangle ABC$ 的周界. 求证：$AD$，$BE$，$CF$ 共点.

**证明**：设 $\triangle ABC$ 的周界为 $2p$，如图 9 所示，

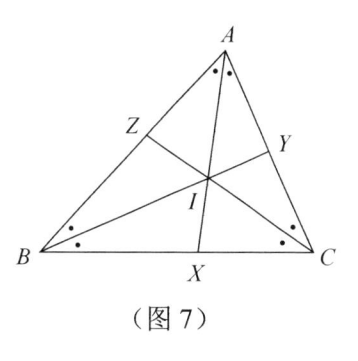

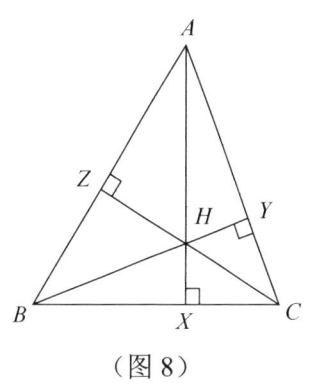

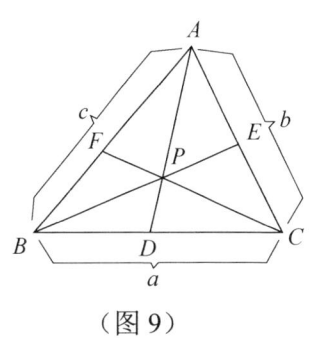

（图 9）

$BD+CD=a$，$c+BD=b+CD$，两式相加得 $2BD=a+b-c=2p-2c$，所以 $BD=p-c$，两式相减可得 $CD=\dfrac{1}{2}(c+a-b)=p-b$.

同理可得 $CE=p-a$，$AE=p-c$，$AF=p-b$，$BF=p-a$.

所以 $\dfrac{BD}{DC}\cdot\dfrac{CE}{EA}\cdot\dfrac{AF}{FB}=\dfrac{p-c}{p-b}\cdot\dfrac{p-a}{p-c}\cdot\dfrac{p-b}{p-a}=1$.

由塞瓦定理的必要性知，$AD$，$BE$，$CF$ 共点.

**例 10** $\triangle ABC$ 的内切圆分别切边 $BC$，$CA$，$AB$ 于点 $D$，$E$，$F$. 求证：$AD$，$BE$，$CF$ 三线共点.

**证明**：如图 10 所示，$\triangle ABC$ 的内切圆分别切边 $BC$，$CA$，$AB$ 于点 $D$，$E$，$F$.

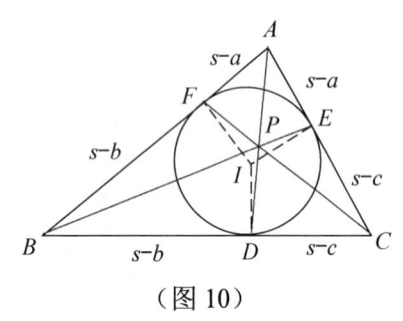

由切线长定理，得 $BD=BF=s-b$，$CD=CE=s-c$，$AE=AF=s-a$.

所以 $\dfrac{BD}{DC}\cdot\dfrac{CE}{EA}\cdot\dfrac{AF}{FB}=\dfrac{s-b}{s-c}\cdot\dfrac{s-c}{s-a}\cdot\dfrac{s-a}{s-b}=1$.

根据塞瓦定理的必要性知，$AD$，$BE$，$CF$ 三线共点. 此点称为**葛尔刚（Gergonne）点**.

（图 10）

**例 11** 在最大角小于 $120°$ 的 $\triangle ABC$ 的外侧，作 3 个正三角形 $\triangle BCA'$，$\triangle CAB'$，$\triangle ABC'$. 证明：$AA'$，$BB'$，$CC'$ 三线共点.

**证明**：如图 11 所示，设 $AA'$，$BB'$，$CC'$ 分别与 $BC$，$CA$，$AB$ 交于点 $D$，$E$，$F$. 则有

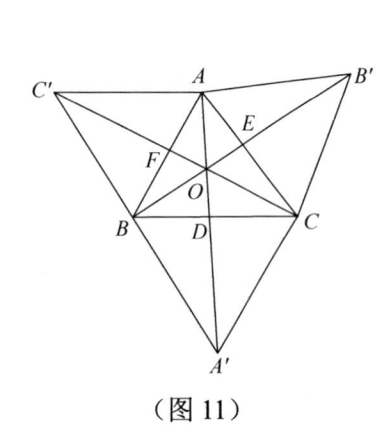

$$\dfrac{BD}{DC}=\dfrac{S_{\triangle ABA'}}{S_{\triangle ACA'}}=\dfrac{AB\cdot BA'\sin(\angle ABC+60°)}{AC\cdot CA'\sin(\angle ACB+60°)}$$

$$=\dfrac{AB\sin(\angle ABC+60°)}{AC\sin(\angle ACB+60°)};$$

同理可得 $\dfrac{CE}{EA}=\dfrac{BC\sin(\angle ACB+60°)}{AB\sin(\angle BAC+60°)}$；$\dfrac{AF}{FB}=\dfrac{AC\sin(\angle BAC+60°)}{BC\sin(\angle ABC+60°)}$.

三式相乘得 $\dfrac{BD}{DC}\cdot\dfrac{CE}{EA}\cdot\dfrac{AF}{FB}=\dfrac{AB\sin(\angle ABC+60°)}{AC\sin(\angle ACB+60°)}.$

（图 11）

$$\frac{BC\sin(\angle ACB+60°)}{AB\sin(\angle BAC+60°)}\cdot\frac{AC\sin(\angle BAC+60°)}{BC\sin(\angle ABC+60°)}=1.$$

根据塞瓦定理的必要性知，$AA'$，$BB'$，$CC'$ 三线共点.

$AA'$，$BB'$，$CC'$ 三线所共的点，称为 $\triangle ABC$ 的**正等角中心**，即**费马点**.

## 27.3 伴随三角形

用塞瓦定理不能直接证明三角形的外心，原因是：对一般的三角形来说，三边的中垂线并不一定过三角形的顶点，因此不一定是塞瓦线. 所以不适合应用塞瓦定理. 下面的转化关系是很有趣的.

如图 12 所示，$\triangle ABC$ 的中点三角形为 $\triangle A_1B_1C_1$，中点三角形的 3 条高线共点 $H$，就是 $\triangle ABC$ 三边的中垂线共点.

只要将塞瓦线推广，即可证明三角形的旁心定理. 实际上，三角形的旁心可以看作另一个三角形的内心. 这就提出了一个三角形的心可以是另一个伴随三角形的另外的心. 这也是非常有趣的问题.

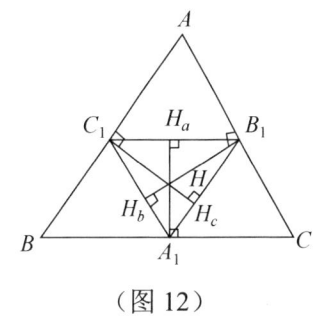

锐角三角形的外心是它的中点三角形的垂心；锐角三角形的垂心是它的外接的对边平行的三角形的外心（见图 13）.

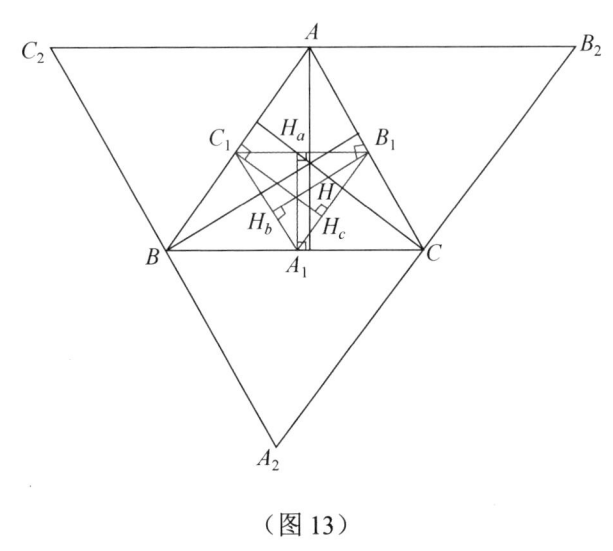

（图 12）

（图 13）

锐（钝）角三角形的垂心是它的垂足三角形的内（旁）心（见图 14）.

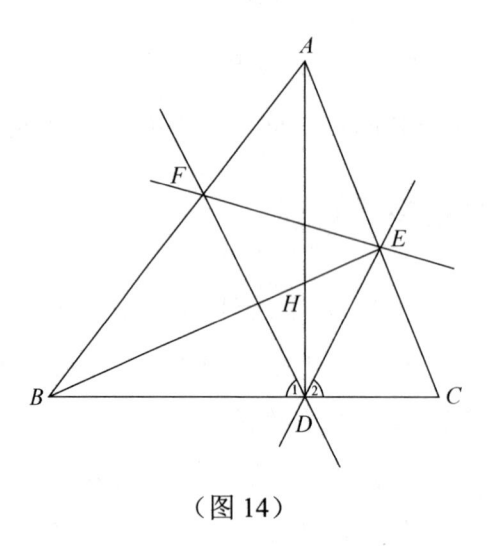

（图 14）

三角形的内心是它的旁心三角形的垂心，也是它的切点三角形的外心（见图 15）.

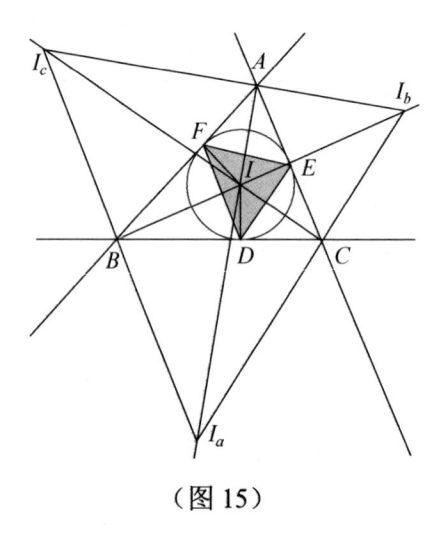

（图 15）

外心与垂心互为等角共轭点，内心是自共轭点（若射线 $AO$、$AH$ 关于 $AI$ 对称，射线 $BO$，$BH$ 关于 $BI$ 对称，射线 $CO$，$CH$ 关于 $CI$ 对称，则 $O$，$H$ 两点叫作 $\triangle ABC$ 的共轭点）（见图 16）.

(图 16)

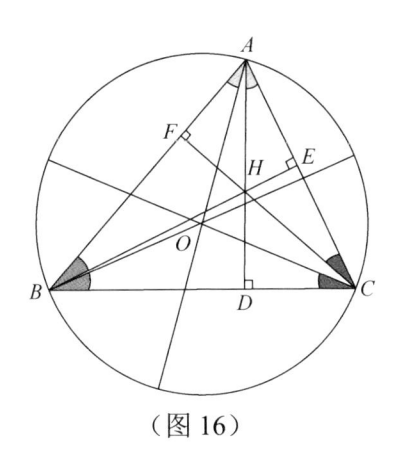

## 27.4 关于三角形心的性质

三角形外接圆上一个内角所对弧的中点,到三角形内心的距离等于它到另两个顶点的距离(见图 17).

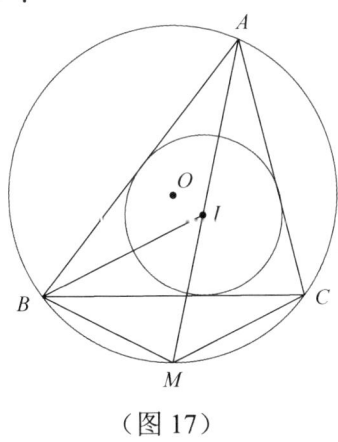

(图 17)

三角形的内心与旁心连成的线段被该三角形的外接圆所平分(见图 18).

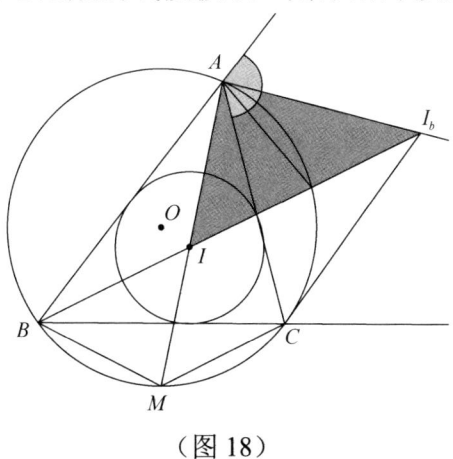

(图 18)

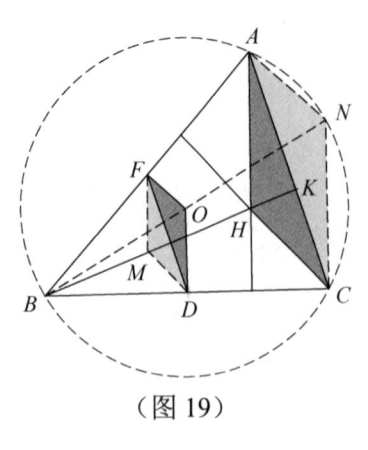

**例 12** （阿波罗尼定理）三角形的垂心与顶点的距离等于外心到对边中点的距离的 2 倍.

**提示 1** 证 △AHC ∽ △DOF.

**提示 2** 取 BH 的中点 M，连接 FM 和 DM，则四边形 OFMD 是平行四边形，如图 19 所示.

**提示 3** 延长 BO 交圆于点 N，连接 AN 和 NC，则四边形 AHCN 是平行四边形.

**提示 4** 设 $BO = R$，又 $\angle BOD = \angle BAC$，所以 $OD = OB\cos\angle BAC = R\cos\angle BAC$. 在 Rt△ABK 中，$AK = AB\cos\angle BAC$，在 Rt△AHK 中，$AH = \dfrac{AK}{\sin\angle AHK} = \dfrac{AK}{\sin C} = \dfrac{AB\cos\angle BAC}{\sin C} = 2R\cos\angle BAC = 2OD$.

（图 19）

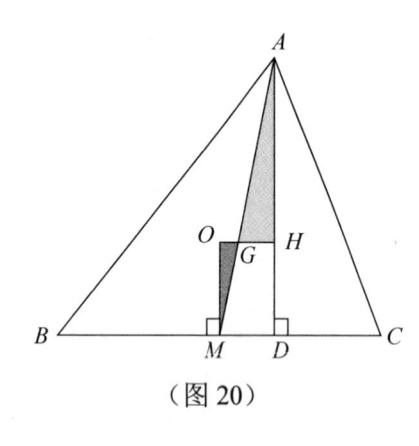

**例 13** （欧拉定理）三角形的外心、重心、垂心三点共线（欧拉线），且重心到垂心与外心距离之比为 2:1（1765 年欧拉首先解决）.

**证明 1**：如图 20 所示，设 $O$，$G$，$H$ 分别为 △ABC 的外心、重心和垂心，连接 OG，GH，因为 OM // AH，所以 $\angle OMG = \angle HAG$.

又 $AG = 2MG$，$AH = 2OM$，则有 △MGO ∽ △AGH.

从而 $\angle OGM = \angle HGA$，故 $O$，$G$，$H$ 共线.

且 $GH:OG = AG:MG = 2:1$.

**证明 2**：设 AM 交 OH 于点 G，因为 OM // AH，则有 △MGO ∽ △AGH 则 $GH:OG = AG:MG = 2:1$. 所以 G 为 △ABC 的重心.

（图 20）

## 27.5 与五心联系的一些竞赛题选讲

**例 14** 如图 21 所示，$O$，$H$ 分别是锐角三角形 ABC 的外心和垂心，点 D 在 AB 上，使得 $AD = AH$；点 E 在 AC 上，使得 $AE = AO$. 求证：$DE = AE$.

**证明**：作锐角三角形 ABC 的外接圆，圆心 O 在形内，垂心 H 也在形内.

连接 $CO$ 交圆于点 $F$，连接 $AF$，$BF$，$OB$，如图 22 所示. 易知 $AHBF$ 为平行四边形，所以 $BF = AH = AD$，$FO = AO = AE$. 又 $\angle BFC = \angle BAC$，所以 $\triangle BFO \cong \triangle DAE$，因此 $DE = BO = AE$.

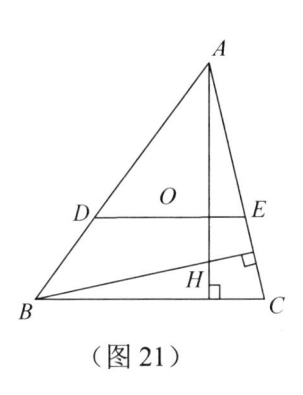

（图 21）

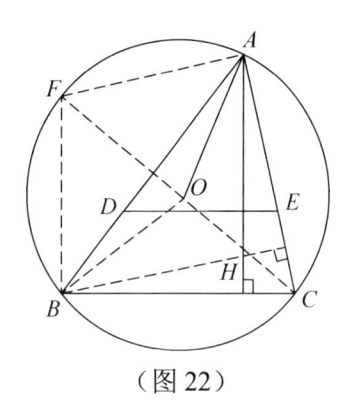

（图 22）

**例 15** 在锐角 $\triangle ABC$ 的外接圆上，点 $A_1$，$B_1$，$C_1$ 分别是 $A$，$B$，$C$ 的对径点. $A_0$，$B_0$，$C_0$ 分别是边 $BC$，$CA$ 和 $AB$ 的中点. 证明：直线 $A_1A_0$，$B_1B_0$ 和 $C_1C_0$ 共点.

**证明：** 如图 23 所示，设 $H$ 是锐角 $\triangle ABC$ 的垂心.

因四边形 $CHBA_1$ 是平行四边形. 因此 $A_1A_0$ 通过 $H$.

同理可证 $B_1B_0$ 通过 $H$，$C_1C_0$ 通过 $H$，所以直线 $A_1A_0$，$B_1B_0$ 和 $C_1C_0$ 共点 $H$.

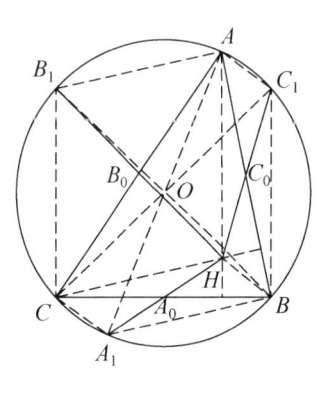

**例 16** 在锐角三角形 $ABC$ 中，角 $BAC$ 的平分线与三角形的外接圆交于另一点 $A_1$. 点 $B_1$，$C_1$ 与此类似. 直线 $AA_1$ 与 $\angle ABC$，$\angle BCA$ 的外角平分线相交于点 $A_0$，点 $B_0$，$C_0$ 与此类似. 求证：（1）三角形 $A_0B_0C_0$ 的面积是六边形 $AC_1BA_1CB_1$ 面积的 2 倍.

（图 23）

（2）三角形 $A_0B_0C_0$ 的面积至少是三角形 $ABC$ 面积的 4 倍.

（第 30 届 IMO 试题 2）

**证明：**（1）如图 24 所示，设三角形 $ABC$ 的内心为 $I$. 易证 $\angle BIA_1 = \angle IBA_1$，所以 $BA_1 = IA_1$，$B_0B \perp A_0B$，所以 $\angle A_1BA_0 = \angle A_1A_0B$. 所以 $A_1A_0 = BA_1 = IA_1$. 因此 $BA_1$ 是 $\triangle IBA_0$ 的中线，所以 $S_{\triangle A_0BI} = 2S_{\triangle A_1BI}$.

同理有 $S_{\triangle A_0CI} = 2S_{\triangle A_1CI}$，

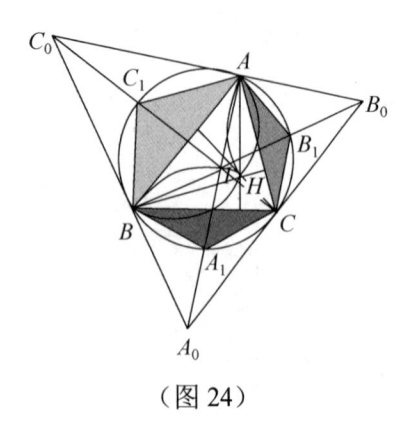

(图 24)

相加得 $S_{四边形A_0BIC} = 2S_{四边形A_1BIC}$ . …… ①

类似可得 $S_{四边形B_0CIA} = 2S_{四边形B_1CIA}$ . …… ②

$S_{四边形C_0BIA} = 2S_{四边形C_1BIA}$ . …… ③

① + ② + ③ 得 $S_{\triangle A_0B_0C_0} = S_{四边形A_0BIC} + S_{四边形B_0CIA} + S_{四边形C_0BIA} = 2S_{四边形A_1BIC} + 2S_{四边形B_1CIA} + 2S_{四边形C_1BIA} = 2(S_{四边形A_1BIC} + S_{四边形B_1CIA} + S_{四边形C_1BIA}) = 2S_{六边形AC_1BA_1CB_1}$.

所以三角形 $A_0B_0C_0$ 的面积是六边形 $AC_1BA_1CB_1$ 面积的 2 倍.

（2）如图 24 所示，作锐角三角形 $ABC$ 的 3 条高线交于垂心 $H$，则 $H$ 在形内.

易证 $\angle BHC = 180° - \angle A = \angle BA_1C$，同理可得 $\angle CHA = \angle CB_1A$，$\angle AHB = \angle AC_1B$.

又 $A_1$ 为弧 $BC$ 的中点，$S_{\triangle BA_1C} \geq S_{\triangle BHC}$，同理可知 $S_{\triangle CB_1A} \geq S_{\triangle CHA}$，$S_{\triangle AC_1B} \geq S_{\triangle AHB}$.

相加得 $S_{\triangle BA_1C} + S_{\triangle CB_1A} + S_{\triangle AC_1B} \geq S_{\triangle BHC} + S_{\triangle CHA} + S_{\triangle AHB} = S_{\triangle ABC}$，所以，六边形 $AC_1BA_1CB_1$ 面积 $= S_{\triangle BA_1C} + S_{\triangle CB_1A} + S_{\triangle AC_1B} + S_{\triangle ABC} \geq S_{\triangle BHC} + S_{\triangle CHA} + S_{\triangle AHB} + S_{\triangle ABC} \geq 2S_{\triangle ABC}$.

由（1）所证的结论立刻得出：$S_{\triangle A_0B_0C_0} = 2S_{六边形AC_1BA_1CB_1} \geq 4S_{\triangle ABC}$.

即三角形 $A_0B_0C_0$ 的面积至少是三角形 $ABC$ 面积的 4 倍。

**例 17** 如图 25 所示，在锐角 $\triangle ABC$ 中，$O$ 是外心，$I$ 是内心. 连接 $AI$，$BI$，$CI$ 的直线交 $\triangle ABC$ 的外接圆分别于点 $A_1$，$B_1$，$C_1$. 求证：$\dfrac{S_{\triangle ABC}}{S_{\triangle A_1B_1C_1}} = \dfrac{2r}{R}$.

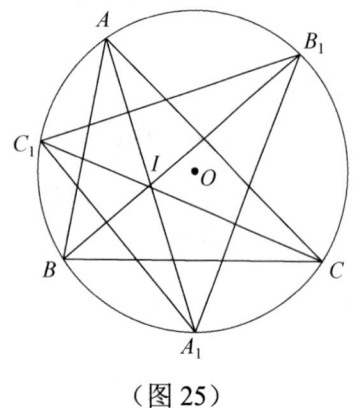

（其中 $R$ 是 $\triangle ABC$ 的外接圆半径，$r$ 是 $\triangle ABC$ 的内切圆的半径）.

**证明**：如图 26 所示，由于 $I$ 是内心. 连接 $AI$，$BI$，$CI$ 的直线交 $\triangle ABC$ 的外接圆分别于点 $A_1$，$B_1$，$C_1$. 易知 $A_1$ 是 $\overparen{BC}$ 的中点，$B_1$ 是 $\overparen{AC}$ 的中点，$C_1$ 是 $\overparen{AB}$ 的中点.

（图 25）

连接 $AB_1$，$B_1C$，$CA_1$，$A_1B$，$BC_1$，$C_1A$．则有 $A_1B = A_1C$，$B_1C = B_1A$，$C_1A = C_1B$．

设 $AA_1$ 交 $B_1C_1$ 于点 $H_1$，$BB_1$ 交 $A_1C_1$ 于点 $H_2$，$CC_1$ 交 $A_1B_1$ 于点 $H_3$，由圆内角计算可知 $\angle AH_1B_1 = 90°$，因此 $AA_1 \perp B_1C_1$．同理可得 $BB_1 \perp C_1A_1$，$CC_1 \perp A_1B_1$．

我们用两种方法计算六边形 $AB_1CA_1BC_1$ 的面积 $S$．注意到 $\triangle AB_1C_1 \cong \triangle IB_1C_1$（$\angle AB_1C_1 = \angle IB_1C_1$，$B_1C_1 = B_1C_1$，$\angle AC_1B_1 = \angle IC_1B_1$），因此 $AH_1 = IH_1$．

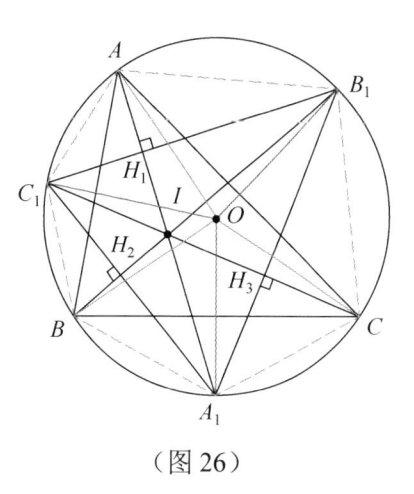

所以 $S_{四边形AB_1IC_1} = 2 \cdot S_{\triangle B_1IC_1}$．同理可得 $S_{四边形BC_1IA_1} = 2 \cdot S_{\triangle A_1IC_1}$，$S_{四边形CA_1IB_1} = 2 \cdot S_{\triangle B_1IA_1}$．

相加得 $S = S_{四边形AB_1IC_1} + S_{四边形BC_1IA_1} + S_{四边形CA_1IB_1}$
$= 2(S_{\triangle B_1IC_1} + S_{\triangle C_1IA_1} + S_{\triangle A_1IB_1}) = 2S_{\triangle A_1B_1C_1}$．

另外，连接 $OA$，$OB_1$，$OC$，$OA_1$，$OB$，$OC_1$，由垂径定理得 $OB_1 \perp AC$，$OA_1 \perp BC$，$OC_1 \perp AB$．则

$S = S_{四边形OAB_1C} + S_{四边形OBC_1A} + S_{四边形OCA_1B}$
$= \dfrac{1}{2}(OB_1 \times AC + OC_1 \times BA + OA_1 \times CB) = \dfrac{R(AC + BA + CB)}{2}$
$= \dfrac{R \times S_{\triangle ABC}}{r}$．

所以 $\dfrac{R \times S_{\triangle ABC}}{r} = 2S_{\triangle A_1B_1C_1}$．因此得证 $\dfrac{S_{\triangle ABC}}{S_{\triangle A_1B_1C_1}} = \dfrac{2r}{R}$．

（图 26）

# 第28讲

# 平移帮助你思考

将一个平面图形 $F$，按一定方向移动一个定距离，变成图形 $F'$ 的几何变换，就是平行移动，简称平移。其中"按一定方向"（平移方向）移动的"定距离"（平移距离）可以用向量 $v$ 来刻画。因此，平移变换记为 $T(v)$。图形 $F$ 在 $T(v)$ 下变为图形 $F'$，可以记为 $F \xrightarrow{T(v)} F'$。

平移有下列基本性质：

（1）平移变换下，对应线段平行（或共线）且相等。

（2）平移变换下，对应角的两边分别平行且方向一致，因此，对应角相等。

（3）平移变换下，共线点变作共线点，线段的中点变作线段的中点。

可见，在平移变换下，可以把一个角在保持大小不变、角的两边方向不变的情况下移动位置，也可以使线段在保持平行且相等的条件下移动位置，从而达到将相关几何元素相对集中，使各元素之间的关系明朗化的目的。因此，解题者常有"豁然开朗"之感。下面我们通过例题来体验平移的美妙之处。

## 28.1 基本例题

**例1** 如图 1 所示，六边形 $ABCDEF$ 中，$AB \underline{\parallel} ED$，$AF \underline{\parallel} CD$，$BC \underline{\parallel} FE$，对角线 $FD \perp BD$。已知 $FD = 24$ 厘米，$BD = 18$ 厘米。问：六边形 $ABCDEF$ 的面积是多少平方厘米？

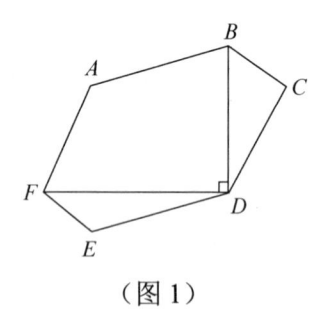

（图1）

（第八届华杯赛团体决赛口试试题 16）

**分析**：本题初看似乎无从下手，但仔细观察后会发现，题中有 3 组平行且相等的线段，还有两条互相垂直且长度已知的对角线，于是就会产生平移图形，将其拼成一个长方形的想法．

**解**：如图 2 所示，将 △DEF 平移到 △BAG 的位置，将 △BCD 平移到 △GAF 的位置，则原六边形分解、组合成长方形 BDFG．此长方形的边恰是已知长度的 BD 与 FD．易知长方形 BDFG 的面积为 $24 \times 28 = 672$ 平方厘米．

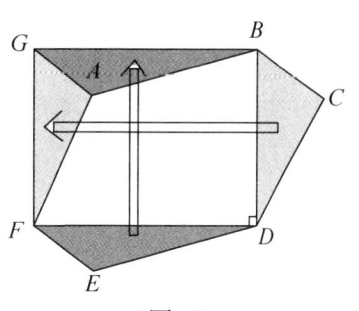

所以六边形 ABCDEF 的面积是 672 平方厘米．

**例 2** 如图 3 所示，两条长为 1 的线段 AB 与 CD 相交于点 O，且 $\angle BOD = 60°$．求证：$AC + BD \geqslant 1$．

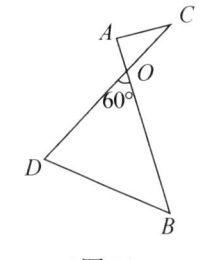

**分析**：要证 $AC + BD \geqslant 1$，易联想到，将 AC，BD 和长为 1 的线段集中到一个三角形中，利用三角形不等式即可证明．

要保持 AC 长度不变，角 60° 大小不变，可将 AC 平移到 $BB_1$ 的位置（如图 4 所示），同时也就相当于将 AB 平移到 $CB_1$ 的位置．此时 $BB_1 = AC$，$\angle DCB_1 = \angle DOB = 60°$，$CB_1 = AB = 1 = CD$．所以 $\triangle DCB_1$ 是等边三角形，$DB_1 = CD = 1$．

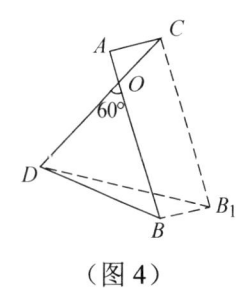

在 $\triangle DBB_1$ 中，有 $BB_1 + BD \geqslant DB_1$，即 $AC + BD \geqslant 1$．
（证明略）

**例 3** 如图 5 所示，P 为矩形 ABCD 内任意一点．求证：以 AP，BP，CP，DP 为边可以构成一个四边形，且该四边形的两条对角线分别等于线段 AB 和 BC，恰好也互相垂直．

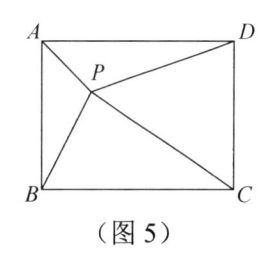

**分析**：为将 AP，BP，CP，DP 组成一个四边形，就要将它们平移到新的位置，使其首尾相接．为此，将 △APD 沿 AB 平移到 △BQC 的位置（如图 6 所示），则 PA，PB，PC，PD 变为四边形 PBQC 的 4 条边．

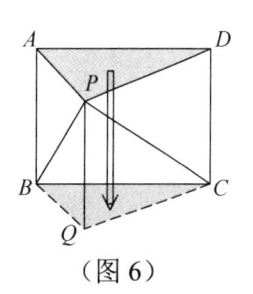

— 313 —

**证明：** 如图 6 所示，过 $P$ 作 $AB$ 的平行线，截取 $PQ = AB$. 连接 $BQ$，$CQ$，则四边形 $APQB$ 与四边形 $PDCQ$ 都是平行四边形. 所以 $BQ = AP$，$QC = PD$. 可见四边形 $BQCP$ 的 4 条边长分别等于 $PA$，$PD$，$PC$，$PB$ 的长. 而它的对角线 $PQ = AB$，$BC = BC$. 又 $PQ \perp BC$，也就是四边形 $BQCP$ 的两条对角线分别等于线段 $AB$ 和 $BC$，恰好也互相垂直.

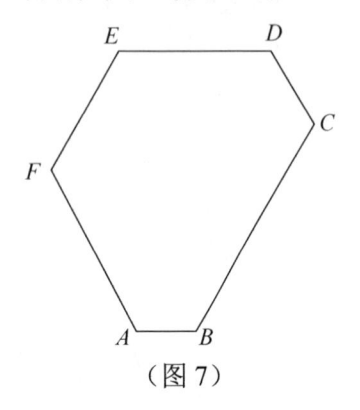

**例 4** 如图 7 所示，在六边形 $ABCDEF$ 中，$AB // ED$，$BC // FE$，$CD // AF$，且对边之差 $BC - FE = DE - BA = FA - DC > 0$. 求证：六边形 $ABCDEF$ 的各内角均相等.

（图 7）

**分析：** 六边形内角和为 $720°$. 要证各内角均相等，即证每个内角都等于 $120°$. 因此，问题就是要在对边平行且对边之差相等的条件下，推证六边形每个内角都等于 $120°$. 而图中没有直接给出 $120°$ 的角，怎么办？我们只要有了 $60°$ 角就会产生 $120°$ 的角，而 $60°$ 角来自等边三角形的内角，题设条件中 3 组对边之差相等，且 3 组对边分别平行，这就启示我们，可以通过平移将"三组对边之差"集中在一个三角形中.

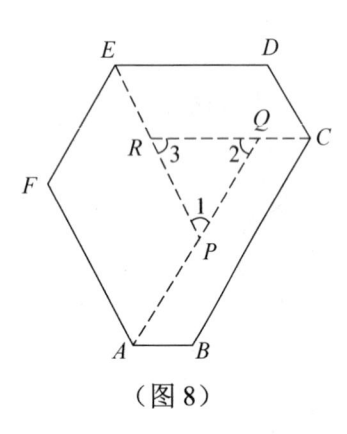

**证明：** 如图 8 所示，过 $A$ 作 $FE$ 的平行线，过 $C$ 作 $BA$ 的平行线，过 $E$ 作 $DC$ 的平行线. 这 3 条平行线两两相交于点 $P$，$Q$，$R$. 易知四边形 $ABCQ$，$CDER$，$EFAP$ 均为平行四边形. 所以 $AQ \underline{\underline{\parallel}} BC$，$CR \underline{\underline{\parallel}} DE$，$EP \underline{\underline{\parallel}} FA$，$AP \underline{\underline{\parallel}} FE$，$CQ \underline{\underline{\parallel}} BA$，$ER \underline{\underline{\parallel}} DC$.

（图 8）

故 $PQ = AQ - AP = BC - FE$，$QR = CR - CQ = DE - BA$，$RP = EP - ER = FA - DC$.

因为 $BC - FE = DE - BA = FA - DC > 0$.

则 $PQ = QR = RP$. 所以 $\triangle PQR$ 为等边三角形. 故 $\angle 1 = \angle 2 = \angle 3 = 60°$.

因此，$\angle BCD = \angle DCR + \angle RCB = \angle 3 + \angle 2 = 120°$，$\angle CDE = \angle ERC = 180° - \angle 3 = 120°$.

同理可证 $\angle ABC = \angle DEF = \angle EFA = \angle FAB = 120°$.

## 第28讲 平移帮助你思考

**例5** 如图9所示，设 $D$，$E$ 是 $\triangle ABC$ 的边 $BC$ 上的两个点，且 $BD = EC$，$\angle BAD = \angle EAC$．求证：$\triangle ABC$ 是等腰三角形．

**(第18届俄罗斯数学奥林匹克试题)**

**证明**：如图10所示，作平移变换 $T(\overline{BE})$，则 $B \xrightarrow{T(\overline{BE})} E$，$D \xrightarrow{T(\overline{BE})} C$，$A \xrightarrow{T(\overline{BE})} A'$，所以 $AB \underline{\underline{\parallel}} EA'$，$AD \underline{\underline{\parallel}} CA'$，$AA' \parallel BC$．$BD = EC$，所以 $\triangle ABD \cong \triangle A'EC$．

因此 $\angle EA'C = \angle BAD = \angle EAC$，所以 $A$，$E$，$C$，$A'$ 四点共圆．

因此 $\angle ACB = \angle ACE = \angle AA'E = \angle ABE = \angle ABC$，所以 $AB=AC$，即 $\triangle ABC$ 是等腰三角形．

**例6** 如图11所示，设 $M$ 是四边形 $ABCD$ 内部一点，使得 $ABMD$ 为平行四边形．证明：如果 $\angle CBM = \angle CDM$，则有 $\angle ACD = \angle BCM$．

**(第12届全苏数学奥林匹克8、9年级试题)**

**证明**：如图12所示，将 $\triangle BMC \xrightarrow{T(\overline{BA})} \triangle AED$，则 $BA \underline{\underline{\parallel}} MD \underline{\underline{\parallel}} CE$．所以四边形 $MDEC$ 是平行四边形，因而 $\angle EAD = \angle CBM = \angle CDM = \angle ECD$，所以 $A$，$C$，$E$，$D$ 四点共圆．

因此，$\angle ACD = \angle AED = \angle BCM$．

**例7** 求证：以 $\triangle ABC$ 的3条中线为边可以构成一个三角形，如图13所示，且构成三角形的面积等于 $\triangle ABC$ 面积的 $\dfrac{3}{4}$．

**分析**：要证3条中线可以为边构成一个三角形，只需设法平移中线，使其首尾相连组成封闭折线即可．

**解**：如图14所示，平移中线 $BE$ 到 $FK$，平移中线

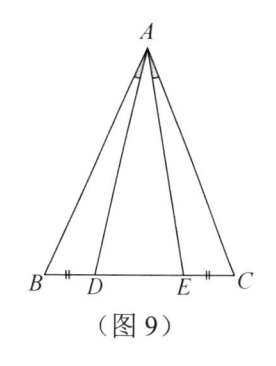

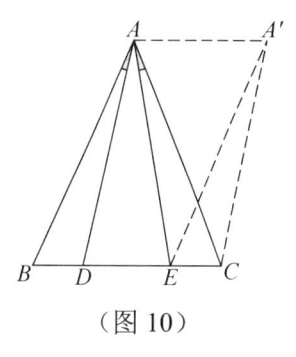

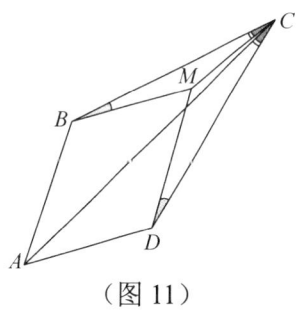

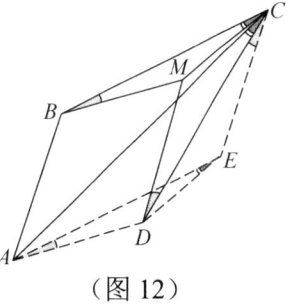

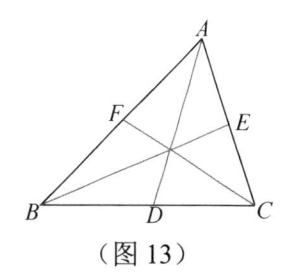

— 315 —

$AD$ 到 $CK$，则 $\triangle KCF$ 就是以 3 条中线为边组成的三角形.

从图 14 中易知 $\triangle KCF$ 的面积为 $\triangle ABC$ 面积的 $\dfrac{3}{4}$.

**例 8** 如图 15 所示，设 $P$ 是矩形 $ABCD$ 所在平面上一点，过点 $B$ 引 $PD$ 的垂线，过点 $C$ 引 $PA$ 的垂线，它们相交于点 $Q$. 若 $P \neq Q$，证明：$PQ \perp AD$.

（第 17 届俄罗斯数学奥林匹克试题）

**证明**：如图 16 所示，平移 $AP$ 到 $BP'$，平移 $PD$ 到 $CP'$，则由 $BQ \perp PD$，得 $BQ \perp CP'$.

由 $CQ \perp PA$，得 $CQ \perp BP'$.

在 $\triangle BP'C$ 中，易知 $Q$ 是垂心，所以 $PQ \perp BC$.

因为 $AD // BC$，所以 $PQ \perp AD$.

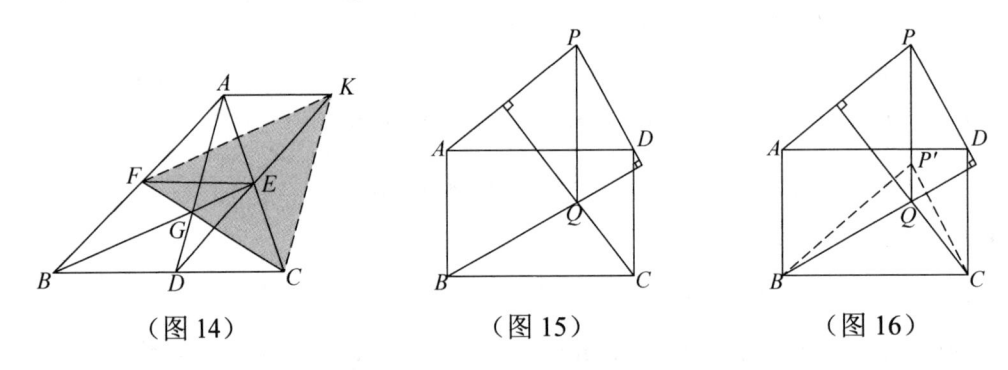

（图 14）　　（图 15）　　（图 16）

## 28.2　竞赛题选讲

**例 9** 设凸六边形 $ABCDEF$ 的 3 组对边分别平行，如图 17 所示. 求证：$\triangle ACE$ 与 $\triangle BDF$ 的面积相等.

（1958 年匈牙利数学奥林匹克试题）

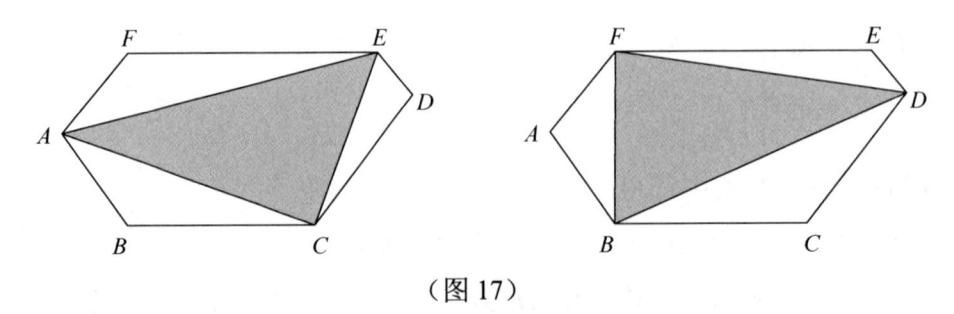

（图 17）

**证明**：如图 18 所示，作边的平行线，交成 $\triangle A_1C_1E_1$ 和 $\triangle D_1B_1F_1$，则 $\triangle D_1B_1F_1 \cong \triangle A_1E_1C_1$，所以 $S_{\triangle A_1C_1E_1} = S_{\triangle B_1D_1F_1} = s$，$S_{\text{六边形}ABCDEF} = S$. 则由图可知 $S_{\triangle ACE} = S_{\triangle BDF} = \dfrac{1}{2}(S+s)$.

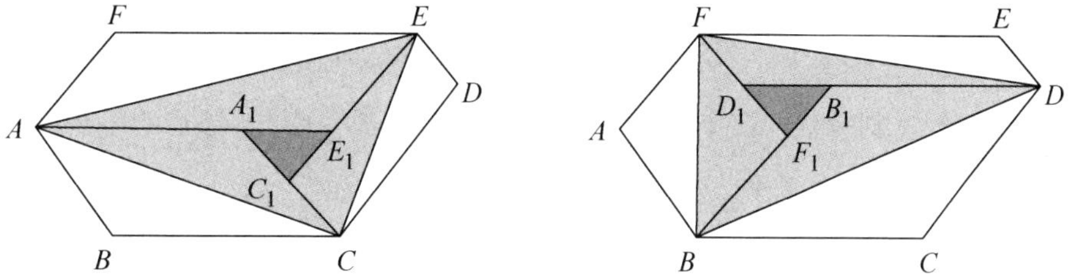

（图 18）

**例 10** 如图 19 所示，已知平面上 3 个半径相等的圆：圆 $O_1$，圆 $O_2$，圆 $O_3$ 两两相交于点 $A$，$B$，$C$，$D$，$E$，$F$. 证明：$\angle AO_1B + \angle CO_2D + \angle EO_3F = 180°$.

（第 10 届全苏数学奥林匹克试题）

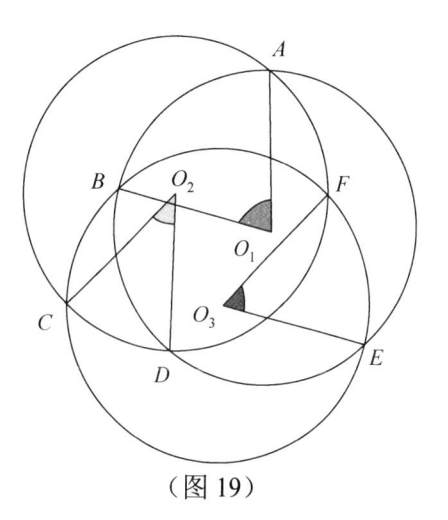

**证明**：如图 20 所示，在平面上任取一点 $O$，分别将 3 个圆心 $O_1$，$O_2$，$O_3$ 平移到 $O$（3 个平移）. 则 3 个等圆重合为圆 $O$. 将扇形 $AO_1B$ 平移到扇形 $A_1OB_1$ 的位置，将扇形 $CO_2D$ 平移到扇形 $C_1OD_1$ 的位置，将扇形 $EO_3F$ 平移到扇形 $E_1OF_1$ 的位置.

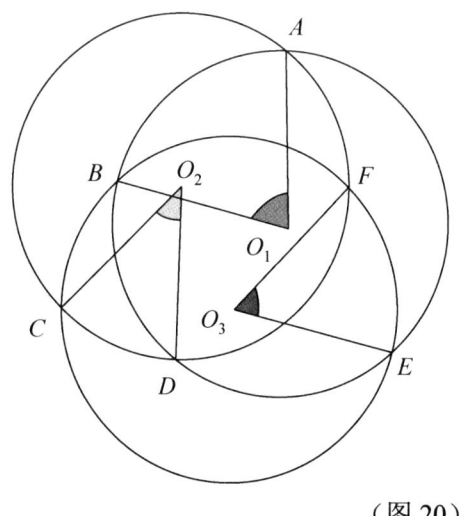

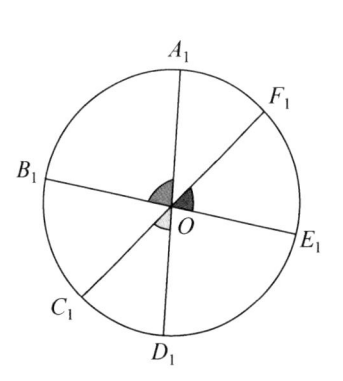

（图 19）

（图 20）

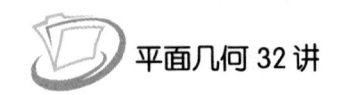

易知 $O_2D /\!/ AO_1$ 且 $O_2D = AO_1$；$O_3E /\!/ BO_1$ 且 $O_3E = BO_1$；$O_3F /\!/ CO_2$ 且 $O_3F = CO_2$. 所以，$A_1$, $O$, $D_1$ 三点共线；$B_1$, $O$, $E_1$ 三点共线；$C_1$, $O$, $F_1$ 三点共线.

于是 $\angle AO_1B + \angle CO_2D + \angle EO_3F = \angle A_1OB_1 + \angle C_1OD_1 + \angle E_1OF_1 = \angle A_1OB_1 + \angle C_1OD_1 + \angle B_1OC_1 = 180°$.

**例 11** 如图 21 所示，$\triangle ABC$ 是正三角形，$\triangle A_1B_1C_1$ 的边 $A_1B_1$，$B_1C_1$，$C_1A_1$ 交 $\triangle ABC$ 各边分别于点 $C_2$，$C_3$，$A_2$，$A_3$，$B_2$，$B_3$. 已知 $A_2C_3 = C_2B_3 = B_2A_3$，若 $(C_2C_3)^2 + (B_2B_3)^2 = (A_2A_3)^2$，证明：$A_1B_1 \perp A_1C_1$.

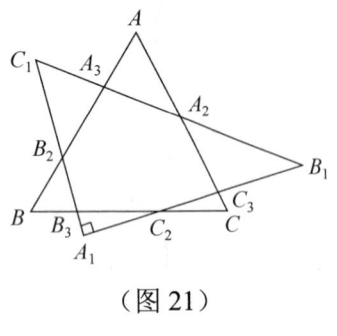

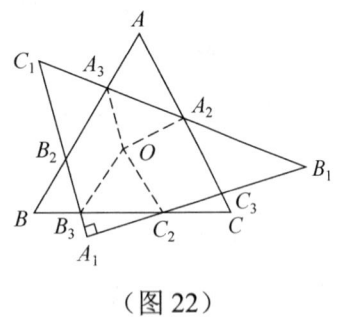

(2002 年北京市中学生数学竞赛初二年级复赛试题)

**分析**：条件中有 $(C_2C_3)^2 + (B_2B_3)^2 = (A_2A_3)^2$，酷似勾股定理的结论，只需设法平移线段，将 $C_2C_3$，$A_2A_3$，$B_2B_3$ 集中到一个三角形中即可，这个三角形必为直角三角形，为证明 $A_1B_1 \perp A_1C_1$ 创造了条件.

**证明**：如图 22 所示，过 $A_2$ 作 $C_2C_3$ 的平行线交过 $C_2$ 所作 $C_3A_2$ 的平行线于点 $O$. 则四边形 $A_2OC_2C_3$ 是平行四边形. 故 $A_2O = C_2C_3$，$OC_2 = A_2C_3 = B_3C_2$.

又因为 $\angle OC_2B_3 = \angle C = 60°$，所以 $\triangle OB_3C_2$ 是正三角形.

从而，$\angle OB_3C_2 = 60° = \angle B$，所以 $OB_3 /\!/ A_3B_2$，且 $OB_3 = C_2B_3 = A_3B_2$.

(图 21)

(图 22)

因此，四边形 $OB_3B_2A_3$ 是平行四边形.

故 $OA_3 /\!/ B_3B_2$，且 $OA_3 = B_3B_2$.

由已知 $(C_2C_3)^2 + (B_2B_3)^2 = (A_2A_3)^2$，所以 $(OA_2)^2 + (OA_3)^2 = (A_2A_3)^2$.

在 $\triangle A_3OA_2$ 中，由勾股定理的逆定理，得 $\angle A_2OA_3 = 90°$.

又 $OA_3 /\!/ B_3B_2$，则 $OA_3 /\!/ A_1C_1$，$OA_2 /\!/ A_1B_1$，所以 $\angle C_1A_1B_1 = 90°$. 即 $A_1B_1 \perp A_1C_1$.

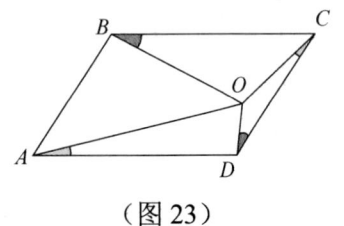

**例 12** 如图 23 所示，平行四边形 $ABCD$ 内的点 $O$ 满足 $\angle OAD = \angle OCD$. 求证：$\angle OBC = \angle ODC$.

(第 61 届圣彼得堡数学奥林匹克试题)

(图 23)

**证明：** 作平移 $T(\overrightarrow{AD})$，则 $A \xrightarrow{T(\overrightarrow{AD})} D$，$B \xrightarrow{T(\overrightarrow{AD})} C$，$O \xrightarrow{T(\overrightarrow{AD})} E$，（如图 24 所示）．

可知 $OADE$ 与 $OBCE$ 分别是平行四边形．

所以 $\angle OED = \angle OAD = \angle OCD$，因此 $O$，$C$，$E$，$D$ 四点共圆．

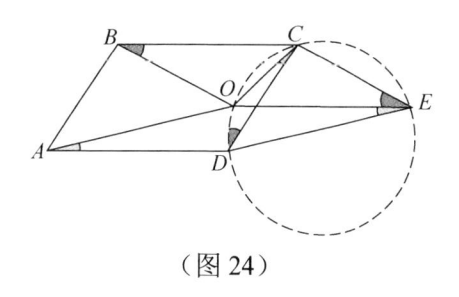

所以 $\angle OBC = \angle OEC = \angle ODC$．

（图 24）

**例 13** 点 $D$ 在 $\triangle ABC$ 的中线 $BM$ 上，过 $D$ 作 $AB$ 的平行线，过 $C$ 作 $BM$ 的平行线，二者交于点 $E$．求证：$BE=AD$．

（第 60 届圣彼得堡数学奥林匹克第一轮 9 年级试题）

**提示：** 由于 $AM = MC$，$MB // CE$；如图 25 所示，将 $\triangle ABM$ 平移到 $\triangle MFC$ 的位置，则 $AB // MF$，$AB = MF$．所以 $DE // MF$，又 $MB // CE$，所以四边形 $DEFM$ 为平行四边形．

因此，$DE = MF = AB$．所以 $AB \underline{\underline{//}} DE$，即四边形 $ABED$ 为平行四边形，因此 $BE = AD$．

（图 25）

**例 14** 如图 26 所示，已知在凸六边形 $ABCDEF$ 中，$AB = BC = CD = DE = EF = FA$，$\angle A+\angle C+\angle E = \angle B+\angle D+\angle F$．求证：$\angle A = \angle D$，$\angle B = \angle E$，$\angle C = \angle F$．

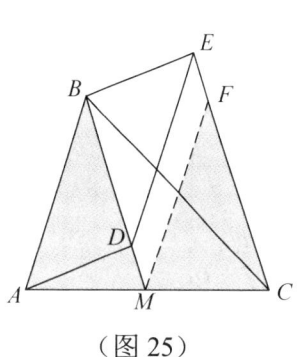

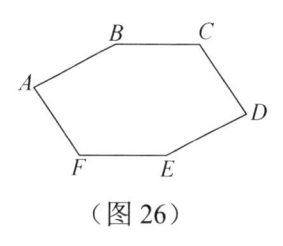

（1953 年匈牙利数学奥林匹克试题）

（图 26）

**证明：** 因为六边形内角和为 $720°$，又 $\angle A+\angle C+\angle E = \angle B+\angle D+\angle F$，所以 $\angle BAF + \angle BCD + \angle DEF = \angle ABC + \angle CDE + \angle EFA = 360°$．

已知 $AB = BC = CD = DE = EF = FA$，平移 $\triangle CBA$ 到 $\triangle EFP$ 的位置，如图 27 所示，即 $\triangle EFP \cong \triangle CBA$，连接

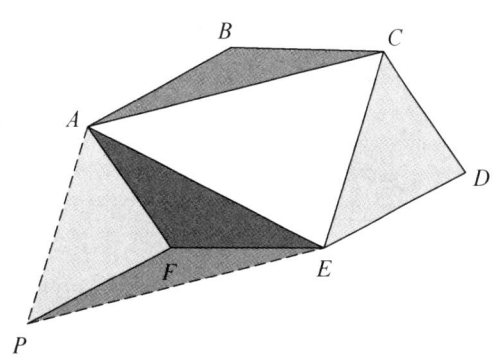

（图 27）

— 319 —

$AP$，则 $\angle AFP = 360° - \angle EFA - \angle PFE = 360° - \angle EFA - \angle ABC = \angle CDE = \angle D$，所以 $\triangle AFP \cong \triangle CDE$（边角边），因此 $AP = CE$，进而 $\triangle ACE \cong \triangle APE$（边边边），因此 $\angle CAE = \angle PEA$.

由于 $\angle BAC = \angle BCA = \dfrac{1}{2}(180° - \angle B)$，$\angle FAE = \angle FEA = \dfrac{1}{2}(180° - \angle PFE)$，所以 $\angle BAC + \angle FAE = \dfrac{1}{2}(180° - \angle B) + \dfrac{1}{2}(180° - \angle PFE) = \dfrac{1}{2}(360° - \angle B - \angle PFE) = \dfrac{\angle D}{2}$.

又 $\angle CAE = \angle PEA = \angle PEF + \angle AEF = \angle BAC + \angle FAE = \dfrac{\angle D}{2}$，所以 $\angle BAF = (\angle BAC + \angle FAE) + \angle CAE = \dfrac{\angle D}{2} + \dfrac{\angle D}{2} = \angle D$. 即 $\angle A = \angle D$.

同理可证 $\angle B = \angle E$，$\angle C = \angle PFE$.

**例 15** 考虑如图 28 所示的 $\triangle ABC$ 和正 $\triangle PQR$. 在 $\triangle ABC$ 中，$\angle ADB = \angle BDC = \angle CDA = 120°$. 求证：$x = u + v + w$.

（1974 年第 3 届美国数学奥林匹克试题）

**分析**：题意是，在 $\triangle ABC$ 中，$BC = a$，$CA = b$，$AB = c$，$D$ 是形内一点，恰满足 $\angle ADB = \angle BDC = \angle CDA = 120°$，且 $AD = u$，$BD = v$，$CD = w$. 求证：存在边长为 $x$ 的等边 $\triangle PQR$，其中内部存在一点 $O$，恰使得 $OP = a$，$OQ = b$，$OR = c$，则有 $x = u + v + w$.

因此，我们利用平移，在 $\triangle ABC$ 的基础上，将 $AD$，$BD$，$CD$ 设法构成一个正三角形，其边恰为 $x = u + v + w$.

**证明**：如图 29 所示，以 $\triangle ABC$ 为基础，平移 $AD$ 到 $EC$，平移 $BD$ 到 $FA$，平移 $CD$ 到 $GB$. 则 $ADCE$，$BDAF$，$CDBG$ 都是平行四边

（图 28）

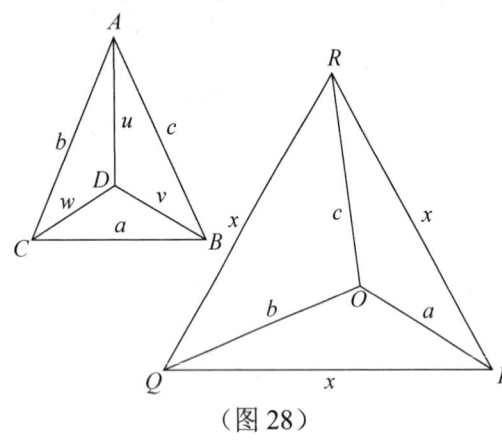

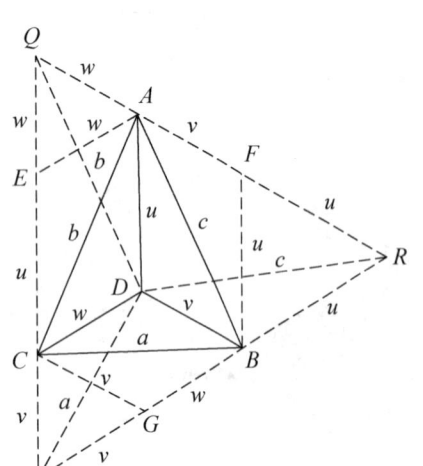

（图 29）

形，且满足

$CE = u$，$EA = w$，$\angle AEC = 120°$；

$AF = v$，$BF = u$，$\angle BFA = 120°$；

$BG = w$，$CG = v$，$\angle CGB = 120°$.

将线段 $CE$，$AF$，$BG$ 向两方延长，相交成 $\triangle PQR$. 易知 $\triangle PCG$，$\triangle QAE$，$\triangle RBF$ 都是等边三角形，即 $PC = PG = CG = v$，$QA = QE = AE = w$，$RB = RF = BF = u$.

则 $\triangle PQR$ 也是等边三角形，且 $PQ = QR = RP = u + v + w$.

因为四边形 $PBDC$，$QCDA$，$RADB$ 都是等腰梯形，所以 $DP = a$，$DQ = b$，$DR = c$.

换言之，点 $D$ 就是题设边长为 $x$ 的正三角形内的点 $O$. 至此问题得证.

**例 16** 如图 30 所示，在四边形 $ABCD$ 中，$AB=CD$. 分别以 $BC$，$AD$ 为底边作两个同向相似的等腰三角形 $EBC$，$FAD$. 求证：$EF$ 平行于 $BC$ 和 $AD$ 中点的连线.

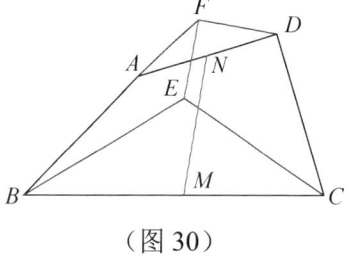

(第 19 届俄罗斯数学奥林匹克试题)

（图 30）

**证明**：如图 31 所示，作平移 $T(\overrightarrow{DA})$，则 $D \xrightarrow{T(\overrightarrow{DA})} A$；设 $C \xrightarrow{T(\overrightarrow{DA})} C_1$. 于是 $AC_1 = DC = AB$，$\triangle ABC_1$ 是等腰三角形，设 $L$ 为 $BC_1$ 的中点，则有 $AL \perp BC_1$.

设 $M$，$N$ 分别为 $BC$，$AD$ 的中点，则由 $LM \text{//} C_1C$，$LM = \dfrac{1}{2}C_1C$，$C_1C \underline{\underline{/\!/}} AD$，推得 $NM \underline{\underline{/\!/}} AL$，所以 $NM \perp BC_1$.

再作平移 $T(\overrightarrow{AL})$，则 $A \xrightarrow{T(\overrightarrow{AL})} L$，$N \xrightarrow{T(\overrightarrow{AL})} M$. 设 $F \xrightarrow{T(\overrightarrow{AL})} F_1$，连接 $EF_1$，$F_1M$，$F_1L$，则 $FF_1 \perp BC_1$；又 $AF \underline{\underline{/\!/}} LF_1$，$FN \underline{\underline{/\!/}} F_1M$，$AN \underline{\underline{/\!/}} LM$，则 $\triangle FAN \cong \triangle F_1LM$，从而 $\angle F_1ML = \angle FNA = 90°$，$\angle EMB = 90°$，所以 $\angle F_1ME = \angle BML$.

由 $\triangle FAD \sim \triangle EBC$，而 $N$，$M$ 分别为 $AD$，

（图 31）

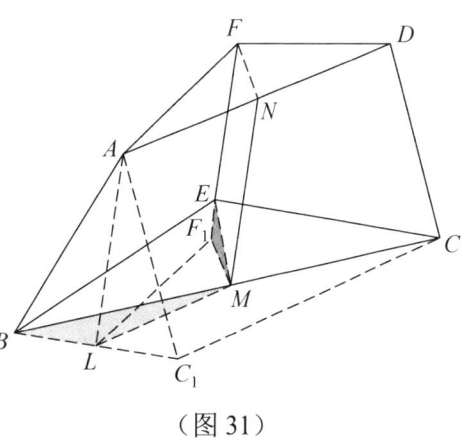

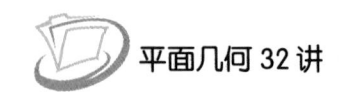

$BC$ 的中点, 所以 $\triangle FAN \sim \triangle EBM$. 于是 $\dfrac{F_1M}{LM} = \dfrac{FN}{AN} = \dfrac{EM}{BM}$. 即知 $\triangle MEF_1 \sim \triangle MBL$. 这样, 由 $EM \perp BM$, $F_1M \perp LM$ 得 $EF_1 \perp BL$; 但 $FF_1 \perp BC_1$, 因此 $F$, $E$, $F_1$ 三点共线, 所以 $EF \perp BC_1$, 故 $MN // EF$.

**例 17** 如图 32 所示, 设 $P$ 为锐角 $\triangle ABC$ 内部一点, 且满足条件: $PA \cdot PB \cdot AB + PB \cdot PC \cdot BC + PC \cdot PA \cdot CA = AB \cdot BC \cdot CA$. 试确定点 $P$ 的几何位置, 并证明结论.

(1998 年中国数学奥林匹克)

**分析**: 我们从证明更强的命题入手: 设 $P$ 为锐角 $\triangle ABC$ 内部一点, 则有 $PA \cdot PB \cdot AB + PB \cdot PC \cdot BC + PC \cdot PA \cdot CA \geq AB \cdot BC \cdot CA$. …… (*)

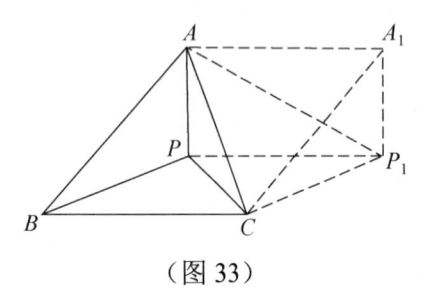

（图 32）

（图 33）

**证明**: 如图 33 所示, 作平移 $T(\overrightarrow{BC})$. 则 $B \xrightarrow{T(\overrightarrow{BC})} C$; $A \xrightarrow{T(\overrightarrow{BC})} A_1$; $P \xrightarrow{T(\overrightarrow{BC})} P_1$.

于是 $A_1C // AB$ 且 $A_1C = AB$; $P_1A_1 // PA$ 且 $P_1A_1 = PA$; $P_1C // PB$ 且 $P_1C = PB$; $AA_1 // PP_1 // BC$ 且 $AA_1 = PP_1 = BC$.

在四边形 $ACP_1A_1$ 与 $APCP_1$ 中, 由托勒密不等式, 可得 $AA_1 \cdot P_1C + CA \cdot P_1A_1 \geq A_1C \cdot P_1A$, 及 $P_1A \cdot PC + PA \cdot P_1C \geq CA \cdot PP_1$.

即 $BC \cdot PB + CA \cdot PA \geq AB \cdot P_1A$. …… ①

及 $P_1A \cdot PC + PA \cdot PB \geq CA \cdot BC$. …… ②

于是, 变换所证的不等式的左端, 依次代入①、②可得:

$PA \cdot PB \cdot AB + PB \cdot PC \cdot BC + PC \cdot PA \cdot CA$

$= PA \cdot PB \cdot AB + PC \cdot (PB \cdot BC + PA \cdot CA)$

$\geq PA \cdot PB \cdot AB + PC \cdot AB \cdot P_1A$

$= AB(PA \cdot PB + PC \cdot P_1A) \geq AB \cdot BC \cdot CA$.

因此, 不等式 (*) 得证. 其中, 等式成立当且仅当四边形 $ACP_1A_1$ 与四边形 $APCP_1$ 都是圆内接四边形, 当且仅当 $APCP_1A_1$ 为圆内接凸五边形, 当且仅当平行四边形 $APP_1A$ 为矩形, 且 $\angle ACP_1 + \angle P_1A_1A = 180°$, 当且仅当 $PA \perp AA_1$ 且 $P_1C \perp CA$, 当且仅当 $PA \perp BC$ 且 $PB \perp CA$, 当且仅当 $P$ 为 $\triangle ABC$ 的垂心.

# 第29讲

# 轴对称给你智慧

如果已知平面上直线 $l$ 和点 $A$，自 $A$ 作 $l$ 的垂线，垂足设为 $H$. 在直线 $AH$ 上 $l$ 的另一侧取点 $A'$，使得 $A'H = AH$. 如图 1 所示，我们称 $A'$ 是 $A$ 关于直线 $l$ 的对称点. 或者说 $A$ 与 $A'$ 关于直线 $l$ 为轴对称，其中，直线 $l$ 称为对称轴.

图形 $F$ 的每一点关于直线 $l$ 的对称点组成的图形 $F'$，称为 $F$ 关于直线 $l$ 的轴对称图形. 把一个图形变为关于直线 $l$ 的轴对称图形的变换，叫作轴对称变换（或反射变换），其中，直线 $l$ 称为对称轴（反射轴）. 记为 $A \xrightarrow{S(l)} A'$.

（图1）

容易想到，一条线段 $AA'$ 关于它的垂直平分线 $l$ 为轴对称图形，一个角 $\angle AOA'$ 关于它的平分线 $OB$ 为轴对称图形. 在几何证题或解题时，如果图形是轴对称图形，则经常要添设对称轴以便充分利用轴对称图形的性质；如果图形不是轴对称图形，往往可选择某直线为对称轴，补为轴对称图形，或将轴一侧的图形反射到该轴的另一侧，以实现条件的相对集中.

## 29.1 基本例题

**例 1** 如图 2 所示，在四边形 $ABCD$ 中，$AB = 30$，$AD = 48$，$BC = 14$，$CD = 40$. 已知 $\angle ABD + \angle BDC = 90°$，求四边形 $ABCD$ 的面积.

**解**：直接计算四边形 $ABCD$ 的面积有困难，因此，我们以 $BD$ 的垂直平分线 $l$ 为对称轴，作 $\triangle ABD$ 关于 $l$ 的轴对称图形 $\triangle A_1DB$，如图 3 所示.

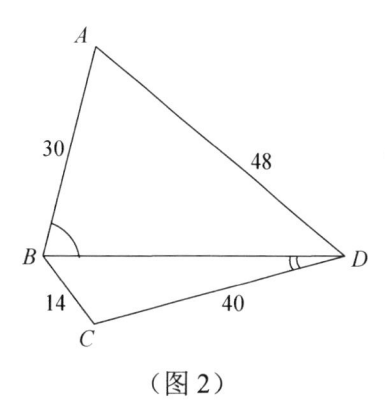

（图2）

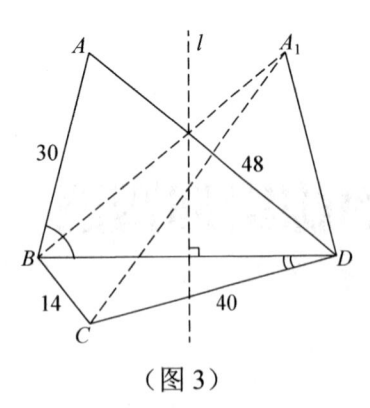

即 $\triangle ABD \xrightarrow{S(l)} \triangle A_1DB$，则 $S_{\triangle ABD} = S_{\triangle A_1DB}$，$A_1D = AB = 30$，$A_1B = AD = 48$，$\angle A_1DB = \angle ABD$. 所以 $\angle A_1DC = \angle A_1DB + \angle BDC = \angle ABD + \angle BDC = 90°$，

因此，$\triangle A_1DC$ 是直角三角形.

由勾股定理得 $A_1C = \sqrt{30^2 + 40^2} = 50$.

在 $\triangle A_1BC$ 中，$A_1C = 50$，$A_1B = 48$，$BC = 14$，而 $BC^2 + A_1B^2 = 14^2 + 48^2 = 196 + 2304 = 2500 = 50^2 = A_1C^2$，依勾股定理逆定理知 $\angle A_1BC = 90°$. 所以，

$$S_{四边形ABCD} = S_{四边形A_1BCD} = S_{\triangle A_1BC} + S_{\triangle A_1DC} = \frac{1}{2} \cdot A_1B \cdot BC + \frac{1}{2} \cdot A_1D \cdot CD$$

$$= \frac{1}{2} \times 48 \times 14 + \frac{1}{2} \times 30 \times 40 = 336 + 600 = 936.$$

（图3）

利用轴对称我们巧妙地将四边形 ABCD 的面积计算了出来.

**例2** 在 $\triangle ABC$ 中，$AB = AC$，$\angle BAC = 80°$. $O$ 为形内一点，$\angle OBC = 10°$，$\angle OCB = 30°$. 求 $\angle BAO$ 的度数.

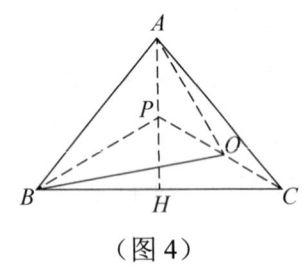

（1983年南斯拉夫数学竞赛题）

**分析与解**：在图4中，根据条件 $AB = AC$，$\angle BAC = 80°$. 推知 $\angle ABC = \angle ACB = 50°$. 又 $\angle OBC = 10°$，$\angle OCB = 30°$. 可知 $\angle ABO = 40°$，$\angle ACO = 20°$，$\angle BOC = 140°$. 再往下就无从下手了.

（图4）

这时，我们想到等腰三角形是轴对称图形，作 $AH \perp BC$ 于点 $H$. $AH$ 也是 $\angle BAC$ 的平分线. 由 $Rt\triangle ABH \xrightarrow{S(AH)} Rt\triangle ACH$，立即得出 $\angle BAH = \angle CAH = 40°$. 为了充分展开轴对称图形的作用，延长 $CO$ 交 $AH$ 于点 $P$（如图4所示），这时 $\angle BOP = 40° = \angle BAP$. 连接 $BP$，由对称性知 $\angle PBC = \angle PCB = 30°$，所以 $\angle PBO = 30° - 10° = 20°$. 因此，$\angle ABP = 40° - 20° = 20°$.

在 $\triangle ABP$ 与 $\triangle OBP$ 中，$\angle BAP = \angle BOP = 40°$，$BP = BP$，$\angle ABP = \angle OBP = 20°$，所以 $\triangle ABP \cong \triangle OBP$（角边角）. 因此 $AB = OB$（全等三角形对应边相等）.

由于 $\angle ABO = 40°$，所以 $\angle BAO = \dfrac{180° - \angle ABO}{2} = \dfrac{180° - 40°}{2} = 70°$.

**例 3** 在 $\triangle ABC$ 中，$AC = BC$，$\angle ACB = 90°$．$P$，$Q$ 为 $AB$ 上两点，且 $\angle PCQ = 45°$（如图 5 所示）．求证：$AP^2 + BQ^2 = PQ^2$.

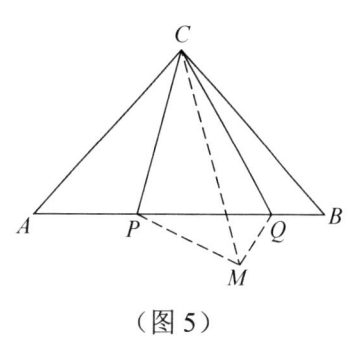

**分析**：由 $AC=BC$，$\angle ACB = 90°$ 知，$\triangle ABC$ 是等腰直角三角形，$AB$ 为斜边．

要证 $AP^2 + BQ^2 = PQ^2$，只需设法将 $AP$，$BQ$，$PQ$ 这 3 条线段集中在一个直角三角形中，使得 $PQ$ 为斜边，$AP$，$BQ$ 为两条直角边即可．我们利用轴对称来实现这一构想．

**证明**：作 $\triangle BCQ \xrightarrow{S(CQ)} \triangle MCQ$（即作 $\angle MCQ = \angle BCQ$，截取 $CM = CB = CA$，连接 $MQ$）．易知 $\triangle MCQ \cong \triangle BCQ$，所以 $MQ = QB$，$\angle CMQ = \angle B = 45°$.

由于 $\angle ACP + \angle BCQ = 90° - 45° = 45°$，又 $\angle MCQ = \angle BCQ$，所以 $\angle ACP = \angle MCP$．且 $CM = CA$．连接 $PM$，如图 5 所示．易知 $\triangle ACP \xrightarrow{S(CP)} \triangle MCP$，即 $\triangle ACP \cong \triangle MCP$，所以 $PM = AP$，$\angle PMC = \angle A = 45°$.

在 $\triangle PMQ$ 中，$\angle PMQ = \angle PMC + \angle CMQ = 45° + 45° = 90°$．所以 $\triangle PMQ$ 为直角三角形，$PQ$ 为斜边．

所以 $MP^2 + MQ^2 = PQ^2$．也就是 $AP^2 + BQ^2 = PQ^2$（等量代换）．

在本题的证明中，实际上是将 $BC$ 关于 $CQ$ 轴对称，$CA$ 关于 $CP$ 轴对称，两个对称图形都是线段 $CM$．这样，巧妙地将线段 $AP$，$BQ$，$PQ$ 集中在一个直角三角形 $PMQ$ 中，使问题获证．

**例 4** 如图 6 所示，求出图中"？"的角度．

（1995 年第四届日本算术奥林匹克决赛题 6）

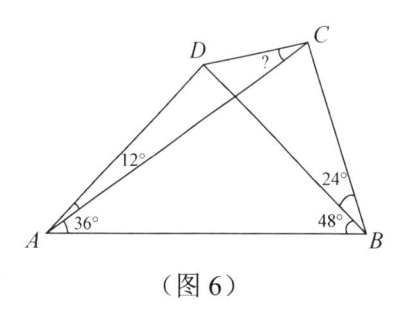

**解**：要求"？"的角度，即 $\angle ACD$ 的度数．乍一看，简直无从下手．但仔细观察发现，已知角的度数都是 12 的倍数，会使我们萌发造 60° 角，从而作正三角形的想法．

为此，作 $\triangle ACD \xrightarrow{S(AD)} \triangle APD$，则 $\triangle APD \cong \triangle ACD$（见图 7），有

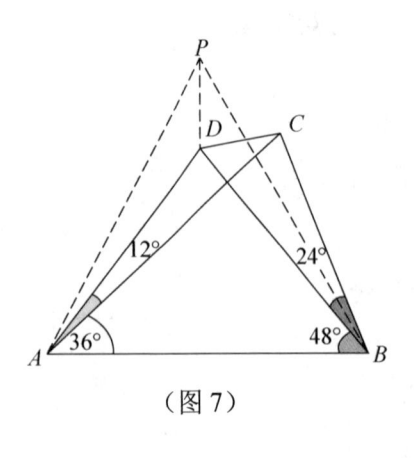

$\angle APD = \angle ACD$，$\angle PAD = \angle CAD = 12°$，$\angle PAB = 60°$，$AP = AB$.

连接 $PB$，则 $\triangle PAB$ 为正三角形. 由于 $\angle ABP = 60°$，所以 $\angle PBD = 12°$.

注意到 $\angle DAB = 12° + 36° = 48° = \angle DBA$，所以 $AD = BD$. 因此 $\triangle PAD \cong \triangle PBD$，$\angle APD = \angle BPD$. 但 $\angle APD + \angle BPD = 60°$，所以 $\angle APD = 30°$.

（图7）

因此 $\angle ACD = \angle APD = 30°$.

说明：观察图7可发现图形的结构，就是作 $\triangle ACD$ 关于 $AD$ 所在直线的轴对称图形 $\triangle APD$，再作 $\triangle APD$ 关于 $PD$ 所在直线的轴对称图形 $\triangle BPD$.

**例5** 点 $M$ 是四边形 $ABCD$ 的 $BC$ 边的中点，$\angle AMD = 120°$（如图 8 所示）. 证明：$AB + \dfrac{1}{2}BC + CD \geq AD$.

（1993年圣彼得堡数学奥林匹克试题）

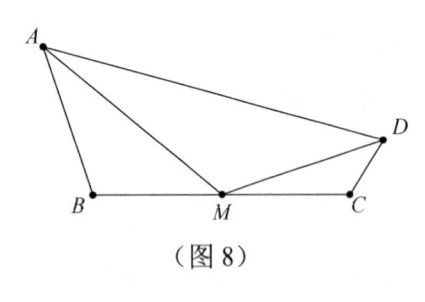

**分析**：显然，要证题设的不等式，应当把 $AB$，$\dfrac{1}{2}BC$，$CD$ 3 条线段首尾连接成一条折线，再与线段 $AD$ 比较即可. 要实现这一构想，折线之首端应与 $A$ 点重合，尾端应与 $D$ 点重合. 这可由轴对称来实现.

（图8）

**证明**：作 $B \xrightarrow{S(AM)} B_1$，连接 $AB_1$，$MB_1$，则 $AB_1 = AB$，$MB_1 = MB$. 即 $\triangle AB_1M \cong \triangle ABM$，由此 $\angle B_1MA = \angle BMA$.

作 $C \xrightarrow{S(DM)} C_1$，连接 $DC_1$，$MC_1$，则 $DC_1 = DC$，$MC_1 = MC$. 即 $\triangle DC_1M \cong \triangle DCM$，由此得 $\angle C_1MD = \angle CMD$（见图9）.

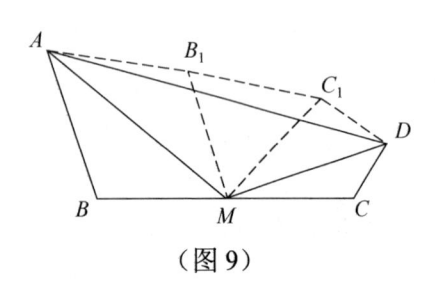

由于 $\angle AMD = 120°$，所以 $\angle BMA + \angle CMD = 180° - \angle AMD = 180° - 120° = 60°$.

但 $\angle B_1MA + \angle C_1MD = \angle BMA + \angle CMD = 60°$.

因此 $\angle B_1MC_1 = 120° - (\angle B_1MA + \angle C_1MD) =$

（图9）

$120° - 60° = 60°$.

又 $MB_1 = MC_1 = \dfrac{1}{2}BC$，所以 $\triangle B_1MC_1$ 是等边三角形，$B_1C_1 = \dfrac{1}{2}BC$.

由于两点之间，线段最短，所以 $AB_1 + B_1C_1 + C_1D \geqslant AD$.

即 $AB + \dfrac{1}{2}BC + CD \geqslant AD$.

**例6** 如图 10 所示，凸四边形 $ABCD$ 的对角线 $AC$，$BD$ 垂直相交于点 $O$，$OA > OC$，$OB > OD$. 求证：$BC + AD > AB + CD$.

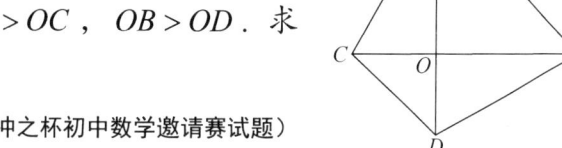

（首届祖冲之杯初中数学邀请赛试题）

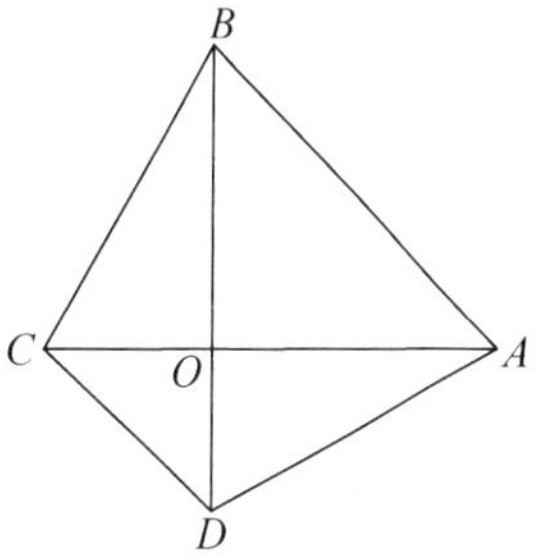

**证明**：作 $C \xrightarrow{S(BD)} C'$，$D \xrightarrow{S(AC)} D'$（见图11）.

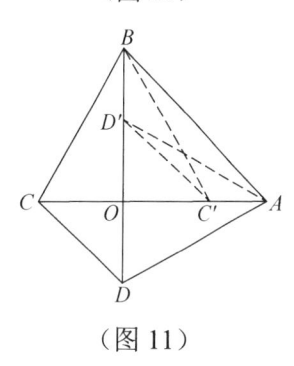

则由 $AC \perp BD$，$OA > OC$，$OB > OD$ 知，$C'$ 在 $OA$ 上，$D'$ 在 $OB$ 上.

又 $O$ 既是 $CC'$ 的中点，也是 $DD'$ 的中点，所以 $C'D' = CD$. 在四边形 $ABD'C'$ 中，显然 $AD' + BC' > AB + C'D'$，而 $AD' = AD$，$BC' = BC$，故 $BC + AD > AB + CD$.

**例7** 如图 12 所示，在矩形台球桌 $ABCD$ 上，放有两个球 $P$ 和 $Q$. 恰有 $\angle PAB$ 和 $\angle QAD$ 相等. 如果打击球 $P$ 使它撞在 $AB$ 的点 $M$ 反弹后撞到球 $Q$，则其路线记为 $P \to M \to Q$；如果打击球 $Q$ 使它撞在 $AD$ 的 $N$ 点反弹后撞到球 $P$，则其路线记为 $Q \to N \to P$. 证明：$P \to M \to Q$ 与 $Q \to N \to P$ 的路线长相等.

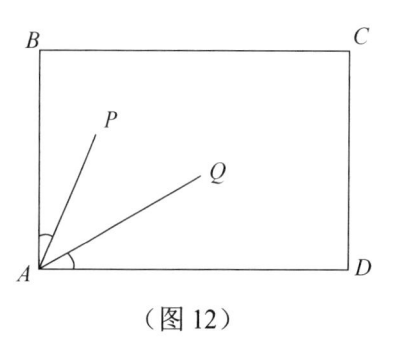

**分析与证明**：台球 $P$ 撞 $AB$ 于点 $M$ 反弹打到 $Q$ 满足 $\angle PMB = \angle QMA$，作 $P \xrightarrow{S(BA)} P_1$，连接 $P_1Q$ 交 $BA$ 于点 $M$，则 $P \to M \to Q$ 为球 $P$ 的路线.

再作 $Q \xrightarrow{S(AD)} Q_1$，连接 $PQ_1$ 交 $AD$ 于点 $N$，则 $Q \to N \to P$ 为球 $Q$ 的路线（见图13）.

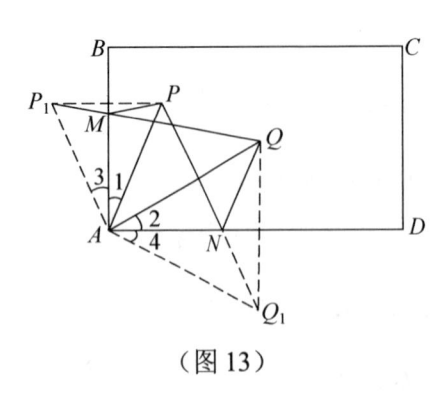

由对称性知，$P_1A = PA$，$Q_1A = QA$. 注意已知条件"$\angle PAB$ 和 $\angle QAD$ 相等"，因此有 $\angle 3 = \angle 1 = \angle 2 = \angle 4$，$PM + MQ = P_1M + MQ = P_1Q$，$QN + NP = Q_1N + NP = Q_1P$.

因此，要证 $P \to M \to Q$ 与 $Q \to N \to P$ 的路线长相等，即证明 $PM + MQ = QN + NP$，也就是证明 $P_1Q = Q_1P$.

（图13）

在 $\triangle P_1AQ$ 与 $\triangle PAQ_1$ 中，因为 $P_1A = PA$，$QA = Q_1A$，$\angle P_1AQ = \angle 3 + \angle BAQ = \angle 2 + \angle BAQ = 90°$，而 $\angle PAQ_1 = \angle PAD + \angle 4 = \angle PAD + \angle 1 = 90°$，所以 $\angle P_1AQ = \angle PAQ_1$.

所以 $\triangle P_1AQ \cong \triangle PAQ_1$（SAS），则 $P_1Q = Q_1P$.

所以 $P \to M \to Q$ 与 $Q \to N \to P$ 的路线长相等.

**说明**：光线折射、打台球弹子折射都有入射角等于反射角的性质，因此都与轴对称有着联系.

**例8** 如图14所示，$\angle POQ = 30°$. $A$ 为 $OQ$ 上一点，$B$ 为 $OP$ 上一点，且 $OA = 5$，$OB = 12$，在 $OB$ 上取点 $A_1$，在 $AQ$ 上取点 $A_2$. 设 $l = AA_1 + A_1A_2 + A_2B$. 求 $l$ 的最小值.

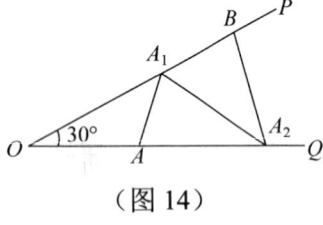

**分析**：要求 $l = AA_1 + A_1A_2 + A_2B$ 的最小值，设法将 $AA_1$，$A_1A_2$，$A_2B$ 变位后与一条固定的线段相比较，利用"两点之间，线段最短"的原理来求解. 再由 $30°$ 角为 $90°$ 角的 $\dfrac{1}{3}$，可以设想沿 $OP$，$OQ$ 分别使 $\angle POQ$ 向角的外侧反射，造成一个 $90°$ 的角，为问题的解答创设条件.

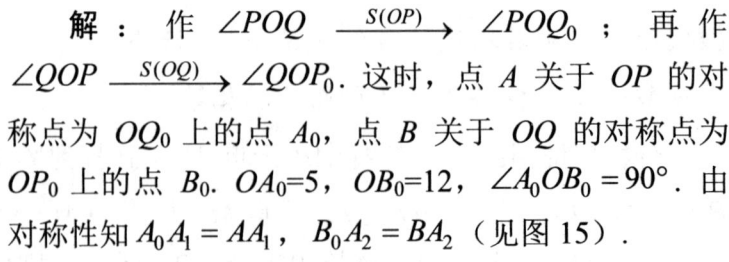

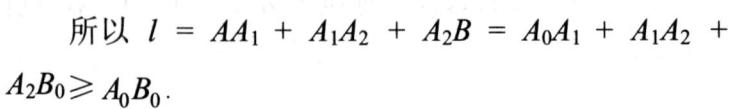

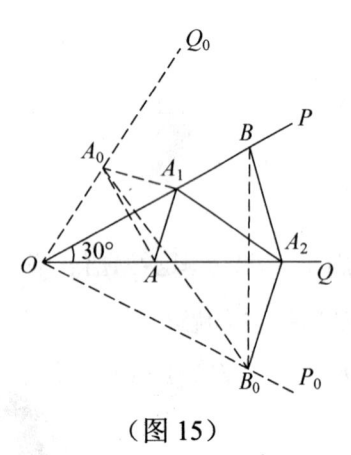

（图14）

**解**：作 $\angle POQ \xrightarrow{S(OP)} \angle POQ_0$；再作 $\angle QOP \xrightarrow{S(OQ)} \angle QOP_0$. 这时，点 $A$ 关于 $OP$ 的对称点为 $OQ_0$ 上的点 $A_0$，点 $B$ 关于 $OQ$ 的对称点为 $OP_0$ 上的点 $B_0$. $OA_0 = 5$，$OB_0 = 12$，$\angle A_0OB_0 = 90°$. 由对称性知 $A_0A_1 = AA_1$，$B_0A_2 = BA_2$（见图15）.

所以 $l = AA_1 + A_1A_2 + A_2B = A_0A_1 + A_1A_2 + A_2B_0 \geqslant A_0B_0$.

（图15）

因此 $l$ 的最小值为 $A_0B_0$ 的长.

问题归结为:"在 $\triangle A_0OB_0$ 中,$OA_0 = 5$,$OB_0 = 12$,$\angle A_0OB_0 = 90°$,求 $A_0B_0$."

依据勾股定理得 $A_0B_0^2 = OA_0^2 + OB_0^2 = 5^2 + 12^2 = 169$,因此 $A_0B_0 = \sqrt{169} = 13$. 所以 $l$ 的最小值为 $A_0B_0$ 的长为 13.

## 29.2 竞赛题选讲

**例 9** 在锐角 $\triangle ABC$ 中,$AB > AC$.$BE$,$CF$ 为 $\triangle ABC$ 的两条高线.证明:$AB + CF > AC + BE$.

(1967 年英国数学竞赛题)

**分析**:要证 $AB + CF > AC + BE$,只需证 $AB - AC > BE - CF$ 即可.

**证明**:如图 16 所示,以角 $BAC$ 的平分线 $AP$ 为反射轴作反射变换.

$C \xrightarrow{S(AP)} C'$,$F \xrightarrow{S(AP)} F'$.

因为 $AB > AC$,知 $C'$ 在边 $AB$ 上,$F'$ 在边 $AC$ 上,且 $C'F' \perp AC$.

而 $BE \perp AC$,所以 $C'F' // BE$.

过 $C'$ 作 $C'D \perp BE$ 于点 $D$.

则有 $DE = C'F' = CF$.

由于 $BC' > BD$,但 $BC' = AB - AC' = AB - AC$,$BD = BE - DE = BE - CF$,所以 $AB - AC > BE - CF$,也就是 $AB + CF > AC + BE$.

(图 16)

**例 10** 如图 17 所示,在凸四边形 $ABCD$ 中,$\angle BAC = 30°$,$\angle ADC = 150°$,且 $AB = DB$.求证:$CA$ 平分 $\angle BCD$.

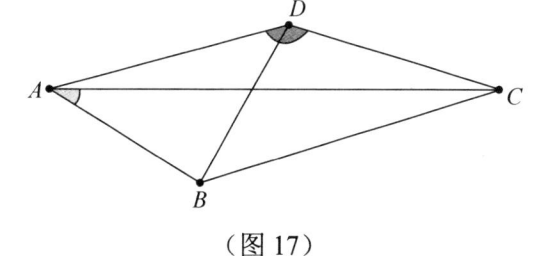

(1993 年莫斯科 9 年级试题)

(图 17)

**证明**:作 $B \xrightarrow{S(AC)} E$,连接 $AE$,$BE$,则 $\triangle ABE$ 是正三角形(见图 18),则 $\angle ABE = 60°$,$BE = AB = BD$.以

（图 18）

（图 19）

（图 20）

（图 21）

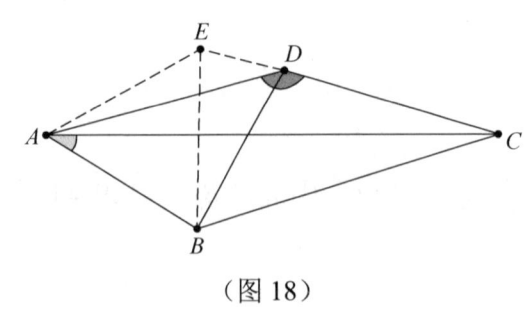

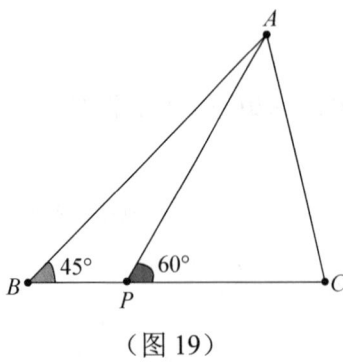

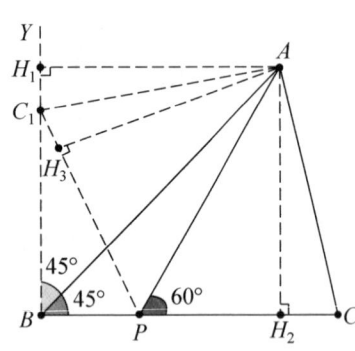

$B$ 为圆心、$AB$ 为半径画圆，则该圆过 $A$，$E$，$D$ 三点. 则 $\angle EDA = \dfrac{1}{2}\angle ABE = \dfrac{1}{2}\times 60°=30°$，所以 $\angle EDA+\angle ADC=30°+150°=180°$，所以 $E$，$D$，$C$ 三点共线，且 $CE=CB$.

此时，$\triangle ABC \xrightarrow{S(AC)} \triangle AEC$，所以 $\angle ACE = \angle ACB$. 即 $CA$ 平分 $\angle BCD$.

**例 11** 如图 19 所示，在三角形 $ABC$ 中，已知 $\angle B=45°$，$P$ 为 $BC$ 边上一点，使得 $\angle APC=60°$，且 $PC=2PB$. 求 $\angle ACB$ 的度数.

**解**：作 $C \xrightarrow{S(AP)} C_1$，连接 $BC_1$ 成射线 $BY$. 则 $\triangle ACP \cong \triangle AC_1P$（见图 20）.

且有 $PC_1=PC=2PB$，$\angle C_1PA=\angle CPA=60°$，所以 $\angle C_1PB=60°$.

因此 $\angle C_1BP=90°$，$\angle C_1BA=\angle ABC=45°$.

又因为 $\angle BC_1P=30°$，所以 $\angle YC_1P=150°$.

自 $A$ 作 $BY$ 的垂线 $AH_1$，作 $PC$ 的垂线 $AH_2$，作 $PC_1$ 的垂线 $AH_3$.

由于 $A$ 在 $\angle YBC$ 的平分线上，所以 $AH_1=AH_2$；又 $A$ 在 $\angle C_1PC$ 的平分线上，所以 $AH_3=AH_2$；因此 $AH_1=AH_3$，即 $A$ 在 $\angle YC_1P$ 的平分线上，所以 $\angle ACB=\angle AC_1P=\dfrac{1}{2}\angle YC_1P=75°$.

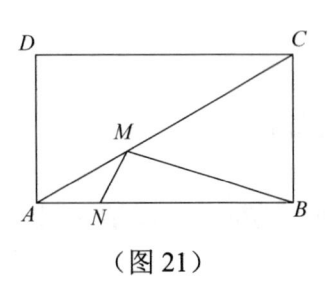

**例 12** 如图 21 所示，在矩形 $ABCD$ 中，$AB=20$ 厘米，$BC=10$ 厘米. 若在 $AC$，$AB$ 上各取一点 $M$，$N$，使得 $BM+MN$ 的值最小，求这个最小值.

（1998 年北京市中学生数学竞赛初二复赛试题）

**解**：作 $B \xrightarrow{S(AC)} B'$，连接 $AB'$，则点 $N$ 关于 $AC$

— 330 —

的对称点为 $AB'$ 上的点 $N'$（见图 22）.

这时，$B$ 到 $M$ 到 $N$ 的最小值等于 $B \to M \to N'$ 的最小值，等于 $B$ 到 $AB'$ 的距离 $BH'$. 即 $BM+MN$ 的最小值为 $BH'$.

现在求 $BH'$ 的长. 设 $AB'$ 与 $DC$ 交于点 $P$，连接 $BP$，则 $\triangle ABP$ 的面积等于 $\frac{1}{2} \times 20 \times 10 = 100$. 注意到 $PA = PC$（想一想，为什么？）.

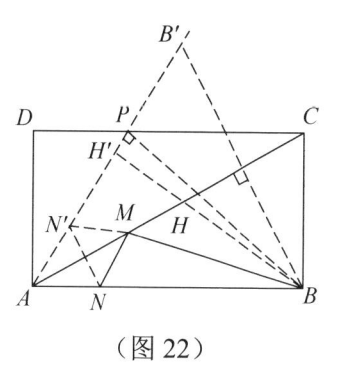

设 $AP = x$，则 $PC = x$, $DP = 20-x$. 根据勾股定理得 $PA^2 = DP^2 + DA^2$，即 $x^2 = (20-x)^2 + 10^2$，即 $x^2 = 400 - 40x + x^2 + 100$，解得 $x = 12.5$.

所以 $BH' = \frac{100 \times 2}{12.5} = 16$（厘米）. 即 $BM+MN$ 的最小值是 16 厘米.

**例 13** $A$，$B$，$C$ 3 个村庄在一条东西向的公路沿线上，如图 23 所示. $AB = 2$ 千米, $BC = 3$ 千米. 在 $B$ 村的正北方有一个 $D$ 村，测得 $\angle ADC = 45°$. 今将 $\triangle ACD$ 区域规划为开发区，除其中 4 平方千米的水塘外，均作为建设或绿化用地. 试求这个开发区的建设或绿化用地的面积是多少平方千米.

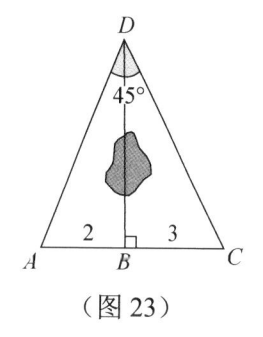

（图 23）

（1995 年北京市中学生数学竞赛初二复赛试题）

**分析与解**：本题的基本模型是："在 $\triangle ADC$ 中，$\angle ADC = 45°$. $DB \perp AC$，垂足是 $AC$ 边上的点 $B$. 若 $AB = 2$, $CB = 3$. 求 $\triangle ADC$ 的面积."

要求 $\triangle ADC$ 的面积，只需求出 $DB$ 即可. 直接求有困难，但看到 $\angle ADC = 45°$，若分别将 $\angle ADB$，$\angle CDB$ 关于 $AD$, $CD$ 作轴对称，可形成一个 90° 角.

作 $Rt\triangle ADB \xrightarrow{S(DA)} Rt\triangle ADB_1$, 如图 24 所示，易知 $Rt\triangle ADB \cong Rt\triangle ADB_1$. 作 $Rt\triangle CDB \xrightarrow{S(DC)} Rt\triangle CDB_2$，易知 $Rt\triangle CDB \cong Rt\triangle CDB_2$.

延长 $B_1A, B_2C$ 相交于点 $E$，则四边形 $B_1DB_2E$ 是正方形.

设 $BD = x$，则 $B_1D = DB_2 = B_2E = EB_1 = x$. $AB_1 =$

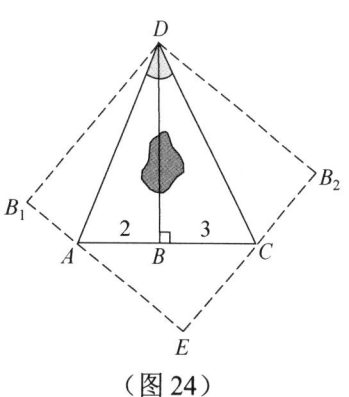

（图 24）

$AB=2$，$CB_2=CB=3$，$AC=5$.

所以 $AE=x-2$，$CE=x-3$.

在 Rt$\triangle AEC$ 中，根据勾股定理，得 $AE^2+CE^2=AC^2$，即 $(x-2)^2+(x-3)^2=(2+3)^2$，整理得 $x^2-5x-6=0$，分解因式 $(x-6)(x+1)=0$.

因为 $x>0$，则有 $x+1>0$，所以 $x-6=0$，得 $x=6$，即 $DB=6$（千米）.

所以 $S_{\triangle ACD}=\dfrac{1}{2}\times 5\times 6=15$（平方千米）.

由于已知开发区中有 4 平方千米的水塘，所以这个开发区的建筑及绿化用地的面积是 $15-4=11$（平方千米）.

**例 14** 在 $\triangle ABC$ 中，角平分线 $AD$ 与 $CE$ 相交于点 $O$，$AB$ 关于 $CE$ 的对称直线同 $BC$ 关于 $AD$ 的对称的直线相交于点 $K$. 证明：$KO\perp AC$.

(1999—2000 全俄中学生数学奥林匹克第 4 轮 8 年级试题)

**证明**：如图 25 所示，设直线 $KE$ 与 $KD$ 分别与直线 $AC$ 相交于点 $M$ 和 $N$.

由题意可知，$\triangle CBE\xrightarrow{S(CE)}\triangle CME$，所以 $\angle KMC=\angle ABC$.

同理可证 $\angle KNA=\angle ABC$.

因此，$\angle KMC=\angle KNA$，即 $KM=KN$，$\triangle KMN$ 是等腰三角形.

此外，还有 $B\xrightarrow{S(CE)}M$，所以 $CE$ 是 $BM$ 的中垂线，$B\xrightarrow{S(AD)}N$，所以 $AD$ 为 $BN$ 的中垂线，因此 $AD$ 与 $CE$ 的交点 $O$ 就是 $\triangle MBN$ 的外心，所以 $O$ 在边 $MN$ 的中垂线上. 因为 $KM=KN$，$K$ 也在线段 $MN$ 的中垂线上，所以 $KO\perp MN$，即 $KO\perp AC$.

**例 15** 如图 26 所示，设圆外切四边形有一组对边相等. 证明：圆心到另一组对边的中点的距离相等.

(第 31 届 IMO 预选题)

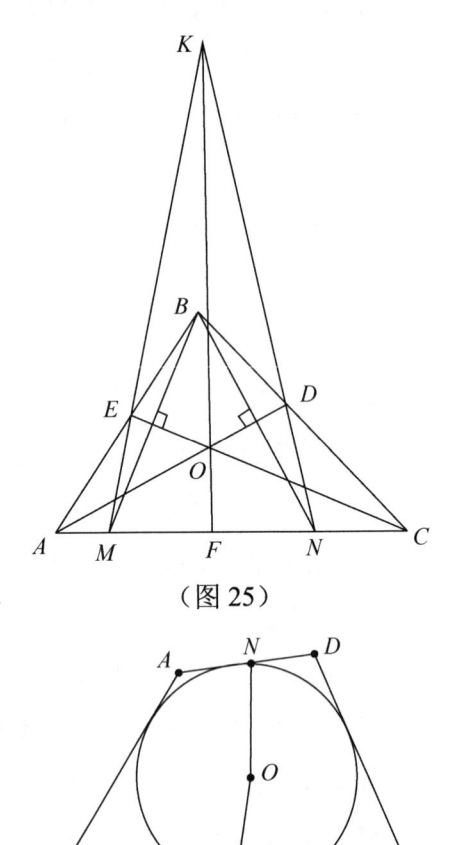

（图 25）

（图 26）

**提示**：连接 $AO$，$BO$，$CO$，$DO$，如图 27 所示，以 $BO$，$CO$ 为反射轴，有 $A \xrightarrow{S(BO)} A'$，$D \xrightarrow{S(CO)} D'$，则 $BA' = BA = CD = CD'$，因此 $BD' = CA'$，进而 $AD = A'D'$，$\triangle AOD \cong \triangle A'OD'$，因此对应的中线 $ON = OM$.

**例 16** 单位正方形周界上任意两点之间连一曲线，如果它把这个正方形分成面积相等的两部分，试证：这个曲线段的长度不小于 1.

**分析**：（1）"周界任两点"在正方形的一组对边上时，如图 28（a）所示，结论显然成立（注意，这种情形未用"所连曲线把这个正方形分成面积相等的两部分"的条件）.

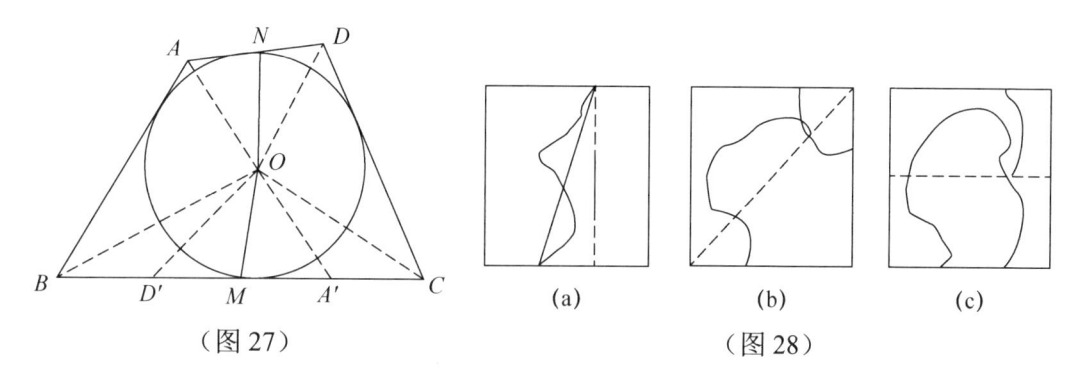

（图 27） （图 28）

（2）"周界任两点"在正方形的一组邻边上时，可连一条对角线，如图 28（b）所示. 由于这条曲线把这个正方形分成面积相等的两部分，所以曲线必与所连的对角线相交，经过以所连对角线为对称轴，将曲线与对角线交点之间的部分作轴对称变换，可将整个曲线化归为（1）的情形.

（3）"周界任两点"在正方形的同一边上时，可连一组对边中点连线，如图 28（c）所示. 由于这条曲线把这个正方形分成面积相等的两部分，所以曲线必与所连的对边中点连线相交，以所连的一组对边中点连线为对称轴，将曲线与对边中点连线交点之间的部分作轴对称变换，可将整个曲线也化归为（1）的情形.

上述（1）、（2）、（3）中，（1）是最基本的情况. 通过轴对称（反射）的手段，实现了（2）、（3）化归为（1），从而得到问题的解答.

在轴对称图形中，经常要想到设法利用图形的轴对称性质来添加辅助线，会使我们的思路开阔起来.

# 第30讲

# 旋转变换的艺术

将平面图形 $F$ 绕这平面内的一个定点 $O$ 按一定方向旋转一个定角 $\theta$，得到平面图形 $F'$. 这样的变换称为平面上绕定点 $O$ 的旋转变换. $O$ 叫作旋转中心，$\theta$ 叫作旋转角. 记为 $F \xrightarrow{R(O,\,\theta)} F'$. 绕定点 $O$ 旋转角为180°的旋转变换称为中心对称变换. 中心对称简记为 $C(O)$. 显然 $C(O) = R(O,\,180°)$.

旋转变换前后的图形具有如下性质：

（1）对应线段相等，对应角相等.

（2）共点线变为共点线. 共线点变为共线点，对应点位置的排列次序相同；线段的中点变为线段的中点. 线段的定比分点，变为对应线段的定比分点.

（3）任意两条对应线段所在直线的夹角都等于旋转角 $\theta$.

（4）旋转中心 $O$ 是旋转变换下的不动点.

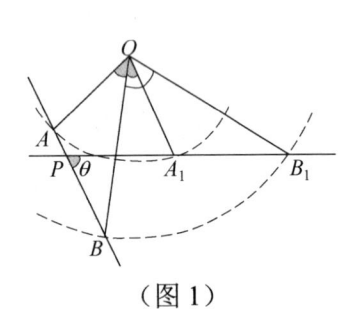

如图 1 所示，点 $A$ 逆时针旋转 $\theta$ 角到 $A_1$，点 $B$ 逆时针旋转 $\theta$ 角到 $B_1$，则直线 $AB$ 在逆时针旋转 $\theta$ 角的变换下变为直线 $A_1B_1$. 设直线 $AB$ 与直线 $A_1B_1$ 的交点为 $P$，则易证 $\triangle OAB \cong \triangle OA_1B_1$，推得线段 $AB = A_1B_1$，$\angle BPB_1 = \theta$. 即从直线 $AB$ 到直线 $A_1B_1$ 的角等于旋转角 $\theta$.

（图1）

旋转变换在平面几何中有着广泛的应用，特别是在解（证）有关等腰三角形，正三角形，正方形和正六边形的问题时，更是会经常用到.

## 30.1 基本例题

**例1** 如图 2 所示，在五边形 $ABCDE$ 中，$\angle BAE = 60°$，$\angle B = \angle BCD =$

$\angle D = \angle E$，$AB = AE$，$BC = CD$，$AC = 2$厘米，则五边形 $ABCDE$ 的面积 = _____ 平方厘米.

答：$\sqrt{3}$.

解：五边形的内角和为 $540°$，由于 $\angle BAE = 60°$，$\angle B = \angle BCD = \angle D = \angle E$，所以 $\angle B = \angle BCD = \angle D = \angle E = 120°$.

作 $\triangle ABC \xrightarrow{R(A, 60°)} \triangle AEF$，则 $AE = AB$，$EF = BC$，$AF = AC$.

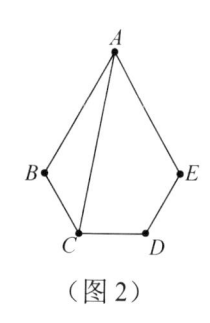

$\angle AEF = \angle ABC = 120° = \angle AED$，所以 $\angle DEF = 120° = \angle CDE$. 连接 $CF$ 交 $ED$ 于点 $P$，如图 3 所示，则 $\triangle CDP \cong \triangle FEP$. 相当于将 $\triangle CDP$ 绕 $P$ 旋转 $180°$ 到 $\triangle FEP$ 的位置.

五边形 $ABCDE$ 的面积 = 正 $\triangle ACF$ 的面积 = $\frac{\sqrt{3}}{4} \times 2^2 = \sqrt{3}$（平方厘米）.

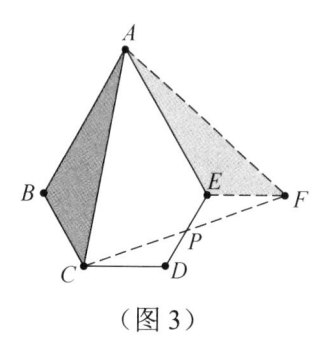

**例 2** 在四边形 $ABCD$ 中，$AB = AD$，$\angle BAD = \angle BCD = 90°$，$AC = 6$ 厘米，求四边形 $ABCD$ 的面积.

解：已知线段 $AC$ 的长度来计算面积，而只有正三角形、正方形、圆可以只由一条线段来求面积. 又已知两个 $90°$ 角和另两条相等线段. 不妨设法将图形改造成正方形. 为此作 $AE \perp BC$ 于点 $E$，如图 4 所示，将 $\triangle ABE \xrightarrow{R(A, 90°)} \triangle ADF$. 易知，四边形 $AECF$ 为正方形，其面积等于四边形 $ABCD$ 的面积. $AC$ 为正方形 $AECF$ 的对角线.

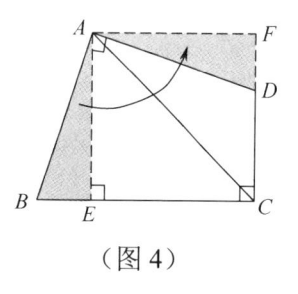

所以，四边形 $ABCD$ 的面积 = 正方形 $AECF$ 的面积 = $\frac{AC^2}{2} = \frac{6^2}{2} = 18$（平方厘米）.

**例 3** 用一张斜边长为 15 的红色直角三角形纸片，一张斜边长为 20 的蓝色直角三角形纸片，一张黄色的正方形纸片，拼成一个直角三角形，如图 5 所示. 问：黄色正方形纸片的面积是多少？试说明理由.

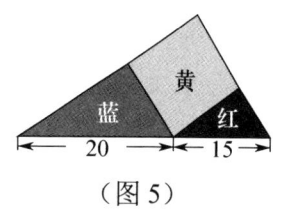

（第 18 届华杯赛决赛初一组 A 卷试题）

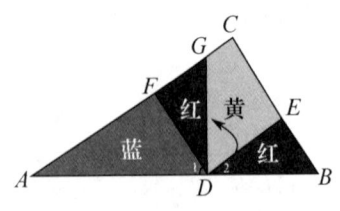

**解**：作 Rt△DEB $\xrightarrow{R(D,\ 90°)}$ Rt△DFG，如图 6 所示，使 DE 和 DF 重合，BE 和 FG 重合，三角形 BDE 和三角形 DFG 重合（即割下三角形 BDE 补到三角形 DFG 的位置）．

由于 ∠EDF=90°，所以 ∠1+∠2=90°，所以 ∠ADG 是直角，三角形 ADG 是直角三角形，它的直角边 AD=20，BD=15，由勾股定理可得斜边 AG=25．此时，正方形的边长 DF 恰是直角三角形 ADG 中斜边 AG 上的高，所以 $\frac{1}{2}\times 25\times DF=\frac{1}{2}\times 15\times 20$，解得 DF=12，因此黄色正方形纸片的面积是 $12^2=144$．

**例 4** P 为正△ABC 内一点，∠APB=113°，∠APC=123°．求证：以 AP，BP，CP 为边可以构成一个三角形．并确定所构成三角形的各内角的度数．

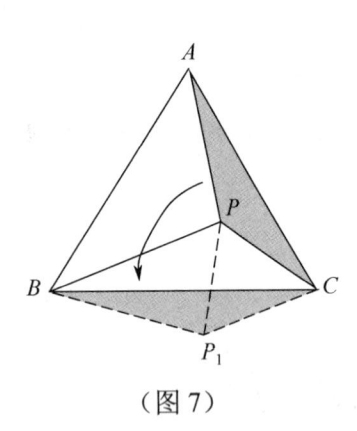

**解**：要判断 AP，BP，CP 3 条线段可以构成一个三角形的三边，常采用判定其中任意两条线段长度之和大于第三条线段长度的方法．然而，如何求所构成的三角形各内角的度数呢？如果△APC $\xrightarrow{R(C,\ 60°)}$ △BP₁C，如图 7 所示，此时，点 A 变到点 B，线段 CA 变到 CB，点 P 变到点 P₁．此时，CP=CP₁ 且△APC≌△BP₁C（理由：AC=BC，∠ACP=∠BCP₁= 60°-∠PCB，CP=CP₁）．当然有 AP=BP₁，∠BP₁C= ∠APC=123°．

由 CP=CP₁，∠PCP₁=60°，易知△PCP₁ 为等边三角形，所以 PP₁=CP，∠CPP₁=∠CP₁P=60°．这时，△BPP₁ 就是以 BP，AP，CP 的长为三边长构成的三角形．

易知 ∠BPP₁=∠BP₁C-∠CP₁P=∠APC-60°=123°-60°=63°．

又 ∠BPC=360°-113°-123°=124°，故 ∠BPP₁=∠BPC-∠CPP₁=124°-60°=64°．

因此 ∠PBP₁=180°-63°-64°=53°．

**说明**：本题我们通过绕定点 C 将△APC 逆时针旋转 60°形成的构图，将

$AP$，$BP$，$CP$ 3 条线段相对集中，直观地证明了以这 3 条线段为边的三角形（$\triangle BPP_1$）是存在的. 并且很容易计算出其 3 个内角的度数分别是 $63°$，$64°$，$53°$.

**例 5** 如图 8 所示，正方形 $ABCD$ 的边长为 1. $E$ 为正方形外一点，满足 $CE // BD$，且 $BE = BD$. 求 $CE$ 的长.

**解**：$\triangle BCE \xrightarrow{R(B, 90°)} \triangle BAF$，连接 $DF$（见图 9）. 因为 $CE // BD$，所以 $\angle BCE = \angle BAF = 135°$. 从而 $\angle FAD = 360° - 135° - 90° = 135°$.

所以 $\triangle BAF \cong \triangle DAF$. $FD = FB = BE = BD = \sqrt{2}$，$\triangle BDF$ 是正三角形. 延长 $FA$ 交 $BD$ 于点 $O$，由对称性知 $FO$ 为正 $\triangle BDF$ 的高线.

所以 $CE = AF = OF - OA = \dfrac{\sqrt{6}}{2} - \dfrac{\sqrt{2}}{2} = \dfrac{\sqrt{6} - \sqrt{2}}{2}$.

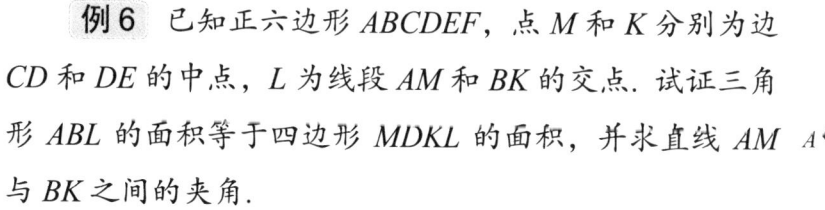

（图 8）

（图 9）

**例 6** 已知正六边形 $ABCDEF$，点 $M$ 和 $K$ 分别为边 $CD$ 和 $DE$ 的中点，$L$ 为线段 $AM$ 和 $BK$ 的交点. 试证三角形 $ABL$ 的面积等于四边形 $MDKL$ 的面积，并求直线 $AM$ 与 $BK$ 之间的夹角.

**证明**：如图 10 所示，设 $O$ 为正六边形 $ABCDEF$ 的中心，则 $E \xrightarrow{R(O, 60°)} D$，$D \xrightarrow{R(O, 60°)} C$.

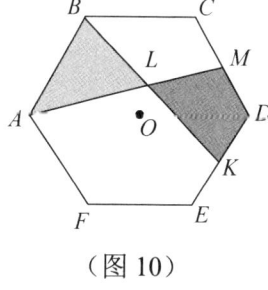

又 $K$ 为 $ED$ 的中点，$M$ 为 $CD$ 的中点，所以 $K \xrightarrow{R(O, 60°)} M$，$C \xrightarrow{R(O, 60°)} B$，$B \xrightarrow{R(O, 60°)} A$.

所以 $BK \xrightarrow{R(O, 60°)} AM$.

即直线 $AM$ 与 $BK$ 之间的夹角为 $60°$.

因为 四边形 $KDCB \xrightarrow{R(O, 60°)}$ 四边形 $MCBA$，所以 $S_{\text{四边形} KDCB} = S_{\text{四边形} MCBA}$.

两边都减去四边形 $BLMC$ 的面积，得三角形 $ABL$ 的面积=四边形 $MDKL$ 的面积.

（图 10）

**例 7** 如图 11 所示，已知 $AB = AE = 4$ 厘米，

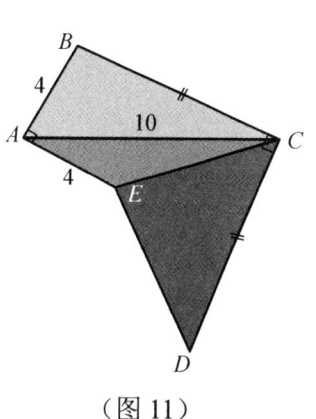

（图 11）

$BC=DC$，$\angle BAE=90°$，$\angle BCD=90°$，$AC=10$ 厘米，则 $S_{\triangle ABC}+S_{\triangle ACE}+S_{\triangle CDE}=$ _____ 平方厘米．

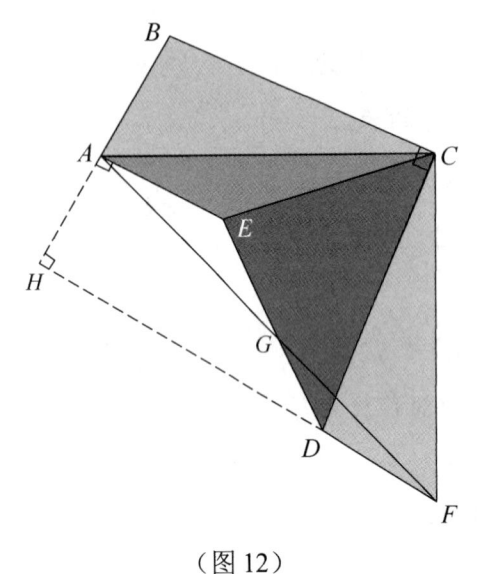

（2008年数学能力展示小高复试第 10 题）

**解**：$\triangle ABC \xrightarrow{R(C,\ 90°)} \triangle DCF$（见图 12），则 $AB=AE=DF$，因为 $\angle BCD=90°$，所以 $\angle ACF=90°$．延长 $BA$，$FD$ 相交于点 $H$，在四边形 $ACFH$ 中，由角度计算得 $\angle AHF=90°$．由已知 $\angle BAE=90°$，所以 $AE$ 与 $DF$ 平行且相等．连接 $AF$ 交 $ED$ 于点 $G$．容易证明 $\triangle AEG \cong \triangle FDG$，所以 $S_{\triangle AEG}=S_{\triangle FDG}$．

因此，$S_{\triangle ABC}+S_{\triangle ACE}+S_{\triangle CDE}=S_{\triangle ACF}=\dfrac{1}{2}\times 10\times 10=50$（平方厘米）．

（图 12）

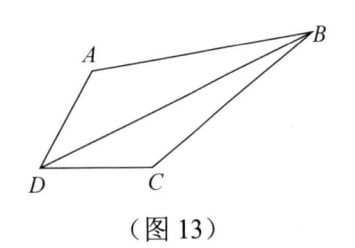

**例 8** 如图 13 所示，在凸四边形 $ABCD$ 中，$\angle ABC=30°$，$\angle ADC=60°$，$AD=DC$．

**证明**：$BD^2=AB^2+BC^2$．

（1996年北京市中学生数学竞赛初二试题）

（图 13）

**分析**：要证 $BD^2=AB^2+BC^2$，可以用勾股定理．由于 $BD$，$AB$，$BC$ 没有在一个三角形中，所以应设法通过图形变换，使这 3 条线段集中在一个三角形中，而且，这个三角形应是直角三角形．可以使用旋转变换．

**证明**：如图 14 所示，连接 $AC$．因为 $AD=DC$，$\angle ADC=60°$，所以 $\triangle ADC$ 是正三角形．$DC=CA=AD$．

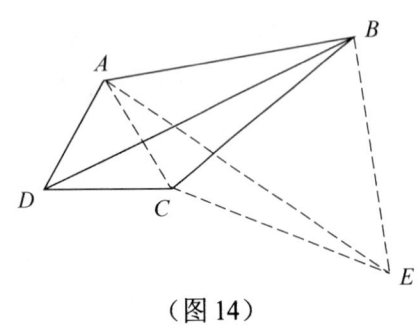

作 $\triangle DCB \xrightarrow{R(C,\ -60°)} \triangle ACE$．连接 $EB$．这时，$DB=AE$，$CB=CE$，$\angle BCE=\angle ACE-\angle ACB=\angle BCD-\angle ACB=\angle ACD=60°$．

所以 $\triangle CBE$ 为正三角形，有 $BE=BC$，

（图 14）

$\angle CBE = 60°$.

因此，$\angle ABE = \angle ABC + \angle CBE = 30° + 60° = 90°$.

在 Rt$\triangle ABE$ 中，由勾股定理可得 $AE^2 = AB^2 + BC^2$. 即 $BD^2 = AB^2 + BC^2$.

## 30.2 竞赛题选讲

**例 9** 如图 15 所示，已知正六边形 $ABCDEF$ 中，$K$ 是对角线 $BD$ 的中点，$M$ 是边 $EF$ 的中点. 求证：$\triangle AMK$ 是正三角形.

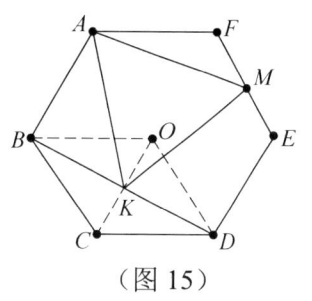

（图 15）

**证明**：设 $O$ 为正六边形 $ABCDEF$ 的中心. 则四边形 $BODC$ 为菱形. 由菱形的对角线互相平分，故 $K$ 为 $OC$ 的中点.

因为 $O \xrightarrow{R(A, 60°)} F$，$C \xrightarrow{R(A, 60°)} E$，所以 $OC \xrightarrow{R(A, 60°)} EF$.

因为 $K$ 是 $OC$ 中点，$M$ 是边 $EF$ 的中点，所以 $K \xrightarrow{R(A, 60°)} M$.

即 $\triangle AMK$ 是正三角形.

**例 10** 正方形 $ABCD$ 被两条与边平行的线段 $EF$，$GH$ 分割成 4 个小矩形，$P$ 是 $EF$ 与 $GH$ 的交点. 若矩形 $PFCH$ 的面积恰是矩形 $AGPE$ 面积的 2 倍，试确定 $\angle HAF$ 的大小.

（1998 年北京市中学生数学竞赛初二年级复赛试题）

**分析**：易知 $\angle HAF = 45°$. 证明如下：

如图 16 所示，设 $AG = a$，$BG = b$，$AE = x$，$ED = y$，则有关系式

$$\begin{cases} a + b = x + y, & \text{……①} \\ 2ax = by. & \text{……②} \end{cases}$$

（图 16）

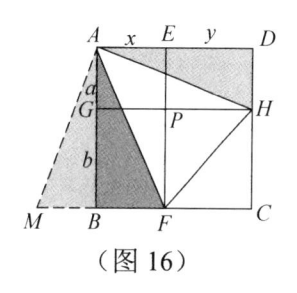

由①得 $a - x = y - b$，平方得 $a^2 - 2ax + x^2 = y^2 - 2by + b^2$，将②代入得 $a^2 - 2ax + x^2 = y^2 - 4ax + b^2$，所以 $(a+x)^2 = b^2 + y^2$，即 $a + x = \sqrt{b^2 + y^2}$.

因为 $b^2 + y^2 = CH^2 + CF^2 = FH^2$，所以 $a + x = FH$. 即 $DH + BF = FH$.

作 Rt$\triangle ADH \xrightarrow{R(A, 90°)}$ Rt$\triangle ABM$. 易知 $\triangle AMF \cong \triangle AHF$，$\angle MAF = \angle HAF$.

而 $\angle MAH = \angle MAB + \angle BAH = \angle DAH + \angle BAH = \angle DAB = 90°$.

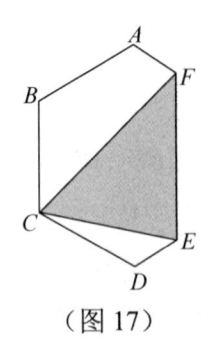

所以 $\angle HAF = \frac{1}{2}\angle MAH = 45°$.

**例 11** 在如图 17 所示的六边形 $ABCDEF$ 中，$\angle A = \angle B = \angle BCD = \angle D = \angle DEF = \angle AFE$，$AB = BC = CD$，$AF = DE$. $\triangle CEF$ 的面积等于六边形 $ABCDEF$ 面积的一半. 求 $\angle ECF$ 的度数.

**分析与解**：由于六边形内角之和为 $720°$，而 6 个内角都相等，所以 $\angle A = \angle B = \angle BCD = \angle D = \angle DEF = \angle AFE = 120°$.

由于 $\triangle CEF$ 的面积等于六边形 $ABCDEF$ 面积的一半，我们可以将六边形中除去 $\triangle CEF$ 剩下的部分设法拼补在一起，当然，首要的任务是将 $\triangle CDE$ 移动位置，与四边形 $BCFA$ 集中到一起，为此，作 $\triangle CDE \xrightarrow{R(C,120°)} \triangle CBE_1$（如图 18 所示）.

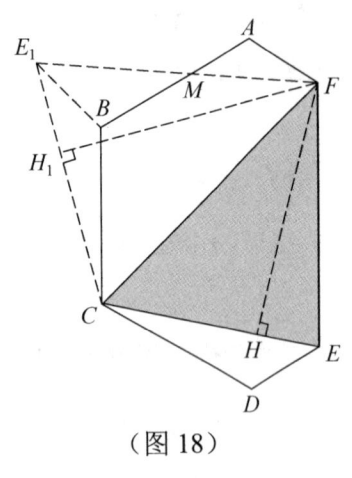

事实上，$\triangle CBE_1 \cong \triangle CDE$（$CB = CD$，$\angle BCE_1 = \angle DCE$，$CE_1 = CE$）.

当然，$BE_1 = DE$，$\angle E_1BC = \angle CDE = 120° = \angle ABC$，所以 $\angle E_1BA = 120°$，$\angle E_1CE = \angle BCD = 120°$.

连接 $E_1F$ 交 $AB$ 于点 $M$.

在 $\triangle E_1BM$ 与 $\triangle FAM$ 中，由于 $E_1B = DE = AF$，$\angle E_1BM = \angle FAM = 120°$，$\angle E_1MB = \angle FMA$，所以 $\triangle E_1BM \cong \triangle FAM$.

于是 $S_{\triangle E_1BM} = S_{\triangle FAM}$，所以 $S_{\triangle CE_1F} = S_{\triangle CEF}$.

过 $F$ 作 $FH \perp CE$ 于点 $H$，作 $FH_1 \perp CE_1$ 于点 $H_1$.

由于 $\frac{1}{2}CE \cdot FH = \frac{1}{2}CE_1 \cdot FH_1$，但 $CE = CE_1$，$FH = FH_1$.

因为点 $F$ 到 $\angle E_1CE$ 的两边的距离相等，所以 $\angle ECF = \angle E_1CF = \frac{1}{2}\angle ECE_1 = \frac{1}{2}\angle DCB = 60°$.

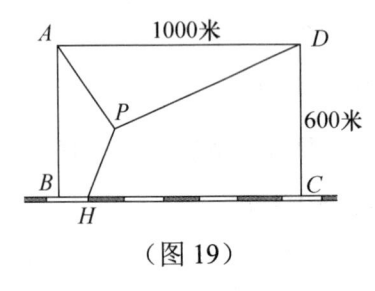

**例 12** 如图 19 所示，长为 1000 米、宽为 600 米的矩形 $ABCD$ 是一个货场，$A$，$D$ 是入口. 现拟在货场内建一个收费站 $P$，在铁路线 $BC$ 段上建一

个发货站台 $H$. 设铺设公路 $AP$，$DP$，$PH$ 之和为 $l$，试求 $l$ 的最小值.

当铺设公路总长 $l$ 取最小值时，请你指出收费站 $P$ 和发货站台 $H$ 的几何位置.

(2011 年北京市初二数学竞赛试题)

**解**：如图 20 所示，将矩形 $ABCD$ $\xrightarrow{R(A, -60°)}$ 矩形 $AB_1C_1D_1$，同时 $P \to P_1$，$H \to H_1$，则 $AP = AP_1 = PP_1$，$P_1H_1 = PH$. 所以 $l = PD + PA + PH = PD + PP_1 + P_1H_1$，$P_1H_1 \perp B_1C_1$. 而 $B_1C_1$ 的位置固定，因此 $l$ 的最小值就是点 $D$ 到定直线 $B_1C_1$ 的距离 $DM$. 经计算可知 $DM = 1000 \times \dfrac{\sqrt{3}}{2} + 600 = 600 + 500\sqrt{3}$ （米）.

当铺设公路总长 $l$ 取最小值时，收费站 $P$ 的几何位置在以 $AD$ 为底边两底角为 $30°$ 的等腰三角形的顶点，发货站台 $H$ 的几何位置在 $BC$ 边的中点（见图 21）.

（图 20）

（图 21）

**例 13** 如图 22 所示，$\triangle ABC$ 和 $\triangle ADE$ 是两个不全等的等腰直角三角形. 现固定 $\triangle ABC$，将 $\triangle ADE$ 绕点 $A$ 在平面上旋转. 证明：无论 $\triangle ADE$ 旋转到什么位置，线段 $EC$ 上必存在一点 $M$，使 $\triangle BDM$ 为等腰直角三角形.

(1987 年全国高中联赛试题)

**证明**：因为 $\triangle ABC$ 和 $\triangle ADE$ 不全等，所以，无论 $\triangle ADE$ 在平面上绕点 $A$ 旋转到什么位置，$B$ 与 $D$，$C$ 与 $E$ 都不会重合.

对 $\triangle ADE$ 绕点 $A$ 在平面上旋转到任意固定位置，如图 23 所示，作变换 $R(B, 90°)$，则 $A \xrightarrow{R(B, 90°)} C$. 设 $D \xrightarrow{R(B, 90°)} D'$，则 $CD' \perp AD$，$CD' = AD$.

（图 22）

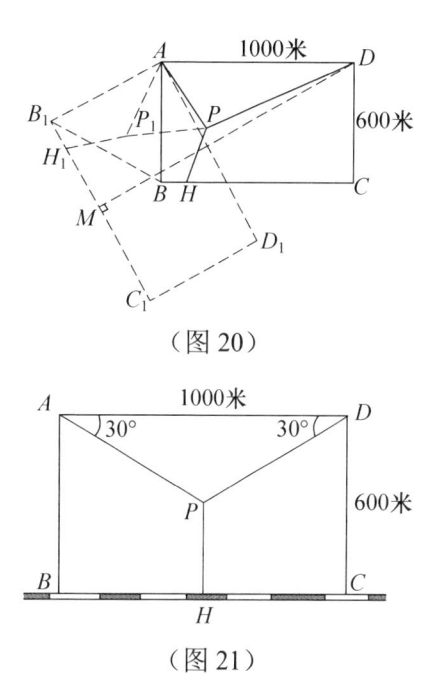

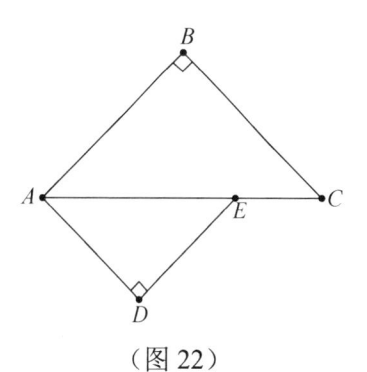

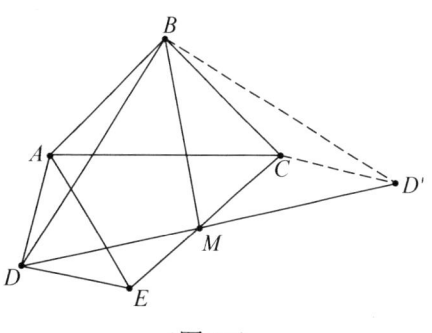

（图 23）

— 341 —

但 $DE=AD$，$DE \perp AD$，所以 $CD'=DE$，$CD' /\!/ DE$. 从而 $DD'$ 与 $CE$ 互相平分. 即 $CE$ 的中点 $M$ 也是 $DD'$ 的中点.

因为 $DD'$ 是等腰直角 $\triangle DBD'$ 的斜边，故 $\triangle BMD$ 是等腰直角三角形. 也就是说，无论 $\triangle ADE$ 旋转到什么位置，对于线段 $EC$ 的中点 $M$，$\triangle BMD$ 必是一个等腰直角三角形.

**例14** 如图 24 所示，四边形 $ABCD$ 内接于圆，另一圆的圆心 $O$ 在边 $AD$ 上且与其余三边相切，求证：$AB+CD=AD$.

(1985 年第 26 届 IMO 试题)

**解**：设圆 $O$ 分别切三边于点 $E,F,G$. 连接 $OE,OF,OG$. 如图 25 所示，把 $\triangle BOF$ 绕点 $O$ 顺时针旋转定角（$\angle FOG$）到 $\triangle HOG$ 的位置. 即
$$\triangle BOF \xrightarrow{R(O,-\angle FOG)} \triangle HOG.$$

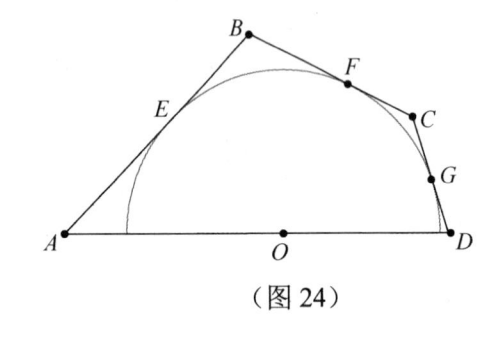

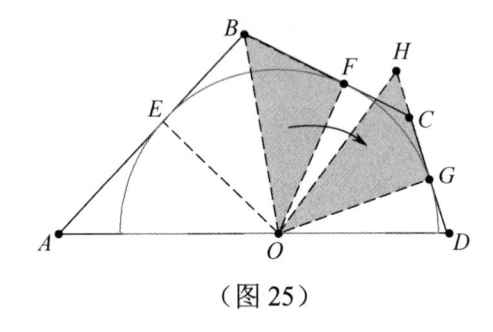

(图 24)      (图 25)

设 $\angle H = \angle OBF = \angle OBA = \theta$，则 $\angle D = 180°-2\theta$，$\angle HOG = 90°-\theta$，$\angle GOD = 90°-\angle D = 2\theta-90°$.

则 $\angle HOD = (90°-\theta)+(2\theta-90°)=\theta$.

即 $OD=DH=DG+GH=DG+BF=DG+BE.$ ……①

同理可证 $AO=AE+GC.$ ……②

①+②即得 $AD=AB+CD.$

**例15** 如图 26 所示，三角形 $ABC$ 中，$AB=AC$，$\angle BAC=120°$. 三角形 $ADE$ 是正三角形，点 $D$ 在 $BC$ 边上. $BD:DC=2:3$. 当三角形 $ABC$ 的面积是 50 平方厘米时，求三角形 $ADE$ 的面积。

(1998 第七届日本算术奥林匹克决赛试题 4)

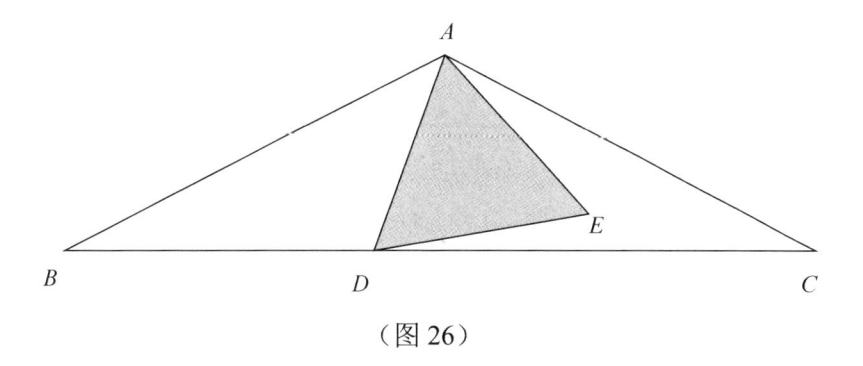

（图 26）

**解**：将 △ABC $\xrightarrow{R(A, 120°)}$ △ACM $\xrightarrow{R(A, 120°)}$ △ABM，最后拼成正△MBC，则正△ADE 变为正△$AD_1E_1$ 和正△$AD_2E_2$（见图 27）. 易知六边形 $DED_1E_1D_2E_2$ 是正六边形，三角形 $DD_1D_2$ 是正三角形，其面积是三角形 ADE 面积的 3 倍. 因此，应设法由正△MBC 面积为 150 平方厘米，求出三角形 $DD_1D_2$ 的面积.

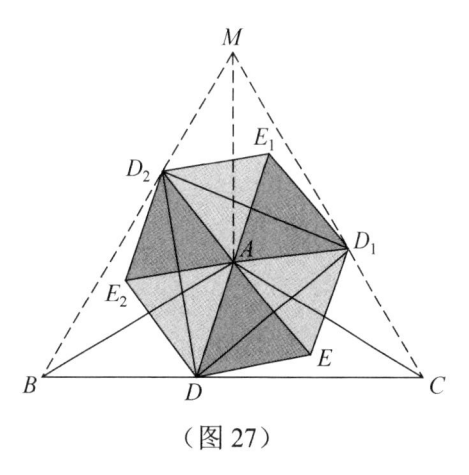

注意到 $BD:DC = CD_1:D_1M = MD_2:D_2B = 2:3$. 连接 DM，如图 28 所示，则△MBD 的面积是△MBC 面积的 $\frac{2}{5}$，等于 $150 \times \frac{2}{5} = 60$ 平方厘米. 而△$D_2BD$ 的面积是△MBD 面积的 $\frac{3}{5}$，等于 $60 \times \frac{3}{5} = 36$ 平方厘米. 同理可得△$MD_1D_2$，△$DCD_1$ 的面积也是 36 平方厘米. 因此△$DD_1D_2$ 的面积 = $150 - 3 \times 36 = 42$ 平方厘米. △ADE 的面积是△$DD_1D_2$ 面积的 $\frac{1}{3}$，等于 14 平方厘米.

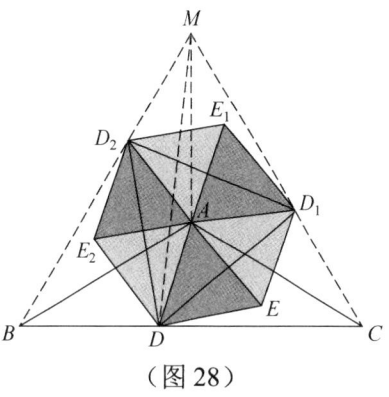

（图 27）

（图 28）

**例 16** 如图 29 所示，在△ABC 中，$\angle A:\angle B:\angle C = 4:2:1$，求证：$\frac{1}{a} + \frac{1}{b} = \frac{1}{c}$.

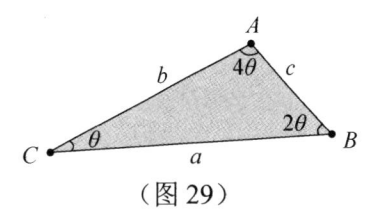

（图 29）

— 343 —

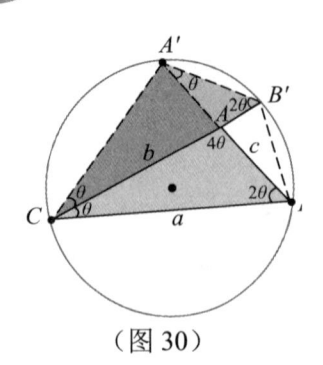

提示：作 $\triangle ABC \xrightarrow{R(C, \angle\theta)} \triangle A'CB'$．连接 $AA'$，$BB'$（见图 30），则由 $CA'=CA$，$CB'=CB$，$\angle CAA' = \angle CA'A = 3\theta$，因此，$\angle CAA' + \angle CAB = 7\theta = 180°$，所以 $A'$，$A$，$B$ 共线．由 $\angle A'B'C = \angle A'BC = 2\theta$，$A'$，$B'$，$B$，$C$ 四点共圆．

（图 30）

易知 $A'B' = B'B = AB = c$，$CB = CB' = a$．$CA' = CA = A'B = b$．根据托勒密定理，有 $A'C \cdot B'B + A'B' \cdot CB = CB' \cdot A'B$，即 $b \cdot c + c \cdot a = a \cdot b$．所以 $\dfrac{b+a}{a \cdot b} = \dfrac{1}{c}$，即 $\dfrac{1}{a} + \dfrac{1}{b} = \dfrac{1}{c}$．

**例 17** 如图 31 所示，正三角形 $ABC$，正三角形 $CDE$ 和正三角形 $EHK$（顶点均按逆时针方向排列）两两有公共顶点 $C$ 和 $E$，且 $AD = DK$．求证：三角形 $BHD$ 也是正三角形．

**证明**：$\triangle ADC \xrightarrow{R(C, 60°)} \triangle BCE$，于是 $BE = AD = DK$，设 $EB$ 交 $AD$ 于点 $Y$（见图 32），则 $\angle EYD = 60°$．$E \xrightarrow{R(H, 60°)} K$．

（图 31） （图 32）

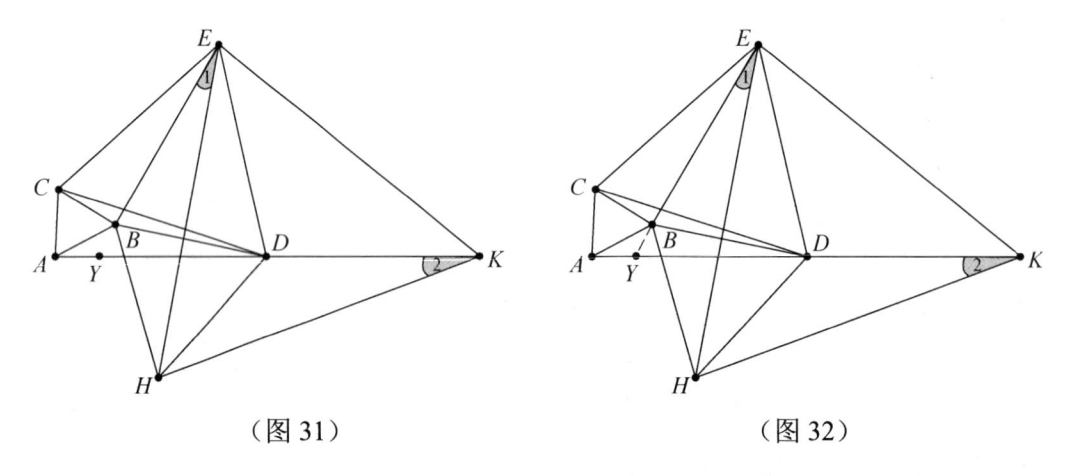

由于 $\angle EYK = \angle EHK = 60°$，所以 $E$，$Y$，$H$，$K$ 四点共圆．

因为 $\angle 1 = \angle 2$，所以 $HK \xrightarrow{R(H, 60°)} HE$．

由于 $\angle 1 = \angle 2$，所以射线 $KD \xrightarrow{R(H, 60°)}$ 射线 $EB$．

又 $KD = EB$，所以 $B \xrightarrow{R(H, 60°)} D$．

即 $\triangle HBD$ 为等边三角形．

# 第31讲 变换乘积与证题

在平面几何变换中，将接连施行两次变换称为变换的**复合**或**乘法**，其结果叫作变换的**积**.

如 $P \xrightarrow{T} P_1$，$P_1 \xrightarrow{S} P_2$，…… ①

则 $P \xrightarrow{T \cdot S} P_2$. …… ②

变换的乘法满足结合律. 一般而言，不一定满足交换律. 在几何变换中，将先进行的变换 $T$ 写在左边，将后进行的变换 $S$ 写在 $T$ 的右边. 这种习惯，使式①中的 $T,S$ 的顺序与式②中的 $T,S$ 的顺序协调，方便使用.

我们介绍过的平移、反射、旋转（含中心对称）统称为合同变换.

我们考察合同变换的乘法运算，容易验证：

$S(g)S(g) = I$，

$C(O)C(O) = I$，

$T(\vec{v})T(-\vec{v}) = I$，

$R(O,\theta)R(O,-\theta) = I$.

## 31.1 两次旋转变换的乘积

我们先介绍合同变换乘法的几个定理：

**定理 1** 对于两次反射的乘积 $S(g_1)S(g_2)$：

（1）若 $g_1$ 和 $g_2$ 重合，则 $S(g_1)S(g_2) = I$；

（2）若 $g_1 // g_2$，$g_1$ 到 $g_2$ 的距离为 $\vec{v}$，则 $S(g_1)S(g_2) = T(2\vec{v})$；

（3）若 $g_1 \cap g_2 = O$，且 $\angle(g_1, g_2) = \theta$，则 $S(g_1)S(g_2) = R(O, 2\theta)$.

**证明**：（1）略.

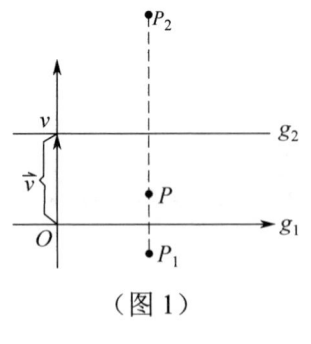

（2）如图 1 所示，设 $P$ 为任意一点，$P \xrightarrow{S(g_1)} P_1 \xrightarrow{S(g_2)} P_2$，因此 $P \xrightarrow{S(g_1)S(g_2)} P_2$. 其中 $g_1 // g_2$，$g_1$ 到 $g_2$ 的距为 $\vec{v}$. 取 $g_1$ 上任意一点 $O$ 为原点，沿 $g_1$ 方向设置横轴建立平面直角坐标系. 则 $P,P_1,P_2$ 横坐标均相同，纵坐标分别设为 $y,y_1,y_2$. $g_2$ 的方程为 $y=v$. 易见 $y=-y_1$，$y_2=(v-y_1)+v=y+2v$.

因此 $P \xrightarrow{T(2\vec{v})} P_2$，$S(g_1)S(g_2) = T(2\vec{v})$.

（图 1）

（3）设 $P$ 为任意一点，$P \xrightarrow{S(g_1)} P_1 \xrightarrow{S(g_2)} P_2$，因此 $P \xrightarrow{S(g_1)S(g_2)} P_2$. 其中 $g_1 \cap g_2 = O$，$\angle(g_1,g_2) = \theta$，以 $O$ 为原点，横轴沿 $g_1$ 方向建立直角坐标系. 由横轴到射线 $OP,OP_1,OP_2$ 的旋转角分别为 $\varphi,\varphi_1,\varphi_2$，如图 2 所示，则 $\varphi_1 = -\varphi$，$\varphi_2 = (\theta-\varphi_1)+\theta = \varphi+2\theta$.

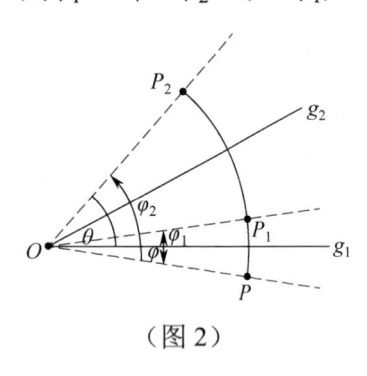

因为 $OP=OP_1=OP_2$，则 $X \xrightarrow{R(O,\,2\theta)} X_2$.

即 $S(g_1)S(g_2) = R(O,2\theta)$.

反过来，对平移和旋转都可以用下述方式分解为两次反射的积：

**分解法则 1** 可以将每个平移都看作两个反射的积. 先在垂直于平移的方向上任意选取第一条反射轴 $g_1$，第二条反射轴 $g_2$ 便随之而定：$g_2$ 与 $g_1$ 平行且从 $g_1$ 到 $g_2$ 的指向与平移方向相同，两个反射轴 $g_1$ 与 $g_2$ 之间的距离等于平移距离的一半，如图 3 所示.

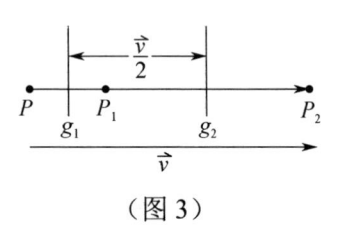

（图 2）

（图 3）

**分解法则 2** 可以将每个以 $O$ 为旋转中心、旋转角为 $\theta$ 的旋转都看作两次反射的积. 任取顶点为 $O$ 的一条射线为第一条反射轴 $g_1$，第二条反射轴 $g_2$ 也是顶点为 $O$ 的射线，从 $g_1$ 到 $g_2$ 的指向与旋转方向相同，第一条反射轴 $g_1$ 与第二条反射轴 $g_2$ 之间的夹角恰等于旋转角的一半，如图 4 所示.

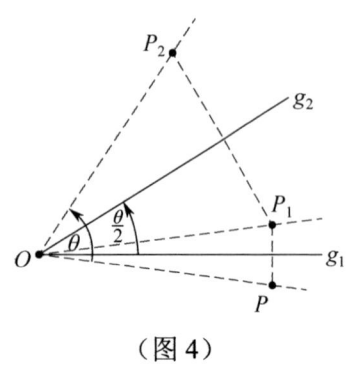

**定理 2** 对于不同旋转中心，接连施行两次旋转 $R(O_1,\theta_1), R(O_2,\theta_2)$，$\theta_1$ 与 $\theta_2$ 同向，

（图 4）

（1）如果 $\theta_1+\theta_2 \neq 2\pi$，则 $R(O_1, \theta_1)R(O_2, \theta_2)=R(O, \theta_1+\theta_2)$；（$O$ 点由作图确定）.

（2）如果 $\theta_1+\theta_2 = 2\pi$，则 $R(O_1, \theta_1)R(O_2, \theta_2)$ 是一个平移.

**证明**：如图 5 所示，$R(O_1, \theta_1)R(O_2, \theta_2) = [S(g_1)S(g_2)][S(g_3)S(g_4)]$

$$= S(g_1)S(g_2)S(g_3)S(g_4) \stackrel{g_2=g_3}{=} S(g_1) \cdot I \cdot S(g_4) = S(g_1)S(g_4).$$

（1）如果 $\theta_1+\theta_2 \neq 2\pi$，$g_1$ 与 $g_4$ 相交于点 $O$，则 $\dfrac{\theta_1}{2}+\dfrac{\theta_2}{2} \neq \pi$，可以保证 $R(O_1, \theta_1)R(O_2, \theta_2) = S(g_1)S(g_4) = R(O, \theta_1+\theta_2)$.

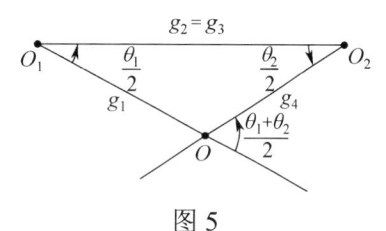

（2）如果 $\theta_1+\theta_2 = 2\pi$，即 $\dfrac{\theta_1}{2}+\dfrac{\theta_2}{2}=\pi$，此时 $g_1 // g_4$，$R(O_1, \theta_1)R(O_2, \theta_2) = S(g_1)S(g_4) = T(2\vec{v})$. 其中 $\vec{v}$ 是 $g_1$ 到 $g_4$ 的向量.

图 5

**例 1** 如图 6 所示，在 $\triangle ABC$ 中，以 $AB$，$AC$ 为边向形外作正三角形 $ABD$ 和 $ACE$. $P$ 为 $\triangle ABC$ 所在平面上的一点，$\angle PBC = \angle PCB = 30°$. 求证：$PE=PD$.

**证明**：$E \xrightarrow{R(C, 60°)} A$，$A \xrightarrow{R(B, 60°)} D$. 即 $E \xrightarrow{R(C, 60°)R(B, 60°)} D$.

但 $R(C, 60°) = S(CP)S(CB)$，$R(B, 60°) = S(CB)S(BP)$，所以 $R(C, 60°)R(B, 60°) = S(CP)S(CB)S(CB)S(BP) = S(CP)S(BP) = R(P, 120°)$.

所以 $E \xrightarrow{R(P,120°)} D$.

即 $PE=PD$ 成立.

（图 6）

**例 2** 如图 7 所示，四边形 $ABCD$ 为正方形，$\angle EAD = \angle EDA = 15°$，求证：$\triangle EBC$ 是正三角形.

**证明**：作正三角形 $ADO$，

$B \xrightarrow{R(A, 30°)} O \xrightarrow{R(D, 30°)} C$，

所以 $B \xrightarrow{R(A, 30°)R(D, 30°)} C$.

由图知 $B \xrightarrow{R(E, 60°)} C$. 所以 $\triangle EBC$ 是正三角形.

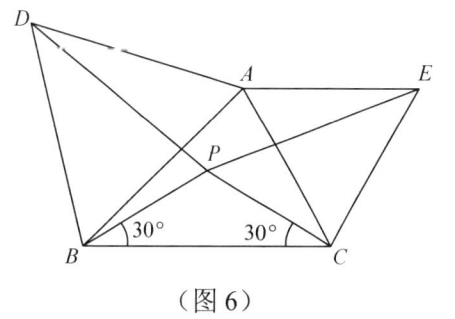

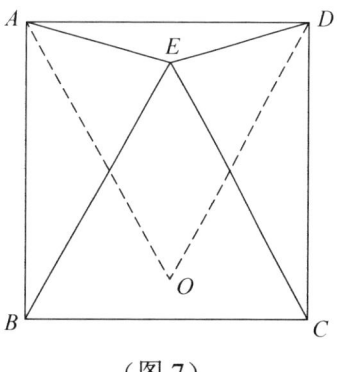

（图 7）

## 31.2　3个不同旋转的乘积

**定理 3**　如图 8 所示，对于不共线的旋转中心 $A$，$B$，$C$ 且旋转角为同向角 $\alpha$，$\beta$，$\gamma$ 的 3 个旋转 $R(A, \alpha)$，$R(B, \beta)$，$R(C, \gamma)$，如果 $\alpha + \beta + \gamma = 2\pi$，且 $R(A,\alpha)R(B,\beta)R(C,\gamma) = I$. 则 $\angle CAB = \dfrac{\alpha}{2}$，$\angle ABC = \dfrac{\beta}{2}$，$\angle BCA = \dfrac{\gamma}{2}$.

**证明**：因为 $\alpha + \beta \neq 2\pi$，则依定理 2 有 $R(A, \alpha)R(B, \beta) = R(O, \alpha + \beta)$.

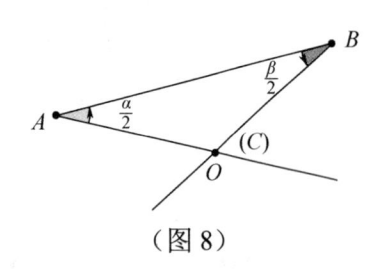

假定点 $O$ 不与点 $C$ 重合，由于 $\alpha + \beta + \gamma = 2\pi$，依定理 2 有 $R(O, \alpha+\beta)R(C, \gamma)$ 是一个平移. 但这与 $R(A, \alpha)R(B, \beta)R(C, \gamma) = R(O, \alpha+\beta)R(C, \gamma) = I$ 矛盾.

所以 $O$ 必与 $C$ 重合，因此有 $\angle CAB = \dfrac{\alpha}{2}$，$\angle ABC = \dfrac{\beta}{2}$，$\angle BCA = \dfrac{\gamma}{2}$.

（图 8）

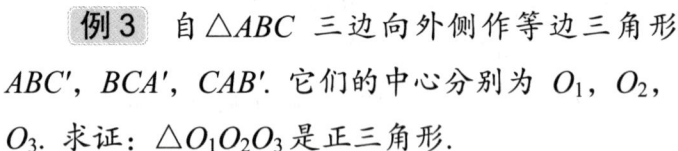

**例 3**　自 $\triangle ABC$ 三边向外侧作等边三角形 $ABC'$，$BCA'$，$CAB'$. 它们的中心分别为 $O_1$，$O_2$，$O_3$. 求证：$\triangle O_1O_2O_3$ 是正三角形.

**证明**：如图 9 所示，由正三角形的性质，易知：$\angle AO_1B = \angle BO_2C = \angle CO_3A = 120°$，$AO_1 = BO_1$，$BO_2 = CO_2$，$CO_3 = AO_3$.

（图 9）

由 $A \xrightarrow{R(O_3, 120°)} C \xrightarrow{R(O_2, 120°)} B \xrightarrow{R(O_1, 120°)} A$，

即 $R(O_3, 120°)R(O_2, 120°)R(O_1, 120°) = I$.

又 $120° + 120° + 120° = 360°$，依定理 3 有 $\angle O_1O_2O_3 = \angle O_2O_3O_1 = \angle O_3O_1O_2 = \dfrac{120°}{2} = 60°$.

所以 $\triangle O_1O_2O_3$ 是正三角形.

**例 4**　圆内接六边形 $A_1A_2A_3A_4A_5A_6$ 中，$A_1A_2 = A_3A_4 = A_5A_6 = R$（圆的半径），各边中点依次为 $P_1$，$P_2$，$P_3$，$P_4$，$P_5$，$P_6$，求证：$\triangle P_2P_4P_6$ 是正三角形.

**证明**：如图 10 所示，$A_2P_1 = A_3P_3 = \dfrac{R}{2}$，$A_2P_2 = A_3P_2$，$\angle P_1A_2P_2 = \angle P_3A_3P_2$，

— 348 —

所以 $P_1P_2 = P_2P_3$，$\angle A_2P_2P_1 = \angle A_3P_2P_3$.

由 $O$，$P_1$，$A_2$，$P_2$ 四点共圆，$\angle A_2P_2P_1 = \angle P_1OA_2 = 30°$，易知 $\angle P_1P_2P_3 = 120°$. 同样可知 $P_4P_3 = P_4P_5$，$\angle P_3P_4P_5 = 120°$，$P_6P_5 = P_6P_1$，$\angle P_5P_6P_1 = 120°$.

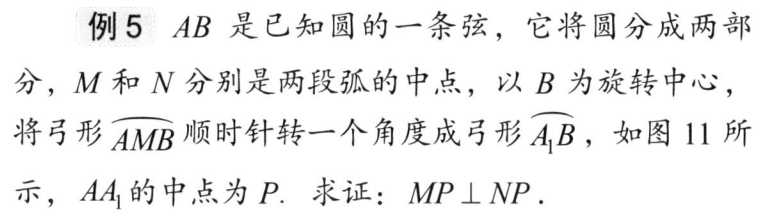

又 $P_1 \xrightarrow{R(P_2,\ 120°)} P_3 \xrightarrow{R(P_4,\ 120°)} P_5$
$\xrightarrow{R(P_6,\ 120°)} P_1$，所以 $R(P_2,\ 120°)R(P_4,\ 120°)R(P_6,\ 120°) = I$，且 $120° + 120° + 120° = 360°$，依定理 3 有 $\angle P_6P_2P_4 = \angle P_2P_4P_6 = \angle P_4P_6P_2 = 60°$，即 $\triangle P_2P_4P_6$ 是正三角形.

（图 10）

**例 5** $AB$ 是已知圆的一条弦，它将圆分成两部分，$M$ 和 $N$ 分别是两段弧的中点，以 $B$ 为旋转中心，将弓形 $\overparen{AMB}$ 顺时针转一个角度成弓形 $\overparen{A_1B}$，如图 11 所示，$AA_1$ 的中点为 $P$. 求证：$MP \perp NP$.

**证明**：如图 12 所示，连接 $MA_1$，$MB$，$NA$，$NB$，连接 $MN$. 由于 $A$ 与 $A_1$ 在原来的圆上是同一点，则 $MA_1 = MB$，$NA = NB$. 设 $\angle A_1MB = \alpha$，$\angle ANB = \beta$，易知 $\alpha + \beta = 180°$.

因为 $A \xrightarrow{R(P,\ 180°)} A_1 \xrightarrow{R(M,\ \alpha)} B \xrightarrow{R(N,\ \beta)} A$，所以 $R(P,\ 180°)R(M,\ \alpha)R(N,\ \beta) = I$，且 $180° + \alpha + \beta = 360°$，根据定理 3 有 $\angle MPN = \dfrac{180°}{2} = 90°$，$\angle PMN = \dfrac{\alpha}{2}$，$\angle PNB = \dfrac{\beta}{2}$.

所以 $MP \perp NP$.

（图 11）

（图 12）

**例 6** 从前，有个富于冒险精神的年轻人，在他曾祖父的遗物中发现了一张羊皮纸，上面记录了一道荒岛寻宝的指示. 它是这样写的：

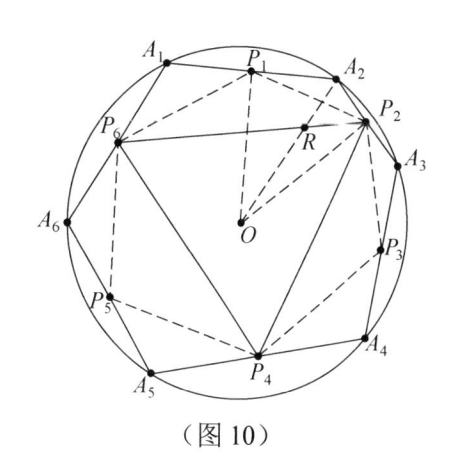

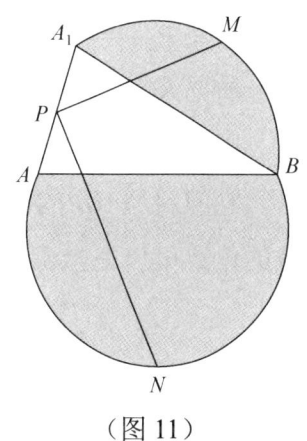

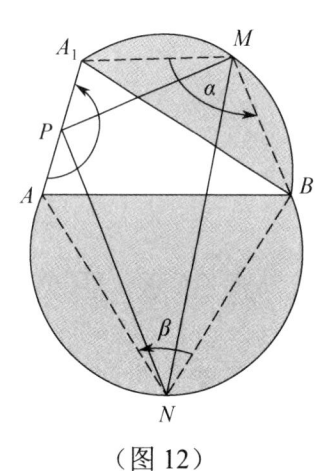

"乘船至北纬××，西经××，即可找到一座荒岛. 岛的北岸有一大片草地. 草地上有一棵橡树和一棵松树，还有一座绞架. 从绞架走到橡树，并记住所

— 349 —

走的步数；到了橡树向右拐个直角再走这么多步，在这里打个桩. 然后回到绞架那里，再朝松树走去，同时记住所走的步数；到了松树向左拐个直角再走这么多步，在这里也打个桩. 在两个桩的正当中挖掘，就可以找到宝藏."

这道指示写得很清楚、明白，所以这位年轻人就租了一条船到了这座岛上，橡树和松树依存，但绞架早已糟烂成土，一点痕迹也看不出来了. 这位富于冒险精神的年轻人只能胡乱挖掘，但是，一切只是白费力气. 最后只好两手空空，启帆回程……

亲爱的读者，你能想一个办法，确定出宝藏的位置吗？

**解**：如图 13 所示，取两个桩连接线段 $CD$ 的中点设为 $E$，

显然 $P \xrightarrow{R(A, 90°)} C \xrightarrow{R(E, 180°)} D \xrightarrow{R(B, 90°)} P$，

所以 $R(A, 90°)R(E, 180°)R(B, 90°) = I$. 又 $90° + 180° + 90° = 360°$，

因此 $\angle BAE = 45°$，$\angle AED = 90°$，$\angle EBA = 45°$，即 $\triangle AEB$ 是等腰直角三角形，它的斜边 $AB$ 的位置已定，$E$ 点的位置在 $AB$ 指定的一侧可以确定. 所以宝藏的位置可以完全确定.

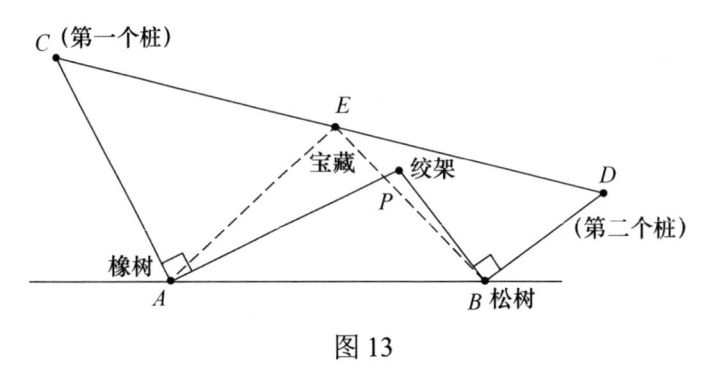

图 13

## 31.3 四次旋转变换的乘积

**定理 4** 不同中心的 4 个旋转满足 $R(A_1, 90°)R(A_2, 90°)R(A_3, 90°)R(A_4, 90°) = I$，则 $A_1A_3$ 与 $A_2A_4$ 垂直且相等.

**证明**：$R(A_1, 90°)R(A_2, 90°) = R(O, 180°)$.

如图 14 所示，依定理 2 有 $\angle A_1OA_2 = 90°$，$\angle OA_1A_2 = \angle OA_2A_1 = 45°$，所以 $OA_1 = OA_2$.

— 350 —

因为 $R(A_1, 90°)R(A_2, 90°)R(A_3, 90°)R(A_4, 90°)=I$，即 $R(O, 180°)R(A_3, 90°)R(A_4, 90°)=I$，且 $180°+90°+90°=360°$，依定理 3 有 $\angle A_3OA_4=90°$，$\angle OA_3A_4=\angle OA_4A_3=45°$，所以 $OA_3=OA_4$.

这时 $A_2 \xrightarrow{R(O, 90°)} A_1$，$A_4 \xrightarrow{R(O, 90°)} A_3$. 所以 $A_2A_4=A_1A_3$，且 $\angle(A_2A_4, A_1A_3)=90°$.

也就是，$A_1A_3$ 与 $A_2A_4$ 垂直且相等.

应该指出，定理 4 对证明线段垂直且相等的某些题目来说非常简便.

**例 7** 在凸四边形的各边上向形外分别作正方形. 若 4 个正方形的中心依次是 $O_1$，$O_2$，$O_3$，$O_4$，求证：$O_1O_3$，$O_2O_4$ 垂直且相等.

**证明**：如图 15 所示，由已知得 $O_1A=O_1B$，$O_2B=O_2C$，$O_3C=O_3D$，$O_4D=O_4A$.

又 $\angle AO_1B=\angle BO_2C=\angle CO_3D=\angle DO_4A=90°$.

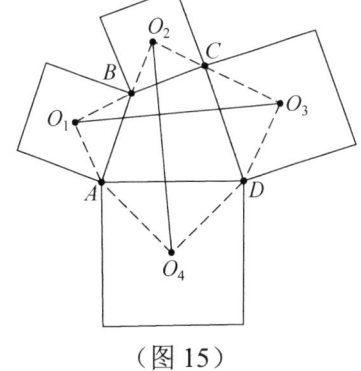

显见，$A \xrightarrow{R(O_1, 90°)} B \xrightarrow{R(O_2, 90°)} C \xrightarrow{R(O_3, 90°)} D \xrightarrow{R(O_4, 90°)} A$，

所以 $R(O_1, 90°)R(O_2, 90°)R(O_3, 90°)R(O_4, 90°)=I$.

根据定理 4 有 $O_1O_3=O_2O_4$ 且 $O_1O_3 \perp O_2O_4$. 也就是 $O_1O_3$ 与 $O_2O_4$ 垂直且相等.

**例 8** 在 $\triangle ABC$ 外侧，以 $BC$，$CA$，$AB$ 为斜边作等腰直角三角形：$\triangle BCD$，$\triangle CAE$，$\triangle ABF$. 试证明：$AD \perp FE$，$AD=FE$.

**证明**：由图 16 可知：

$A \xrightarrow{R(E, 90°)} C \xrightarrow{R(D, 90°)} B \xrightarrow{R(F, 90°)} A \xrightarrow{R(A, 90°)} A$.

所以 $R(E, 90°)R(D, 90°)R(F, 90°)R(A, 90°)=I$.

依定理 4 有 $AD \perp FE$，$AD=FE$.

**例 9** 在 $\triangle ABC$ 外侧，以 $AB$，$AC$ 为边向形外作正方形 $ABDE$，$ACFG$. $EG$ 的中点为 $M$，求证：

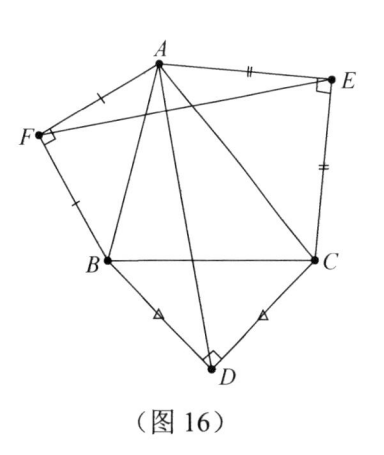

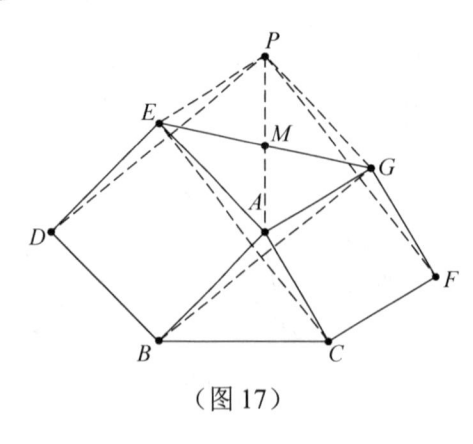

$MA \perp BC$, $MA = \dfrac{1}{2} BC$.

**证明**：延长 $AM$ 到 $P$，使得 $PM = AM$ 如图 17 所示.

则 $AEPG$ 为平行四边形.

易知 $DB \underline{\parallel} EA \underline{\parallel} PG$，$EP \underline{\parallel} AG \underline{\parallel} CF$. 所以四边形 $DBGP$ 与四边形 $CFPE$ 都是平行四边形.

所以 $DP \underline{\parallel} BG$，$PF \underline{\parallel} EC$.

又 $A \xrightarrow{R(E,\ 90°)} D \xrightarrow{R(B,\ 90°)} A \xrightarrow{R(C,\ 90°)} F \xrightarrow{R(G,\ 90°)} A$，

所以 $R(E,\ 90°)R(B,\ 90°)R(C,\ 90°)R(G,\ 90°) = I$.

所以 $EC = BG$，$EC \perp BG$. 所以 $DP = FP$，$\angle DPF = 90°$.

又 $D \xrightarrow{R(P,\ -90°)} F \xrightarrow{R(C,\ -90°)} A \xrightarrow{R(A,\ -90°)} A \xrightarrow{R(B,\ -90°)} D$，

所以 $R(P,\ -90°)R(C,\ -90°)R(A,\ -90°)R(B,\ -90°) = I$.

依定理 4 有 $AP = BC$，$AP \perp BC$.

因此，$AM = \dfrac{1}{2} BC$，$AP \perp BC$ 成立.

## 31.4 变换的乘法与周期点列

应用多个变换的复合可以解决有趣的周期性变化的点列问题.

**例 10** 地面上有 $A$，$B$，$C$ 三点，一只青蛙位于地面上的点 $P$. 青蛙第一步从 $P$ 跳到关于 $A$ 的对称点 $P_1$，第二步从 $P_1$ 跳到关于 $B$ 的对称点 $P_2$，第三步从 $P_2$ 跳到关于 $C$ 的对称点 $P_3$，第四步从 $P_3$ 跳到关于 $A$ 的对称点 $P_4$，…，按这种跳法一直跳下去，问青蛙第 1986 步 $P_{1986}$ 落在何处.

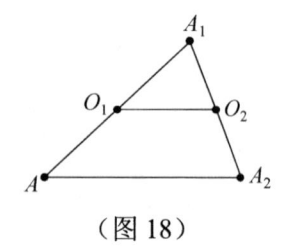

**解**：如图 18 所示，设 $A \xrightarrow{C(O_1)} A_1 \xrightarrow{C(O_2)} A_2$，则 $O_1O_2$ 是 $\triangle AA_1A_2$ 的中位线，所以 $\overrightarrow{AA_2} = 2\overrightarrow{O_1O_2}$. 即 $C(O_1)C(O_2) = T(2\overrightarrow{O_1O_2})$.

我们进而考察 6 次"青蛙跳"：

$C(A)C(B)C(C)C(A)C(B)C(C)$

$$=[C(A)C(B)][C(C)C(A)][C(B)C(C)]$$
$$=T(2\overrightarrow{AB})T(2\overrightarrow{CA})T(2\overrightarrow{BC})$$
$$=T[2(\overrightarrow{AB}+\overrightarrow{CA}+\overrightarrow{BC})]=T(2(\overrightarrow{AB}+\overrightarrow{BC}+\overrightarrow{CA}))=T(\vec{0})=I.$$

即连续 6 次中心对称的"青蛙跳"是一个恒等变换. 即 $P_6=P_0$. 由于 1986 是 6 的倍数，因此 $P_{1986}=P_0$.

**例 11** 平面上给定 $\triangle A_1A_2A_3$ 及点 $P_0$. 定义 $A_S=A_{S-3}$，$S\geqslant 4$. 造点列 $P_0$，$P_1$，$P_2$，$\cdots$，使得 $P_{k+1}$ 为绕中心 $A_{k+1}$ 顺时针旋转 $60°$ 时 $P_k$ 所到达的位置，$k=0$，1，2$\cdots$，求证：$P_{6k}=P_0$.

**证明：** 我们计算 6 次旋转变换的乘积，有
$$R(A_1,60°)R(A_2,60°)R(A_3,60°)R(A_4,60°)R(A_5,60°)R(A_6,60°)$$
$$=[R(A_1,60°)R(A_2,60°)R(A_3,60°)][R(A_4,60°)R(A_5,60°)R(A_6,60°)]$$
$$=C(O)C(O)=I.$$

即 $P_6=P_0$，因此 $P_{6k}=P_0$.

**例 12** 平面上给定 $\triangle A_1A_2A_3$ 及点 $P_0$. 定义 $A_S=A_{S-3}$，$S\geqslant 4$. 造点列 $P_0$，$P_1$，$P_2$，$\cdots$，使得 $P_{k+1}$ 为绕中心 $A_{k+1}$ 顺时针旋转 $120°$ 时 $P_k$ 所到达的位置，$k=0$，1，2$\cdots$. 若 $P_{1986}=P_0$，证明 $\triangle A_1A_2A_3$ 为等边三角形.

**证明：** 由题意 $P_{1986}=P_0$，知
$$R(A_1,120°)R(A_2,120°)R(A_3,120°)R(A_4,120°)\ldots R(A_{1985},120°)R(A_{1986},120°)=I.$$

因为 $A_S=A_{S-3}$，$S\geqslant 4$. 所以
$$\underbrace{[R(A_1,120°)R(A_2,120°)R(A_3,120°)]}_{\text{第1组}}\underbrace{[R(A_1,120°)R(A_2,120°)R(A_3,120°)]}_{\text{第2组}}\ldots$$
$$\underbrace{[R(A_1,120°)R(A_2,120°)R(A_3,120°)]}_{\text{第1986组}}=I. \quad\cdots\cdots ①$$

由定理 2 得 $R(A_1,120°)R(A_2,120°)R(A_3,120°)=T(\vec{v})$（平移）.

式①变为 $\underbrace{T(\vec{v})T(\vec{v})\ldots T(\vec{v})}_{662\text{个}}=I$.

即 $T(662\vec{v})=I$. 所以 $\vec{v}=\vec{0}$.

这时，$R(A_1,120°)R(A_2,120°)R(A_3,120°)=I$. 又 $120°+120°+120°=360°$，由定理 3 有 $\angle A_3A_1A_2=\angle A_1A_2A_3=\angle A_2A_3A_1=60°$，所以 $\triangle A_1A_2A_3$ 为等边三角形.

# 第32讲 位似变换与证题

在平面几何中，将一个多边形放大 2 倍，或缩小 2 倍的作图大家都很熟悉. 把这个作法一般化可以得出位似变换的概念.

## 32.1 位似变换

**定义**：在平面到自身的变换下，如果任意点 $X$ 的像是这样的点 $X'$，使有向线段 $OX'=kOX(k\neq 0)$. 这样的变换叫作以 $O$ 为中心，系数 $k\neq 0$ 的位似变换.

以 $O$ 为中心，系数 $k\neq 0$ 的位似变换记作 $H(O,k)$.

容易见到：$H(O,1)=I$，$H(O,-1)=R(O,\pi)=C(O)$.

一个图形经过位似变换变成与它位似的图形.

位似变换有下列性质：

（1） $H(O,k)$ 的逆是 $H\left(O,\dfrac{1}{k}\right)$.

（2）在位似变换下，位似中心是不动点，过位似中心的直线是二重线，不过位似中心的直线变为与它平行的直线.

事实上，如图 1 所示，设 $A \xrightarrow{H(O,k)} A'$，$B \xrightarrow{H(O,k)} B'$ 且 $AB$ 不过 $O$，所以 $\overrightarrow{OA'}=k\overrightarrow{OA}$，$\overrightarrow{OB'}=k\overrightarrow{OB}$，即 $\overrightarrow{OA'}:\overrightarrow{OA}=\overrightarrow{OB'}:\overrightarrow{OB}=k$，所以 $AB // A'B'$.

（图1）

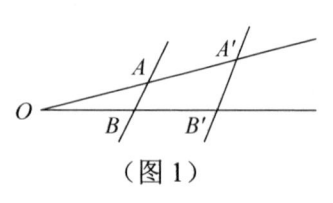

由这个性质可知，在位似变换下，一条线段变为与它平行的线段，一个角变为与它相等的角.

（3）两个三角形的边分别对应平行但不全等，则这两个三角形是位似图形.

（4）若 $k_1 k_2 \neq 1$，则 $H(O_1, k_1)H(O_2, k_2) = H(O, k_1 k_2)$，其中 $O$ 点在直线 $O_1 O_2$ 上.

若 $k_1 k_2=1$，$H(O_1, k_1)H(O_2, k_2)$ 是一个中心对称（或 $R(X,\pi)$）.

**证明：** 如果 $O_1$ 与 $O_2$ 是同一个点 $O$，结论显然.

若 $O_1$ 与 $O_2$ 是不同的点，如图 2 所示，
$$P \xrightarrow{H(O_1,\ k_1)} P_1 \xrightarrow{H(O_2,\ k_2)} P_2$$

过 $P_2$ 作 $P_2Q /\!/ O_1O_2$，交 $O_1P_1$ 于点 $Q$，连接 $P_2P$ 交 $O_1O_2$ 于点 $O$，则

$$\frac{\overline{OP_2}}{\overline{OP}} = \frac{\overline{O_1Q}}{\overline{O_1P}} = \frac{\overline{O_1Q}}{\overline{O_1P_1}} \cdot \frac{\overline{O_1P_1}}{\overline{O_1P}} = \frac{\overline{O_2P_2}}{\overline{O_2P_1}} \cdot \frac{\overline{O_1P_1}}{\overline{O_1P}} = k_1k_2.$$

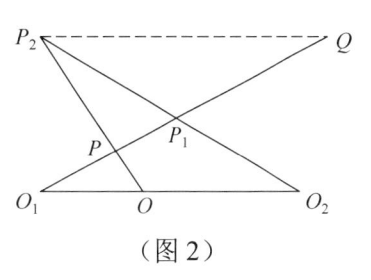

（图 2）

再看点 $O$ 位置的确定. 如图 3 所示，过 $P_1$ 作 $P_1R /\!/ PO$，交 $OO_2$ 于点 $R$，则

$$\frac{\overline{O_1O}}{\overline{OO_2}} = \frac{\overline{O_1O}}{\overline{OR}} \cdot \frac{\overline{OR}}{\overline{OO_2}} = \frac{\overline{O_1P}}{\overline{PP_1}} \cdot \frac{\overline{P_2P_1}}{\overline{P_2O_2}}$$

$$= \frac{\overline{O_1P}}{\overline{O_1P_1}-\overline{O_1P}} \cdot \frac{\overline{O_2P_2}-\overline{O_2P_1}}{\overline{P_2O_2}} = \frac{1}{k_1-1}\left(1-\frac{1}{k_2}\right).$$

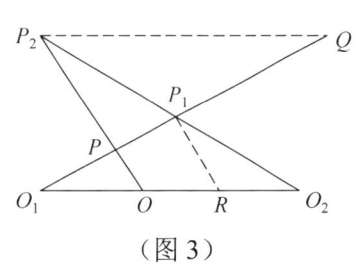

（图 3）

因此，在一般情况下，$\dfrac{\overline{O_1O}}{\overline{OO_2}}$ 是个常数，即 $O$ 为定点. 也就是，$P_2P$ 与 $O_1O_2$ 的交点是两个位似变换乘积的位似中心.

但当 $k_1k_2 = 1$ 时，如图 4 所示，$\dfrac{\overline{O_1O}}{\overline{OO_2}} = \dfrac{1}{k_1-1}\left(1-\dfrac{1}{k_2}\right) = \dfrac{1}{\frac{1}{k_2}-1}\left(1-\dfrac{1}{k_2}\right) = -1$，这时 $O_1O_2$ 的定比 $\dfrac{\overline{O_1O}}{\overline{OO_2}} = -1$ 的分点不存在.

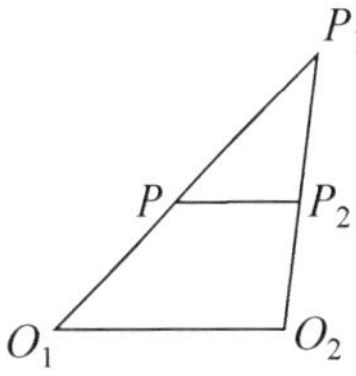

此时 $\dfrac{\overline{O_2P_2}}{\overline{O_2P_1}} \cdot \dfrac{\overline{O_1P_1}}{\overline{O_1P}} = 1$，即 $\dfrac{\overline{O_1P_1}}{\overline{O_1P}} = \dfrac{\overline{O_2P_1}}{\overline{O_2P_2}}$，所以 $PP_2 /\!/ O_1O_2$，而

（图 4）

$$\frac{\overline{PP_2}}{\overline{O_1O_2}} = \frac{\overline{P_2P_1}}{\overline{O_2P_1}} = \frac{\overline{O_2P_1}-\overline{O_2P_2}}{\overline{O_2P_1}} = 1-k_2.$$

故 $P$ 变到 $P_2$ 有定向及定长，表明 $P$ 到 $P_2$ 的变换是平移，即当 $k_1k_2 = 1$ 时，$H(O_1,\ k_1)H(O_2,\ k_2) = $ 平移（平移方向沿 $O_1O_2$）.

**例 1** 一直线交 $\triangle ABC$ 的 $BC$，$CA$，$AB$ 边或其延长线分别于点 $D$，$E$，$F$，如图 5 所示. 证明：$\dfrac{DB}{DC} \cdot \dfrac{EC}{EA} \cdot \dfrac{FA}{FB} = 1.$

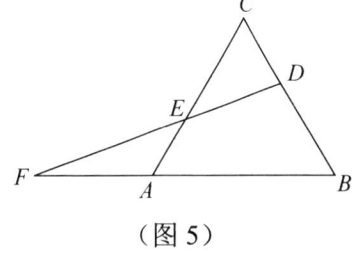

（图 5）

— 355 —

证明：由 $A \xrightarrow{H\left(E, -\frac{CE}{AE}\right)} C \xrightarrow{H\left(D, -\frac{DB}{DC}\right)} B$，

所以 $A \xrightarrow{H\left(F, \frac{CE}{AE} \cdot \frac{DB}{DC}\right)} B$．即 $\frac{FB}{FA} = \frac{CE}{AE} \cdot \frac{DB}{DC}$．

因此，$\frac{DB}{DC} \cdot \frac{EC}{EA} \cdot \frac{FA}{FB} = 1$．

**例 2** 四边形 $ABCD$ 的两组对边延长后得交点 $E$ 和 $F$．对角线 $BD // EF$，$AC$ 的延长线交 $EF$ 于点 $G$．求证：$EG = GF$．

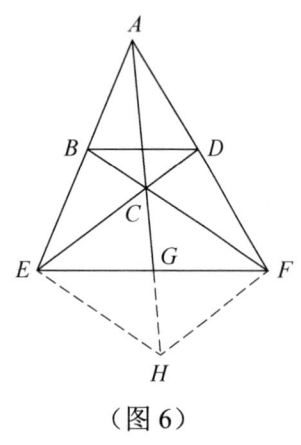

证明：因为 $BD // EF$，所以 $\frac{AB}{AE} = \frac{AD}{AF} = k$．……①

则 $B \xrightarrow{H(A, k)} E$，$D \xrightarrow{H(A, k)} F$，

$C \xrightarrow{H(A, k)} H$．

连接 $EH$，$FH$，如图 6 所示，则 $EH // BF$，$FH // DE$，因此四边形 $CEHF$ 为平行四边形．

所以 $EG = GF$（平行四边形对角线互相平分）．

（图 6）

**例 3** 如图 7 所示，过梯形 $ABCD$ 的对角线交点 $M$ 作底边 $AB$ 的平行线，交梯形两腰分别于点 $P$ 和 $Q$．求证：$PM = MQ$．

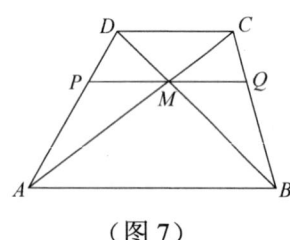

证明：因为 $PQ // DC // AB$，所以 $\frac{DP}{DA} = \frac{DM}{DB} = \frac{CM}{CA} = \frac{CQ}{CB} = k$．

（图 7）

由 $A \xrightarrow{H\left(D, \frac{1}{k}\right)} P$，$B \xrightarrow{H\left(D, \frac{1}{k}\right)} M$，$AB \xrightarrow{H\left(D, \frac{1}{k}\right)} PM$，

$M \xrightarrow{H(C, k)} A$，$Q \xrightarrow{H(C, k)} B$，$MQ \xrightarrow{H(C, k)} AB$，

所以 $MQ \xrightarrow{H(C, k)H\left(D, \frac{1}{k}\right)} PM$．

由于 $k \cdot \frac{1}{k} = 1$，所以 $H(C, k)H\left(D, \frac{1}{k}\right) = T$ 是个平移．

即 $MQ \xrightarrow{T} PM$，所以 $MQ = PM$．

**例 4** 求证：$\triangle ABC$ 的垂心 $H$，重心 $M$，外心 $O$ 三点共线，且 $OM : MH = 1 : 2$．

证明：如图 8 所示，设 $A_1$，$B_1$，$C_1$ 分别是 $\triangle ABC$ 的边 $BC$，$CA$ 和 $AB$ 的中

点. $M$ 是重心. 则 $A_1 \xrightarrow{H(M, -2)} A$,

$B_1 \xrightarrow{H(M, -2)} B$, $C_1 \xrightarrow{H(M, -2)} C$, $B_1C_1$ 边的高线经过 $H(M, -2)$ 变作 $BC$ 边上的高线.

由于 $\triangle A_1B_1C_1$ 的三边的高线相交于点 $O$, 所以 $O \xrightarrow{H(M, -2)} H$ ($\triangle ABC$ 的垂心 $H$).

即 $O$, $M$, $H$ 共线, 且 $OM : MH = 1 : 2$.

**例 5** 证明：锐角三角形 3 条边上高线的垂足、中点, 以及 3 个顶点与垂心连接线段的中点, 九点共圆（又称欧拉圆）.

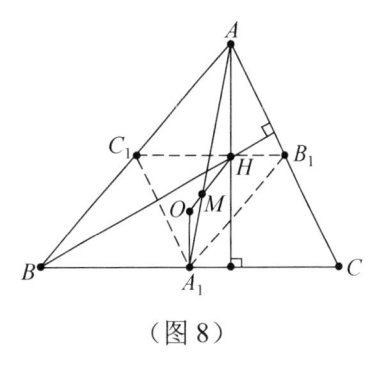

（图 8）

**证明**：如图 9 所示, 设 $A_1$, $B_1$, $C_1$ 分别是 $\triangle ABC$ 的边 $BC$, $CA$, $AB$ 的中点; 设 $A_2$, $B_2$, $C_2$ 分别是 $\triangle ABC$ 的边 $BC$, $CA$, $AB$ 的高线的垂足; $O$ 是 $\triangle ABC$ 的外心, $M$ 是 $\triangle ABC$ 的重心, $H$ 为 $\triangle ABC$ 的垂心; $AH$ 的中点为 $A_3$, $BH$ 的中点为 $B_3$, $CH$ 的中点为 $C_3$. 则

$A \xrightarrow{H\left(H, \frac{1}{2}\right)} A_3$,

$B \xrightarrow{H\left(H, \frac{1}{2}\right)} B_3$,

$C \xrightarrow{H\left(H, \frac{1}{2}\right)} C_3$.

而 $O$ 是 $\triangle ABC$ 的外心, 也是 $\triangle A_1B_1C_1$ 的垂心, 取 $OH$ 的中点 $O_1$. 则

$O \xrightarrow{H\left(H, \frac{1}{2}\right)} O_1$.

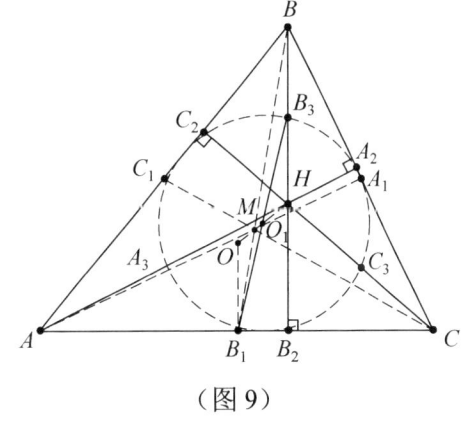

（图 9）

所以 $O_1$ 是 $\triangle A_3B_3C_3$ 的外心, $\triangle ABC$ 的内接圆变作 $\triangle A_3B_3C_3$ 的外接圆.

我们注意 $OM : MO_1 = 1 : 2$, 则 $B_3 \xrightarrow{H(H, 2)} B \xrightarrow{H\left(M, \frac{1}{2}\right)} B_1$, 即 $B_3 \xrightarrow{H(P, -1)} B_1$. 但 $H(P, -1)$ 为一个中心对称 $C(P)$,

所以 $B_3 \xrightarrow{C(P)} B_1$, 同理 $A_3 \xrightarrow{C(P)} A_1$, $C_3 \xrightarrow{C(P)} C_1$.

所以 $\triangle A_3B_3C_3 \xrightarrow{C(P)} \triangle A_1B_1C_1$. 即 $\triangle A_3B_3C_3 \cong \triangle A_1B_1C_1$.

但 $O_1 \xrightarrow{H(H, 2)} O \xrightarrow{H\left(M, -\frac{1}{2}\right)} O_1$, 即 $O_1 \xrightarrow{C(P)} O_1$. 表明 $\triangle A_3B_3C_3$ 的外心 $O_1$, 变作 $\triangle A_1B_1C_1$ 的外心 $O_1$, 即 $\triangle A_3B_3C_3$ 与 $\triangle A_1B_1C_1$ 具有同一个外心. 所以 $A_1$, $B_1$, $C_1$, $A_3$, $B_3$, $C_3$ 6 个点共圆 $O_1$.

由于 $O_1$ 是位似中心，也是 $\triangle A_1B_1C_1$ 与 $\triangle A_3B_3C_3$ 的外接圆圆心，所以 $B_1B_3$，$A_1A_3$，$C_1C_3$ 都是圆 $O_1$ 的直径. 由于 $\angle A_1A_2A_3 = \angle B_1B_2B_3 = \angle C_1C_2C_3 = 90°$，因此 $A_2$，$B_2$，$C_2$ 点都在圆 $O_1$ 上.

所以 $A_1$，$B_1$，$C_1$，$A_2$，$B_2$，$C_2$，$A_3$，$B_3$，$C_3$ 九点共圆 $O_1$.

## 32.2 位似旋转

**定义**：设 $O$ 为平面上一定点. $k>0$（常数），$\theta$ 为有向角，$P$ 为任意点. 射线 $OP$ 绕点 $O$ 旋转 $\theta$ 角，在此射线上存在一点 $P'$，有 $OP' = kOP$，把由点 $P$ 到点 $P'$ 的变换称为以 $O$ 为中心，旋转 $\theta$ 角的，位似比为 $k$ 的位似旋转. 记为 $S(O, \theta, k)$.

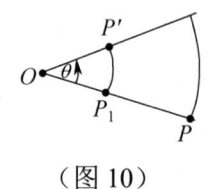

如图 10 所示，可见位似旋转是同一个中心的位似变换与旋转变换的乘积. 我们有：

（1）$S(O, \theta, k) = H(O, k)R(O, \theta) = R(O, \theta)H(O, k)$.

（图 10）即同中心的位似与旋转变换的乘积满足交换律.

（2）$S(O, \theta, k)S\left(O, -\theta, \dfrac{1}{k}\right) = S\left(O, -\theta, \dfrac{1}{k}\right)S(O, \theta, k) = I$.

位似旋转对证题带来很多方便之处.

**例 6** 在圆内接四边形 $ABCD$ 中，求证：$AB \cdot CD + AD \cdot BC = AC \cdot BD$.

**证明**：如图 11 所示，作 $\angle BAE = \angle CAD$，作变换 $S\left(A, \angle DAE, \dfrac{AB}{AC}\right)$，则

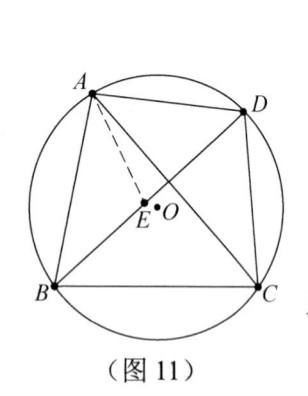

$$A \xrightarrow{S\left(A, \angle DAE, \frac{AB}{AC}\right)} A,$$

$$C \xrightarrow{S\left(A, \angle DAE, \frac{AB}{AC}\right)} B,$$

$$D \xrightarrow{S\left(A, \angle DAE, \frac{AB}{AC}\right)} E,$$

则 $\angle ABE = \angle ACD$，但 $\angle ABD = \angle ACD$，所以点 $E$ 在 $BD$ 上.

（图 11）又 $\dfrac{AB}{AC} = \dfrac{BE}{CD}$，即 $AB \cdot CD = AC \cdot BE$. ……①

同法可证 $AD \cdot CB = AC \cdot DE$. ……②

①+②得 $AB \cdot CD + AD \cdot BC = AC(BE + DE) = AC \cdot BD$.

**例 7** 在平面上放置有两个正三角形 $ABC$ 和 $A_1B_1C_1$（顶点按顺时针排

列），并且两边 $BC$ 与 $B_1C_1$ 的中点重合．求：（1）$AA_1$ 与 $BB_1$ 的夹角；（2）$AA_1 : BB_1$．

**解**：如图 12 所示，由 $B \xrightarrow{S\left(O, \frac{\pi}{2}, \sqrt{3}\right)} A$；

$B_1 \xrightarrow{S\left(O, \frac{\pi}{2}, \sqrt{3}\right)} A_1$；

所以 $BB_1 \xrightarrow{S\left(O, \frac{\pi}{2}, \sqrt{3}\right)} AA_1$．

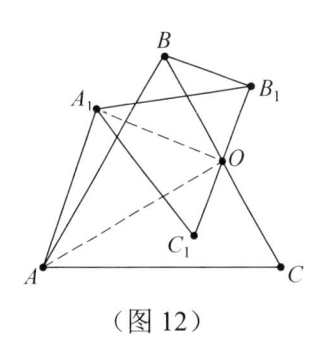

因此 $\angle(BB_1, AA_1) = 90°$，$AA_1 = \sqrt{3} BB_1$，即 $\dfrac{AA_1}{BB_1} = \sqrt{3}$．

（图 12）

**例 8** 以 $\triangle ABC$ 的三边为底作彼此相似的等腰三角形 $ABL$，$BCM$，$CAN$．使 $\triangle ABL$，$\triangle CAN$ 作向 $\triangle ABC$ 的外侧，$\triangle BCM$ 作向内侧．求证：四边形 $ALMN$ 是平行四边形．

**证明**：如图 13 所示，因为 $\triangle ABL$，$\triangle BCM$，$\triangle CAN$ 是彼此相似的等腰三角形，所以 $\dfrac{BC}{AC} = \dfrac{MC}{CN}$，即 $\dfrac{BC}{MC} = \dfrac{AC}{CN}$，同理可证 $\dfrac{BL}{AB} = \dfrac{BM}{BC} = \dfrac{CN}{AC}$．

由 $M \xrightarrow{S\left(C, \theta, \frac{BC}{MC}\right)} B \xrightarrow{S\left(B, \theta, \frac{BL}{AB}\right)} B$，

$N \xrightarrow{S\left(C, \theta, \frac{BC}{MC}\right)} A \xrightarrow{S\left(B, \theta, \frac{BL}{AB}\right)} L$．

所以 $MN \xrightarrow{S\left(X, 2\theta, \frac{BC}{MC} \cdot \frac{BL}{AB}\right)} BL$．

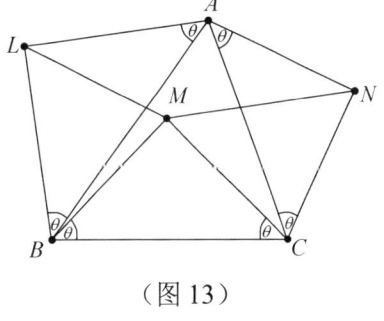

但 $\dfrac{BC}{MC} \cdot \dfrac{BL}{AB} = \dfrac{BC}{AB} \cdot \dfrac{BL}{MC} = \dfrac{BC}{AB} \cdot \dfrac{AB}{BC} = 1$．所以 $MN \xrightarrow{S(X, 2\theta, 1)} BL$．

因此 $MN = BL$，进而 $AL = BL = MN$．同理类似可证 $AN = ML$．所以四边形 $ALMN$ 是平行四边形．

（图 13）

## 32.3 竞赛题选讲

**例 9** 3 个全等的圆有一个公共点 $O$，并且都在一个已知三角形内，每个圆都与三角形的两条边相切．试证明：这个三角形的内心、外心与 $O$ 共线．

（1981 年第 22 届 IMO 试题五）

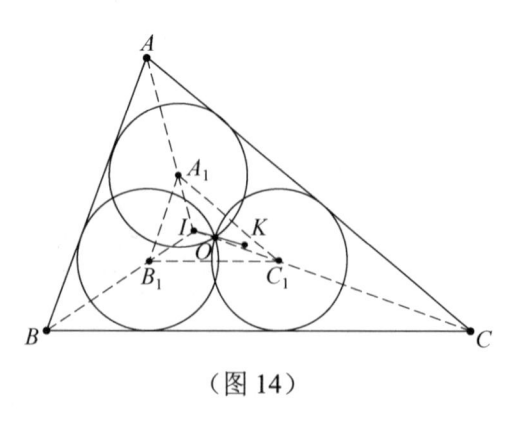

**证明：** 如图 14 所示，设 3 个等圆的圆心分别为 $A_1$, $B_1$, $C_1$，则 $AB // A_1B_1$, $BC // B_1C_1$, $CA // C_1A_1$. 所以 $\triangle ABC$ 与 $\triangle A_1B_1C_1$ 相似. $AA_1$, $BB_1$, $CC_1$ 分别为 $\triangle ABC$ 3 个内角平分线，因此，$AA_1$, $BB_1$, $CC_1$ 共点于内心 $I$，且 $\dfrac{IA_1}{IA} = \dfrac{IB_1}{IB} = \dfrac{IC_1}{IC}$，所以 $\triangle ABC \xrightarrow{H\left(I, \frac{IA_1}{IA}\right)} \triangle A_1B_1C_1$，此时 $O$ 为的外心设 $K$ 为的外心，

即 $K \xrightarrow{H\left(I, \frac{IA_1}{IA}\right)} O$. 所以 $I, O, K$ 共线.

**例 10** 圆 $S$ 与等腰 $\triangle ABC$ 的两腰 $AB$ 和 $BC$ 相切于点 $P$ 和 $K$，且与 $\triangle ABC$ 的外接圆内切. 证明：线段 $PK$ 的中点 $O_1$ 是 $\triangle ABC$ 的内切圆的圆心.

(1978 年第 20 届 IMO 试题四)

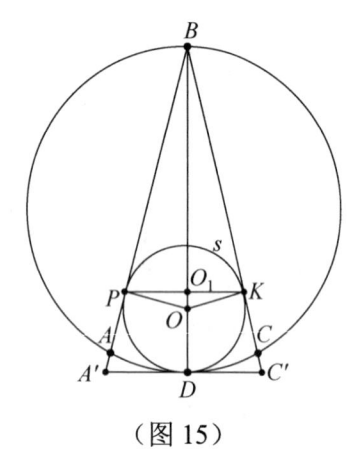

**证明：** 如图 15 所示，设圆 $S$ 的中心为 $O$，过 $D$ 作圆的切线交 $BA$, $BC$ 的延长线分别于点 $A'$ 和点 $C'$.

则 $PK // AC // A'C'$.

令 $k = \dfrac{BA}{BA'}$，则 $\triangle BA'C' \xrightarrow{H(B, k)} \triangle BAC$，又

$$\dfrac{BO_1}{BO} = \dfrac{BO_1}{BP} \cdot \dfrac{BP}{BO} = \left(\dfrac{BO_1}{BP}\right)\left(\dfrac{BP}{BO}\right)$$

$$= \dfrac{BD}{BA'} \cdot \dfrac{BA}{BD} = \dfrac{BA}{BA'} = k.$$

所以 $O \xrightarrow{H(B, k)} O_1$.

由于 $O$ 是 $\triangle BA'C'$ 的内心，所以 $O_1$ 必是 $\triangle BAC$ 的内心.

**例 11** 已知正 $\triangle ABC$，平行于 $AC$ 的直线分别交 $AB$, $BC$ 于点 $M$, $P$. 又 $D$ 是 $\triangle PMB$ 的中心，$E$ 是线段 $AP$ 的中点. 试计算 $\triangle DEC$ 的各角.

**解：** 由 $B \xrightarrow{S\left(D, -60°, \frac{1}{2}\right)} K$，

$P \xrightarrow{S\left(D, -60°, \frac{1}{2}\right)} H$，

所以 $BP \xrightarrow{S\left(D, -60°, \frac{1}{2}\right)} KH$.

所以 $KH$ 是 $\triangle PMB$ 的中位线. 延长交 $AP$ 于点 $E$，如图 16 所示.

另外，$BC:BP = BA:BM = BE:KH$，所以

$$C \xrightarrow{S\left(D, -60°, \frac{1}{2}\right)} E.$$

即以 $D$ 为位似旋转中心，将 $DC$ 顺时针旋转 $60°$，再缩小到 $\frac{1}{2}$ 变为 $DE$，因此 $\angle EDC = 60°$，$DE = \frac{DC}{2}$．所以 $\angle DEC = 90°$，$\angle DCE = 30°$．

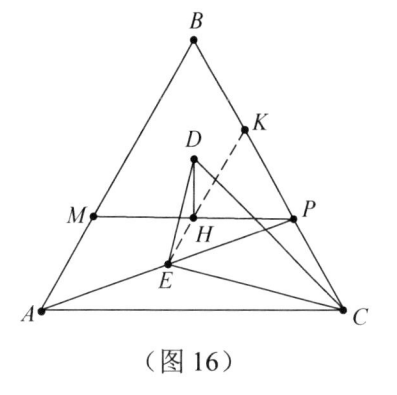

**例 12** $ABCD$ 和 $A'B'C'D'$ 是一个国家的同一区域的正方形地图．它们是按不同的比例尺画出的，并且重叠如图 17 所示．求证：小地图上只有一点 $O$ 与大地图上表示同一地点的 $O'$ 重合．

（图 16）

（美国数学奥林匹克试题）

**分析**：如图 17 所示，设 $O$ 为旋转位似中心，则 $\angle AOB = \angle A'OB'$．

易知 $A'$，$O$，$A$，$E$ 共圆，$B'$，$E$，$O$，$B$ 共圆．即 $O$ 是上述两圆的交点．设 $AB$ 与 $A'B'$ 所成的角为 $\theta$，则有正方形

$$ABCD \xrightarrow{S\left(O, \theta, \frac{A'B'}{AB}\right)} \text{正方形} A'B'C'D'.$$

也就是，存在旋转位似变换 $S\left(O, \theta, \frac{A'B'}{AB}\right)$ 将正方形地图 $ABCD$ 变为 $A'B'C'D'$．$O$ 为唯一的不动点．也就是，小地图上只有一点 $O$ 与大地图上表示同一地点的 $O'$ 重合．

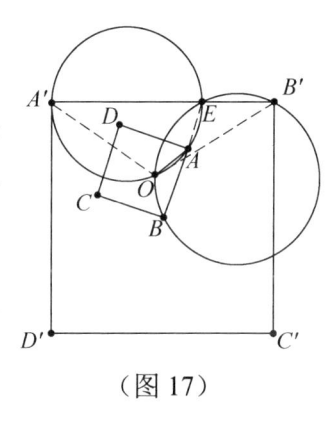

（图 17）

**例 13** 如图 18 所示，已知一个非等腰三角形 $A_1A_2A_3$ 的各边为 $a_1$，$a_2$，$a_3$（$a_i$ 是 $A_i$ 的对边）．对任意 $i = 1$，$2$，$3$，$M_i$ 是 $a_i$ 边的中点，$T_i$ 为内切圆与 $a_i$ 边的切点，并且 $T_i$ 关于 $A_i$ 的内角平分线的对称点是 $S_i$．求证：直线 $M_1S_1$，$M_2S_2$，$M_3S_3$ 相交于一点．

**（1982 年第 23 届 IMO 试题二）**

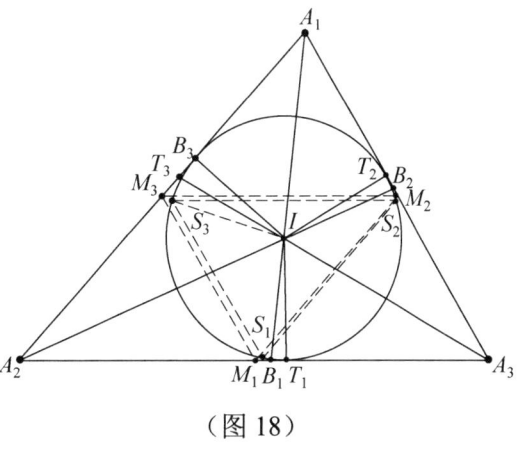

**证明**：三角形 $A_1A_2A_3$ 不是等腰三

（图 18）

角形,所以任何一边与对角平分线的交点 $B_i$ 和 $M_i$, $T_i$, $S_i$ 都不相重合. 易知 $M_iM_j$//$A_iA_j$.

下面我们证明,$S_iS_j$//$A_iA_j$,从而得出 $\triangle M_1M_2M_3$ 与 $\triangle S_1S_2S_3$ 位似.

为了证 $S_2S_3$//$A_2A_3$,注意到 $S_2S$ 是内切圆 $I$ 的弦,而 $A_2A_3$ 切此圆于 $T_1$.

弧 $S_2T_1 \xrightarrow{S(A_2B_2)}$ 弧 $T_2T_3$, 弧 $S_2T_3 \xrightarrow{S(A_3B_3)}$ 弧 $T_1S_3$,即弧 $S_2T_1 =$ 弧 $S_3T_1$,故 $S_2S_3$//$A_2A_3$. 同理可证 $S_3S_1$//$A_3A_1$,$S_1S_2$//$A_1A_2$.

这时 $\triangle M_1M_2M_3$ 与 $\triangle S_1S_2S_3$ 的对应边平行,由于 $\triangle A_1A_2A_3$ 不是等边的三角形,$\triangle M_1M_2M_3$ 外接圆的直径($\triangle A_1A_2A_3$ 外接圆的半径)大于 $\triangle S_1S_2S_3$ 的外接圆的直径 $2r$. 所以 $\triangle M_1M_2M_3$ 与 $\triangle S_1S_2S_3$ 只能位似. 其位似中心就是 $M_1S_1$,$M_2S_2$,$M_3S_3$ 的公共点.

**例 14** 在一个任意 $\triangle ABC$ 的三边上向形外作 3 个三角形 $ABR$,$BCP$,$CAQ$,使得 $\angle CBP = \angle CAQ = 45°$,$\angle BCP = \angle ACQ = 30°$,$\angle ABR = \angle BAR = 15°$. 证明:$\angle QRP = 90°$ 且 $QR = RP$.

(1988—1990 年加拿大 IMO 的培训题)

**证明:** 如图 19 所示,作正 $\triangle ABZ$,连接 $ZR$,$CZ$.

易知 $\triangle AQC \backsim \triangle ARZ$,记 $\dfrac{AC}{AQ} = \dfrac{AZ}{AR} = k$.

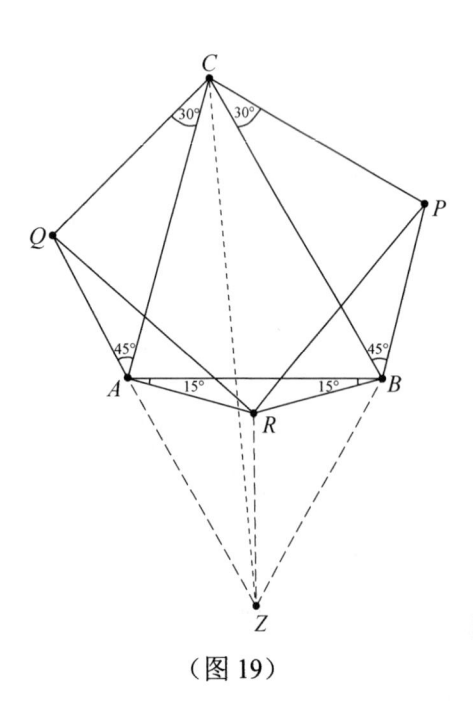

(图 19)

$\triangle BPC \backsim \triangle BRZ$,$\dfrac{BP}{CB} = \dfrac{BR}{BZ} = \dfrac{1}{k}$.

$Q \xrightarrow{S\left(A,\ -45°,\ \dfrac{AC}{AQ}\right)} C$,

$R \xrightarrow{S\left(A,\ -45°,\ \dfrac{AZ}{AR}\right)} Z$,

所以 $QR \xrightarrow{S(A,\ -45°,\ k)} CZ$.

$C \xrightarrow{S\left(B,\ -45°,\ \dfrac{BP}{CB}\right)} P$,

$Z \xrightarrow{S\left(B,\ -45°,\ \dfrac{BR}{BZ}\right)} R$,

所以 $CZ \xrightarrow{S\left(B,\ -45°,\ \dfrac{1}{k}\right)} PR$.

因此 $QR \xrightarrow{S(A,\ -45°,\ k)S\left(A,\ -45°,\ \dfrac{1}{k}\right)} PR$,

即 $QR \xrightarrow{S(X,\ -90°,\ 1)} PR$.

所以 $\angle QRP = 90°$ 且 $QR = RP$.